저자의 말

현장에서 강의하다 보면, HSK 6급에 도전하는 학생들은 대부분 1년이 넘게 중국어를 공부해 중급 이상의 수준에 도달한 분들입니다. 기존에는 HSK 6급이 최고 급수였지만, 이제는 HSK 7~9급이 존재하기 때문에 학생들이 취업이나 유학을 위해서는 적어도 HSK 6급까지는 공부하는 것이 좋습니다.

HSK 6급은 HSK 5급 대비 어휘량이 2배 이상 늘어나서 난이도가 높아지기에, 많은 학생이 중도 포기합니다. 이에, **본 교재는 HSK 6급을 준비하는 수험생들이 짧은 시간 안에 최대의 효율을 낼 수 있는 기본 필독서가 되기를 바라며 집필했습니다.** HSK 6급 300점 만점을 목표로 하는 고득점용이 아닌, 180점에서 230점을 목표로 하는 수험생들을 위한 책입니다. 따라서, 지나치게 어려운 문제나 이론은 과감히 털어내고, 실전에서 꼭 필요한 내용만을 담아 효율적인 학습을 하도록 구성했습니다. HSK 6급을 처음 시작하는 분들은 반드시 이 책을 먼저 필독하는 것이 좋습니다.

본 교재는 기존 교재의 틀을 깨고, 아래와 같이 학생들이 최단기간에 합격할 수 있게 구성했습니다!

첫째, 교재 구성을 단순히 '듣기-독해-쓰기' 순서가 아닌, HSK 6급 부분별 난이도에 따라 '듣기 제1부분 → 독해 제2부분 → 독해 제3부분 → 듣기 제3부분 → 듣기 제2부분 → 독해 제4부분 → 쓰기 부분 → 독해 제1부분' 순서로 배치했습니다.

학생들은 학습 플래너에 따라 앞에서부터 차근차근 실력을 키워 나가기만 하면 됩니다.

둘째, HSK 6급을 공부하는 데 가장 중요한 5급과 6급 최우선 빈출 어휘를 PDF로 준비했습니다. 교재의 QR 코드로 다운로드하여 이동 중에도 스마트폰이나 태블릿 PC로 공부할 수 있게 했습니다.

셋째, 듣기 문제뿐만 아니라 일부 독해 문제에도 MP3파일을 제공하여, 학생들이 독해를 하면서도 듣기 실력을 늘리게끔 했습니다.

넷째, 본 교재로 공부하면서 이해가 안 되는 부분은 카카오톡 채널 liuhsk에 질문 주시면 저자인 저희가 직접 답변해 드립니다. 또한 채널에 본 교재로 공부한 인증 사진을 보내 주시면 최신 기출 반영 모의고사 1세트(PDF)를 무료 제공해 드립니다.

마지막으로, 교재 내용을 위해 함께 힘써준 리우HSK연구소 여러 선생님께 고마움을 표합니다.

저자 **리우, 리징, 원란**

차례

저자의 말 ·· 3
차례 ·· 4
이 책의 특징 및 활용법 ················· 6
HSK의 모든 것 ······························ 10
30일 학습 플래너 ························· 17

독해 | 제2부분　46
01　5급 단어가 있는 빈칸부터 공략한다 ············· 48
02　접속사를 이용하여 답을 찾는다 ···················· 60
03　동사 유의어는 짝꿍 목적어로 구분한다 ········ 69
04　형용사는 주어 혹은 수식하는 명사를 찾는다 ···· 78
05　동사 앞에 빈칸은 부사어 자리다 ···················· 87
06　암기하면 10초 안에 정답을 찾는다 ··············· 91
실력 확인하기 ··· 99

듣기 | 제1부분　18
01　유머는 마지막 반전이 중요하다 ·······················20
02　HSK는 우리에게 인생철학을 알려 준다 ·········25
03　중국의 문화·지역·인물을 출제한다 ···············30
04　설명문은 배경지식을 활용해서 듣는다 ············37
실력 확인하기 ···45

독해 | 제3부분　100
01　문장 구조 분석으로 답을 찾는다 ···················· 102
02　접속사를 이용해 답을 찾는다 ························· 109
03　빈칸 앞뒤 키워드와 문맥으로 답을 찾는다 ···· 120
실력 확인하기 ··· 129

듣기 | 제3부분　130
01　문제는 대부분 순서대로 풀린다 ···················· 132
02　이야기 글은 주제를 생각하며 듣는다 ············ 141
03　중국 관련 지식을 물어본다 ···························· 145
04　설명문은 도입 부분이 중요하다 ···················· 152
05　논설문은 마지막 작가의 관점이 중요하다 ···· 160
실력 확인하기 ··· 167

듣기 | 제2부분　168

01　진행자의 질문이 곧 문제의 질문이다 ──── 170
02　게스트의 성공 비결을 중심으로 듣는다 ──── 178
03　시사형 인터뷰는 게스트의 견해가 중요하다 ──── 190
실력 확인하기 ──── 201

독해 | 제4부분　202

01　'문제 → 지문 → 선택지' 순서로 접근한다 ──── 204
02　O·X 문제는 이렇게 푼다 ──── 213
03　설명문과 논설문의 비중이 높다 ──── 224
04　중국 관련 지식이 많이 출제된다 ──── 234
실력 확인하기 ──── 245

쓰기　248

01　길고 복잡한 내용은 짧고 쉽게 줄이자 ──── 250
02　성공 이야기는 시련을 극복한 후에 성공한다 ──── 258
03　일상 이야기는 결말 부분의 교훈이 중요하다 ──── 272
04　중국의 역사적 인물 이야기가 출제된다 ──── 283
실력 확인하기 ──── 299

독해 | 제1부분　300

01　주술목 호응을 확인한다 ──── 302
02　주술목이 빠졌는지 확인한다 ──── 308
03　불필요한 단어의 중복을 확인한다 ──── 315
04　부사어와 특수구문을 확인한다 ──── 319
05　자주 출제되는 보너스 문제를 공략한다 ──── 327
실력 확인하기 ──── 337

HSK 6급 실전 모의고사　338

· HSK 답안지 작성법 ──── 358
· 쓰기 영역 원고지 1~4 ──── 359
· HSK 6급 답안지 ──── 363

정답 및 해설　365

· 영역별 실력 확인하기 정답 및 해설 ──── 366
· HSK 6급 실전 모의고사 정답 ──── 412
· HSK 6급 실전 모의고사 해설 ──── 413

이 책의 특징 및 활용법

1 빠른 시간, 최대의 효율로 증서 획득을 돕는 교재

이 교재는 오랜 시간이 걸려 고득점을 획득하는 것이 아닌, 빠른 시간 안에 180점부터 230점 내의 점수를 받아 증서 획득을 한 후 다음 급수로 넘어가는 것을 목표로 합니다. 이를 위해 교재에 지나치게 어려운 이론과 문제는 덜어내고, 시험에 꼭 나오는 내용만을 담았기에 효율적인 학습이 가능합니다.

2 기존 교재의 틀을 깬 새로운 구성

기존의 '듣기-독해-쓰기' 순서가 아닌, 영역별 난이도에 따라 최대의 학습 효과를 얻을 수 있도록 순서를 재구성했습니다. 학습자는 30일 학습 플래너 의 순서에 따라 쉽고 편하게 공부할 수 있습니다.

3 최신 버전의 다양한 실전문제 포함

최신 기출 트렌드를 반영하여 학습자가 다양한 유형과 난이도의 문제를 경험할 수 있습니다. 문제가 보이는 시간 의 예제 문제, 내공이 쌓이는 시간 의 빈출 문제, 실력 확인하기 문제, 실전 모의고사 까지 실전 대비 훈련이 가능합니다.

4 듣기 및 독해 MP3 음원 수록

듣기 영역의 모든 내용과 독해 영역 일부에 녹음 파일을 제공합니다. 학습자는 독해 문제의 비교적 긴 지문을 들으면서 독해와 듣기 실력을 모두 끌어올릴 수 있습니다.

5 모의고사 1회분 PDF 무료 증정

학습자는 본 교재를 구매한 후, 교재로 학습한 인증 사진을 카카오톡 채널 '리우HSK 중국어(아이디: liuhsk)'에 보내 주세요. 모의고사(기출 반영) 1회분 PDF를 무료로 드립니다.

6 5·6급 빈출 어휘 PDF 및 저자 강의 제공

HSK 6급에 잘 나오는 HSK 5급과 HSK 6급의 최우선 빈출 어휘를 PDF에 정리했습니다.
5급·6급 최우선 빈출 어휘 PDF를 다운로드하여 언제 어디서든 편하게 학습할 수 있습니다.
본 교재의 30일 학습 플래너 의 DAY에 따라 어휘를 암기해 봅니다. 빠르고 쉬운 어휘 암기를 위해, 아래의 빈출 어휘 저자 강의(유튜브 채널: 리우HSK_liuhsk)를 함께 활용해 보세요.

5급·6급
최우선 빈출 어휘
PDF

5급·6급
최우선 빈출 어휘
저자 강의

이렇게 풀어 봐요
순서대로 문제를 풀면
빠른 시간 안에 효과적으로
정답을 찾을 수 있습니다.

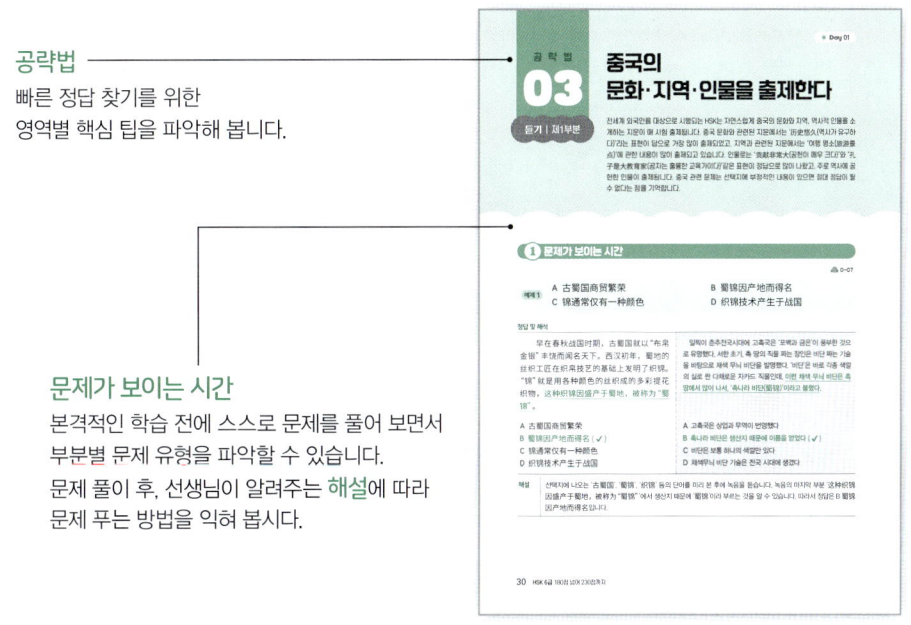

공략법
빠른 정답 찾기를 위한
영역별 핵심 팁을 파악해 봅니다.

문제가 보이는 시간
본격적인 학습 전에 스스로 문제를 풀어 보면서
부분별 문제 유형을 파악할 수 있습니다.
문제 풀이 후, 선생님이 알려주는 해설에 따라
문제 푸는 방법을 익혀 봅시다.

이 책의 특징 및 활용법

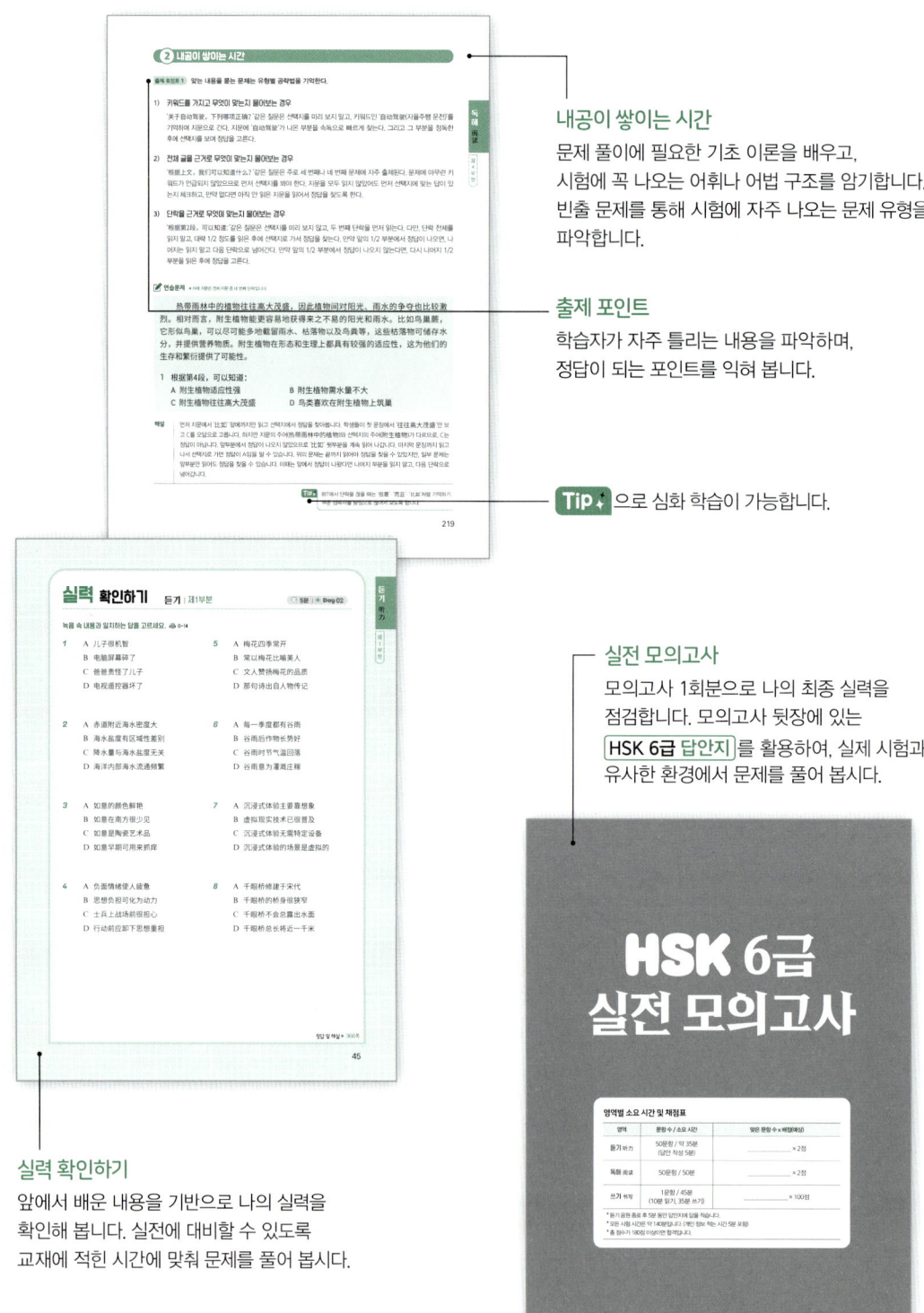

내공이 쌓이는 시간
문제 풀이에 필요한 기초 이론을 배우고,
시험에 꼭 나오는 어휘나 어법 구조를 암기합니다.
빈출 문제를 통해 시험에 자주 나오는 문제 유형을
파악합니다.

출제 포인트
학습자가 자주 틀리는 내용을 파악하며,
정답이 되는 포인트를 익혀 봅니다.

Tip 으로 심화 학습이 가능합니다.

실전 모의고사
모의고사 1회분으로 나의 최종 실력을
점검합니다. 모의고사 뒷장에 있는
HSK 6급 답안지 를 활용하여, 실제 시험과
유사한 환경에서 문제를 풀어 봅시다.

실력 확인하기
앞에서 배운 내용을 기반으로 나의 실력을
확인해 봅니다. 실전에 대비할 수 있도록
교재에 적힌 시간에 맞춰 문제를 풀어 봅시다.

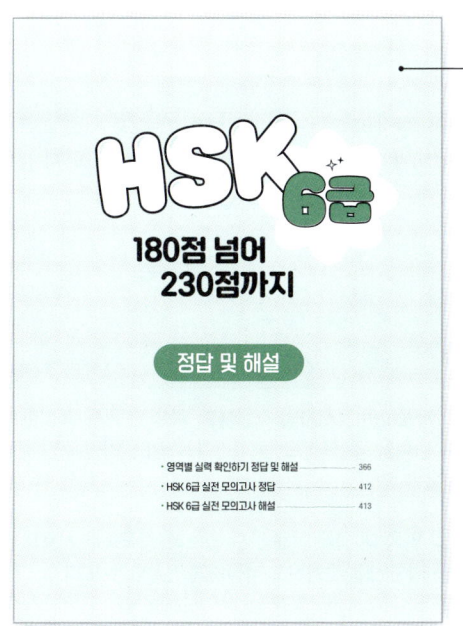

정답 및 해설
문제별로 정답·해석·해설·단어가 보기 좋게 정리되어 학습자가 쉽고 편하게 공부할 수 있습니다.

HSK 5급·6급 최우선 빈출 어휘(PDF)
HSK 6급에 잘 나오는 HSK 5급 어휘 650개와 HSK 6급 어휘 800개로 HSK 6급을 대비합니다. 180점~230점이라는 목표 점수에 맞는 최우선 빈출 어휘를 선정했으니 반드시 암기해야 합니다.

바로 연결

듣기 영역 전체 + 독해 영역 일부 + 모의고사 듣기 및 독해 영역 MP3파일 다운로드

저자 선생님의 HSK 6급 초고속 합격 전략 동영상

HSK 5급·6급 최우선 빈출 어휘 PDF 다운로드

『HSK 어휘 5000 플러스』 웹페이지 - HSK 1급~6급 모든 어휘 및 예문 학습 가능

HSK의 모든 것

HSK 소개

중국어 능력 시험인 HSK(中文水平考试, Chinese Proficiency Test)는 국제 중국어 교육 및 시험 전문회사인 CTI Co., Ltd.(CTI)에서 주관하며, 중국어를 외국어로 사용하는 사람들이 중국어 능력을 평가받는 전 세계적인 중국어 인증 시험이다.

● HSK 급별 구성

급	어휘량	수준
HSK 7~9급	11,000개	중국어를 제2언어로 사용하는 응시자의 사회생활, 학술 연구 등 복잡한 주제에 대한 중국어 교류 능력을 중점적으로 평가한다. 거의 원어민 수준에 준하는 중국어 실력을 쌓을 수 있다.
HSK 6급	5,000개 이상	**중국어 정보를 듣거나 읽을 때 쉽게 이해할 수 있으며, 중국어를 사용해 구두상 및 서면상으로 자신의 견해를 유창하고 적절하게 전달할 수 있다.**
HSK 5급	2,500개 이상	중국어 신문과 잡지를 읽을 수 있고, 중국어 영화 또는 TV 프로그램을 감상할 수 있다. 또한 중국어로 비교적 완전한 연설을 할 수 있다.
HSK 4급	1,200개 이상	중국어로 비교적 자연스러운 일상 대화가 가능하며, 적합한 단어를 활용하여 간단한 글쓰기를 할 수 있다. 또한 감정, 의견, 계획 등 좀 더 추상적인 내용을 표현하는 단어를 쓸 수 있다.
HSK 3급	600개 이상	중국어로 일상생활, 학습, 업무 등 각 분야의 상황에서 기본적인 회화를 할 수 있다. 또한 중국 여행 시에 겪는 대부분의 상황에 중국어로 대응할 수 있다.
HSK 2급	300개 이상	중국어로 간단하게 일상생활에서 일어나는 화제에 관해 이야기할 수 있다.
HSK 1급	150개 이상	아주 간단한 중국어 단어와 문장을 이해하고 사용할 수 있으며, 기초적인 일상 회화를 할 수 있다.

● 방식

- IBT(Internet-Based Test) : 컴퓨터로 진행하는 시험
- PBT(Paper-Based Test) : 기존의 종이 시험지와 OMR 답안지로 진행하는 시험

● 용도

- 국내외 대학(원) 및 특목고 입학·졸업 시 평가 기준
- 중국정부장학생 선발 기준
- 국내외 기업 취업·승진을 위한 평가 기준

- **접수 방법**
  - **인터넷 접수**: HSK 한국사무국 홈페이지(www.hsk.or.kr)에서 접수
    * 사진 파일(3x4cm 반명함판 크기 or 115x150 pixel로 스캔한 jpg 파일) 필요

- **준비물**
  - **IBT(Internet-Based Test)**: 수험표, 신분증
  - **PBT(Paper-Based Test)**: 수험표, 신분증, 2B 연필, 지우개

- **성적 조회 및 성적표 수령 방법**

성적 조회	시험 본 당일로부터 1개월 후(PBT) 또는 2주 후(IBT)에 **중국고시센터**(www.chinesetest.cn) 혹은 한국사무국 홈페이지에서 성적 조회 가능
성적표 수령	'시험일로부터 45일 후'에 접수 시 선택한 방법(우편 또는 방문)으로 수령 가능
성적 유효 기간	시험일로부터 2년간 유효함

HSK의 모든 것

HSK 6급 Q&A

Q1 HSK가 뭔가요?

HSK(中文水平考试, Chinese Proficiency Test)는 중국어 능력 시험으로, 중국어를 외국어로 사용하는 사람들이 중국어 능력을 평가받는 전 세계적인 중국어 인증 시험입니다. HSK는 총 9개의 급수로 나뉘는데, 숫자가 클수록 더 높은 수준의 중국어를 요구합니다. 기존에 실시한 1급~6급은 변하지 않고, 7급~9급만 새롭게 고급 과정으로 개편되었습니다.

Q2 HSK 6급은 어떤 시험인가요?

HSK 6급은 고급 입문 수준으로, 새롭게 생긴 HSK 7~9급이라는 고급 시험을 공부하기 전에 반드시 거쳐야 하는 관문입니다. HSK 6급에서는 중국과 관련된 다양한 지식을 습득할 수 있고, 구어체뿐만 아니라 좀 더 고급스러운 서면어 표현도 많이 익히게 됩니다.

Q3 HSK 6급은 어떤 구성으로 되어 있나요?

HSK 6급은 세 가지 영역으로 나눕니다. 듣기·독해·쓰기 총 101문항이 출제되고, 각각 듣기(50문항)·독해(50문항)·쓰기(1문항)로 구성됩니다. 시험 시간은 개인 정보 작성 시간 5분을 포함하여 약 2시간 20분 정도이고, 듣기 음원이 종료되면 답안 마킹 시간 5분이 주어집니다. 독해 영역은 따로 답안 마킹 시간이 없으니 주어진 시간 내에 문제를 풀고 답안지를 작성해야 합니다. 쓰기 영역은 준비 시간 10분동안 지문을 읽고, 35분동안 요약한 내용을 원고지에 써야 합니다.

문제 영역		문항 수		시험 시간	점수
듣기 听力	제1부분	15	50	약 35분	100점
	제2부분	15			
	제3부분	20			
듣기 영역 답안 마킹 시간				5분	
독해 阅读	제1부분	10	50	50분	100점
	제2부분	10			
	제3부분	10			
	제4부분	20			
쓰기 书写	요약 작문	1		45분	100점
총계		101문항		약 135분	300점 만점

Q4 시험 점수는 어떻게 계산되나요?

시험은 총 300점 만점입니다. 듣기·독해·쓰기 각각 100점씩이고, 합격하려면 180점 이상을 받아야 하며, HSK 7~9급으로 넘어가려면 최소 230점 이상을 취득하는 것이 좋습니다. 최종 점수는 소수점 없이 반올림하거나 내리며, 영역별 과락 점수는 따로 없습니다.

영역	문항 수	문제당 점수 배점(예상)	총점
듣기 听力	50문항	2점	100점
독해 阅读	50문항	2점	100점
쓰기 书写	1문항	100점	100점
총 점수가 180점 이상이면 합격			

Q5 HSK 6급에서 어떤 부분부터 공부하는 게 유리한가요?

먼저 듣기 제1부분부터 공부하세요. HSK 6급 듣기 제1부분은 HSK 5급의 독해 제2부분과 비슷해서, 처음 HSK 6급을 공부할 때 입문하기 좋습니다. 반면, 독해 제1부분은 최소 230점이라는 내공이 쌓인 후에 공부해야 합니다. 시험 점수를 빨리 올리려면, 공부한 시간만큼 성적이 빠르게 오를 수 있는 부분 위주로 공부해야 합니다. <u>본 교재는 HSK 6급의 부분별 난이도 순서대로 구성했습니다. 교재에서 이끄는 대로 공부하면 각 부분이 자연스럽게 연결되어 효율적으로 학습할 수 있습니다.</u>

Q6 HSK 6급, 어떻게 준비해야 하나요?

1) 단어 암기

HSK 6급에서는 약 5,000개(1급~5급 2,500개+6급 2,500개)의 단어를 알아야 합니다. 실제로 HSK 6급 어휘보다 중요한 것은 HSK 1급~5급 어휘입니다. 저는 여러분이 HSK 1급~4급의 단어를 완벽하게 숙지했다고 믿고, HSK 6급에 잘 나오는 HSK 5급 최우선 빈출 어휘 650개를 골랐으니 꼭 암기해 줍니다. 한편, HSK 6급 어휘는 2,500개를 모두 암기하려면 시간 대비 효율이 떨어지므로, 시험에 자주 나오는 단어 위주로 800개를 추려냈습니다. 결국, 여러분은 본 교재에서 제공하는 HSK 5·6급 최우선 빈출 어휘(PDF)를 암기하면 됩니다. 최우선 빈출 어휘(PDF) 표지에 있는 저자의 어휘 동영상 강의 QR 코드를 스캔하여, 강의 영상을 보며 단어를 공부하세요. 다만 시험에는 최우선 빈출 어휘 외에도 어려운 단어가 많이 출제되므로, '字'로 단어 암기를 시도해 보세요. '字' 학습은 다락원의 『HSK 5~6급 VOCA 礼物』로 함께 공부해 보세요.

2) 듣기 연습

듣기는 단순히 귀로만 듣는 연습이 아닙니다. HSK 6급을 처음 공부하는 학생이라면 문장전체를 듣고 이해하기 어려울 수 있습니다. 시험 문제를 풀 때는 먼저 선택지를 읽고, 녹음에서 선택지 단어가 들릴 때 답을 체크하는 연습이 필요합니다. 듣기의 최고 경지에 다다르려면, "你吃饭了吗?"를 의식하지 않아도 들리는 것처럼, 6급 듣기에 나오는 내용도 자연스럽게 들을 수 있어야 합니다. 따라서, 문제를 풀고 나서 이해만 하고 넘어가지 말고, 녹음 지문을 10회 정독한 후, 반복해서 소리 내어 읽어야 합니다. 또한 받아쓰기 연습을 하면서 문맥을 통한 단어 유추 훈련이 되어야 합니다.

HSK의 모든 것

3) 독해 연습

제한된 시간 안에 문제 푸는 연습이 필요합니다. 독해 영역에서 문제 풀이는 한 문제당 1분을 넘기지 않도록 합니다. 만약 답이 헷갈린다면, 표시하고 다음 문제로 넘어가야 합니다. 문제를 많이 푸는 것보다 이미 학습한 지문을 반복하여 10회 정독하는 것이 속독의 지름길입니다. HSK 6급 180점~230점대를 준비하는 학생이라면, 독해 제1부분은 건너뛰고 먼저 독해 제2부분~제4부분부터 풀어야 합니다. 독해 제2부분~제4부분을 모두 풀고 나서 시간이 남았다면, 그때 독해 제1부분을 풀어 줍니다.

4) 쓰기 연습

HSK 6급 쓰기 영역은 요약 쓰기입니다. 요약 쓰기(缩写)란 말 그대로, 전체 글을 논리에 맞게 '서론 → 본론 → 결론'으로 요약하는 것입니다. 먼저, 10분 동안 지문을 2~3회 빠르게 읽을 수 있는 속독 실력이 길러져야 하며, 지문을 읽으면서 한국어로 '서론→본론→결론'을 요약한 후, 중요한 문장은 지문 그대로 최대한 암기하여 써야 합니다. 평소 독해 제3부분, 제4부분의 지문들을 10회 이상 정독한다면, 글의 전체 구성이 눈에 들어오면서 자연스럽게 요약 쓰기 연습에도 도움이 됩니다.

Q7 HSK 6급을 IBT로 볼까요, PBT로 볼까요?

HSK 6급은 두 가지 방식(IBT/PBT)이 있습니다. 이 중에 어떤 방식이 더 나은지는 본인의 스타일에 따라 다릅니다. 자세한 내용은 유튜브 채널 '리우HSK_liuhsk'를 참고하세요. **(유튜브 검색어: 리우HSK IBT)**

1) IBT (Internet-Based Test) : 컴퓨터로 치르는 시험

장점 듣기 문제를 헤드폰으로 들을 수 있어 집중이 잘 되고, 답안 마킹도 클릭만 하면 됩니다. 쓰기 영역에서 한자 쓰기가 약한 학습자에게 유리합니다.

단점 독해 문제를 풀 때 오로지 눈으로만 컴퓨터 화면을 봐야 해서 조금 불편합니다. 또한 쓰기 영역을 위해 한어병음을 입력하여 중문을 타이핑하는 연습이 필요합니다.

2) PBT (Paper-Based Test) : 전통적인 종이 시험

장점 손으로 한자를 쓰는 게 익숙하면 더 유리합니다. 종이로 문제를 읽고 푸는 것을 선호하는 사람에게 추천합니다.

단점 듣기 음성이 스피커로 나오기 때문에 음질이 떨어질 수 있습니다. 답안을 수정할 때는 지우개로 지우고 다시 써야 해서 시간이 더 걸릴 수 있습니다.

Q8 IBT는 밑줄 긋기나 메모가 안 되는데, 어떻게 대비할 수 있을까요?

IBT는 밑줄을 긋거나 메모할 수 없다는 단점이 있습니다. 평소 듣기나 독해 문제를 풀 때, 핵심 단어만 빠르게 기억하고, 내용을 요약하는 연습을 해 봅시다. 모의고사를 풀 때도 밑줄이나 메모 없이 문제를 풀어 봅니다. 효율적인 시간 관리를 위해, 꼭 시간 제한을 두고 문제를 풉니다.

HSK 6급 영역별 간단 공략법

● 듣기 听力 / 약 35분

제1부분 | 총 15문항

단문을 듣고 녹음 내용과 일치하는 선택지를 고른다. 녹음이 끝난 후에 따로 질문이 없으므로, 녹음이 끝나기 전에 정답을 골라야 한다. 문제와 문제 사이 간격은 대략 13초이므로, 미리 다음 문제의 선택지를 읽어 둔다.

제2부분 | 총 15문항

남녀의 인터뷰 내용을 듣고 각 질문에 알맞은 답을 고른다. 인터뷰 내용은 보통 남녀 대화 1세트당 1문제씩 출제되므로, 녹음을 들으면서 선택지에서 정답을 미리 체크한 후, 최종 질문을 듣고 본인이 체크한 답이 맞는지 확인한다. 문제와 문제 사이의 13초 동안, 그 다음 지문의 선택지를 미리 볼 수 있어야 한다.

제3부분 | 총 20문항

장문을 듣고 각 질문에 알맞은 답을 고른다. 듣기 제2부분처럼 먼저 선택지를 읽은 상태에서 녹음 내용을 들으면서 정답을 미리 체크한다. 문제와 문제 사이의 13초 동안 다음 지문의 선택지를 미리 보는 것이 중요하다.

● 독해 阅读 / 총 50분

제1부분 | 총 10문항

4개의 선택지(A·B·C·D) 중에서 틀린 문장 1개를 고른다. 독해 제1부분은 시간 투자를 많이 해도 쉽게 성적이 오르지 않는 부분이므로, 맨 마지막에 공부한다. 본 교재에서도 맨 마지막에 독해 제1부분을 배치했다.

제2부분 | 총 10문항

지문당 3~5개의 빈칸에 들어갈 알맞은 어휘를 선택한다 빈칸 어휘를 모두 알 필요는 없고, 1~2개의 자신 있는 어휘로 정답을 골라 준다. 본 교재의 내공이 쌓이는 시간에 나오는 어휘를 우선적으로 공부한다.

제3부분 | 총 10문항

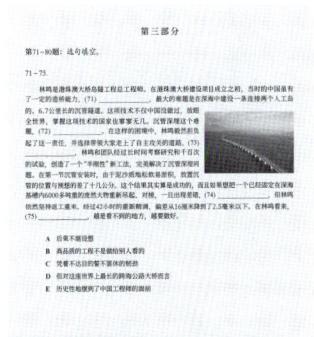

지문당 5개의 빈칸에 들어갈 알맞은 내용을 고른다. 지문은 총 2개가 출제된다. 4개의 빈칸만 정확하게 골라도, 나머지 1개는 저절로 정답이 된다. 단순히 해석에 의존하지 말고, 어법적 접근을 통해 정답을 빠르게 골라야 한다.

HSK의 모든 것

● **독해** 阅读 / 총 50분

제4부분 | 총 20문항

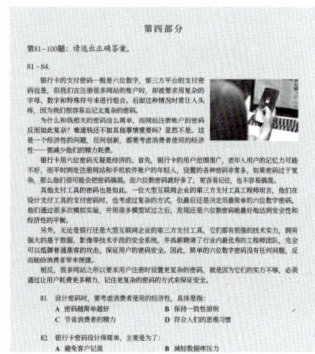

지문을 읽고 각 질문에 알맞은 답을 고른다. 지문은 총 5개가 출제되며, 지문 한 개당 4문제가 나온다. 지문별, 문제별 난이도가 모두 다르게 출제된다. 어려운 문제는 과감하게 넘어갈 수 있어야 한다.

● **쓰기** 书写 / 총 45분

총 1문항

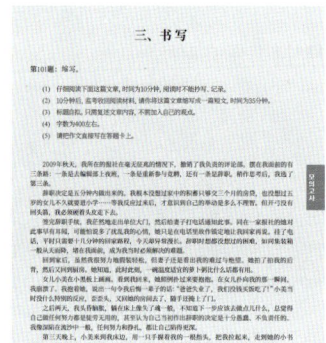

약 1,000자 분량의 지문 한 편을 읽고 400자 정도로 요약한다. 지문은 10분 동안 눈으로만 읽고, 10분이 지나면 제출해야 한다. 나머지 35분 동안 원고지에 답안을 작성한다. 답안에 자신의 관점이 들어가지 않도록 주의한다. 서론과 결론이 중요하며, 특히 결론은 지문에 있는 문장을 그래도 암기하여 써 준다.

일러두기

1. 이 책에 나오는 인명과 지명은 중국어 발음을 우리말로 표기했습니다. 단, 우리에게 이미 널리 알려진 고유명사는 익숙한 발음으로 표기했습니다.

   예) 林鸣 린밍   辽宁 랴오닝   兵马俑 병마용

2. 품사는 다음과 같은 약어로 표기했습니다.

품사	약어	품사	약어	품사	약어
명사/고유명사	명 / 고유	부사	부	접속사	접
대사	대	수사	수	감탄사	감
동사	동	양사	양	조사	조
능원동사(조동사)	능	수량사	수량	의성사	의성
형용사	형	전치사(개사)	전	성어	성

3. 시험에 자주 나오는 어휘나 핵심 내용에는 ★ 또는 ✯로 표기했습니다. 반드시 외워 주세요.

4. 단어 앞에 있는 □에 스스로 체크하면서(✓) 단어를 외워 보세요.

5. 비교적 긴 지문의 단어는 학습자가 보기 쉽게 문단 별로 ◆를 두어 구분했습니다.

HSK 6급 합격을 부르는 30일 학습 플래너

HSK 5급·6급 최우선 빈출 어휘(PDF) 다운로드

Day 01	**Day 02**	**Day 03**	**Day 04**	**Day 05**
학습일	학습일	학습일	학습일	학습일
• 듣기 ǀ 제1부분 공략법 01~03 • HSK 5급 어휘 50개	• 듣기 ǀ 제1부분 공략법 04~실력 확인하기 • HSK 5급 어휘 50개	• 독해 ǀ 제2부분 공략법 01~03 • HSK 5급 어휘 50개	• 독해 ǀ 제2부분 공략법 04~05 • HSK 5급 어휘 50개	• 독해 ǀ 제2부분 공략법 06~실력 확인하기 • HSK 5급 어휘 50개
Day 06	**Day 07**	**Day 08**	**Day 09**	**Day 10**
학습일	학습일	학습일	학습일	학습일
• 독해 ǀ 제3부분 공략법 01 • HSK 5급 어휘 50개	• 독해 ǀ 제3부분 공략법 02 • HSK 5급 어휘 50개	• 독해 ǀ 제3부분 공략법 03~실력 확인하기 • HSK 5급 어휘 50개	• 듣기 ǀ 제3부분 공략법 01 • HSK 5급 어휘 50개	• 듣기 ǀ 제3부분 공략법 02 • HSK 5급 어휘 50개
Day 11	**Day 12**	**Day 13**	**Day 14**	**Day 15**
학습일	학습일	학습일	학습일	학습일
• 듣기 ǀ 제3부분 공략법 03 • HSK 5급 어휘 50개	• 듣기 ǀ 제3부분 공략법 04 • HSK 5급 어휘 50개	• 듣기 ǀ 제3부분 공략법 05 • HSK 5급 어휘 50개	• 듣기 ǀ 제3부분 실력 확인하기 • HSK 6급 어휘 50개	• 듣기 ǀ 제2부분 공략법 01 • HSK 6급 어휘 50개
Day 16	**Day 17**	**Day 18**	**Day 19**	**Day 20**
학습일	학습일	학습일	학습일	학습일
• 듣기 ǀ 제2부분 공략법 02 • HSK 6급 어휘 50개	• 듣기 ǀ 제2부분 공략법 03 • HSK 6급 어휘 50개	• 듣기 ǀ 제2부분 실력 확인하기 • HSK 6급 어휘 50개	• 독해 ǀ 제4부분 공략법 01 • HSK 6급 어휘 50개	• 독해 ǀ 제4부분 공략법 02 • HSK 6급 어휘 50개
Day 21	**Day 22**	**Day 23**	**Day 24**	**Day 25**
학습일	학습일	학습일	학습일	학습일
• 독해 ǀ 제4부분 공략법 03 • HSK 6급 어휘 50개	• 독해 ǀ 제4부분 공략법 04 • HSK 6급 어휘 50개	• 독해 ǀ 제4부분 실력 확인하기 • 독해 ǀ 제1부분 선택 공략법 01 • HSK 6급 어휘 50개	• 쓰기 공략법 01 • 독해 ǀ 제1부분 선택 공략법 02 • HSK 6급 어휘 50개	• 쓰기 공략법 02 • 독해 ǀ 제1부분 선택 공략법 03 • HSK 6급 어휘 50개
Day 26	**Day 27**	**Day 28**	**Day 29**	**Day 30**
학습일	학습일	학습일	학습일	학습일
• 쓰기 공략법 03 • 독해 ǀ 제1부분 선택 공략법 04 • HSK 6급 어휘 50개	• 쓰기 공략법 04~실력 확인하기 • 독해 ǀ 제1부분 선택 공략법 05~실력 확인하기 • HSK 6급 어휘 50개	• 모의고사 • 모의고사 문제 풀이 (쓰기 영역) • HSK 6급 어휘 50개	• 모의고사 문제 풀이 (쓰기 영역) • HSK 6급 어휘 50개	• 모의고사 문제 풀이 (독해 영역) • 어휘 복습

★ 학습 플래너에 있는 어휘는 상단의 'HSK 5급·6급 최우선 빈출 어휘(PDF)'를 다운로드하여 학습하세요.

듣기 听力

제1부분

문제 유형과 전략

듣기 제1부분은 70~100자 정도의 단문을 듣고 녹음 내용과 일치하는 선택지를 고르면 된다. 단문 1개당 1문제가 나오는데, 단문 녹음이 끝난 후에 따로 질문이 없다는 점에 유의한다. 문제는 1번에서 15번까지 총 15문제가 출제되며, 배점은 한 문제당 2점이다. 문제와 문제 사이 간격(약 13초)을 이용해서 다음 문제의 선택지를 미리 보는 연습을 해야 한다.

이렇게 풀어봐요

1. **선택지를 먼저 보고 녹음 지문을 유추한다.** 선택지 내용을 읽어보면, 무엇을 묻는 문제인지(유머·설명·세부 사항·주제 묻기 등등) 대략적인 파악이 가능하다. 예를 들어, 일상생활과 관련된 내용은 유머 지문일 확률이 높고, '白菜', '鱼'와 같이 특정 음식과 효능을 언급한 내용은 음식과 건강에 대한 설명 지문일 확률이 높다. 이처럼 어떤 내용이 들릴지 미리 유추하면 녹음 지문이 훨씬 잘 들린다.

2. **정답을 고른 후, 다음 선택지를 미리 본다.** 정답은 녹음 지문의 초반·중간·마지막 부분에서 골고루 출제된다. 만약 정답이 지문 초반에 나오는 경우에는 답을 체크한 다음, 바로 다음 문제의 선택지를 본다. 반대로 정답을 고르지 못했다면 모르는 문제는 일단 비워 두거나 찍은 후에 다음 선택지를 미리 보는 연습을 한다. 한 문제에 매여 다음 문제로 넘어가기 전의 시간(약 13초)을 허비하는 것은 절대 금물이다.

3. **PBT 답안 마킹은 마킹 시간에 한다.** HSK 6급 듣기 영역은 난이도가 상당히 높은 편이라, 문제를 풀면서 답안 마킹을 하면 집중력이 흐트러지거나 다음 문제의 선택지를 볼 시간이 줄어든다. 따라서 녹음 지문이 나올 때는 문제 풀이에만 집중하고, 듣기 시간이 끝나고 주어지는 마킹 시간(5분)에 답안 마킹을 해야 한다. 원칙적으로 듣기 마킹 시간 동안에는 독해 영역을 미리 볼 수 없다는 점을 유의한다. IBT는 바로 정답을 클릭하면서 풀고, 헷갈리는 문제는 미리 체크 표시를 했다가 듣기 녹음이 끝나고 주어지는 5분 동안 답안을 점검한다.

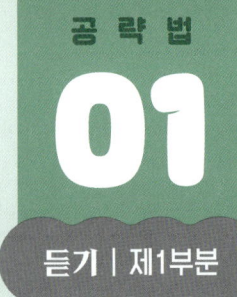

공략법 01 유머는 마지막 반전이 중요하다

듣기 | 제1부분

Day 01

매 시험 평균 1문제 정도 출제되는 유머 문제는 마지막 부분의 반전이 곧 정답이 됩니다. 이야기의 흐름을 잘 이해하다가도 마지막 반전을 이해하지 못해 틀리는 학생들이 종종 있습니다. 시험에는 마지막 반전을 이해하여 푸는 문제와 세부 내용을 녹음에서 그대로 들려주는 문제가 출제됩니다. 평소 한국어로 된 유머를 틈틈이 보는 것도 시험에 도움이 됩니다.

1 문제가 보이는 시간

0-01

예제 1
A 富豪十分吝啬
B 富豪喜欢油灯
C 富豪吹灭了油灯
D 富豪和家人关系不好

정답 및 해석

　　一位富豪临死前一直看着床前点着的油灯，家人问他："你还有什么要交代的？"富豪仍然盯着那盏油灯，家人才明白他是心疼灯油钱，于是吹灭了油灯，富豪这才闭上了眼睛。

A 富豪十分吝啬 (✓)
B 富豪喜欢油灯
C 富豪吹灭了油灯
D 富豪和家人关系不好

한 부호가 임종 전에 침상 앞에 켜진 등잔불을 계속 보고 있자, 가족들은 그에게 물었다. "또 당부하실 것이 있으십니까?" 부호가 여전히 그 등잔불을 응시하고 있자, 가족들은 그제야 그가 등잔의 기름값을 아까워한다는 것을 알고 등잔불을 불어서 껐고, 부호는 이제야 비로소 눈을 감았다.

A 부호는 매우 인색하다 (✓)
B 부호는 등잔불을 좋아한다
C 부호는 등잔불을 불어서 껐다
D 부호는 가족과 관계가 좋지 않다

해설 선택지를 보면 '富豪', '油灯', '关系不好' 같은 일상 단어들이 보입니다. 이런 경우 대부분 유머나 재치를 다룬 지문입니다. 선택지를 미리 보고 A의 '吝啬(인색하다)'를 모르겠다면, 녹음을 들으며 나머지 B·C·D에 정답이 없다는 것을 확인한 후에 A를 답으로 골라야 합니다. 녹음 마지막에 '家人才明白他是心疼灯油钱，于是吹灭了油灯，富豪这才闭上了眼睛' 부분을 듣고, 부호가 죽기 전에도 기름 값을 아끼는 모습을 보여주었다는 것을 알 수 있습니다. 따라서 정답은 A 富豪十分吝啬입니다.

단어 富豪 fùháo 명 부자, 부호 | 吝啬 lìnsè 형 인색하다 | 油灯 yóudēng 명 유등, 등잔불 | 吹灭 chuīmiè 동 불어서 끄다 | 临死 línsǐ 동 임종하다, 죽음에 이르다 | 交代 jiāodài 동 ①분부하다, 당부하다 ②설명하다, 알려주다 | 仍然 réngrán 부 여전히 | 盯 dīng 동 응시하다 | 盏 zhǎn 양 개[등을 셀 때 쓰임] | 心疼 xīnténg 동 아까워하다 | 油钱 yóuqián 명 기름값 | 闭上眼睛 bìshang yǎnjing 눈을 감다

🔊 0-02

예제 2

A 朋友的媳妇精打细算
B 朋友考虑和媳妇离婚
C 朋友家里是媳妇做主
D 朋友知道媳妇在撒谎

정답 및 해석

和朋友闲聊时，我问他平日和媳妇相处得如何，朋友意味深长地说"她如同我生命中的一盏明灯。"我感到疑惑，问道"意思是她照亮了你的生命吗？" <u>朋友回答说"不，她是红绿灯，我得听从她指挥。"</u>

친구와 한가롭게 이야기하다가, 나는 그에게 평소 아내와의 관계가 어떠한지 물었다. 친구는 의미심장하게 "그녀는 내 인생의 등불 같은 존재야."라고 말했다. 나는 의아해서 "그 말은 그녀가 네 인생을 밝혀줬다는 뜻이야?"라고 물었다. <u>친구는 "아니, 그녀는 신호등이야. 내가 그녀의 지시를 따라야 하거든."이라고 답했다.</u>

A 朋友的媳妇精打细算
B 朋友考虑和媳妇离婚
C 朋友家里是媳妇做主 (✓)
D 朋友知道媳妇在撒谎

A 친구의 아내는 매우 알뜰하다
B 친구는 아내와 이혼을 고려하고 있다
C 친구 집에서는 아내가 주도권을 쥐고 있다 (✓)
D 친구는 아내가 거짓말하고 있다는 것을 알고 있다

해설 선택지를 보면 '친구·이혼·거짓말' 등의 키워드가 나오는 것으로 보아 가벼운 유머일 가능성이 큽니다. 유머 이야기는 항상 반전이 있으므로 결말 부분을 잘 들어야 합니다. 녹음에서 친구가 자신의 아내를 '인생의 등불'이라고 말한 것만 들으면 '멘토'라고 오해할 수 있습니다. 하지만 친구는 마지막 부분에서 '她是红绿灯，我得听从她指挥。'라는 반전의 말을 통해, 아내는 신호등이라서 무조건 아내의 지시에 따라야 한다고 말합니다. 따라서 정답은 C 朋友家里是媳妇做主입니다.

단어 媳妇 xífu 명 며느리, 아내 | 精打细算 jīngdǎ-xìsuàn 성 정밀하게 계획하다, 꼼꼼하게 따지다 | 考虑 kǎolǜ 동 고려하다, 생각하다 | 离婚 líhūn 동 이혼하다 | 做主 zuòzhǔ 동 주도권을 쥐다, 책임지고 결정하다 | 撒谎 sāhuǎng 동 거짓말하다 | 闲聊 xiánliáo 동 한담하다, 잡담하다 | 相处 xiāngchǔ 동 함께 지내다 | 意味深长 yìwèishēncháng 성 의미심장하다 | 如同 rútóng 동 마치 ~와 같다 | 盏 zhǎn 양 개[등을 셀 때 쓰임] | 明灯 míngdēng 명 등불, 밝은 불 | 疑惑 yíhuò 동 의아하다, 미심쩍다 | 照亮 zhàoliàng 동 밝게 비치다 | 红绿灯 hónglǜdēng 명 신호등 | 听从 tīngcóng 동 따르다, 복종하다 | 指挥 zhǐhuī 동 지휘하다

② 내공이 쌓이는 시간

유머 관련 문제는 반전이나 숨겨진 의도를 파악해야 합니다. 전체 내용을 이해하면서 숨겨진 의도까지 찾아내야 하므로 어렵게 느껴질 수 있습니다. 본격적인 문제 풀이 전, 아래의 유머 내용들을 읽고 해석한 후에 맞는 내용을 골라 봅시다. 빠른 정답 찾기 연습을 위해, 선택지는 실제 시험과 다르게 한국어로 준비했습니다. 실제 시험에 출제된 문제를 참고하여 구성했으니, 반드시 정독해 보세요.

> **Tip♪** 실제 시험에서 문제 사이의 시간 간격은 약 13초입니다. 13초 안에 빠르게 정답을 고르고 다음 문제의 선택지까지 봐야 하므로, 정답 고르는 시간이 매우 빠듯합니다. 평소 유머 관련 지문을 볼 때마다 그 지문이 말하려는 사실이 무엇인지 체크해 보는 연습을 해 보세요.

1 시험에 잘 나오는 유머 관련 지문

🎧 0-03

> **Tip♪** 지문을 듣고 선택지 중에서 알맞은 내용을 골라 봅시다.

지문 1

音乐课上，老师提问学生们："大家知道什么叫男高音，什么叫男低音吗？"有个学生立马答道："我知道！我爸爸批评我时是男高音，我爸爸被我妈妈批评时是男低音。"

A 아빠는 테너이다
B 아빠는 엄마한테 자주 혼난다
C 아빠는 사람을 혼낼 때 목소리가 크다

음악 수업에서 선생님이 학생들에게 질문했다. "여러분은 무엇을 테너라고 하고, 무엇을 베이스라고 하는지 아나요?" 어떤 학생이 바로 대답했다. "전 알아요! 우리 아빠가 저를 혼낼 때는 테너이고, 우리 아빠가 우리 엄마한테 혼날 때는 베이스예요."

◆ 提问 tíwèn 동 질문하다
男高音 nángāoyīn 명 테너
男低音 nándīyīn 명 베이스
批评 pīpíng 동 질책하다, 혼내다

해설	남자 성악가의 음역대 중 높은 음역대를 '테너', 낮은 음역대를 '베이스'라고 합니다. 학생은 음역대의 높낮이에 빗대어, 아빠가 누군가를 혼낼 때는 목소리가 커서 테너이고, 아빠가 누군가에게 혼날 때는 목소리가 작아서 베이스라고 대답하고 있습니다.
정답	C

지문 2

一位老姑娘到婚姻介绍所，对工作人员说："我感到太寂寞了，我要找一个丈夫。他必须是讨人喜欢的、有教养的、能说会道的、消息灵通的。还有一条，我希望他终日在家里陪着我，我要他讲话，他得开口；我感到厌烦，他得住口！""我懂了，小姐。"工作人员回答，"我劝您买一台电视机。"

한 노처녀가 결혼 소개소에 와서 직원에게 말했다. "저는 너무 외로워서 남편을 찾고 싶어요. 남편은 반드시 남에게 환심을 사고, 교양 있고, 말솜씨가 좋고, 정보가 빠른 사람이어야 해요. 또 한 가지 조건이 있는데, 그가 종일 집에서 저와 있어 주면 좋겠어요. 내가 그에게 얘기하라고 하면 입을 열고, 내가 귀찮아하면 그는 입을 다물어야 해요!" "알겠습니다, 아가씨." 직원이 대답했다. "텔레비전을 한 대 사시는 걸 권해 드립니다."

	A 여자는 텔레비전 한 대를 사고 싶어 한다 B 여자가 찾는 남편의 조건은 매우 까다롭다 C 결혼 소개소 직원은 여자가 원하는 남자를 찾아 주었다	◆ 寂寞 jìmò 형 외롭다, 쓸쓸하다 讨人喜欢 tǎo rén xǐhuan 남에게 환심을 사다 能说会道 néngshuō-huìdào 성 말솜씨가 좋다 灵通 língtōng 형 (정보가) 빠르다 厌烦 yànfán 동 귀찮아하다, 싫증이 나다 住口 zhùkǒu 동 입을 다물다, 말을 멈추다
해설	노처녀가 결혼 소개소에 와서 원하는 남성상을 이야기하고 있습니다. 직원이 대답한 말의 의미는 여자의 요구 사항이 너무 까다로워서 사실상 이를 모두 만족할 만한 대상은 텔레비전밖에 없다는 뜻입니다. 이 유머 문제는 전체 내용을 잘 이해하고 답을 찾아야 합니다.
정답	B

지문 3

儿子问父亲，为什么鲸鱼能长得那么大，草鱼却很小。父亲解释道，因为鲸鱼生活在海里，草鱼生活在鱼塘里，海比鱼塘大得多，所以鲸鱼比草鱼大。随后儿子拉着父亲央求道："爸爸，咱家买个大房子吧，不然我个子也长不高。"

아들이 아버지한테 어째서 고래는 그토록 크게 자랄 수 있는데 산천어는 작은지 물었다. 아버지는 고래는 바다에서 살고 산천어는 양식장에서 사는데, 바다가 양식장보다 훨씬 크니까 고래가 산천어보다 크다고 설명했다. 뒤이어 아들은 아버지를 잡아당기며 부탁했다. "아버지, 우리 큰 집을 사요. 안 그러면 제 키도 안 클 거예요."

A 아들은 키가 크다
B 아들은 큰 집을 가지고 있다
C 아들은 큰 집에서 살고 싶어 한다

◆ 鲸鱼 jīngyú 명 고래
草鱼 cǎoyú 명 산천어
解释 jiěshì 동 설명하다
鱼塘 yútáng 명 양식장
央求 yāngqiú 동 간청하다, 부탁하다

해설	아버지는 고래가 산천어보다 큰 이유를 고래가 사는 바다가 산천어가 사는 양식장보다 훨씬 크기 때문이라고 설명했습니다. 이에 아들이 큰 집을 사지 않으면 자신의 키가 크지 않을 것이라 했으므로, 아들이 큰 집에서 살고 싶다는 마음을 드러냈음을 알 수 있습니다.
정답	C

지문 4

一位富家小姐常在丈夫前夸耀，说这样东西是她的，那样东西也是她的，使她的丈夫不胜其烦。一天晚上，这位小姐听到外面有响声，便把丈夫唤醒："快去看看，恐怕有贼了！"丈夫说："那与我有什么关系？屋里的东西全是你的呀。"

한 부잣집 여성이 항상 남편 앞에서 과시하며, 이 물건들도 자기 것이고, 저 물건들도 자기 것이라고 말해, 그녀의 남편이 귀찮아서 견딜 수 없게 만들었다. 어느 날 밤, 이 여성은 바깥에 기척을 듣고는 남편을 깨웠다. "빨리 좀 가 봐요. 아마 도둑이 있는 것 같아요!" 남편이 말했다. "그게 나랑 무슨 상관이에요? 집 안의 물건은 전부 당신 것이잖아요."

A 두 사람은 결국 이혼했다 B 도둑은 여자가 아는 사람이다 C 집 안의 물건은 모두 여자의 것이다	◆ 夸耀 kuāyào 동 과시하다, 뽐내다 不胜其烦 búshèngqífán 성 귀찮아서 견딜 수 없다 响声 xiǎngshēng 명 기척, 소리, 동정 唤醒 huànxǐng 동 (잠을) 깨우다 贼 zéi 명 도둑

해설	이 지문은 남편 앞에서 자기 것을 자랑만 하는 부잣집 여성을 풍자하는 유머를 보여줍니다. 이런 유머 지문은 마음씨 나쁜 부자 혹은 권력자를 자주 풍자합니다.
정답	C

지문 5

一位教师拿了很多东西，弄得狼狈不堪。他叫住一个站在旁边的学生问道："如果你看到我手上提了好几个袋子，身上背了很多东西，你会怎样帮我忙呢？"这个学生不假思索地回答："送你一根扁担。" A 학생은 선생님을 도와줄 생각이 없다 B 학생은 선생님의 물건을 들어주었다 C 선생님은 학생에게 물건을 들어 달라고 했다	한 교사가 많은 물건을 들고 있어서 매우 난처했다. 그는 옆에 서 있던 학생을 불러 세우고는 물었다. "만약 내가 봉지 여러 개를 손에 들고 있고, 등에 많은 물건을 지고 있는 걸 네가 본다면, 너는 날 어떻게 돕겠니?" 이 학생은 그다지 깊이 생각하지 않고 대답했다. "멜대 하나를 드리겠습니다." ◆ 教师 jiàoshī 명 교사 狼狈不堪 lángbèibùkān 성 매우 난처하다 袋子 dàizi 명 봉지, 주머니, 자루 不假思索 bùjiǎ-sīsuǒ 성 깊이 생각하지 않다 扁担 biǎndan 명 멜대

해설	무거운 짐을 들고 있는 사람을 보면 보통 도와주는 것이 도리입니다. 하지만 이 지문에 등장하는 학생은 도와주지 않았고, 선생님은 교육 차원에서 다시 질문하여 자신을 돕게 하려 했지만, 학생은 아무 생각 없이 멜대를 하나 주겠다고 답합니다. 이렇듯 유머는 일반인이 생각하는 답변인 "선생님, 제가 도와드릴게요."가 아닌, 의외의 반전을 보여줍니다.
정답	A

공략법 02

듣기 | 제1부분

HSK는 우리에게 인생철학을 알려 준다

● Day 01

듣기 听力 제1부분

HSK 6급 듣기 제1부분에서 인생철학과 관련된 문제는 매 시험 1~2문제 출제됩니다. 인생철학은 대부분 긍정적인 내용이 정답이며, 주로 지문의 마지막 부분에서 정답이 나옵니다. 인생철학의 출제 범위는 정해져 있으므로, 본 교재의 '내공이 쌓이는 시간'을 집중적으로 학습해 봅니다.

1 문제가 보이는 시간

🎧 0-04

예제 1
A 要三思而后行
B 要尊重他人隐私
C 要试着宽容别人
D 不要过分关注自己的失误

정답 및 해석

我们总是不经意地把自己的问题无限放大，例如当我们出丑时，总以为会被周围的人嘲笑。其实别人或许当时注意到了，可事后马上就会忘记了。<u>要知道，不是所有人都像你自己那样关注你</u>。

우리는 늘 무심코 자신의 문제를 끝없이 확대 해석한다. 예를 들어, 우리는 망신을 당했을 때, 늘 주변 사람의 웃음거리가 될 것이라 여긴다. (그러나) 사실 남들이 당시에는 주의를 기울였더라도, 일이 끝난 뒤에는 바로 잊어버릴 것이다. <u>모든 사람이 다 당신 자신처럼 그렇게 당신에게 관심 갖지 않는다는 것을 알아야 한다</u>.

A 要三思而后行
B 要尊重他人隐私
C 要试着宽容别人
D <u>不要过分关注自己的失误 (✓)</u>

A 신중하게 고려한 다음 행동해야 한다
B 타인의 프라이버시를 존중해야 한다
C 다른 사람에게 관용을 베풀어 봐야 한다
D <u>자신의 실수를 지나치게 신경 쓰지 말아야 한다 (✓)</u>

해설 먼저 선택지를 읽고 인생철학 관련 지문이라는 것을 체크합니다. 사람들의 오해와 착각을 바로잡는 내용이라면 '其实'라는 단어에 주목해야 합니다. '其实'는 앞에 있는 내용을 바로잡아 줍니다. HSK 6급 듣기 영역에서 '其实'가 나오면, 바로 다음 문장에 답이 있는 경우가 매우 많습니다. 녹음 지문에서 '其实' 뒤의 마지막 문장 '要知道，不是所有人都像你自己那样关注你'를 듣고 정답 D 不要过分关注自己的失误를 고를 수 있습니다.

단어 三思而后行 sānsī ér hòu xíng 신중하게 고려한 다음 행동하다 | 尊重 zūnzhòng 동 존중하다 | 隐私 yǐnsī 명 사생활, 프라이버시 | 试着 shìzhe 한번 시도해 보다 | 宽容 kuānróng 동 관용을 베풀다 | 失误 shīwù 명 실수 | 总是 zǒngshì 부 항상, 늘, 언제나 | 不经意 bùjīngyì 동 주의하지 않다, 부주의하다 *不经意地 무심코 | 无限 wúxiàn 형 무한하다, 끝없다 | 放大 fàngdà 동 (형상·소리·문제 등을) 확대하다 | 例如 lìrú 동 예를 들다 | 出丑 chūchǒu 동 창피를 당하다, 망신을 당하다 | 周围 zhōuwéi 명 주위, 주변 | 嘲笑 cháoxiào 동 조소하다, 비웃다 | 其实 qíshí 부 사실 | 或许 huòxǔ 부 아마, 어쩌면 | 事后 shìhòu 명 사후, 일이 끝난 뒤 | 忘记 wàngjì 동 잊어버리다

예제 2
A 情绪是会传染的　　　　　　B 情绪与性格息息相关
C 倾诉时应避免太主观　　　　D 及时发泄能疏导负面情绪

정답 및 해석

　　人有负面情绪时，会去关注更多负面事实，并主观地将其与自己建立起因果关系。这种关系一旦建立，负面情绪就会像滚雪球一般越滚越大。<u>所以最初的宣泄释放很重要，倾诉、运动等都是不错的选择。</u>

　　사람은 부정적인 감정이 있을 때 더 많은 부정적인 사실에 대해 주목하고, 아울러 주관적으로 그것과 자신 사이에 인과 관계를 형성한다. 이런 관계가 일단 형성되면, 부정적인 감정은 눈덩이를 굴리듯이 굴릴수록 커지게 된다. <u>그래서 맨 처음에 (부정적인 감정을) 풀어주고 발산하는 것이 중요하다. 남에게 털어놓기와 운동 등은 모두 괜찮은 선택이다.</u>

A 情绪是会传染的
B 情绪与性格息息相关
C 倾诉时应避免太主观
D 及时发泄能疏导负面情绪 (✓)

A 감정은 전염된다
B 감정은 성격과 밀접한 관계가 있다
C 털어놓을 때 너무 주관적인 것을 피해야 한다
D 제때 (감정을) 발산해야 부정적인 감정을 완화할 수 있다 (✓)

해설 '情绪'가 A·B·D 세 개의 선택지에 있으므로 키워드입니다. D의 '发泄'와 '疏导'는 어려운 단어이므로 모를 때는 A·B·C가 정답이 아니라는 것을 체크하면서 D를 정답으로 골라야 합니다. 첫 문장부터 '负面情绪'에 관해 말하고 있고, '负面情绪就会像滚雪球一般越滚越大'와 '最初的宣泄释放很重要'에서 '부정적인 감정은 눈덩이처럼 커지고 처음에 풀어주는 게 중요하다'라는 것을 알 수 있습니다. 따라서 정답은 D 及时发泄能疏导负面情绪입니다.

단어 情绪 qíngxù 몡 감정, 기분 | 传染 chuánrǎn 동 전염되다 | 性格 xìnggé 몡 성격 | 息息相关 xīxī-xiāngguān 성 밀접한 관계가 있다 | 倾诉 qīngsù 동 털어놓다, 하소연하다 | 避免 bìmiǎn 동 피하다 | 主观 zhǔguān 형 주관적이다 | 及时 jíshí 부 즉시, 곧바로 | 发泄 fāxiè 동 (불만·감정을) 털어놓다, 풀어놓다(=宣泄 xuānxiè) | 疏导 shūdǎo 동 (막힘없이) 잘 통하게 하다, 완화하다 | 负面 fùmiàn 몡 부정적인 면 *负面情绪 부정적인 감정 | 建立 jiànlì 동 (관계 등을) 맺다, 형성하다 | 因果关系 yīnguǒ guānxì 인과관계 | 滚雪球 gǔn xuěqiú 눈덩이를 굴리다 *滚 동 구르다, 굴리다 | 释放 shìfàng 동 (에너지 등을) 방출하다, 발산하다

② 내공이 쌓이는 시간

HSK에서 인생철학과 관련된 글이 1~2문제씩 꾸준하게 출제되고 있습니다. 아래의 인생철학 관련 문장들을 공부해 두면, 전체 내용을 알아듣지 못해도 한두 문장만 듣고 충분히 정답을 찾아낼 수 있습니다.

1 시험에 잘 나오는 인생철학 관련 문장   🎧 0-06

1) 인간관계

인간관계를 다루는 글에는 상대방을 칭찬하고, 상대방의 말을 경청하며, 상대방을 사심 없이 도와주어야 한다는 내용이 자주 등장한다.

- **赞美有助于人际交往。** 칭찬은 인간관계에 도움을 준다.
  Zànměi yǒuzhùyú rénjì jiāowǎng.

- **要学会认真倾听。** 진지하게 경청하는 것을 배워야 한다.
  Yào xuéhuì rènzhēn qīngtīng.

- **要乐于助人。** 다른 사람을 기꺼이 도와야 한다.
  Yào lèyú zhù rén.

- **要懂得分享。** 다른 사람들과 함께 누릴 줄 알아야 한다.
  Yào dǒngde fēnxiǎng.

2) 성공1-목표와 계획의 중요성

성공하려면 목표를 설정하고 끝까지 포기하지 않는 정신이 중요하다. 하지만 맹목적으로 전진하는 것만이 성공을 향한 길이라고는 볼 수 없다. 실수했다면 때로는 한 걸음 물러서는 것도 필요함을 강조하는 내용이 자주 나온다.

- **成功贵在坚持。** 성공은 포기하지 않고 지속하는 것이 중요하다.
  Chénggōng guì zài jiānchí.

- **发现犯了错要勇于止步。** 잘못을 발견하면 용감하게 걸음을 멈추어야 한다.
  Fāxiàn fànle cuò yào yǒngyú zhǐbù.

- **有时候放弃也是一种智慧。** 때로는 포기하는 것도 일종의 지혜이다.
  Yǒushíhou fàngqì yě shì yì zhǒng zhìhuì.

- **退一步是为了前进。** 한 걸음 물러서는 것은 전진을 위한 것이다.
  Tuì yí bù shì wèile qiánjìn.

- **要及时调整方向。** 제때 방향을 조정해야 한다.
  Yào jíshí tiáozhěng fāngxiàng

3) 성공2-노력과 태도

성공하려면 피나는 노력을 해야 하고, 긍정적이고 낙관적인 마음 자세와 적극적인 행동력이 중요하다. 자신의 장점과 잠재력을 발견해서 계발해야 한다는 내용도 자주 출제된다.

- **成功离不开勤奋。** 성공은 근면함이 없어서는 안 된다.
  Chénggōng líbukāi qínfèn.

- **付出才会有收获。** 노력한 만큼 결과를 얻는다.
  Fùchū cái huì yǒu shōuhuò.

- **一分耕耘一分收获。** 노력한 만큼 수확을 얻는다.
  Yì fēn gēngyún yì fēn shōuhuò.

- **人们应该充分挖掘潜力。** 사람은 잠재 능력을 충분히 발굴해야 한다.
  Rénmen yīnggāi chōngfèn wājué qiánlì.

- **要善于发挥自己的优势。** 자신의 강점을 잘 발휘해야 한다.
  Yào shànyú fāhuī zìjǐ de yōushì.

- **情绪可以由自己掌握。** 감정은 자신이 통제할 수 있다.
  Qíngxù kěyǐ yóu zìjǐ zhǎngwò.

- **积极的心态更重要。** 긍정적인 마음가짐이 더욱 중요하다.
  Jījí de xīntài gèng zhòngyào.

> **Tip** '积极'는 '적극적이다'라는 의미 외에 '긍정적이다'로도 자주 쓰이니 함께 알아 둡니다. '积极'의 반의어인 '消极'도 '소극적이다'라는 의미 외에 '부정적이다'로도 쓰입니다.

- **成功要靠行动。** 성공은 행동에 달려 있다.
  Chénggōng yào kào xíngdòng.

4) 성공3 - 기회

성공하려면 기회를 잡아야 하며, 기회는 준비된 자에게 찾아온다. 또한 위험을 두려워 말고 과감하게 도전해야 하며, 경쟁은 사람을 발전시킨다는 내용도 출제된다.

- **机会无处不在。** 기회는 어디에나 있다.
  Jīhuì wúchù búzài

- **机会偏爱有准备的人。** 기회는 준비된 자를 좋아한다.
  Jīhuì piān'ài yǒu zhǔnbèi de rén.

- **要善于把握机会。** 기회를 잘 잡을 줄 알아야 한다.
  Yào shànyú bǎwò jīhuì.

- **不要过于害怕风险。** 위험을 지나치게 두려워하지 마라.
  Búyào guòyú hàipà fēngxiǎn.

- **危机能够使人成熟。** 위기는 사람을 성숙하게 만들어 줄 수 있다.
  Wēijī nénggòu shǐ rén chéngshú.

- **竞争促进发展。** 경쟁은 발전을 촉진한다.
  Jìngzhēng cùjìn fāzhǎn.

5) 행복

행복을 다루는 글에는 다른 사람과 비교하지 않고, 자기 삶에 만족해야 함을 강조하는 내용이 주로 출제된다.

- **做人应该知足常乐。** 사람은 항상 만족할 줄 알아야 한다.
  Zuòrén yīnggāi zhīzúchánglè.

- **不要过于追求完美。** 지나치게 완벽을 추구해서는 안 된다.
  Búyào guòyú zhuīqiú wánměi.

- **不要与别人比较。** 다른 사람과 비교하지 마라.
  Búyào yǔ biéren bǐjiào.

- **要乐观面对生活。** 낙관적으로 삶을 대해야 한다.
  Yào lèguān miànduì shēnghuó.

공략법 03
중국의 문화·지역·인물을 출제한다

듣기 | 제1부분

Day 01

전세계 외국인을 대상으로 시행되는 HSK는 자연스럽게 중국의 문화와 지역, 역사적 인물을 소개하는 지문이 매 시험 출제됩니다. 중국 문화와 관련된 지문에서는 '历史悠久(역사가 유구하다)'라는 표현이 답으로 가장 많이 출제되었고, 지역과 관련된 지문에서는 '여행 명소(旅游景点)'에 관한 내용이 많이 출제되고 있습니다. 인물로는 '贡献非常大(공헌이 매우 크다)'와 '孔子是大教育家(공자는 훌륭한 교육가이다)'같은 표현이 정답으로 많이 나왔고, 주로 역사에 공헌한 인물이 출제됩니다. 중국 관련 문제는 선택지에 부정적인 내용이 있으면 절대 정답이 될 수 없다는 점을 기억합니다.

① 문제가 보이는 시간

🎧 0-07

예제 1
A 古蜀国商贸繁荣 B 蜀锦因产地而得名
C 锦通常仅有一种颜色 D 织锦技术产生于战国

정답 및 해석

早在春秋战国时期，古蜀国就以"布帛金银"丰饶而闻名天下。西汉初年，蜀地的丝织工匠在织帛技艺的基础上发明了织锦。"锦"就是用各种颜色的丝织成的多彩提花织物，<u>这种织锦因盛产于蜀地，被称为"蜀锦"</u>。

A 古蜀国商贸繁荣
B 蜀锦因产地而得名 (✓)
C 锦通常仅有一种颜色
D 织锦技术产生于战国

일찍이 춘추전국시대에 고촉국은 '포백과 금은'이 풍부한 것으로 유명했다. 서한 초기, 촉 땅의 직물 짜는 장인은 비단 짜는 기술을 바탕으로 채색 무늬 비단을 발명했다. '비단'은 바로 각종 색깔의 실로 짠 다채로운 자카드 직물인데, <u>이런 채색 무늬 비단은 촉 땅에서 많이 나서, '촉나라 비단(蜀锦)'이라고 불렸다.</u>

A 고촉국은 상업과 무역이 번영했다
B 촉나라 비단은 생산지 때문에 이름을 얻었다 (✓)
C 비단은 보통 하나의 색깔만 있다
D 채색무늬 비단 기술은 전국 시대에 생겼다

해설 선택지에 나오는 '古蜀国', '蜀锦', '织锦' 등의 단어를 미리 본 후에 녹음을 듣습니다. 녹음의 마지막 부분 '这种织锦因盛产于蜀地，被称为"蜀锦"'에서 생산지 때문에 '蜀锦'이라 부르는 것을 알 수 있습니다. 따라서 정답은 B 蜀锦因产地而得名입니다.

| 단어 | 古蜀国 Gǔshǔguó [고유] 고촉국 | 商贸繁荣 shāngmào fánróng 상업과 무역이 번영하다 | 产地 chǎndì [명] 생산지 | 织锦 zhījǐn [명] 채색 무늬 비단(=织帛 zhībó) | 春秋战国时期 Chūnqiū Zhànguó Shíqī [고유] 춘추전국시대 | 布帛金银 bùbó jīnyín 포백과 금은 *布帛 [명] 포백(베와 비단) | 丰饶 fēngráo [형] 풍요롭다, 풍부하다 | 闻名天下 wénmíng tiānxià (세계적으로) 유명하다 | 西汉 Xīhàn [고유] 서한 | 丝织 sīzhī 직물을 짜다 | 工匠 gōngjiàng [명] 장인, 공예가 | 在…基础上 zài……jīchǔshang ~에 기초하여, ~를 바탕으로 | 技艺 jìyì [명] 기예 | 多彩 duōcǎi [형] 다채롭다 | 提花织物 tíhuā zhīwù 자카드 직물[자카드(jacquard)라는 직조 기계를 이용해 원단에 무늬를 넣어 짠 직물] | 盛产 shèngchǎn [동] 많이 나다, 대량으로 생산되다 | 被称为 bèi chēngwéi ~라고 불리다 | 蜀锦 shǔjǐn [명] 촉나라 비단[촉나라에서 생산되는 채색 비단] |

🔊 0-08

예제 2

A 上海自然景观丰富
B 上海人传统观念深
C 上海的建筑独具特色
D 上海是中国的金融中心

정답 및 해석

　　上海是一座人文之城，现代和传统兼收并蓄，中外文化相互碰撞交融。在这种包容的氛围下，<u>上海出现了融汇中国传统民居特点和西方文化的建筑</u>，比如：石库门里弄、花园式里弄和公寓式里弄等。

　　상하이는 인류 문화의 도시이며, 현대와 전통을 전부 받아들이고, 중국과 외국의 문화가 서로 충돌하면서도 어우러져 있다. 이런 포용의 분위기 속에서, <u>상하이에는 중국 전통 민가의 특징과 서양 문화를 융합하는 건축물이 나타났다</u>. 예를 들면, 스쿠먼 리롱·화원식 리롱·아파트식 리롱 등이다.

A 上海自然景观丰富
B 上海人传统观念深
C 上海的建筑独具特色 (✓)
D 上海是中国的金融中心

A 상하이는 자연 경관이 풍부하다
B 상하이 사람은 전통 관념이 깊다
C 상하이의 건축물은 남다른 특색을 가지고 있다 (✓)
D 상하이는 중국 금융의 중심지이다

| 해설 | 선택지에 '上海'가 나와서 친숙하지만, 지문은 우리가 잘 모르는 골목인 '里弄'을 소개하고 있습니다. 두 번째 문장에서 '上海出现了融汇中国传统民居特点和西方文化的建筑' 부분을 듣고 정답 C 上海的建筑独具特色를 고르는 문제입니다. '独具特色'는 직접 들리지 않고 '建筑'만 들렸지만, 원래 문화나 건축물은 '독특한 색채를 띤다'는 내용이 정답으로 자주 출제됩니다. '融汇中国传统民居特点和西方文化' 부분을 '独具特色'라고 바꿔서 출제한 문제입니다. |

| 단어 | 自然景观 zìrán jǐngguān 자연 경관 | 传统观念 chuántǒng guānniàn 전통 관념 | 建筑 jiànzhù [명] 건축물 | 独具特色 dújù tèsè 남다른 특색을 가지고 있다 | 金融中心 jīnróng zhōngxīn 금융 중심지 | 座 zuò [양] 좌, 동, 채[부피가 크거나 고정된 물체를 셀 때 쓰임] | 人文之城 rénwén zhī chéng 인류 문화(인문)의 도시 | 兼收并蓄 jiānshōu-bìngxù [성] (내용·성질이 다른 것을) 전부 받아들이다 | 碰撞 pèngzhuàng [동] 충돌하다 | 交融 jiāoróng [동] (한데) 어우러지다, 뒤섞이다 | 包容 bāoróng [동] 포용하다 | 氛围 fēnwéi [명] 분위기 | 融汇 rónghuì [동] 융합하다, 합쳐지다 | 民居 mínjū [명] 민가 | 特点 tèdiǎn [명] 특징 | 比如 bǐrú [접] 예를 들어, 예컨대 | 石库门里弄 shíkùmén lǐlòng 스쿠먼 리롱 *里弄 상하이의 좁은 골목 | 花园式里弄 huāyuánshì lǐlòng 화원식 리롱 | 公寓式里弄 gōngyùshì lǐlòng 아파트식 리롱 |

② 내공이 쌓이는 시간

중국과 관련된 문제는 구체적으로 들리는 문장이 선택지에서 그대로 정답이 되는 경우가 많습니다. 따라서 반드시 선택지를 먼저 파악한 후에 녹음을 들어야 합니다. 또한 배경지식만 있어도 정답을 쉽게 고를 수 있으므로 시험에 잘 나오는 중국 문화와 특색 있는 지역, 역사적 인물 등을 잘 알아두도록 합니다. 물론 중국과 관련된 배경지식은 아주 방대합니다. 매 시험 새로운 내용이 출제되지만, 그래도 역대 시험에서 가장 많이 출제된 중국 관련 기본 배경지식을 소개했으니 꼭 읽어 봅니다.

1 시험에 잘 나오는 중국 관련 배경지식 1

🎧 0-09

1) 명절과 기념일

- **元宵节** Yuánxiāojié 위엔샤오제

  위엔샤오제는 음력 1월 15일로, 우리나라의 정월 대보름과 같다. 위엔샤오제가 다가오면 거리나 사찰 등 전국 각지가 등으로 화려하게 장식된다. 중국은 국토 면적이 넓고 역사가 유구해서 위엔샤오제에 관한 풍속은 전국 각지마다 다르다. 그중 위엔샤오(元宵)를 먹고 꽃등을 구경하며 등롱 수수께끼를 맞히는 것(猜灯谜)은 위엔샤오제의 주요 민간 풍속이다.

  > **시험에 잘 나오는 필수 어휘**
  >
  > ☐ **元宵** yuánxiāo 위엔샤오
  > 위엔샤오는 찹쌀가루로 만든 피에 팥, 설탕, 호두, 깨 등의 소를 넣어 둥글게 만든 새알심 모양의 떡을 말하며, 동그란 모양 때문에 '탕위엔(汤圆 tāngyuán)'이라 부른다. 위엔샤오는 가정의 화목을 상징한다.

- **清明节** Qīngmíngjié 칭밍제

  칭밍제는 이십사절기 중 하나로, 태양의 경도가 15°쯤 이르렀을 때 시작하므로, 매년 양력 4월 4일~4월 6일 정도가 된다. 이때는 날씨가 풀리고 새싹이 돋아나며 청명한 느낌이 든다고 하여 칭밍제(청명절)라 부른다. 성묘를 하거나(扫墓 sǎomù), 풀이 자란 교외를 거닐며 노는 것(踏青 tàqīng)은 칭밍제의 풍속이다. 또한 이날은 법정 휴일로 지정되어 있다.

- **端午节** Duānwǔjié 돤우제(단오절)

  돤우제는 음력 5월 5일로, 우리나라의 단오와 같다. 돤우제에는 전국시대 초나라의 애국 시인 굴원(屈原)을 추모하기 위한 날이다. 굴원은 나라를 잃은 분노에 스스로 강에 뛰어들었다. 굴원의 시신을 찾지 못하자 사람들은 물고기들이 그의 시신을 훼손하지 못하게 막으려는 의도로, 쫑즈(粽子)를 강물에 던져 물고기 밥으로 주었다고 전해진다. 그래서 쫑즈가 돤우제의 전통 음식이 되었고, 굴원의 시신을 찾기 위해 배를 몰았던 것은 용선 경기로 발전되었으며, 창포를 걸고 웅황주를 마시는 풍속이 있다. 돤우제는 중국의 법정 공휴일 중 하나이다.

시험에 잘 나오는 필수 표현

- **粽子** zòngzi 쫑즈
  찹쌀을 대나무 잎사귀나 갈댓잎에 싸서 삼각형으로 묶은 후 찐 음식이다.

- **赛龙舟** sài lóngzhōu 용선 경주를 하다
  뱃머리가 용 머리 형상인 배를 타고 노를 저어 시합하는 경기이다.

- **屈原** Qū Yuán 굴원
  굴원은 정치가로서도 훌륭했을 뿐만 아니라, 시인으로서의 소질도 매우 뛰어났다.

- **挂菖蒲** guà chāngpú 창포를 걸다
  창포는 민간에서 쉽게 구할 수 있는 약초이다. 창포를 문 앞에 걸어두면, 나쁜 기운을 피할 수 있고, 습한 날씨에 생기는 병도 예방할 수 있다.

- **雄黄酒** xiónghuángjiǔ 웅황주
  액막이를 위해 마시거나 몸에 바르는 웅황 가루와 창포 뿌리를 잘게 썰어 넣어 만든 술이다. 창포를 거는 것처럼, 나쁜 기운을 피하는 역할을 한다고 하여 단우제에 마시게 되었다.

2) 지역·명소

- **黄山** Huáng Shān 황산

황산은 중국 안후이성(安徽省) 남동부에 있는 산으로, '중국의 가장 아름다운 산'으로 잘 알려져 있다. 유네스코 세계 문화유산에도 등재된 이곳은, 화강암으로 된 산봉우리에 구름이 걸쳐져 있는 그림 같은 풍경으로 유명하다.

시험에 잘 나오는 필수 표현

- **天下第一奇山** tiānxià dì yī qíshān 천하제일기산
  천하에서 가장 신비로운 산이라는 뜻으로, 황산을 수식하는 표현이다.

- **五岳归来不看山，黄山归来不看岳**
  Wǔ Yuè guīlái bú kàn shān, Huáng Shān guīlái bú kàn yuè
  오악을 봤던 사람은 다른 산이 눈에 차지 않고, 황산을 봤던 사람은 오악을 봐도 감흥이 들지 않는다.

- **五岳** Wǔ Yuè 오악

오악이란 중국 5대 명산의 통칭으로, 예로부터 험준하지만 경치가 수려하고 좋은 기운을 가진 산으로 유명하다. 중국의 동·서·남·북·중앙에 각각 위치한 산을 뜻하는데, 각각 동악 타이산·서악 화산·남악 헝산·북악 헝산·중악 쑹산으로 이루어져 있다. 산동성(山东省) 지난시(济南市)에 있는 타이산(泰山)은 세계 문화유산과 세계 자연유산으로 등재된 산으로, 도교의 주요 성지 중 하나이다. 산시성(陕西省)에 있는 화산(华山)은 바위로 이루어진 산이며, 다섯 손가락 형태로 솟아 있는 5봉이 특징이다. 후난성(湖南省)에 있는 헝산(衡山)은 중국 천하 절경의 명산으로, 신화와 전설이 많아 무협 영화에도 많이 등장하는 산이며 도교 사원인 남악대묘(南岳大庙)로 유명하다. 허베이성(河北省)에 있는 헝산(恒山)은 대표적인 유적지로 현공사(悬空寺)와 운강석굴(云冈石窟) 등이 있다. 허난성(河南省)에 있는 쑹산(嵩山)은 태실산과 소실산이 합쳐진 산으로, 소림사(少林寺)가 유명하다.

> **시험에 잘 나오는 필수 표현**
>
> ☐ 东岳泰山 Dōngyuè Tàishān 동악 타이산
>
> ☐ 西岳华山 Xīyuè Huàshān 서악 화산
>
> ☐ 南岳衡山 Nányuè Héngshān 남악 헝산
>
> ☐ 北岳恒山 Běiyuè Héngshān 북악 헝산
>
> ☐ 中岳嵩山 Zhōngyuè Sōngshān 중악 쑹산
>
> ☐ 五岳之宗 Wǔyuè zhī zōng 오악지종
> 중국 고대의 왕들이 하늘에 제사를 지냈다 하여 붙여진 이름으로, 동악 타이산을 뜻한다.
>
> ☐ 奇险天下第一山 qíxiǎn tiānxià dì yī shān 기험천하제일산
> 기이하고 험준하기가 천하에서 으뜸이라는 의미로, 서악 화산을 뜻한다.

- **赵州桥** Zhàozhōu Qiáo 자오저우 다리

  허베이성(河北省)에 있는 자오저우 다리는 베이징의 루꺼우 다리(卢沟桥), 허난성(河南省)의 뤄양 다리(洛阳桥), 광둥성(广东省)의 광지 다리(广济桥)와 함께 중국 4대 다리로 꼽힌다. 자오저우 다리에는 도교의 여신인 서왕모(西王母)의 전설과 춘추전국 시대에 건축과 목공 발명품의 장인으로 유명한 노반(鲁班)의 전설이 있다. 자오저우 다리는 아치형 돌다리(石拱桥)로 그 외관은 비교적 단순하지만, 여러 차례의 홍수와 지진, 전쟁을 거치고도 보존이 매우 완벽하여 현대 건축 측면에서도 그 존재 가치가 매우 크고, 오늘날 세계에서 현존하는 가장 오래된 다리라는 점에서 역사적 의의가 있다.

3) 인물

- **张衡** Zhāng Héng 장헝

  장헝은 중국 동한의 학자로, 기상학자·천문학자·철학자이자 문인이다. 특히 천문학 분야에서 많은 업적을 남겼는데, 대표적인 발명으로는 혼천의(浑天仪 húntiānyí)와 지동의(地动仪 dìdòngyí)가 있다. 혼천의는 천체의 운행과 위치를 관측하기 위한 도구이고, 지동의는 지진의 발생 유무와 발현 방향 및 강도 등을 알 수 있는 일종의 지진계이다. 특히 장헝의 지동의는 세계 최초의 지진계라는 업적 외에, 외관의 예술적 가치로도 높은 평가를 받고 있다. 장헝은 천문학과 역법을 연구하는 황실 책임자이자, 재상으로서 호족(豪族)들의 발호를 견제하는 데에도 큰 공을 세웠다.

- **王羲之** Wáng Xīzhī 왕희지

  왕희지는 중국 동진(东晋) 시대의 유명한 서예가이다. 중국 한나라 때 생겨난 해서·행서·초서의 서법을 예술적으로 승화시킨 최고의 서예가로, 그의 서법은 독특한 풍격이 있고 힘이 있으면서도 수려하다. 생존 당시에도 그의 글씨는 쉽게 살 수 없고 그 가치를 돈으로 따질 수 없을 만큼 인기가 높았다고 전해진다. 대표작으로『난정집서(兰亭集序)』를 들 수 있는데, 당시 산문의 주류에서 조금 벗어나 있지만, 그 기풍과 필체 때문에 후대에 널리 알려진 작품이다.

> **시험에 잘 나오는 필수 표현**
>
> ☐ 天下第一行书 tiānxià dì yī xíngshū 천하제일행서
> 왕희지는 「난정집서(兰亭集序)」를 통해 '천하제일행서'라는 명칭을 얻었다.

- **李时珍** Lǐ Shízhēn 이시진

이시진은 중국 명나라의 위대한 의학자이자 약재학자이다. 의학자 집안에서 태어난 이시진은 아버지에게 의학 이론을 배웠고, 스스로 조부와 부친이 남긴 진료 기록에 자신이 연구한 약재를 가미하여 효과를 증대시켰다. 당시에도 약재에 관한 서적은 있었으나, 자신이 몸소 약재를 체험하고 연구하며 자신만의 진단과 처방의 체계를 잡아갔다. 이 결과가 바로 「본초강목(本草纲目)」이라는 책이다. 이 외에도 많은 책을 저술했지만, 「본초강목(本草纲目)」은 현재에도 한의학계에서 높은 가치를 인정받고 있다.

- **齐白石** Qí Báishí 치바이스

치바이스는 중국 청나라 말기부터 중화인민공화국 초기까지 생존한 중국의 현대 화가이다. 가난한 농가에서 태어난 그는 몸이 약해 농사일을 못하게 되자 목공 일을 하다가 후친위안(胡沁园) 등의 스승을 만나 글공부하며 그림에 대한 안목을 키우게 된다. 그 뒤 주로 독학으로 시서화(诗书画)를 익힌 그는 장다첸(张大千), 쉬뻬이홍(徐悲鸿)과 더불어 중국 3대 화가로 유명하다.

- **梅兰芳** Méi Lánfāng 메이란팡

메이란팡은 할아버지와 아버지 모두 배우였던 경극 집안에서 태어나 어렸을 때부터 경극을 접하며 성장했다. 그가 살았던 중국 청나라 말기에는 시대적 특성상 여성이 경극 배우로 활동할 수 없었기 때문에, 남자 배우가 여자 역할을 대신할 수밖에 없었다. 메이란팡은 남자이지만 여자 역할인 '단(旦)'을 완벽하게 연기했던 명배우이다. 그래서 사람들은 그를 '京剧名旦 jīngjù míngdàn'이라고 부른다.

> **Tip** 경극은 노래(唱)·대사(念)·동작(做)·무술(打)의 4요소로 이루어진 예술로, 베이징 지역에서 발달하여 '경극(京剧)'이라 부르며, 흔히 '베이징 오페라'라고도 한다. 경극의 주요 배역으로는 남자 역할인 생(生), 여자 역할인 단(旦), 남자 조연 역할인 정(淨), 어릿광대 역인 축(丑)으로 나뉜다. 동작은 현대극에 비해 많이 정형화되어 있고, 화려한 의상과 짙은 얼굴 분장이 대표적인 특징이다. 얼굴 분장의 색은 극중 인물의 성격을 나타내는데, 붉은색 얼굴은 정의로운 인물, 녹색 얼굴은 영웅호걸, 흰색 얼굴은 귀신이나 사악한 인물을 나타낸다. 중국 청나라 말기부터 시작된 경극은 메이란팡과 같은 명배우의 활약에 힘입어 현재에도 중국 문화를 대표하며 활발하게 공연되고 있다.

4) 문화·문학·문물

- **小品** xiǎopǐn 샤오핀

샤오핀은 '춘제 완후이(春节晚会)'에서 탄생한 신형 예술 표현 형식으로, 두 사람 이상이 하는 상황극 혹은 콩트이다. 우리나라의 코미디 프로그램인 '개그 콘서트'와 비슷하다. 샤오핀의 특징은 짧지만 힘이 있고 유머러스하며 대중적이어서 누구나 감상할 수 있다는 것이다. 또한 샤오핀은 유머를 통해 시대의 병폐를 풍자하기도 한다.

> **시험에 잘 나오는 필수 표현**
>
> □ **春节联欢晚会** Chūnjié liánhuān wǎnhuì 설 디너쇼(=春晚)
> 중국에서 음력 1월 1일에 방송하는 설 특집 방송으로, 유명 연예인과 이전 해에 유명해진 인물이 출현한다. 노래·샤오핀·소수민족의 공연 등 다채로운 코너로 이루어져 있는데, 해마다 중국인들이 밤을 새워 볼 정도로 전역에서 큰 인기를 끌고 있다.

- **孔明灯** kǒngmíngdēng 공명등(=天灯)

듣기에서 '공명등(孔明灯)'이 나오면 '등(灯)'이라는 글자 때문에 일반 조명 기구로 생각하기 쉽다. 하지만 사실 공명등은 작은 열기구를 떠올려야 한다. 공명등의 구멍이 아래로 향하게 한 후, 고체 알코올에 불을 붙여 열이 가득 차면 하늘로 날리는 것이다. 공명등은 제갈량이 멀리 있는 병사들에게 도움을 요청할 때 고안해 낸 것이라고 전해진다. 요즘은 춘제(春节)나 중추제(中秋节)같은 명절이 오면, 공명등에 소원을 적어서 하늘로 날리기도 한다.

> **시험에 잘 나오는 필수 표현**
>
> □ **诸葛亮** Zhū Gěliàng 제갈량
> 중국 삼국시대 촉(蜀)나라의 정치가이자 군사 전략가이다.
>
> □ **飞孔明灯** fēi kǒngmíngdēng 공명등을 날리다
> 공명등은 일반 조명등이 아니라 소원을 기원하며 하늘로 날리는 등불이므로, 동사는 '飞'를 쓴다.

- **四大名著** sìdàmíngzhù 4대 명작

중국의 문학 중 4대 명작으로는 명대 소설 『삼국연의(三国演义)』, 『수호전(水浒传)』, 『서유기(西游记)』와 청대 소설 『홍루몽(红楼梦)』을 꼽는다. 『삼국연의』는 나관중(罗贯中)이 위·촉·오 삼국 간의 전쟁을 배경으로 쓴 장편소설이다. 『수호전』은 '송강'이라는 실존 인물을 소재로 하여, 허구를 가미한 영웅소설이다. 『수호전』의 영향으로 명대에는 수많은 영웅소설이 창작되었다. 『서유기』는 손오공이 당승 현장과 저팔계, 사오정과 함께 불경을 구하러 가는 길에 맞닥뜨리는 난관을 헤쳐 나가는 내용이다. 난관에서 만나는 마귀들은 한편으로는 인간 사회의 불합리한 현실과 사악한 인물들을 풍자하고 있다. 『홍루몽』은 부귀영화를 누리던 한 가문의 흥망성쇠의 과정을 근간으로, 수많은 등장인물들의 복잡하고 다양한 삶을 보여 주는 장편소설이다. 당시의 사회상을 잘 드러낸 것은 물론, 인물들의 삶을 통해 인생의 깨우침과 감동을 불러일으킨다.

- **四大发明** sìdàfāmíng 4대 발명

중국은 고대에 과학이 크게 발전하였다. 중국 고대 과학의 큰 성취이자, 세계 문화에 공헌한 네 가지 발명은 나침반(指南针)·제지술(造纸术)·활자 인쇄술(印刷术活字)·화약(火药)이다.

- **唐三彩** tángsāncǎi 당삼채

당대에는 도자기에 유약을 발라 색을 입히는 것이 유행했는데, 대체로 황색·갈색·녹색의 세 가지 색깔로 배합된 것이 많아 '당삼채'라고 통칭하게 되었다. 주로 귀족들의 장례용으로 제작되었고, 출토된 유물은 남녀의 인물상, 말이나 낙타 등의 동물, 항아리나 쟁반 등의 생활용품이 있었다. 당삼채는 당대 도자기의 정수로 불리며, 후대에는 중국 요나라나 금나라의 삼채에도 영향을 미쳤다고 알려져 있다.

공략법 04 · 설명문은 배경지식을 활용해서 듣는다

Day 02

듣기 | 제1부분

HSK 6급은 주로 다양한 분야의 지식을 묻는 문제가 출제됩니다. 듣기 제1부분과 듣기 제3부분에서 지식을 전달하는 설명문이 대략 50% 이상 출제되는데, 주로 기초과학(科普)·운동과 건강·생활 지식·자녀 교육·동식물에 관한 지문이 출제됩니다. 설명문은 단순히 단어 암기와 해석만으로는 한계가 있으니, 본 교재의 '내공이 쌓이는 시간'에 있는 배경지식을 잘 익혀두는 것이 중요합니다.

1 문제가 보이는 시간

🎧 0-10

예제 1

A 月球是太阳的伙伴
B 地球是月球的行星
C 太阳是潮汐产生的原因
D 月球对地球生态系统很重要

정답 및 해석

研究人员表示，了解月球形成的时间非常重要，<u>因为月球是地球行星系统的重要伙伴</u>，它稳定了地球的自转轴，这是一天有24小时的原因，也是潮汐产生的原因。<u>如果没有月球，地球上的生命也将不同于现在了。</u>

연구진은 달이 형성되는 시간을 아는 것이 매우 중요하다고 밝혔다. <u>왜냐하면 달은 지구 행성계의 중요한 파트너이며</u> 지구의 자전축을 안정시키기 때문이다. 이는 하루가 24시간이 되는 원인이며, 또한 조석이 발생하는 원인이기도 하다. <u>만약에 달이 없었다면, 지구상의 생명체도 지금과는 달랐을 것이다.</u>

A 月球是太阳的伙伴
B 地球是月球的行星
C 太阳是潮汐产生的原因
D 月球对地球生态系统很重要 (✓)

A 달은 태양의 파트너이다
B 지구는 달의 행성이다
C 태양은 조석이 만들어지는 원인이다
D 달은 지구 생태계에 매우 중요하다 (✓)

해설 선택지를 미리 보고 지구와 달의 관계를 다룬 지문이라는 것을 파악합니다. 앞 부분의 '因为月球是地球行星系统的重要伙伴'에서 '伙伴'만 듣고 A를 오답으로 고르지 않아야 합니다. 달은 지구 행성계의 중요한 파트너라고 말하고 있으며, 지문 중간에서 지구의 24시간 형성이나 조석의 형성이 모두 달과 관련 있다고 말한 것도 정답 힌트가 됩니다. 마지막 문장의 '如果没有月球，地球上的生命也将不同于现在了' 부분을 들어도 달이 지구에게 미치는 영향이 크다는 것을 알 수 있습니다. 따라서 정답은 D 月球对地球生态系统很重要입니다.

단어 月球 yuèqiú 몡 달(=月亮) | 伙伴 huǒbàn 몡 동반자, 파트너 | 行星 xíngxīng 몡 행성 | 潮汐 cháoxī 몡 조석, 밀물과 썰물 | 生态系统 shēngtài xìtǒng 몡 생태계 | 行星系统 xíngxīng xìtǒng 몡 행성계 | 稳定 wěndìng 동 안정시키다 | 自转轴 zìzhuǎnzhóu 몡 자전축 | 不同于 bùtóng yú ~와 다르다

예제 2
A 老人新陈代谢慢
B 吃淀粉类食物容易发胖
C 食物反复加热后更有营养
D 经常吃反复加热的米饭不健康

정답 및 해석

人体对老化淀粉的水解和消化能力有限，所以<u>长期食用反复加热的淀粉类食物，如米饭，容易导致消化不良，甚至是胃病</u>。老人、婴幼儿以及患有胃肠疾病的人，更不能经常吃反复加热的淀粉类食物。

A 老人新陈代谢慢
B 吃淀粉类食物容易发胖
C 食物反复加热后更有营养
D 经常吃反复加热的米饭不健康 (✓)

노화 전분에 대한 인체의 가수분해와 소화력이 한계가 있어서, <u>반복해서 데운 쌀밥과 같은 전분류 음식을 오랫동안 먹으면 소화 불량, 심지어 위장병까지 초래하기 쉽다</u>. 노인과 영유아, 그리고 위장병에 걸린 사람은 더욱이 반복해서 데운 전분류 음식을 자주 먹어서는 안 된다.

A 노인은 신진대사가 느리다
B 전분류 음식을 먹으면 쉽게 살찐다
C 음식은 반복해서 데운 후에 훨씬 영양이 있다
D 반복해서 데운 쌀밥을 자주 먹는 것은 건강에 안 좋다 (✓)

해설 선택지의 '淀粉', '食物', '米饭' 같은 단어를 보고 음식과 관련된 지문임을 미리 파악합니다. 녹음의 첫 문장 뒷부분의 '长期食用反复加热的淀粉类食物，如米饭，容易导致消化不良，甚至是胃病'에서 '淀粉类食物'를 못 알아들어도 바로 뒤에 '米饭'이 언급되고, '导致消化不良，甚至是胃病'은 선택지에서 '不健康'으로 바뀌어 있음을 알 수 있습니다. 따라서 정답은 D 经常吃反复加热的米饭不健康입니다.

단어 新陈代谢 xīnchén dàixiè 몡 신진대사 | 淀粉类食物 diànfěn lèi shíwù 전분류 음식 *淀粉 몡 전분, 녹말 | 发胖 fāpàng 동 살찌다, 뚱뚱해지다 | 反复 fǎnfù 閈 반복하여, 거듭 | 加热 jiārè 동 가열하다, 데우다 | 营养 yíngyǎng 몡 영양 | 老化淀粉 lǎohuà diànfěn 노화 전분[전분에 물을 섞어 일정 시간 가열한 다음 식혀 두면 점차 굳어지는 현상] | 水解 shuǐjiě 동 가수분해하다[물을 이용한 분해 반응] | 消化能力 xiāohuà nénglì 소화 능력, 소화력 | 有限 yǒuxiàn 혱 유한하다, 한계가 있다 | 食用 shíyòng 동 식용하다, 먹다 | 导致 dǎozhì 동 (나쁜 결과를) 야기하다, 초래하다 | 消化不良 xiāohuà bùliáng 소화 불량 | 甚至 shènzhì 젭 심지어, ~까지도 | 胃病 wèibìng 몡 위장병(=胃肠疾病 wèicháng jíbìng) | 婴幼儿 yīngyòu'ér 몡 영아와 유아 | 以及 yǐjí 젭 및, 그리고, 아울러 | 患有 huànyǒu 동 (질병에) 걸리다

② 내공이 쌓이는 시간

듣기 영역은 듣고 나서 모두 해석하려 하지 말고, 들리는 단어를 중심으로 글의 흐름을 파악해야 합니다. 듣기 제1부분에서 설명문 지문이 나올 때, 설명문의 구조를 알고 주제에 대한 배경지식이 있으면 녹음을 다 듣지 않고도 문제를 쉽게 풀 수 있습니다. HSK 6급 듣기 제1부분에 자주 출제되는 설명문 구조와 분야별 배경지식을 준비했으니, 내공이 약한 학습자는 먼저 해석을 읽은 후에 중문을 읽어 봅니다.

1 설명문의 구조

🔊 0-12

1) 첫 문장에 사물의 정의가 나오면, 두 번째 문장에서 사물의 특징을 설명한다.

扇子是一种扇风取凉的物品，很早就被人们广泛使用。起初，它只是一个日常用品，后来，人们开始在扇面上写字作画，使其演变为具有使用价值的艺术品，并成为当今收藏品的一大门类。

> 사물의 정의 ─── 시간의 흐름에 따른 사물의 특징 설명

| 해석 | 부채는 바람을 부쳐서 더위를 식히는 물품으로, 일찍부터 사람들이 폭넓게 사용하였다. 처음에 그것은 단지 일상용품이었지만, 그 후에 사람들이 부채 면 위에 글씨를 쓰고 그림을 그리기 시작하면서, 부채는 사용 가치가 있는 예술품으로 변천하였고 오늘날 소장품의 한 분류가 되었다. |

| 단어 | 扇子 shànzi 몡 부채 | 扇风取凉 shānfēng qǔliáng 부채질로 더위를 식히다 | 广泛 guǎngfàn 혱 광범위하다, 폭넓다 | 起初 qǐchū 몡 처음 | 后来 hòulái 몡 그 후에, 그 뒤에 | 演变 yǎnbiàn 동 변천하다, 변화 발전하다 | 收藏品 shōucángpǐn 몡 소장품 *收藏 동 소장하다 | 门类 ménlèi 몡 (사물의) 분류 |

2) 첫 문장은 주제 문장이며, 두 번째 문장부터는 구체적인 예를 들어 설명한다.

蓝色会影响视觉、听觉和嗅觉，还可以减轻身体对疼痛的敏感度。手术后伤口正在恢复的患者，可以选择蓝色的床单、被罩以及其他家居用品，或者将房间刷成蓝色，这些都对减轻伤口的疼痛有一定的帮助。

> 주제 문장
> 주제에 대한 구체적인 설명

| 해석 | 남색은 시각·청각·후각에 영향을 끼치며, 또한 몸의 통증에 대한 민감도를 줄일 수 있다. 수술 후 상처가 회복 중인 환자는 남색 침대 시트, 이불 커버 및 기타 가정용품을 선택하거나, 방을 남색으로 칠해도 좋다. 이런 것들은 모두 상처의 통증을 줄이는 데 어느 정도 도움이 된다. |

| 단어 | 蓝色 lánsè 몡 남색, 푸른색 | 视觉 shìjué 몡 시각 | 嗅觉 xiùjué 몡 후각 | 减轻 jiǎnqīng 동 경감하다, 줄이다 | 疼痛 téngtòng 몡 (육체적) 통증, 아픔 | 敏感度 mǐngǎndù 몡 민감도 | 伤口 shāngkǒu 몡 상처 | 恢复 huīfù 동 회복하다 | 患者 huànzhě 몡 환자 | 床单 chuángdān 몡 침대 시트 | 被罩 bèizhào 몡 이불 커버 | 家居用品 jiājū yòngpǐn 가정용품[가구류·침구류·주방 용품 등의 통칭] | 刷 shuā 동 (솔로) 칠하다, 바르다 |

3) '중심문장 → 뒷받침 문장' 순으로 글을 전개한다.

目前，世界上最轻的金属材料是微格金属，它采用中空管结构，管壁厚度
　　　　　　　중심 문장　　　　　　　　　　→ 뒷받침 문장(얼마나 가벼운지 구체적으로 설명함)
仅为人体头发直径的千分之一。然而微格金属却异常坚硬，即使将一个鸡蛋包
　　　　　　　　　　　　　　　　　중심 문장　　　　　　→ 뒷받침 문장(얼마나 단단한지
裹在其中从高处扔下，鸡蛋也能安然无恙。　　　　　　　　　　구체적으로 설명함)

해석	현재 세계에서 가장 가벼운 금속 재료는 미세금속격자이다. 그것은 중공관 구조를 채택했으며, 관벽 두께는 단지 인체 머리카락 직경의 천분의 일이다. 그러나 미세금속격자는 매우 단단해서, 설령 달걀 하나를 그 속에 포장한 채 높은 곳에서 던질지라도, 달걀은 멀쩡할 수 있다.
단어	金属材料 jīnshǔ cáiliào 명 금속재료 ｜ 微格金属 wēigé jīnshǔ 명 미세금속격자[스티로폼보다 가벼운 강철] ｜ 采用 cǎiyòng 동 사용하다, 채택하다 ｜ 中空管 zhōngkōngguǎn 중공관[속이 비어있는 관] ｜ 结构 jiégòu 명 구조 ｜ 管壁 guǎnbì 명 관벽 ｜ 厚度 hòudù 명 두께 ｜ 直径 zhíjìng 명 직경 ｜ 然而 rán'ér 접 그러나, 하지만 ｜ 异常 yìcháng 부 매우, 몹시 ｜ 坚硬 jiānyìng 형 단단하다, 견고하다 ｜ 包裹 bāoguǒ 동 싸다, 포장하다 ｜ 高处 gāochù 명 높은 곳 ｜ 扔 rēng 동 던지다 ｜ 安然无恙 ānrán-wúyàng 성 (사람·사물이 탈없이) 무사하다, 멀쩡하다

4) 잘못된 통념을 고쳐주는 구조에서는 '其实', '事实上'을 주의해서 듣는다.

我们通常认为，别人的言谈比他们的外表对我们更有影响。其实不然，我们
　　　　　사람들의 잘못된 통념 언급　　　　　　　　　　　　반론을 제기함
会不自觉地以貌取人。实验证明，在寻求路人的帮助时，那些穿着整齐、仪表
　　　　　　　　　　　예를 들어 증명함
堂堂的人，要比那些不修边幅的人更有可能成功。

해석	우리는 통상적으로 다른 사람의 말투가 그들의 외모보다 우리에게 더욱 영향을 끼친다고 여긴다. 하지만 사실은 그렇지 않다. 우리는 자기도 모르게 용모로 사람을 평가한다. 실험에서 증명하길, 행인에게 도움을 구할 때 옷차림이 단정하고 풍채가 늠름한 사람들이 용모나 옷차림에 신경을 쓰지 않는 사람들보다 성공할 가능성이 더 크다고 한다.
단어	言谈 yántán 명 말투, 언사[말의 내용과 태도] ｜ 外表 wàibiǎo 명 외모, 겉모습 ｜ 其实不然 qíshí bùrán 사실은 그렇지 않다 ｜ 不自觉 bù zìjué 자각하지 못하다 *不自觉地 자기도 모르게 ｜ 以貌取人 yǐmào-qǔrén 성 용모로 사람을 평가하다 ｜ 实验证明 shíyàn zhèngmíng 실험에 따르면 ~라고 한다 ｜ 寻求帮助 xúnqiú bāngzhù 도움을 구하다 ｜ 路人 lùrén 명 행인 ｜ 穿着 chuānzhuó 명 옷차림 ｜ 整齐 zhěngqí 형 단정하다, 깔끔하다 ｜ 仪表堂堂 yíbiǎotángtáng 성 풍채가 늠름하다 ｜ 不修边幅 bùxiū-biānfú 성 용모나 옷차림에 신경을 쓰지 않다

5) '分为两种：一种是……; 另一种是……' 구조에 익숙해진다.

从时间长短来看，冬眠分为两种：一种是动物体温下降，进行几小时到几十
　　　　　　　　　　　　'分为两种(두 종류로 나뉜다)' 뒤에 쌍점(:)이 나와 설명을 시작함
小时的睡眠，称为日蛰眠；另一种就是动物持续几个月的睡眠状态，就是我们传
　　　　　　　　　　　'一种是…'와 '另一种就是…'를 대비시키기 위해 쌍반점(;)을 사용
统理解的动物冬眠，比如西伯利亚东北部的东方旱獭，一次能睡上200多天。

해석	시간의 길이로 보면, 겨울잠은 두 종류로 나뉜다. 한 종류는 동물이 체온이 내려가면서 몇 시간에서 몇십 시간까지의 수면을 진행하는 것으로, '일칩면(日蛰眠)'이라고 부른다. 반면, 다른 한 종류는 동물이 몇 달 동안 수면 상태를 지속하는 것으로, 우리가 전통적으로 이해하는 동물의 겨울잠이다. 예를 들어 시베리아 동북부의 동방 마르모트의 경우, 한 번에 200여 일 동안 잘 수 있다.
단어	长短 chángduǎn 명 길이 ｜ 冬眠 dōngmián 명 (동물의) 겨울잠, 동면 ｜ 分为 fēnwéi 동 ~으로 나뉘다 ｜ 体温下降 tǐwēn xiàjiàng 체온이 내려가다 ｜ 睡眠 shuìmián 명 수면, 잠 ｜ 称为 chēngwéi 동 ~라고 부르다 ｜ 日蛰眠 rìzhémián 명 일칩면 *蛰 동 (동물이) 겨울잠을 자다, 동면하다 ｜ 持续 chíxù 동 지속하다 ｜ 状态 zhuàngtài 명 상태 ｜ 传统 chuántǒng 형 전통적이다 ｜ 比如 bǐrú 접 예를 들어 ｜ 西伯利亚 Xībólìyà 고유 시베리아[지명] ｜ 旱獭 hàntǎ 명 마멋, 마르모트[유럽·아메리카산 다람쥣과의 설치 동물]

2 설명문의 배경지식

🔊 0-13

1) 기초과학

예문 1

随着互联网与现实生活的深度融合，文本、照片、虚拟货币等虚拟世界的数字信息实际上已经成为我们资产的一部分。数字遗产的归属和继承问题是互联网时代迟早要面对的。

해석	인터넷과 현실 생활이 깊게 융합하면서, 텍스트·사진·가상화폐 등 가상 세계의 디지털 정보는 사실상 이미 우리 자산의 일부분이 되었다. 디지털 유산의 귀속과 상속 문제는 인터넷 시대에 머지않아 마주해야 한다.
단어	互联网 hùliánwǎng 명 인터넷 ｜ 深度 shēndù 형 (정도가) 심하다, 깊이 있다 ｜ 融合 rónghé 동 융합하다, (서로 다른 것이) 합쳐지다 ｜ 文本 wénběn 명 텍스트(text) ｜ 虚拟货币 xūnǐ huòbì 가상화폐 *虚拟 형 가상의 ｜ 数字信息 shùzì xìnxī 명 디지털 정보 *数字 형 디지털의 ｜ 数字遗产 shùzì yíchǎn 명 디지털 유산 ｜ 归属 guīshǔ 동 귀속하다 ｜ 继承 jìchéng 동 (유산·권리 등을) 상속하다 ｜ 迟早 chízǎo 부 조만간, 머지않아

예문 2

冬至前后北半球日照时间最短，接受的太阳辐射量最少，但这时地面气温还不至于降到最低，因为在夏季积蓄的热量仍在，还能维持一段时间。但冬至后，气温会持续下降，因此，民间有"冬至不过不冷"之说。

해석	동지 전후에 북반구는 일조 시간이 가장 짧고 받아들이는 태양 복사량이 가장 적지만, 이때 지면의 기온은 아직 최저로 떨어지는 정도는 아니다. 왜냐하면 여름에 축적한 열량이 여전히 있고, 한동안 유지할 수도 있기 때문이다. 하지만 동지 후에는 기온이 계속 떨어지게 되는데, 이 때문에 민간에는 '동지가 지나지 않으면 춥지 않다'라는 말이 있다.
단어	冬至 dōngzhì 명 동지 ｜ 北半球 běibànqiú 명 북반구 ｜ 日照 rìzhào 명 일조[햇볕이 내리쬠] ｜ 太阳辐射量 tàiyáng fúshèliàng 태양 복사량 ｜ 不至于 búzhìyú 동 ~정도는 아니다, ~까지는 안 된다 ｜ 降到最低 jiàngdào zuì dī (기온이) 최저로 떨어지다 ｜ 积蓄 jīxù 동 축적하다, 모으다 ｜ 热量 rèliàng 명 열량 ｜ 仍在 réng zài 여전히 있다, 아직 ~하고 있다 ｜ 维持 wéichí 동 유지하다 ｜ 持续 chíxù 동 지속하다, 계속하다 ｜ 下降 xiàjiàng 동 (기온이) 떨어지다 ｜ 冬至不过不冷 dōngzhì búguò bù lěng 동지가 지나지 않으면 춥지 않다

예문 3

3岁以前人的大脑发育最快，出生时婴儿大脑的重量约为370克，此后第一年内脑重量增长速度惊人，6个月时为出生时的2倍，占成人脑重的50%，而儿童体重要到10岁才能达到成人的50%。

해석 3살 이전에는 사람의 대뇌 발육이 가장 빠르다. 태어날 때 아기의 대뇌 중량은 대략 370g이고, 이후 첫해의 뇌 중량은 성장 속도가 놀랍도록 빨라서 6개월 때는 태어날 때의 2배로, 성인 뇌 중량의 50%를 차지한다. 그러나 아이 체중은 10살이 되어서야 성인의 50%에 도달할 수 있다.

단어 大脑 dànǎo 명 대뇌 | 发育 fāyù 동 발육하다 | 婴儿 yīng'ér 명 영아, 아기 | 约为 yuē wéi 대략 ~이다 | 克 kè 양 그램(g) | 脑重 nǎo zhòng 뇌 중량 | 增长速度 zēngzhǎng sùdù 성장 속도 | 惊人 jīngrén 형 놀랍다, 경이롭다 | 倍 bèi 양 배, 배수 | 占 zhàn 명 차지하다, 점유하다 | 体重 tǐzhòng 명 체중, 몸무게

예문 4

土星最大的卫星土卫六是环境最接近地球的卫星。土卫六上存在大片平原、湖泊以及由有机物堆积成的沙丘，有机物是孕育生命的关键因素，这使人类对在土卫六上发现生命充满了期待。

해석 토성의 가장 큰 위성인 타이탄은 환경이 지구와 가장 비슷한 위성이다. 타이탄에는 커다란 평원과 호수, 그리고 유기물이 쌓여 이루어진 모래 언덕이 존재한다. 유기물은 생명을 잉태하는 핵심 요소로, 이 때문에 인류는 타이탄에서 생명을 발견하는 것에 대한 기대가 가득하다.

단어 卫星 wèixīng 명 위성 | 土卫六 tǔwèiliù 명 타이탄(Titan) | 环境 huánjìng 명 환경 | 接近 jiējìn 형 가깝다, 비슷하다 | 地球 dìqiú 명 지구 | 平原 píngyuán 명 평원 | 湖泊 húpō 명 호수 | 有机物 yǒujīwù 명 유기물 | 堆积 duījī 동 (사물이) 쌓여 있다, 쌓이다 | 沙丘 shāqiū 명 사구, 모래언덕 | 孕育生命 yùnyù shēngmìng 생명을 잉태하다 *孕育 동 잉태하다, 내포하다 | 关键因素 guānjiàn yīnsù 핵심 요소 | 充满期待 chōngmǎn qīdài 기대가 가득하다

예문 5

众所周知，纯棉质的原料来源于自然种植的棉花，而棉花中的棉纤维是天然纤维，与肌肤接触，肌肤不会产生刺激，也没有副作用。因此，棉织品长期以来一直受到人们的喜爱。

해석 모두가 다 알다시피, 순면 재질의 원료는 자연에서 재배한 목화에서 나오는데, 목화 속 면섬유는 천연 섬유라서 피부와 접촉할 때 피부에 자극을 주지 않고 부작용도 없다. 따라서 면직물은 오랫동안 줄곧 사람들의 사랑을 받아 왔다.

단어 众所周知 zhòngsuǒzhōuzhī 성 모두가 다 알고 있다 | 纯棉质 chúnmiánzhì 순면 재질 | 原料 yuánliào 명 원료 | 来源于 láiyuán yú ~에서 나오다 | 种植 zhòngzhí 동 재배하다, 심다 | 棉花 miánhua 명 목화 | 棉纤维 miánxiānwéi 명 면섬유 | 肌肤 jīfū 명 피부 | 接触 jiēchù 동 접촉하다, 닿다 | 产生刺激 chǎnshēng cìjī 자극을 주다 | 副作用 fùzuòyòng 명 부작용 | 棉织品 miánzhīpǐn 명 면직물 | 受到喜爱 shòudao xǐ'ài 사랑을 받다

2) 동식물

예문 1

生活在沙漠中的撒哈拉银蚂蚁有许多应对炎热的方法，它们银色的外表可以调节温度，让身体保持凉爽，它们还具有很强的导航能力，能够定期返回巢穴给身体降温。

해석   사막에 사는 사하라 은개미는 무더위에 대처하는 수많은 방법이 있다. 사하라 은개미들의 은색 외관은 온도를 조절하기 때문에 몸이 서늘함을 유지하게 할 수 있다. 그것들은 또한 뛰어난 길잡이 능력도 있어서 정기적으로 둥지로 되돌아가서 몸의 온도를 낮출 수 있다.

단어   沙漠 shāmò 명 사막 | 撒哈拉银蚂蚁 Sāhālā yín mǎyǐ 고유 사하라 은개미[동물 이름] | 应对炎热 yìngduì yánrè 무더위에 대처하다 | 外表 wàibiǎo 명 겉모습, 외모, 외관 | 调节温度 tiáojié wēndù 온도를 조절하다 | 保持凉爽 bǎochí liángshuǎng 서늘함을 유지하다 | 具有 jùyǒu 동 가지고 있다 | 导航 dǎoháng 명 내비게이션, 길잡이 동 항해나 항공을 인도하다 | 定期 dìngqī 형 정기적인 | 返回巢穴 fǎnhuí cháoxué 둥지로 되돌아가다 *巢穴 명 (새나 짐승의) 굴, 둥지 | 降温 jiàngwēn 동 온도를 낮추다

예문 2

植物在生长过程中，会不断受到病毒、细菌、昆虫等的侵袭。植物虽然不能像动物那样能移动、躲避，但也不是任其宰割的。在漫长的进化过程中，植物修炼出了完美的免疫系统来抵抗各种入侵，从而保护自己。

해석   식물은 성장 과정에서, 바이러스·세균·곤충 등의 침입을 끊임없이 받는다. 식물은 비록 동물처럼 움직이고 피할 수는 없지만, 잘리게 내버려두지도 않는다. 기나긴 진화 과정에서 식물은 완벽한 면역 체계를 수련해 냄으로써 각종 침입에 저항하고, 그리하여 자신을 보호한다.

단어   植物 zhíwù 명 식물 | 受到侵袭 shòudao qīnxí 침입을 받다 | 病毒 bìngdú 명 바이러스 | 细菌 xìjūn 명 세균 | 昆虫 kūnchóng 명 곤충 | 移动 yídòng 동 이동하다, 움직이다 | 躲避 duǒbì 동 피하다, 회피하다 | 任其 rènqí 동 ~하게 내버려두다 | 宰割 zǎigē 동 도살하고 자르다, 유린하다 | 漫长 màncháng 형 (시간이) 길다 | 修炼 xiūliàn 동 수련하다, 단련하다 | 免疫系统 miǎnyì xìtǒng 면역 체계 | 抵抗入侵 dǐkàng rùqīn 침입에 저항하다

예문 3

大象过着群居生活并依靠强有力的叫声和灵敏的听力来交流信息。研究发现，大象的叫声频率很低，而低频音的特点是传播距离远。因此，即使相距几公里，大象之间也能很好地沟通。

해석   코끼리는 무리 지어 살면서 강력한 울음소리와 예민한 청력에 의존하여 정보를 교류한다. 연구에 따르면, 코끼리의 울음소리는 주파수가 낮지만, 저주파음의 특징은 전파 거리가 멀다. 따라서 서로 수 킬로미터가 떨어져 있어도 코끼리 간에는 잘 소통할 수 있다.

단어   大象 dàxiàng 명 코끼리 | 群居 qúnjū 동 무리 지어 살다 | 依靠 yīkào 동 의지하다, 의존하다 | 强有力 qiángyǒulì 형 강력하다, 유력하다 | 灵敏 língmǐn 형 (감각이) 예민하다 | 交流信息 jiāoliú xìnxī 정보를 교류하다 | 频率 pínlǜ 명 주파수 | 低频音 dīpínyīn 저주파음 | 传播 chuánbō 동 전파하다, 퍼져 나가다 | 距离 jùlí 명 거리 | 相距 xiāngjù 동 서로 떨어지다 | 沟通 gōutōng 동 소통하다

3) 건강

예문 1

　　基础代谢率是指人在非剧烈活动状态下维持生命所需要的最低能量，基础代谢率越高，安静状态下消耗的能量越多。一般而言，基础代谢率会随着年龄的增长而逐渐降低。

해석	기초대사율은 사람이 격렬하지 않은 활동 상태에서 생명을 유지하는 데 필요한 최저 에너지를 가리킨다. 기초대사율이 높을수록 평온한 상태에서 소모되는 에너지가 많다. 일반적으로 기초대사율은 나이가 들어가며 점차 떨어진다.
단어	基础代谢率 jīchǔ dàixièlǜ 기초대사율 | 剧烈 jùliè 형 격렬하다 | 维持生命 wéichí shēngmìng 생명을 유지하다 | 能量 néngliàng 명 에너지 | 安静 ānjìng 형 평온하다, 조용하다 | 消耗 xiāohào 동 (에너지를) 소모하다 | 年龄增长 niánlíng zēngzhǎng 나이가 들다 | 逐渐 zhújiàn 부 점점, 점차 | 降低 jiàngdī 동 내려가다, 떨어지다

예문 2

　　被蜜蜂蜇了会感觉疼痛，是因为蜂针里含有蜂毒素，蜂毒素能在细胞膜上打孔，致使细胞破裂，因而是一种强效杀菌剂，可以轻松消灭多种细菌。科学家希望未来能利用蜂毒素来对抗癌症、关节炎等多种疾病。

해석	꿀벌에 쏘이고 통증을 느끼게 되는 것은 벌침에 봉독이 들어 있고, 봉독은 세포막에 구멍을 뚫을 수 있어서 세포가 파열되게 만들기 때문이다. 따라서 (봉독은) 효과가 센 살균제이며, 여러 세균을 가볍게 없앨 수 있다. 과학자는 앞으로 봉독을 활용해서 암, 관절염 등의 여러 질병에 대항할 수 있기를 바란다.
단어	蜜蜂 mìfēng 명 꿀벌 | 蜇 zhē 동 (벌 등이) 쏘다 | 感觉疼痛 gǎnjué téngtòng 통증을 느끼다 | 蜂针 fēngzhēn 명 벌침 | 蜂毒素 fēngdúsù 명 봉독[꿀벌의 침에서 나오는 독] | 细胞膜 xìbāomó 명 세포막 | 打孔 dǎ kǒng 구멍을 뚫다 | 致使 zhìshǐ 접 ~하게 만들다 | 细胞破裂 xìbāo pòliè 세포가 파열되다 | 因而 yīn'ér 접 따라서, 그러므로 | 强效 qiáng xiào 효과가 세다 | 杀菌剂 shājūnjì 명 살균제 | 轻松 qīngsōng 형 수월하다, 가볍다 | 消灭细菌 xiāomiè xìjūn 세균을 없애다 | 科学家 kēxuéjiā 명 과학자 | 对抗疾病 duìkàng jíbìng 질병에 대항하다 | 癌症 áizhèng 명 암 | 关节炎 guānjiéyán 명 관절염

실력 확인하기 듣기 | 제1부분

5분 | Day 02

녹음 속 내용과 일치하는 답을 고르세요. 0-14

1. A 儿子很机智
   B 电脑屏幕碎了
   C 爸爸责怪了儿子
   D 电视遥控器坏了

2. A 赤道附近海水密度大
   B 海水盐度有区域性差别
   C 降水量与海水盐度无关
   D 海洋内部海水流通频繁

3. A 如意的颜色鲜艳
   B 如意在南方很少见
   C 如意是陶瓷艺术品
   D 如意早期可用来抓痒

4. A 负面情绪使人疲惫
   B 思想负担可化为动力
   C 士兵上战场前很担心
   D 行动前应卸下思想重担

5. A 梅花四季常开
   B 常以梅花比喻美人
   C 文人赞扬梅花的品质
   D 那句诗出自人物传记

6. A 每一季度都有谷雨
   B 谷雨后作物长势好
   C 谷雨时节气温回落
   D 谷雨意为灌溉庄稼

7. A 沉浸式体验主要靠想象
   B 虚拟现实技术已很普及
   C 沉浸式体验无需特定设备
   D 沉浸式体验的场景是虚拟的

8. A 千眼桥修建于宋代
   B 千眼桥的桥身很狭窄
   C 千眼桥不会总露出水面
   D 千眼桥总长将近一千米

독해 阅读

제2부분

문제 유형과 전략

독해 제2부분은 하나의 지문에 빈칸이 3~5개 있는데, 빈칸에 알맞은 어휘를 선택하면 된다. 문제는 61번에서 70번까지 총 10문제가 출제되며, 배점은 한 문제당 2점이다. 빈칸의 단어를 모두 찾으려 하지 말고, 자신 있는 빈칸 1~2개로 정답을 고른다.

이렇게 풀어봐요

1. 독해 제2부분은 대부분 밑줄 1개만 풀어도 정답을 맞힐 수 있다. 따라서 모든 밑줄을 풀겠다는 생각은 버리고, 무조건 가장 자신 있는 단어가 보이는 밑줄부터 푼다. 첫 번째 빈칸까지 빠르게 읽은 후, 선택지에 답이 보이지 않는다면 두 번째 밑줄로 빠르게 넘어간다.

2. 형용사는 수식해 주는 명사와 짝을 짓고, 동사는 뒤에 오는 명사 목적어랑 짝을 지어서 답을 찾는다.

3. 만약 첫 번째 빈칸에서 B·C·D는 잘 모르겠지만, A가 확실히 아닌 것 같으면 두 번째 빈칸부터는 A를 제외하고 본다. 반대로 1개의 빈칸이라도 확실한 정답을 알 것 같다면, 다른 빈칸은 보지 말고 바로 정답을 선택한다.

공략법 01 — 5급 단어가 있는 빈칸부터 공략한다

독해 | 제2부분

Day 03

HSK 6급 독해 제2부분은 HSK 5급 어휘가 정답으로 출제되는 경우가 많습니다. 180~230점을 목표로 하는 학생들은 문제 풀 때 HSK 6급 어휘나 유의어보다 HSK 5급 어휘와 짝꿍 관계에 우선순위를 두고 답을 찾아야 합니다. 짝꿍 관계를 많이 알수록 문제 푸는 시간이 절약되고 정답률도 높아집니다.

1 문제가 보이는 시간

독해 영역의 지문도 MP3 파일로 들어 보세요. ▶ 1-01

예제 1

人的成熟是一个从_____到自知、从自知到坚定的过程。在这个过程中，每个人都要慢慢学会_____自己的责任，学会独自_____生活中的风风雨雨。

A	迷茫	承担	面对	B	茫然	承受	遭遇
C	疑惑	担任	遮掩	D	质疑	继承	挑战

정답 및 해석

人的成熟是一个从①迷茫到自知、从自知到坚定的过程。在这个过程中，每个人都要慢慢学会②承担自己的责任，学会独自③面对生活中的风风雨雨。

A	迷茫 ○	承担 ○	面对 ○ (✓)
B	茫然 ×	承受 ×	遭遇 ×
C	疑惑 ×	担任 ×	遮掩 ×
D	质疑 ×	继承 ×	挑战 ×

인간의 성숙은 막막함에서 자각으로, 자각에서 확고함으로 이어지는 과정이다. 이 과정에서, 모든 사람들은 서서히 자신의 책임을 지는 법을 배우고, 삶의 시련을 홀로 마주하는 법을 배워야 한다.

A	막막하다	(책임)지다	마주하다 (✓)
B	망연하다	견뎌내다	만나다
C	의심하다	맡다	숨기다
D	질의하다	계승하다	도전하다

해설
빈칸①의 선택지는 비교적 어려운 어휘이니, 다음 빈칸의 선택지로 넘어갑니다. 빈칸②의 선택지 A·B·C가 모두 HSK 5급 단어이므로 여기서 답을 찾아봅니다. 빈칸② 뒤의 목적어 '责任(책임)'과 서로 호응하는 선택지는 A 承担이므로, 정답은 A입니다. 나머지 빈칸은 더 이상 보지 말고 바로 다음 문제로 넘어갑니다.

선택지 단어

빈칸①

A **迷茫** mímáng [형] ① 막막하다, 아득하고 흐릿하다 ★ ② (표정·기색이) 멍하다

예문 二十几岁是最迷茫的时期。 20대는 가장 막막한 시기이다.
짝꿍 表情迷茫 표정이 멍하다

B 茫然 mángrán 형 망연하다(실의에 빠져 정신이 흐리멍덩한 모양)

예문 茫然自失 망연자실하다

C 疑惑 yíhuò 동 의심하다 명 의심, 의혹 ★★★

짝꿍 疑惑不解 의혹이 풀리지 않다

D 质疑 zhìyí 동 질의하다

짝꿍 提出质疑 의문을 제기하다

예문 很多人对研究结果提出了质疑。 많은 사람들이 연구 결과에 대해 의문을 제기했다.

빈칸②

A 承担 chéngdān 동 맡다, 감당하다, (책임)지다 ★★★

짝꿍 承担责任 책임을 지다
　　承担后果 결과를 책임지다

◆ 责任 zérèn 명 책임 | 后果 hòuguǒ 명 (나쁜) 결과

B 承受 chéngshòu 동 견뎌 내다, 이겨 내다 ★★★

짝꿍 承受痛苦 고통을 견뎌 내다
　　承受压力 스트레스를 견뎌 내다
　　承受重量 무게를 견뎌 내다

◆ 痛苦 tòngkǔ 명 고통, 아픔 | 压力 yālì 명 스트레스 | 重量 zhòngliàng 명 무게

C 担任 dānrèn 동 (직책을) 맡다, 담당하다 ★

짝꿍 担任校长 교장 선생님을 맡다

D 继承 jìchéng 동 계승하다, 물려받다 ★★

짝꿍 继承传统 전통을 계승하다
　　继承遗产 유산을 물려받다

◆ 传统 chuántǒng 명 전통품 | 遗产 yíchǎn 명 유산

빈칸③

A 面对 miànduì 동 직면하다, 마주하다 ★★★

짝꿍 面对困难 어려움에 직면하다
　　面对现实 현실에 직면하다

B 遭遇 zāoyù 동 (적·불행·재해 등을) 만나다, 당하다 ★★

짝꿍 遭遇不幸 불행을 만나다
　　遭遇灾难 재난을 당하다

◆ 不幸 búxìng 명 불행 | 灾难 zāinàn 명 재난

C 遮掩 zhēyǎn 동 (잘못을) 숨기다

예문 知错就改，不要遮遮掩掩的。 잘못을 알았으면 고쳐야지, 숨기지 마라.

	D 挑战 tiǎozhàn 통 도전하다 ★★ 짝꿍 挑战极限 극한에 도전하다 挑战自我 자신에게 도전하다 ◆ 极限 jíxiàn 명 극한
지문 단어	成熟 chéngshú 형 성숙하다 ｜ 坚定 jiāndìng 형 (의지가) 확고하다 ｜ 过程 guòchéng 명 과정 ｜ 慢慢 mànmàn 부 천천히 ｜ 责任 zérèn 명 책임 ｜ 独自 dúzì 부 홀로 ｜ 风风雨雨 fēngfēngyǔyǔ 명 끊임없이 몰아치는 비바람, 시련

🔊 1-02

예제 2 俗话说，"亲身下河知深浅，亲口尝梨知酸甜"。这句话给我们的_____是：做任何事时，别人的意见都只能作为_____，你只有亲身经历了才能了解事物的真实情况，切不可想当然！否则就会_____实际，面临失败。

  A 启蒙 补偿 歪曲 B 启发 参考 脱离
  C 教训 参谋 违背 D 觉悟 参照 扭转

정답 및 해석	俗话说，"亲身下河知深浅，亲口尝梨知酸甜"。这句话给我们的①**启发**是：做任何事时，别人的意见都只能作为②**参考**，你只有亲身经历了才能了解事物的真实情况，切不可想当然！否则就会③**脱离**实际，面临失败。 A 启蒙 ✕ 补偿 ✕ 歪曲 ✕ **B 启发 ○ 参考 ○ 脱离 ○ (✓)** C 教训 ✕ 参谋 ✕ 违背 ✕ D 觉悟 ✕ 参照 ✕ 扭转 ✕	속담에서 '직접 강에 들어가야 그 깊이를 알고, 직접 배를 맛봐야 그 새콤달콤함을 안다'라고 하였다. 이 말이 우리에게 주는 **깨우침**은 '어떤 일을 할 때, 다른 사람의 의견은 모두 **참고할** 수밖에 없으며, 당신이 직접 경험해야만 비로소 사물의 실제 상황을 알 수 있으니, 절대로 당연하게 생각해선 안 된다'는 것이다. 만약 그렇지 않으면 사실에서 **벗어나서** 실패에 직면하게 될 것이다. A 계몽 보상하다 왜곡하다 **B 깨우침 참고하다 벗어나다 (✓)** C 교훈 조언하다 위배하다 D 깨닫다 참조하다 (몸을) 돌리다
해설	빈칸①의 선택지 중 B 启发와 C 教训이 HSK 5급 단어이니, 우선 이 중에서 답을 찾아봅니다. 명언·글귀·속담 등이 우리에게 주는 깨우침이나 이치 등을 말할 때는 '启发', '启示', '道理'와 같은 단어를 씁니다. 참고로 '启蒙'은 지식을 보급하여 깨달음을 줄 때 사용합니다. 한국어로 보면 '教训'도 될 것 같아 헷갈립니다. '教训'은 직접 겪은 잘못된 경험이나 실수 속에서 얻는 것을 말하기 때문에 이 문장에는 적합하지 않습니다. 이때는 바로 다음 빈칸으로 넘어갑니다. 빈칸②에서 동사의 목적어는 주어 자리에 있는 '意见(의견)'이므로 빈칸에 들어갈 수 있는 선택지는 B 参考밖에 없습니다. 만약 2번 빈칸도 답이 헷갈리면 빈칸③으로 갑니다. 빈칸③ 뒤의 목적어 '实际'와 호응하는 단어는 B 脱离이며, '脱离实际(현실과 동떨어지다)'는 빈출 짝꿍 관계입니다. 다른 선택지는 잘 몰라도 '脱离实际'가 확실하면 정답을 B로 골라 줍니다.	
선택지 단어	빈칸 ① **A** 启蒙 qǐméng 명 계몽 ★★ 짝꿍 启蒙教育 계몽 교육 启蒙读物 계몽 도서 ◆ 读物 dúwù 명 도서, 읽을거리	

B 启发 qǐfā 몡 깨우침 ★★★

짝꿍 深受启发 깊이 깨우침을 받다

给…带来很大启发 ~에게 큰 깨우침을 가져다 주다

C 教训 jiàoxun 몡 교훈 ★★

짝꿍 吸取深刻的教训 깊은 교훈을 받아들이다

예문 因为忘记带伞而被雨淋湿，得到的教训是出门前要看天气预报并带上雨伞。
우산을 안 챙겨 비에 흠뻑 젖어서 얻은 교훈은 외출 전에 일기예보를 보고 우산을 챙겨야 겠다는 것이다.

◆ 吸取 xīqǔ 동 (교훈을) 받아들이다 | 淋湿 línshī 동 (비에) 흠뻑 젖다

D 觉悟 juéwù 동 깨닫다, 자각하다

예문 他觉悟到这件事的严重性。 그는 이 일의 심각성을 깨달았다.

◆ 严重性 yánzhòngxìng 명 심각성

빈칸 ②

A 补偿 bǔcháng 동 보상하다

짝꿍 补偿损失 손실을 보상하다

◆ 损失 sǔnshī 명 손실, 손해

B 参考 cānkǎo 동 참고하다 ★★

예문 我们应该参考专家的意见。 우리는 전문가의 의견을 참고해야 한다.

◆ 专家 zhuānjiā 명 전문가

C 参谋 cānmóu 동 조언하다

예문 你帮我参谋一下送老师什么礼物比较好。
선생님에게 어떤 선물을 드리는 것이 비교적 좋을지 조언 좀 해주세요.

D 参照 cānzhào 동 참조하다 ★★

예문 我们可以参照以往的经验，制定更适合我们的计划。
우리는 이전의 경험을 참조하여, 우리에게 더 적합한 계획을 세울 수 있다.

◆ 以往 yǐwǎng 명 이전, 과거 | 经验 jīngyàn 명 경험 | 制定计划 zhìdìng jìhuà 계획을 세우다 | 适合 shìhé 동 적합하다

빈칸 ③

A 歪曲 wāiqū 동 (사실을 고의로) 왜곡하다

짝꿍 歪曲事实 사실을 왜곡하다

B 脱离 tuōlí 동 (어떤 상황·환경에서) 벗어나다 ★★★

짝꿍 脱离实际 실제(사실)에서 벗어나다

脱离危险 위험에서 벗어나다

◆ 危险 wēixiǎn 명 위험

	C	违背 wéibèi 동 위배하다, 어기다, 거스르다 ★
		짝꿍 违背原则 원칙에 위배되다
		违背自然规律 자연 법칙을 거스르다
		◆ 原则 yuánzé 명 원칙 ｜ 自然规律 zìrán guīlǜ 명 자연 법칙
	D	扭转 niǔzhuǎn 동 ① (몸을) 돌리다 ② (국면·형세를) 돌려세우다, 전환시키다
		짝꿍 扭转身子 몸을 돌리다
		扭转局面 국면을 전환시키다
지문 단어	俗话 súhuà 명 속담 ｜ 亲身下河知深浅，亲口尝梨知酸甜 qīnshēn xiàhé zhī shēnqiǎn, qīnkǒu cháng lí zhī suāntián 직접 강에 들어가야 그 깊이를 알고, 직접 배를 맛봐야 그 새콤달콤함을 안다 ｜ 作为 zuòwéi 동 ~으로 하다(삼다) ｜ 经历 jīnglì 동 겪다, 경험하다 ｜ 了解 liǎojiě 동 (자세하게 잘) 알다, 이해하다 ｜ 事物 shìwù 명 사물 ｜ 真实 zhēnshí 형 실제의, 사실의 ｜ 切不可 qiē bùkě 절대로 ~해서는 안 된다 *切 부 절대로, 결코 ｜ 否则 fǒuzé 접 만약 그렇지 않으면 ｜ 面临失败 miànlín shībài 실패에 직면하다	

② 내공이 쌓이는 시간

독해 제2부분에서 정답을 빠르고 정확하게 고르고 싶다면 시험에 잘 나오는 단어 위주로 공부해야 합니다. 동사는 뒤에 나오는 명사 목적어와 함께, 형용사는 주어 혹은 형용사가 수식하는 명사와 함께 짝을 지어 암기하면 정답을 빠르게 고를 수 있습니다. 이번 내공이 쌓이는 시간에서는 **역대 시험에 가장 많이 나온 동사와 형용사, 명사 단어 및 짝꿍 표현**을 준비했으니 꼭 암기해 봅니다.

1 시험에 잘 나오는 동사

1) 1음절 동사

盯 dīng 동 주시하다, 응시하다	盯着屏幕 화면을 응시하고 있다 ◆ 屏幕 píngmù 명 화면, 스크린
扛 káng 동 ① (어깨에) 매다 ② (책임을) 지다	扛在肩上 어깨에 메다 扛起责任 책임을 지다 ◆ 肩 jiān 명 어깨 ｜ 责任 zérèn 명 책임
跨 kuà 동 (큰 걸음으로) 뛰어넘다	跨越国境 국경을 뛰어넘다 跨越障碍 장애물을 뛰어넘다 跨国公司 다국적 기업 ◆ 国境 guójìng 명 국경 ｜ 障碍 zhàng'ài 명 장애, 장애물

列 liè 동 ① 늘어놓다, 배열하다 ② (어떤 부류에) 끼워 넣다, 들다	名列第三 3위를 차지하다 名列前茅 상위권을 차지하다, 서열이 앞에 있다 被列为国家一级风景区 국가 1급 관광지구에 들어가다 被列入非物质文化遗产名录 무형 문화유산 명부에 들어가다	**Tip** '名列前茅'는 듣기와 독해 전체 영역에서 자주 출제되는 성어이므로 잘 익혀두도록 합니다.
	◆ 名列前茅 mínglièqiánmáo 성 상위권을 차지하다, 서열이 앞에 있다 ｜ 风景区 fēngjǐngqū 명 관광지구 ｜ 非物质文化遗产 fēiwùzhì wénhuà yíchǎn 무형 문화유산 ｜ 名录 mínglù 명 명부	
掏 tāo 동 (손·도구로) 꺼내다, 파내다	掏出钱包 지갑을 꺼내다 掏空墙上的老砖 벽에 있는 낡은 벽돌을 전부 파내다	
	◆ 砖 zhuān 명 벽돌	
迈 mài 동 내딛다, 나아가다	迈向未来 미래로 나아가다 迈出成功的第一步 성공의 첫걸음을 내딛다	
铺 pū 동 (물건을) 깔다, (자리를) 펼치다	铺地毯 양탄자를 깔다 铺平道路 길을 평평하게 깔다	**Tip** '铺'를 4성(pù)으로 읽으면, '가게(店铺)', '침상(床铺)'의 의미로 쓰입니다.
	◆ 地毯 dìtǎn 명 양탄자	
晒 shài 동 햇볕을 쬐다, 햇볕에 말리다, (SNS에) 공유하다	晒太阳 햇볕을 쬐다, 일광욕하다 晒干水分 수분을 말리다 晒照片 사진을 (SNS에) 공유하다	
涂 tú 동 (안료·페인트 등을) 바르다, 칠하다	涂抹 칠하다, 바르다 涂上颜色 색을 칠하다	**Tip** '涂抹'는 손이나 도구를 이용해서 바르고 칠할 때 사용하며, '涂刷'는 솔(브러시)로 바르고 칠할 때 사용합니다.
	◆ 抹 mǒ 동 바르다, 칠하다	
绣 xiù 동 수놓다, 자수하다	绣花 (그림·도안 등을) 수놓다 绣上图案 도안을 수놓다	
誉 yù 동 칭송하다, 칭찬하다	被誉为 ~으로 칭송되다 被专家誉为乐器之王 전문가한테 악기의 왕으로 칭송되다	
	◆ 乐器之王 lèqì zhī wáng 악기의 왕	
眨 zhǎ 동 (눈을) 깜박거리다	眨眼 눈을 깜박거리다 一眨眼的功夫 눈 깜박할 사이	
	◆ 功夫 gōngfu 명 시간, 사이, 겨를	
占 zhàn 동 (전체 중의 일부를) 차지하다	占地面积 부지 면적 占百分之五的比重 5%의 비중을 차지하다	**Tip** '占'은 전체 중의 일부를 차지한다는 의미이며, 목적어로 '5%'처럼 '퍼센트(%)'가 많이 옵니다.
	◆ 面积 miànjī 명 면적 ｜ 比重 bǐzhòng 명 비중	

2) 2음절 동사

呈现 chéngxiàn 동 나타나다, 드러나다, (색·추세를) 띠다	呈现颜色 색을 띠다 呈现趋势 추세를 띠다 呈现出一片祥和的景象 상서롭고 화목한 모습을 띠다 ◆ 趋势 qūshì 명 추세 | 祥和 xiánghé 형 상서롭고 화목하다 | 景象 jǐngxiàng 명 광경, 모습	
凝聚 níngjù 동 응집하다, 모으다	凝聚心血 심혈을 모으다 凝聚力量 역량을 모으다 凝聚精华 정화를 모으다 ◆ 精华 jīnghuá 명 정화	
具备 jùbèi 동 갖추다, 구비하다	具备素质 소양을 갖추다 具备资格 자격을 갖추다 具备条件 조건을 갖추다 ◆ 素质 sùzhì 명 소양, 자질 | 资格 zīgé 명 자격	
树立 shùlì 동 수립하다, 세우다	树立观念 관념을 수립하다 树立榜样 본보기를 세우다, 모범을 보이다 树立形象 이미지를 세우다, 이미지를 메이킹하다 ◆ 观念 guānniàn 명 관념 | 榜样 bǎngyàng 명 본보기, 모범 | 形象 xíngxiàng 명 형상, 이미지	
涌现 yǒngxiàn 동 한꺼번에 나타나다, 생겨나다, 배출되다	涌现出新鲜事物 새로운 사물이 한꺼번에 나타나다 涌现出一批人才 인재들이 배출되다 ◆ 新鲜 xīnxiān 형 새롭다, 참신하다 | 批 pī 양 무리, 떼	
奠定 diàndìng 동 (기초를) 다지다	奠定基础 기초를 다지다 ◆ 基础 jīchǔ 명 기초	
善于 shànyú 동 ~을 잘하다, ~에 능하다	善于观察 관찰을 잘하다 善于表达 표현을 잘하다 ◆ 观察 guānchá 동 관찰하다 | 表达 biǎodá 동 (생각·감정을) 표현하다	
擅长 shàncháng 동 (어떤 방면에) 뛰어나다, 잘하다	擅长书法 서예에 뛰어나다 擅长设计 설계에 뛰어나다 ◆ 书法 shūfǎ 명 서예 | 设计 shèjì 명 설계, 디자인	**Tip** '善于'는 주로 어떤 동작을 뛰어나게 잘 한다는 의미로, 뒤에는 동사 목적어만 옵니다. '擅长'은 재능이 뛰어남을 강조하며, 목적어에는 명사나 동사가 모두 올 수 있습니다.

伴随 bànsuí 동 수반하다, 동반하다	伴随着社会的发展 사회가 발전함에 따라서 这种习惯伴随人的一生。 이런 습관은 사람의 일생에 동반된다. ◆ 发展 fāzhǎn 동 발전하다	**Tip** '伴随'의 품사는 동사지만, 시험에서는 전치사 '随着(~함에 따라서)'와 같은 의미로도 자주 출제됩니다.
促进 cùjìn 동 촉진하다	促进交流 교류를 촉진하다 促进消化 소화를 촉진하다 促进发展 발전을 촉진하다 ◆ 交流 jiāoliú 동 교류하다 ｜ 消化 xiāohuà 동 소화하다	
围绕 wéirào 동 둘러싸다, 주위를 돌다	围绕主题展开讨论 주제를 둘러싸고 토론을 벌이다 围绕太阳公转 태양 주위를 공전하다 ◆ 主题 zhǔtí 명 주제 ｜ 展开讨论 zhǎnkāi tǎolùn 토론을 벌이다 ｜ 公转 gōngzhuàn 동 공전하다	
意味 yìwèi 동 의미하다	意味着成功 성공을 의미하다 意味着团圆 한 자리에 모인다는 것을 의미하다 ◆ 团圆 tuányuán 동 한 자리에 모이다	**Tip** 사전에는 '意味'라고 나와 있지만 시험에서는 주로 '着'가 붙어 '意味着'로 자주 출제됩니다.
遵循 zūnxún 동 (원칙·규칙을) 따르다	遵循原则 원칙을 따르다 遵循规律 규칙을 따르다 ◆ 原则 yuánzé 명 원칙 ｜ 规律 guīlǜ 명 (생활) 규칙, 법칙	
激发 jīfā 동 불러일으키다	激发灵感 영감을 불러일으키다 激发潜力 잠재력을 불러일으키다 激发阅读兴趣 독서 흥미를 불러일으키다 ◆ 灵感 línggǎn 명 영감 ｜ 潜力 qiánlì 명 잠재력	
寄托 jìtuō 동 (기대·희망·감정을) 걸다, 담다, 의탁하다	把希望寄托在子女身上 희망을 자녀한테 걸다 寄托情感 감정을 담다	
封闭 fēngbì 동 봉쇄하다, 폐쇄하다	封闭式管理 폐쇄식 관리 封闭式训练 폐쇄식 훈련 ◆ 管理 guǎnlǐ 동 관리하다 ｜ 训练 xùnliàn 동 훈련하다	
漂浮 piāofú 동 (물 위 혹은 공중에) 뜨다, 떠 있다	江上漂浮着小船。 강 위에 작은 배가 떠 있다. 水上漂浮着海草。 물 위에 해초가 떠 있다.	

镶嵌 xiāngqiàn 동 박아 넣다, 끼워 넣다	**镶嵌**宝石 보석을 박아 넣다 **镶嵌**到玉石中 옥석에 끼워 넣다 ◆ 宝石 bǎoshí 명 보석 ｜ 玉石 yùshí 명 옥석
命名 mìngmíng 동 명명하다, 이름을 짓다	以外形**命名** 외형으로 이름을 짓다 以地域分布为其**命名** 지역 분포로 그것의 이름을 짓다 ◆ 外形 wàixíng 명 외형 ｜ 地域分布 dìyù fēnbù 지역 분포
讲究 jiǎngjiu 동 중요시하다	**讲究**礼仪 예의를 중요시하다 **讲究**效率 효율을 중요시하다 ◆ 礼仪 lǐyí 명 예의, 예절과 의식 ｜ xiàolǜ 명 효율

2 시험에 잘 나오는 형용사

独特 dútè 형 독특하다, 특별하다	风格**独特** 스타일이 독특하다 **独特**的魅力 독특한 매력 **独特**的风俗习惯 독특한 풍습 ◆ 风格 fēnggé 명 풍격, 스타일 ｜ 魅力 mèilì 명 매력 ｜ 风俗习惯 fēngsú xíguàn 풍속과 습관, 풍습	
稳定 wěndìng 형 안정되다, 안정적이다	情绪**稳定** 정서가 안정되다 **稳定**的生活 안정된 생활 **稳定**的收入 안정적인 수입 ◆ 情绪 qíngxù 명 정서, 기분, 마음	
悠久 yōujiǔ 형 유구하다	历史**悠久** 역사가 유구하다 **悠久**的传统文化 유구한 전통 문화	**Tip** '历史悠久'의 동의어로 '源远流长 yuányuan-liúcháng'이란 성어도 시험에 자주 출제되니 함께 암기합니다.
清晰 qīngxī 형 분명하다, 뚜렷하다, 선명하다	**清晰**的足迹 뚜렷한 족적 画面**清晰** 화면이 선명하다 ◆ 足迹 zújì 명 족적, 발자취	**Tip** '清晰'의 반대말은 '模糊 móhu (흐릿하다)'입니다.
高超 gāochāo 형 뛰어나다	技艺**高超** 기예가 뛰어나다 演技**高超** 연기가 뛰어나다 ◆ 技艺 jìyì 명 기예 ｜ 演技 yǎnjì 명 연기	

杰出 jiéchū 형 걸출하다, 뛰어나다	杰出贡献 뛰어난 공헌 杰出的人才 뛰어난 인재 ◆ 贡献 gòngxiàn 명 공헌	
频繁 pínfán 형 빈번하다, 잦다	频繁接触 빈번하게 접촉하다 交往频繁 왕래가 빈번하다 ◆ 接触 jiēchù 동 접촉하다, 닿다 ｜ 交往 jiāowǎng 동 왕래하다, 사귀다	**Tip** 형용사 '频繁'은 '频繁接触'처럼 동사를 수식하는 부사어 자리에 사용하기도 합니다.
融洽 róngqià 형 사이가 좋다, 조화롭다	关系融洽 사이가 좋다 相处融洽 사이 좋게 지내다 ◆ 相处 xiāngchǔ 동 함께 지내다	
显著 xiǎnzhù 형 현저하다, 뚜렷하다	显著提高 뚜렷하게 높아지다 效果显著 효과가 뚜렷하다 具有显著优势 뚜렷한 강점이 있다 ◆ 效果 xiàoguǒ 명 효과 ｜ 具有 jùyǒu 동 있다, 가지다 ｜ 优势 yōushì 명 우세, 강점	
新颖 xīnyǐng 형 참신하다	构思新颖 구상이 참신하다 题材新颖 소재가 참신하다 ◆ 构思 gòusī 명 구상 ｜ 题材 tícái 명 (예술과 문학작품을 구성하는) 소재	
浓厚 nónghòu 형 (색채·분위기 등이) 농후하다, 짙다	浓厚的兴趣 깊은 흥미, 지대한 관심 浓厚的气息 짙은 숨결 ◆ 气息 qìxī 명 숨결, 냄새	
典型 diǎnxíng 형 전형적이다	典型的事例 전형적인 사례 典型的品种 전형적인 품종 ◆ 事例 shìlì 명 사례 ｜ 品种 pǐnzhǒng 명 품종	**Tip** '典型'은 '전형적인(대표적인) 인물, 전형'이라는 명사로도 사용됩니다.

3 시험에 잘 나오는 명사

风格 fēnggé 명 풍격, 스타일, 특징	风格独特 풍격이 독특하다 细腻的艺术风格 섬세한 예술적 특징 ◆ 独特 dútè 형 독특하다 ｜ 细腻 xìnì 형 (묘사가) 섬세하다
启发 qǐfā 명 깨우침, 영감	受到启发 깨우침을 받다 深受启发 깊은 영감을 받다 ◆ 深受 shēnshòu 동 깊이 받다

系统 xìtǒng 명 계통, 시스템	免疫系统 면역 계통 消化系统 소화 계통 ◆ 免疫 miǎnyì 명 면역 ǀ 消化 xiāohuà 동 소화하다
心态 xīntài 명 심리 상태, 마음가짐	调整心态 마음가짐을 가다듬다 摆正心态 마음가짐을 바로잡다 树立良好心态 좋은 마음가짐을 세우다 ◆ 调整 tiáozhěng 동 조정하다, 가다듬다 ǀ 摆正 bǎizhèng 동 바로잡다, (관계를) 정상화하다 ǀ 树立 shùlì 동 수립하다, 세우다
潜力 qiánlì 명 잠재력	挖掘潜力 잠재력을 발굴하다 发挥潜力 잠재력을 발휘하다 ◆ 挖掘 wājué 동 발굴하다, 찾아내다 ǀ 发挥 fāhuī 동 발휘하다
渠道 qúdào 명 경로, 루트	病毒感染渠道 바이러스 감염 경로 产品推广渠道 제품 홍보 경로 信息获取渠道 정보 획득 경로 ◆ 病毒 bìngdú 명 바이러스 ǀ 感染 gǎnrǎn 동 감염되다 ǀ 产品 chǎnpǐn 명 제품 ǀ 推广 tuīguǎng 동 널리 보급하다, 홍보하다 ǀ 获取 huòqǔ 동 얻다, 획득하다
风味 fēngwèi 명 풍미, 맛, 특색	风味独特 맛이 독특하다 别有一番风味 또 다른 특색이 있다, 별미이다 ◆ 独特 dútè 형 독특하다 ǀ 番 fān 양 종류, 가지
习俗 xísú 명 풍습, 습관과 풍속	当地的习俗 현지의 풍습 有吃月饼的习俗 월병을 먹는 풍습이 있다 ◆ 当地 dāngdì 명 현지, 그 지역 ǀ 月饼 yuèbǐng 명 월병
风俗 fēngsú 명 풍속	民间风俗 민간풍속 风俗习惯 풍속과 습관, 풍습
奥秘 àomì 명 신비, 비밀	宇宙的奥秘 우주의 신비 探索人体奥秘 인체의 비밀을 탐구하다 ◆ 宇宙 yǔzhòu 명 우주 ǀ 探索 tànsuǒ 동 탐색하다, 탐구하다, 찾다
障碍 zhàng'ài 명 장애, 장애물	心理障碍 심리적 장애 清除障碍 장애물을 제거하다 ◆ 清除 qīngchú 동 깨끗이 없애다, 완전히 제거하다, 치우다

节奏 jiézòu 명 리듬, 템포	生活节奏快 생활 리듬이 빠르다 歌曲节奏缓慢 노래 템포가 느리다 跟上社会的节奏 사회의 리듬을 따라가다 ◆ 歌曲 gēqǔ 명 노래 ǀ 缓慢 huǎnmàn 형 완만하다, 느리다 ǀ 跟上 gēnshang 동 뒤따르다, 따라가다
形象 xíngxiàng 명 형상, 이미지	艺术形象 예술 형상 塑造形象 이미지를 형상화하다 ◆ 塑造 sùzào 동 형상화하다, 만들다 **Tip** '形象'은 '생동감있다, 구체적이다'라는 의미의 형용사 용법도 있으며, '生动形象(생동감있고 구체적이다)'으로 자주 쓰입니다.
用户 yònghù 명 사용자	用户需求 사용자 요구 用户体验 사용자가 체험하다 ◆ 需求 xūqiú 명 수요, 요구 ǀ 体验 tǐyàn 동 체험하다
内涵 nèihán 명 (언어에 담겨 있는) 의미	丰富的内涵 풍부한 의미 深厚的文化内涵 깊은 문화적 의미 ◆ 丰富 fēngfù 형 풍부하다 ǀ 深厚 shēnhòu 형 깊다, 두텁다
底蕴 dǐyùn 명 오랫동안 쌓아둔 것, 축적, 소양	文化底蕴深厚 문화적 축적이 깊다 培养文化底蕴 문화적 소양을 기르다 ◆ 深厚 shēnhòu 형 깊다, 두텁다 ǀ 培养 péiyǎng 동 양성하다, 기르다

공략법 02 | 접속사를 이용하여 답을 찾는다

독해 | 제2부분

Day 03

앞 절의 접속사와 뒤 절의 접속사 혹은 접속부사가 서로 짝을 이루는 경우가 많으므로 선택지에 접속사가 보이면 해당 빈칸부터 공략해서 답을 고릅니다. 간혹 선택지에 동일한 의미의 접속사가 2개 이상 있어서 정답을 바로 고르지 못하겠다면, 두 번째로 쉬운 빈칸을 공략하여 답을 찾아봅니다.

1 문제가 보이는 시간

🎧 1-03

예제 1

目前社会上的大多数人缺乏投资_____，事实上，只要把收入_____转化为其他优质资产，_____没有丰厚的家产，也能_____积攒的投资回报享受高质量的生活。

| A | 企图 | 周期 | 倘若 | 借助 |
| C | 意识 | 定期 | 即便 | 依靠 |

| B | 本事 | 及时 | 无论 | 信赖 |
| D | 精神 | 固定 | 与其 | 耗费 |

정답 및 해석

目前社会上的大多数人缺乏投资①<u>意识</u>，事实上，只要把收入②<u>定期</u>转化为其他优质资产，③<u>即便</u>没有丰厚的家产，也能④<u>依靠</u>积攒的投资回报享受高质量的生活。

현재 사회의 대다수 사람은 투자 <u>의식</u>이 부족한데, 사실상, 수입을 <u>정기적으로</u> 다른 우량 자산으로 바꾸기만 하면, <u>설령</u> 많은 가산이 없더라도, 조금씩 쌓인 투자 수익에 <u>의지하여</u> 질 높은 생활을 누릴 수 있다.

A	企图 ✗	周期 ✗	倘若 ✗	借助 ✗
B	本事 ✗	及时 ✗	无论 ✗	信赖 ✗
C	意识 ○	定期 ○	即便 ○	依靠 ○ (✓)
D	精神 ✗	固定 ✗	与其 ✗	耗费 ✗

A	의도	주기	만약 ~한다면	~의 도움을 빌다
B	능력	제때에	~에 상관없이	신뢰하다
C	의식	정기적인	설령 ~하더라도	의지하다 (✓)
D	정신	고정되다	~하느니	소모하다

해설 빈칸③의 제시어에 접속사가 있으니 빈칸③부터 봅니다. 빈칸③ 뒤 절의 접속부사 '也'와 짝을 이루는 접속사는 B 无论, C 即便입니다. '无论' 뒤에는 반드시 두 가지 이상의 조건(의문사, A不A, A还是B)이 와야 하는데, 빈칸③ 뒤의 '没有丰厚的家产'은 두 가지 이상의 조건에 해당되지 않으므로 B 无论도 정답 후보에서 제외합니다. 따라서 정답은 C 即便입니다. 이 문제는 접속사 빈칸 한 문제로도 빠르게 정답을 찾을 수 있습니다.

선택지 단어

빈칸①

A 企图 qǐtú 몡 기도, 의도[부정적 의미]

짝꿍 他们对你的钱有<u>企图</u>。 그들은 너의 돈에 의도가 있다

B **本事** běnshi 명 능력, 수완 ★

예문 小王总是装腔作势，其实没什么真**本事**。 샤오왕은 늘 허세를 부리지만, 사실 별다른 능력도 없다.
- 总是 zǒngshì 부 항상, 늘 | 装腔作势 zhuāngqiāng-zuòshì 성 거드름을 피우다, 허세를 부리다 | 其实 qíshí 부 사실

C **意识** yìshí 명 의식 ★★ 동 의식하다, 깨닫다

짝꿍 缺乏环保**意识** 환경 보호 의식이 부족하다
- 缺乏 quēfá 동 (의식이) 부족하다 | 环保 huánbǎo 명 환경 보호(=环境保护 huánjìng bǎohù)

D **精神** jīngshén 명 정신 ★

짝꿍 体现**精神** 정신을 구현하다
   宣扬**精神** 정신을 널리 알리다
- 体现 tǐxiàn 동 구현하다, 구체적으로 드러내다 | 宣扬 xuānyáng 동 널리 알리다

빈칸②

A **周期** zhōuqī 명 주기 ★★

짝꿍 生长**周期** 성장 주기
   投资回报**周期** 투자 수익 주기
- 回报 huíbào 동 보답하다[여기서는 '수익'의 의미로 쓰임]

B **及时** jíshí 부 제때에, 즉시 ★

예문 犯错误不要紧，**及时**改正错误就好了。 실수를 해도 괜찮으니, 제때에 잘못을 고치면 된다.
- 犯错误 fàn cuòwù 실수를 하다 | 不要紧 búyàojǐn 형 괜찮다, 문제없다 | 改正 gǎizhèng 동 (잘못을 바르게) 고치다

C **定期** dìngqī 형 정기적인 부 정기적으로 ★★

짝꿍 **定期**检查 정기적으로 검사하다
   定期举行活动 정기적으로 행사를 열다
- 检查 jiǎnchá 동 검사하다 | 举行活动 jǔxíng huódòng 행사를 열다 *举行 동 거행하다, 열다

D **固定** gùdìng 형 고정되다, 정해지다 ★★

짝꿍 **固定**的时间 정해진 시간
   固定的地点 정해진 장소

빈칸③

A **倘若** tǎngruò 접 만약 ~한다면 ★★★

예문 **倘若**我们能找到问题的根源，便能更好地解决它。
만약 우리가 문제의 근원을 찾을 수 있다면, 그것을 더 잘 해결할 수 있다.
- 根源 gēnyuán 명 근원 | 解决 jiějué 동 해결하다

B 无论 wúlùn 젭 ~에 상관없이 ★★★

예문 **无论**遇到什么样的困难，我们**都**要坚持不懈地追求目标。
어떤 어려움을 만나든 상관없이, 우리는 끝까지 꾸준히 목표를 추구해야 한다.

◆ 遇到困难 yùdào kùnnán 어려움을 만나다 | 坚持不懈 jiānchíbùxiè 셩 끝까지 꾸준히 하다 | 追求目标 zhuīqiú mùbiāo 목표를 추구하다

C 即便 jíbiàn 젭 설령 ~하더라도 ★★★

예문 **即便**在最寒冷的冬天，他**也**能坚持每天早起锻炼。
설령 가장 추운 겨울이라 하더라도, 그는 매일 일찍 일어나서 운동하는 것을 계속할 수 있다.

◆ 寒冷 hánlěng 형 한랭하다, (몹시) 춥다 | 坚持 jiānchí 동 (하고 있던 것을) 계속하다, 꾸준히 하다 | 早起锻炼 zǎoqǐ duànliàn 일찍 일어나서 운동하다

D 与其 yǔqí 젭 ~하느니

예문 **与其**把时间浪费在无意义的事情上，**不如**把精力放在更有价值的事情上。
무의미한 일에 시간을 낭비하느니, 에너지를 더욱 가치 있는 일에 쏟는 것이 낫다.

◆ 精力 jīnglì 명 정신과 체력, 에너지 | 价值 jiàzhí 명 가치

빈칸 ④

A 借助 jièzhù 동 ~의 도움을 빌다 ★

예문 **借助**网络，我们可以更便捷地获取信息。
인터넷의 도움을 받아, 우리는 간편하게 정보를 얻을 수 있다.

◆ 网络 wǎngluò 명 인터넷 | 便捷 biànjié 형 간편하다 | 获取信息 huòqǔ xìnxī 정보를 얻다

B 信赖 xìnlài 동 신뢰하다 ★

예문 这是一家值得大家**信赖**的企业。 이것은 모두가 신뢰할 만한 기업이다.

◆ 值得 zhíde 동 ~할 만하다 | 企业 qǐyè 명 기업

C 依靠 yīkào 동 의지하다, 기대다 ★★★

짝꿍 **依靠**群众 대중에 의지하다

예문 我**依靠**父母生活。 나는 부모님한테 기대어 생활한다.

◆ 群众 qúnzhòng 명 군중, 대중

D 耗费 hàofèi 동 소비하다, 소모하다 ★★

짝꿍 **耗费**能源 에너지를 소모하다
耗费资金 자금을 소모하다
耗费体力 체력을 소모하다

◆ 能源 néngyuán 명 에너지 | 资金 zījīn 명 자금 | 体力 tǐlì 명 체력

| 지문 단어 | 大多数人 dàduōshù rén 대다수 사람들 | 缺乏 quēfá 동 (의식이) 부족하다 | 投资 tóuzī 명 투자 | 事实上 shìshíshàng 명 사실상 | 转化 zhuǎnhuà 동 바꾸다, 전환하다 | 优质 yōuzhì 형 양질의, 우량의 | 资产 zīchǎn 명 자산 | 丰厚 fēnghòu 형 많다, 넉넉하다 | 家产 jiāchǎn 명 가산[집안의 재산] | 积攒 jīzǎn 동 조금씩 모으다, 쌓다 | 回报 huíbào 동 보답하다[이 지문에서는 '수익'의 의미로 쓰임] | 享受生活 xiǎngshòu shēnghuó 생활을 누리다 | 质量 zhìliàng 명 질, 품질 |

예제 2

"荔枝"是一种原产于中国的水果，_____写作"离支"。需要说明的是，在古汉语中，"离"有割去之意，"支"通"枝"，所以"离支"就是割去枝干的意思。那么，为何要以"离支"为这种水果_____呢？原来，这种水果有一个_____特点：不能离开枝叶。但是，_____连枝割下，保鲜期则会加长。

A	终究	声明	著作	倘若	B	暂且	设置	显示	凡是
C	原先	称呼	清晰	固然	D	起初	命名	显著	假如

정답 및 해석

"荔枝"是一种原产于中国的水果，①起初写作"离支"。需要说明的是，在古汉语中，"离"有割去之意，"支"通"枝"，所以"离支"就是割去枝干的意思。那么，为何要以"离支"为这种水果②命名呢？原来，这种水果有一个③显著特点：不能离开枝叶。但是，④假如连枝割下，保鲜期则会加长。

A 终究✕　声明✕　著作✕　倘若○
B 暂且✕　设置✕　显示✕　凡是✕
C 原先✕　称呼✕　清晰✕　固然✕
D 起初○　命名○　显著○　假如○ (✓)

'荔枝'는 중국이 원산지인 과일로, 처음에는 '离支'라고 썼다. 설명이 필요한 점은 고대 중국어에서, '离'는 잘라낸다는 뜻이고, '支'는 '枝'와 통하므로, '离支'는 바로 가지와 줄기를 잘라낸다는 의미이다. 그럼, 왜 이 과일에 '离支'라는 이름을 지어주려 한 걸까? 알고 보니, 이 과일은 뚜렷한 특징 하나가 있는데, 가지와 잎을 벗어날 수 없다는 것이다. 하지만, 만약 가지와 함께 잘라내면, 신선도 유지 기간이 늘어나게 된다.

A 결국　성명하다　저서　만약 ~한다면
B 잠시　설치하다　보여주다　(예외 없이) 모두
C 원래　~라고 부르다　선명하다　물론 ~지만
D 처음에는　이름을 짓다　뚜렷하다　만약 ~라면 (✓)

해설 빈칸④는 접속사이므로 먼저 빈칸④를 봅니다. 빈칸④를 포함한 문장 뒤 절의 접속부사 '则(= 就/便)'와 짝을 이루는 접속사는 A 倘若와 D 假如입니다. 이 2개의 선택지를 정답 후보로 두고, 다른 빈칸에서 정답을 찾습니다. 빈칸③은 '特点(특징)'이란 명사를 수식하는 형용사 자리이고, '特点' 앞에 올 수 있는 선택지는 A 著作(저서)라는 명사가 아닌, D 显著입니다. 따라서 정답은 D입니다.

선택지 단어

빈칸①

A 终究 zhōngjiū 〔부〕 결국

예문 他的努力终究没有白费，成功已近在眼前。
그의 노력은 결국 헛되지 않아서, 성공은 이미 눈앞에 다가왔다.
◆ 没有白费 méiyǒu báifèi 헛되지 않다 *白费 〔동〕 헛되이 쓰다, 허비하다

B 暂且 zànqiě 〔부〕 잠시, 잠깐

예문 这件事暂且放一放，过段时间再解决吧。 이 일은 잠시 좀 내버려두고, 나중에 해결합시다.
◆ 放一放 fàng yí fàng 좀 내버려두다 | 过段时间 guò duàn shíjiān 시간이 좀 지나서, 나중에 | 解决 jiějué 〔동〕 해결하다

C 原先 yuánxiān 〔명〕 원래, 이전 [주로 명사를 수식하는 관형어로 사용함]

예문 我们决定还是按照原先的计划进行。 우리는 그래도 원래의 계획대로 진행하기로 결정했다.
◆ 按照 ànzhào 〔전〕 ~에 따라, ~대로

D 起初 qǐchū 명 처음, 최초[나중에는 상황이 바뀌었음을 내포함]

예문 **起初**我并不同意，经过他不断地劝说，后来我就改变了想法。
처음에 나는 절대 동의하지 않았지만, 그가 끊임없이 설득한 끝에 나중에 나는 생각을 바꿨다.

◆ 经过 jīngguò 전 ~을 거쳐, ~끝에 | 不断 búduàn 부 부단히, 끊임없이 | 劝说 quànshuō 동 설득하다 | 改变想法 gǎibiàn xiǎngfǎ 생각을 바꾸다

빈칸②

A 声明 shēngmíng 동 (자신의 견해·입장을 공개적으로) 성명하다, 발표하다

짝꿍 公开**声明** 공개적으로 성명하다

B 设置 shèzhì 동 설치하다, 설정하다 ★

짝꿍 **设置**密码 비밀번호를 설정하다
　　　设置闹钟 알람을 설정하다

◆ 密码 mìmǎ 명 비밀번호 | 闹钟 nàozhōng 명 자명종, 알람

C 称呼 chēnghu 동 ~라고 부르다 ★

예문 大家都亲切地**称呼**他老王。 모두들 그를 라오왕이라고 친근하게 부른다.

◆ 亲切 qīnqiè 형 친근하다

D 命名 mìngmíng 동 명명하다, 이름을 짓다 ★★★

예문 这座园林以其第一代主人的名字**命名**。 이 정원은 그 1대 주인의 이름을 따서 이름을 지었다.

◆ 园林 yuánlín 명 원림, 정원

빈칸③

A 著作 zhùzuò 명 저작, 저서 ★★

예문 这部**著作**史料丰富，值得我们参考。
이 저서는 사료가 풍부하여 우리가 참고할 만하다.

◆ 史料 shǐliào 명 사료, 역사 자료 | 丰富 fēngfù 형 풍부하다 | 值得 zhíde 동 ~할 만하다 | 参考 cānkǎo 동 참고하다

B 显示 xiǎnshì 동 (뚜렷하게) 보여주다 ★★★

예문 研究**显示**，喝茶能起到减肥的作用。
연구에 따르면 차를 마시면 다이어트 효과를 볼 수 있다고 한다.

> **Tip** 다음의 짝꿍 관계를 알아두면 쉽게 정답을 고를 수 있습니다.
> • 研究/调查/实验结果/数据+显示/表明
> : 연구·조사·실험 결과·데이터에 따르면 ~라고 한다

◆ 起到…的作用 qǐdào……de zuòyòng ~한 작용을 하다, ~한 효과를 보다 | 减肥 jiǎnféi 동 다이어트하다

C 清晰 qīngxī 형 뚜렷하다, 선명하다 ★★★

짝꿍 思路**清晰** 사고의 방향이 뚜렷하다
　　　画面**清晰** 화면이 선명하다

◆ 思路 sīlù 명 사고의 방향

D 显著 xiǎnzhù 형 현저하다, 뚜렷하다, 눈에 띄다 ★★★

예문 效果显著 효과가 뚜렷하다

工作效率显著提高 업무 효율이 눈에 띄게 높아지다
- 工作效率 gōngzuò xiàolǜ 업무 효율

빈칸④

A 倘若 tǎngruò 접 만약 ~한다면 ★★

예문 倘若你能把这份工作做好，就能获得升职机会。
만약 네가 이 일을 잘 해낼 수 있다면, 승진 기회를 얻을 수 있을 것이다.
- 获得 huòdé 동 획득하다, (기회를) 얻다 | 升职 shēngzhí 동 승진하다

B 凡是 fánshì 부 (예외 없이) 모두[범위 부사라서 명사 앞에 쓸 수 있음] ★★

예문 凡是来这里旅游的人，都被眼前的景色所震撼。
여기에 여행 온 사람들은 모두 눈앞의 풍경에 감동받는다.
- 眼前 yǎnqián 명 눈앞 | 景色 jǐngsè 명 풍경 | 震撼 zhènhàn 동 감동시키다

C 固然 gùrán 접 물론 ~지만 ★★

예문 药固然可以治病，但过量服用也会产生副作用。
약은 물론 병을 치료할 수 있지만, 과다 복용해도 부작용이 생기게 된다.
- 治病 zhìbìng 동 병을 치료하다 | 过量服用 guòliàng fúyòng 과다 복용하다 | 产生副作用 chǎnshēng fùzuòyòng 부작용이 생기다

D 假如 jiǎrú 접 만약 ~라면 ★★★

예문 假如这次你选择了放弃，那就很难再有机会了。
만약 이번에 포기하는 것을 선택하면, 그럼 다시 기회가 생기기 어려울 것이다.
- 放弃 fàngqì 동 포기하다

| 지문 단어 | 荔枝 lìzhī 명 리즈, 리치[과일 이름] \| 原产于 yuánchǎn yú ~이/가 원산지이다 \| 写作 xiězuò 동 (글을) 쓰다 \| 需要 xūyào 동 필요하다 \| 割 gē 동 (칼로) 자르다 \| 枝干 zhīgàn 명 가지와 줄기 \| 为何 wèihé 부 왜 \| 枝叶 zhīyè 명 가지와 잎 \| 保鲜期 bǎoxiānqī 신선도 유지 기간 *保鲜 동 신선도를 유지하다 \| 加长 jiācháng 동 (기간이) 늘어나다 |

② 내공이 쌓이는 시간

접속사는 문장과 문장을 연결하는 품사이고, 부사 중에서도 문장과 문장을 연결하는 접속 부사가 있습니다. 주로 '접속사+접속사', '접속사+접속부사' 형식으로 많이 사용되니, 아래의 짝꿍 구조를 외워두면 빠르게 정답을 고를 수 있습니다.

1. 시험에 잘 나오는 접속사 짝꿍 구조 ★★

1) **无论/不论/不管+A(두 가지 이상의 조건)，都/也/总/往往+B(변하지 않는 결과)**
   A에 상관없이, 항상 B이다

   [두 가지 이상의 조건]
   ① 의문사
   - 无论你在哪里，我都会思念你。 당신이 어디에 있든 간에, 나는 항상 당신을 그리워할 것입니다.

   ② A不A, A没A
   - 无论老板在不在，员工们都认真工作。 사장이 있든 없든 간에, 직원들은 모두 열심히 일한다.

   ③ 선택 관계(A还是B, A或者B)
   - 无论是咖啡还是茶，都能起到减肥的作用。
     커피든 차든 상관없이, 모두 다이어트 효과를 볼 수 있다.

2) **一旦+A(가정)，就/便/将+会+B(결과)** 일단 A하면, B할 것이다

   - 月球上的"火喷泉"是指熔岩一旦到达地表，就会在空中爆炸的现象。
     달의 '화분천(火喷泉)'은 용암이 일단 지구 표면에 도달하면, 공중에서 폭발하게 되는 현상을 가리킨다.

   ◆ 月球 yuèqiú 뎽 달 | 火喷泉 huǒpēnquán 화분천[불이 분출되는 샘] | 指 zhǐ 동 가리키다 | 熔岩 róngyán 뎽 용암 | 到达 dàodá 동 도달하다 | 地表 dìbiǎo 뎽 지구의 표면 | 空中 kōngzhōng 뎽 공중 | 爆炸 bàozhà 동 폭발하다 | 现象 xiànxiàng 뎽 현상

3) **倘若/如果/假如/若+A(가정)，那么+주어+就/便/则/将+会+B(자연스런 결과)**
   만약 A한다면, 그럼 B일 것이다

   > **Tip** '如果'와 함께 뒤 절에 오는 '则'는 '那么'와 '就'를 대신하며, 주어 앞뒤에 모두 사용할 수 있습니다.

   - 父母假如想消除跟子女之间的代沟，就要紧跟时代的步伐。
     부모가 만약 자녀 간의 세대 차이를 없애고 싶다면, 시대의 흐름을 바싹 뒤따라야 한다.

   ◆ 消除 xiāochú 동 없애다, 제거하다 | 代沟 dàigōu 뎽 세대차, 세대차이 | 紧跟 jǐngēn 동 바싹 뒤따르다 | 步伐 bùfá 뎽 발걸음, 흐름

4) 即使/即便/哪怕/就算+A(가정), 也/都+B(변하지 않는 결과/의지)
설령 A하더라도, B하다

Tip '即使'와 함께 뒤 절에 오는 부사 '也'는 접속사 '可是'와 같은 의미로 사용된 것입니다.

- 在这个古镇上，**即便**是走在一条普通的石板路上，**也**会有无数的风景等你发现。
  이 옛 마을에서는 설령 평범한 석판길을 걷더라도, 무수한 풍경들이 당신이 발견하길 기다린다.

  ◆ 古镇 gǔzhèn 명 옛 마을 | 普通 pǔtōng 형 보통이다, 평범하다 | 石板路 shíbǎnlù 명 석판길, 돌길 | 无数 wúshù 형 무수하다, 매우 많다 | 风景 fēngjǐng 명 풍경

5) 由于+A(원인), 因此/因而/所以+B(결과)
因为+A(원인), 所以+B(결과) A했기 때문에, B하다

Tip '因为'는 '因'이 들어있으므로 뒤 절에 '所以'만 올 수 있으며, '因此'와 '因而'은 올 수 없습니다.

- **由于**他拒绝赡养父亲，**所以**他的继承权被剥夺了。
  그가 아버지를 부양하는 것을 거절했기 때문에 그의 상속권은 박탈당했다.

  ◆ 赡养 shànyǎng 동 (부모를) 부양하다 | 继承权 jìchéngquán 명 상속권 | 剥夺 bōduó 동 (재산·권리 등을) 박탈하다, 빼앗다

6) 不仅/不但+A，而且/还/也/更+B A할 뿐만 아니라, 게다가 B하다

Tip '不仅A，而且B' 구문은 뒤 절(B)을 강조합니다.

- 树莓为蔷薇科植物，它**不仅**观赏性强，**还**是一种值得开发的野生水果。
  나무딸기는 장미과 식물로, 그것은 보는 즐거움이 좋을 뿐만 아니라, 또한 개발할 가치가 있는 야생 과일이기도 하다.

  ◆ 树莓 shùméi 명 나무딸기[식물명] | 蔷薇科 qiángwēikē 명 장미과 | 植物 zhíwù 명 식물 | 观赏性 guānshǎngxìng 관상성, 보는 즐거움 *观赏 동 감상하다, 보고 즐기다 | 值得 zhíde 동 ~할 가치가 있다 | 野生 yěshēng 형 야생의

7) 不但不/不但没(有)+A，反而+(还)+B A하기는커녕, 오히려 B하다

- 艺术创作讲究点到为止，留下一些空白**不仅不**会显得奇怪，**反而**能更好地调动读者进行审美再创造的积极性。
  예술 창작은 상상의 여지를 남기는 것을 중요시하여, 여백을 남기는 것이 이상하게 보이기는커녕, 오히려 독자가 심미적 재창조를 하도록 적극성을 더욱 잘 불러일으킬 수 있다.

  ◆ 艺术创作 yìshù chuàngzuò 예술 창작 | 讲究 jiǎngjiu 동 중요시하다 | 点到为止 diǎndàowéizhǐ 성 살짝 언급하다, 상상의 여지를 남기다 | 留下空白 liúxià kòngbái 여백을 남기다 | 显得 xiǎnde 동 ~하게 보이다 | 奇怪 qíguài 형 이상하다 | 调动积极性 diàodòng jījíxìng 적극성을 불러일으키다 | 读者 dúzhě 명 독자 | 审美再创造 shěnměi zài chuàngzào 심미적 재창조

8) **A(원인)，从而B** A함으로써 B하다, A하고 그럼으로써 B하다

> **Tip** 앞 절(A)은 원인이나 방법을 나타내며, '从而'을 이용하여 자연스러운 결과를 이끌어 냅니다.

- 你只需要花上一些时间，就可以事半功倍，从而游刃有余地处理你的日常生活事务。
  네가 시간을 좀 들이기만 하면 적은 노력으로 많은 성과를 올릴 수 있고, 그럼으로써 여유 있게 너의 일상생활 속의 일들을 처리할 수 있다.

- ◆ 事半功倍 shìbàn-gōngbèi 성 적은 노력으로 많은 성과를 올리다 | 游刃有余 yóurèn-yǒuyú 성 힘들이지 않고 여유있게 일을 처리하다 | 处理 chǔlǐ 동 처리하다 | 事务 shìwù 명 일, 업무

9) **固然+A(인정하는 사실)，但(是)/可(是)+B(반대 결과)** 물론 A하지만, B하다

> **Tip** '固然(물론 ~이지만)'은 주로 주어 뒤에 위치하며, 접속사 '虽然(=尽管)'과 뜻은 같지만 어감상 약간의 차이가 있습니다.

- 物质上的帮助固然好，但更重要的是对受助者的深切同情和理解。
  물질적인 도움은 물론 좋지만, 더 중요한 것은 도움받는 사람에 대한 깊은 동정과 이해이다.

- ◆ 受助者 shòuzhùzhě 명 도움 받는 사람 | 深切 shēnqiè 형 (감정이) 깊다, 따뜻하고 친절하다 | 同情 tóngqíng 동 동정하다 | 理解 lǐjiě 동 이해하다

10) **既A，又/也+B** A하기도 하고, B하기도 하다

- 竞技比赛有输有赢，比赛结果既反映实力，也受偶然因素的影响。
  경기 시합은 질 때도 있고 이길 때도 있어서, 경기 결과는 실력을 반영하면서도 우연한 요인의 영향도 받는다.

- ◆ 竞技比赛 jìngjì bǐsài 경기 시합 | 有输有赢 yǒu shū yǒu yíng 질 때도 있고 이길 때도 있다 | 反映 fǎnyìng 동 반영하다 | 实力 shílì 명 실력 | 受影响 shòu yǐngxiǎng 영향을 받다 | 偶然因素 ǒurán yīnsù 우연한 요인

공략법 03 | 동사 유의어는 짝꿍 목적어로 구분한다

독해 | 제2부분

빈칸이 동사 자리라면 뒤에 있는 목적어인 명사를 확인합니다. 평소 '동사+목적어' 짝꿍 관계로 정답 찾는 연습을 해 봅시다.

Day 03

1 문제가 보이는 시간

▶ 실제 시험은 빈칸이 3~5개지만, 이 공략법의 예제는 빈칸을 1개만 주었습니다.

🔊 1-05

예제 1 随着春季的到来和各种新鲜蔬菜的上市，人们要更多地_____蔬菜，均衡食物的营养。

  A 补偿　　　B 补充　　　C 具备　　　D 储备

정답 및 해석	随着春季的到来和各种新鲜蔬菜的上市，人们要更多地**补充**蔬菜，均衡食物的营养。 A 补偿 **B 补充 (✓)** C 具备 D 储备	봄이 오고 각종 신선한 채소가 시장에 나오면서, 사람들은 채소를 더 많이 **보충하고** 음식의 영양 균형을 맞춰야 한다. A 보상하다 **B 보충하다 (✓)** C 갖추다 D 비축하다

해설 명사 '蔬菜(채소)'를 목적어로 갖는 동사를 찾는 문제입니다. B의 '补充'은 주로 '维生素(비타민)', '水分(수분)', '能量(에너지)', '营养(영양)', '人手(일손)', '蔬菜(채소)' 등의 명사를 목적어로 갖습니다. 따라서 정답은 B 补充입니다.

선택지 단어

A **补偿** bǔcháng 동 보상하다 ★

　짝꿍　**补偿**损失　손실을 보상하다 ★
　　◆ 损失 sǔnshī 명 손실, 손해

B **补充** bǔchōng 동 보충하다 ★★★

　짝꿍　**补充**水分　수분을 보충하다
　　　　补充营养　영양을 보충하다
　　　　补充能量　에너지를 보충하다
　　◆ 营养 yíngyǎng 명 영양 | 能量 néngliàng 명 에너지

C 具备 jùbèi 동 갖추다 ★★★

짝꿍 具备实力 실력을 갖추다
具备资格 자격을 갖추다
具备素质 자질을 갖추다

◆ 资格 zīgé 명 자격 | 素质 sùzhì 명 소양, 자질

D 储备 chǔbèi 동 비축하다, 저장하다 ★

짝꿍 储备物资 물자를 비축하다
储备粮食 식량을 비축하다

◆ 物资 wùzī 명 물자 | 粮食 liángshi 명 식량

지문 단어	随着 suízhe 전 ~함에 따라서 | 春季 chūnjì 명 봄, 봄철 | 到来 dàolái 동 도래하다, 오다 | 新鲜 xīnxiān 형 신선하다 | 蔬菜 shūcài 명 채소 | 上市 shàngshì 동 시장에 나오다, 출시되다 | 均衡 jūnhéng 동 균형을 맞추다 | 营养 yíngyǎng 명 영양

 1-06

예제 2 星星的颜色与其表面温度有着一定的关系：温度高则蓝光成分多，星星就 _____ 出蓝色。

A 展现   B 呈现   C 体现   D 兑现

정답 및 해석	星星的颜色与其表面温度有着一定的关系：温度高则蓝光成分多，星星就<u>呈现</u>出蓝色。 A 展现 B 呈现 (✓) C 体现 D 兑现	별의 색은 그 표면 온도와 어느 정도 관계가 있는데, 온도가 높으면 남색빛 성분이 많아져서, 별이 남색을 <u>띠게 된다</u>. A 드러내다 B (색을) 띠다 (✓) C 구현하다 D 현금으로 바꾸다
해설	명사 '蓝色(남색)'를 목적어로 갖는 동사를 찾는 문제입니다. '蓝色'처럼 색을 나타내는 단어를 목적어로 갖는 동사는 '呈现'입니다. 따라서 정답은 B 呈现입니다.	

선택지 단어	A 展现 zhǎnxiàn 동 (눈앞에) 펼쳐지다, 드러내다, 보여주다 ★ 짝꿍 展现魅力 매력을 드러내다 展现能力 능력을 보여주다 展现才华 재능을 보여주다 ◆ 魅力 mèilì 명 매력 | 才华 cáihuá 명 재능, 재주	Tip ｀展现'은 주로 재능이나 능력을 '펼쳐(展) 보여준다(现)'는 의미입니다.

B 呈现 chéngxiàn 동 (색·모양을) 나타내다, 띠다, 드러내다 ★★★

짝꿍 呈现**趋势** 추세를 보이다
呈现**颜色** 색을 띠다
呈现**一派繁华的景象** 번화한 모습을 드러내다

> **Tip** 빈칸 뒤에 구체적인 색을 나타내는 단어나 '颜色', '色彩' 같은 단어가 있으면 '呈现'을 골라 줍니다.

◆ 趋势 qūshì 명 추세 | 派 pài 양 경치 등을 셀 때 쓰임 | 繁华 fánhuá 형 번화하다 | 景象 jǐngxiàng 명 광경, 모습

C 体现 tǐxiàn 동 구현하다, (구체적으로) 드러내다 ★★★

짝꿍 体现**价值** 가치를 구현하다
体现**精神** 정신을 구현하다
体现**个性** 개성을 드러내다

> **Tip** '体现'은 추상적인 사물을 '구체적으로 (体) 보여준다(现)'는 의미입니다.

◆ 价值 jiàzhí 명 가치 | 精神 jīngshén 명 정신

D 兑现 duìxiàn 동 ① 현금으로 바꾸다 ② (약속을) 실행하다

짝꿍 兑现**奖金** 상금을 현금으로 바꾸다
兑现**承诺** 약속을 실행하다

◆ 奖金 jiǎngjīn 명 상금 | 承诺 chéngnuò 명 승낙, 약속

| 지문 단어 | 星星 xīngxing 명 별 | 表面温度 biǎomiàn wēndù 표면 온도 | 成分 chéngfèn 명 성분 | 蓝色 lánsè 명 파란색 |

② 내공이 쌓이는 시간

문제의 선택지에 글자가 비슷한 동사들이 함께 나왔다면, 뒤에 함께 사용하는 짝꿍 목적어가 중요합니다. 글자의 차이를 비교하며 공부하면 유의어를 구분하는 데 도움이 됩니다.

1 시험에 잘 나오는 동사 유의어

1) 赋予 vs 给予 vs 授予

赋予 fùyǔ 동 (의미·가치·사명을) 부여하다	赋予意义 의미를 부여하다 赋予含义 의미를 부여하다 ◆ 含义 hányì 명 (담겨진) 의미
给予 jǐyǔ 동 주다	给予机会 기회를 주다 给予帮助 도움을 주다
授予 shòuyǔ 동 수여하다	授予称号 칭호를 수여하다 授予学位 학위를 수여하다 ◆ 称号 chēnghào 명 칭호 ǀ 学位 xuéwèi 명 학위

Tip '赋予'와 '授予'는 각각 한국어 독음 '부여'와 '수여'를 떠올리면 좀 더 쉽게 기억할 수 있습니다. '给予'는 '给'의 서면어라고 보면 되고, 주로 추상적인 사물을 목적어로 갖습니다.

2) 覆盖 vs 掩盖

覆盖 fùgài 동 (의미·가치·사명을) 부여하다	积雪覆盖大地 쌓인 눈이 대지를 뒤덮다 被海草珊瑚覆盖 해초 산호로 뒤덮이다 ◆ 积雪 jīxuě 명 쌓인 눈 ǀ 珊瑚 shānhú 명 산호
掩盖 yǎngài 동 감추다, 숨기다	掩盖事实 사실을 감추다 掩盖真相 진상을 감추다 掩盖缺点 결점을 숨기다 ◆ 事实 shìshí 명 사실 ǀ 真相 zhēnxiàng 명 진상 ǀ 缺点 quēdiǎn 명 결점

Tip '覆盖'는 주로 구체적으로 눈에 보이는 사물을 덮거나 가릴 때 사용하며, '覆盖率(덮는 비율, 커버하는 비율)'로도 출제되므로 함께 알아둡니다. '掩盖'는 주로 어떤 사실이나 결점을 덮어서 감출 때 사용합니다.

3) 位于 vs 处于

位于 wèiyú 동 ~(구체적인 위치)에 있다	位于沿海地区 연해 지역에 있다 位于长江以南 창장 이남에 있다 ◆ 沿海 yánhǎi 명 연해, 바닷가 근처 ǀ 地区 dìqū 명 지역 ǀ 长江 Chángjiāng 고유 창장, 양쯔강

处于 chǔyú 동 ~(추상적인 상황)에 처하다, ~에 있다	处于困境 곤경에 처하다 处于尴尬的情况 난처한 상황에 있다 ◆ 困境 kùnjìng 명 곤경 ｜ 尴尬 gāngà 형 (입장이) 난처하다, 곤란하다 ｜ 情况 qíngkuàng 명 상황

4) 到达 vs 达到 vs 达成

到达 dàodá 동 (구체적인 장소에) 도착하다, 도달하다	到达终点 결승점에 도착하다 到达目的地 목적지에 도착하다 ◆ 终点 zhōngdiǎn 명 종점, 결승점
达到 dádào 동 (목표를) 달성하다, (효과·수량·기준에) 도달하다, 이르다	达到目的 목적을 달성하다 达到目标 목표를 달성하다 达到一定标准 일정한 기준에 도달하다 ◆ 目标 mùbiāo 명 목표 ｜ 标准 biāozhǔn 명 표준, 기준
达成 dáchéng 동 (협상·토론을 거쳐) 달성하다, 도달하다, 이루다	达成共识 합의를 이루다 达成一致意见 일치된 의견에 도달하다, 의견 일치를 이루다 ◆ 共识 gòngshí 동 공통된 생각, 합의

Tip '到达'는 뒤에 구체적인 장소가 오며, '达到'는 뒤에 추상적인 명사(목표·효과·기준 등)가 옵니다. '达成'은 협상이나 토론을 거쳐 합의나 의견 일치를 볼 때 사용합니다.

5) 体验 vs 检验 vs 试验

体验 tǐyàn 동 체험하다	体验生活 생활을 체험하다 体验传统文化 전통문화를 체험하다 ◆ 传统文化 chuántǒng wénhuà 전통문화
检验 jiǎnyàn 동 검증하다, 검사하다	检验产品 제품을 검사하다 检验质量 품질을 검사하다 ◆ 产品 chǎnpǐn 명 제품 ｜ 质量 zhìliàng 명 품질
试验 shìyàn 동 (효과·성능을) 실험하다, 테스트하다	试验新方法 새로운 방법을 시험해보다 试验原理 실험 원리 ◆ 原理 yuánlǐ 명 원리

6) 测试 vs 测量

测试 cèshì 동 (기계·기기의 성능을) 측정하다, (지식 등을) 테스트하다	测试功能 기능을 테스트하다 进行逻辑测试 논리 테스트를 하다 ◆ 逻辑 luójí 명 논리
测量 cèliáng 동 (구체적 수치를) 측정하다	测量面积 면적을 측정하다 测量大小 크기를 측정하다 ◆ 面积 miànjī 명 면적

7) 消除 vs 消耗 vs 删除

消除 xiāochú 동 (추상적인 것을) 없애다, 풀다, 해소하다	消除疲劳 피로를 풀다 消除贫富差距 빈부격차를 해소하다 ◆ 疲劳 píláo 형 피로하다 ｜ 贫富差距 pínfù chājù 명 빈부격차
消耗 xiāohào 동 소모하다, 소비하다	消耗能量 에너지를 소모하다 消耗精力 에너지를 소비하다 ◆ 能量 néngliàng 명 에너지 ｜ 精力 jīnglì 명 정신과 체력, 에너지
删除 shānchú 동 (기계에서) 삭제하다, 지우다	删除照片 사진을 삭제하다 删除文件 파일을 삭제하다

8) 形成 vs 造成 vs 组成 vs 构成

形成 xíngchéng 동 형성하다, 이루다	形成良好的习惯 좋은 습관을 형성하다 形成独特的风格 독특한 스타일을 형성하다 ◆ 良好 liánghǎo 형 좋다, 양호하다 ｜ 独特 dútè 형 독특하다 ｜ 风格 fēnggé 명 풍격, 스타일
造成 zàochéng 동 (나쁜 결과를) 야기하다, 초래하다	造成损失 손실을 초래하다 造成伤害 상해를 입히다 ◆ 损失 sǔnshī 명 손실 ｜ 伤害 shānghài 동 상해하다, 해치다
组成 zǔchéng 동 구성하다	组成家庭 가정을 구성하다, 가정을 이루다 由三个人组成 3명으로 구성되어 있다

构成 gòuchéng 동 구성하다	构成威胁 위협이 되다 由听力和阅读两个部分构成 듣기와 읽기 두 부분으로 구성되어 있다 **Tip** '组成'은 '由+사람/사물+组成' 형식으로 사용하고, '构成'은 '由+사물+构成' 형식으로 사용합니다. 즉, 어떤 사물로 구성되어 있을 때는 '组成'과 '构成'을 같이 사용할 수 있지만, 몇 명의 사람으로 구성되어 있다고 할 때는 '组成'만 사용할 수 있습니다. ◆ 威胁 wēixié 명 위협 ǀ 阅读 yuèdú 동 읽다

9) 调节 vs 调整 vs 调解 vs 调动

调节 tiáojié 동 (수량·정도를) 조절하다	调节温度 온도를 조절하다 调节音量 음량을 조절하다 ◆ 音量 yīnliàng 명 음량
调整 tiáozhěng 동 (계획·인원·시간·상황을) 조정하다, 조절하다	调整作息时间 일과 휴식 시간을 조정하다 调整心态 마음가짐을 조정하다, 마인드 컨트롤하다 调整方案 방안을 조정하다 ◆ 心态 xīntài 명 심리 상태, 마음가짐 ǀ 方案 fāng'àn 명 방안
调解 tiáojiě 동 조정하다, 화해시키다	调解矛盾 갈등을 조정하다 调解纠纷 분규를 조정하다 ◆ 矛盾 máodùn 명 모순, 갈등 ǀ 纠纷 jiūfēn 명 분규, 분쟁
调动 diàodòng 동 ① (인원·일을) 옮기다, 이동하다 ② 동원하다, 불러일으키다	调动工作 근무지를 옮기다, 전근하다 调动积极性 적극성을 불러일으키다 ◆ 积极性 jījíxìng 명 적극성

10) 丧失 vs 损失 vs 遗失 vs 迷失

丧失 sàngshī 동 (추상적인 것을) 상실하다, 잃다	丧失资格 자격을 상실하다 丧失信心 자신감을 잃다 丧失工作能力 업무 능력을 상실하다 ◆ 资格 zīgé 명 자격
损失 sǔnshī 동 (경제적으로) 잃다, 손해보다 명 손실, 손해	损失土地 토지를 잃다 造成严重损失 심각한 손실을 초래하다 ◆ 造成 zàochéng 동 (나쁜 결과를) 초래하다 ǀ 严重 yánzhòng 형 (정도가) 심각하다

遗失 yíshī 동 (구체적인 물건을) 분실하다, 잃다	**遗失**钱包 지갑을 분실하다 **遗失**贵重物品 귀중품을 분실하다 ◆ 贵重物品 guìzhòng wùpǐn 귀중품
迷失 míshī 동 (길·방향을) 잃다	**迷失**方向 방향을 잃다 **迷失**在密林里 밀림 속에서 길을 잃다 ◆ 密林 mìlín 명 밀림, 정글

11) 修建 vs 修复

修建 xiūjiàn 동 건설하다, 짓다	**修建**铁路 철도를 건설하다 **修建**海底隧道 해저터널을 건설하다 ◆ 铁路 tiělù 명 철도 ǀ 海底隧道 hǎidǐ suìdào 해저터널
修复 xiūfù 동 ① (건축물 등을) 수리하여 복원하다 ② (관계를) 개선하여 회복하다	**修复**铁路 철로를 원상 복구하다 **修复**文物 문화재를 복원하다 ◆ 铁路 tiělù 명 철도

12) 改良 vs 改善 vs 改进 vs 改正

改良 gǎiliáng 동 (품종 등을) 개량하다	**改良**品种 품종을 개량하다 **改良**土壤 토양을 개량하다 ◆ 品种 pǐnzhǒng 명 품종 ǀ 土壤 tǔrǎng 명 토양
改善 gǎishàn 동 (관계·조건·환경 등을) 개선하다	**改善**关系 관계를 개선하다 **改善**生活 생활을 개선하다
改进 gǎijìn 동 (방법·기술을) 개선하다	**改进**技术 기술을 개선하다 **改进**研究方法 연구 방법을 개선하다 ◆ 技术 jìshù 명 기술 ǀ 研究方法 yánjiū fāngfǎ 연구 방법
改正 gǎizhèng 동 바로잡다, 고치다	**改正**错误 잘못을 바로잡다 **改正**坏习惯 나쁜 습관을 고치다 ◆ 错误 cuòwù 명 잘못, 실수 ǀ 坏习惯 huài xíguàn 나쁜 습관

13) 利用 vs 运用 vs 引用 vs 应用

利用 lìyòng 동 이용하다	**利用**工具 도구를 이용하다 充分**利用**优势资源 우세한 자원을 충분히 이용하다 **利用**业余时间打工 여가 시간을 이용하여 일하다	
	◆ 工具 gōngjù 명 공구, 도구 │ 优势 yōushì 명 우세, 우위, 강점 │ 资源 zīyuán 명 자원 │ 业余 yèyú 형 여가의	
运用 yùnyòng 동 활용하다, 운용하다	**运用**知识 지식을 활용하다 **运用**多种语言 여러 언어를 활용하다 **运用**尖端技术 첨단 기술을 운용하다	
	◆ 尖端 jiānduān 형 첨단의 │ 技术 jìshù 명 기술	
引用 yǐnyòng 동 인용하다	**引用**名言 명언을 인용하다 **引用**诗句 시구를 인용하다	
	◆ 诗句 shījù 명 시구	
应用 yìngyòng 동 응용하다, 활용하다 명 응용	**应用**软件 애플리케이션(앱) 广泛**应用** 광범위하게 응용하다 **应用**到生活中 생활에 응용하다	
	◆ 广泛 guǎngfàn 형 광범위하다, 폭넓다	

공략법 04 | 형용사는 주어 혹은 수식하는 명사를 찾는다

독해 | 제2부분 **Day 04**

형용사는 동사와 달리 목적어를 가질 수 없으므로 주어인 명사와 호응하거나, 형용사가 수식해 주는 명사와 호응합니다. 형용사를 암기할 때는 이렇게 주어 혹은 수식하는 명사와 짝을 지어 암기해 봅니다.

1 문제가 보이는 시간

▶ 실제 시험은 빈칸이 3~5개지만, 이 공략법의 예제는 빈칸을 1개만 주었습니다. 　1-07

예제 1 白灼是粤菜烹饪的一种技法，其特点是原汁原味、口味_____、操作简单、速度快。

A 清晰　　B 清淡　　C 清醒　　D 清新

정답 및 해석	白灼是粤菜烹饪的一种技法，其特点是原汁原味、口味清淡、操作简单、速度快。 A 清晰 B 清淡 (✓) C 清醒 D 清新	데치는 것은 광둥요리의 조리 기법으로, 그 특징은 본연의 맛을 살리고, 맛이 담백하고, 조리법이 간단하고, 속도가 빠르다는 것이다. A 뚜렷하다 B (기름지지 않고) 담백하다 (✓) C (머리가) 맑다 D (공기가) 맑다

해설 주어 '口味(맛)'와 의미상 짝을 이루는 형용사를 찾는 문제입니다. 맛과 관련된 단어는 '清淡'입니다. 따라서 정답은 B 清淡입니다.

선택지 단어

A 清晰 qīngxī 형 뚜렷하다, 선명하다 ★★★
　짝꿍　吐字清晰 발음이 뚜렷하다
　　　　字迹清晰 글자가 선명하다
　◆ 吐字 tǔzì 동 (정확하게) 발음하다 | 字迹 zìjì 명 글자, 글자의 흔적, 필적

B 清淡 qīngdàn 형 (기름지지 않고) 담백하다 ★★★
　짝꿍　口味清淡 맛이 담백하다
　　　　饮食清淡 음식이 담백하다
　◆ 口味 kǒuwèi 명 맛 | 饮食 yǐnshí 명 음식

C 清醒 qīngxǐng 형 (머리가) 맑다 ★

짝꿍 头脑清醒 머리가 맑다
意识清醒 의식이 맑다

◆ 头脑 tóunǎo 명 두뇌, 머리 | 意识 yìshí 명 의식

D 清新 qīngxīn 형 (공기가) 맑다, 신선하다 ★★★

짝꿍 空气清新 공기가 맑다

| 지문 단어 | 白灼 báizhuó 동 데치다[요리] | 粤菜 yuècài 명 광동요리 | 烹饪 pēngrèn 동 요리하다, 조리하다 | 技法 jìfǎ 명 기법 | 原汁原味 yuánzhī yuánwèi 본연의 맛을 살리다 | 口味 kǒuwèi 명 맛 | 操作简单 cāozuò jiǎndān 조리법이 간단하다, 조작이 간단하다 | 速度 sùdù 명 속도 |

🔊 1-08

예제 2 自成为奥运项目后，滑板受到更加_____的关注。

A 广阔   B 广大   C 广泛   D 频繁

| 정답 및 해석 | 自成为奥运项目后，滑板受到更加广泛的关注。

A 广阔
B 广大
C 广泛 (✓)
D 频繁 | 올림픽 종목이 된 후로, 스케이트보드는 더 폭넓은 관심을 받았다.

A 광활하다
B (사람 수가) 많다
C 광범위하다 (✓)
D 빈번하다 |

해설 '关注(관심)'를 앞에서 수식해주는 형용사를 찾는 문제입니다. 관심이나 흥미가 '폭넓다'고 할 때는 '广泛'을 씁니다. 따라서 정답은 C 广泛입니다.

선택지 단어

A 广阔 guǎngkuò 형 (면적이) 광활하다, 넓다 ★

짝꿍 广阔的宇宙 광활한 우주
广阔的草原 광활한 초원
发展前景广阔 발전 전망이 넓다(밝다)

◆ 宇宙 yǔzhòu 명 우주 | 发展前景 fāzhǎn qiánjǐng 발전 전망

B 广大 guǎngdà 형 ① (사람 수가) 많다 ★★★ ② (면적·공간이) 넓다 ★

짝꿍 广大群众 많은 군중
广大读者 많은 독자
广大的中原地区 넓은 중원 지역

◆ 群众 qúnzhòng 명 군중, 대중 | 读者 dúzhě 명 독자

Tip '广大'는 '(사람 수가) 많다'는 의미로 더 많이 출제됩니다.

C 广泛 guǎngfàn 형 광범위하다, 폭넓다 ★★★

짝꿍　分布广泛 분포가 광범위하다
　　　兴趣广泛 흥미가 폭넓다
　　　广泛交流 폭넓게 교류하다
　　　被广泛应用到…中 ~에 폭넓게 응용되다

◆ 分布 fēnbù 동 분포하다 | 兴趣 xìngqù 명 흥미

D 频繁 pínfán 형 빈번하다, 잦다 ★★

짝꿍　活动频繁 활동이 빈번하다
　　　频繁发生事故 사고가 빈번하게 발생하다

| 지문 단어 | 奥运 àoyùn 명 올림픽(=奥运会) \| 项目 xiàngmù 명 종목 \| 滑板 huábǎn 명 스케이트보드 \| 更加 gèngjiā 부 더, 더욱, 훨씬 |

② 내공이 쌓이는 시간

형용사와 명사는 '주어(명사)+술어(형용사)' 혹은 '형용사的+명사' 구조로 사용되므로 짝꿍 관계를 암기해야 합니다. 유의어끼리는 서로 다른 글자(字)를 이용해서 차이점을 익혀두면 도움이 됩니다.

1 시험에 잘 나오는 형용사 유의어

1) 珍贵 vs 宝贵 vs 昂贵

珍贵 zhēnguì 형 (드물어서) 진귀하다, 귀중하다	珍贵的文物 진귀한 문물 珍贵的药材 귀중한 약재 ◆ 文物 wénwù 명 문물, 문화재 | 药材 yàocái 명 약재	
宝贵 bǎoguì 형 귀중하다, 소중하다	宝贵的时间 귀중한 시간 宝贵的经验 소중한 경험 宝贵的生命 소중한 생명	**Tip** '珍贵'는 주로 구체적인 사물에 사용하며, '宝贵'는 추상적인 명사를 수식할 때 사용합니다.
昂贵 ánguì 형 (가격이) 비싸다	价格昂贵 가격이 비싸다 昂贵的珠宝 비싼 보석 ◆ 珠宝 zhūbǎo 명 보석	

2) 精致 vs 细致 vs 别致

精致 jīngzhì 형 정교하다, 섬세하다	精致的古董 정교한 골동품 精致的花纹 정교한 무늬 ◆ 古董 gǔdǒng 명 골동품 ｜ 花纹 huāwén 명 (장식용의) 도안, 무늬
细致 xìzhì 형 (일처리가) 세밀하다, 꼼꼼하다	做工细致 솜씨가 세밀하다 细致地研究 세밀하게 연구하다 ◆ 做工 zuògōng 명 솜씨, 기술
别致 biézhì 형 특이하다, 색다르다	风格别致 스타일이 특이하다 造型别致 조형이 색다르다 ◆ 风格 fēnggé 명 풍격, 스타일 ｜ 造型 zàoxíng 명 조형, 형상

3) 深刻 vs 深厚 vs 深奥 vs 深远

深刻 shēnkè 형 (느낌이나 인상이) 깊다, 강하다, (본질에 대한 파악이) 깊이 있다	留下深刻的印象 깊은 인상을 남기다 深刻的体会 깊이 있는 깨달음 ◆ 留下印象 liúxià yìnxiàng 인상을 남기다 ｜ 体会 tǐhuì 명 (경험을 통해 얻게 된) 체득, 깨달음
深厚 shēnhòu 형 (감정이) 깊다, 두텁다, (기초가) 튼튼하다	深厚的文化底蕴 깊은 문화적 축적 建立起深厚的友谊 깊은 우정을 쌓다 功底深厚 (무술·연기 등의) 기초가 튼튼하다 ◆ 底蕴 dǐyùn 명 오랫동안 쌓아둔 것, 축적, 소양 ｜ 建立友谊 jiànlì yǒuyì 우정을 쌓다 ｜ 功底 gōngdǐ 명 기초, 내공
深奥 shēn'ào 형 (이해하기 어려울 정도로) 심오하다	深奥的内容 심오한 내용 深奥的道理 심오한 이치
深远 shēnyuǎn 형 (영향·의미가) 심원하다, 깊고 크다	深远的影响 깊은 영향 深远的意义 깊은 의미

Tip '深刻'는 '刻(새기다)'의 의미가, '深厚'는 '厚(두껍다)'의 의미가, '深奥'는 '奥(심오하다)'의 의미가, '深远'은 '远(멀다)'의 의미가 강조되었습니다.

4) 充沛 vs 充足 vs 充实

充沛 chōngpèi 형 왕성하다, 충분하다	精力充沛 에너지가 왕성하다 雨量充沛 강우량이 충분하다 ◆ 精力 jīnglì 명 정신과 체력, 에너지 ｜ 雨量 yǔliàng 명 강우량

充足 chōngzú 형 충분하다	睡眠充足 수면이 충분하다 营养充足 영양이 충분하다 阳光充足 햇빛이 충분하다	**Tip** '充沛'와 '充足'는 우리말로 '충분하다'는 의미이지만, 호응하는 명사가 확연히 다릅니다. 주어와 함께 암기해 보세요. '充足'가 정답으로 더 많이 출제됩니다.
	◆ 睡眠 shuìmián 명 수면 ｜ 营养 yíngyǎng 명 영양 ｜ 阳光 yángguāng 명 햇빛	
充实 chōngshí 형 충실하다, 알차다	内容充实 내용이 충실하다 生活充实 생활이 충실하다	

5) 广大 vs 广泛 vs 广阔

广大 guǎngdà 형 (사람 수가) 많다	广大群众 많은 대중들 广大读者 많은 독자들
	◆ 群众 qúnzhòng 명 군중, 대중 ｜ 读者 dúzhě 명 독자
广泛 guǎngfàn 형 광범위하다, 폭넓다	用途广泛 용도가 광범위하다 影响广泛 영향이 광범위하다 受到广泛关注 폭넓은 관심을 받다
	◆ 受到关注 shòudao guānzhù 관심을 받다
广阔 guǎngkuò 형 광활하다, 넓다	广阔的海洋 광활한 바다 广阔的沙漠 광활한 사막 发展前景广阔 발전 전망이 넓다(밝다)
	◆ 海洋 hǎiyáng 명 해양, 바다 ｜ 沙漠 shāmò 명 사막

6) 精美 vs 精心 vs 精彩 vs 精湛

精美 jīngměi 형 정교하고 아름답다	精美的包装 정교하고 아름다운 포장 精美的工艺品 정교하고 아름다운 공예품	
	◆ 包装 bāozhuāng 명 포장	
精心 jīngxīn 형 정성을 들이다, 세심하다	精心打造 정성껏 만들다 精心安排 세심하게 안배하다, 정성껏 준비하다	**Tip** '精心'은 대부분 '정성껏'이란 의미로 부사어로서 동사를 수식합니다.
	◆ 打造 dǎzào 동 만들다, 제작하다 ｜ 安排 ānpái 동 안배하다, 준비하다	
精彩 jīngcǎi 형 (공연·전람·말 등이) 훌륭하다, 멋지다	精彩的表演 훌륭한 공연 精彩的人生 멋진 인생	
	◆ 表演 biǎoyǎn 명 공연, 연기	

精湛 jīngzhàn 형 (기예가) 뛰어나다	技艺精湛 기예가 뛰어나다 精湛的演技 뛰어난 연기 ◆ 技艺 jìyì 명 기예 ǀ 演技 yǎnjì 명 연기

7) 猛烈 vs 激烈 vs 剧烈 vs 强烈

猛烈 měngliè 형 (힘·기세가) 맹렬하다, 세차다, 거세다	猛烈的大风 세찬 강풍 火势猛烈 불길이 거세다 ◆ 火势 huǒshì 명 불타는 기세, 불길
激烈 jīliè 형 (경쟁이) 치열하다, 격렬하다	激烈的竞争 치열한 경쟁 激烈的比赛 격렬한 시합 ◆ 竞争 jìngzhēng 동 경쟁하다 ǀ 比赛 bǐsài 명 시합
剧烈 jùliè 형 (사물의 변화 혹은 행동 이) 격렬하다	剧烈运动 격렬한 운동 剧烈地摇晃 격렬하게 흔들다 ◆ 摇晃 yáohuàng 동 흔들다
强烈 qiángliè 형 (정도 혹은 감정이) 강하다, 강렬하다	强烈反对 강하게 반대하다 强烈的愿望 강렬한 소망 ◆ 愿望 yuànwàng 명 소망, 바람

2 시험에 잘 나오는 명사 유의어

1) 特征 vs 特色

特征 tèzhēng 명 (주로 형식적이며 관찰 가능한) 특징	外貌特征 외모 특징 面部特征 얼굴 특징 ◆ 外貌 wàimào 명 외모
特色 tèsè 명 (추상적 사물의) 특색	展现民族特色 민족적 특색을 드러내다 具有异域特色 이국적인 특색이 있다 ◆ 展现 zhǎnxiàn 동 (특색을) 드러내다 ǀ 民族 mínzú 명 민족 ǀ 具有 jùyǒu 동 있다, 가지다 ǀ 异域 yìyù 명 이역, 이국

2) 启发 vs 启蒙

启发 qǐfā 명 깨우침, 영감 동 깨우침을 주다	获得启发 깨우침을 얻다 深受启发 깊은 영감을 받다 ◆ 获得 huòdé 동 획득하다, 얻다	
启蒙 qǐméng 명 계몽 동 계몽하다	启蒙教育 계몽 교육 启蒙读物 계몽 도서 ◆ 读物 dúwù 명 도서	**Tip** '启发'의 동의어로는 '启示 qǐshì', '启迪 qǐdí'가 있으며, '启蒙'은 '처음 배우는 사람에게 기본적이고 입문 수준의 지식을 습득하게 하는 것'을 의미합니다.

3) 品种 vs 种类 vs 品质

品种 pǐnzhǒng 명 품종	品种繁多 품종이 아주 많다 改良品种 품종을 개량하다 开发新品种 새로운 품종을 개발하다 ◆ 繁多 fánduō 형 (종류가) 아주 많다, 풍부하다 ｜ 改良 gǎiliáng 동 개량하다
种类 zhǒnglèi 명 종류	种类繁多 종류가 아주 많다 种类齐全 온갖 종류가 다 갖추어져 있다 ◆ 齐全 qíquán 형 (필요한 물건이) 다 갖추어져 있다, 완비되다
品质 pǐnzhì 명 ① (사람의) 품성, 인품 ② (제품의) 품질	具备高尚的品质 고상한 품성을 갖추다 品质优良 품질이 우수하다 ◆ 具备 jùbèi 동 (품성을) 갖추다 ｜ 高尚 gāoshàng 형 고상하다 ｜ 优良 yōuliáng 형 우량하다, 우수하다

4) 心态 vs 状态 vs 姿态 vs 神态

心态 xīntài 명 심리 상태, 마음가짐	调整心态 마음가짐을 조정하다, 마인드 컨트롤하다 摆正心态 마음가짐을 바로잡다 拥有良好的心态 좋은 마음가짐을 가지다 ◆ 调整 tiáozhěng 동 조정하다 ｜ 摆正 bǎizhèng 동 바로잡다, (관계를) 정상화하다 ｜ 拥有 yōngyǒu 동 가지다, 지니다
状态 zhuàngtài 명 상태, 컨디션	精神状态良好 정신 상태가 양호하다 保持最佳状态 최적의 컨디션을 유지하다 ◆ 保持 bǎochí 동 (지속적으로) 유지하다 ｜ 最佳 zuìjiā 형 가장 좋다, 최적이다

姿态 zītài 명 자태, 모습	**姿态**优雅 자태가 우아하다 **姿态**万千 자태가 다채롭다
	◆ 优雅 yōuyǎ 형 우아하다 ｜ 万千 wànqiān 형 각양각색이다, 다채롭다
神态 shéntài 명 표정	悠闲的**神态** 한가로운 표정 **神态**活泼生动 표정이 활발하고 생동감 있다
	◆ 悠闲 yōuxián 형 한가롭다 ｜ 活泼 huópō 형 활발하다, 활기차다

5) 程序 vs 次序 vs 工序

程序 chéngxù 명 ① 순서, 절차 ② (컴퓨터) 프로그램	会议**程序** 회의 순서 安装电脑**程序** 컴퓨터 프로그램을 설치하다
	◆ 安装 ānzhuāng 동 설치하다
次序 cìxù 명 차례, 순서	按照一定的**次序** 일정한 순서에 따라 由高到低的**次序**排列 높은 곳에서 낮은 순서로 배열하다
	◆ 按照 ànzhào 전 ~에 따라 ｜ 排列 páiliè 동 배열하다
工序 gōngxù 명 (제조) 공정	经过100道**工序** 100개의 공정을 거치다 经过风干、驱虫等一系列**工序** 바람에 말리고 구충하는 등의 일련의 공정을 거치다
	◆ 经过 jīngguò 동 (공정을) 거치다 ｜ 风干 fēnggān 동 바람에 말리다 ｜ 驱虫 qūchóng 동 구충하다, 기생충을 없애다 ｜ 一系列 yíxìliè 형 일련의

6) 来源 vs 起源 vs 根源 vs 发源

来源 láiyuán 명 (사물의) 근원, 원천, 출처	收入**来源** 수입원 灵感的**来源** 영감의 원천 消息的**来源** 정보의 출처
	◆ 灵感 línggǎn 명 영감 ｜ 消息 xiāoxi 명 정보, 소식
起源 qǐyuán 명 기원	物种**起源** 종의 기원 宇宙的**起源** 우주의 기원
	◆ 物种 wùzhǒng 명 종[생물] ｜ 宇宙 yǔzhòu 명 우주
根源 gēnyuán 명 근원	问题的**根源** 문제의 근원 不幸的**根源** 불행의 근원 事故的**根源** 사고의 근원
	◆ 不幸 búxìng 명 불행 ｜ 事故 shìgù 명 사고

> **Tip** '来源'과 '起源'이 동사로 쓰이면 단어 뒤에 전치사 '于'를 붙여줍니다. '来源于(~에서 비롯되다)'는 근원의 출처를 강조하며, '起源于(~에서 기원하다)'는 시작점을 강조합니다.

发源 fāyuán 몡 발원, 기원 동 발원하다, 기원하다	长江被誉为亚洲第一大河，其发源地位于青藏高原。 장강은 '아시아에서 가장 큰 강'이라고 칭송되며, 그 발원지는 칭짱고원이다. • 长江 Chángjiāng 고유 창장, 양쯔강 ǀ 被誉为 bèi yùwéi ~라고 칭송되다 ǀ 青藏高原 qīngzànggāoyuán 몡 칭짱고원 **Tip** '发源'은 동사지만, 시험에서는 '发源地(발원지)'로 많이 출제됩니다.

7) 主题 vs 题目 vs 素材 vs 题材

主题 zhǔtí 몡 주제, 테마	主题表达 주제 표현 主题公园 테마파크 以"保护环境"为主题的展览 '환경 보호'를 주제로 한 전시회 • 表达 biǎodá 동 (생각·감정을) 표현하다 ǀ 保护环境 bǎohù huánjìng 환경을 보호하다 ǀ 展览 zhǎnlǎn 몡 전람회, 전시회
题目 tímù 몡 ① 제목 ② (시험의) 문제	故事的题目 이야기 제목 考试题目 시험 문제
素材 sùcái 몡 (문학·예술의 가공되지 않은) 소재	整理素材 소재를 정리하다 积累素材 소재를 축적하다 • 整理 zhěnglǐ 동 정리하다 ǀ 积累 jīlěi 동 (조금씩) 쌓다, 축적하다
题材 tícái 몡 (예술과 문학작품을 구성하는) 소재	历史题材的小说 역사를 소재로 한 소설 以"农村"为题材的电影 '농촌'을 소재로 한 영화 **Tip** '素材'는 가공되지 않은 원시 상태의 재료를 말합니다. 가령, 작가가 여행 중에 촬영해 놓은 사진 혹은 영상, 기록해 놓은 필기들, 인터뷰 내용들 모두 '素材'라고 합니다. 반면에 '题材'는 작가가 이런 소재(素材) 중에 선택하고 가공해서 글이나 작품을 만들 때 사용하는 '素材'를 '题材'라고 합니다. • 农村 nóngcūn 몡 농촌

공략법 05 동사 앞에 빈칸은 부사어 자리다

독해 | 제2부분

Day 04

빈칸이 동사 앞에 있으면 부사어 자리입니다. 부사어 자리에는 대부분 부사가 위치하는데, 일부 형용사도 부사어 자리에 들어갈 수 있습니다. 부사어는 암기할 단어가 많지 않으므로 미리 익혀두면 빠르게 정답을 찾을 수 있습니다.

독해 阅读 제2부분

1 문제가 보이는 시간

▶ 실제 시험은 빈칸이 3~5개지만, 이 공략법의 예제는 빈칸을 1개만 주었습니다.

🎧 1-09

예제 1 风能作为一种可再生的清洁能源，_____受到世界的重视。

A 日益   B 注定   C 即将   D 毕竟

정답 및 해석	风能作为一种可再生的清洁能源，<u>日益</u>受到世界的重视。 A 日益 (✓) B 注定 C 即将 D 毕竟	풍력 에너지는 재생 가능한 청정 에너지로서, <u>날로</u> 세계의 주목을 받았다. A 날로 (✓) B (운명으로) 정해져 있다 C 곧, 머지않아 D 그래도 어쨌든

해설 빈칸은 동사 술어 '受到' 앞에 있으므로 부사어 자리입니다. 문맥상 '날로(日益) 주목을 받는다'가 자연스럽습니다. 따라서 정답은 A 日益입니다. '受到世界的重视'는 이미 세계의 중시를 받고 있다는 뜻으로, 가까운 미래를 나타내는 C 即将은 정답이 될 수 없습니다.

선택지 단어

A 日益 rìyì 뷔 날로, 나날이 ★★★

　짝꿍 经济日益繁荣 경제가 날로 번영하다
　　　环境日益得到改善 환경이 나날이 개선되었다
　◆ 经济 jīngjì 명 경제 | 繁荣 fánróng 형 번영하다 | 环境 huánjìng 명 환경 | 得到改善 dédào gǎishàn 개선되다

B 注定 zhùdìng 동 (운명으로) 정해져 있다

　예문 我们的相遇是命中注定的。 우리의 만남은 운명으로 정해져 있다.
　◆ 相遇 xiāngyù 동 만나다

87

C 即将 jíjiāng 부 곧, 머지않아 ★★

예문 一年一度的电影节即将拉开帷幕。 1년에 한 번인 영화제가 곧 막을 열 것이다.
♦ 一年一度 yìnián yídù 1년에 한 번 | 电影节 diànyǐngjié 명 영화제 | 拉开帷幕 lākāi wéimù 막을 열다

D 毕竟 bìjìng 부 그래도 어쨌든, 결국 ★

他毕竟年轻，做事难免会有些鲁莽。
그는 그래도 어쨌든 젊으니까, 일을 처리할 때 조금 경솔하기 마련이다.
♦ 难免 nánmiǎn 동 피하기 어렵다, ~하기 마련이다 | 鲁莽 lǔmǎng 동 (일처리가) 경솔하다, 무모하다

지문 단어	风能 fēngnéng 명 풍력 에너지 ｜ 作为 zuòwéi 전 ~(사물의 특징)으로서 ｜ 清洁 qīngjié 형 청결하다, 청정하다 ｜ 能源 néngyuán 명 에너지 ｜ 受到重视 shòudao zhòngshì 중시를 받다, 주목을 받다

🎧 1-10

예제 2 房子一般有两种：一种是民间房东的房子，另一种_____是官府用来出租的公房。

A 亦　　B 皆　　C 则　　D 颇

정답 및 해석	房子一般有两种：一种是民间房东的房子，另一种则是官府用来出租的公房。 A 亦 B 皆 C 则 (✓) D 颇	집은 보통 두 가지가 있다. 하나는 민간 집주인의 집(민영주택)이고, 다른 하나는 관청에서 세를 놓는 데 쓰이는 공공주택이다. A ~도 역시 B 모두 C 반면에 (✓) D 매우
해설	빈칸을 기준으로 앞 절에서 '民间房东的房子 (민영주택)'를 언급했고, 뒤 절에서는 '官府(관청)'에서 세를 주는 '公房 (공공주택)'을 언급했으므로 서로 대비되는 내용임을 알 수 있습니다. 따라서 '대비'를 나타내는 의미상 부사인 C 则가 정답입니다.	

선택지 단어	A 亦 yì 부 ~도 역시, 또한(=也) ★★ 예문 生命可贵，自由亦可贵。 생명은 소중하고, 자유도 소중하다 ♦ 可贵 kěguì 형 귀중하다, 소중하다 B 皆 jiē 부 모두, 다(=都) ★★★ 예문 这件事闹得人人皆知。 이 일은 결국 사람들이 모두 알게 되었다. ♦ 闹得 nàode 동 결국 ~하게 되다 C 则 zé 접 반면에, 그러나 ★★★ 예문 过年的时候，北方普遍都吃饺子，南方则家家户户都吃汤圆。 설을 지낼 때, 북방은 일반적으로 쟈오즈를 먹지만, (반면에) 남방은 집집마다 탕위안을 먹는다. '则'는 접속사이지만, 대비·역접을 나타낼 때는 부사처럼 주로 주어 뒤에 위치합니다.

- 普遍 pǔbiàn 형 보편적인, 일반적인 | 饺子 jiǎozi 명 쟈오즈[중국식 만두] | 家家户户 jiājiāhùhù 성 집집마다 | 汤圆 tāngyuán 명 탕위안[새알 모양으로 빚어 소를 넣은 음식]

D 颇 pō 부 몹시, 매우(=非常) ★★

예문 他在音乐上颇有天赋。 그는 음악에 매우 타고난 재능이 있다.
- 天赋 tiānfù 명 타고난 재능

| 지문 단어 | 房东 fángdōng 명 집주인 | 官府 guānfǔ 명 관청 | 出租 chūzū 동 세를 놓다 | 公房 gōngfáng 명 공공주택 |

2 내공이 쌓이는 시간

독해 제2부분에서 부사어 자리에 관한 문제가 자주 나오지는 않지만, 만약 출제된다면 이 부사어 자리 밑줄에서 쉽게 답을 고를 수 있습니다. 부사어 자리에 오는 부사는 대부분 HSK 4급, HSK 5급 단어이고, 아래 단어들은 HSK 6급 수준의 부사이니 잘 외워 둡니다.

1 시험에 잘 나오는 부사

均 jūn (=都) 부 모두, 다	均未达到要求 모두 요구에 미달된다 均由睡眠不足造成 모두 수면 부족으로 인해 초래되었다 ◆ 未 wèi 부 아직 ~이 아니다 | 达到 dádào 동 도달하다 | 睡眠不足 shuìmián bùzú 수면이 부족하다 | 造成 zàochéng 동 (나쁜 결과를) 초래하다
皆 jiē (=都) 부 모두, 다	老少皆宜 어른과 아이에게 모두 적합하다 人人皆知 모두가 다 알고 있다
颇 pō (=非常) 부 꽤, 상당히, 매우	颇有天赋 타고난 재능이 꽤 있다 颇受关注 매우 주목을 받다 ◆ 天赋 tiānfù 명 타고난 재능 | 受关注 shòu guānzhù 주목을 받다
亦 yì (=也) 부 또한	亦是如此 또한 이러하다 反之亦然 반대로 해도 마찬가지다 ◆ 如此 rúcǐ 대 이와 같다, 이러하다 | 反之 fǎnzhī 접 반대로, 반대로 해도

素 sù (=向来) 튄 예전부터, 예로부터	素来如此 예전부터 이러하다 素有"人间天堂"之称 예로부터 '인간 세상의 천당'이란 명칭을 가지고 있었다 ◆ 人间天堂 rénjiān tiāntáng 인간 세상의 천당 ｜ 称 chēng 명 명칭, 칭호	
愈 yù (=越) 튄 ~할수록 더	愈多愈好 많을수록 더 좋다 愈战愈勇 싸울수록 더 용감해지다 ◆ 战 zhàn 동 싸우다 ｜ 勇 yǒng 형 용감하다	
大致 dàzhì 튄 대체로	大致分为两种 대체로(크게) 두 가지로 나뉜다 想法大致相同 생각이 대체로 같다	
分别 fēnbié 튄 각각, 따로따로	分别进行研究 각각 연구를 진행하다 脂肪和肌肉分别增长5%和7%。 지방과 근육이 각각 5%, 7% 늘어났다. ◆ 脂肪 zhīfáng 명 지방 ｜ 肌肉 jīròu 명 근육 ｜ 增长 zēngzhǎng 동 늘어나다	
即将 jíjiāng 튄 곧, 머지않아	即将举行婚礼 곧 결혼식을 올린다 比赛即将开始 시합이 곧 시작된다 ◆ 举行婚礼 jǔxíng hūnlǐ 결혼식을 올리다 ｜ 比赛 bǐsài 명 시합	
日益 rìyì 튄 날로, 나날이	日益提高 날로 높아지다 日益受到瞩目 나날이 주목을 받다 ◆ 瞩目 zhǔmù 동 주목하다	

공략법 06 암기하면 10초 안에 정답을 찾는다

독해 | 제2부분

Day 05

시험에 자주 출제되지는 않아도 가끔씩 나오는 전치사구 고정격식(짝꿍 관계)과 양사, 성어 등을 암기하면 10초 안에 빠르게 정답을 찾을 수 있습니다. 밑줄이 여러 개일 때, 먼저 이 곳에 해당하는 밑줄부터 체크해 봅니다.

독해 阅读 제2부분

1 문제가 보이는 시간

▶ 실제 시험은 빈칸이 3~5개지만, 이 공략법의 예제는 빈칸을 1개만 주었습니다.

🎧 1-11

예제 1 元代服装花色增多，图案丰富，这是由于它在传统印染和刺绣技术的＿＿＿＿上，吸收了边疆民族的工艺，增加了许多新的花色品种。

A 前景　　　B 基础　　　C 潜力　　　D 前提

정답 및 해석	元代服装花色增多，图案丰富，这是由于它在传统印染和刺绣技术的<u>基础</u>上，吸收了边疆民族的工艺，增加了许多新的花色品种。 A 前景 B 基础 (✓) C 潜力 D 前提	원나라 복장은 종류가 많아지고 문양이 풍부해졌는데, 이것은 그것이 전통적인 날염과 자수 기술의 <u>기초</u> 위에, 변경 민족의 공예를 받아들이고 새로운 스타일과 종류를 많이 늘렸기 때문이다. A 전망 B 기초 (✓) C 잠재력 D 전제 조건
해설	'在…上'은 동사 술어 '吸收' 앞에 있으므로 전치사구임을 알 수 있습니다. 문맥상 어떤 기초(B 基础) 위에 무언가를 받아들였다고 하는 것이 자연스럽습니다. 따라서 정답은 B 基础입니다. 선택지 D의 '前提'는 '在…的前提下(~의 전제 조건 하에)'로 사용합니다.	
선택지 단어	A 前景 qiánjǐng 명 전망 ★★ 　　짝꿍 发展<u>前景</u>广阔 발전 전망이 넓다(밝다) 　　　◆ 发展 fāzhǎn 동 발전하다 ｜ 广阔 guǎngkuò 형 광활하다, 넓다 B 基础 jīchǔ 명 기초, 기반 ★★★ 　　짝꿍 在…的<u>基础</u>上 ~의 기초 위에, ~을 기반으로 　　　　以…为<u>基础</u> ~을 기초로 하다	

91

奠定基础 기초를 다지다
* 奠定 diàndìng 동 (기초를) 다지다

C 潜力 qiánlì 명 잠재력 ★★

挖掘潜力 잠재력을 발굴하다
激发潜力 잠재력을 불러일으키다
潜力巨大 잠재력이 아주 크다
* 挖掘 wājué 동 발굴하다 | 激发 jīfā 동 불러일으키다 | 巨大 jùdà 형 거대하다, 아주 크다

D 前提 qiántí 명 전제 조건

예문 学好发音是学习外语的必要前提。
발음을 잘 배우는 것이 외국어 학습의 필수 전제 조건이다.

| 지문 단어 | 元代 Yuándài 고유 원대, 원나라 시대 | 服装 fúzhuāng 명 복장 | 花色 huāsè 명 무늬와 색깔, (같은 품종의) 종류, 가짓수 | 增多 zēngduō 동 많아지다, 증가하다 | 图案丰富 tú'àn fēngfù 문양이 풍부하다 *图案 도안, 문양 | 传统 chuántǒng 형 전통적인 | 印染 yìnrǎn 명 날염[천에 부분적으로 물을 들여 무늬가 나타나게 염색하는 방법] | 刺绣 cìxiù 명 자수 | 吸收 xīshōu 동 흡수하다, 받아들이다 | 边疆 biānjiāng 명 변경[국경에 인접한 지역] | 民族 mínzú 명 민족 | 工艺 gōngyì 명 공예 | 增加 zēngjiā 동 증가하다, 늘리다 | 花色品种 huāsè pǐnzhǒng 명 (제품의) 스타일과 종류 |

🎧 1-12

예제 2 自唐代以来，湖南衡州地区先后建了石鼓书院、邺侯书院和船山出院等 69_____书院。

A 栋   B 所   C 套   D 堆

정답 및 해석	自唐代以来，湖南衡州地区先后建了石鼓书院、邺侯书院和船山书院等69<u>所</u>书院。 A 栋 B 所 (✓) C 套 D 堆	당대 이래로, 후난 헝저우 지역에는 석고 서원·업후 서원·선산 서원 등 69<u>개</u> 서원이 잇달아 세워졌다. A 채 B 개 (✓) C 세트 D 무더기

| 해설 | 수사 '69'와 명사 '书院(서원)' 사이에 빈칸이 있으므로 빈칸은 양사 자리입니다. '书院(서원)', '学校(학교)' 등을 세는 양사는 '所'입니다. 따라서 정답은 B 所입니다. |

A 栋 dòng 양 채[건물을 셀 때 쓰임]

一栋公寓 아파트 한 채
一栋房子 집 한 채
* 公寓 gōngyù 명 아파트

B 所 suǒ 양 개, 곳, 군데[학교·병원 등을 셀 때 쓰임] ★

  짝꿍 一**所**书院 한 개의 서원
        一**所**学校 한 개의 학교
  ◆ 书院 shūyuàn 명 서원

C 套 tào 양 세트, 벌 ★★

  짝꿍 一**套**设备 설비 한 세트
        一**套**衣服 옷 한 벌
  ◆ 设备 shèbèi 명 설비

D 堆 duī 양 무더기, 더미 ★★

  짝꿍 一**堆**垃圾 쓰레기 한 무더기
        一**堆**稻草 볏짚 한 더미
  ◆ 垃圾 lājī 명 쓰레기 | 稻草 dàocǎo 명 볏짚

| 지문 단어 | 唐代 Tángdài 고유 당대, 당나라 시대 ｜ 湖南 Húnán 고유 후난[지명] ｜ 衡州 Héngzhōu 고유 헝저우, 형주[지명] ｜ 先后 xiānhòu 부 (시간차를 두고) 잇달아, 계속해서 ｜ 建 jiàn 동 (건물을) 짓다, 세우다 ｜ 石鼓书院 Shígǔ shūyuàn 고유 석고 서원 ｜ 邺侯书院 Yèhóu shūyuàn 고유 업후 서원 ｜ 船山书院 Chuánshān shūyuàn 고유 선산 서원 |

2 내공이 쌓이는 시간

전치사구 고정격식과 양사, 성어가 독해 제2부분에서 많이 출제되지는 않지만, 일단 출제되면 쉽게 정답을 찾을 수 있습니다. 이 곳에서 배우는 양사와 성어들을 제외하고 다른 양사와 성어들을 굳이 찾아서 암기할 필요는 없습니다. 시험에는 밑줄이 여러 개 있으므로 모르는 양사나 성어가 나와도 다른 밑줄에서 정답을 고르면 됩니다.

1 시험에 잘 나오는 전치사구 고정격식

1) **在A的基础上** A의 기초 위에, A를 기본(바탕)으로

- 要想消化系统健康，在多吃富含膳食纤维的食物的基础上，每天再来一杯酸奶，可以给我们的健康锦上添花。

  소화기 계통이 건강하려면, 식이섬유가 풍부하게 함유된 음식을 많이 먹는 것을 기본으로, 매일 추가로 요거트를 한 잔 먹으면, 우리의 건강에 금상첨화일 수 있다.

  ◆ 消化系统 xiāohuà xìtǒng 명 소화계통, 소화기 계통 ｜ 富含 fùhán 동 풍부하게 함유하다, 다량 함유하다 ｜ 膳食纤维 shànshíxiānwéi 명 식이섬유 ｜ 酸奶 suānnǎi 명 요거트 ｜ 锦上添花 jǐnshàng-tiānhuā 성 금상첨화

2) **在A的指导下** A의 지도하에

- 远程医疗使病人在原地、原医院即可接受外地专家的会诊，并在其指导下进行治疗和护理。

  원격 의료는 환자가 원래 장소와 병원에 있기만 하면 타지역 전문가의 합동 진료를 받고, 아울러 그 지도하에 치료와 간호를 진행할 수 있게 해준다.

  ◆ 指导 zhǐdǎo 동 지도하다 | 远程医疗 yuǎnchéng yīliáo 원격 의료 *远程 형 원거리의 | 原地 yuándì 명 제자리, 원래 장소 *原 형 원래의 | 即可 jíkě 부 ~하면 바로 ~할 수 있다(=就可以) | 会诊 huìzhěn 동 합동 진료하다 | 专家 zhuānjiā 명 전문가 | 治疗 zhìliáo 동 치료하다 | 护理 hùlǐ 동 (환자를) 돌보다, 간호하다

3) **把A和B(相)混淆** A와 B를 (서로) 혼동하다

- 人们常常会把人工智能和机器人的概念相混淆。

  사람들은 종종 인공지능과 로봇의 개념을 서로 혼동한다.

  ◆ 混淆 hùnxiáo 동 혼동하다, 헷갈리다 | 人工智能 réngōng zhìnéng 명 인공지능 | 机器人 jīqìrén 명 로봇 | 概念 gàiniàn 명 개념

4) **把A当作/视为B** A를 B로 여기다

- 古代的文人把竹子视为节操与气节的象征。

  고대의 문인들은 대나무를 절개와 지조의 상징으로 여겼다.

  ◆ 当作 dàngzuò 동 ~로 여기다(=视为 shìwéi) | 竹子 zhúzi 명 대나무 | 节操 jiécāo 명 절개(와 지조) | 气节 qìjié 명 지조[불굴의 품성] | 象征 xiàngzhēng 명 상징

5) **从A的角度来+동사** A의 관점에서 ~하다

- 孩子不听话时，父母不妨蹲下身来，从孩子的角度来思考他们固执己见的原因。

  아이가 말을 듣지 않을 때, 부모는 몸을 숙이고 앉아서 아이의 관점에서 그들이 자기 의견을 고집하는 원인을 깊이 생각해 보는 것도 괜찮다.

  ◆ 角度 jiǎodù 명 각도, 관점 | 不妨 bùfáng 부 무방하다, 괜찮다 | 蹲身 dūnshēn 동 몸을 웅크리고 앉다, 몸을 숙이다 | 思考 sīkǎo 동 사고하다, 깊이 생각하다 | 固执己见 gùzhí-jǐjiàn 성 자기 의견을 고집하다

6) **从一个侧面反映** 한 가지 측면에서 반영하다, 단적으로 반영하다

- 在中国北方过年普遍吃饺子，而南方吃汤圆。这从一个侧面反映出了中国地域文化的差异。

  중국 북방에서 설을 보낼 때 일반적으로 만두를 먹지만, 남방에서는 탕위안을 먹는다. 이것은 중국 지역 문화의 차이를 단적으로 반영한다.

  ◆ 侧面 cèmiàn 명 측면 | 反映 fǎnyìng 동 반영하다 | 普遍 pǔbiàn 형 보편적인, 일반적인 | 饺子 jiǎozi 명 쟈오즈[중국식 만두] | 汤圆 tāngyuán 명 탕위안[새알 모양으로 빚어 소를 넣은 음식] | 地域文化 dìyù wénhuà 지역 문화 | 差异 chāyì 명 차이

7) **A被列入B** A는 B에 들어가다

- 九寨沟享有"童话世界"的美称，已被列入世界文化遗产名录。
  주자이거우는 '동화 세계'라는 아름다운 이름을 얻었고, 이미 유네스코 세계 문화유산 명부에 들어갔다.

- 被列入 bèi lièrù ~에 들어가다 | 九寨沟 Jiǔzhàigōu [고유] 주자이거우, 구채구[지명] | 享有 xiǎngyǒu [동] (명예 등을) 향유하다, 얻다 | 童话世界 tónghuà shìjiè 동화 세계 | 美称 měichēng [명] 아름다운 이름 | 世界文化遗产 Shìjiè wénhuà yíchǎn [고유] 유네스코 세계 문화유산 | 名录 mínglù [명] 명부

8) **A倾向于B** A는 B하는 경향이 있다

- 绝大多数消费者会倾向于购买自己熟悉或者品牌形象好的产品。
  대다수 소비자는 자신이 잘 알거나 브랜드 이미지가 좋은 제품을 구매하는 경향이 있다.

- 倾向于 qīngxiàng yú ~하는 경향이 있다 | 绝大多数 juédà duōshù 대다수, 절대다수 | 消费者 xiāofèizhě [명] 소비자 | 购买 gòumǎi [동] 구매하다 | 熟悉 shúxī [형] 잘 알다 | 品牌形象 pǐnpái xíngxiàng 브랜드 이미지 | 产品 chǎnpǐn [명] 제품

9) **A由B造成/导致** A는 B 때문에 초래되다

- 气象局公布这次疾风是由气流不稳定造成的。
  기상청은 이번 질풍이 기류가 불안정하여 초래되었다고 발표했다.

- 造成 zàochéng [동] (나쁜 결과를) 초래하다(=导致 dǎozhì) | 气象局 qìxiàngjú [명] 기상청 | 公布 gōngbù [동] 공포하다, 발표하다 | 疾风 jífēng [명] 질풍[몹시 빠르고 세게 부는 바람] | 气流不稳定 qìliú bù wěndìng 기류가 불안정하다
  *气流 [명] 기류, 공기의 흐름

10) **A由B组成/构成** A는 B로 구성되어(이루어져) 있다

- 地球上的大部分岩石都是由沉积岩构成的。
  지구상의 대부분의 암석은 모두 퇴적암으로 구성되어 있다.

- 组成 zǔchéng [동] 구성하다, 이루어져 있다(=构成 gòuchéng) | 岩石 yánshí [명] 암석 | 沉积岩 chénjīyán [명] 퇴적암
  *沉积 [동] 가라앉아 쌓이다, 퇴적하다

> **Tip** '组成'은 사람과 사물을 구성할 때 사용할 수 있으며, '构成'은 사물을 구성할 때만 사용할 수 있습니다. '由三个人组成(3명으로 구성되다)'에서 '组成' 대신 '构成'을 쓸 수 없습니다.

2 시험에 잘 나오는 양사

串 chuàn 양 꾸러미, 송이, 줄	一串钥匙 열쇠 한 꾸러미 一串珍珠 진주 한 꾸러미 一串葡萄 포도 한 송이 • 钥匙 yàoshi 명 열쇠 | 珍珠 zhēnzhū 명 진주 | 葡萄 pútáo 명 포도
番 fān 양 번, 차례, 바탕[동작의 횟수를 셀 때 쓰임]	讨论一番 한 번 토론하다 经过一番思考 한바탕 생각 끝에 **Tip** '翻了一番'은 '(수나 양이) 두 배로 증가하다'라는 고정구이므로 따로 암기해 둡니다.
幅 fú 양 폭[옷감·종이·그림 등을 셀 때 쓰임]	一幅画卷 두루마리 그림 한 폭 一幅书法作品 서예 작품 한 폭 • 画卷 huàjuàn 명 두루마리 그림
副 fù 양 ① (대련·안경·장갑 등의) 쌍, 켤레 ② (장기·트럼프 등의) 세트 ③ 표정·행동·태도를 나타낼 때 쓰임	一副对联 대련 한 쌍 一副象棋 장기 한 세트 一副沮丧的神态 낙담한 표정 • 对联 duìlián 명 대련[종이나 천에 쓰거나 대나무·나무·기둥 따위에 새긴 대구] | 象棋 xiàngqí 명 (중국) 장기 | 沮丧 jǔsàng 형 낙담하다, 의기소침하다 | 神态 shéntài 명 표정, 태도
颗 kē 양 알, 개[둥글고 작은 알맹이 모양과 같은 것을 셀 때 쓰임]	一颗星星 별 하나 一颗人造卫星 인공위성 한 개 • 人造卫星 rénzào wèixīng 명 인공위성
枚 méi 양 매, 장, 개 [비교적 작은 조각으로 된 사물을 셀 때 쓰임]	一枚邮票 우표 한 장 一枚硬币 동전 한 개 • 邮票 yóupiào 명 우표 | 硬币 yìngbì 명 동전, 금속 화폐
批 pī 양 더미, 무더기, 무리[쌓인 물건이나 떼를 지어 있는 사람을 셀 때 쓰임]	一批货 상품 한 더미 一批人才 한 무리의 인재들 • 货 huò 명 물품, 상품
群 qún 양 무리, 떼	一群观众 한 무리의 관중 一群摄影师 한 무리의 카메라맨 • 观众 guānzhòng 명 관중 | 摄影师 shèyǐngshī 명 촬영 기사, 카메라맨
首 shǒu 양 수, 곡[시·사·노래 등을 셀 때 쓰임]	一首诗 시 한 수 一首歌 노래 한 곡 • 诗 shī 명 시

艘 sōu 양 척	一艘船 배 한 척 一艘载人飞船 유인 우주선 한 척 一艘航空母舰 항공모함 한 척 ◆ 载人飞船 zàirén fēichuán 유인 우주선 ｜ 航空母舰 hángkōng mǔjiàn 명 항공모함
所 suǒ 양 개, 곳, 군데[학교·병원 등을 셀 때 쓰임]	一所学院 한 개의 대학 一所医院 한 개의 병원
支 zhī 양 자루, 개비, 대[가늘고 긴 막대 모양의 물건을 셀 때 쓰임]	一支笔 붓 한 자루 一支香烟 담배 한 개비 一支火箭 로켓 한 대 ◆ 香烟 xiāngyān 명 담배 ｜ 火箭 huǒjiàn 명 로켓

3 시험에 잘 나오는 성어

别具一格 biéjù-yìgé	독특한 풍격을 지니다
博大精深 bódà-jīngshēn	(사상·학식이) 넓고 심오하다
不言而喻 bùyán'éryù	말하지 않아도 안다 **Tip** '喻'는 '알다, 이해하다'는 의미가 있으며, '家喻户晓 jiāyùhùxiǎo(집집마다 알다)'라는 성어에서도 '喻'는 동일하게 '알다'라는 의미로 쓰였습니다.
层出不穷 céngchū-bùqióng	차례로 나타나서 끝이 없다, 끊임없이 나타나다 **Tip** '穷'은 '가난하다'는 의미 외에 '끝나다'라는 의미도 있습니다.
得天独厚 détiāndúhòu	특별히 좋은 조건을 갖추다, 처한 환경이 남달리 좋다
废寝忘食 fèiqǐn-wàngshí	먹고 자는 것을 잊다, 전심전력하다, 몰두하다 **Tip** [废(포기하다, 그만두다) + 寝(자다) + 忘(잊다) + 食(먹다)] '废寝忘食'를 직역하면 '자는 것을 그만두고 먹는 것을 잊다'라는 의미입니다. 즉, 먹고 자는 것을 잊고 열심히 노력할 때 쓸 수 있는 표현입니다.
风土人情 fēngtǔrénqíng	풍토와 인정
根深蒂固 gēnshēn-dìgù	뿌리 깊게 박혀 있다
恍然大悟 huǎngrándàwù	문득 크게 깨닫다
接踵而至 jiēzhǒng'érzhì	(사람들이) 잇달아 계속 오다
举世瞩目 jǔshìzhǔmù	온 세상 사람이 모두 주목하다

举足轻重 jǔzú-qīngzhòng	일거수일투족이 전체에 중대한 영향을 끼치다
	Tip [举(들다)+足(발)+轻(가볍다)+重(무겁다)] '举足轻重'은 '발을 들어 놓는 위치에 따라 경중(가벼움과 무거움)이 결정된다'는 의미입니다. 즉, 실력자가 두 강자 사이에서 한쪽으로 조금만 치우쳐도 세력의 균형이 깨진다는 뜻입니다.
聚精会神 jùjīng-huìshén	정신을 집중하다, 열중하다
	Tip [聚会(한데 모이다)+精神(정신, 마음)] '聚精会神'은 '聚会'와 '精神'을 한 글자씩 교차시켜 의미를 강조한 표현입니다.
络绎不绝 luòyìbùjué	왕래가 잦아 끊이지 않다
名副其实 míngfùqíshí	명실상부하다, 명성과 실제가 부합되다
名胜古迹 míngshènggǔjì	명승고적
难能可贵 nánnéng-kěguì	(어려운 일을 해내서) 아주 기특하다
迄今为止 qìjīnwéizhǐ	지금까지
潜移默化 qiányí-mòhuà	무의식 중에 감화되다, 은연중에 감화되다
任重道远 rènzhòng-dàoyuǎn	맡은 바 책임은 무겁고 갈 길은 아직도 멀다
日新月异 rìxīn-yuèyì	나날이 새로워지다
脱颖而出 tuōyǐng'érchū	자신의 재능을 전부 드러내다, 두각을 나타내다
无动于衷 wúdòngyúzhōng	전혀 무관심하다, 마음이 전혀 움직이지 않는다
喜闻乐见 xǐwén-lèjiàn	즐겨 듣고 즐겨 보다
相辅相成 xiāngfǔ-xiāngchéng	상부상조하다
循序渐进 xúnxù-jiànjìn	순차적으로 진행하다
五彩斑斓 wǔcǎibānlán	오색찬란하다
与日俱增 yǔrì-jùzēng	날이 갈수록 증가하다
	Tip [与(~와/과)+日(날)+俱(모두, 함께)+增(증가하다)] '与日俱增'을 직역하면 '날과 함께 증가하다'는 의미입니다.
至关重要 zhìguānzhòngyào	매우 중요하다
众所周知 zhòngsuǒzhōuzhī	모든 사람이 다 알고 있다

실력 확인하기

독해 | 제2부분

5분 | Day 05

알맞은 단어를 골라 빈칸을 채우세요. 1-13

1. 与其抱怨时间不够用，不妨屏蔽外界_____，保持专注善用等待时间，完成小目标；_____自我奖励，增强前进动力。用好零碎时间，你将会享受更_____的生活，完成那些看起来艰难的任务。

   A 唠叨　保卫　富裕　　　　B 践踏　力争　十足
   C 嘲笑　赋予　和睦　　　　D 干扰　给予　充实

2. 中国戏曲是世界三大古代戏剧之一，它_____于原始歌舞，经过_____的发展演变，形成了以"京剧、越剧、黄梅戏、评剧、豫剧"五大戏曲剧种为_____的中华戏曲百花苑。

   A 起源　漫长　核心　　　　B 根源　悠久　重心
   C 来源　持久　层次　　　　D 发源　遥远　支柱

3. 随着人民生活水平提高，以上门代厨、上门整理收纳等为代表的"上门经济"_____走俏，不仅_____消费者多元化、个性化需求，还拓宽了_____渠道，丰富了服务场景，让消费_____变得更为自由灵活。

   A 日益　满足　就业　模式　　　B 逐步　达成　敬业　规范
   C 愈加　兑现　营业　格式　　　D 逐年　供给　经营　模范

4. 人的肠道能吸收营养物质，其吸收能力与肠道菌群_____。人的肠道内寄居着500到1000种肠道菌群，它们并不是_____就有的，而是随着母乳喂养、进食各种辅食等逐渐入驻的。肠道菌群中的益生菌能够促进食物_____、各种维生素的吸收，_____免疫屏障。

   A 相辅相成　一向　腐烂　组成　　B 不相上下　预先　分解　修建
   C 息息相关　天生　消化　建立　　D 与日俱增　历来　融化　构成

5. 屋顶在中国传统建筑造型中具有重要地位。《诗经》里就用"如鸟斯革"来_____像翼舒展的屋顶和出檐。自此，两汉以来的诗词歌赋里不断_____出相关的词句。这证明屋顶不但是几千年来广大人民所_____的，并且是中华民族最骄傲的_____之一。

   A 塑造　泛滥　齐心协力　奇迹　　B 树立　滞留　络绎不绝　遗迹
   C 呼唤　汹涌　潜移默化　成果　　D 描绘　涌现　喜闻乐见　成就

독해 阅读

제3부분

문제 유형과 전략

독해 제3부분은 350자~500자 사이의 지문이 2개 출제되는데, 한 지문당 5개의 빈칸에 알맞은 내용을 채우면 된다. 문제는 71번에서 80번까지 총 10문제가 출제되며, 배점은 한 문제당 2점이다. 빈칸 5개에 선택지가 5개라는 말은 결국 4문제나 마찬가지이다. 중간에 어려운 빈칸은 건너뛰고, 나머지 4개의 빈칸의 정답만 정확히 찾으면, 나머지 어려운 빈칸 1개는 저절로 풀린다.

이렇게 풀어봐요

1. **첫 번째 빈칸까지 속독으로 내용을 파악한다.** 모든 지문은 첫 부분이 중요하므로, 빈칸의 앞뒤 문장부터 보지 말고 지문을 처음부터 빠르게 읽어 본다. 독해 제3부분은 꼼꼼하게 해석하는 것보다 전체 흐름을 빠르게 파악하는 것이 중요하다. 따라서 평소 문제를 풀 때는 속독으로 내용을 파악하는 연습을 해야 한다.

2. **첫 번째 빈칸이 나오면 바로 선택지를 분석한다.** 나머지 빈칸도 아래의 선택지 분석 방법대로 접근해서 답을 찾는다.

   선택지 분석 방법
   ① 빈칸이 주술목 구조 중에 어느 부분에 해당하는지 파악한다.
   ② 빈칸 앞뒤에 접속사가 있는지 파악한 후, '접속사+접속사/부사' 호응을 찾는다.
   ③ 빈칸 앞뒤의 핵심 단어가 선택지에도 있는지 확인한다.

3. **같은 답을 2개 쓰지 않는다.** 총 다섯 문제 중의 세 문제는 정확히 풀었는데, 남은 두 문제가 잘 풀리지 않을 때가 있다. 이때 학생 중에는 두 문제 중 하나라도 맞히겠다는 생각으로 같은 번호로 찍을 때가 있다. 하지만 이러면 그 두 문제는 무조건 틀리게 되므로, 절대 같은 답으로 찍지 않는다.

공략법 01 문장 구조 분석으로 답을 찾는다

독해 | 제3부분

Day 06

빈칸을 포함한 문장의 문장 구조(주어+술어+목적어)를 분석해서 빠진 문장 성분을 찾습니다. 예를 들어, 빈칸 앞에 '주어+부사어' 부분만 있다면 빈칸에는 술어 부분이 와야 합니다. 빈칸 앞에 부사어만 있다면 빈칸에는 '주어+술어'가 모두 있어야 합니다.

1 문제가 보이는 시간

2-01

예제 1 ▶ 실제 시험은 한 지문에 5문제이지만, 이 공략법의 예제는 편의상 2문제로 구성했습니다.

踩高跷是中国民间盛行的一种群众性技艺表演。(1)_____，早在春秋时期就已经出现了。现在人们所用的高跷，根据表演内容有文跷和武跷之分，文跷重扮相与扭逗，而武跷则强调个人技巧与绝招，表演者能够灵活地做跳跃、舞剑、跳凳子等高难度动作，(2)_____。如今，高跷表演已经形成了鲜明的地域风格和民族特色。

- A 着实令人惊叹
- B 高跷原本是中国古代百戏的一种
- C 我们不难想象出当时古人使用高跷的景象
- D 他们在祭礼中要踩着高跷模拟鹤跳舞
- E 居住在沿海地区的古人

해설 (1) 빈칸 뒤의 '早在春秋时期就已经出现了'는 '早在春秋时期就已经(부사어)+出现了(술어)'로 이루어져 있으므로 빈칸은 주어 자리입니다. 선택지 A는 주어 없이 술어만 있으므로 정답이 아닙니다. 나머지 B·C·D는 모두 '주어+술어'로 구성되어 있어서, B·C·D의 주어가 '出现了'의 주어와 같으면 됩니다. E는 '居住在沿海地区的(관형어)+古人(명사)'으로, '古人'이 주어가 될 수 있지만, 의미상 옛날 사람이 출현했다는 말은 맞지 않습니다. 마찬가지로, B의 주어 '我们'과 C의 주어 '他们'도 문맥상 뒤 절의 주어로는 어울리지 않습니다. B의 주어 '高跷'는 빈칸 뒤의 술어 '出现'과 의미상 어울립니다. 또한 빈칸 앞뒤로도 '高跷'가 보여서 문맥상 흐름도 맞습니다. 따라서 정답은 B 高跷原本是中国古代百戏的一种입니다.

(2) 빈칸 앞에 '表演者能够灵活地做……动作'라는 문장 전체가 빈칸의 주어가 됩니다. 따라서 빈칸에는 술어가 와야 하고, 내용상 사람들을 경탄케 한다는 내용이 자연스럽습니다. 따라서 정답은 A 着实令人惊叹입니다. C와 D는 새로운 주어로 시작하고, 내용상 빈칸의 앞 내용과 연결되지 않습니다. E는 명사구라 단독으로 마침표 앞에 쓸 수 없습니다.

정답 및 해석

踩高跷是中国民间盛行的一种群众性技艺表演。(1) **B 高跷原本是中国古代百戏的一种**，早在春秋时期就已经出现了。现在人们所用的高跷，根据表演内容有文跷和武跷之分，文跷重扮相与扭逗，而武跷则强调个人技巧与绝招，表演者能够灵活地做跳跃、舞剑、跳凳子等高难度动作，(2) **A 着实令人惊叹**。如今，高跷表演已经形成了鲜明的地域风格和民族特色。

높은 나무다리를 타고 춤을 추는 것은 중국 민간에서 성행하는 대중적인 기예 공연이다. (1) **B 높은 나무다리 춤추기는 원래 중국 고대 잡기의 일종으로**, 일찍이 춘추시대에 이미 출현했다. 현재 사람들이 사용하는 높은 나무다리 춤은 공연 내용에 따라 원챠오와 우챠오의 구분이 있는데, 원챠오는 분장과 기우뚱거리며 웃기는 것을 중시하지만, 반면에 우챠오는 개인 기교와 뛰어난 재간을 강조한다. 공연자가 뛰어오르고, 칼춤을 추고, 의자를 뛰어넘는 등의 고난도 동작을 유연하게 할 수 있다는 것이 (2) **A 정말로 사람들을 경탄케 한다**. 오늘날 높은 나무다리 타기 공연은 이미 뚜렷한 지역 스타일과 민족 특색을 형성했다.

A 着实令人惊叹
B 高跷原本是中国古代百戏的一种
C 我们不难想象出当时古人使用高跷的景象
D 他们在祭礼中要踩着高跷模拟鹤跳舞
E 居住在沿海地区的古人

A 정말로 사람들을 경탄케 한다
B 높은 나무다리 춤추기는 원래 중국 고대 잡기의 일종으로
C 우리는 당시 옛날 사람이 높은 나무다리를 사용하는 모습을 상상하기 어렵지 않다
D 그들은 제례에서 높은 나무다리를 타고 걸으며 학이 춤추는 것을 모방하려 했다
E 연해 지역에 거주하는 옛날 사람은

정답 (1) **B** (2) **A**

◆ 踩高跷 cǎi gāoqiāo 높은 나무다리를 타고 춤을 추다[축제 때 긴 나무 막대기를 발에 묶고 올라서서 걷거나 춤을 추는 민속놀이] *踩 동 밟다 *高跷 명 (이와 같은 놀이에 쓰이는) 높은 나무다리, 높은 나무다리 타기 | 盛行 shèngxíng 동 성행하다 | 群众性技艺表演 qúnzhòngxìng jìyì biǎoyǎn 대중적인 기예 공연 *表演 동 공연하다, 연기하다 | 原本 yuánběn 부 원래 | 百戏 bǎixì 명 잡기[갖가지의 곡예] | 春秋时期 Chūnqiū Shíqī 고유 춘추시대 | 根据 gēnjù 전 ~에 근거하여, ~에 따라 | 有…之分 yǒu……zhī fēn ~의 구분이 있다 | 文跷 wénqiāo 원챠오[문사 차림의 분장] | 武跷 wǔqiāo 우챠오[무사 차림의 분장] | 重 zhòng 동 중시하다 | 扮相 bànxiàng 명 분장 | 扭逗 niǔ dòu 기우뚱거리며 웃기다 | 强调 qiángdiào 동 강조하다 | 技巧 jìqiǎo 명 기교, 테크닉 | 绝招 juézhāo 명 뛰어난 재간 | 表演者 biǎoyǎnzhě 명 공연자 | 灵活 línghuó 형 유연하다 | 跳跃 tiàoyuè 동 도약하다, 뛰어오르다 | 舞剑 wǔjiàn 동 칼춤을 추다 | 跳凳子 tiào dèngzi (등받이 없는) 의자를 뛰어넘다 | 高难度 gāonándù 명 고난도 | 着实 zhuóshí 부 정말로 | 惊叹 jīngtàn 동 경탄하다 | 鲜明 xiānmíng 형 선명하다, 뚜렷하다 | 地域风格 dìyù fēnggé 지역 스타일 | 民族特色 mínzú tèsè 민족 특색

◆ 想象 xiǎngxiàng 동 상상하다 | 景象 jǐngxiàng 명 광경, 모습 | 祭礼 jìlǐ 명 제례[제사를 지내는 의식] | 模拟 mónǐ 동 모의하다, 모방하다 | 鹤 hè 명 학 | 跳舞 tiàowǔ 동 춤을 추다 | 居住 jūzhù 동 거주하다 | 沿海 yánhǎi 명 연해[바닷가 근처 지방]

예제 2

说到"原始人"的食物，人们通常会想到打猎得来的肉和采集到的野果，事实上，他们的食谱比我们想的要丰富得多。最新考古发现，在旧石器时代的欧洲，(1)_____。这比起驯化作物、开始农耕的时间(小麦：约1万年前，水稻：约8500年前)早了许多。研究者对已发现的研磨工具进行年代测定，发现这块研磨石距今约有3.2万年，(2)_____。通过进一步分析，研究者认为，这些淀粉颗粒来自禾本科植物，且最有可能属于燕麦，这也是目前已知最早的人类加工燕麦的证据。

A 而值得一提的是
B 上面残留着不少植物淀粉颗粒
C 人们就已经开始用野生谷物制作面粉了
D 这种理论宣称现代人应该像祖先那样多吃肉和水果
E 这可能是为了让新鲜谷物干燥得更快

해설

(1) 빈칸 앞에 술어 '发现'이 보입니다. '发现' 뒤에는 명사도 되지만, 대부분 절(S+V)이 목적어로 옵니다. 따라서 선택지 A는 제외합니다. 나머지 선택지는 모두 절로 이루어져 있으므로 다른 힌트를 찾아봅니다. 빈칸 앞에 시간을 나타내는 '在旧石器时代的欧洲'가 있으므로, C의 '就已经开始'가 정답일 확률이 높습니다. 문맥상으로도 가장 잘 어울리니, 정답은 C 人们就已经开始用野生谷物制作面粉了입니다. B는 빈칸 앞에 '上面'에 대한 구체적인 언급이 없었고, D는 '这种理论'이 가리키는 내용이 앞에 없었으며, E도 문맥상 자연스럽지 않습니다.

(2) 빈칸 앞에 '发现这块研磨石距今约有3.2万年'에서 '这块研磨石'가 언급되었고, 선택지 B의 '上面'이 가리키는 대상이 바로 '这块研磨石上面'이므로 정답은 B 上面残留着不少植物淀粉颗粒입니다. 또한 빈칸 뒤에 '这些淀粉颗粒来自禾本科植物'는 B에서 언급된 '淀粉颗粒'와도 자연스레 연결됩니다.

정답 및 해석

说到"原始人"的食物，人们通常会想到打猎得来的肉和采集到的野果，事实上，他们的食谱比我们想的要丰富得多。最新考古发现，在旧石器时代的欧洲，(1) **C 人们就已经开始用野生谷物制作面粉了**。这比起驯化作物、开始农耕的时间(小麦：约1万年前，水稻：约8500年前)早了许多。研究者对已发现的研磨工具进行年代测定，发现这块研磨石距今约有3.2万年，(2) **B 上面残留着不少植物淀粉颗粒**。通过进一步分析，研究者认为，这些淀粉颗粒来自禾本科植物，且最有可能属于燕麦，这也是目前已知最早的人类加工燕麦的证据。

'원시인'의 음식을 언급하면, 사람들은 보통 사냥한 고기와 채집한 야생 과일을 떠올리는데, 사실상 그들의 식단은 우리가 생각했던 것보다 훨씬 풍부하다. 최신 고고학에서 구석기 시대의 유럽에서 (1) **C 사람들은 이미 야생 곡물로 밀가루를 만들기 시작했다는** 것을 발견했다. 이것은 농작물 품종을 개량하고 농사를 짓기 시작한 시간(밀:약 1만 년 전, 논벼:약 8,500년 전)보다 훨씬 빠르다. 연구자들은 이미 발견된 연마 도구에 대해 연대 측정을 진행하여, 이 연마석이 지금으로부터 대략 3만 2천 년 전의 것으로 (2) **B 그 위에 식물성 전분 알갱이가 많이 남아 있는** 것을 발견했다. 추가 분석을 통해서, 연구자들은 이러한 전분 알갱이는 벗과 식물에서 왔고, 게다가 귀리에 속할 가능성이 높다고 여겼다. 이는 또한 현재 이미 알려진 인류가 귀리를 가공한 최초의 증거이기도 하다.

A 而值得一提的是
B 上面残留着不少植物淀粉颗粒
C 人们就已经开始用野生谷物制作面粉了
D 这种理论宣称现代人应该像祖先那样多吃肉和水果
E 这可能是为了让新鲜谷物干燥得更快

A 그러나 언급할 만한 점은
B 그 위에는 식물성 전분 알갱이가 많이 남겨져 있다
C 사람들은 이미 야생 곡물을 사용해 밀가루를 만들기 시작했다
D 이러한 이론은 현대인이 선조처럼 그렇게 고기와 과일을 많이 먹어야 한다는 것을 공언한다
E 이는 아마도 신선한 곡물을 더 빨리 건조시키기 위해서일 것이다

정답 (1) C   (2) B

◆ 原始人 yuánshǐrén 명 원시인 | 通常 tōngcháng 부 통상적으로, 보통 | 打猎 dǎliè 동 사냥하다, 수렵하다 | 得来 delái 동사나 형용사 뒤에 쓰여 어떤 정도에 이르거나 어떤 결과가 나타나는 것을 나타내는 접미사 | 采集 cǎijí 동 채집하다 | 野果 yěguǒ 명 야생 과실 | 事实上 shìshíshàng 명 사실상 | 食谱 shípǔ 명 식단, 메뉴 | 丰富 fēngfù 형 풍부하다 | 考古 kǎogǔ 명 고고학 | 旧石器时代 jiùshíqì shídài 명 구석기 시대 | 欧洲 Ōuzhōu 고유 유럽 | 野生 yěshēng 형 야생의 | 谷物 gǔwù 명 곡물 | 制作 zhìzuò 동 제작하다, 만들다 | 面粉 miànfěn 명 밀가루 | 驯化 xùnhuà 동 품종을 개량하다 | 作物 zuòwù 명 농작물 | 农耕 nónggēng 동 농사를 짓다 | 小麦 xiǎomài 명 밀, 소맥 | 水稻 shuǐdào 명 논벼 | 研究者 yánjiūzhě 명 연구자 | 研磨 yánmó 동 (기물의 표면을) 연마하다, 갈다 *研磨石 연마석 | 工具 gōngjù 명 공구, 도구 | 年代测定 niándài cèdìng 연대 측정 | 距今 jùjīn 동 지금으로부터 (얼마간) 떨어져 있다 | 约 yuē 부 대략 | 残留 cánliú 동 잔류하다, 남아 있다 | 植物 zhíwù 명 식물 | 淀粉 diànfěn 명 전분, 녹말 | 颗粒 kēlì 명 과립, 알갱이 | 通过 tōngguò 전 ~을 통해서 | 进一步 jìnyíbù 부 진일보하여, 추가하여 | 分析 fēnxī 동 분석하다 | 禾本科 héběnkē 명 볏과, 벼과[밀, 이삭, 귀리 따위의 식물 분류] | 且 qiě 접 게다가 | 属于 shǔyú 동 ~에 속하다 | 燕麦 yànmài 명 귀리[한해 또는 두해살이 풀, 열매는 주로 사료나 식용으로 씀] | 加工 jiāgōng 동 가공하다 | 证据 zhèngjù 명 증거

◆ 值得一提 zhídé yì tí 언급할 만하다 | 理论 lǐlùn 명 이론 | 宣称 xuānchēng 동 공언하다, 공개적으로 밝히다 | 祖先 zǔxiān 명 선조 | 新鲜 xīnxiān 형 신선하다 | 干燥 gānzào 형 건조하다

② 내공이 쌓이는 시간

독해 제3부분은 지문을 처음부터 끝까지 세세하게 해석하지 않더라도, 문장 분석만으로도 정답을 빠르게 찾을 수 있는 힌트를 얻을 수 있습니다. 중국어 문장의 기본 구조를 알고 빈칸 앞뒤의 문장성분을 분석한다면, 5개의 선택지 중에서 정답이 아닌 선택지와 정답이 될 가능성이 높은 선택지를 빠르게 찾아낼 수 있습니다. 아래 문장을 분석하여 주어·술어·목적어·부사어 등 문장 성분의 위치를 이용해 정답을 고르는 연습을 해 봅니다.

중국어 문장의 기본 구조 ★

| 관형어 | + | 주어 | + | 부사어 | + | 술어 | + | 보어 | + | 관형어 | + | 목적어 |
| 来上海两年多的 | | 我 | | 已经深深地 | | 喜欢 | | 上了 | | 美丽的 | | 上海。|

상하이에 온 지 2년이 넘은 나는 이미 아름다운 상하이를 깊이 좋아하게 되었다.

출제 포인트 1　빈칸 앞에 주어가 있으면, 빈칸은 술어 자리이다.

妈妈从你出生那天起，_____。

A 孩子听着，陷入了沉思
B 就把整个世界，都作为礼物送给了你
C 我的妈妈竟来不及给我一件礼物
D 孩子向老人倾吐了自己的哀伤
E 那是为了让你珍惜生活，去热爱这个世界

해설

妈妈 [从你出生那天起]，　술어　。

▶ '从…起'는 '~부터 시작해서'라는 의미의 전치사구로, 술어 앞에서 술어를 수식하는 부사어로 쓰입니다. 따라서 이 문제는 빈칸 앞에 주어 '妈妈'만 있는 셈이므로 빈칸에는 술어가 들어가야 합니다. 선택지 B는 把자문인데 주어가 없으므로 정답일 확률이 높습니다. B의 부사 '就'는 '从你出生那天起' 뒤에 쓰여 '시간이 이르다'라는 뜻을 나타냅니다. 문장의 핵심 성분만 추출하면 '妈妈把整个世界都作为礼物送给了你(엄마는 온 세상을 전부 선물로 당신에게 주었다)'가 되어 문맥이 자연스럽습니다. 따라서 정답은 B입니다. 나머지 선택지는 첫 단어가 모두 명사(A는 '孩子', C는 '我的妈妈', D는 '孩子', E는 '那')이므로 첫 단어만 보고도 답이 될 수 없다는 것을 알아야 합니다.

정답 및 해석

妈妈从你出生那天起，B 就把整个世界，都作为礼物送给了你。

엄마는 당신이 태어난 그날부터, B 온 세상을 전부 선물로 당신에게 주었다.

A 孩子听着，陷入了沉思	A 아이는 들으면서 깊은 생각에 잠겼다
C 我的妈妈竟来不及给我一件礼物	C 우리 엄마는 뜻밖에도 미처 나에게 선물을 주지 못했다
D 孩子向老人倾吐了自己的哀伤	D 아이는 노인한테 자신의 슬픔을 털어놓았다
E 那是为了让你珍惜生活，去热爱这个世界	E 그것은 당신이 삶을 소중히 여기고, 이 세상을 뜨겁게 사랑하게 하기 위해서이다

◆ 整个 zhěnggè 형 전체의, 모든, 온 | 陷入沉思 xiànrù chénsī 깊은 생각에 잠기다 | 竟 jìng 부 뜻밖에 | 来不及 láibují (시간이 부족하여) 미처 ~하지 못하다, ~할 겨를이 없다 | 倾吐哀伤 qīngtǔ āishāng 슬픔을 털어놓다 | 珍惜 zhēnxī 동 소중히 여기다

출제 포인트 2 빈칸 뒤에 술어가 있으면, 빈칸은 주어 자리이다.

_____，就像一小段一小段绿色的鞭炮挂满枝头。

A 一串一串菱形的果实
B 天山南麓的大片绿洲才免遭沙漠的吞噬
C 迎接四面八方的宾客
D 如能找到一个湿润的地方就扎根发芽
E 胡杨几千万年前就在地球上生存了

해설

_____，[就] [像一小段一小段绿色的鞭炮] 挂 〈满〉 枝头。
　　주어　　　부사어　　　부사어(전치사구)　　　술어 보어 목적어

▶ '就像……鞭炮'는 부사어, '挂满枝头'는 술어+목적어이므로 빈칸에는 주어가 필요한 상황입니다. 선택지 A의 '一串一串菱形的'는 명사 '果实'를 수식하는 관형어이므로 A는 결국 하나의 명사나 마찬가지입니다. 따라서 주어가 될 수 있으며, 뒤의 내용과 의미상 어울리므로 정답이 됩니다. 이렇게 구조적으로 접근하면 '菱形'과 같은 아주 어려운 단어를 몰라도 정답을 찾을 수 있습니다.

정답 및 해석

A 一串一串菱形的果实，就像一小段一小段绿色的鞭炮挂满枝头。	**A 줄줄이 달린 마름모꼴의 과실은** 마치 조그마한 녹색 폭죽처럼 나뭇가지 끝에 주렁주렁 매달려 있다.
B 天山南麓的大片绿洲才免遭沙漠的吞噬	B 톈산 남쪽 기슭의 드넓은 오아시스가 비로소 사막에 삼켜지지 않았다(사막화되지 않았다)
C 迎接四面八方的宾客	C 사방팔방에서 온 손님을 맞이한다
D 如能找到一个湿润的地方就扎根发芽	D 만일 축축한 곳을 찾을 수 있다면 거기서 뿌리를 내리고 싹을 틔운다
E 胡杨几千万年前就在地球上生存了	E 백양나무는 수천만 년 전부터 지구에서 생존했다

◆ **串** chuàn 양 꿰미, 줄[길게 꿴 물건을 셀 때 쓰임] | **菱形** língxíng 명 마름모(꼴) | **鞭炮** biānpào 명 폭죽 | **挂满枝头** guà mǎn zhītóu 나뭇가지 끝에 주렁주렁 매달려 있다 | **南麓** nánlù 명 (산의) 남쪽 기슭 | **大片** dàpiàn 형 (면적이) 크다, 드넓다 | **绿洲** lǜzhōu 명 오아시스 | **免遭** miǎnzāo 동 모면하다, 당하지 않다 | **沙漠** shāmò 명 사막 | **吞噬** tūnshì 동 (통째로) 삼키다 | **迎接** yíngjiē 동 영접하다, 맞이하다 | **四面八方** sìmiàn-bāfāng 성 사방팔방 | **宾客** bīnkè 명 손님 | **如** rú 접 만일, 만약(=如果) | **湿润** shīrùn 형 습윤하다, 축축하다 | **扎根发芽** zhāgēn fāyá 뿌리를 내리고 싹을 틔우다 | **胡杨** húyáng 명 백양나무[포플러 일종의 나무 이름]

출제 포인트 3 주술목이 모두 있는지 본다.

在中国人家里做客吃饭时，主人总会热情地说一句："趁热吃"，＿＿＿＿＿＿＿。可是从健康的角度来看"趁热吃"这种观念其实是错误的。

A 是主人热情好客的表现
B 一旦超过这个温度
C 越来越多的研究也显示
D 会导致气血过度活跃
E "趁热吃"似乎一直都是中国人饭桌上的传统

해설 이 문제는 빈칸 앞에 '趁热吃'가 있는 것을 보고 E를 골라도 되는데, 대부분의 학생이 A를 오답으로 고릅니다. 왜냐하면 빈칸 앞에 '趁热吃'를 주어로 착각했기 때문입니다. 빈칸 앞의 '趁热吃'는 '主人总会热情地说一句'에서 술어 '说'의 목적어입니다. 따라서 빈칸에는 '주어+술어+목적어' 구조가 다 나와야 하므로 정답은 E입니다.

정답 및 해석

在中国人家里做客吃饭时，主人总会热情地说一句："趁热吃"，E **"趁热吃"似乎一直都是中国人饭桌上的传统**。可是从健康的角度来看，"趁热吃"这种观念其实是错误的。

A 是主人热情好客的表现
B 一旦超过这个温度
C 越来越多的研究也显示
D 会导致气血过度活跃

중국인의 집에 방문하여 식사할 때, 주인은 늘 친절하게 '뜨거울 때 드세요'라고 한마디 한다. E **'뜨거울 때 드세요'는 마치 줄곧 중국인 식탁에서의 전통인 듯하다**. 하지만 건강의 관점에서 보면, '뜨거울 때 드세요'라는 이런 관념은 사실 잘못됐다.

A 주인이 친절하게 손님을 잘 대하는 표현이다
B 일단 이 온도를 초과하면
C 갈수록 많은 연구에서도 보여준다
D 기혈이 지나치게 활발해진다

◆ **做客** zuòkè 동 손님이 되다, 방문하다 | **总** zǒng 부 항상, 늘 | **热情** rèqíng 형 열정적이다, 친절하다 | **趁热吃** chèn rè chī 뜨거울 때 드세요 *趁 전 ~을 틈타, (시간·기회 등을) 이용하여 | **似乎** sìhū 부 마치 ~인 듯하다 | **饭桌** fànzhuō 명 식탁 | **传统** chuántǒng 명 전통 | **观念** guānniàn 명 관념 | **其实** qíshí 부 사실 | **错误** cuòwù 형 잘못되다 | **好客** hàokè 손님을 잘 대하다 | **表现** biǎoxiàn 명 표현, 태도, 행동 | **超过** chāoguò 동 초과하다, 넘다 | **温度** wēndù 명 온도 | **研究** yánjiū 동 연구하다 | **显示** xiǎnshì 동 (뚜렷하게) 보여주다 | **导致** dǎozhì 동 (나쁜 결과를) 야기하다, 초래하다 | **过度** guòdù 형 과도하다, 지나치다 | **活跃** huóyuè 형 활기 있다, 활발하다

공략법 **02**

독해 | 제3부분

접속사를 이용해 답을 찾는다

Day 07

선택지에 접속사나 접속 역할을 하는 부사(就·才·都·也 등)가 있으면, 빈칸 앞뒤 문장에서 호응하는 접속사나 접속부사를 찾으면 됩니다.

독해 阅读 제3부분

1 문제가 보이는 시간

2-03

예제

　　人体自身不能制造钙，必须通过食物来补给。调查表明，容易缺钙的人群主要是儿童、青少年、孕妇和老人。(1)_____，但他们还是缺钙。之所以如此，(2)_____。
　　钙的吸收主要受维生素D的影响，体内若没有足够的维生素D，钙就不能很好地被吸收，即使吃再多的钙片也无济于事。维生素D在人体内是可以合成的，但前提是要有适当的阳光照射。(3)_____，那就要在吃钙片的同时适量补充维生素D。
　　此外，人体内钙的吸收程度还与肠道中的酸碱度有关，酸性的环境有利于钙的吸收，如果在补钙的同时吃些酸奶、维生素C或食醋等酸性食品，钙吸收的效果会好很多。需要引起注意的是，硼是增强骨骼的关键元素，每天吃一些苹果、梨、葡萄、蔬菜和豆类食物，(4)_____。饮食中如果缺少硼，会使钙被大量排出，使其无法在人体内发挥应有的生理作用。此外，植酸和草酸也不利于钙的吸收，因为它们可与钙生成不溶性物质，使得肠道无法正常吸收钙，(5)_____，因而吃钙片最好在两餐之间，而不要在吃饭时吃钙片。

A 如果无法保证充足的光照
B 这两种酸多存在于正餐里的谷类和蔬菜中
C 是因为他们忽略了影响钙吸收的一些因素
D 虽然现在不少人会有意识地通过吃钙片来补钙
E 可使人体获得足够的硼

해설

(1) 빈칸 뒤에 접속사 '但'이 있습니다. 선택지에서 '但'과 호응하는 단어를 먼저 찾습니다. D의 접속사 '虽然'이 '但'과 호응하여 쓰입니다. 또한 D에는 빈칸 뒤의 '但他们还是缺钙'에서 인칭대사 '他们'이 가리키는 구체적인 대상이 '虽然' 뒤에 있는 '不少人'이므로 정답은 D 虽然现在不少人会有意识地通过吃钙片来补钙입니다.

(2) 빈칸 앞에 인과관계를 나타내는 접속사 '之所以'가 있습니다. 선택지에서 '之所以'와 호응하는 단어를 먼저 찾습니다. '之所以'는 C의 접속사 '是因为'와 호응하여 쓰입니다. 따라서 정답은 C 是因为他们忽略了影响钙吸收的一些因素입니다.

(3) 빈칸 뒤의 '那就'는 가정 관계를 나타내는 접속사와 함께 쓰입니다. 선택지에서 '那就'와 호응할 수 있는 단어를 먼저 찾습니다. A의 접속사 '如果'가 '那就'와 호응하여 쓰입니다. 따라서 정답은 A 如果无法保证充足的光照입니다.

(4) 빈칸 앞에서 힌트를 찾습니다. 빈칸 앞의 문장 '硼是增强骨骼的关键元素'에서 '硼(붕소)'에 대한 설명을 하고 있으므로, 남은 선택지 E와 B중에서 E를 후보로 두고 문맥이 맞는지 체크합니다. E 可使人体获得足够的硼의 '可'는 '可以'의 의미이며, 문맥상으로도 자연스러우니 정답은 E입니다.

(5) 빈칸 앞에 '植酸和草酸(피트산과 수산)'이란 두 가지 산에 대한 언급이 있었습니다. B의 '这两种酸'은 바로 '植酸和草酸'을 가리키므로 정답은 B 这两种酸多存在于正餐里的谷类和蔬菜中입니다.

> **Tip** 1·2·3번은 접속사 호응으로 쉽게 정답을 찾을 수 있고, 남은 4·5번은 둘 중에 자신 있는 빈칸의 답을 먼저 고르면 나머지 하나는 자연스레 정답을 찾을 수 있습니다.

정답 및 해석

人体自身不能制造钙，必须通过食物来补给。调查表明，容易缺钙的人群主要是儿童、青少年、孕妇和老人。(1) **D 虽然现在不少人会有意识地通过吃钙片来补钙**，但他们还是缺钙。之所以如此，(2) **C 是因为他们忽略了影响钙吸收的一些因素**。

钙的吸收主要受维生素D的影响，体内若没有足够的维生素D，钙就不能很好地被吸收，即使吃再多的钙片也无济于事。维生素D在人体内是可以合成的，但前提是要有适当的阳光照射。(3) **A 如果无法保证充足的光照**，那就要在吃钙片的同时适量补充维生素D。

此外，人体内钙的吸收程度还与肠道中的酸碱度有关，酸性的环境有利于钙的吸收，如果在补钙的同时吃些酸奶、维生素C或食醋等酸性食品，钙吸收的效果会好很多。需要引起注意的是，硼是增强骨骼的关键元素，每天吃一些苹果、梨、葡萄、蔬菜和豆类食物，(4) **E 可使人体获得足够的硼**。饮食中如果缺少硼，会使钙被大量排出，使

인체는 스스로 칼슘을 만들 수 없어서, 반드시 음식물을 통해서 보충해야 한다. 조사에 따르면, 칼슘이 부족하기 쉬운 사람들은 주로 어린이, 청소년, 임산부와 노인이라고 한다. (1) **D 비록 지금 많은 사람들이 의식적으로 칼슘 알약을 먹는 걸 통해서 칼슘을 보충하지만**, 그들은 여전히 칼슘이 부족하다. 이러한 까닭은 (2) **C 그들이 칼슘 흡수에 영향을 주는 일부 요소를 소홀히 했기 때문이다**.

칼슘의 흡수는 주로 비타민 D의 영향을 받는데, 체내에 만약 충분한 비타민 D가 없으면, 칼슘은 잘 흡수될 수 없고, 설령 아무리 많은 칼슘 알약을 먹더라도 아무 쓸모 없다. 비타민 D는 인체 내에서 합성될 수 있지만, 전제 조건은 적당하게 햇빛이 비쳐야 한다는 점이다. (3) **A 만약 충분한 햇빛을 보장할 수 없다면**, 그럼 칼슘 알약을 먹는 동시에 비타민 D를 적당량 보충해야 한다.

이외에, 인체 내 칼슘의 흡수 정도는 장 속의 pH(산도)값과 관계가 있고, 산성의 환경은 칼슘의 흡수에 이로워서, 만약 칼슘을 보충하는 동시에 요구르트, 비타민 C 혹은 식초 등의 산성 식품을 좀 먹으면, 칼슘 흡수 효과가 훨씬 좋아진다. 주의해야 할 점은 붕소는 골격을 강화하는 매우 중요한 원소라서, 매일 사과·배·포도, 채소와 콩 종류의 음식을 조금 먹으면, (4) **E 인체가 충분한 붕소를 얻게 할 수 있다**는 점이다. 음식에 만약 붕소가 부족하면, 칼슘이 대량으로 배출되게 만들고, 그것이(붕소가) 인체 내에서 상응하는 생리작용을 발휘하게 할 수 없게 만든다. 이외에, 피토산과 수산도 칼슘의 흡수에 이롭지 않다. 왜냐하면 그것들은 칼슘과

其无法在人体内发挥应有的生理作用。此外，植酸和草酸也不利于钙的吸收，因为它们可与钙生成不溶性物质，使得肠道无法正常吸收钙，(5) B 这两种酸多存在于正餐里的谷类和蔬菜中，因而吃钙片最好在两餐之间，而不要在吃饭时吃钙片。

불용성 물질을 생성할 수 있어서, 장이 정상적으로 칼슘을 흡수할 수 없게 하기 때문이다. (5) B 이 두 가지 산은 정찬 안의 곡류와 채소 속에 많이 있다. 그래서 칼슘 알약을 먹는 건 두 끼 사이에 하는 것이 가장 좋고, 식사할 때 칼슘을 먹어선 안 된다.

정답 (1) D (2) C (3) A (4) E (5) B

- 制造 zhìzào 동 제조하다, 만들다 | 钙 gài 명 칼슘(Ca) | 必须 bìxū 부 반드시 ~해야 한다 | 通过 tōngguò 전 ~을 통해서 | 食物 shíwù 명 음식, 음식물(=饮食 yǐnshí) | 补给 bǔjǐ 동 보충하다, 공급하다 *补 동 메우다, 보충하다 | 调查表明 diàochá biǎomíng 조사에 따르면 ~라고 한다 | 缺 quē 동 부족하다, 모자라다 | 人群 rénqún 명 군중, 무리, 사람들 | 儿童 értóng 명 아동, 어린이 | 孕妇 yùnfù 명 임산부 | 有意识 yǒu yìshi 형 의식적이다 | 钙片 gàipiàn 명 칼슘 알약 | 忽略 hūlüè 동 소홀히 하다, 간과하다 | 影响 yǐngxiǎng 동 영향을 주다 명 영향 *受影响 영향을 받다 | 吸收 xīshōu 동 (양분을) 흡수하다 | 因素 yīnsù 명 요소, 원인

- 维生素 wéishēngsù 명 비타민 | 若 ruò 접 만일, 만약 | 足够 zúgòu 형 충분하다 | 无济于事 wújìyúshì 성 일에 아무런 도움이 안 되다, 아무 쓸모 없다 | 合成 héchéng 동 합성하다 | 前提 qiántí 명 전제 조건 | 适当 shìdàng 형 적당하다 | 阳光照射 yángguāng zhàoshè 햇빛이 비치다 | 保证 bǎozhèng 동 보증하다, 보장하다 | 充足 chōngzú 형 충분하다 | 光照 guāngzhào 동 비추다, 비치다 | 适量 shìliàng 형 적당량이다 | 补充 bǔchōng 동 보충하다

- 程度 chéngdù 명 정도 | 与…有关 yǔ……yǒuguān ~와 관계가 있다 | 肠道 chángdào 명 장, 창자 | 酸碱度 suānjiǎndù 명 pH(산도)값 | 酸性 suānxìng 명 산성 *酸 명 산[화학] | 环境 huánjìng 명 환경 | 有利于 yǒulì yú ~에 유리하다, ~에 이롭다 | 酸奶 suānnǎi 명 요구르트 | 食醋 shícù 명 식초 | 效果 xiàoguǒ 명 효과 | 需要 xūyào 동 ~해야 한다 | 引起注意 yǐnqǐ zhùyì 주의를 끌다 | 硼 péng 명 붕소(B) | 增强骨骼 zēngqiáng gǔgé 골격을 강화하다 | 关键 guānjiàn 형 매우 중요하다 | 元素 yuánsù 명 원소, 요소 | 梨 lí 명 배 | 葡萄 pútáo 명 포도 | 蔬菜 shūcài 명 채소 | 豆类 dòulèi 명 콩 종류 | 获得 huòdé 동 획득하다, 얻다 | 缺少 quēshǎo 동 부족하다, 모자라다 | 大量 dàliàng 형 대량의, 많은 양의 | 排出 páichū 동 배출하다 | 发挥作用 fāhuī zuòyòng 작용을 발휘하다 | 应有 yīngyǒu 형 응당 있어야 할, 상응하는 | 植酸 zhísuān 명 피토산[주로 곡물의 껍질에 들어 있는 성분으로, 껍질을 덜 벗긴 현미에 많음] | 草酸 cǎosuān 명 수산, 옥살산[식물이 자기 자신을 보호하기 위해 생산하는 자연적인 화합물로, 식물의 잎이나 줄기에 존재함] | 不溶性 bùróngxìng 명 불용성[액체에 녹지 않는 성질] | 使得 shǐde 동 ~하게 하다 | 正餐 zhèngcān 명 정찬[정식으로 먹는 점심과 저녁 두 끼의 식사를 말함] | 谷类 gǔlèi 명 곡류 | 因而 yīn'ér 접 그래서 | 最好 zuìhǎo 부 ~하는 것이 가장 좋다 | 餐 cān 양 끼[끼니의 횟수를 셀 때 쓰임]

② 내공이 쌓이는 시간

두 개의 문장(복문)을 연결할 때 사용하는 품사는 접속사 외에 접속 부사도 있습니다. 아래 내용은 HSK 6급에 가장 많이 출제되고 있는 접속사와 접속 부사를 정리한 것입니다. 독해 제3부분에서 빈칸 앞뒤의 접속사와 접속 부사를 활용하여 정답을 빠르고 정확하게 찾아 봅니다.

1 복문을 연결하는 접속사와 접속부사

1) 虽然/虽说/虽/尽管+A(사실)，但是/可是/然而/而+(주어)+却/倒+B(반대 결과)
   비록 A지만, (주어는) B하다

> **Tip** 부사 '却'는 '오히려'가 아닌 '그러나', '~는데'로 해석해야 합니다. 뒤 절에 접속사 '但是'와 부사 '却'가 함께 있을 때는 한 개만 해석하면 됩니다. HSK 6급에서는 '但是'보다 서면어인 '然而'이나 '而'이 자주 나옵니다.

- 他工作虽然很忙，但对家庭一点儿也没有忽略。
  그는 일이 비록 바쁘지만, 가정에는 조금도 소홀히 하지 않는다.

- 尽管天气寒冷，他却穿着单薄的衣服。
  날씨가 춥지만, 그는 얇은 옷을 입고 있다.

- 尽管这次试验又失败了，然而他们并不灰心。
  비록 이번 시험에 또 실패했지만, 그들은 절대 낙심하지 않는다.

◆ 忽略 hūlüè 동 소홀히 하다, 등한시하다 | 单薄 dānbó 형 (옷이) 얇다 | 试验 shìyàn 명 시험, 테스트 | 灰心 huīxīn 동 낙심하다, 의기소침하다

📝 **연습문제**

_____，但它的速度很快。

A 虽然太阳风的密度十分稀薄
B 会在太阳风内引起波动
C 月球是个非常寂静的地方
D 在月球上活动的宇航员是可以听到声音的
E 声音并不是仅通过空气传递

해설 빈칸 뒤에 접속사 '但'이 있으므로 빈칸에 들어갈 문장에는 '但'과 호응하는 접속사가 필요합니다. 선택지 중 A이 '虽然'이 '但'과 호응하여 쓰일 수 있습니다. A를 빈칸에 넣고 해석해 보면 정답임을 알 수 있습니다.

정답 및 해석	A 虽然太阳风的密度十分稀薄，但它的速度很快。 B 会在太阳风内引起波动 C 月球是个非常寂静的地方 D 在月球上活动的宇航员是可以听到声音的 E 声音并不是仅通过空气传递	A 비록 태양풍의 밀도는 매우 희박하지만, 그것의 속도는 빠르다. B 태양풍 안에서 파동을 일으킨다 C 달은 매우 조용한 곳이다 D 달에서 활동하는 우주비행사는 소리를 들을 수 있다 E 소리는 결코 공기를 통해서만 전달되는 것은 아니다
단어	密度 mìdù 몡 밀도 ǀ 稀薄 xībó 휑 (밀도가) 희박하다 ǀ 速度 sùdù 몡 속도 ǀ 引起波动 yǐnqǐ bōdòng 파동을 일으키다 ǀ 月球 yuèqiú 몡 달 ǀ 寂静 jìjìng 휑 조용하다, 고요하다 ǀ 宇航员 yǔhángyuán 몡 우주비행사 ǀ 通过 tōngguò 젠 ~을 통해서 ǀ 传递 chuándì 동 전달하다, 전하다	

2) **不管/无论/不论+A**(두 가지 이상의 조건)**，都/也/总+B**(변하지 않는 결과)

A하든 (상관없이), 모두/항상 B하다

> **Tip** '不管' 뒤에는 반드시 두 가지 이상의 조건이 와야 합니다. 두 가지 이상의 조건에는 의문사·'多'·'多么'·'A不A'·'A还是B'·'AB'의 형식이 나와야 합니다. '不管' 뒤의 '多/多么'는 형용사 앞에서 '얼마나'라는 뜻을 나타냅니다. AB형식은 '大小(크기)', '春夏秋冬(봄·여름·가을·겨울)'과 같은 것을 말합니다. '都'는 뒤에 나오는 결과가 항상 똑같다는 것을 의미합니다.

- **不管**做**什么**工作，他**都**很认真。 어떤 일을 하든 간에 그는 열심히 한다.

- **无论**他说得**多么**好听，人们**也**是不会相信他的。
  그가 얼마나 듣기 좋게 말하든 사람들은 그를 믿지 않을 것이다.

- **不论**天气**好不好**，我去旅行的计划**都**不会改变。
  날씨가 좋든 나쁘든 간에 내가 여행을 가려는 계획은 바뀌지 않을 것이다.

📝 **연습문제**

无论做什么事情，＿＿＿＿＿＿＿＿＿＿。

A 大家都问他到底有什么秘诀
B 都要给自己留下相应的余地
C 只有这样才能保证比例恰到好处
D 人们面面相觑，都大惑不解
E 必须保证两个前提

해설	빈칸 앞 절에 '无论'이 있습니다. 따라서 빈칸에 들어갈 문장에는 부사 '都'나 '也'가 있어야 합니다. B와 D에 모두 '都'가 있으므로 빈칸에 넣고 해석해 봅니다. D의 '都'는 '人们'의 범위를 나타내는 '都'이고, B의 '都'는 결과를 이끌어 내는 접속 역할을 하는 부사입니다. 그러므로 '无论'과 호응할 수 있는 '都'는 B입니다.

정답 및 해석	无论做什么事情，B 都要给自己留下相应的余地。	어떤 일을 하든, B 항상 자신에게 상응하는 여지를 남겨야 한다.
	A 大家都问他到底有什么秘诀 C 只有这样才能保证比例恰到好处 D 人们面面相觑，都大惑不解 E 必须保证两个前提	A 모두가 그에게 도대체 무슨 비결이 있는지 물었다 C 이렇게 해야만 비로소 비율이 적절하도록 보장할 수 있다 D 사람들은 어리둥절해서 서로 쳐다보고만 있었고, 모두들 도무지 이해되지 않았다 E 반드시 두 가지 전제 조건을 약속해야 한다
단어	留下余地 liúxià yúdì 여지를 남기다 ｜ 到底 dàodǐ 부 도대체 ｜ 秘诀 mìjué 명 비결 ｜ 保证 bǎozhèng 동 보증하다, 보장하다, 약속하다 ｜ 比例 bǐlì 명 비율 ｜ 恰到好处 qiàdàohǎochù 성 적합하다, 적절하다 ｜ 面面相觑 miànmiàn-xiāngqù 성 서로 얼굴만 쳐다볼 뿐 어찌할 바를 모르다, 어리둥절해서 서로 쳐다보고 있다 ｜ 大惑不解 dàhuòbùjiě 성 도무지 이해되지 않다, 크나큰 의혹이 풀리지 않다 ｜ 前提 qiántí 명 전제 조건	

3) **即使/哪怕/即便/就是/就算+A(가정)，也/都+B(변하지 않는 결과/의지)**
설령 A하더라도(할지라도) B하다

> **Tip** '即使…也…'와 '不管…都…' 구문은 모두 변하지 않는 결과를 말합니다. 하지만 '不管' 뒤에는 두 가지 이상의 조건이 오고, '即使' 뒤에는 일정한 상황이 옵니다. '即使'는 뒤에 주로 극단적인 상황을 가정할 때 사용하며, 뒤 절은 앞 절과 반대 내용이므로 뒤 절에 쓰이는 '也'는 '역접'의 의미로 사용된 것입니다. 실제 시험에는 '即使…, 可是…'로 출제된 적이 있습니다.

- 即使我很累，我也要坚持锻炼身体。
  설령 내가 피곤할지라도, 나는 포기하지 않고 운동을 하려고 한다.

- 即便你再委屈，也不应该跟老师顶嘴。
  설령 네가 아무리 억울할지라도, 선생님에게 말대꾸해서는 안 된다.

- 哪怕再苦再累，我也要坚持下去。
  설령 아무리 고되고 힘들지라도, 나는 계속해 나가야 한다.

◆ 委屈 wěiqu 형 억울하다 ｜ 顶嘴 dǐngzuǐ 동 (윗사람에게) 말대꾸하다 ｜ 坚持 jiānchí 동 (하고 있던 것을) 계속하다, 꾸준히 하다

연습문제

_____，人们也只会说："啊，他又迟到了。"

A 即使是真因为发生什么事情而迟到
B 请试着客观地重新认识自己平时的行为
C 无论拥有什么样的经济能力
D 行动力会带来新的信誉
E 获得信誉不是一件容易的事情

해설	빈칸 뒤에 접속부사인 '也'와 어울리는 접속사로는 '即使'·'不管(=无论)'·'不但'이 있습니다. 선택지 A에 '即使'가 있고, C에는 '无论'이 있습니다. 이럴 때는 해석으로 문맥에 어울리는 선택지를 골라내야 합니다. C의 내용은 빈칸 뒤의 내용과 이어지지 않습니다. A는 '迟到'도 있어서 빈칸 뒤의 내용과 어울립니다. 따라서 정답은 A입니다.
정답 및 해석	**A 即使是真因为发生什么事情而迟到**, 人们也只会说 "啊，他又迟到了。" B 请试着客观地重新认识自己平时的行为 C 无论拥有什么样的经济能力 D 行动力会带来新的信誉 E 获得信誉不是一件容易的事情	**A 설령 정말로 무슨 일이 생겨서 늦었더라도**, 사람들은 "아, 그 사람 또 늦었네."라는 말만 할 것이다. B 자신의 평소 행동을 객관적으로 다시 인식해 보세요 C 어떠한 경제력을 가지고 있든 상관없이 D 행동력이 새로운 신망을 가져올 것이다 E 신망을 얻는 것은 쉬운 일이 아니다
단어	迟到 chídào 동 지각하다, 늦다	试着 shìzhe ~해 보다, 시도하다	客观 kèguān 형 객관적이다	拥有 yōngyǒu 동 가지다, 가지고 있다	经济能力 jīngjì nénglì 경제적 능력, 경제력	信誉 xìnyù 명 신망, 신용과 명예	获得 huòdé 동 (신망을) 얻다

4) **不仅/不但/非但/不光/不单/不仅仅+A，而且+(주어)+也/还/更+B**

A할 뿐만 아니라, 게다가 (주어는) B하다

> **Tip** 뒤 절의 '还'나 '也'는 접속 역할을 하며, '而且'와 같은 의미입니다. '而且'와 '还(또는 也)'는 같이 쓰거나 하나만 쓸 수도 있습니다. 가끔 부사 '更'이 쓰이기도 합니다.

• 他**不但**学会了汉语，**还**交到了很多中国朋友。
그는 중국어를 배웠을 뿐만 아니라, 또한 많은 중국 친구도 사귀었다.

• **不仅**产量增加了，**而且**质量**也**上去了。
생산량이 증가했을 뿐만 아니라, 품질도 향상됐다.

• 他们**非但**提前完成了任务，**而且**完成得很出色。
그들은 미리 임무를 완수했을 뿐만 아니라, 게다가 훌륭하게 완수했다.

> **Tip** '不但', '非但'에서 '但'은 부사로 '단지, 다만'을 뜻합니다. 그래서 '不仅'과 같은 의미로 사용되었습니다. 일상에서 '但愿如此'라는 말이 자주 쓰입니다. 친구가 '면접 꼭 합격했으면 좋겠어'라고 격려할 때, '但愿如此!(나도 그렇게 되기를 바래!)'라고 대답할 수 있습니다.

◆ 产量增加 chǎnliàng zēngjiā 생산량이 증가하다 | 质量 zhìliàng 명 품질 | 提前 tíqián 동 (예정된 시간을) 앞당기다, 미리 ~하다 | 任务 rènwu 명 임무 | 出色 chūsè 형 뛰어나다, 훌륭하다

📝 **연습문제**

优秀的员工不仅能在两者之间取得平衡，_____。

A 很难达到两者的平衡
B 团队为员工提供了施展才华的舞台
C 团队的性质决定了每个员工是团队的一部分
D 在沟通中发现别人的许多优点
E 还能让两者产生互相促进的作用

해설	빈칸 앞에 접속사 '不仅'이 있습니다. 또한 능원동사 '能'이 함께 쓰였으므로, 빈칸에는 '而且能'·'还能'·'也能'의 형태로 나타나야 한다는 것을 예측할 수 있습니다. 선택지 E에 '还能'이 있고, 앞 절과 함께 해석해 보면 논리적으로 맞으므로 정답은 E입니다.
정답 및 해석	优秀的员工**不仅**能在两者之间取得平衡，**E 还能**让两者产生互相促进的作用。 A 很难达到两者的平衡 B 团队为员工提供了施展才华的舞台 C 团队的性质决定了每个员工是团队的一部分 D 在沟通中发现别人的许多优点	우수한 직원은 둘 사이에서 균형을 이룰 뿐만 아니라, **E 또한 둘이서 상호 촉진하는 작용을 하게 할 수도 있다.** A 둘의 균형을 이루기가 어렵다 B 팀은 직원들에게 재능을 펼칠 무대를 제공했다 C 팀의 성격은 모든 직원이 팀의 일부라는 것을 결정한다 D 소통하면서 다른 사람의 많은 장점을 발견한다
단어	优秀 yōuxiù 형 우수하다 | 取得平衡 qǔdé pínghéng 균형을 이루다(=达到平衡) | 产生作用 chǎnshēng zuòyong 작용하다 | 互相促进 hùxiāng cùjìn 상호 촉진하다 | 团队 tuánduì 명 단체, 팀 | 员工 yuángōng 명 직원 | 提供 tígōng 동 제공하다 | 施展才华 shīzhǎn cáihuá 재능을 펼치다 *施展 동 (재능을) 발휘하다, 펼치다 | 舞台 wǔtái 명 무대 | 性质 xìngzhì 명 성질, 성격 | 沟通 gōutōng 동 소통하다 | 优点 yōudiǎn 명 장점

5) **不但不/不但没(有)+A，反而/反倒+B** A하기는커녕, 오히려 B하다

> **Tip** '不但/非但/不仅' 뒤에 부정부사 '不/没有'가 오면 뒤 절에는 '反而/反倒'가 오게 됩니다. 이 때, '不但不'를 '~하지 않을 뿐만 아니라'라고 해석해도 되지만, '~하기는커녕'이라고 해석하면 더 이해하기 쉽습니다.

• 他**不但不**感谢我，**反倒**埋怨我。
그는 나에게 감사하기는커녕, 오히려 나를 원망했다.

• 雨**非但没**停，**反而**下得更大了。
비는 그치기는커녕, 오히려 더 많이 내렸다.

• 吃了药，**不但没**好，**反而**疼得更厉害了。
약을 먹었는데 좋아지기는커녕, 오히려 더 심하게 아팠다.

◆ 埋怨 mányuàn 동 원망하다, 불평하다 厉害 lìhai 형 (정도가) 심하다

 연습문제

白日梦中经历的虚构的负面事件，并不会让我们产生忧虑，＿＿＿＿＿＿＿＿＿＿。

- A 平均只持续14秒钟
- B 不要对自己的白日梦过于不安
- C 反而可以帮我们渡过难关
- D 重温那些能给我们带来安全感和愉悦感的白日梦
- E 提醒我们将要发生的事

해설 빈칸 앞에 '并不会'는 '不仅不会'의 변형된 형태입니다. '并不会让我们产生忧虑'를 해석하면 '결코 우리에게 걱정이 생기도록 하지 않을 것이며' 입니다. 따라서 뒤 절에는 '反而'이 오는 것이 자연스럽습니다. 선택지 C에 '反而可以'가 보이므로 최우선적으로 C를 빈칸에 넣어 앞 절과 함께 해석하며 정답을 찾습니다.

정답 및 해석

白日梦中经历的虚构的负面事件，并不会让我们产生忧虑，C 反而可以帮我们渡过难关。	백일몽에서 경험한 허구의 부정적인 사건은 결코 우리에게 걱정이 생기도록 하지 않을 것이며, C 오히려 우리가 난관을 헤쳐 나가도록 해줄 수 있다.
A 平均只持续14秒钟 B 不要对自己的白日梦过于不安 D 重温那些能给我们带来安全感和愉悦感的白日梦 E 提醒我们将要发生的事	A 평균 14초 동안만 지속된다 B 자신의 백일몽에 대해서 지나치게 불안해하지 마라 D 우리에게 안도감과 기쁨을 가져다줄 수 있는 그런 백일몽을 상기한다 E 우리에게 곧 발생할 일을 알려준다

단어 白日梦 báirìmèng 몡 백일몽, 헛된 꿈 | 经历 jīnglì 동 겪다, 경험하다 | 虚构 xūgòu 몡 허구 | 负面 fùmiàn 몡 부정적인 면 | 产生忧虑 chǎnshēng yōulǜ 걱정이 생기다 *忧虑 동 우려하다, 걱정하다 | 渡过难关 dùguò nánguān 난관을 넘다, 난관을 헤쳐 나가다 | 平均 píngjūn 몡 평균 ~이다 | 持续 chíxù 동 지속하다 | 秒 miǎo 양 초 | 过于 guòyú 부 지나치게, 너무 | 重温 chóngwēn 동 되새기다, 상기하다 | 安全感 ānquángǎn 몡 안도감, 안정감 | 愉悦感 yúyuègǎn 몡 기쁨 | 提醒 tíxǐng 동 일깨우다, 알려주다

---

6) 如果/假如/若/倘若/要是+A(가정)+(的话), 那么+(주어)+就/便/则+B(자연스런 결과)

만약 A한다면, 그럼 (주어는) B일 것이다

Tip HSK 6급에서는 '假如'와 '若'가 자주 출제됩니다. '若…, 则…' 구문을 잘 외워 봅니다.

- **假如**你不好好学习，**就**得不到好成绩。
  만일 네가 열심히 공부하지 않는다면, 좋은 성적을 거둘 수 없다.

- **若**想做一个成功的企业家，**则**要有出众的领导能力。
  만약 성공한 기업가가 되고 싶다면, 뛰어난 리더십을 갖춰야 한다.

- **若**要成功，**就**要付出比别人更多的努力。
  만약 성공하려면, 남보다 더 큰 노력을 들여야 한다.

◆ 出众 chūzhòng 형 출중하다, 뛰어나다 | 领导能力 lǐngdǎo nénglì 지도력, 리더십 | 付出努力 fùchū nǔlì 노력을 들이다

연습문제

若想增强人际吸引，_____。

A 喜新厌旧是人的天性
B 如果你细心观察就会发现
C 就要留心提高自己在别人面前的熟悉度
D 在这些寝室间互相走动
E 然后请他们评价对照片的喜爱程度

해설 빈칸 앞 문장에 접속사 '若'가 보입니다. 따라서 선택지 중에 '那么'·'就'·'则'가 있는지 체크합니다. B에 '就会'가 있지만, 앞에 호응하는 '如果'가 함께 있어서 '如果…就会…'의 구문을 이미 이루고 있으므로 정답이 될 수 없습니다. 선택지 C에 '就要'가 있고, 앞 절과 함께 해석해 보면 논리적으로 맞으므로 정답은 C입니다.

정답 및 해석

若想增强人际吸引，C 就要留心提高自己在别人面前的熟悉度。

A 喜新厌旧是人的天性
B 如果你细心观察就会发现
D 在这些寝室间互相走动
E 然后请他们评价对照片的喜爱程度

만약 인간관계의 매력을 높이고 싶다면, C 주의를 기울여 타인 앞에서 자신의 친밀도를 높여야 한다.

A 새로운 것을 좋아하고 옛것을 싫어하는 것은 사람의 천성이다
B 만일 당신이 자세히 관찰하면 발견하게 된다
D 이 기숙사 방들 사이로 서로 옮겨 다니다
E 그런 후에 그들에게 사진에 대한 선호도를 평가해 달라고 했다

단어 增强 zēngqiáng 동 강화하다, 높이다 | 人际吸引 rénjì xīyǐn 인간관계의 매력 | 留心 liúxīn 동 주의를 기울이다, 관심을 갖다 | 熟悉度 shúxīdù 명 친밀도 | 喜新厌旧 xǐxīn-yànjiù 성 새로운 것을 좋아하고 옛것을 싫어하다 | 观察 guānchá 동 관찰하다 | 寝室 qǐnshì 명 (주로 기숙사의) 방 | 走动 zǒudòng 동 오가다, 옮겨 다니다 | 评价 píngjià 동 평가하다 | 喜爱程度 xǐ'ài chéngdù 선호도

7) 除(了)+A+(以)外，还/也+B A를 제외하고, 또 B하다

> **Tip** HSK 6급에서는 '除…外, 还…' 구문이 자주 나옵니다. '除了…外'는 전치사구, 즉 부사어이므로 주어가 '除了' 앞에 있어도 되고, '还/也' 앞에 있어도 됩니다. '除了'는 접속사가 아닌 전치사이지만, 사용법은 접속사와 흡사합니다. '除了…, 还…' 구문은 접속사 '不仅…, 还…' 구문처럼 A+B의 의미이며, A보다 B를 강조할 때 사용합니다.

• 他除了工作负责以外，对人还特别热情。
그는 일에 책임감이 강한 것 외에, 사람을 대할 때도 아주 친절하다.

• 在奇妙的动物世界, 动物除有冬眠的现象外, 还有夏眠的现象。
신기한 동물의 세계에서 동물은 겨울잠을 자는 현상 외에, 여름잠을 자는 현상도 있다.

♦ 负责 fùzé 형 책임감이 강하다 | 热情 rèqíng 형 열정적이다, 친절하다 | 奇妙 qímiào 형 신기하다 | 冬眠 dōngmián 동 동면하다, 겨울 잠을 자다 | 夏眠 xiàmián 동 하면하다, 여름잠을 자다

연습문제

中国的丝绸除通过这条陆路大量输往中亚、西亚和非洲、欧洲国家外，_____。

A 也通过海路源源不断地销往世界各国
B 随着中国造船、航海技术的长足发展
C 中西贸易开始越来越多地利用海上航道
D 中国通过海上丝绸之路往外运输的商品
E 海上丝绸之路还只是陆上丝绸之路的一种补充形式

해설 빈칸 앞 절에 '除……外'가 보입니다. 따라서 부사 '还'나 '也'가 있는 선택지를 찾아야 합니다. A에 '也'가 있고, 앞 절과 함께 해석하면 정답임을 알 수 있습니다. '除……外' 뒤의 '也'나 '还'는 '또', '게다가'의 의미로 접속 역할을 하는데, E의 '还'는 '아직은'이라는 뜻의 단순 부사이므로 정답이 될 수 없습니다.

정답 및 해석

中国的丝绸除通过这条陆路大量输往中亚、西亚和非洲、欧洲国家外，**A 也通过海路源源不断地销往世界各国**。

B 随着中国造船、航海技术的长足发展
C 中西贸易开始越来越多地利用海上航道
D 中国通过海上丝绸之路往外运输的商品
E 海上丝绸之路还只是陆上丝绸之路的一种补充形式

중국의 비단은 이 육로를 통해서 중앙아시아, 서아시아와 아프리카, 유럽 국가로 대량으로 운송되는 것 외에, **A 해로를 통해서도 세계 각지로 끊임없이 널리 팔렸다.**

B 중국의 조선·항해 기술이 장족의 발전을 이룸에 따라서
C 중국과 서양의 무역은 갈수록 많이 해상 항로를 이용하기 시작했다
D 중국이 해상 실크로드를 통해 외부로 운송하는 상품에는
E 해상 실크로드는 여전히 육상 실크로드의 보충 형식에 불과하다

단어 丝绸 sīchóu 몡 비단 | 通过 tōngguò 젠 ~을 통해서 | 陆路 lùlù 몡 육로 | 大量 dàliàng 혱 대량의, 많은 양의 | 输往 shū wǎng ~로 운송되다 | 西亚 Xīyà 고유 서아시아 | 非洲 Fēizhōu 고유 아프리카 | 欧洲 Ōuzhōu 고유 유럽 | 源源不断 yuányuánbúduàn 셩 연이어 끊어지지 않다, 끊임없다 | 销往 xiāo wǎng ~로 널리 팔리다 | 随着 suízhe 젠 ~함에 따라서 | 造船 zàochuán 통 조선하다, 배를 만들다 | 航海 hánghǎi 통 항해하다 | 长足 chángzú 혱 장족의, 발전이 빠르다 | 贸易 màoyì 몡 무역 | 航路 hánglù 몡 (배·비행기의) 항로 | 丝绸之路 sīchóuzhīlù 몡 실크로드, 비단길 | 商品 shāngpǐn 몡 상품 | 运输 yùnshū 통 운수하다, 운송하다 | 补充 bǔchōng 통 보충하다

공략법 03

빈칸 앞뒤 키워드와 문맥으로 답을 찾는다

독해 | 제3부분

• Day 08

문장 구조 분석과 접속사를 이용해서 정답을 찾아보고, 그래도 힌트가 없으면 빈칸 앞뒤의 키워드와 관련된 단어가 있는 선택지를 찾아서, 지문의 흐름이 논리적인지 판단해 정답을 찾도록 합니다.

1 문제가 보이는 시간

2-04

예제

　　中国人以鲜花入食已经有两千多年的历史了。有的是用来做点心，如中国传统的桂花糕，(1)＿＿＿＿＿＿；有的则是用来制作菜肴，如粤菜中著名的菊花肉，将肉雕成菊花形，再浇上由菊花瓣熬成的菊花糖，既美观又美味；(2)＿＿＿＿＿＿，大家最常喝的啤酒，就是以啤酒花为原料，加上大麦芽和水，再经过发酵而成的。

　　那么，(3)＿＿＿＿＿＿？由于花瓣中大量的油细胞会不断分泌出一种名为芳香油的物质，这种物质所散发出的独特气味很容易使人感到愉悦。因此，将各种各样的花朵加入食物中，(4)＿＿＿＿＿＿，这些使人愉悦的物质经过舌头表面的味蕾传输至大脑味觉中枢，得到的反馈基本上就是"好吃"了。

　　花朵不仅可以用作食材，(5)＿＿＿＿＿＿。在中国古代的药学巨著《本草纲目》中有多达26卷内容与花卉有关，涉及花卉的药物种类更是多达100余种。由此可见，花卉在中药史上有非常重要的地位。

　　A 用花朵做出来的东西味道怎么样呢
　　B 对治疗各种疑难杂症也有很好的功效
　　C 甜蜜中散发着桂花的芬芳
　　D 便给食物"罩"上了一层芳香油
　　E 文化韵味更浓的则是以花朵来酿酒

해설

(1) 빈칸 앞에 주어 '桂花糕'가 있으므로 빈칸은 술어와 목적어 자리입니다. '술어+목적어' 구조로 되어 있는 선택지는 B·C·D입니다. 이 중에 키워드 '桂花糕'와 관련 있는 단어 '桂花的芬芳'이 선택지 C에 있습니다. 빈칸에 C를 넣고 앞 절과 함께 해석해 보면 정답임을 알 수 있습니다. 따라서 정답은 C 甜蜜中散发着桂花的芬芳입니다.

(2) 빈칸 뒤의 '啤酒'는 '啤酒花(홉)'로 담근다는 내용이 나옵니다. 따라서 빈칸에는 술과 관련된 '以花朵来酿酒(꽃으로 술을 담그다)'라는 키워드가 있는 E가 적합합니다. E를 빈칸에 넣고 최종적으로 해석해 보면 문맥이 자연스럽습니다. 정답은 E 文化韵味更浓的则是以花朵来酿酒입니다.

(3) 빈칸 뒤에 문장 부호 물음표(?)가 있으므로 의문문이 들어간 선택지를 고르면 됩니다. A에 의문사 '怎么样'이 있으므로 정답은 A 用花朵做出来的东西味道怎么样呢입니다.

(4) 빈칸 뒤의 '这些使人愉悦的物质'가 무엇을 말하는지 빈칸에 구체적인 언급이 있어야 합니다. 또한 빈칸 바로 앞에는 '食物'라는 단어가 보이고, 빈칸이 속한 단락의 두 번째 문장에서는 '分泌出一种名为芳香油的物质'라며 '芳香油(아로마오일)'라는 힌트를 주고 있습니다. 따라서 정답은 '芳香油'가 있는 D 便给食物"罩"上了一层芳香油입니다.

(5) 빈칸 앞에 점층관계를 나타내는 접속사 '不仅'이 있으므로 '不仅'과 호응하는 단어(还/也/更)를 먼저 찾습니다. '不仅'은 B에 있는 부사 '也'와 호응하여 쓰입니다. 또한 빈칸 뒤에는 '药学巨著《本草纲目》'가 보이므로 선택지에 질병 치료와 관련된 내용이 있는지 체크합니다. 정답은 B 对治疗各种疑难杂症也有很好的功效입니다.

정답 및 해석

中国人以鲜花入食已经有两千多年的历史了。有的是用来做点心，如中国传统的桂花糕，(1) **C 甜蜜中散发着桂花的芬芳**；有的则是用来制作菜肴，如粤菜中著名的菊花肉，将肉雕成菊花形，再浇上由菊花瓣熬成的菊花糖，既美观又美味；(2) **E 文化韵味更浓的则是以花朵来酿酒**，大家最常喝的啤酒，就是以啤酒花为原料，加上大麦芽和水，再经过发酵而成的。

那么，(3) **A 用花朵做出来的东西味道怎么样呢**？由于花瓣中大量的油细胞会不断分泌出一种名为芳香油的物质，这种物质所散发出的独特气味很容易使人感到愉悦。因此，将各种各样的花朵加入食物中，(4) **D 便给食物"罩"上了一层芳香油**，这些使人愉悦的物质经过舌头表面的味蕾传输至大脑味觉中枢，得到的反馈基本上就是"好吃"了。

花朵不仅可以用作食材，(5) **B 对治疗各种疑难杂症也有很好的功效**。在中国古代的药学巨著《本草纲目》中有多达26卷内容与花卉有关，涉及花卉的药物种类更是多达100余种。由此可见，花卉在中药史上有非常重要的地位。

중국인이 꽃을 음식에 넣는 것은 이미 2천여 년의 역사가 있다. 어떤 것은 간식을 만드는 데 쓰인다. 예를 들어 중국 전통의 계화 꽃떡은 (1) **C 달콤함 속 계화꽃의 향기를 내뿜고 있다**. 어떤 것은 요리를 만드는 데 쓰인다. 예를 들어 광동요리에서 유명한 쥐화로우(菊花肉)는 고기를 국화 모양으로 조각하고 나서, 국화 꽃잎으로 오래 끓여 만든 국화 시럽을 뿌려서, 보기 좋은 데다 맛도 좋다. (2) **E 문화적 정취가 더 짙은 것은 꽃으로 술을 담그는 것이다**. 사람들이 가장 자주 마시는 맥주는 바로 홉(hop)을 원료로 하여, 엿기름과 물을 더한 후에 발효를 거쳐 만들어진 것이다.

그렇다면, (3) **A 꽃으로 만든 것은 맛이 어떨까**? 꽃잎 속의 많은 기름 세포는 '아로마오일'이란 이름의 물질을 끊임없이 분비하기 때문에, 이런 물질이 내뿜는 독특한 냄새는 사람들이 즐거움을 느끼게 하기 쉽다. 따라서 갖가지 꽃을 음식 속에 넣으면, (4) **D 음식에 아로마오일 한 겹을 '씌우게' 되는 것이다**. 사람을 즐겁게 하는 이런 물질이 혀 표면의 미뢰를 거쳐 대뇌의 미각 중추로 보내지는데, 받은 피드백은 대체로 '맛있다'이다.

꽃은 식재료로 쓸 수 있을 뿐만 아니라, (5) **B 각종 난치병을 치료하는 데에도 좋은 효능이 있다**. 중국 고대의 의약 대작인 『본초강목』에는 무려 26권에 달하는 내용이 화초와 관련이 있고, 화초와 관련된 약물 종류는 더욱이 무려 100여 종에 달한다. 이로부터 알 수 있듯이, 화초는 중국 의약사상 매우 중요한 위치를 차지하고 있다.

정답　(1) C　(2) E　(3) A　(4) D　(5) B

- 鲜花 xiānhuā 명 생화, 꽃 ｜ 入食 rù shí 음식에 넣다 ｜ 用来 yònglái 동 ~에 쓰이다 ｜ 做点心 zuò diǎnxīn 간식을 만들다 ｜ 如 rú 동 예를 들면 ｜ 传统 chuántǒng 명 전통 ｜ 桂花糕 guìhuāgāo 명 계화꽃떡 *桂花 명 계화꽃, 계수나무 꽃 ｜ 甜蜜 tiánmì 형 달콤하다 ｜ 散发芬芳 sànfā fēnfāng 향기를 내뿜다 *散发 동 발산하다, 내뿜다 ｜ 制作 zhìzuò 동 제작하다, 만들다 ｜ 菜肴 càiyáo 명 요리 ｜ 粤菜 yuècài 명 광동 요리 ｜ 著名 zhùmíng 형 저명하다, 유명하다 ｜ 菊花肉 Júhuāròu 고유 국화육, 쮜화로우[요리명] ｜ 雕 diāo 동 새기다, 조각하다 ｜ 菊花形 júhuāxíng 국화 모양 ｜ 浇 jiāo 동 (액체를) 뿌리다 ｜ 菊花瓣 júhuābàn 국화 꽃잎 ｜ 熬成 áochéng 동 오래 끓여 만들다 ｜ 菊花糖 júhuātáng 국화 시럽 ｜ 美观 měiguān 형 (장식·외관이) 보기 좋다, 아름답다 ｜ 美味 měiwèi 형 맛이 좋다 ｜ 文化韵味 wénhuà yùnwèi 문화적 정취 *韵味 명 우아한 맛, 정취 ｜ 浓 nóng 형 짙다, 농후하다 ｜ 花朵 huāduǒ 명 꽃 ｜ 酿酒 niàngjiǔ 동 술을 빚다, 술을 담그다 *酿 동 (술을) 빚다, 담그다, 양조하다 ｜ 啤酒 píjiǔ 명 맥주 *啤酒花 고유 홉(hop)[삼과의 식물로, 황록색 꽃이 맥주 원료로 쓰임] ｜ 以···为原料 yǐ······wéi yuánliào ~을 원료로 하다 ｜ 加上 jiāshang 동 더하다, 첨가하다 ｜ 大麦芽 dàmàiyá 명 맥아, 엿기름 ｜ 经过 jīngguò 동 경과하다, 거치다 전 ~을 거쳐 ｜ 发酵 fājiào 동 발효하다

- 味道 wèidao 명 맛 ｜ 花瓣 huābàn 명 꽃잎 ｜ 大量 dàliàng 형 대량의, 많은 양의 ｜ 油细胞 yóu xìbāo 명 기름 세포 ｜ 不断 búduàn 부 부단히, 끊임없이 ｜ 分泌 fēnmì 동 분비하다 ｜ 名为 míng wéi 이름이 ~이다 *为 ~이다(=是) ｜ 芳香油 fāngxiāngyóu 명 방향유, 아로마오일[식물의 잎·줄기·열매·꽃·뿌리 따위에서 채취한 방향을 풍기는 기름의 총칭] ｜ 物质 wùzhì 명 물질 ｜ 独特 dútè 형 독특하다 ｜ 气味 qìwèi 명 냄새 ｜ 愉悦 yúyuè 형 즐겁다 동 즐겁게 하다 ｜ 因此 yīncǐ 접 이 때문에, 따라서 ｜ 各种各样 gèzhǒnggèyàng 성 각종, 갖가지 ｜ 加入 jiārù 동 넣다, 첨가하다 ｜ 食物 shíwù 명 음식(물) ｜ 罩 zhào 동 덮다, 씌우다 ｜ 层 céng 양 층, 겹[중첩한 사물의 일부] ｜ 舌头 shétou 명 혀 ｜ 味蕾 wèilěi 명 미뢰, 맛봉오리[맛을 느끼는 감각 세포가 몰려있는 세포] ｜ 传输 chuánshū 동 전송하다, 보내다 ｜ 大脑 dànǎo 명 대뇌 ｜ 味觉中枢 wèijué zhōngshū 미각 중추[맛을 느끼는 신경의 전달을 받는 대뇌 겉질] ｜ 反馈 fǎnkuì 명 피드백(feedback) ｜ 基本上 jīběnshang 부 기본적으로, 대체로

- 用作 yòngzuò 동 ~로 쓰이다 ｜ 食材 shícái 명 식재료 ｜ 治疗 zhìliáo 동 치료하다 ｜ 疑难杂症 yínán zázhèng 난치병, 진단하기 어렵거나 치료가 힘든 병 *疑难 형 해결하기 어렵다, 처리하기 곤란하다 ｜ 功效 gōngxiào 명 효능, 효과 ｜ 药学 yàoxué 명 약학 ｜ 巨著 jùzhù 명 대작, 거작 ｜ 本草纲目 Běncǎogāngmù 고유 본초강목[중국 명나라의 이시진이 지은 약학서] ｜ 多达 duō dá 무려 ~에 달하다 ｜ 卷 juàn 양 권 ｜ 花卉 huāhuì 명 화훼, 화초 ｜ 涉及 shèjí 동 관련되다, 연관되다 ｜ 药物 yàowù 명 약물 ｜ 种类 zhǒnglèi 명 종류 ｜ 余 yú 수 ~여[정수 외의 나머지] ｜ 由此可见 yóucǐkějiàn 이로부터 알 수 있다 ｜ 中药史 zhōngyàoshǐ 중국 의약사

② 내공이 쌓이는 시간

독해 제3부분은 문장 구조 분석이나 접속사 호응 외에도 '키워드'를 이용하여 정답을 찾을 수 있습니다. 빈칸 앞뒤 문장의 주요 키워드 또는 대명사 같은 특정 품사가 선택지에 나와 있는지를 체크하고, 특정 접속사를 중심으로 반대 혹은 점층을 나타내는 키워드를 찾는다면 내용을 다 해석하지 않고도 빠르게 정답을 골라낼 수 있습니다.

출제 포인트 1 동일한 키워드가 있는 선택지를 찾는다.

在一所大学的女生宿舍楼里，心理学家随机找了几个寝室，发给她们不同口味的饮料，然后要求这几个寝室的女生，可以品尝饮料为借口，_____。

A 喜新厌旧是人的天性
B 如果你细心观察就会发现
C 就要留心提高自己在别人面前的熟悉度
D 在这些寝室间互相走动
E 然后请他们评价对照片的喜爱程度

해설 이 문제는 동일 키워드 출현 여부를 체크하여 빠르게 풀 수 있습니다. 문제의 키워드는 빈칸 앞 부분의 '寝室'입니다. 선택지를 보면, D에 '寝室'가 있습니다. 따라서 D를 정답 후보로 보고, 문맥의 흐름이 맞는지 해석해 봅니다.

정답 및 해석

在一所大学的女生宿舍楼里，心理学家随机找了几个寝室，发给她们不同口味的饮料，然后要求这几个寝室的女生，可以品尝饮料为借口，**D 在这些寝室间互相走动**。

A 喜新厌旧是人的天性
B 如果你细心观察就会发现
C 就要留心提高自己在别人面前的熟悉度
E 然后请他们评价对照片的喜爱程度

한 대학교의 여학생 기숙사 건물에서, 심리학자가 무작위로 몇 개의 방을 골라 그녀들에게 서로 다른 맛의 음료수를 나눠주었고, 그런 후에 이 몇 개의 방에 있는 여학생들에게 음료수 시식을 핑계로, **D 이 방들 사이를 서로 옮겨 다니도록** 요구했다.

A 새로운 것을 좋아하고 옛것을 싫어하는 것은 사람의 천성이다
B 만일 당신이 자세히 관찰하면 발견하게 된다
C 주의를 기울여 타인 앞에서의 자신의 친밀도를 높여야 한다
E 그 후에 그들에게 사진에 대한 선호도를 평가해 달라고 했다

◆ 宿舍楼 sùshèlóu 몡 기숙사 건물 | 随机 suíjī 뷔 무작위로, 임의로 | 寝室 qǐnshì 몡 (기숙사의) 방, 침실 | 口味 kǒuwèi 몡 맛 | 饮料 yǐnliào 몡 음료(수) | 以⋯⋯为借口 yǐ⋯⋯wéi jièkǒu ~을 핑계로 하다 *借口 몡 핑계, 구실 | 品尝 pǐncháng 동 시식하다, 맛보다 | 走动 zǒudòng 동 오가다, 옮겨 다니다 | 喜新厌旧 xǐxīn-yànjiù 성 새로운 것을 좋아하고 옛것을 싫어하다 | 观察 guānchá 동 관찰하다 | 留心 liúxīn 동 주의를 기울이다, 관심을 갖다 | 熟悉度 shúxīdù 몡 친밀도 | 评价 píngjià 동 평가하다 | 喜爱程度 xǐ'ài chéngdù 선호도

출제 포인트 2   키워드와 의미가 유사한 단어가 있는 선택지를 찾는다.

> 人们还会产生错觉，_____。
>
> A 比如双方父母的强烈反对
> B 当两个相爱的人遇到障碍，不得不分手时
> C 这样成就的婚姻很多都走向了离婚
> D 这种阻力反而会促成他们的因缘
> E 把战胜困难的力量误以为是爱情的力量

해설   문제의 키워드는 '错觉'입니다. '错觉'가 선택지에 없으면, 형태는 다르지만 의미가 유사한 단어가 있는 선택지가 정답일 가능성이 높습니다. E를 보면 '误以为'가 '잘못 여기다'라는 의미이므로 앞 절의 '错觉'와 호응할 수 있습니다.

정답 및 해석

人们还会产生**错觉**，E **把战胜困难的力量误以为是爱情的力量**。 A 比如双方父母的强烈反对 B 当两个相爱的人遇到障碍，不得不分手时 C 这样成就的婚姻很多都走向了离婚 D 这种阻力反而会促成他们的因缘	사람들은 또한 **착각**이 들기도 하는데, E **어려움을 이겨낸 힘을 사랑의 힘이라고 잘못 여긴다**. A 예를 들어 양측 부모의 강렬한 반대는 B 서로 사랑하는 두 사람이 장애물을 만나서, 어쩔 수 없이 헤어질 때 C 이렇게 이뤄진 결혼은 이혼으로 이어지는 경우가 많다 D 이런 방해는 오히려 그들의 인연이 이뤄지게 재촉한다

◆ 产生错觉 chǎnshēng cuòjué 착각이 들다 | 战胜困难 zhànshèng kùnnán 어려움을 이겨내다 *战胜 통 싸워 이기다, 이겨내다 | 误以为 wù yǐwéi ~로 잘못 여기다, ~로 착각하다 | 强烈 qiángliè 형 강렬하다 | 遇到障碍 yùdào zhàng'ài 장애물을 만나다 | 不得不 bùdébù 부 어쩔 수 없이 | 分手 fēnshǒu 통 헤어지다 | 成就 chéngjiù 통 성취하다, 이루어지다 | 婚姻 hūnyīn 명 결혼 | 离婚 líhūn 명 이혼 | 阻力 zǔlì 명 저항, 방해 | 反而 fǎn'ér 부 오히려 | 促成因缘 cùchéng yīnyuán 인연이 이뤄지게 재촉하다

출제 포인트 3   열거 형식의 문장은 숫자가 있는 선택지를 찾는다.

> _____，一是要把鼻子雕得大一些，二是要把眼睛雕得小一些。
>
> A 大家都问他到底有什么秘诀
> B 都要给自己留下相应的余地
> C 只有这样才能保证比例恰到好处
> D 人们面面相觑，都大惑不解
> E 必须保证两个前提

해설   문제를 보면 빈칸 뒤에 '一是……，二是……'가 있습니다. 두 가지 내용을 열거하고 있으므로 선택지 중 수를 나타내는 '两个前提'가 있는 E가 빈칸에 적합합니다.

정답 및 해석

E 必须保证两个前提，一是要把鼻子雕得大一些，二是要把眼睛雕得小一些。	E 반드시 두 가지 전제 조건을 보장해야 하는데, 첫째는 코를 좀 더 크게 조각하는 것이고, 둘째는 눈을 좀 더 작게 조각하는 것이다.
A 大家都问他到底有什么秘诀 B 都要给自己留下相应的余地 C 只有这样才能保证比例恰到好处 D 人们面面相觑，都大惑不解	A 모두가 그에게 도대체 무슨 비결이 있는지 물었다 B 항상 자신에게 상응하는 여지를 남겨야 한다 C 이렇게 해야만 비로소 비율이 적절하도록 보장할 수 있다 D 사람들은 어리둥절해서 서로 쳐다보고만 있었고, 다들 도무지 이해되지 않았다

◆ 必须 bìxū 튀 반드시 ~해야 한다 | 保证 bǎozhèng 동 보장하다, 약속하다 | 前提 qiántí 명 전제 조건 | 鼻子 bízi 명 코 | 雕 diāo 동 새기다, 조각하다 | 眼睛 yǎnjing 명 눈 | 到底 dàodǐ 튀 도대체 | 秘诀 mìjué 명 비결 | 留下余地 liúxià yúdì 여지를 남기다 | 比例 bǐlì 명 비율 | 恰到好处 qiàdào-hǎochù 성 적합하다, 적절하다 | 面面相觑 miànmiàn-xiāngqù 성 서로 얼굴만 쳐다볼 뿐 어찌할 바를 모르다, 어리둥절해서 서로 쳐다보고만 있다 | 大惑不解 dàhuòbùjiě 성 도무지 이해가 되지 않다, 크나큰 의혹이 풀리지 않다

출제 포인트 4 빈칸 뒤의 문장 부호를 확인한다.

如果给甲一个机会，给乙300个机会，那么，＿＿＿＿＿＿？

A 再也不敢有丝毫马虎
B 在判断你的答案是否正确之前
C 谁更有可能把握机会呢
D 可训练总是漫不经心
E 这样的人会失去一切

해설 빈칸 뒤에 물음표가 있으므로, 선택지에서 의문문이 성립되는 문장을 찾습니다. C에 의문사 '谁'가 있으므로 C를 빈칸에 넣고 해석해 봅니다.

정답 및 해석

如果给甲一个机会，给乙300个机会，那么，C 谁更有可能把握机会呢？	만일 갑에게 한 번의 기회를 주고, 을에게 300번의 기회를 준다면, 그럼, C 누가 기회를 잡을 가능성이 더 클까?
A 再也不敢有丝毫马虎 B 在判断你的答案是否正确之前 D 可训练总是漫不经心 E 这样的人会失去一切	A 다시는 감히 조금도 건성으로 하지 못한다 B 당신의 답이 맞는지 여부를 판단하기 전에 D 그러나 훈련할 때 늘 전혀 아랑곳하지 않는다 E 이런 사람은 모든 것을 잃게 된다

◆ 把握 bǎwò 동 (기회를) 잡다 | 不敢 bùgǎn 동 감히 ~하지 못하다 | 丝毫 sīháo 튀 추호도, 조금도[부정문에만 쓰임] | 马虎 mǎhu 형 건성으로 하다, 대충하다 | 判断 pànduàn 동 판단하다 | 答案正确 dá'àn zhèngquè 답이 맞다 | 训练 xùnliàn 동 훈련하다 | 总是 zǒngshì 튀 항상, 늘 | 漫不经心 mànbùjīngxīn 성 전혀 아랑곳하지 않다 | 失去一切 shīqù yíqiè 모든 것을 잃다

출제 포인트 5 동일한 대명사가 있는 선택지를 찾는다.

 대명사는 인칭대명사(我·你·他·她(们)), 지시대명사(它·这·那), 의문대명사(什么·怎么·谁·为何)가 있는데, 이러한 대명사는 이미 대부분 알고 있습니다. 하지만 HSK 6급에서는 서면어 대명사(此·该·其)가 더 자주 보입니다. 따라서 서면어 대명사의 정확한 뜻을 알아두면 키워드로 정답을 빠르게 찾을 수 있습니다.

_____，我保证你必胜无疑。

A 孙膑却让田忌出下等的马
B 然而每次比赛，田忌总是输家
C 下次赛马你按我的意见办
D 只是调换了比赛的出场顺序
E 结果田忌的马稍逊一筹

해설 빈칸 뒤에 대명사 '我'와 '你'가 보입니다. 선택지 C에도 동일한 대명사 '你'와 '我'가 있으므로 빈칸에 넣어 해석해 봅니다.

정답 및 해석

C 下次赛马你按我的意见办，我保证你必胜无疑。

A 孙膑却让田忌出下等的马
B 然而每次比赛，田忌总是输家
D 只是调换了比赛的出场顺序
E 结果田忌的马稍逊一筹

C 다음번 경마에서 당신이 내 의견대로 하면, 당신이 의심할 여지 없이 반드시 승리할 것임을 내가 보증합니다.

A 손빈은 오히려 전기에게 하등의 말을 출전시키게 했다
B 그러나 시합마다, 전기는 늘 패자였다
D 단지 시합의 출전 순서를 바꿨을 뿐이다
E 결국 전기의 말은 약간 부족했다

◆ 赛马 sàimǎ 명 경마 | 按 àn 전 ~에 따라, ~대로 | 保证 bǎozhèng 동 보증(보장)하다, 약속하다 | 必胜无疑 bìshèng wúyí 의심할 여지없이 반드시 승리하다 | 孙膑 Sūnbìn 고유 손빈[중국 전국시대 제나라의 병법가, 손무의 후손] | 田忌 Tiánjì 고유 전기[인명] | 出马 chūmǎ 동 말을 출전시키다, 말을 내보내다 | 下等 xiàděng 형 하등의, 질이 낮은 | 然而 rán'ér 접 그러나, 하지만 | 比赛 bǐsài 명 경기, 시합 | 总是 zǒngshì 부 항상, 늘 | 输家 shūjiā 명 진 사람, 패자 | 调换顺序 diàohuàn shùnxù 순서를 바꾸다 | 出场 chūchǎng 동 (선수가) 출전하다 | 结果 jiéguǒ 접 결국, 그 결과 | 稍逊一筹 shāoxùn yìchóu 약간 부족하다, 조금 뒤떨어지다

시험에 자주 나오는 서면어 대명사

1 此(=这, 这个) 이, 이것
- 此时, 此刻 이때
- 对此, 就此 이에 대해
- 此外 이 외에
- 如此(=这样) 이렇게
- 此人 이 사람
- 此次 이번
- 此处, 此地 이곳

2 其

① 他(们) 그(들), 她(们) 그녀(들), 它(们) 그것(들)
- 一位勇敢的市民抓住了小偷，并将其送到了警察局。
  한 용감한 시민이 좀도둑을 붙잡아, 그를 경찰서에 보냈다.
- ◆ 勇敢 yǒnggǎn 혱 용감하다 | 抓住 zhuāzhù 동 붙잡다, 체포하다 | 小偷 xiǎotōu 명 좀도둑 | 警察局 jǐngchájú 명 경찰서

② 他(们)的 그(들)의, 她(们)的 그녀(들)의, 它(们)的 그것(들)의
- 本质往往被藏在表象的最底层，而我们看到的却只是其表象。
  본질은 주로 표상의 밑바닥에 숨겨져 있지만, 우리가 보는 것은 그것의 표상일 뿐이다.
- ◆ 藏 cáng 동 숨다, 숨기다 | 表象 biǎoxiàng 명 표상 [표면에 떠오른 모습] | 最底层 zuìdǐcéng 명 밑바닥

3 该(=这/那)+명사
- 该校(=这所学校) 이 학교
- 该市(=这座城市) 이 도시
- 该公司(=这家公司) 이 회사
- 该区域(=这个区域) 이 지역

Tip '这/那' 뒤에는 반드시 양사가 있어야 하지만, '该'는 양사 없이 뒤에 명사를 바로 붙여 씁니다.

- ◆ 城市 chéngshì 명 도시 | 区域 qūyù 명 구역, 지역

출제 포인트 6 키워드와 함께 문장 구조 분석을 같이 본다.

　　溱潼会船的程序通常为选船、试水、铺船、祭祀、赴会、赛船、酒会、唱夜戏。其中，＿＿＿＿＿＿＿＿＿＿，赴会是会船活动的主体，赛船是会船活动的高潮。

A 在激烈的战役中
B 集中反映了当地独特的民俗风情
C 当地村民们也纷纷带领亲朋好友
D 祭祀是会船活动的核心
E 溱潼会船的活动形式多样

해설 빈칸은 '주어+술어'가 나와야 하므로 선택지 A(전치사구)와 B(동사구)는 제외합니다. '其中'은 앞 문장에서 언급한 '选船、试水、铺船、祭祀、赴会、赛船、酒会、唱夜戏'를 가리킵니다. 빈칸 뒤에 '赴会'와 '赛船'을 언급했으므로, 나머지 '选船、试水、铺船、祭祀、酒会、唱夜戏' 중에서 선택지에 해당 단어가 있는지 찾아봅니다. 선택지 D에 '祭祀'가 보이므로, 정답은 D입니다.

정답 및 해석

　　溱潼会船的程序通常为选船、试水、铺船、祭祀、赴会、赛船、酒会、唱夜戏。其中，**D 祭祀是会船活动的核心**，赴会是会船活动的主体，赛船是会船活动的高潮。

A 在激烈的战役中
B 集中反映了当地独特的民俗风情
C 当地村民们也纷纷带领亲朋好友
E 溱潼会船的活动形式多样

　　쩐통 배 모임의 순서는 보통 배 선택·배 시험 운행·배 배치·제사 지내기·모임 참석·배 경주·연회·야간 연극 공연이다. 그 중, **D 제사 지내기는 배 모임 행사의 핵심이고**, 모임 참석은 배 모임 행사의 주체이며, 배 경주는 배 모임 행사의 절정이다.

A 치열한 전투에서
B 현지의 독특한 민속 정서를 집중적으로 반영한다
C 현지 마을 주민들도 잇달아 친척과 친구들을 안내한다
E 쩐통 배 모임의 행사 형식이 다양하다

◆ 溱潼会船 Zhēntóng huì chuán 쩐통 배 모임 *溱潼 명 쩐통[지명] *会 동 모이다, 모으다 | 程序 chéngxù 명 순서, 절차 | 通常 tōngcháng 부 통상적으로, 보통 | 选船 xuǎn chuán 배를 선택하다 | 试水 shì shuǐ 배를 시험 운행하다 | 铺船 pū chuán 배를 배치하다 | 祭祀 jìsì 동 제사 지내다 | 赴会 fùhuì 동 모임에 참석하다 | 赛船 sài chuán 배 경주를 하다 | 酒会 jiǔhuì 명 연회 | 唱夜戏 chàng yèxì 야간 연극을 공연하다 | 核心 héxīn 명 핵심 | 高潮 gāocháo 명 클라이맥스, 절정 | 激烈 jīliè 형 격렬하다, 치열하다 | 战役 zhànyì 명 전투 | 集中 jízhōng 동 집중하다 | 反映风情 fǎnyìng fēngqíng 정서를 반영하다 *风情 명 풍토와 인정, (지역의) 정서 | 当地 dāngdì 명 현지, 그 곳 | 村民 cūnmín 명 마을 주민 | 纷纷 fēnfēn 부 잇달아, 계속해서 | 带领 dàilǐng 동 안내하다, 이끌다 | 亲朋好友 qīnpéng hǎoyǒu 친척과 친구

실력 확인하기 독해 | 제3부분

알맞은 문장을 골라 빈칸을 채우세요.

1-5

无锡惠山泥人是中国著名的民间工艺品，在其发展过程中，(1)_____，无锡惠山的寺庙、园林、街坊、戏文、雕刻、庙会等也都对惠山泥人的题材和风格产生了重要的影响，使其形成了由俗而雅、粗中有细、雅俗共赏的艺术特征。

(2)_____，以其独特的艺术造型、鲜明的民间色彩和浓郁的江南气息而深受民众的喜爱。

"粗货"用模具印塑头和身体后，手脚和配件再以手工捏制而成，大多以喜庆吉祥的题材为主，如大阿福、小花囡等。"阿福"是指有福气的孩子，"小花囡"是吴地方言，指俊俏乖巧的女孩，讨人喜欢。(3)_____，比例上头大身短，形象上浑厚朴实，寄托着民间辟邪纳福、丰衣足食的美好愿望。

"细货"即手捏泥人，形态生动传神，色彩或清新或富丽，装饰精致逼真，个人风格突出，主要取材于戏曲人物、神话传说等。其中，(4)_____，通常由戏文中两个或三个角色组成一个作品。从前"手捏戏文"有多种用途，可作家庭陈设、神台供品，(5)_____。以"手捏戏文"为代表的细货，是惠山泥人中最让人赏心悦目的民艺精品。

A 也可作为礼品馈赠亲朋好友
B 数量最多的是"手捏戏文"
C 二者在造型上多有相似之处
D 无锡惠山泥人分为"粗货"与"细货"两大类
E 除受到政治、经济因素的影响外

듣기 听力

제3부분

문제 유형과 전략

듣기 제3부분은 장문을 듣고 질문에 알맞은 답을 고르면 된다. 지문 1개당 3~4문제가 나오는데, 보통 3문제짜리 지문 4개와 4문제짜리 지문 2개, 총 6개의 지문이 출제된다. 문제는 31번에서 50번까지 총 20문제가 출제되며, 배점은 한 문제당 2점이다. 녹음 내용을 전부 알아들으려 하지 말고, 선택지를 집중해서 보는 것이 중요하다. 선택지에 있는 단어가 들리면 정답을 체크하면서 듣고, 마지막에 질문이 나오면 미리 고른 답이 맞는지 확인한다.

이렇게 풀어봐요

1. **녹음 내용이 들리기 전에 선택지를 미리 본다.** 보통 문제와 문제 사이 약 13초가 주어진다. 듣기 제2부분 26~30번 문제를 풀고, 13초 동안 듣기 제3부분 첫 문제의 선택지를 빠르게 훑어 봐야 한다.

2. **녹음 지문의 흐름과 문제의 순서는 동일하다.** 문제의 질문은 지문 내용이 끝나고 마지막에 나오지만, 녹음 지문에서 들리는 단어 위주로 미리 정답을 고르며 녹음을 듣는다. 지문 내용은 단어로 유추하며 들어야지, 모든 단어를 다 듣고 해석하려고 하면 절대 안 된다.

3. **문제와 문제 사이 약 13초를 활용한다.** 녹음이 끝나고 31번~33번 질문이 들리면 미리 선택한 답이 맞는지 빠르게 점검한 후, 주어지는 13초 동안 그 다음 지문인 34번~36번의 선택지를 빠르게 파악한다.

공략법 01 문제는 대부분 순서대로 풀린다

듣기 | 제3부분

Day 09

듣기 제3부분은 총 6개의 지문이 출제됩니다. 대부분의 문제는 녹음 지문의 흐름에 따라 순서대로 풀립니다. 따라서 문제 순서대로 녹음 내용에 따라 정답을 고르면 됩니다. 다만, 간혹 1개 혹은 2개의 지문에서 문제가 순서대로 풀리지 않는데, 이때는 내용을 어느 정도 기억해 두었다가 녹음이 끝난 후에 질문을 듣고 풀어야 합니다.

1 문제가 보이는 시간

🔊 3-01

예제

1. A 由移民设立 B 在清末数量最多
   C 是中国茶馆的起源 D 每条街巷都设有旅馆

2. A 爱热闹 B 有戏曲节目
   C 茶馆井水清澈 D 有事情需共同商议

3. A 四川地处平原 B 人们知足常乐
   C 栽培了多种稻谷 D 修建了水利工程

Tip 선택지에 '茶馆(찻집)'이라는 단어가 반복된다는 것은 이 문제의 주요 내용이 '茶馆'과 관련되어 있음을 나타냅니다.

정답 및 해석

第1到3题是根据下面一段话：

¹中国最早的茶馆起源于四川。据记载，清末成都街巷共516条，而茶馆就有454家，几乎每条街巷都有茶馆。茶馆能在成都如此兴旺，与一系列因素有关。

首先，四川是个移民大省，明末清初，18个省的移民来到四川，²那时大家有很多事情需要商议，茶馆就成了最好的去处。同时，老成都的井水味道发苦，专门去城里买水成本太高，茶馆提供了日常饮用水，于是大受欢迎。

1~3번 문제는 다음 이야기에 근거한다

¹중국 최초의 찻집은 쓰촨에서 기원하였다. 기록에 따르면, 청나라 말기 청두에는 거리가 모두 516개였는데, 찻집이 454개나 있었고, 거의 거리마다 찻집이 있었다고 한다. 찻집이 청두에서 이처럼 번창할 수 있었던 것은 일련의 요소와 관계가 있다.

먼저, 쓰촨은 이민자가 많은 도시로, 명말 청초에 18개 성의 이민자가 쓰촨으로 왔고, ²그때 사람들은 상의해야 할 일이 많았고, 찻집이 가장 좋은 곳이 되었다. 동시에, 옛 청두의 우물물은 맛이 쓰고, 일부러 성 안에 가서 물을 사는 것은 비용이 너무 비쌌는데, 찻집에서 일상적인 식수를 제공하여 큰 인기를 끌었다.

此外，茶馆的氛围还很契合四川人古已有之的安逸悠闲的精神。³春秋战国时期修建的都江堰水利工程，消除了频繁的水旱灾害，使成都人民生活富足，也就有了大量泡茶馆的空闲时间，即使在今天的成都，泡茶馆也依旧魅力不减，对于成都市民来说，喝茶是人们首要的生活方式。

이 밖에, 찻집의 분위기는 쓰촨 사람들에게 옛날부터 있었던 편안하고 여유로운 정신에도 어울린다. ³춘추전국시대에 지은 뚜장옌(都江堰) 수리 공사는 잦은 홍수와 가뭄 재해를 없애고, 청두 사람들의 생활을 풍족하게 하여, 찻집에서 시간을 때울 많은 여가시간도 생겼다. 설령 오늘날의 청두에서도 찻집에서 시간을 때우는 것은 여전히 매력이 줄지 않았다. 청두 시민에게 있어서 차를 마시는 것은 사람들의 가장 중요한 생활 방식이다.

1 关于四川的茶馆，可以知道什么？
   A 由移民设立
   B 在清末数量最多
   C 是中国茶馆的起源（✓）
   D 每条街巷都设有旅馆

2 下列哪项是明末清初的四川人喜欢去茶馆的原因？
   A 爱热闹
   B 有戏曲节目
   C 茶馆井水清澈
   D 有事情需共同商议（✓）

3 四川摆脱饥饿困扰与什么有关？
   A 四川地处平原
   B 人们知足常乐
   C 栽培了多种稻谷
   D 修建了水利工程（✓）

1 쓰촨의 찻집에 관하여 무엇을 알 수 있는가?
   A 이민자가 세웠다
   B 청나라 말기에 (찻집의) 수가 가장 많았다
   C 중국 찻집의 기원이다 (✓)
   D 거리마다 여관이 세워져 있다

2 다음 중 명말 청초(明末清初)의 쓰촨 사람들이 찻집에 다니는 것을 좋아하는 이유는?
   A 시끌벅적한 것을 좋아해서
   B 중국 전통극 프로가 있어서
   C 찻집의 우물물이 맑고 투명해서
   D 함께 상의해야 할 일이 있어서 (✓)

3 쓰촨이 굶주림에서 벗어난 것은 무엇과 관계가 있는가?
   A 쓰촨이 평원에 위치한다
   B 사람들이 만족을 알고 항상 즐거워한다
   C 많은 벼들을 재배했다
   D 수리 공사를 했다 (✓)

해설

1 녹음 첫 문장 '中国最早的茶馆起源于四川'에서 찻집이 쓰촨에서 기원한다고 말했습니다. 질문에서 쓰촨의 찻집에 관하여 물었으므로 정답은 C 是中国茶馆的起源이 됩니다. 뒤이어 '几乎每条街巷都有茶馆'이 들렸지만 선택지 D는 '每条街巷都设有旅馆'이므로 오답입니다.

2 녹음 중간 부분 '那时大家有很多事情需要商议'에서 '有事情需要商议(상의해야 할 일이 있다)'가 들렸으므로 이와 의미가 비슷한 선택지 D 有事情需共同商议가 정답이 됩니다. 질문을 모르는 상태에서는 선택지에서 가장 많이 들린 내용을 위주로 답을 고른 후, 마지막에 질문을 듣고 다시 확인해 봅니다.

3 녹음 후반 '春秋战国时期修建的都江堰水利工程'에서 키워드 '修建'과 '水利工程'이 그대로 들렸으므로, 우선 D 修建了水利工程을 답으로 골라 줍니다. 뒤이어 홍수와 가뭄 재해를 없애고 성도 사람들의 생활을 풍족하게 했다는 내용이 나왔고, 질문에서 쓰촨이 굶주림에서 벗어난 것과 관계가 있는 것을 물었으므로 정답은 D 修建了水利工程입니다.

선택지 단어	◆ 由 yóu 젠 ~이, ~가	移民 yímín 명 이민자	设立 shèlì 동 설립하다, 세우다	清末 Qīngmò 청말, 청나라 말기	数量 shùliàng 명 수(량)	茶馆 cháguǎn 명 다관, 찻집	起源 qǐyuán 명 기원	街巷 jiēxiàng 명 큰길과 골목, (길)거리	设有 shèyǒu 동 세워져 있다 *设 동 설치하다, 세우다	热闹 rènao 형 번화하다, 시끌벅적하다	戏曲 xìqǔ 명 중국 전통극	井水 jǐngshuǐ 명 우물물	清澈 qīngchè 형 (물이) 맑고 투명하다	需 xū 동 ~해야 한다(=需要 xūyào)	共同 gòngtóng 부 함께, 공동으로	商议 shāngyì 동 상의하다, 협의하다	地处 dìchǔ 동 ~에 위치하다, ~에 있다	平原 píngyuán 명 평원	知足常乐 zhīzúchánglè 성 만족을 알면 항상 즐겁다	栽培 zāipéi 동 심어 가꾸다, 재배하다	稻谷 dàogǔ 명 벼	修建 xiūjiàn 동 건설하다, (공사를) 하다	水利工程 shuǐlì gōngchéng 명 수리 공사[수해를 예방하고 수자원을 개발·이용하기 위하여 건설하는 공사]
지문 단어	◆ 四川 Sìchuān 고유 쓰촨, 사천[지명]	据记载 jù jìzǎi 기록에 따르면	成都 Chéngdū 고유 (쓰촨성의) 청두, 성도[지명]	共 gòng 부 모두, 도합	几乎 jīhū 부 거의	如此 rúcǐ 대 이와 같다, 이러하다	兴旺 xīngwàng 형 번창하다	与…有关 yǔ……yǒuguān ~와 관계가 있다	一系列 yíxìliè 형 일련의	因素 yīnsù 명 (사물의 성립을 결정하는) 요소 ◆ 首先 shǒuxiān 대 첫째(로), 먼저	省 shěng 명 성[중국의 최상급 지방 행정 단위]	明末清初 míngmò qīngchū 명 말 청초[명나라 말기, 청나라 초기]	去处 qùchù 명 곳, 장소	味道发苦 wèidào fākǔ 맛이 쓰다 *发苦 동 쓴맛이 나다, 쓰다	专门 zhuānmén 부 전문적으로, 일부러	成本 chéngběn 명 원가, 비용	提供 tígōng 동 제공하다	饮用水 yǐnyòngshuǐ 명 식수, 먹는 물	受欢迎 shòu huānyíng 환영을 받다, 인기를 끌다 ◆ 氛围 fēnwéi 명 분위기	契合 qìhé 동 부합하다, (들어)맞다, 어울리다	古已有之 gǔyǐyǒuzhī 성 (사물·현상이) 옛날부터 있었다	安逸悠闲 ānyì yōuxián 편안하고 여유롭다 *安逸 형 편안하다, 한가롭다 *悠闲 형 한가하다, 여유롭다	精神 jīngshén 명 정신	春秋战国时期 Chūnqiū Zhànguó shíqī 고유 춘추전국시대	都江堰 Dūjiāngyàn 명 뚜장옌, 도강언[중국 쓰촨성에 있는 수리시설]	消除 xiāochú 동 없애다, 제거하다	频繁 pínfán 형 빈번하다, 잦다	水旱 shuǐhàn 명 홍수와 가뭄	灾害 zāihài 명 재해	富足 fùzú 형 풍족하다, 넉넉하다	大量 dàliàng 형 대량의, 많은 양의	泡 pào 동 시간을 때우다	空闲时间 kòngxián shíjiān 여가시간 *空闲 명 여가, 짬, 틈	依旧 yījiù 부 여전히	魅力不减 mèilì bù jiǎn 매력이 줄지 않다	首要 shǒuyào 형 가장 중요하다	摆脱饥饿困扰 bǎituō jī'è kùnrǎo 굶주림에서 벗어나다 *摆脱 동 (어려운 상황에서) 벗어나다, 빠져나오다 *饥饿 명 기아, 굶주림 *困扰 동 귀찮게 굴다, 괴롭히다

② 내공이 쌓이는 시간

듣기 영역은 녹음 지문이 모두 끝난 후에 문제의 질문을 읽어 줍니다. 따라서 시험에 자주 나오는 질문 유형을 익혀 두는 것이 중요합니다. 아래의 듣기 영역 빈출 질문 유형과 함께, 듣기 지문 속 내용이 실제 정답으로 어떻게 바뀌는지 빈출 문제 유형을 통해 알아 봅시다.

Tip  듣기 공부의 목표는 크게 듣기 실력 높이기와 듣기 점수 올리기의 2가지 방향으로 나눌 수 있습니다. 듣기 실력은 받아쓰기와 소리 내어 정독하는 연습의 반복을 통해 향상시킬 수 있습니다. 다만, 상당한 시간을 필요로 한다는 점을 명심해야 합니다. 좌측의 QR 코드를 스캔하면, 유튜브 채널 '리우HSK_liuhsk'의 듣기 시험 비법 영상이 나오니, 꼭 들어 보세요. 한편, 듣기 점수는 짧은 기간에도 향상시킬 수 있습니다. 문제 푸는 요령과 시험에 자주 출제되는 단골 문제만 익힌다면 내용을 다 알아듣지 못해도 점수를 쉽게 올릴 수 있습니다.

1 듣기 영역 빈출 질문 유형 🎧 3-02

1) 세부 내용 묻기

세부 내용은 '为什么'·'什么'·'怎么' 등의 의문사를 이용해서 구체적인 내용이 무엇인지 묻는 질문을 말하며, 가장 많이 출제되는 유형이다. 선택지가 '동사+목적어' 형태의 동사구로 이루어졌다면, 세부 내용을 묻는 질문이 자주 출제된다.

- 鸟类为什么能够保证体内热量相对充足?
  새들은 왜 체내 열량이 비교적 충분하도록 보장할 수 있는가?

- 那个人最后明白了什么?
  그 사람은 마지막에 무엇을 알게 되었는가?

- 后来人们决定怎么对付"年"?
  후에 사람들은 어떻게 '녠(전설에 등장하는 괴수)'에 대응하기로 결정했는가?

◆ 鸟类 niǎolèi 명 조류, 새 | 保证 bǎozhèng 동 보증하다, 보장하다 | 热量 rèliàng 명 열량 | 充足 chōngzú 형 충분하다 | 对付 duìfu 동 대응하다, 대처하다

2) 지문과 일치하는 내용 고르기

지문과 일치하는 내용을 고르는 문제의 선택지는 주로 '주어+술어+목적어' 형태가 보인다. 선택지의 길이가 비교적 긴 편이라, 빠르게 읽고 내용을 이해하는 독해력이 뒷받침되어야 한다. 녹음에서 들리는 내용 중 선택지에 있는 내용은 체크하며 들어야 하고, 지문당 평균 1문제가 출제된다.

- 关于第一幅画，下列哪项正确? 첫 번째 그림에 관하여 다음 중 정확한 것은?

- 关于说话人，可以知道什么? 화자에 관하여 무엇을 알 수 있는가?

- 根据这段话，下列哪项正确? 이 글에 근거하여 다음 중 정확한 것은?

3) 단어나 성어의 의미 묻기

듣기 제3부분 지문에 등장하는 단어나 성어는 난이도가 높은 편이라, 질문을 들어도 무엇을 물어보는지 모를 수 있다. 평소 어휘량을 많이 늘려야 하고, 문제의 정답이 아니더라도 녹음에서 들리는 내용을 바로 선택지에 체크하는 연습이 필요하다. 다행히 어려운 단어나 성어를 묻는 문제는 매 시험에 나오지 않고, 아주 가끔 출제된다.

- 这段话中, "赔了夫人又折兵"是什么意思?
  이 글에서 '赔了夫人又折兵'은 무슨 의미인가?

- 这段话中, "双刃剑"最可能是什么意思?
  이 글에서 '双刃剑'은 무슨 의미일 가능성이 높은가?

- 这段话中, "恍然大悟"最可能是什么意思?
  이 글에서 '恍然大悟'는 무슨 의미일 가능성이 높은가?

◆ 赔了夫人又折兵 péile fūrén yòu zhé bīng 부인도 잃고 병사마저 잃다, 이중으로 손해를 보다 | 双刃剑 shuāngrènjiàn 명 양날의 검[유리한 점과 불리한 점의 양면성을 가진 것] | 恍然大悟 huǎngrándàwù 성 문득 크게 깨닫다

> **Tip** 본문에서 들린 단어나 성어를 묻는 문제는 글의 주제와 아주 밀접한 단어나 성어를 출제합니다. 따라서 지문의 내용과 맞는 것을 고르면 정답일 확률이 높습니다.

4) 주제나 제목 묻기

이야기 글(서사문)은 주로 지문의 결말 부분에 주제가 나오고, 설명문은 주로 도입 부분에 주제를 먼저 말한 후 구체적으로 설명하는 형식을 보여준다. 설명문의 도입 부분에서 의문문으로 질문하는 문장이 있다면, 그 문장이 곧 주제일 확률이 높다. 매 지문의 마지막 문제에 주제나 제목을 묻는 문제가 나온다면, 질문은 다음과 같이 고정되어 있다. 녹음 지문이 끝나기 전에 주제나 제목을 파악하여 문제 푸는 시간을 줄여야 한다.

- 这段话主要想告诉我们什么? 이 이야기는 주로 우리에게 무엇을 말하려고 하는가?

- 这段话主要谈什么? 이 이야기는 주로 무엇을 말하는가?

- 这个故事主要想提醒我们什么? 이 이야기는 주로 우리에게 무엇을 알려주려 하는가?

◆ 提醒 tíxǐng 동 일깨우다, 알려주다

> **Tip** 듣기 제3부분의 6개 지문 중에서 주제나 제목을 묻는 문제는 대략 1~2개 출제됩니다.

2 듣기 영역 빈출 문제 유형 🎧 3-03

듣기 제3부분의 지문은 서술형 형식으로 설명문·논술문·이야기 세 가지 유형의 장문이 출제되며, 문제 유형은 정답을 그대로 읽어 주는 문제와 비슷한 말로 바꾸어서 나오는 문제 두 가지 유형으로 나뉜다. 문제는 대부분 녹음 지문이 들리는 순서대로 풀린다.

1) 정답을 그대로 읽어 주는 문제

정답을 그대로 읽어 주는 문제는 내용을 이해하지 못해도 정답을 고를 수 있다.

문제 1

谷建芬被誉为**中国流行音乐教母**，她是电视剧《三国演义》主题曲《滚滚长江东逝水》的作曲者，她还创作出《烛光里的妈妈》、《思念》等脍炙人口的作品。

问：谷建芬被誉为什么?
答案：中国流行音乐教母

구젠펀은 **중국 유행 음악의 대모**라고 불린다. 그녀는 TV 드라마 「삼국연의」 주제곡 「장강의 물결은 굽이굽이 동으로 흐른다」의 작곡자로, 「촛불 속 엄마」와 「그리움」 등 인구에 회자되는 작품도 창작해 냈다.

질문: 구젠펀은 무엇으로 불리는가?
정답: 중국 유행 음악의 대모

해설 녹음 첫 문장에서 '谷建芬被誉为中国流行音乐教母'라고 하면서 정답을 그대로 읽어준 문제입니다. 선택지를 미리 보고 듣는다면 정답을 고를 수 있습니다.

단어 谷建芬 Gǔ Jiànfēn [고유] 구젠펀[인명] | 被誉为 bèi yùwéi ~라고 칭송되다(불리다) | 教母 jiàomǔ [명] 교모, 대모 | 电视剧 diànshìjù [명] TV 드라마 | 三国演义 Sānguó Yǎnyì [고유] 삼국연의 | 主题曲 zhǔtíqǔ [명] 주제곡 | 滚滚长江东逝水 gǔngǔn chángjiāng dōng shì shuǐ 장강의 물결은 굽이굽이 동으로 흐른다 | 作曲者 zuòqǔ zhě [명] 작곡자 | 创作 chuàngzuò [동] 창작하다 | 烛光里的妈妈 zhúguāng lǐ de māma 촛불 속 엄마 | 思念 sīniàn [명] 그리움 | 脍炙人口 kuàizhì-rénkǒu [성] 인구에 회자되다, 좋은 시문이나 사물이 널리 사람의 입에 오르내리다

문제 2

这些歌曲不仅保留了谷建芬作品旋律优美且易学易唱的特点，更抓住了古诗词的韵味和意境，在美妙的歌声中，当代的孩子们能更快乐地学习和传承我们祖先的经典，**深刻感受中华传统文化的魅力**。

问：对孩子们来说，谷建芬的作品有什么意义?
答案：感受中国文化

이 노래들은 구젠펀 작품의 선율이 아름다우며 배우고 부르기 쉽다는 특징을 간직했을 뿐만 아니라, 더욱이 고대 시와 사의 운치와 예술적 경지를 담아냈다. 아름다운 노랫소리에서, 당대 아이들이 선조들의 훌륭한 작품을 더욱 즐겁게 배우며 전승할 수 있고, **중화 전통문화의 매력을 깊이 느낄 수 있다**.

질문: 아이들에게 있어서, 구젠펀의 작품은 어떤 의미가 있는가?
정답: 중국의 문화를 느낀다

해설 녹음의 마지막 부분에서 '深刻感受中华传统文化的魅力'를 듣고 선택지의 '感受中国文化'를 고르는 문제입니다.

| 단어 | 首 shǒu 양 수, 곡[시·노래 등을 셀 때 쓰임] | 歌曲 gēqǔ 명 노래 | 保留特点 bǎoliú tèdiǎn 특징을 간직하다 | 旋律优美 xuánlǜ yōuměi 선율이 아름답다 *旋律 명 선율, 멜로디 | 且 qiě 접 게다가 | 易学易唱 yì xué yì chàng 배우고 부르기 쉽다 | 抓住 zhuāzhu 동 붙잡다, 담아내다 | 韵味 yùnwèi 명 정취, 운치 | 意境 yìjìng 명 예술적 경지 | 美妙 měimiào 형 아름답고 절묘하다 | 传承 chuánchéng 동 전승하다(전수하고 계승하다) | 祖先 zǔxiān 명 조상, 선조 | 经典 jīngdiǎn 명 오래도록 사랑받는 작품 | 深刻 shēnkè 형 (정도가) 깊다 | 感受魅力 gǎnshòu mèilì 매력을 느끼다 | 中华 Zhōnghuá 고유 중화[중국의 옛 이름] | 传统文化 chuántǒng wénhuà 전통문화 | 意义 yìyì 명 의미, 뜻 |

문제 3

现代人生活在社交媒体中，在微博、微信、朋友圈中，<u>通过"晒"来刷存在感成了他们的生活常态</u>。在各式各样的"晒"生活中，晒书单的人越来越多。

问：现代人在"晒"中寻找的是什么？
答案：存在感

현대인은 SNS에서 살면서 웨이보·위챗·모먼트에서 '공유'를 통해 <u>존재감을 드러내는 것</u>이 그들의 일상이 되었다. 갖가지 '공유' 생활 중에, 도서 목록을 공유하는 사람들이 갈수록 많아지고 있다.

질문: 현대인이 '공유' 하면서 찾는 것은 무엇인가?
정답: 존재감

| 해설 | 녹음 중 '通过"晒"来刷存在感成了他们的生活常态'에서 '存在感'이란 정답을 그대로 읽어주고 있습니다. |

| 단어 | 社交媒体 shèjiāo méitǐ 소셜 미디어(SNS) | 微博 Wēibó 고유 웨이보[중국의 대표 미니 블로그] | 微信 Wēixìn 고유 위챗(WeChat)[중국의 무료채팅 어플] | 朋友圈 péngyouquān 명 모먼트[위챗에 들어 있는 콘텐츠 공유 기능] | 晒 shài 동 (소셜 미디어 등에) 공유하다 | 刷存在感 shuā cúnzàigǎn 존재감을 드러내다 *刷 동 (솔로) 닦다, 솔질하다 | 成生活常态 chéng shēnghuó chángtài 일상이 되다 *常态 명 정상적인 상태, 평소의 모습 | 各式各样 gèshìgèyàng 성 각양각색, 갖가지 | 书单 shūdān 명 도서 목록 |

문제 4

晒书单一般有两种，一种是转发别人推荐的书目。晒出来，说明自己认同这些好书，有阅读的想法。另一种是推荐自己读过或是计划阅读的书。不管是哪种方式，都是对全民阅读的一种倡导和鼓励，都能<u>起到</u>分享知识、<u>推动阅读的作用</u>。

问：晒书单有什么好处？
答案：推动阅读

도서 목록 공유는 일반적으로 두 가지가 있는데, 하나는 다른 사람이 추천한 도서 목록을 공유하는 것이다. 공유해서 자신이 이 책들을 인정하고 읽을 생각이 있다는 것을 설명한다. 다른 하나는 자신이 읽어봤거나 읽을 계획이 있는 책을 추천하는 것이다. 어떤 방식이든 간에, 모두 전 국민이 독서하는 것에 대한 권장과 격려로, 지식을 공유하고 <u>독서를 촉진하는 역할</u>을 할 수 있다.

질문: 도서 목록 공유는 어떤 장점이 있는가?
정답: 독서를 촉진한다

| 해설 | 녹음 지문 마지막에 '推动阅读的作用'라고 하면서 정답 '推动阅读'을 그대로 읽어줬습니다. |

| 단어 | 转发 zhuǎnfā 동 (타인의 게시물을) 공유하다, 리트윗하다 ｜ 推荐 tuījiàn 동 추천하다 ｜ 认同 rèntóng 동 인정하다 ｜ 阅读 yuèdú 동 (책을) 읽다, 독서하다 ｜ 想法 xiǎngfǎ 명 생각 ｜ 或是 huòshì 접 혹은, ~이(거)나, ~이든 ｜ 计划 jìhuà 동 ~할 계획이다 ｜ 不管 bùguǎn 접 ~에 관계없이, ~이든 간에 ｜ 全民 quánmín 명 전 국민 ｜ 倡导 chàngdǎo 동 권장하다, 제창하다 ｜ 鼓励 gǔlì 동 격려하다 ｜ 起到…作用 qǐdào……zuòyòng ~한 작용(역할)을 하다 ｜ 分享 fēnxiǎng 동 (지식을) 함께 나누다, 공유하다 ｜ 推动 tuīdòng 동 (독서를) 촉진하다 ｜ 寻找 xúnzhǎo 동 찾다 ｜ 好处 hǎochù 명 좋은 점, 장점 |

2) 비슷한 말로 바꾸어 출제하는 문제

비슷한 말로 바꾸어서 출제하거나, 내용을 이해해서 풀어야 하는 문제는 난이도가 높다. 평소 어휘량을 늘리고, 받아쓰기 연습을 많이 하며, 많은 문장을 반복 정독하여 듣기 실력을 높여야 한다.

문제 1

水肺潜水摆脱了空气输送管的束缚，可以让潜水者在水下更加灵活地游泳。 问：水肺潜水有什么优势？ 答案：不受空气输送管约束	**스쿠버 다이빙은 산소탱크의 제약에서 벗어나**, 다이버들이 물속에서 더 유연하게 수영할 수 있게 해준다. 질문: 스쿠버 다이빙은 어떤 강점이 있는가? 정답: 산소탱크의 제약을 받지 않는다
해설	녹음에서 '摆脱…束缚(~한 제약에서 벗어나다)'가 들리고 선택지에는 '不受…约束(~의 제약을 받지 않는다)'가 같은 의미로 출제되었습니다. 이 단어들이 어렵다면, '空气输送管'을 그대로 듣고 정답을 골라주면 됩니다.
단어	水肺潜水 shuǐfèi qiánshuǐ 스쿠버 다이빙 ｜ 摆脱束缚 bǎituō shùfù 제약에서 벗어나다 *束缚 동 속박하다, 제한하다, 제약하다 ｜ 空气输送管 kōngqì shūsòngguǎn 공기수송관, 산소탱크 ｜ 潜水者 qiánshuǐzhě 명 다이버 ｜ 灵活 línghuó 형 유연하다 ｜ 游泳 yóuyǒng 동 수영하다 ｜ 优势 yōushì 명 우세, 강점 ｜ 约束 yuēshù 동 단속하다, 규제하다

문제 2

自助餐起源于公元八世纪，传说与海盗有关。**肆意自由的海盗们厌恶繁琐的用餐礼节**，他们会将所有餐具及食物摆放在桌上，随意享用。 问：海盗为什么创造出了自助餐？ 答案：嫌餐桌礼仪太拘束	뷔페는 서기 8세기에 기원하며, 해적과 관련이 있다고 전해진다. **자유분방한 해적들은 번거로운 식사 예절을 싫어해서**, 그들은 모든 식기와 음식을 식탁에 놓고 마음껏 즐기곤 했다. 질문: 해적은 왜 뷔페를 만들었는가? 정답: 식탁 예절에 너무 구속되는 것을 싫어해서
해설	녹음에서 '肆意自由的海盗们厌恶繁琐的用餐礼节' 부분을 듣고 이해한 후에 정답을 골라야 하는 문제입니다. '厌恶(싫어하다)'가 선택지에서는 동의어 '嫌'으로 바뀌었고, '繁琐的用餐礼节(번거로운 식사 예절)'는 '餐桌礼仪太拘束(식사 예절이 너무 부자연스럽다)'로 바뀌어 출제되었습니다.

| 단어 | 自助餐 zìzhùcān 몡 뷔페 | 起源 qǐyuán 동 기원하다 | 公元 gōngyuán 몡 서기[예수가 탄생한 해를 원년으로 삼는 서력의 기원] | 世纪 shìjì 몡 세기 | 传说 chuánshuō 동 (말이) 전해지다 | 与…有关 yǔ……yǒuguān ~와 관련이 있다 | 海盗 hǎidào 몡 해적 | 肆意自由 sìyì zìyóu 거리낌 없이 자유롭다, 자유분방하다 *肆意 면 제멋대로, 함부로, 거리낌 없이 | 厌恶 yànwù 동 싫어하다(=嫌 xián) | 繁琐 fánsuǒ 혱 번거롭다 | 用餐礼节 yòngcān lǐjié 식사 예절 *用餐 동 식사하다 | 餐具 cānjù 몡 식기 | 及 jí 접 및, 와, 과 | 食物 shíwù 몡 음식(물) | 摆放 bǎifàng 동 (일정 장소에) 놓다, 진열하다 | 随意 suíyì 면 마음대로, 마음껏 | 享用 xiǎngyòng 동 맛보다, 즐기다 | 创造 chuàngzào 동 창조하다, (새롭게) 만들다 | 餐桌礼仪 cānzhuō lǐyí 식탁 예절 *礼仪 몡 예의, 예절 | 拘束 jūshù 혱 구속하다, 부자연스럽다, 어색하다 |

문제 3

有一次，京剧大师梅兰芳在演出时，因一时失神，<u>忘记了一句唱词</u>，并在表演时多做了几个偷看的动作。

问：梅兰芳表演时发生了什么？
答案：不记得唱词了

한 번은 경극 대가인 메이란팡이 공연할 때, 잠깐 정신을 딴 데 팔아서 <u>가사를 까먹었고</u>, 공연할 때 훔쳐보는 동작을 몇 개 더 했다.

질문: 메이란팡은 공연할 때 무슨 일이 일어났는가?
정답: 가사가 기억이 안 났다

| 해설 | 녹음에서 '忘记了一句唱词' 부분의 '忘记了'를 듣고, 선택지의 '不记得'를 선택하는 문제입니다. |

| 단어 | 京剧大师 jīngjù dàshī 경극 대가 | 梅兰芳 Méi Lánfāng 고유 메이란팡[인명] | 演出 yǎnchū 동 공연하다(=表演 biǎoyǎn) | 一时 yìshí 몡 잠시, 잠깐 | 失神 shīshén 동 정신을 딴 데 팔다 | 忘记 wàngjì 동 잊어버리다, 까먹다 | 唱词 chàngcí 몡 (중국 전통극의) 가사 | 偷看 tōukàn 동 훔쳐보다 | 不记得 bújìdé 기억이 안 나다 |

문제 4

大家都以为这是梅兰芳为强调人物羞涩感而故意做的改动，演出结束后，<u>大家纷纷称赞梅兰芳改得好</u>。

问：大家怎么看梅兰芳的这次表演？
答案：赞叹有加

사람들은 모두 이것은 메이란팡이 인물의 부끄러움을 강조하기 위해 일부러 한 변경인 줄 알았고, 공연이 끝난 후에 <u>모두가 메이란팡한테 잘 고쳤다고 잇달아 칭찬했다</u>.

질문: 사람들은 메이란팡의 이번 공연을 어떻게 봤는가?
정답: 더욱더 칭찬했다

| 해설 | 녹음에서 '大家纷纷称赞梅兰芳改得好' 부분의 '称赞'을 듣고, 선택지의 '赞叹'을 선택하는 문제입니다. |

| 단어 | 强调 qiángdiào 동 강조하다 | 羞涩感 xiūsègǎn 몡 부끄러움 *羞涩 혱 부끄럽다 | 故意 gùyì 면 고의로, 일부러 | 改动 gǎidòng 동 바꾸다, 변경하다 | 演出 yǎnchū 동 공연하다(=表演 biǎoyǎn) | 结束 jiéshù 동 끝나다, 마치다 | 纷纷 fēnfēn 면 잇달아, 계속해서 | 称赞 chēngzàn 동 칭찬하다 | 赞叹有加 zàntàn yǒu jiā 더욱더 칭찬하다 |

공략법 02 이야기 글은 주제를 생각하며 듣는다

듣기 | 제3부분

Day 10

듣기 | 听力 | 제3부분

이야기 글은 최근 출제 빈도가 낮지만, 출제되더라도 지문의 난이도가 높지 않아 전부 맞히는 것을 목표로 해야 합니다. 이야기 글은 주로 이야기를 통해 깨우침을 주는 글들이 출제되며, 마지막 문제는 주제를 묻는 경우가 많습니다.

1 문제가 보이는 시간

🎧 3-04

예제

1. A 看家很辛苦　　　　　　B 主人想把它扔掉
   C 它每天日晒雨淋　　　　D 主人常把它藏起来

2. A 以为锁丢了　　　　　　B 配套的锁砸了
   C 钥匙打不开锁　　　　　D 钥匙被弄断了

3. A 配合协作很重要　　　　B 半途而废不可取
   C 做事要有条不紊　　　　D 急功近利容易失败

Tip 선택지에서 '锁'와 '钥匙'에 주의하며 녹음을 들어야 합니다. 3번 문제는 주제라는 것을 미리 파악합니다.

정답 및 해석

第1到3题是根据下面一段话:

一天，锁对钥匙说: "¹我每天辛辛苦苦为主人看守家门，而主人喜欢的却是你，每天把你带在身边。"而钥匙也不满地说: "你每天待在家里多舒服多安逸啊，我每天跟着主人日晒雨淋的。"一次，钥匙也想过一过锁的生活，于是把自己偷偷藏了起来。主人回家时找不见开锁的钥匙，气急之下，把锁给砸了，并把锁扔进了垃圾堆里。进屋后，主人发现了钥匙，气愤地说: ²"锁也砸了，现在留着你还有什么用呢?"说完，把钥匙也扔进了垃圾堆里。

1~3번 문제는 다음 이야기에 근거한다

어느 날, 자물쇠가 열쇠에게 말했다. "¹나는 매일 아주 고생스럽게 주인을 위해 집을 지키는데, 주인이 좋아하는 건 너야. 매일 너를 가지고 다니잖아." 그러나 열쇠도 불만스럽게 말했다. "너는 매일 집 안에 머무는데 얼마나 편안하고 안락하겠어, 난 매일 주인을 따라 햇볕을 쬐고 비를 맞는데." 한번은, 열쇠도 자물쇠의 생활을 좀 보내고 싶어서, 자신을 몰래 숨겼다. 주인은 집에 왔을 때 자물쇠를 여는 열쇠를 찾지 못하자, 화가 나서 자물쇠를 부수고 쓰레기 더미에 버렸다. 방에 들어간 후에, 주인은 열쇠를 발견하고는 화내며 말했다. ²"자물쇠도 부서졌으니, 이제 널 남겨둔들 무슨 소용이 있겠어?" 말을 끝내고, 열쇠도 쓰레기 더미에 버렸다.

在垃圾堆里相遇的锁和钥匙不由感叹起来："³今天我们落得如此可悲的下场都是因为过去我们在各自的岗位上不是相互配合，而是相互妒忌和猜疑啊。"

쓰레기 더미에서 만난 자물쇠와 열쇠는 저도 모르게 탄식했다. "³오늘 우리가 이처럼 비참한 지경에 이른 것은 모두 과거에 우리가 각자의 자리에서 서로 협력하지 않고, 서로 질투하고 의심했기 때문이야."

1 锁对钥匙抱怨什么？
   A 看家很辛苦 (✓)
   B 主人想把它扔掉
   C 它每天日晒雨淋
   D 主人常把它藏起来

2 主人为什么把钥匙扔进了垃圾堆？
   A 以为锁丢了
   B 配套的锁砸了 (✓)
   C 钥匙打不开锁
   D 钥匙被弄断了

3 这段话主要想告诉我们什么？
   A 配合协作很重要 (✓)
   B 半途而废不可取
   C 做事要有条不紊
   D 急功近利容易失败

1 자물쇠는 열쇠에게 무엇을 불평했는가?
   A 집을 지키는 것은 고되다 (✓)
   B 주인은 그것을 버리고 싶어한다
   C 그것은 매일 햇볕을 쬐고 비를 맞는다
   D 주인은 항상 그것을 숨겼다

2 주인은 왜 열쇠를 쓰레기 더미에 버렸는가?
   A 자물쇠를 잃어버린 줄 알아서
   B 짝을 이루는 자물쇠가 부서져서 (✓)
   C 열쇠로 자물쇠를 열 수 없어서
   D 열쇠가 부러져서

3 이 이야기는 주로 우리에게 무엇을 말하고자 하는가?
   A 협력이 중요하다 (✓)
   B 도중에 포기하는 것은 바람직하지 않다
   C 일을 처리할 때는 체계가 잡혀있어야 한다
   D 눈앞의 성공과 이익에 급급하면 실패하기 쉽다

해설

1 녹음 첫 문장 '我每天辛辛苦苦为主人看守家门'에서 고생스럽게 집을 지킨다고 하였으므로 정답은 A 看家很辛苦입니다.

2 녹음 중간 부분 '"锁也砸了，现在留着你还有什么用呢?"说完，把钥匙也扔进了垃圾堆里'에서 주인이 자물쇠가 부서져서 열쇠를 쓰레기 더미에 버렸다는 것을 알 수 있습니다. 따라서 정답은 B 配套的锁砸了입니다.

3 선택지를 보고 주제를 묻는 문제임을 미리 유추합니다. 전체 녹음을 듣자마자 정답을 고를 수 있어야 합니다. 녹음 마지막 부분 '我们落得如此可悲的下场是因为我们不是相互配合，而是互相妒忌猜疑'에서 비참한 지경에 이른 것은 협력하지 않았기 때문이라고 하였습니다. 따라서 정답은 A 配合协作很重要입니다. '不是…，而是…' 구문이 나오면 정답은 보통 '而是' 뒤에 나옵니다. 하지만 이번 문제는 '不是相互配合' 부분에서 서로 협력하지 않아 비참한 지경에 이르렀다고 했으므로, 주제는 서로 '협력해야 한다'는 내용을 골라야 합니다.

선택지 단어

◆ 看家 kānjiā 동 집을 지키다, 집을 보다 | 辛苦 xīnkǔ 형 고생스럽다, 고되다 | 扔 rēng 동 (내)버리다 | 日晒雨淋 rìshài-yǔlín 성 햇볕을 쬐고 비를 맞다, (생활이나 일이) 힘들고 고되다 *淋 동 (비를) 맞다, (비에) 젖다 | 藏 cáng 동 숨기다 | 锁 suǒ 명 자물쇠 *开锁 자물쇠를 열다 | 丢 diū 동 잃어버리다 | 配套 pèitào 동 (조립하여) 세트로 만들다, 짝을 이루다 | 砸 zá 동 (때려) 부수다 | 钥匙 yàoshi 명 열쇠 | 打不开 dǎbukāi (자물쇠를) 열 수 없다 | 弄断 nòngduàn 동 끊다, 부러뜨리다 | 配合协作 pèihé xiézuò 협력하다 *配合 동 협력하다, 호흡을 맞추다 *协作 동 협업하다, 협력하다 | 半途而废 bàntú'érfèi 성 도중에 포기하다 | 不可取 bù kěqǔ 바람직하지 않다 *可取 형 받아들일 만하다, 바람직하다 | 有条不紊 yǒutiáo-bùwěn 성 질서정연하다, 체계가 잡혀있다 | 急功近利 jígōng-jìnlì 성 눈앞의 성공과 이익에 급급하다 | 失败 shībài 동 실패하다

지문 단어

- 看守家门 kānshǒu jiāmén 집을 지키다 | 带在身边 dàizài shēnbiān (몸에) 지니다, 가지고 다니다 | 待 dāi 동 머물다 | 舒服 shūfu 형 편안하다 | 安逸 ānyì 형 편안하고 한가롭다, 안락하다 | 跟着 gēnzhe 동 따르다, 뒤따르다 | 偷偷 tōutōu 부 몰래 | 找不见 zhǎobujiàn 찾지 못하다 | 气急之下 qìjí zhīxià 화가 나서 *气急 동 (화가 나서) 조급해 하다 | 垃圾堆 lājīduī 명 쓰레기 더미 *堆 명 더미, 무더기 | 进屋 jìn wū 방에 들어가다 | 气愤 qìfèn 동 화내다, 분노하다

- 相遇 xiāngyù 동 만나다, 마주치다 | 不由 bùyóu 부 저도 모르게 | 感叹 gǎntàn 동 탄식하다, 한탄하다 | 落得⋯⋯下场 luòde⋯⋯xiàchang ~한 지경에 이르다 *落得 동 (나쁜 결과에) 이르다 *下场 명 (부정적) 결말, 말로, 지경 | 可悲 kěbēi 형 슬프다, 비참하다 | 岗位 gǎngwèi 명 (맡은) 자리 | 相互 xiānghù 부 상호, 서로 | 妒忌 dùjì 동 질투하다 | 猜疑 cāiyí 동 의심하다 | 抱怨 bàoyuàn 동 원망하다, 불평하다

2 내공이 쌓이는 시간

이야기 글은 보통 '서론 → 본론 → 결론' 순으로 구성되고, 주로 깨우침을 주는 글이거나, 간혹 개인의 일상 이야기를 다룬 글도 출제됩니다. 문제는 글의 흐름에 따라 순서대로 출제되는데, 특히 마지막 결론(总结) 부분에서 주제를 다룰 때가 많습니다. 하지만 결론의 주제 관련 내용은 오히려 알아듣기 힘들 수 있으므로, 앞부분의 이야기를 통해 주제를 찾는 것이 수월합니다. 아래의 이야기 글을 통해 주제를 유추하는 연습을 해 봅니다.

출제 포인트 주제 유추하기   🎧 3-05

→ 서론 '英若诚'의 어린 시절 가족 상황을 소개함

著名表演艺术家英若诚小时候生活在一个大家庭中，每次吃饭都是几十口人围坐在一个大餐厅中。有一次，他突发奇想，决定跟家人开个玩笑。吃饭前，¹他把自己藏在饭厅的一个不被人注意的柜子中，想等大家遍寻不到他时再跳出来。²可令他尴尬的是，大家丝毫没有注意到他的缺席。自那以后，他就告诫自己：永远不要把自己看得太重要，否则会大失所望。

→ 본론 '英若诚'이 숨바꼭질 일화를 통해 깨달음을 얻음

其实看清自己是一种风度，一种修养，一种境界。古往今来，没有哪个人是世界的中心，也没有谁一直是别人注目的焦点。

유명한 공연 예술가 잉뤄청은 어린 시절 대가족 속에서 살아서 매번 식사 때마다 수십 명의 가족들이 커다란 식당에 둘러 앉았다. 한번은 그가 갑자기 기발한 생각이 떠올라서, 가족들에게 장난을 치기로 결정했다. 식사 전에, ¹그는 식당의 눈에 띄지 않는 궤짝 안에 자신을 숨겼고, 사람들이 아무리 찾아도 그를 찾을 수 없을 때 다시 뛰쳐나오려 했다. ²하지만 그를 난처하게 한 것은 모두들 그가 자리를 비운 것을 눈치채지 못했다는 점이다. 그때 이후로 그는 '영원히 자신을 너무 중요하게 봐선 안 되고, 그렇지 않으면 크게 실망하게 된다'고 자신을 타일렀다.

사실 자신을 제대로 보는 것은 품격이자 교양이며 경지이다. 예나 지금이나 누구도 세상의 중심인 사람은 없고, 또한 줄곧 타인이 주목하는 초점인 사람도 없다.

┌→ 주제 문장
³我们要用一颗平常心面对生活，看清自己，"不以物喜，不以己悲"，就不会为凡尘中的各种诱惑、烦恼所左右，从而以清醒的心智和从容的步履轻松地走过人生的岁月。
→ 결론 우리는 평상심을 가지고 생활하며, 자신을 정확하게 바라봐야 한다.(=要看清自己)

³우리는 평상심으로 생활을 마주하고 자신을 제대로 봐야 한다. '환경이 좋다고 해서 기뻐하지 않고 자신의 처지가 나쁘다고 해서 슬퍼하지 않는다'면 속세의 각종 유혹과 걱정에 휘둘리지 않고, 그럼으로써 깨어있는 지혜와 여유로운 행보로 인생의 세월을 홀가분하게 걸어 나가게 된다.

1 英若诚把自己藏哪儿了?
   答案: 柜子里

1 잉뤄청은 자신을 어디에 숨겼는가?
   정답: 궤짝 안

2 英若诚为什么觉得很尴尬?
   答案: 没人发现他的缺席

2 잉뤄청은 왜 난처함을 느꼈는가?
   정답: 그가 자리를 비운 것을 아무도 눈치채지 못해서

3 这段话想告诉我们什么?
   答案: 要看清自己

3 이 이야기는 우리에게 무엇을 알려주고자 하는가?
   정답: 자신을 제대로 봐야 한다

해설

1 초반에 '英若诚'의 집안 환경을 언급한 후에 이어서 숨바꼭질 일화를 소개했습니다. 숨바꼭질 일화의 도입 부분인 '他把自己藏在饭厅的一个不被人注意的柜子中'에서 '柜子中'을 듣고 '柜子里'를 선택하는 문제입니다.

2 접속사 '可'를 이용하여 숨바꼭질 일화의 결과 부분을 이야기하고 있습니다. '可'가 있는 부분을 집중해서 들어야 합니다. '可令他尴尬的是，大家丝毫没有注意到他的缺席' 부분을 듣고 선택지 '没人发现他的缺席'를 정답으로 고르는 문제입니다.

3 숨바꼭질 일화를 통해 전달하려는 메시지(주제)를 미리 파악해서 문제를 풀어도 좋고, 지문 마지막 결론 부분의 '我们要用一颗平常心面对生活，看清自己'를 듣고 정답 '要看清自己'를 선택해도 좋습니다.

단어

- 著名 zhùmíng 형 저명하다, 유명하다 | 表演 biǎoyǎn 동 공연하다 | 英若诚 Yīng Ruòchéng 고유 잉뤄청[인명] | 大家庭 dàjiātíng 명 대가족 | 围坐 wéizuò 동 둘러앉다 | 餐厅 cāntīng 명 식당 | 突发奇想 tūfā qíxiǎng 갑자기 기발한 생각이 떠오르다 | 开玩笑 kāi wánxiào 장난을 치다 | 藏 cáng 동 숨기다 | 注意 zhùyì 동 주의하다, 눈에 띄다, 눈치채다 | 柜子 guìzi 동 궤짝 | 遍寻不到 biànxúnbudào 아무리 찾아도 찾을 수 없다 | 跳 tiào 동 뛰다 *跳出来 뛰쳐나오다 | 尴尬 gāngà 형 (입장이) 난처하다, 곤란하다 | 丝毫 sīháo 부 조금도 | 缺席 quēxí 동 결석하다, 자리를 비우다 | 告诫 gàojiè 동 훈계하다, 타이르다 | 否则 fǒuzé 접 만약 그렇지 않으면 | 大失所望 dàshī-suǒwàng 성 크게 실망하다

- 其实 qíshí 부 사실 | 看清 kànqīng 동 똑똑히 보다 | 风度 fēngdù 명 품격 | 修养 xiūyǎng 명 교양 | 境界 jìngjiè 명 경지 | 古往今来 gǔwǎng-jīnlái 성 옛날부터 지금까지, 예나 지금이나 | 注目 zhùmù 동 주목하다 | 焦点 jiāodiǎn 명 초점

- 颗 kē 양 알[둥글고 작은 알맹이 모양과 같은 것을 셀 때 쓰임] | 平常心 píngchángxīn 명 평상심 | 面对 miànduì 동 직면하다, 마주하다 | 不以物喜，不以己悲 bùyǐwùxǐ, bùyǐjǐbēi 성 환경이 좋다고 해서 기뻐하지 않고 자신의 처지가 나쁘다고 해서 슬퍼하지 않는다 | 凡尘 fánchén 명 인간 세상, 속세 | 诱惑 yòuhuò 동 유혹하다 | 烦恼 fánnǎo 형 걱정하다 | 左右 zuǒyòu 동 좌우하다, 휘두르다 | 从而 cóng'ér 접 그럼으로써 | 清醒 qīngxǐng 형 (머리가) 맑다 | 心智 xīnzhì 명 사고력, 지혜 | 从容 cóngróng 형 여유롭다 | 步履 bùlǚ 명 행보, 발걸음 | 轻松 qīngsōng 형 수월하다, 홀가분하다

공략법 03 중국 관련 지식을 물어본다

듣기 | 제3부분

Day 11

HSK 시험의 목적은 전 세계 외국인에게 중국어를 통해 중국을 알리는 시험입니다. 따라서 중국 관련 지식은 모든 영역에서 다양하게 출제됩니다. 듣기 제3부분은 매 시험마다 지문 6개 중에서 3~4개에 중국의 역사적 인물 이야기, 중국의 지역 소개나 전통 문물을 소개하는 글이 출제됩니다.

1 문제가 보이는 시간

🔊 3-06

예제

1 A 提高难度　　B 丢弃杂念　　C 秘密制作　　D 增加美观性

2 A 不想得赏　　B 技术高超　　C 动作急躁　　D 只聚焦于作品

3 A 喜欢编钟　　B 是秦国人　　C 雕刻技术高超　　D 对自己有信心

Tip 선택지에 '制作', '雕刻技术高超' 등의 단어를 통해 뭔가를 제작하고 조각하는 내용이 나올 것이라는 것을 미리 유추하며 녹음을 듣습니다.

정답 및 해석

第1到3题是根据下面一段话：

　　³鲁国有个叫梓庆的工人，是个能工巧匠，擅长雕刻挂放编钟的木架子，每次将作品打造出来，都让人惊叹，简直是鬼斧神工。大家都以为梓庆是神人，鲁国国君也很钦佩他，于是问："您的技术怎么这么出神入化呢？"梓庆说："我是吃这碗饭的工人，自然能做出这样的作品，没有什么奇怪的。硬要说的话，¹我的诀窍是在动手之前要静静地等待几日，用来摒弃杂念，摒弃的是什么杂念呢？静养的第三天，心中就没有了立功得赏的概念；静养到第五天，赞誉毁谤对我而言，都不值得计较；²到第七天，连自己的一切都忘记了，心中除了作品还是作品，让自己所有的心思都能用在作品上面。"

1~3번 문제는 다음 이야기에 근거한다

　　³노나라에 '재경'이란 일꾼이 있었는데, 솜씨 좋은 장인으로 편종을 걸어두는 나무틀을 조각하는 데 뛰어났고, 매번 작품을 만들어낼 때마다 사람들을 경탄케 하니, 그야말로 귀신 같은 솜씨였다. 사람들은 모두 재경이 비범한 사람인 줄 알았고, 노나라 국왕도 그에게 탄복하며 물었다. "자네의 기술은 어떻게 이토록 입신의 경지에 이르렀는가?" 재경이 말했다. "저는 이 일로 먹고사는 일꾼이라, 자연스레 이런 작품을 만들 수 있으니, 별로 이상한 게 없습니다. 굳이 말한다면, ¹저의 비결은 시작하기 전에 조용히 며칠을 기다리는 건데, 잡념을 버리는 데 쓰입니다. 버리는 것은 어떤 잡념이겠습니까? 정양한 3일째, 마음속에 공을 세워 상을 받는 개념이 사라집니다. 5일째까지 정양하면, 칭찬과 비방은 저한테 있어서, 모두 따질 가치가 없게 됩니다. ²7일째가 되면, 자신의 모든 것도 잊어버리고, 마음속에는 작품밖에 없게 되어, 자신의 모든 심혈이 작품에 쓰일 수 있도록 합니다."

1 梓庆制作作品的诀窍是什么?
  A 提高难度
  B 丢弃杂念 (✓)
  C 秘密制作
  D 增加美观性

2 梓庆静养到第七天会怎样?
  A 不想得赏
  B 技术高超
  C 动作急躁
  D 只聚焦于作品 (✓)

3 关于梓庆,下列哪项正确?
  A 喜欢编钟
  B 是秦国人
  C 雕刻技术高超 (✓)
  D 对自己有信心

---

1 재경이 작품을 만드는 비결은 무엇인가?
  A 난이도를 높인다
  B 잡념을 버린다 (✓)
  C 은밀히 만든다
  D 미적인 면을 늘린다

2 재경은 7일째까지 정양하면 어떻게 되는가?
  A 상을 받고 싶지 않다
  B 기술이 뛰어나다
  C 행동이 조급하다
  D 작품에만 초점을 맞춘다 (✓)

3 재경에 관하여 다음 중 정확한 것은?
  A 편종을 좋아한다
  B 진나라 사람이다
  C 조각술이 뛰어나다 (✓)
  D 자신에 대한 자신감이 있다

해설

1 녹음 중간 부분 '我的诀窍是在动手之前要静静地等待几日,用来摒弃杂念'에서 '摒弃杂念'이 들렸으므로 의미가 비슷한 선택지 B 丢弃杂念이 정답이 됩니다. '摒弃'는 어려운 단어이므로 '弃'만 듣는 연습을 해줘야 합니다.

2 녹음 마지막 부분 '到第七天,连自己的一切都忘记了,心中除了作品还是作品,让自己所有的心思都能用在作品上面'에서 '心中除了作品还是作品'을 듣고 마음속에 작품만 남아있음을 알 수 있습니다. 따라서 정답은 D 只聚焦于作品입니다.

3 녹음 첫 문장 '鲁国有个叫梓庆的工人,是个能工巧匠,擅长雕刻挂放编钟的木架子'에서 키워드 '擅长雕刻'를 듣고 주인공 '梓庆'의 조각술이 뛰어남을 유추할 수 있습니다. '能工巧匠', '鬼斧神工' 같은 단어를 알면 좋지만, 몰라도 충분히 정답을 찾을 수 있으니 들리는 단어에 집중합니다. 정답은 C 雕刻技术高超입니다.

선택지 단어

◆ 提高难度 tígāo nándù 난이도를 높이다 | 丢弃杂念 diūqì zániàn 잡념을 버리다 *丢弃 동 버리다(=摒弃 bìngqì) | 秘密 mìmì 형 비밀스럽다, 은밀하다 명 비밀 | 制作 zhìzuò 동 제작하다, 만들다 | 增加美观性 zēngjiā měiguānxìng 미적인 면을 늘리다 | 得赏 dé shǎng 상을 받다 | 技术高超 jìshù gāochāo 기술이 뛰어나다 | 动作急躁 dòngzuò jízào 행동이 조급하다 | 聚焦 jùjiāo 동 초점을 맞추다 | 编钟 biānzhōng 명 편종[음률이 다른 16개의 작은 종을 두 층으로 나란히 매달아 만든 옛날 타악기의 하나] | 秦国人 Qínguórén 명 진나라 사람 | 雕刻技术 diāokè jìshù 조각술 *雕刻 동 조각하다

지문 단어

◆ 鲁国 Lǔguó 고유 노나라 | 梓庆 Zǐ Qìng 고유 재경[인명] | 能工巧匠 nénggōng-qiǎojiàng 성 솜씨 좋은 장인 | 擅长 shàncháng 동 뛰어나다, 잘하다 | 挂放 guà fàng 걸어두다 | 木架子 mùjiàzi 명 나무틀 | 打造 dǎzào 동 만들다 | 惊叹 jīngtàn 동 경탄하다, 몹시 놀라 감탄하다 | 简直 jiǎnzhí 부 그야말로, 정말로 | 鬼斧神工 guǐfǔ-shéngōng 성 (건축이나 조각 등의) 귀신 같은 솜씨 | 神人 shénrén 명 비범한 사람 | 国君 guójūn 명 국왕 | 钦佩 qīnpèi 동 경복하다, 탄복하다 | 出神入化 chūshén-rùhuà 성 (기예가) 입신의 경지에 이르다 | 碗 wǎn 양 그릇, 공기 *吃这碗饭 이 일로 먹고 살다 | 奇怪 qíguài 형 이상하다 | 硬 yìng 부 한사코, 굳이 | 诀窍 juéqiào 명 비결 | 动手 dòngshǒu 동 시작하다 | 静静 jìngjìng 형 조용하다 | 等待 děngdài 동 기다리다 | 用来 yònglái 동 ~에 쓰이다 | 摒弃 bìngqì 동 버리다 | 静养 jìngyǎng 동 정양하다[몸과 마음을 안정하여 휴양하다] | 立功得赏 lìgōng déshǎng 공을 세워 상을 받다 | 概念 gàiniàn 명 개념 | 赞誉 zànyù 동 칭찬하다 | 毁谤 huǐbàng 동 비방하다 | 不值得 bù zhíde ~할 가치가 없다 | 计较 jìjiào 동 계산하여 비교하다, 따지다 | 一切 yíqiè 명 일체, 모든 것 | 忘记 wàngjì 동 잊어버리다 | 除了A还是A chúle A háishi A A밖에 없다 | 心思 xīnsi 명 심혈

> **Tip**
> 이 지문은 문제가 순서대로 풀리지 않고, 3번 문제의 정답 힌트가 녹음 지문의 첫 문장에 나옵니다. 맨 처음 선택지를 볼 때, 3번 선택지가 주인공의 신상과 관련되어 있다는 것을 파악할 수 있습니다. 주인공의 신상 정보는 주로 지문의 도입 부분에서 많이 언급되므로, 녹음이 시작되면 지문의 첫 문장을 듣고 3번 문제를 풀 수 있어야 합니다. 이렇게 순서가 뒤바뀌는 문제는 내용이 그리 어렵지 않으므로, 녹음 내용을 기억했다가 풀어도 됩니다.

② 내공이 쌓이는 시간

중국 관련 지식이 나오는 지문은 배경지식을 모를 때 알아듣기 힘듭니다. 평소에 한국어로 된 중국 관련 뉴스나 서적을 틈틈이 읽어주면 좋습니다. 아래 내용은 역대 시험에 출제되었거나, 출제될 가능성이 많은 중국 관련 배경지식이니 시험 전에 반드시 읽어 봅니다.

1 시험에 잘 나오는 중국 관련 배경지식 2 🎧 3-07

1) 중국 고대 유명 인물(中国古代著名人物 Zhōngguó gǔdài zhùmíng rénwù)

- **蔡伦** Cài Lún 채륜

  중국 동한 시대의 유명한 발명가이다. 채륜은 과거 사람들의 제지(造纸) 경험을 총정리하고 제지 공예를 발전시켜, 마지막에는 '채후지(蔡侯纸)'를 발명했다.

- **张衡** Zhāng Héng 장형

  중국 동한 시대의 걸출한 천문학자·수학자·발명가·지리학자·문학가이다. 장형은 천문학에 정통하여, 지진의 진원 방향을 탐지할 수 있는 지동의(地动仪)를 발명했고, 일식 및 월식의 원인을 발견했다.

- **李白** Lǐ Bái 이백

  당나라의 유명한 낭만주의 시인이다. 저서로는 『이태백집(李太白集)』이 있고, 대표작으로는 「망여산 폭포(望庐山瀑布)」, 「촉도난(蜀道难)」, 「장진주(将进酒)」, 「정야사(静夜思)」 등이 있어, 후세 사람들에게 '시선(诗仙)'으로 불렸으며 '시성(诗圣)' 두보(杜甫)와 함께 '이두(李杜)'라고 불렸다.

- **张仲景** Zhāng Zhòngjǐng 장중경

  중국 동한 말기의 의학자로 후세 사람들에게 중국 의학의 성인, 즉 '의성(医圣)'이라 불렀다. 그는 자신의 풍부한 임상 경험을 바탕으로, 의학 대작 『상한잡병론(伤寒杂病论)』을 저술했다.

- **李时珍** Lǐ Shízhēn 이시진

  중국 명대(明代)의 유명 의약학자로 후세 사람들에게 '약성(药圣)'이라고 불렸다. 그는 192만 자의 대작 『본초강목(本草纲目)』을 저술했는데, 이는 당시 가장 체계적이고 완전하며 과학적인 의약학 저서가 되었다.

- **苏轼** Sū Shì 소식

  소식은 북송의 문학가·서예가·화가이자 역사적인 치수(治水)의 명인이다. 세상 사람들은 대부분 그를 '소동파(苏东坡)'라고 불렀다. 아버지 소순(苏辙), 동생 소철(苏辙)과 함께 '삼소(三苏)'라고도 불리며, 당송 8대가에 속한다. 이 외에도, 소식은 미식가로 동파육(东坡肉)을 발명했다.

2) 중국 근현대 유명 인물(中国近现代著名人物 Zhōngguó jìnxiàndài zhùmíng rénwù)

- **鲁迅** Lǔ Xùn 루쉰

  루쉰의 본명은 저우수런(周树人)이고, 루쉰은 그의 필명이다. 중국의 유명한 문학가·사상가·교육가·미술가·서예가이자, 중국 현대 문학의 창시자 중 하나이기도 하다. 유명한 대표작으로는 『납함(呐喊)』, 『방황(彷徨)』, 『광인일기(狂人日记)』, 『조화석습(朝花夕拾)』 등이 있다.

- **老舍** Lǎoshě 라오서(라오셔)

  중국의 현대 소설가이자 극작가이다. 라오서는 일생 소설 및 산문에서 연극에 이르기까지 수많은 문예작품을 창작했는데, 주요 대표작으로는 장편소설 『낙타상자(骆驼祥子)』, 『사세동당(四世同堂)』과, 연극 「찻집(茶馆)」, 「용수구(龙须沟)」 등이 있다. 라오서의 작품은 대부분 베이징 시민의 생활을 소재로 하여, 그는 일찍이 '인민 예술가(人民艺术家)'라는 칭호를 얻었다.

- **齐白石** Qí Báishí 치바이스

  중국 후난 사람으로 중국에서 가장 유명한 근현대 화가이자 서예 전각가(도장을 새기는 사람)이다. 그의 작품은 수묵화가 주를 이루며, 그의 회화 소재는 새우가 많이 등장한다. 대표작으로는 「묵하(墨虾)」, 「목우도(牧牛图)」 등이 있다.

- **徐悲鸿** Xú Bēihóng 쉬베이훙

  중국 현대의 유명한 화가이자 미술 교육가이다. 그의 회화 소재에는 말(马)이 많이 등장하며, 작품에는 「분마(奔马)」, 「우공이산도(愚公移山图)」, 「태과이상(泰戈尔像)」 등이 있다.

- **张大千** Zhāng Dàqiān 장다첸

  중국 근현대의 유명한 화가로, 산수화에 뛰어나다. 대표작으로는 「하화도(荷花图)」, 「장강만리도(长江万里图)」 등이 있다.

- **梁思成** Liáng Sīchéng 량쓰청

  중국의 유명한 건축가로, 평생 중국 고대 건축의 연구과 보호에 힘썼으며, '중국 근대 건축의 아버지'라고 불린다. 그는 일찍이 칭화대학교 건축과를 설립했다.

- 茅盾 Máodùn 마오뚠

  중국 현대 작가·소설가·문학 평론가이다. 우수한 장편소설 창작을 장려하기 위해 '마오뚠 문학상(茅盾文学奖)'을 제정했는데, 이는 중국에서 최고의 영예를 지닌 문학상 중의 하나이다.

3) 자연경관 및 명소(自然风景及名胜 zìrán fēngjǐng jí míngshèng)

- 苏州园林 Sūzhōu Yuánlín 쑤저우 정원

  쑤저우 정원의 정식 명칭은 쑤저우 고전 정원으로, 장쑤성 쑤저우시에 있는 중국 고전 정원의 총칭이며, 춘추시대에 만들어져 송대에 번영했으며 명·청(明清) 시대에 전성기에 이르렀다. 주요 명소로는 졸정원(拙政园), 창랑정(沧浪亭), 사자림(狮子林)이 있다.

- 平遥古城 Píngyáo Gǔchéng 핑야오 고성

  핑야오 고성은 산시성(山西省)에 위치해 있는데, 서주(西周) 시대에 지어지기 시작하여 지금으로부터 이미 천여 년의 역사가 있으며, 현재 중국에서 가장 완벽한 고대 현성(县城)이다. 핑야오 고성은 성벽·점포·거리·사찰·민가 등이 모여 방대한 건축 단지를 이루고 있다. 또한 성을 대칭으로 배치되게 만들어져, 명·청 시대 중국 한족 도시의 뛰어난 모범 사례이며, '중국 고대 도시 연구의 살아있는 표본'이라고 불린다.

- 大唐不夜城 Dàtáng Búyèchéng 대당 불야성

  대당 불야성은 산시성(山西省) 시안(西安)의 명소인 대안탑(大雁塔) 부근에 위치해 있는데, 2002년에 지어졌고 성당 문화(盛唐文化)를 배경으로 한 중국 유일의 당나라 건축 단지를 모방한 대형 보행거리이다. 대야 불야성은 시안시의 랜드마크 관광지이며, 각종 테마 행사가 자주 열린다.

4) 문화 예술(文化艺术 wénhuà yìshù)

- 亚运会 Yàyùnhuì 아시안게임

  아시안게임(약칭:亚运会)은 아시아 최대 규모의 종합 스포츠 경기로, 크게 하계 아시안게임과 동계 아시안게임(약칭:亚冬会)으로 나뉜다.

- 国家宝藏 Guójiā Bǎozàng 국가 보장

  국가 보장은 중국 국영방송 CCTV와 전국 박물관이 함께하는 문화 문물 탐구 예능 프로그램이다. 매회 하나의 박물관을 주제로 3개의 문물을 소개하면서, 각 문물에 어울리는 스타 '국보수호자'가 국보의 전생을 연극 형식으로 풀어내며 국보의 뒷이야기를 직접 들려준다.

- 哈尔滨冰雪节 Hā'ěrbīn Bīngxuějié 하얼빈 빙설축제

  하얼빈 빙설축제는 헤이룽장성 하얼빈시에서 개최하는 겨울 축제이며, 중국은 물론 세계적으로 유명한 빙설 축제 중 하나이다. 1985년에 설립된 하얼빈 빙설 축제는 빙설 예술·빙설 운동·빙설 오락·경제 무역 교류 및 문화 교류를 통합하는 국제 축제로 발전했다.

5) 우주 항공(宇宙航天 Yǔzhòu Hángtiān)

- 神舟系列载人飞船 Shénzhōu Xìliè Zàirén Fēichuán 선저우 시리즈 유인 우주선

    선저우(神舟)는 중국의 유인 우주선 프로그램으로, 2003년 10월 첫 유인 발사를 성공적으로 마쳤다. 양리웨이가 탑승한 첫 유인 우주선 선저우 5호는 창정 로켓에서 21시간 동안 지구를 14번 돌고 무사히 귀환했다. 이후 선저우는 우주비행사를 태운 채로 우주에서 머무는 기간을 며칠에서 180일로 늘렸고, 2024년 4월, 선저우 18호는 또 3명의 우주비행사를 우주 정거장에 보냈다.

    > **Tip** 우주 항공 관련 지문은 매년 HSK 전체 영역에 걸쳐 많이 출제됩니다. 우주비행사를 뜻하는 '航天员(=宇航员)'과 우주를 뜻하는 '宇宙(=太空)'는 꼭 암기해 두세요.

- 长征系列运载火箭 Chángzhēng Xìliè yùnzài huǒjiàn 창정 시리즈 우주 발사체

    창정은 '중국 국가 항천국(中国国家航天局)'이 개발하는 우주 발사체 시리즈의 이름이다. 국가 항천국이 개발한 모든 우주발사체는 창정 뒤에 숫자를 붙여 구별한다.

- 中国天宫空间站 Zhōngguó Tiāngōng Kōngjiānzhàn 중국 톈궁 우주 정거장

    톈궁 우주 정거장이라고도 하는 중국 우주 정거장은 중국이 독자적으로 개발한 우주 실험실 정거장이다. 우주 정거장의 설계 수명은 최소 10년이며 3명의 우주비행사가 장기적으로 체류한다. 중국 우주 정거장 톈궁은 핵심 모듈인 '톈허(天和)' 선실, 실험 모듈인 '원톈(问天)' 선실과 '멍톈(梦天)' 선실 및 '톈저우(天舟)' 시리즈 화물 우주선 등으로 구성된다.

- 嫦娥探月工程 Cháng'é Tànyuè Gōngchéng 창어 달 탐사 프로젝트

    2003년 시작된 중국의 달 탐사 프로그램이다. 창어는 중국 신화에서 달의 궁전인 월궁에 기거하는 달의 여신이다. 2020년에 발사된 창어 5호는 이틀간 약 2킬로의 달 토양, 암석 샘플을 수집해서 중국에 착륙했다. 이어서 창어 6호가 2024년 5월에 발사되었고, 세계 최초로 달 뒷면의 표본을 채취하여 착륙하는 데 성공했다. 또한 가져온 달 샘플을 분석한 결과, 작은 유리 조각·광물질·분자수 등을 발견했다.

- 四大航天发射场 Sì Dà Hángtiān Fāshèchǎng 4대 우주 발사장

    현재 중국에는 모두 네 개의 발사장이 있다. 주취안(酒泉) 위성 발사 센터는 간쑤성 주취안시에 위치하며, 중국에서 설립한 최초의 대규모 종합 발사 센터이다. 쓰촨성에 위치한 시창(西昌) 발사 센터는 산악 지역에 있으며, 기후 조건이 복잡한 발사장 중 하나이다. 타이위안(太原) 위성 발사 센터는 산시(山西)성에 있다. 하이난성 원창시에 위치한 원창(文昌) 우주 발사장은 중국 최초의 개방형 연안 우주 발사 기지이다.

6) 전통과 역사(传统与历史 Chuántǒng Yǔ Lìshǐ)

- 中国陶瓷 Zhōngguó Táocí 중국 도자기

    중국은 도자기의 발원지로서 유명한 자기 가마가 많이 있다. 중국 고대에는 여요(汝窑)·관요(官窑)·가요(哥窑)·균요(钧窑)·정요(定窑) 등 5개의 유명한 자기 가마가 있었다. 여요(汝窑)는 5대 명요(名窑) 중에 으뜸으로, 주로 청자(青瓷) 위주로 구웠다. 관요(官窑)가 구운 도자기도 주로 청자인데, 흑색(黑瓷)·백색(白瓷)·청화(青花) 등을 굽는다. 정요(定窑)가 구운 도자기는 백자(白瓷) 위주이다.

- **中国四大名绣** Zhōngguó Sì Dà Míngxiù 중국 4대 유명 자수

  중국 4대 유명 자수는 중국 중부 후난(湖南)성의 '상자수(湘绣)', 중국 서부 쓰촨(四川)성의 '촉자수(蜀绣)'·중국 남부 광둥(广东)성의 '월자수(粤绣)'·중국 동부 장쑤(江苏)성의 '소자수(苏绣)'를 일컫는 말이다.

- **中国四大名锦** Zhōngguó Sì Dà Míngjǐn 중국 4대 유명 비단

  중국 4대 유명 비단은 운금(云锦), 촉금(蜀锦), 송금(宋锦), 장금(壮锦)을 말한다. 운금은 난징(南京)의 원산지로 송(宋)나라로 거슬러 올라가며 색이 밝고 찬란하며 하늘의 구름과 같다고 하여 붙여진 이름인데, 명청(明清)시대에 유행한 황실 진상품으로 전문가들은 중국 고대 비단 공예사의 마지막 이정표라고 부른다. 촉금(蜀锦)은 한(汉)나라에서 삼국시대까지 촉군(蜀郡)이 생산한 특색 있는 견직물의 총칭으로 오랜 역사와 정교한 기술을 가지고 있다. 촉금(蜀锦)은 실크로드의 주요 거래 상품 중 하나이다. 쑤저우(苏州)의 원산지인 송금(宋锦)은 송(宋)나라 말기에 시작되어 당(唐)나라 촉금(蜀锦)의 기초에서 발전했다. 퉁진(僮锦)이라고도 하는 장금(壮锦)은 광시 좡족 자치구(广西壮族自治区)의 유명한 전통 견직물이다. 시험에 자주 등장하는 것은 앞의 두 가지 금이다.

  > **Tip** 비단은 중국어로 '丝绸(sīchóu)' 또는 한 글자로 '锦(jǐn)'이라고 하며, 실크로드는 '丝绸之路'입니다.

- **中国戏曲** Zhōngguó Xìqǔ 중국 전통극

  오래된 역사를 지닌 중국 전통극은 중국의 광활한 영토, 많은 민족, 지역마다 다른 방언으로 인해 경극 외에도 풍부하고 다채로운 지역극을 형성했다. 중국에는 300가지 이상의 지역극이 있으며 그 중 경극(京剧)·예극(豫剧)·월극(越剧)·평극(评剧)·황매극(黄梅戏)·곤곡(昆曲)·사천극(川剧) 등이 유명하다.

  > **Tip** 전통극은 '戏曲' 또는 '戏剧(xìjù)'라고 합니다.

- **三星堆遗址** Sānxīngduī Yízhǐ 싼싱두이(삼성퇴) 유적

  싼싱두이 문화는 중국 고대 문화를 구성하는 주요 부분으로, 기원전 1,600년부터 기원전 1,000년경에 존재했으며, 오늘날에는 주로 쓰촨성 광한시 싼싱두이 유적 일대에 분포한다. 이 문화는 독특하고 신비로운 청동기·옥기·금기 등의 유물들로 유명하고, 주로 초자연적인 것을 상징한다.

- **清明上河图** Qīngmíngshànghétú 청명상하도

  중국 10대 명화(名画) 중의 하나이다. 이 그림은 국보급 문물에 속하여 현재 베이징 고궁박물원에 소장되어 있다. 견본(绢本, 비단 같은 견직물에 그린 그림)으로 색을 입힌 청명상하도는 긴 두루마리 형식으로, 12세기 번성했던 북송의 수도 변경(汴京)의 도시 모습과 당시 사회 계층의 삶을 생생하게 기록했다.

  > **Tip** 청명상하도(清明上河图)는 칭밍제(清明节)의 풍경을 배경으로 그린 그림입니다. 그림에서 칭밍제의 풍속인 '扫墓(성묘)'와 '踏青(산보하며 즐기는 것)'을 보여주기도 합니다.

- **千里江山图** Qiānlǐjiāngshāntú 천리강산도

  중국 10대 명화(名画) 중의 하나이다. 이 그림은 북송 시기 왕희맹(王希孟)이 그린 견본 설색화로, 현재 베이징 고궁박물원에 소장되어 있다. 천리강산도 두루마리는 청록산수화 중 가장 대표 작품이면서, 창작자의 감정을 그림에 옮겼다.

공략법 04

듣기 | 제3부분

설명문은 도입 부분이 중요하다

Day 12

설명문은 기초과학·환경 문제·심리 및 건강·자녀 교육·경제 시사·스포츠·중국 전통문화 등 다양한 분야의 지식을 전달하는 글입니다. 설명문은 매 시험 3~5개의 지문이 출제되므로 매우 중요합니다. 평소에 한국어로 다양한 중국 관련 글을 읽어주면 독해에 도움이 됩니다.

1 문제가 보이는 시간

🎧 3-08

예제
1 A 姿势需固定　　　　　　　　B 不能佩戴眼镜
   C 需要眨两次眼睛　　　　　　D 距离30厘米以内

2 A 速度快　　　　　　　　　　B 操作简单
   C 可批量识别　　　　　　　　D 不需目标配合

3 A 伪装逃不过步态识别　　　　B 人脸识别距离达50米
   C 指纹识别比虹膜识别更精准　D 步态识别已广泛应用于安防

> **Tip** 1번부터 3번까지 세 문제의 선택지를 보면서 '识别', 즉, 신분을 식별하는 각종 인식 기술에 관한 내용이라는 것을 미리 유추해야 문제 풀이의 난이도를 낮출 수 있습니다.

정답 및 해석

第1到3题是根据下面一段话：

　　当前生物识别技术已经有很多种，如虹膜识别、人脸识别与指纹识别。但是这些生物识别技术对于采样目标要求较高，[1]例如虹膜识别通常需要目标在30厘米以内，人脸识别需在5米以内。

　　如今又出现了一种新的生物认证技术：步态识别。步态识别技术可以通过分辨走路姿态和人的体型来识别身份，识别距离可达50米，[2]而且它的识别速度很快，仅需眨两下眼的时间。步态识别还有以下优点：首先，步态识别

1~3번 문제는 다음 이야기에 근거한다

　　현재 생체 인식 기술은 이미 여러 가지가 있다. 예를 들면, 홍채 인식, 안면 인식과 지문 인식이다. 하지만 이런 생체 인식 기술은 샘플 추출 대상에 대한 요구치가 높은 편이다. [1]예를 들어 홍채 인식은 보통 목표물이 30센티미터 이내에 있어야 하고, 안면 인식은 5미터 이내에 있어야 한다.

　　오늘날 또 새로운 생체 인증 기술인 걸음걸이 인식이 나타났다. 걸음걸이 인식 기술은 걷는 자세와 사람의 체형 구분을 통해서 신분을 인식할 수 있다. 인식 거리는 50미터에 달하고, [2]게다가 그 인식 속도가 빨라서 눈을 두 번 깜박거리는 시간이면 된다. 걸음걸이 인식은 다음과 같은 장점도 있다. 먼저, 걸음걸이 인식은 범위가 넓어 대량 인식할 수 있다. 그다음, 걸음걸

范围广泛，可批量进行识别。其次，步态识别不需要目标的配合。这与指纹、人脸及虹膜识别截然不同。³即使有意躲藏和伪装也能被识别到。这项技术未来将应用于安防、公共交通等领域。

1 虹膜识别对目标有什么要求？
   A 姿势需固定
   B 不能佩戴眼镜
   C 需要眨两次眼睛
   D 距离30厘米以内（✓）

2 下列哪项不是步态识别的优点？
   A 速度快
   B 操作简单（✓）
   C 可批量识别
   D 不需目标配合

3 根据这段话，下列哪项正确？
   A 伪装逃不过步态识别（✓）
   B 人脸识别距离达50米
   C 指纹识别比虹膜识别更精准
   D 步态识别已广泛应用于安防

이 인식은 목표물의 협조가 필요 없다. 이 점이 지문, 안면 및 홍채 인식과 완전히 다르다. ³설령 고의로 숨고 위장하더라도 식별이 가능하다. 이 기술은 앞으로 보안과 대중교통 등의 분야에 응용될 것이다.

1 홍채 인식은 목표물에 대해 어떤 요구가 있는가?
   A 자세를 고정해야 한다
   B 안경을 써서는 안 된다
   C 눈을 두 번 깜박거려야 한다
   D 거리가 30센티미터 이내여야 한다 (✓)

2 다음 중 걸음걸이 인식의 장점이 아닌 것은?
   A 속도가 빠르다
   B 조작이 간단하다 (✓)
   C 대량 인식할 수 있다
   D 목표물의 협조가 필요 없다

3 이 이야기에 근거하여, 다음 중 정확한 것은?
   A 위장은 걸음걸이 인식을 벗어날 수 없다 (✓)
   B 안면 인식 거리는 50미터에 달한다
   C 지문 인식은 홍채 인식보다 더 정확하다
   D 걸음걸이 인식은 이미 보안에 널리 응용되었다

해설

1 선택지에 '需(要)', '不能' 등이 나오므로 어떻게 해야 하는지를 묻는 문제입니다. 지문의 도입 부분에 나오는 '但是' 뒤의 문장을 주의해서 듣도록 합니다. 녹음 중 '例如虹膜识别通常需要目标在30厘米以内'에서 숫자 '30厘米以内'가 그대로 들립니다. 따라서 정답은 D 距离30厘米以内입니다.

2 선택지를 훑어보면 인식 기술의 장점을 말하고 있다는 것을 알 수 있습니다. 다만, 이 문제는 '아닌 것'을 골라야 해서 난이도가 조금 높습니다. 녹음에서 '而且它的识别速度很快'를 들었을 때, 문제를 듣기 전에는 정답을 A로 생각할 수 있지만, 바로 이어지는 내용 '步态识别还有以下优点, 首先……, 其次……'를 듣고, '걸음걸이 인식' 기술에는 여러 장점이 있고, 문제는 장점이 아닌 것을 골라야 한다는 것을 예측할 수 있습니다. 따라서 정답은 B 操作简单입니다. 보통 '首先……, 其次……'로 풀어 쓰는 지문에서 선택지의 여러 내용이 한번에 들리면, '不是 (아닌 것)'를 묻는 문제 유형이 많이 출제된다는 점을 기억해 둡니다.

3 녹음이 들리기 전에 미리 선택지를 읽어 봅니다. 3번 선택지를 읽으면 녹음에서 걸음걸이·안면 인식·지문 인식 등의 인식 기술에 관한 내용이 나올 것을 추측할 수 있습니다. 녹음 후반부에 '即使有意躲藏和伪装也能被识别到'라며, 위장해도 식별이 된다고 했으므로 정답은 A 伪装逃不过步态识别입니다.

선택지 단어	◆ 姿势 zīshì 몡 자세	需(要) xū(yào) 조툥 ~해야 한다 툥 필요하다, 요구되다 ↔ 不需(要) bù xū(yào) (~할) 필요 없다	固定 gùdìng 툥 고정하다	佩戴眼镜 pèidài yǎnjìng 안경을 쓰다 *佩戴 툥 (몸에) 착용하다, 달다, 쓰다	眨眼(睛) zhǎ yǎn(jing) 눈을 깜박거리다	距离 jùlí 툥 (~로부터) 떨어지다 몡 거리	厘米 límǐ 양 센티미터(cm)	速度 sùdù 몡 속도	操作简单 cāozuò jiǎndān 조작이 간단하다	批量 pīliàng 부 대량으로 몡 대량	识别 shíbié 툥 식별하다, 인식하다	目标 mùbiāo 몡 목표물, 식별 대상	配合 pèihé 툥 협동하다, 협조하다	伪装 wěizhuāng 몡 위장 툥 위장하다	逃不过 táobuguò 벗어날 수 없다	步态识别 bùtài shíbié 걸음걸이 인식	人脸识别 rénliǎn shíbié 안면 인식	达 dá 툥 ~(수량사)에 달하다	指纹识别 zhǐwén shíbié 지문 인식	虹膜识别 hóngmó shíbié 홍채 인식	精准 jīngzhǔn 형 정확하다	广泛 guǎngfàn 형 광범위하다, (폭)넓다	安防 ānfáng 몡 보안(= 安全防范 ānquán fángfàn)
지문 단어	◆ 生物识别技术 shēngwù shíbié jìshù 생체(바이오) 인식 기술	采样 cǎiyàng 툥 샘플을 추출하다	例如 lìrú 툥 예를 들다	通常 tōngcháng 부 통상적으로, 보통
	◆ 认证 rènzhèng 툥 인증하다	通过 tōngguò 전 ~을 통해서	分辨 fēnbiàn 툥 분별하다, 구분하다	姿态 zītài 몡 자태, 자세, 모습	体型 tǐxíng 몡 체형	优点 yōudiǎn 몡 장점	首先 shǒuxiān 대 첫째(로), 먼저	范围 fànwéi 몡 범위	其次 qícì 대 둘째(로), 그다음	截然不同 jiéránbùtóng 성 완전히 다르다	有意 yǒuyì 부 일부러, 고의로	躲藏 duǒcáng 툥 숨다	项 xiàng 양 가지, 항목, 조항	未来 wèilái 몡 미래, 앞으로	公共交通 gōnggòng jiāotōng 대중교통	领域 lǐngyù 몡 영역, 분야

❷ 내공이 쌓이는 시간

녹음을 들을 때, 모든 단어를 해석하려 할 필요는 없습니다. 들리는 단어 위주로, 글의 흐름을 파악하며 들어야 합니다. 이때 반드시 들어야 하는 중요한 단어가 있는데, 이 단어가 들리면 정답과 관련이 있을 가능성이 높습니다. 아래의 핵심 단어를 학습하고, 설명문 지문의 흐름을 파악하는 연습을 통해 듣기 실력을 키워 봅니다.

1 시험에 잘 나오는 핵심 단어 1   🎧 3-09

Tip 역접의 의미를 나타내는 접속사 뒤에는 화자가 궁극적으로 말하고자 하는 내용이 나옵니다. 그러므로 역접을 나타내는 단어가 나오면, 뒷부분의 내용을 주의 깊게 듣습니다. 실제 시험에서 아래의 핵심 단어 뒤에 정답이 가장 많이 출제됩니다.

1) **但(是)(=然而/却/可(是)/不过/而(是))** 그러나, 하지만, 그렇지만

'但是' 뒤에는 앞에서 서술한 내용과 일치하지 않거나 반대되는 내용이 나온다. '但是'와 '可是'는 시험에서 '但'과 '可'만 들리는 경우가 많으니 주의한다.

예문1

你在柜台前点的餐会和在手机上点的一样吗？你或许会坚定地说，没什么区别，然而行为经济学家告诉我们，在手机或电脑屏幕前下单时，你很可能会购买更多不利于健康的食物。	당신이 계산대 앞에서 주문한 음식이 핸드폰으로 주문한 것과 같을까? 당신은 아마 별다른 차이가 없다고 확고하게 말할 것이다. 그러나 행동경제학자가 우리에게 알려주길, 핸드폰이나 컴퓨터 화면 앞에서 주문할 때, 당신은 건강에 더욱 안 좋은 음식을 주문할 가능성이 크다고 하였다.

◆ 柜台 guìtái 명 계산대 | 餐 cān 명 음식, 요리 | 或许 huòxǔ 부 아마, 어쩌면 | 坚定 jiāndìng 형 (입장·주장 등이) 확고하다 | 区别 qūbié 명 구별, 차이 | 行为经济学家 xíngwéi jīngjìxuéjiā 행동경제학자 | 屏幕 píngmù 명 화면 | 下单 xiàdān 동 주문하다(=点) | 购买 gòumǎi 동 구매하다 | 不利于 búlì yú ~에 좋지 않다

예문2

激光的方向性极佳。太阳和蜡烛的光都是向四面八方发散的，激光却能集中成平行的光束向一个方向射出，而且几乎不衰减。	레이저의 방향성은 매우 좋다. 태양과 양초의 빛은 모두 사방으로 퍼지지만, 레이저는 평행 광속으로 집중해서 한 방향으로 쏠 수 있을 뿐만 아니라, 게다가 거의 약해지지 않는다.

> **Tip** 부사 '却'가 단독으로 나왔다면, '오히려'가 아닌 '그러나'라고 해석해야 합니다. 접속사 '但是'와 부사 '却'는 의미가 같습니다.

◆ 激光 jīguāng 명 레이저 | 方向性 fāngxiàngxìng 명 방향성 | 极 jí 부 아주, 매우 | 佳 jiā 형 좋다 | 蜡烛 làzhú 명 양초 | 四面八方 sìmiàn-bāfāng 성 사면팔방, 사방 | 发散 fāsàn 동 (빛이) 발산되다, 퍼지다 | 集中 jízhōng 동 집중하다 | 平行 píngxíng 형 평행하는 | 光束 guāngshù 명 광속[광선의 다발] | 射 shè 동 쏘다 | 几乎 jīhū 동 거의 | 衰减 shuāijiǎn 동 약해지다

2) 其实(=事实上/实际上) (그러나) 사실(은), 사실상

'其实'는 앞에 나온 내용을 부정하면서 말하고자 하는 사실을 언급한다.

> **Tip** 3급 어휘인 '其实' 뒤에 들리는 내용이 정답으로 자주 출제됩니다. 앞 절에서 '以为'나 '看起来'가 들리고, 뒤 절에서 '其实'가 자주 들리니 함께 알아 둡니다.

예문1

大部分人都知道运动可以强健体魄，其实，长期坚持体育锻炼，还会对你的性格产生潜移默化的影响。	대부분의 사람은 모두 운동이 몸과 정신을 건강하게 해 준다고 알고 있다. 사실, 오랫동안 체육 단련을 꾸준히 하면, 당신의 성격에도 은연중에 영향을 끼치게 된다.

◆ 强健体魄 qiángjiàn tǐpò 몸과 정신을 건강하게 하다 *强健 동 건강하게 하다 | 坚持 jiānchí 동 (하고 있던 것을) 계속하다, 꾸준히 하다 | 体育锻炼 tǐyù duànliàn 체육 단련 | 性格 xìnggé 명 성격 | 产生影响 chǎnshēng yǐngxiǎng 영향을 끼치다 | 潜移默化 qiányí-mòhuà 성 은연중에 영향을 주다

예문2

现在很多人热衷于计算食物的卡路里，尤其是有减肥需求的人群。而**事实上**，人体是个极其复杂的系统，只简单计算卡路里，是一种典型的机械式思维。	지금 많은 사람들이 음식의 칼로리를 계산하는 데 열중하고 있으며, 특히 다이어트가 필요한 사람들이 그렇다. 그러나 사실, 인체는 매우 복잡한 시스템이라서, 단순히 칼로리만 계산하는 것은 전형적인 기계식 사고이다.

◆ 热衷 rèzhōng 동 열중하다, 간절히 바라다 | 卡路里 kǎlùlǐ 명 칼로리(Cal) | 尤其(是) yóuqí (shì) 부 (그 중에서) 특히 | 减肥 jiǎnféi 동 살을 빼다, 다이어트하다 | 需求 xūqiú 명 수요, 필요 | 人群 rénqún 명 사람들 | 极其 jíqí 부 지극히, 매우 | 复杂 fùzá 형 복잡하다 | 系统 xìtǒng 명 계통, 시스템 | 简单 jiǎndān 형 간단하다, 단순하다 | 计算 jìsuàn 동 계산하다 | 典型 diǎnxíng 형 전형적이다 | 机械式思维 jīxièshì sīwéi 기계식 사고

3) 原来 알고 보니

'原来'를 주로 문장 맨 앞에 써서, 몰랐던 사실을 알게 되었을 때 '알고 보니'의 의미로 사용한다. 따라서 '原来' 뒤에는 정답과 관련된 중요한 내용이 자주 나온다.

> **Tip** '原来'는 글자 그대로 '원래는 ~했는데'라는 의미가 있는데, 주로 주어 뒤에 옵니다. 하지만 실제로는 '原来' 대신 '本来'나 '原本'을 더 자주 사용합니다.

예문1

鸟既然不在鸟巢中睡觉，为什么还要辛辛苦苦地筑巢呢？**原来**，对大多数鸟类来说，鸟巢是繁殖后代的"产房"。	새는 새 둥지에서 자지 않는데, 왜 아주 힘들게 둥지를 지을까? 알고 보니, 대다수 새한테 있어서, 새 둥지는 후대를 번식하는 '새끼를 낳는 방'이다.

◆ 既然 jìrán 접 (기왕) ~한데 | 鸟巢 niǎocháo 명 새 둥지 | 辛苦 xīnkǔ 형 힘들다, 고생스럽다 | 筑巢 zhùcháo 동 둥지를 짓다 | 繁殖 fánzhí 동 번식하다 | 产房 chǎnfáng 명 산방, 아이(새끼)를 낳는 방

예문2

世界各国的国旗虽然各具特色，但它们有一个共同点，就是几乎没有紫色。为什么呢？**原来**，以前紫色染料非常稀有且昂贵，它的制造原料十分难得。	세계 각국의 국기는 각각 특색을 갖고 있지만, 그것들은 공통점이 있는데, 바로 자주색이 거의 없다는 점이다. 왜 그럴까? 알고 보니, 이전에는 자주색 염료가 매우 드물고 비싸서, 그것의 제조 원료를 구하기가 힘들었기 때문이다.

◆ 国旗 guóqí 명 국기 | 各具特色 gè jù tèsè 각각 특색을 갖고 있다 | 共同点 gòngtóngdiǎn 명 공통점 | 几乎 jīhū 부 거의 | 紫色 zǐsè 명 자주색 | 染料 rǎnliào 명 염료 | 稀有 xīyǒu 형 적다, 드물다 | 昂贵 ángguì 형 (가격이) 비싸다 | 制造原料 zhìzào yuánliào 제조 원료 | 难得 nándé 형 얻기 어렵다, 구하기 힘들다

4) **不是(=不/没/并不/并非)A，而是B** A가 아니라, B이다

'不是A，而是B' 구문이 들리면 A부분은 듣지 않아도 되고, 정답은 B부분에서 들리므로 B를 집중해서 듣는다. 화자가 하고자 하는 말은 B부분에 있다.

예문1

邻居们纷纷上前一探究竟，却发现樵夫手里捧着的根本**不是**什么值钱的宝物，**而是**他的斧头。	이웃들은 잇달아 다가가서 결과를 알아봤는데, 나무꾼의 손에 들려 있던 것은 어떤 값나가는 보물이 전혀 아니고, 그의 도끼였음을 알게 되었다.

◆ 邻居 línjū 명 이웃(집) | 纷纷 fēnfēn 부 잇달아, 계속해서 | 上前 shàngqián 동 앞으로 나아가다, 다가가다 | 一探究竟 yí tàn jiūjìng 결과를 알아보다 *究竟 명 경위, 자초지종, 결과 | 樵夫 qiáofū 나무꾼 | 捧 pěng 동 (두 손으로) 들다 | 根本 gēnběn 부 전혀, 아예 | 值钱 zhíqián 형 값어치가 있다, 값나가다 | 宝物 bǎowù 명 보물 | 斧头 fǔtou 명 도끼

예문2

量身定制**并不**意味着为每个病人都准备一套药物或设立一套医疗设备，**而是**根据病人对特定疾病的易感性以及对特定治疗的应答程度进行分类治疗，来提高治疗的效果，降低副作用。	맞춤 치료는 결코 모든 환자에게 약품 세트를 준비해 주거나 의료 장비 세트를 설치해 주는 것을 의미하지 않고, 환자의 특정 질병에 대한 감염 취약성 및 특정 치료에 대한 대응 정도에 따라 분류 치료하여, 치료 효과를 높이고 부작용을 낮추는 것이다.

◆ 量身定制 liángshēn dìngzhì 맞춤 제작[지문에서는 맞춤 치료를 의미함] | 意味着 yìwèizhe 동 의미하다 | 套 tào 양 세트 | 药物 yàowù 명 약물 | 设立 shèlì 동 설립하다, 설치하다 | 医疗设备 yīliáo shèbèi 의료 장비 *设备 명 설비, 장비 | 根据 gēnjù 전 ~에 근거하여, ~에 따라 | 特定 tèdìng 형 특정한 | 疾病 jíbìng 명 질병 | 易感性 yìgǎnxìng 명 감염 취약성 | 以及 yǐjí 접 및, 그리고, 아울러 | 治疗 zhìliáo 동 치료하다 | 应答 yìngdá 동 응답하다, 대응하다 | 程度 chéngdù 명 정도 | 分类 fēnlèi 동 분류하다 | 提高效果 tígāo xiàoguǒ 효과를 높이다 *提高 동 높이다, 향상시키다 | 降低副作用 jiàngdī fùzuòyòng 부작용을 낮추다 *降低 동 내리다, 낮추다

2 설명문 흐름 파악하기

🔊 3-10

문제

┌→ 서론 우주에서의 샤워와 양치는 복잡하고 신기함 在太空中由于失重，洗澡刷牙都变得复杂而奇妙。宇航员在太空刷牙的方式与在地面上差不多，但是刷完牙后的牙膏沫都要吐在纸上集中丢弃。¹**因为漱口水一旦渗出，就会在太空舱里到处飘散，所以刷牙时必须小心**。 → 본론1 우주와 지상의 양치질 차이, 우주에서 양치질 하는 방법 설명	우주에서는 무중력 상태가 되므로, 샤워하고 양치하는 것은 모두 복잡하고 신기하게 변한다. 우주비행사가 우주에서 양치하는 방식은 지상에서와 비슷하지만, 양치를 끝낸 후의 치약 거품은 모두 휴지에 뱉어서 모아 버려야 한다. ¹**왜냐하면 양칫물이 일단 새어 나오면, 우주선 선실 여기저기에 흩어지기 때문에, 양치할 때 반드시 조심해야 한다.**

² 早在太空实验室空间站里，宇航员就可以在太空中洗澡了。但那时他们通常只能用浸有清洁液的湿毛巾擦身，³ 后来有的宇宙飞船装备了可供真正淋浴的太空浴室，这种浴室其实是一种直径不到一米的密封塑胶壁筒。宇航员在里面打开喷头，温水即从上面喷下来浇到身上，淋浴完毕后再利用真空吸管吸走身上及周围的肥皂泡和水。

→ 본론2 우주에서 목욕하는 방법을 시간순으로 설명

　　随着科技的发展，科学家们也在努力为宇航员创造更加舒适的工作环境，外太空的生活水平也将不断提高。

→ 결론 과학기술의 발전에 따라 우주에서의 생활 수준이 향상될 것으로 기대함

² 일찍이 우주 실험실 정거장에서 우주비행사는 우주에서 샤워할 수 있었다. 하지만 그때 그들은 보통 청결액에 담가둔 젖은 수건으로 몸을 닦을 수밖에 없었고, ³ 나중에 어떤 우주선은 진정으로 샤워할 수 있는 우주 욕실을 설치했는데, 이런 욕실은 사실 직경이 1미터가 안 되는 밀폐된 플라스틱통이다. 우주비행사가 안에서 샤워기를 틀면 온수가 위에서 뿜어져 나와 몸에 뿌려지고, 샤워가 끝난 후에는 다시 진공 흡입관을 이용해서 몸과 주변의 비누 거품과 물을 빨아들인다.

　　과학 기술이 발전하면서 과학자들은 우주비행사를 위해 더욱 쾌적한 작업 환경을 만들려고 노력하고 있어서, 우주의 생활 수준도 끊임없이 향상될 것이다.

1　为什么宇航员刷牙时要小心？
　　答案：防止水四处飘散

1　우주비행사는 왜 양치할 때 조심해야 하는가?
　　정답: 물이 사방에 흩어지는 것을 방지하려고

2　在太空实验室空间站里，宇航员如何洗澡？
　　答案：用湿毛巾擦身

2　우주 실험실 정거장에서, 우주비행사는 어떻게 샤워하는가?
　　정답: 젖은 수건으로 몸을 닦는다

3　关于太空浴室，可以知道什么？
　　答案：直径不足一米

3　우주 욕실에 관하여 알 수 있는 것은?
　　정답: 직경이 1미터가 안 된다

해설

1 녹음에서 접속사 '但是'가 나오면 집중해서 잘 들어 봅니다. '但是刷完牙后的牙膏沫都要吐在纸上集中丢弃'부터 중요한 내용이 나옵니다. 그 다음 문장 '因为漱口水一旦渗出，就会在太空舱里到处飘散，所以刷牙时必须小心'을 듣고 정답 '防止水四处飘散'을 고르면 됩니다.

2 양치질 내용이 끝나고 '洗澡'에 관한 내용이 나옵니다. 2번 문제도 접속사 '但'이 들어있는 문장인 '但那时他们通常只能用浸有清洁液的湿毛巾擦身' 부분을 잘 들었다면, 선택지에서 '用湿毛巾擦身'을 정답으로 고를 수 있습니다.

3 '后来'부터 시간의 흐름이 바뀌는 것을 파악하며 들어야 합니다. '这种浴室其实是一种直径不到一米的密封塑胶壁筒' 부분을 들으면서 선택지에 있는 '直径不足一米'를 정답으로 골라주면 됩니다. '不足'는 '(어떤 숫자에) 이르지 못하다, 안 된다'라는 의미입니다. 다행히 숫자와 관련된 문제라 답을 고르기가 수월한 편입니다.

단어	
	◆ 太空 tàikōng 몡 우주	失重 shīzhòng 동 무중력 상태가 되다	洗澡 xǐzǎo 동 목욕하다, 샤워하다	奇妙 qímiào 형 기묘하다, 신기하다	宇航员 yǔhángyuán 명 우주비행사	牙膏沫 yágāomò 치약 거품 *牙膏 명 치약	吐 tǔ 동 토하다, 뱉다	纸 zhǐ 명 종이, 휴지(=手纸)	集中 jízhōng 동 집중하다, 모으다	丢弃 diūqì 동 버리다	漱口水 shùkǒushuǐ 명 양칫물	渗出 shènchū 동 새어 나오다	太空舱 tàikōngcāng 명 우주선 선실 *舱 명 객실, 선실, 선창	到处 dàochù 부 도처에, 여기저기에	飘散 piāosàn 동 (공중에) 흩어지다
	◆ 太空实验室空间站 tàikōng shíyànshì kōngjiānzhàn 우주 실험실 정거장	通常 tōngcháng 부 통상적으로, 보통	浸有 jìn yǒu (물에) 담가 두다	清洁液 qīngjiéyè 청결액	湿毛巾 shī máojīn 젖은 수건	擦身 cāshēn 동 몸을 닦다	宇宙飞船 yǔzhòu fēichuán 우주 비행선, 우주선	装备 zhuāngbèi 동 장치하다, 설치하다	供 gōng 동 제공하다	淋浴 línyù 동 샤워하다	浴室 yùshì 명 욕실	直径 zhíjìng 명 직경	密封 mìfēng 형 밀봉한, 밀폐된	塑胶壁筒 sùjiāo bìtǒng 플라스틱통	打开喷头 dǎkāi pēntóu 샤워기를 틀다	温水 wēnshuǐ 명 온수	喷 pēn 동 (내)뿜다, 분출하다	浇 jiāo 동 (액체를) 뿌리다, 끼얹다	完毕 wánbì 동 끝나다	真空吸管 zhēnkōng xīguǎn 진공 흡입관	吸 xī 동 흡수하다, 빨아들이다	周围 zhōuwéi 명 주위	肥皂泡 féizàopào 명 비누 거품
	◆ 随着 suízhe 전 ~함에 따라서	科技 kējì 명 과학 기술	发展 fāzhǎn 동 발전하다	创造 chuàngzào 동 창조하다, (새롭게) 만들다	舒适 shūshì 형 (환경이) 쾌적하다	工作环境 gōngzuò huánjìng 작업 환경	外太空 wài tàikōng (태양계 밖의) 우주	不断 búduàn 부 부단히, 끊임없이

공략법 05 | 논설문은 마지막 작가의 관점이 중요하다

듣기 | 제3부분

Day 13

논설문은 작가가 자신의 관점이나 견해를 명확하게 밝히는 글이다. 논설문도 설명문처럼 서론에서 글의 주제를 제시하지만, 본론에서 자신의 주장이나 견해를 증명하는 논거, 즉 원인·이유·도리·이치·예시·연구 결과 등을 제시합니다. 결론에서는 작가의 관점을 밝히곤 하는데, 이것이 문제로 출제되는 경우가 많습니다. 논설문 지문은 듣기 제3부분에서 보통 1~2개 정도 출제됩니다.

1 문제가 보이는 시간

🔊 3-11

예제

1. A 能查询食物热量　　　　B 能检测体脂指数
   C 可提高运动强度　　　　D 可自动生成排行榜

2. A 对减肥很有效　　　　　B 超出人体负荷
   C 能锻炼个人意志　　　　D 属于日常的体育锻炼

3. A 每日最佳运动量　　　　B 网上晒运动的利弊
   C 运动手环的新功能　　　D 计步软件是否有助于减肥

정답 및 해석

第1到3题是根据下面一段话：

随着计步软件和运动手环的普及，"晒运动"开始流行。¹计步软件还能自动生成运动量排行榜，以此检测运动量。³有人说每天走一万步就能减肥，这种做法真的有效吗？

假设每步0.75米，一万步就是7.5公里。一般而言，成年人每天都能走8000步，一万步的运动量并不算高。²专家表示，每天一万步的目标对于提醒人们进行日常的体育锻炼是有价值的，但不宜过分强调。此外，这些计步软件与运动手环并不能准确显示每天所走的步数，有时只是手在动，数据也可能会更新，它往往只能检测一个人日常的活动状态。

1~3번 문제는 다음 이야기에 근거한다

러닝 앱과 스포츠 밴드가 보급되면서, '인터넷 공유 운동'이 유행하기 시작했다. ¹러닝 앱은 자동으로 운동량 순위 차트도 생성할 수 있는데, 이것으로 운동량을 검사하고 측정한다. ³어떤 사람은 매일 만 보를 걸으면 다이어트할 수 있다고 말하는데, 이런 방법이 정말로 효과가 있을까?

걸음마다 0.75m라고 가정하면, 만 보는 바로 7.5km이다. 일반적으로, 성인은 매일 8,000보를 걸을 수 있는데, 만 보의 운동량은 결코 높은 편이 아니다. ²전문가가 말하길, 매일 만 보의 목표는 사람들에게 일상적인 체육 단련을 하라고 일깨워주는 것에는 가치가 있지만, 지나치게 강조해서는 안 된다고 했다. 이 밖에, 이러한 러닝 앱과 스포츠 밴드는 결코 매일 걷는 걸음 수를 정확하게 보여줄 수 없다. 어떤 때는 손이 움직이고 있을 뿐인데 데이터가 갱신될 수도 있어서, 그것은 주로 한 사람의 일상적인 활동 상태만을 검사하고 측정할 수 있을 뿐이다.

只追求数量而不看运动强度，对减肥意义并不大。如果想准确地知道自己到底消耗了多少卡路里，平时可以不用计步软件或运动手环，只在开始跑步的时候使用就可以了。

수량만 추구하고 운동 강도를 보지 않으면, 다이어트에 대한 의미가 절대 크지 않다. 만약 자신이 도대체 칼로리를 얼마나 소모했는지 정확하게 알고 싶다면, 평소 러닝 앱 혹은 스포츠 밴드를 쓸 필요가 없고, 달리기를 시작할 때만 사용하면 된다.

1 关于计步软件，可以知道什么？
  A 能查询食物热量
  B 能检测体脂指数
  C 可提高运动强度
  D 可自动生成排行榜 (✓)

2 专家如何看待每天走一万步的目标？
  A 对减肥很有效
  B 超出人体负荷
  C 能锻炼个人意志
  D 属于日常的体育锻炼 (✓)

3 上文主要谈的是什么？
  A 每日最佳运动量
  B 网上晒运动的利弊
  C 运动手环的新功能
  D 计步软件是否有助于减肥 (✓)

1 러닝 앱에 관하여 무엇을 알 수 있는가?
  A 음식 열량을 조회할 수 있다
  B 체지방 지수를 검사하고 측정할 수 있다
  C 운동 강도를 높일 수 있다
  D 자동으로 순위 차트를 생성할 수 있다 (✓)

2 전문가는 매일 만 보를 걷는 목표를 어떻게 보는가?
  A 다이어트에 효과가 있다
  B 인체 부하를 초과한다
  C 개인 의지를 단련할 수 있다
  D 일상적인 체육 단련에 속한다 (✓)

3 윗글에서 주로 이야기하는 것은 무엇인가?
  A 매일 최적의 운동량
  B 인터넷에 운동의 장단점 공유하기
  C 스포츠 밴드의 새로운 기능
  D 러닝 앱이 다이어트에 도움이 되는가 (✓)

해설

1 녹음 지문의 두 번째 문장 '计步软件还能自动生成运动量排行榜' 부분에서 키워드 '自动生成'과 '排行榜'이 그대로 들립니다. 따라서 정답은 D 可自动生成排行榜입니다.

2 녹음 지문 중간의 '专家表示，每天一万步的目标对于提醒人们进行日常的体育锻炼是有价值的，但不宜过分强调'에서 '日常的体育锻炼' 부분이 선택지 D의 내용과 일치합니다. 따라서 정답은 D 属于日常的体育锻炼입니다.

3 논설문의 주제는 대부분 지문의 서론 부분에서 언급됩니다. 특히 초반에 물음표(?)를 가지고 질문하는 문장은 주제와 밀접한 관련이 있습니다. 보통 지문의 전체 내용이 그 질문에 대한 답을 이야기하고 있기 때문입니다. 녹음의 '有人说每天走一万步就能减肥，这种做法真的有效吗?'에서 '만보 걷기가 다이어트에 효과가 있을까요?'라고 질문을 던지고 있습니다. 이는 바로 지문의 주제가 됩니다. 따라서 정답은 D 计步软件是否有助于减肥입니다.

선택지 단어

◆ 查询 cháxún 동 조회하다, 알아보다 | 食物 shíwù 명 음식(물) | 热量 rèliàng 명 열량 | 检测 jiǎncè 동 검사 측정하다 | 体脂指数 tǐzhī zhǐshù 체지방 지수 | 提高 tígāo 동 높이다 | 运动强度 yùndòng qiángdù 운동 강도 | 排行榜 páihángbǎng 명 순위 차트 | 减肥 jiǎnféi 동 살을 빼다, 다이어트하다 | 有效 yǒuxiào 형 효과가 있다 | 超出 chāochū 동 (일정한 범위를) 초과하다, 넘다 | 负荷 fùhè 명 부하, 하중 | 锻炼 duànliàn 동 단련하다 | 意志 yìzhì 명 의지 | 属于 shǔyú 동 ~에 속하다 | 体育 tǐyù 명 체육, 스포츠 | 最佳 zuìjiā 형 최적이다, 가장 좋다 | 晒 shài 동 햇볕을 쬐다, (인터넷·SNS에) 공유하다 | 利弊 lìbì 명 이로움과 폐단, 장단점 | 运动手环 yùndòng shǒuhuán 스포츠 밴드 | 有助于 yǒuzhùyú 동 ~에 도움이 되다

지문 단어	
	◆ 随着 suízhe 전 ~함에 따라서	计步软件 jìbù ruǎnjiàn 러닝 앱 *计步 동 걸음을 계산하다 *软件 명 소프트웨어, 앱 (=应用软件)	普及 pǔjí 동 보급되다	流行 liúxíng 동 유행하다	运动量 yùndòngliàng 명 운동량	做法 zuòfǎ 명 (하는) 방법
	◆ 假设 jiǎshè 동 가정하다	公里 gōnglǐ 양 킬로미터(km)	一般而言 yìbān'éryán 일반적으로 (말하면)	成年人 chéngniánrén 명 성인	不算 búsuàn 동 ~한 편은 아니다	专家 zhuānjiā 명 전문가	目标 mùbiāo 명 목표	提醒 tíxǐng 동 일깨우다, 알려주다	价值 jiàzhí 명 가치	不宜 bùyí 동 적당하지 않다, ~해서는 안 된다	过分 guòfèn 동 지나치다	强调 qiángdiào 동 강조하다	准确 zhǔnquè 형 확실하다, 정확하다	显示 xiǎnshì 동 (뚜 렷하게) 보여주다	步数 bù shù 걸음수	数据 shùjù 명 데이터	更新 gēngxīn 동 갱신하다, 새롭게 바뀌다	活动 状态 huódòng zhuàngtài 활동 상태
	◆ 追求 zhuīqiú 동 추구하다	数量 shùliàng 명 수량	到底 dàodǐ 부 도대체	消耗 xiāohào 동 소모하다	卡路 里 kǎlùlǐ 양 칼로리(cal)	跑步 pǎobù 동 달리다	看待 kàndài 동 대하다, 보다

② 내공이 쌓이는 시간

듣기 영역에서 안 들리는 단어가 많더라도, 핵심 단어를 중심으로 들으면 정답을 찾는 데 도움이 됩니다. 아래 정답 찾기에 도움이 되는 핵심 단어를 정리했으니, 논설문의 지문이 어떤 방식으로 흘러가는지 파악하는 연습을 해 봅니다.

1 시험에 잘 나오는 핵심 단어 2   🎧 3-12

강조를 나타내는 핵심 단어 뒤에는 앞에서 언급한 내용 중 화자가 가장 중요한 한 가지를 재차 언급할 때 쓰이므로, 문제의 정답으로 출제될 가능성이 높다. 따라서 역접의 의미를 나타내는 단어와 마찬가지로 뒷부분에 중점을 두고 녹음 지문을 들어야 한다.

1) 最+형용사 가장 ~하다

'最+형용사'는 가장 자주 출제되는 구문 중 하나이다. 그 중에서도 '最重要的……' 부분은 절대 놓치지 않고 듣는다.

예문 1

全息商标在外观上独特新奇，有强烈的视觉冲击力，同时容易进行识别验证，**最重要的**是全息商标采用激光全息防伪技术，应用激光进行全息照相，防伪效果非常好。	홀로그램 상표는 외관상 독특하고 신기하며, 강렬한 시각적 충격이 있고, 동시에 식별 및 검증이 쉽다. 가장 중요한 것은 홀로그램 상표가 레이저 홀로그램 위조 방지 기술을 채택한다는 점으로, 레이저를 사용하여 홀로그램 촬영을 하면, 위조 방지 효과가 매우 좋다.

- 全息商标 quánxī shāngbiāo 홀로그램 상표 | 外观 wàiguān 명 외관, 겉모양 | 独特 dútè 형 독특하다 | 新奇 xīnqí 형 신기하다 | 强烈 qiángliè 형 강렬하다 | 视觉冲击力 shìjué chōngjīlì 시각적 충격 | 识别 shíbié 동 식별하다 | 验证 yànzhèng 동 검증하다 | 采用技术 cǎiyòng jìshù 기술을 채택하다 | 激光 jīguāng 명 레이저 | 防伪 fángwěi 동 위조를 방지하다 | 全息照相 quánxī zhàoxiàng 홀로그램 촬영 | 效果 xiàoguǒ 명 효과

예문2

生活中**最不幸的**是：原本你很优秀，但由于你身边缺乏积极进取的人，缺少有远见卓识的人，使你丧失向上的动力，缺乏前进的勇气。	살면서 가장 불행한 것은 원래 당신은 매우 우수한데, 당신 곁에 적극적이고 진취적인 사람이나 멀리 내다보는 탁월한 식견이 있는 사람이 부족하여, 당신이 발전하려는 동력을 상실하고 앞으로 나아가는 용기가 부족하게 만드는 것이다.

- 不幸 búxìng 형 불행하다 | 优秀 yōuxiù 형 우수하다 | 缺乏 quēfá 동 부족하다 | 积极 jījí 형 적극적이다 | 进取 jìnqǔ 형 진취적이다 | 缺少 quēshǎo 동 (사람이) 부족하다 | 远见卓识 yuǎnjiànzhuōshí 성 멀리 내다보는 탁월한 식견 | 丧失动力 sàngshī dònglì 동력을 상실하다 *丧失 동 상실하다, 잃다 | 向上 xiàngshàng 동 향상하다, 발전하다 | 前进 qiánjìn 동 앞으로 나아가다 | 勇气 yǒngqì 명 용기

2) 关键在于…… 핵심은 ~에 있다

'关键'이라는 단어 자체가 '관건', '핵심'이라는 의미이다. 말하고자 하는 핵심 내용을 '关键在于……'의 형태로 말할 수 있다.

예문1

画家的成就并非是画得惟妙惟肖，**关键在于**把观察获得的感悟上升为哲理，用画含蓄地表达出来，引人深思。	화가의 성취는 결코 생동감 있게 그리는 것에 있지 않다. 핵심은 관찰하여 얻은 깨달음을 철학적 이치로 끌어올려, 그림을 이용해 함축적으로 표현하여 깊이 생각하도록 만드는 것에 있다.

- 成就 chéngjiù 명 성취, 성과 | 惟妙惟肖 wéimiào-wéixiào 성 실물처럼 생동감 있게 묘사하다 | 观察 guānchá 동 관찰하다 | 获得 huòdé 동 획득하다, 얻다 | 感悟 gǎnwù 깨달음 | 上升为哲理 shàngshēng wéi zhélǐ 철학적 이치로 끌어올리다 | 含蓄 hánxù 형 함축적이다 | 表达 biǎodá 동 (생각·감정을) 표현하다 | 引人深思 yǐnrénshēnsī 성 깊이 생각하게 하다

예문2

期望能给人勇气，也容易引起沮丧，**关键在于**期望值是否适中。	기대는 사람에게 용기를 주기도 하고, 쉽게 낙담하게도 하는데, 핵심은 기대치가 적당했는지의 여부에 있다.

- 期望 qīwàng 명 기대 | 勇气 yǒngqì 명 용기 | 引起 yǐnqǐ 동 야기하다, 불러일으키다 | 沮丧 jǔsàng 낙담하다 | 期望值 qīwàngzhí 명 기대치 | 适中 shìzhōng 형 (정도가) 알맞다, 적당하다

3) 尤其是(=特别是) (그 중에서도) 특히

'尤其是'는 앞에서 말한 내용을 좀 더 구체적으로 강조할 때 사용한다.

예문 1

仰卧不利于全身充分地放松，**尤其是**腹腔内压力较大时容易使人产生憋得慌的感觉。同时要注意，仰卧时不要将手放在胸部，否则容易做噩梦。	반듯이 눕는 것은 전신이 충분히 이완되는 것에 좋지 않고, 특히 복강 내의 압력이 비교적 클 때 매우 답답한 느낌이 들기 쉽다. 동시에 반듯하게 누울 때는 손을 가슴에 두지 않도록 주의해야 한다. 만약 그렇지 않으면 쉽게 악몽을 꾼다.

◆ 仰卧 yǎngwò 동 반듯이 눕다 | 不利于 búlì yú ~에 불리하다, ~에 좋지 않다 | 充分 chōngfèn 형 충분하다 | 放松 fàngsōng 동 느슨하게 하다, 이완되다 | 腹腔 fùqiāng 명 복강 | 产生感觉 chǎnshēng gǎnjué 느낌이 들다 | 憋得慌 biēdehuāng 매우 답답하다 *憋 숨막히다, 답답하다 | 注意 zhùyì 동 주의하다 | 胸部 xiōngbù 명 흉부, 가슴 | 否则 fǒuzé 접 만약 그렇지 않으면 | 做噩梦 zuò èmèng 악몽을 꾸다

예문 2

西方国家之间的翻译基本上可以用对等译论，而中西互译，**尤其是**文学翻译，就要用优化译论。	서양 국가 간의 번역은 기본적으로 대등한 번역론을 사용할 수 있지만, 중국과 서양 간의 상호 번역, 특히 문학 번역의 경우에는 최적화된 번역론을 사용해야 한다.

◆ 翻译 fānyì 동 번역하다 | 基本上 jīběnshàng 부 기본적으로, 대체로 | 对等 duìděng 형 대등하다 | 译论 yìlùn 명 번역론 | 互译 hùyì 동 대역(對譯)하다, 상호 번역하다 | 优化 yōuhuà 동 최적화하다

4) 就是(=正是) 바로 ~이다

'就是'는 단어나 문장을 강조할 때 사용하므로, 뒤에 들리는 단어나 문장이 중요하다.

예문 1

有些商标有彩色的闪光，在不同的视角下图案和颜色会发生变化，这**就是**所谓的全息商标。	일부 상표에는 컬러의 반짝임이 있어, 서로 다른 시각에서 도안과 색깔에 변화가 생기는데, 이것이 바로 홀로그램 상표라는 것이다.

◆ 商标 shāngbiāo 명 상표 | 彩色 cǎisè 명 채색, 컬러 | 闪光 shǎnguāng 명 섬광, 반짝임 | 视角 shìjiǎo 명 시각 | 图案 tú'àn 명 도안 | 发生变化 fāshēng biànhuà 변화가 생기다 | 所谓 suǒwèi 형 ~라는 것은, ~란 | 全息 quánxī 명 홀로그램

예문 2

彩色的云通常包括虹彩云和火烧云，虹彩云**就是**人们俗称的七彩祥云，多山地区最容易出现。	채색 구름은 보통 무지개 구름과 붉은 노을을 포함하는데, 무지개 구름은 바로 사람들이 보통 부르는 칠채 상운으로, 산이 많은 지역에 가장 쉽게 출현한다.

◆ 彩色 cǎisè 명 채색 | 通常 tōngcháng 부 통상적으로, 보통 | 包括 bāokuò 동 포괄하다, 포함하다 | 虹彩云 hóngcǎiyún 명 무지개 구름 | 火烧云 huǒshāoyún 명 (아침·저녁의) 붉은 노을 | 俗称 súchēng 동 속칭하다, 세간에서 (보통) 부르다 | 七彩祥云 qīcǎi xiángyún 칠채 상운 | *祥云 상운, 상서로운 구름 | 多山地区 duō shān dìqū 산이 많은 지역

2 논설문 흐름 파악하기

🎧 3-13

논설문의 서론은 설명문과 비슷하다. 서론에서 핵심 단어의 정의 또는 글의 주제를 알려준다. 본론에서는 전달하고자 하는 지식을 전달하고, 마지막 결론에서 작가의 견해를 넣어서 글을 마무리한다.

문제

┌→ 공동구매의 정의
　　团购就是消费者联合起来增强与商家的谈判能力，以求得最优价格的一种购物方式。

　　近年来，团购这个词越来越吃香：购房要团购、装潢要团购、手机要团购、服装要团购，甚至买零食都要团购。早年的团购还只是限于同一个企业或者单位的人，¹随着互联网的发展，团购的参加者更多的是素不相识的陌生人，大家通过购物会友，交流消费信息和购物心得。→ 서론 현재와 이전의 공동구매 비교

　　²是什么原因促使大家参加团购呢？首先，对折扣的期望值是首要因素，根据薄利多销、量大价优的原理，商家可以给出低于零售价格的团购折扣，提供单独购买得不到的优质服务。其次，参加者还希望通过集体行动，能对商品的质量、观感等有更多的了解，以确定自己的决定是否正确，³这里面包含着一种"从众"心态。→ 본론 공동구매 활성화의 원인
　　　　　　첫 번째 원인: 首先……, 두 번째 원인: 其次……

　　团购作为一种新型的电子商务，虽然还不是主流的消费模式，但它所具有的爆发力已经逐渐显露了出来。现在团购的主要方式是网络团购，⁴在团购的疯狂浪潮中，你不是孤军奋战，这支队伍正在日益壮大。
→ 결론 공동구매의 현재 상황 및 발전 가능성
　　(=团购在中国的发展趋势)

공동구매는 바로 소비자들이 연합하여 판매자와의 협상 능력을 높이고, 그렇게 해서 가장 좋은 가격을 찾는 구매 방식이다.

최근 몇 년간, 공동구매란 말은 갈수록 인기가 있다. 집을 살 때, 인테리어할 때, 핸드폰·의류·심지어·간식을 살 때도 공동구매를 하려고 한다. 이전의 공동구매는 오직 같은 회사나 부서의 사람에게 한정되었지만, ¹인터넷이 발전하면서 공동구매 참가자의 더 많은 이들이 평소 서로 알지 못하는 낯선 사람들이고, 모두 물건 구매를 통해 친구가 되어 소비 정보와 구매 소감을 교류한다.

²어떤 이유로 사람들이 공동구매에 참가하게 되었을까? 먼저, 할인에 대한 기대치가 주요 원인이다. 박리다매, 양이 많아지면 가격이 저렴해지는 원리에 따라, 판매자들은 소매 가격보다 낮은 공동구매 할인을 제시하고, 홀로 구매 시 얻지 못하는 양질의 서비스를 제공할 수 있다. 다음으로, 참가자는 또한 단체 행동을 통해서 상품의 품질과 감상 등에 대해 더 많이 이해할 수 있길 바라고, 그렇게 해서 자신의 결정이 옳은지 아닌지를 확인하는데, ³여기에는 '군중' 심리 상태가 포함되어 있다.

공동구매는 신형 전자 상거래로서, 비록 아직 주된 소비 패턴은 아니지만, 그것이 가지고 있는 폭발력은 이미 점차 드러나고 있다. 현재 공동구매의 주요 방식은 인터넷 공동구매이며, ⁴공동구매의 열풍 속에서, 당신은 고군분투하는 것이 아니고, 이 팀(공동구매팀)은 날로 강대해지고 있다.

1 现在的团购有什么新特征？ 答案：参与者大多彼此不认识	1 현재의 공동구매는 어떤 새로운 특징이 있는가? 정답: 참가자는 대부분 서로 모른다
2 下列哪项是人们参加团购的主要原因？ 答案：价格优惠	2 다음 중 사람들이 공동구매에 참가하는 주요 원인은? 정답: 가격 할인
3 团购反映了一种什么心理？ 答案：从众	3 공동구매는 어떤 심리를 반영했는가? 정답: 대중을 따르다
4 说话人对团购是什么看法？ 答案：有发展潜力	4 화자는 공동구매에 대해 어떤 견해인가? 정답: 발전 잠재력이 있다

해설 지문의 첫 문장에서 '团购(공동구매)'의 정의가 무엇인지 말하고 있습니다. 그리고 '早年的团购'와 '随着互联网的发展'을 통해, 시대의 흐름에 따라 공동구매를 비교하며 전개하고 있습니다. 본론은 공동구매가 발달하는 이유에 대해 질문하면서, 그에 대한 답을 크게 두 가지로 나누어 설명했습니다. '首先……, 其次……' 구문을 주의해서 들으면, 글의 전체 흐름을 쉽게 이해할 수 있습니다. 마지막으로 공동구매의 현재 상황과 앞으로의 발전 가능성에 대해 개인의 견해를 언급하며 마무리했습니다.

단어
- 团购 tuángòu 동 공동구매를 하다 | 消费者 xiāofèizhě 명 소비자 | 联合 liánhé 동 연합하다 | 增强能力 zēngqiáng nénglì 능력을 높이다 *增强 동 강화하다, 높이다 | 商家 shāngjiā 명 판매자 | 谈判 tánpàn 동 담판하다, 협상하다 | 以 yǐ 접 ~하기 위해서, 그렇게 해서 | 求得 qiúdé 동 구하다[이 지문에서는 '(가격을) 찾다'라는 의미로 쓰임] | 最优价格 zuì yōu jiàgé 가장 좋은 가격 *优 형 좋다, 우수하다 | 购物 gòuwù 동 (물건을) 구매하다, 쇼핑하다
- 近年来 jìnniánlái 최근 몇 년간 | 吃香 chīxiāng 형 환영을 받다, 인기가 있다 | 购房 gòufáng 동 집을 사다 | 装潢 zhuānghuáng 동 (물건·집을) 장식하다, 인테리어하다 | 服装 fúzhuāng 명 복장, 의류 | 甚至 shènzhì 접 심지어 | 零食 língshí 명 간식 | 早年 zǎonián 명 이전 | 限于 xiànyú 동 (어떤 범위로) 한정되다 | 企业 qǐyè 명 기업, 회사 | 随着 suízhe 전 ~함에 따라서 | 互联网 hùliánwǎng 명 인터넷 | 发展 fāzhǎn 동 발전하다 | 参加者 cānjiāzhě 명 참가자(=参与者 cānyǔzhě) | 素不相识 sùbùxiāngshí 성 평소에 서로 알지 못하다, 전혀 안면이 없다 | 陌生人 mòshēngrén 낯선 사람 | 通过 tōngguò 전 ~을 통해서 | 会友 huìyǒu 동 친구를 사귀다, 친구가 되다 | 交流 jiāoliú 동 교류하다 | 消费信息 xiāofèi xìnxī 소비 정보 | 购物心得 gòuwù xīndé 구매 소감
- 促使 cùshǐ 동 ~하도록 (재촉)하다 | 首先 shǒuxiān 대 첫째(로), 먼저 | 折扣 zhékòu 명 할인 | 期望值 qīwàngzhí 명 기대치 | 首要 shǒuyào 형 가장 중요하다, 주요한 | 因素 yīnsù 명 요소, 원인 | 根据 gēnjù 전 ~에 근거하여, ~에 따라 | 薄利多销 bólì-duōxiāo 성 박리다매[이익을 적게 보고 많이 파는 것] | 量大价优 liàng dà jià yōu 양이 많아지면 가격이 저렴해지다 | 原理 yuánlǐ 명 원리 | 给出折扣 gěichū zhékòu 할인을 제시하다 | 零售 língshòu 명 소매 ↔ 批发 pīfā 명 도매 | 提供服务 tígōng fúwù 서비스를 제공하다 | 单独 dāndú 부 단독으로, 혼자서 | 购买 gòumǎi 동 구매하다 | 优质 yōuzhì 형 양질의 | 其次 qícì 대 둘째(로), 그 다음 | 希望 xīwàng 동 희망하다, 바라다 | 集体行动 jítǐ xíngdòng 단체행동 | 商品 shāngpǐn 명 상품 | 质量 zhìliàng 명 품질 | 观感 guāngǎn 명 보고 느낀 점, 감상 | 了解 liǎojiě 동 (자세하게 잘) 알다, 이해하다 | 确定 quèdìng 동 확정하다, 확인하다 | 决定 juédìng 명 결정 | 包含 bāohán 동 포함하다 | 从众心态 cóngzhòng xīntài 군중 심리 상태 *从众 명 군중, 대중에 따르다
- 作为 zuòwéi 전 ~(자격·신분)으로서 | 新型 xīnxíng 형 신형의 | 电子商务 diànzǐ shāngwù 명 전자 상거래 | 主流 zhǔliú 명 주류, 주된 경향 | 消费模式 xiāofèi móshì 소비 패턴 | 具有 jùyǒu 동 가지고 있다 | 爆发力 bàofālì 명 폭발력 | 逐渐 zhújiàn 부 점점, 점차 | 显露 xiǎnlù 동 나타나다, 드러나다 | 网络 wǎngluò 명 인터넷 | 疯狂浪潮 fēngkuáng làngcháo 광란의 물결, 열풍 | 孤军奋战 gūjūnfènzhàn 성 고군분투하다 | 队伍 duìwu 명 대오, 팀 | 日益 rìyì 부 날로, 나날이 | 壮大 zhuàngdà 동 강대해지다 | 特征 tèzhēng 명 특징 | 大多 dàduō 부 대부분 | 彼此 bǐcǐ 대 서로 | 优惠 yōuhuì 형 특혜의, 우대의, 할인의 | 反映 fǎnyìng 동 반영하다 | 潜力 qiánlì 명 잠재력

실력 확인하기　듣기 | 제3부분

⏱ 8분　● Day 14

녹음 속 질문에 알맞은 답을 고르세요. 🎧 3-14

1. A 表情严肃
   B 耳朵有耳洞
   C 嘴巴特别小
   D 眼睛和鼻子中空

2. A 碎成几块
   B 腐蚀严重
   C 有一角翘起
   D 像个金疙瘩

3. A 遮盖疤痕
   B 皇帝日常佩戴
   C 战争时用来防御
   D 贴附在其他器物上

4. A 喉咙疼
   B 草料不新鲜
   C 误将盐当佳肴
   D 想让主人加餐

5. A 要看眼色做事
   B 调味剂不可缺少
   C 要明确真正的需求
   D 好东西不需要节制

6. A 多赞美对方
   B 把握好尺度
   C 不计较得失
   D 多体谅别人

7. A 画面清晰
   B 颜色更艳丽
   C 摄像头受损
   D 手机不能使用

8. A 能量低
   B 亮度更高
   C 光线不集中
   D 方向四处发散

9. A 喜欢强光
   B 比较昂贵
   C 不容易受损
   D 对光非常敏感

10. A 激光让皮肤受损
    B 用手机拍摄更清楚
    C 演唱会允许手机拍摄
    D 激光可以提高观众视觉效果

정답 및 해설 ▶ 383쪽

듣기 听力

제2부분

문제 유형과 전략

듣기 제2부분은 남녀의 인터뷰를 듣고 질문에 알맞은 답을 고르면 된다. 총 3개의 인터뷰 녹음이 나오고, 인터뷰 1개당 5문제가 출제된다. 인터뷰는 남녀가 번갈아 대화하며, 4~6세트로 구성된다. 문제는 16번에서 30번까지 총 15문제가 출제되며, 배점은 한 문제당 2점이다. 듣기 영역의 1차 목표 점수를 70점으로 잡았을 때, 듣기 제2부분은 10문제를 맞히면 된다. 듣기 제2부분의 인터뷰 내용은 길고 어려우니 문제를 틀려도 된다는 마음으로 편하게 풀어 본다. 자신 있는 문제 위주로 정답을 맞혀 나간다.

이렇게 **풀어봐요**

1. **녹음 내용이 들리기 전에 선택지를 미리 본다.** 문제와 문제 사이 약 13초가 주어진다. 듣기 제1부분의 12번~15번 문제를 풀면서, 문제 사이의 13초 동안 듣기 제2부분 첫 문제의 선택지(16-20번)를 빠르게 훑어 봐야 한다. 선택지 단어를 통해 게스트의 신분을 유추하며, 인터뷰 내용을 미리 유추할 수 있다.

2. **대화별 진행자의 질문과 게스트의 답변에 집중한다.** 진행자의 질문이 곧 실제 문제인 경우가 대부분이며, 게스트의 답변에서 정답이 들리므로 들리는 단어 위주로 정답을 선택하면서 녹음을 듣는다. 대화가 다 끝나고 질문을 들으면서 미리 고른 정답이 맞는지만 체크한다.

3. **문제와 문제 사이 약 13초를 활용한다.** 인터뷰 녹음이 끝나고 16번~20번의 질문이 들리면 미리 선택한 답이 맞는지 빠르게 점검한 후, 주어지는 13초 동안 그 다음 지문인 21번~25번의 선택지를 빠르게 파악한다.

공략법 01 진행자의 질문이 곧 문제의 질문이다

듣기 | 제2부분

Day 15

인터뷰 문제에서는 진행자의 질문이 곧 문제의 질문이고, 게스트(인터뷰 대상자)의 답변 속에 정답이 있습니다. 대화 1세트당 보통 1문제가 출제되고, 게스트의 답변이 길면 2문제가 출제될 때도 있습니다. 문제는 대부분 인터뷰 진행 순서대로 첫 번째 문제부터 다섯 번째 문제까지 차례대로 풀리는데, 문제 순서가 뒤바뀌어 출제되기도 합니다. 간혹 진행자의 질문 속에서 정답을 찾을 수도 있으니, 끝까지 집중하면서 들어 봅니다.

1 문제가 보이는 시간

▶ 실제 시험은 인터뷰 1개당 5문제가 출제되지만, 예제에서는 학습의 편의를 위해 2~3문제만 준비했습니다. 🎧 4-01

예제 1

1. A 成本低　　　　　　　B 能交流情感
   C 能缓解压力　　　　　D 素材来源广泛

2. A 搞笑　　　　　　　　B 情节紧凑
   C 剧情饱含情感　　　　D 背景故事打动人心

3. A 逗观众发笑　　　　　B 找到好的主题
   C 物色合适的演员　　　D 在悲剧中融入喜剧

> **Tip** 선택지에 '情节', '剧情', '观众', '演员', '悲剧', '喜剧' 등의 키워드가 있어서, 게스트는 연극이나 영화와 관련된 배우나 감독임을 유추할 수 있습니다.

정답 및 해석

第1到3题是根据下面一段采访：

대화①

女：非常感谢您接受我们的采访。在您的职业生涯中，喜剧片占据了绝大多数。请问您为什么选择喜剧这一影片类型？

男：因为我认为它是一种很好的交流情感的方式。无论什么主题，我都会问自己，如果用喜剧来表现会是什么效果，而且生活中时时刻刻都充满幽默，哪怕是在最沉重的时刻。

1~3번 문제는 다음 인터뷰에 근거한다

대화①

여: 저희 인터뷰에 응해 주신 것에 매우 감사드립니다. 당신의 커리어 중에 코미디 영화가 대다수를 차지했어요. 실례지만 당신은 어째서 코미디라는 이 영화 유형을 선택했나요?

남: 저는 그것이 감정을 교류하는 좋은 방식이라고 여겼기 때문이에요. 어떤 테마든 관계없이 저는 스스로에게 묻거든요, 만약 코미디로 보여준다면 어떤 효과일지, 게다가 생활 속에서 항상 유머가 넘치는지를요. 설령 가장 우울한 순간일지라도 말이죠.

대화②

女：在您看来评价一部喜剧片成功的标准有哪些？

男：²⁻ᴬ首先就是要搞笑，能让观众发笑。²⁻ᴰ其次，必须有能感动人心的背景故事。²⁻ᶜ此外，故事之外最好再加上一些有情感的剧情。这样的情感很难找到，不过一旦找到，电影拍出来的效果就会很好。

대화③

女：一些喜剧电影人常说，³逗观众发笑是最难的，您是否认同这样的观点？

男：我完全同意。我也不是每次都能做到让观众发笑，这是一件很奇妙的事情。因为我发现有时我认为某个笑点很一般，但效果却特别好；而有些我认为非常搞笑的笑点，观众却反应平平。所以我完全同意导演们所说的，观众能否对笑点产生共鸣是个神秘的未知。观众笑了，那就行了。

1 男的为什么选择拍摄喜剧电影？
  A 成本低
  B 能交流情感（✓）
  C 能缓解压力
  D 素材来源广泛

2 下列哪项不是评价一部喜剧片成功的标准？
  A 搞笑
  B 情节紧凑（✓）
  C 剧情饱含情感
  D 背景故事打动人心

3 对于喜剧电影导演来说，最难的是什么？
  A 逗观众发笑（✓）
  B 找到好的主题
  C 物色合适的演员
  D 在悲剧中融入喜剧

대화②

여: 당신이 보기에 코미디 영화가 성공적이라고 평가하는 기준에는 어떤 게 있나요?

남: ²⁻ᴬ먼저 웃겨야 하죠. 즉, 관객을 웃길 수 있는가 하는 점입니다. ²⁻ᴰ그다음은 반드시 사람의 마음을 감동하게 할 수 있는 백스토리가 있어야 하죠. ²⁻ᶜ이 밖에도 스토리 외에, 감정이 있는 줄거리를 좀 더 더하는 것이 가장 좋습니다. 이런 감정은 찾기 어려워요. 하지만 일단 찾으면 영화를 찍는 효과가 좋을 거예요.

대화③

여: 일부 코미디 영화인이 항상 말하죠. ³관객의 웃음을 자아내는 것이 가장 어렵다고요. 당신은 이런 관점을 인정하나요?

남: 전적으로 동의합니다. 저도 매번 관객을 웃게 만들 수 있는 건 아니거든요. 이건 신기한 일이에요. 때때로 저는 어떤 웃음 포인트가 보통이라고 봤는데 효과가 아주 좋았고, 또 어떤 것들은 제가 매우 웃긴 웃음 포인트라고 봤는데 관중은 반응이 평범한 걸 발견했기 때문이에요. 그래서 저는 감독들이 말한 것에 전적으로 동의해요. 관객이 웃음 포인트에 대해 공감이 생길 수 있는지는 신비로운 미지예요. 관객이 웃었다, 그럼 된 거죠.

1 남자는 왜 코미디 영화를 찍기로 선택했는가?
  A 비용이 낮아서
  B 감정을 교류할 수 있어서（✓）
  C 스트레스를 풀 수 있어서
  D 소재의 출처가 폭넓어서

2 다음 중 코미디 영화가 성공적이라고 평가하는 기준이 아닌 것은?
  A 웃기다
  B 구성이 촘촘하다（✓）
  C 줄거리에 감정이 충만하다
  D 백스토리가 사람의 마음을 감동시킨다

3 코미디 영화 감독에게 있어서, 가장 어려운 것은 무엇인가?
  A 관객의 웃음을 자아낸다（✓）
  B 좋은 테마를 찾는다
  C 적합한 배우를 물색한다
  D 비극 속에 코미디를 녹여 낸다

| 해설 | 1 녹음 속 대화①에서 진행자의 질문이 '请问您为什么选择喜剧这一影片类型?'이었으며, 이는 1번 문제의 질문과 거의 유사합니다. 코미디 영화를 왜 찍기로 했는지 물어봤는데, 이에 게스트는 '因为我认为它是一种很好的交流情感的方式'라고 했으므로 '감정을 교류할 수 있기 때문에'라는 것을 알 수 있습니다. 따라서 정답은 B 能交流情感입니다. |

2 녹음 속 대화②에서 진행자가 '在您看来评价一部喜剧片成功的标准有哪些?'라는 질문을 했으므로, 성공의 기준에 집중하여 듣습니다. 이에 게스트가 '首先…, 其次…, 此外…'라고 답하며 성공의 기준을 여러 개 언급했는데, 선택지에 맞는 문항이 연달아 3개가 들립니다. 이때는 성공의 기준이 아닌 것을 고르면 됩니다. 실제 질문도 성공의 기준이 아닌 것을 물어봤으므로 정답은 B 情节紧凑입니다.

3 녹음 속 대화③에서 진행자가 '逗观众发笑是最难的'라고 하며 게스트에게 동의하는지 물었고, 게스트는 '我完全同意'라고 대답했습니다. 따라서 정답은 A 逗观众发笑입니다. 이처럼 진행자의 질문 속에서도 정답이 나올 수 있습니다.

| 선택지 단어 | ◆ 成本 chéngběn 명 원가, 비용 | 交流情感 jiāoliú qínggǎn 감정을 교류하다 | 缓解压力 huǎnjiě yālì 스트레스를 풀다 | 素材 sùcái 명 (문학·예술의) 소재 | 来源 láiyuán 명 (사물의) 출처 | 广泛 guǎngfàn 형 광범위하다, 폭넓다 | 搞笑 gǎoxiào 동 웃기다 | 情节紧凑 qíngjié jǐncòu (스토리) 구성이 촘촘하다 | 剧情 jùqíng 명 (연극·영화 등의) 플롯, 줄거리 | 饱含 bǎohán 동 충만하다, 가득 차다 | 背景故事 bèijǐng gùshi (영화·소설 등의) 배경이 되는 이야기, 백스토리(backstory) | 打动人心 dǎdòng rénxīn 사람의 마음을 감동시키다 | 逗…发笑 dòu……fāxiào ~의 웃음을 자아내다 *发笑 동 웃다, 웃기다 | 观众 guānzhòng 명 관중, 관객, 시청자 | 主题 zhǔtí 명 주제, 테마 | 物色演员 wùsè yǎnyuán 배우를 물색하다 | 悲剧 bēijù 명 비극 | 融入 róngrù 동 녹여내다 *融 동 (얼음·눈이) 녹다 | 喜剧片 xǐjùpiàn 명 코미디 영화 *喜剧 명 희극, 코미디 |

| 지문 단어 | ◆ 感谢 gǎnxiè 동 감사하다 | 接受采访 jiēshòu cǎifǎng 인터뷰에 응하다 | 职业生涯 zhíyè shēngyá 직업 생애, 커리어 | 占据 zhànjù 동 점거하다, 차지하다 | 绝大多数 juédà duōshù 대다수, 절대다수 | 影片 yǐngpiàn 명 영화 | 类型 lèixíng 명 유형 | 效果 xiàoguǒ 명 효과 | 时时刻刻 shíshíkèkè 부 시시각각, 항상 *时刻 명 시각, 순간 | 幽默 yōumò 명 유머 *充满幽默 유머가 넘치다 | 沉重 chénzhòng 형 (마음이) 무겁다, 우울하다 |

◆ 评价 píngjià 동 평가하다 | 标准 biāozhǔn 명 표준, 기준 | 首先 shǒuxiān 대 첫째(로), 먼저 | 其次 qícì 대 둘째(로), 그 다음 | 必须 bìxū 부 반드시 ~해야 한다 | 感动 gǎndòng 동 감동하다, 감동시키다 | 最好 zuìhǎo 부 ~하는 것이 가장 좋다 | 加上 jiāshang 동 더하다, 첨가하다

◆ 认同观点 rèntóng guāndiǎn 관점을 인정하다 | 奇妙 qímiào 형 기묘하다, 신기하다 | 发现 fāxiàn 동 발견하다, 알아차리다 | 笑点 xiàodiǎn 웃음 포인트 | 反应平平 fǎnyìng píngpíng 반응이 평범하다 | 导演 dǎoyǎn 명 연출자, 감독 | 产生共鸣 chǎnshēng gòngmíng 공감이 생기다 | 神秘 shénmì 형 신비하다, 신비롭다 | 未知 wèizhī 명 미지[아직 알지 못함] | 拍摄 pāishè 동 촬영하다, 찍다 |

🎧 4-02

예제 2

1 A 是一种盲目的行为   B 是回归传统的方式
   C 是对文化最好的传承   D 需要巨大的资金投入

2 A 能增长见识   B 不断迎接挑战
   C 有些脱离现实   D 责任感逐渐增强

3 A 加快翻新频率   B 制定维修计划
   C 不必追求完整性   D 要营造历史沧桑感

> **Tip:** 선택지에 '传统'·'文化'·'历史沧桑' 등의 키워드가 있어서, 게스트는 전통문화나 문화재를 연구하는 전문가임을 유추할 수 있습니다. 매 시험에서 중국 전통과 관련된 인터뷰는 1개 이상 출제됩니다.

정답 및 해석

第1到3题是根据下面一段采访：

대화①

女：这几年，古宅收藏开始热门起来，您怎么看这种现象？

男：¹**这是一种回归传统的潮流**。古宅具有深刻的历史性和文化性。别墅是"富"，古宅是"贵"，贵在文化内涵。有些人通过收藏古宅来涵养心胸，追求情怀。

대화②

女：收藏古宅是一种怎样的体验？

男：²**这是一个学习增长见识的过程**，也是享受的过程。每座古宅都有很多历史信息，我是边学边收屋，目前已经收藏了三十多间古屋。现在我去到一些烂屋烂村，看过之后就大概知道它们修好后是什么样子，因为我已经了解了所有修复的过程。

대화③

女：古宅的修护和保养需要注意什么？

男：³**一方面应该制定一个保养翻新计划**，像砖木结构的古宅一般十年一小修，三十年一大修。日常维护得好，一般不会有什么大问题。另一方面，缺失的东西尽量补上去，能找到原件最好。古宅的价值就在于真实性和完整性，古宅最好能保持最初的模样。但是对于普通民居来说，保持健康的状态最重要，不用刻意制造沧桑感。

1 男的怎么看待古宅收藏现象？
   A 是一种盲目的行为
   B 是回归传统的方式（✓）
   C 是对文化最好的传承
   D 需要巨大的资金投入

1~3번 문제는 다음 인터뷰에 근거한다

대화①

여: 몇 년 동안, 고가옥 수집이 인기를 끌기 시작했는데, 당신은 이런 현상을 어떻게 보시나요?

남: ¹**이것은 전통으로 회귀하는 흐름입니다**. 고가옥은 깊은 역사성과 문화성이 있습니다. 별장은 부유한 것이고 고가옥은 귀한 것으로, 문화적 의미가 중요해요. 어떤 사람들은 고가옥 수집을 통해서 마음을 수양하고, 감정을 추구합니다.

대화②

여: 고가옥 수집은 어떤 체험인가요?

남: ²**이건 배워서 견문을 넓히는 과정이고**, 즐기는 과정이기도 합니다. 모든 고가옥은 다 많은 역사적인 정보가 있어서, 저는 배우면서 집을 수집했어요. 현재는 이미 30여 채의 고가옥을 수집했습니다. 현재 저는 낡은 집이나 낡은 마을에 가면, 보고 난 후에 그것들이 잘 수리된 후에 어떤 모습일지 대충 알게 됐어요, 왜냐하면 전 이미 모든 복원 과정을 알기 때문입니다.

대화③

여: 고가옥의 유지와 보수는 무엇에 주의해야 하나요?

남: ³**한편으로 보수 리모델링 계획을 세워야 하죠**. 벽돌과 목재 구조의 고가옥은 일반적으로 10년에 한 번은 조금 수리하고, 30년에 한 번은 많이 수리합니다. 평소에 유지 보수를 잘하면, 보통은 어떤 큰 문제가 있진 않을 겁니다. 다른 한편으로, 부족한 물건은 최대한 보충해 넣고, 원재료를 찾을 수 있으면 가장 좋습니다. 고가옥의 가치는 진실성과 완전성에 있어서, 고가옥은 처음의 모습을 유지하는 것이 가장 좋아요. 하지만 일반 민가의 입장에서는 정상적인 상태를 유지하는 것이 가장 중요하지, 애써서 파란만장함을 만들 필요는 없습니다.

1 남자는 고가옥 수집 현상을 어떻게 보는가?
   A 맹목적인 행동이다
   B 전통으로 회귀하는 방식이다 (✓)
   C 문화에 대한 가장 좋은 전승이다
   D 막대한 자금 투입이 필요하다

2	收藏古宅对于男的来说，是一种怎样的体验？	2	고가옥 수집은 남자한테 있어서 어떤 체험인가？
	A 能增长见识 (✓)		A 견문을 넓힐 수 있다 (✓)
	B 不断迎接挑战		B 끊임없이 도전을 맞이한다
	C 有些脱离现实		C 현실을 조금 벗어난다
	D 责任感逐渐增强		D 책임감이 점차 높아진다
3	男的认为古宅修护需注意什么？	3	남자는 고가옥 수리는 무엇을 주의해야 한다고 여기는가？
	A 加快翻新频率		A 리모델링 빈도를 높인다
	B 制定维修计划 (✓)		B 유지보수 계획을 세운다 (✓)
	C 不必追求完整性		C 완전성을 추구할 필요는 없다
	D 要营造历史沧桑感		D 역사의 파란만장함을 만들어야 한다

해설

1 녹음 속 대화①에서 진행자의 질문이 곧 1번 문제의 질문이며, 게스트의 대답이 정답입니다. 진행자는 '古宅收藏开始热门起来，您怎么看这种现象？'라며, 고가옥 수집이 인기를 끌기 시작한 현상에 대해 어떻게 생각하는지 물어봤고, 이에 게스트는 '这是一种回归传统的潮流'라며, 전통으로 회귀하는 흐름이라고 답했습니다. 따라서 정답은 B 是回归传统的方式입니다.

2 녹음 속 대화②에서 진행자의 질문이 곧 2번 문제의 질문이며, 게스트의 대답이 정답입니다. 진행자는 '收藏古宅是一种怎样的体验？'라며 고가옥을 수집하는 것은 어떤 체험인지 물어봤고, 이에 게스트는 '这是一个学习增长见识的过程'이라며 배워서 견문을 넓히는 과정이라고 답했습니다. 따라서 정답은 A 能增长见识입니다.

3 녹음 속 대화③에서 진행자의 질문이 곧 3번 문제의 질문이며, 게스트의 대답이 정답입니다. 진행자는 '古宅的修护和保养需要注意什么？'라며 고가옥의 수리 보수에 주의할 점이 무엇인지 물어봤고, 이에 게스트는 '一方面应该制定一个保养翻新计划'이라며 보수 리모델링 계획을 세워야 한다고 답했습니다. 따라서 정답은 B 制定维修计划입니다.

선택지 단어

◆ 盲目 mángmù 형 맹목적인 | 回归传统 huíguī chuántǒng 전통으로 회귀하다 | 传承 chuánchéng 동 (문화를) 전승하다 | 需要 xūyào 동 필요하다, 요구되다 조동 ~해야 한다(=需) | 资金投入 zījīn tóurù 자금 투입 *投入 동 (자금 등을) 투입하다 | 增长见识 zēngzhǎng jiànshi 견문을 넓히다 | 不断 búduàn 부 부단히, 끊임없이 | 迎接挑战 yíngjiē tiǎozhàn 도전을 맞이하다 | 脱离现实 tuōlí xiànshí 현실을 벗어나다 | 责任感 zérèngǎn 명 책임감 | 逐渐 zhújiàn 부 점점, 점차 | 增强 zēngqiáng 동 (의식·책임감이) 높아지다 | 加快频率 jiākuài pínlǜ 빈도를 높이다 *加快 동 빠르게 하다, 높이다 | 翻新 fānxīn 동 (낡은 옷·집을) 새것으로 개조하다, 리모델링하다 | 制定计划 zhìdìng jìhuà 계획을 세우다 | 维修 wéixiū 동 수리하다, 유지보수하다 *修 동 수리하다 | 完整性 wánzhěngxìng 명 완전성 | 营造 yíngzào 동 (분위기·기풍을) 만들다, 조성하다 | 沧桑感 cāngsānggǎn 명 파란만장함, 변천한 느낌

지문 단어

◆ 古宅 gǔzhái 명 (지은 지 오래된) 고가옥(=古屋 gǔwū) | 收藏 shōucáng 동 소장하다, 수집하다 | 热门 rèmén 동 인기를 끌다 | 现象 xiànxiàng 명 현상 | 潮流 cháoliú 명 (시대의) 흐름, 추세, 트렌드 | 具有 jùyǒu 동 있다, 가지다 | 别墅 biéshù 명 별장 | 贵在 guìzài 중요한 것은 ~에 있다, ~이 중요하다 | 文化内涵 wénhuà nèihán 문화적 의미 *内涵 명 (언어에 담긴) 내용, 의미 | 通过 tōngguò 전 ~을 통해서 | 涵养心胸 hányǎng xīnxiōng 마음을 수양하다 | 追求情怀 zhuīqiú qínghuái 감정을 추구하다

◆ 体验 tǐyàn 명 체험 | 享受 xiǎngshòu 동 누리다, 향유하다, 즐기다 | 收屋 shōu wū 집을 수집하다 [이 단어의 '收'는 '收藏 shōucáng'의 의미로 쓰임] | 间 jiān 양 칸(방이나 규모가 작은 집을 셀 때 쓰임) | 烂屋烂村 làn wū làn cūn 낡은 집과 마을 *烂 형 ① 썩다, 부패하다 ② 낡다 | 大概 dàgài 부 대략, 아마도, 대충 | 样子 yàngzi 명 모양, 모습 | 了解 liǎojiě 동 (자세하게 잘) 알다, 이해하다 | 修复 xiūfù 동 (수리하여) 복원하다 | 过程 guòchéng 명 과정

◆ 修护 xiūhù 동 수리하다 | 保养 bǎoyǎng 동 보수하다, 손질하다 | 砖木结构 zhuānmù jiégòu (벽돌과 목재가 혼합된) 전목 구조 | 维护 wéihù 동 유지 보수하다 | 缺失 quēshī 동 부족하다 | 尽量 jǐnliàng 부 가능한 한, 최대한 | 补 bǔ 동 보수하다 | 原件 yuánjiàn 명 원래의 것, 원본 | 完整性 wánzhěngxìng 명 완전성 | 保持 bǎochí 동 (지속적으로) 유지하다 *保持模样 bǎochí múyàng 모양(모습)을 유지하다 *保持状态 bǎochí zhuàngtài 상태를 유지하다 | 普通民居 pǔtōng mínjū 일반 민가 | 健康 jiànkāng 형 (사물이)정상이다 | 刻意 kèyì 부 애써서, 힘껏 | 制造 zhìzào 동 제조하다, 만들다 | 看待 kàndài 동 대하다, 보다

2 내공이 쌓이는 시간

출제 포인트 두 가지를 기억합니다. 먼저, 진행자의 질문이 곧 문제이고, 게스트의 답변이 그대로 선택지 정답으로 출제되는 경우입니다. 다음으로, 문제의 변별력을 위해 게스트의 답변을 변형하여 출제한 경우, 게스트의 말을 이해하여 문제를 풀어야 합니다.

출제 포인트 1 녹음에서 정답이 그대로 들리는 유형 🎧 4-03

문제 1

진행자	男：您在科普的过程中最大的收获是什么？	남: 과학 보급 과정에서 당신의 최대 성과는 무엇입니까?
게스트	女：<u>最大的收获就是给我带来了正能量</u>，我在传递健康知识给别人的时候，收获了很多人对我的关心和支持，他们的留言常常让我非常感动。	여: <u>최대 성과는 바로 저에게 긍정 에너지를 가져다 주었다는 거에요</u>. 저는 건강 지식을 다른 사람에게 전달할 때, 저에 대한 많은 사람들의 관심과 응원을 받았고, 그들의 댓글은 항상 저를 매우 감동하게 만들었어요.
질문	在科普医学知识的过程中，女的最大的收获是什么？	의학 지식을 보급하는 과정에서, 여자의 최대 성과는 무엇인가?
정답	给她带来了正能量	그녀에게 긍정 에너지를 가져다 주었다
단어	科普 kēpǔ 명 과학 보급(=科学普及 kēxué pǔjí) 동 (지식을) 보급하다	过程 guòchéng 명 과정	收获 shōuhuò 명 수확, 성과 동 수확하다, (관심·응원을) 받다	正能量 zhèngnéngliàng 긍정 에너지 ↔ 负能量 fùnéngliàng 부정 에너지	传递知识 chuándì zhīshī 지식을 전달하다	支持 zhīchí 동 지지하다, 응원하다	留言 liúyán 명 남긴 말, 메시지, 댓글	

> **Tip** 게스트의 답변 '最大的收获就是给我带来了正能量'을 듣고, 정답 '给她带来了正能量'을 고르는 문제입니다.

문제 2

진행자	男: 作为孩子第一任老师的父母，应该在生活中怎样培养孩子的领袖气质呢？	남: 아이의 첫 번째 선생님인 부모로서, 생활 속에서 아이의 리더십을 어떻게 키워야 합니까?
게스트	女: 父母要培养孩子的责任感，责任感不是教出来的，父母只能适当引导，让孩子自己去感受，让孩子自己承担做决定的后果。	여: 부모는 아이의 책임감을 키워야 하죠. 책임감은 가르친다고 되는 건 아니라서, 부모는 아이가 스스로 느끼게 하고, 아이 스스로 결정한 결과를 책임지도록 적절히 이끌 수밖에 없어요.
질문 정답	家长应该怎样培养孩子的责任感？ 引导孩子自己感受	학부모는 아이의 책임감을 어떻게 키워야 하는가? 아이가 스스로 느끼도록 이끈다
단어	作为 zuòwéi 젠 ~(신분·자격)으로서 ｜ 第一任 dìyīrèn 첫 번째 *任 양 번, 차례 (직무를 맡은 횟수를 나타냄) ｜ 培养 péiyǎng 통 배양하다, 기르다, 키우다 ｜ 领袖气质 lǐngxiù qìzhì 지도자적 기질, 리더십 *领袖 명 (국가·단체의) 영수, 지도자 ｜ 责任感 zérèngǎn 명 책임감 ｜ 适当 shìdàng 형 적당하다, 적절하다 ｜ 引导 yǐndǎo 통 인도하다, 이끌다 ｜ 感受 gǎnshòu 통 느끼다, (영향을) 받다 ｜ 承担后果 chéngdān hòuguǒ (나쁜) 결과를 책임지다	

Tip 게스트의 답변 '父母只能适当引导，让孩子自己去感受'를 듣고, 정답 '引导孩子自己感受'를 고르는 문제입니다.

출제 포인트 2 **녹음에서 정답이 그대로 들리지 않는 유형** 🎧 4-04

문제 1

진행자	女: 您获得了个荣誉博士，您今后还有什么愿望？	여: 당신은 명예박사를 받으셨는데, 앞으로 또 어떤 바람이 있으신가요?
게스트	男: 我想等我死了以后，一把送给大陆，一把送给台湾，希望将来能放在一起，这两把刀应该留在我们中国。	남: 제가 죽은 이후에 (칼) 한 자루는 대륙에, 한 자루는 타이완에 주어 장차 함께할 수 있기를 바랍니다. 이 두 자루의 칼은 마땅히 우리 중국에 남아 있어야 합니다.
질문 정답	男的还有什么愿望？ 中国统一	남자는 또 어떤 바람이 있는가? 중국의 통일
단어	收获 shōuhuò 통 수확하다, 획득하다 ｜ 荣誉博士 róngyù bóshì 명 명예 박사 ｜ 把 bǎ 양 자루[칼 등 손잡이가 있는 물건을 셀 때 쓰임] ｜ 大陆 dàlù 명 대륙 ｜ 台湾 Táiwān 명 타이완, 대만[지명]	

Tip 이 문제는 정답을 그대로 들려주지 않아, 비교적 난이도가 있는 문제입니다. '대륙이라는 칼'과 '대만이라는 칼' 두 자루를 한자리에 모으고 싶다고 했으므로, 중국의 통일을 바라고 있다는 것을 알 수 있습니다.

문제 2

진행자	男：你现在是羽毛球管理中心副主任，为什么退役后没有做教练呢？	남: 당신은 현재 배드민턴 관리 센터 부주임이죠. 어째서 은퇴 후에 코치를 맡지 않은 건가요?
게스트	女：从事教练工作，虽然可以为国家培养后备人才，但作为团队的管理者，我觉得我的工作也非常有价值。我是运动员出身，所以对运动员需要什么，不需要什么，以及他们每个阶段的心态都比较清楚，很适合与他们沟通。	여: 코치 일에 종사하여, 비록 국가를 위해 예비 인재를 양성할 수 있지만, 팀의 관리자로서, 저는 제 일도 매우 가치 있다고 생각해요. 저는 선수 출신이죠. 그래서 선수에게 무엇이 필요하고 무엇이 필요 없는지, 그리고 그들의 단계별 심리 상태를 비교적 잘 알아서, 그들과 소통하기에 적합해요.
질문 정답	女的为什么说自己更适合做管理者？ 十分了解运动员	여자는 왜 자신이 관리자에 더 적합하다고 했는가? 선수를 아주 잘 알아서
단어	羽毛球管理中心 yǔmáoqiú guǎnlǐ zhōngxīn 배드민턴 관리 센터 ｜ 副主任 fùzhǔrèn 몡 부주임 ｜ 退役 tuìyì 통 (선수가) 은퇴하다 ｜ 教练 jiàoliàn 몡 코치, 감독 ｜ 培养人才 péiyǎng réncái 인재를 양성하다 ｜ 后备 hòubèi 몡 (인물·물자 등의) 예비, 보결 ｜ 作为 zuòwéi 젠 ~(신분·자격)으로서 ｜ 团队 tuánduì 몡 단체, 팀 ｜ 价值 jiàzhí 몡 가치 ｜ 运动员 yùndòngyuán 몡 (운동)선수 ｜ 出身 chūshēn 몡 출신 ｜ 需要 xūyào 통 필요하다, 요구되다 ｜ 以及 yǐjí 젭 및, 그리고, 아울러 ｜ 阶段 jiēduàn 몡 단계 ｜ 心态 xīntài 몡 심리 상태 ｜ 适合 shìhé 통 적합하다 ｜ 沟通 gōutōng 통 소통하다 ｜ 了解 liǎojiě 통 (자세하게 잘) 알다, 이해하다	

> **Tip** 게스트의 답변에서 '我是运动员出身，所以对运动员需要什么，不需要什么，以及他们每个阶段的心态都比较清楚，很适合与他们沟通' 부분을 듣고 내용을 이해해서 정답 '十分了解运动员'을 찾는 문제입니다.

공략법 02 게스트의 성공 비결을 중심으로 듣는다

Day 16

듣기 | 제2부분

인터뷰는 주로 게스트의 성공 비결과 부족한 점을 함께 말합니다. 또한 대화 초반에는 게스트가 해당 분야를 언제부터 접했는지, 해당 사업을 어떻게 시작하게 되었는지를 물어보기도 합니다. 게스트의 개인 신상 관련 내용은 대화 초반에 나오지만, 막상 실제 문제는 대부분 4~5번 째 문제로 출제됩니다.

1 문제가 보이는 시간

🎧 4-05

예제 1

1. A 有想象力 B 印刷精美
   C 有社会效益 D 题材类型多样

2. A 彩色的插图 B 作家的思想内涵
   C 给孩子的阅读奖励 D 孩子喜欢的情节和语言

Tip 선택지에 '题材'·'作家'·'孩子'·'情节' 등의 키워드가 있어서, 게스트의 신분을 아동도서 관련 작가로 유추할 수 있습니다.

정답 및 해석

第1到2题是根据下面一段采访:

대화①

男: 您认为当代儿童文学作家肩负的职责和使命是什么？

女: 儿童文学对孩子的人生观、价值观形成有重要的影响，在创作中，我会非常谨慎地写每一句话，既要表达观点，又要考虑故事的完整性、可读性，同时也要给孩子们正确的引导。¹我一直认为，最优秀的儿童读物既应具有社会效应和文学价值，又要能让孩子们手不释卷，发自内心地喜欢，起到润物细无声的效果。

1~2번 문제는 다음 인터뷰에 근거한다

대화①

남: 당신은 당대 아동 문학 작가가 짊어진 직책과 사명이 무엇이라고 생각하나요?

여: 아동 문학은 아이의 인생관, 가치관 형성에 중요한 영향을 끼치죠. 창작 중에 저는 모든 문장을 매우 신중하게 씁니다. 관점을 표현해야 할 뿐만 아니라, 이야기의 완전성과 가독성도 고려해야 하고, 동시에 아이들을 올바르게 인도해야 하거든요. ¹저는 줄곧 가장 우수한 아동 도서는 사회적 효과와 문학적 가치가 있어야 할 뿐만 아니라, 아이들이 손에서 책을 놓지 않고 마음속에서 우러나와 좋아할 수 있게 해서 은연중에 감화되는 효과도 거둬야 한다고 생각해 왔어요.

대화②

男：您在创作过程中有哪些感触和收获？

女：从事儿童文学创作这么多年，我悟出思想就像是食物，²作品的情节和语言像是餐具，想让孩子接受食物，最好给他们卡通餐具，这样他们才会爱上吃饭，我就是本着这样的创作理念给孩子们写了将近七十本故事书的。为孩子们创作文学作品，其实是一个互相促进的过程。我常常尝试用孩子们的思维去思考，这让我一直保持年轻的心态。孩子们对我作品的喜爱也让我觉得内心很充实，我会一直写下去，陪伴他们长大。

1 女的认为优秀的儿童读物应具备什么特征？
  A 有想象力
  B 印刷精美
  C 有社会效益 (✓)
  D 题材类型多样

2 女的用卡通餐具比喻什么？
  A 彩色的插图
  B 作家的思想内涵
  C 给孩子的阅读奖励
  D 孩子喜欢的情节和语言 (✓)

대화②

남: 당신은 창작 과정에서 어떤 느낌과 성과가 있었나요?

여: 아동 문학 창작에 이렇게 오랫동안 종사하면서, 저는 생각은 음식과 같고 ²작품의 줄거리와 언어는 식기와 같아서, 아이가 음식을 받아들이게 하려면 그들에게 캐릭터 식기를 주는 것이 가장 좋다는 것을 깨달았어요. 그래야 그들이 식사를 좋아하게 되는 거죠. 저는 이런 창작 이념에 따라 아이들에게 거의 70권에 가까운 이야기책을 써 주었어요. 아이들을 위해 문학 작품을 창작하는 건 사실 서로 촉진하는 과정이에요. 저는 항상 아이들의 사고로 생각하는데, 이건 내가 줄곧 젊은 마음가짐을 유지하게 합니다. 제 작품에 대한 아이들의 사랑도 제가 내심 뿌듯함을 느끼게 했죠. 저는 계속 써 나가면서 그들과 함께 성장할 거예요.

1 여자는 우수한 아동 도서가 어떤 특징을 갖춰야 한다고 여기는가?
  A 상상력이 있다
  B 인쇄가 정교하고 아름답다
  C 사회적 효과가 있다 (✓)
  D 장르 유형이 다양하다

2 여자는 캐릭터 식기로 무엇을 비유했는가?
  A 컬러 삽화
  B 작가의 사상 내용
  C 아이에게 주는 독서상
  D 아이가 좋아하는 줄거리와 언어 (✓)

해설

1 문제의 질문과 진행자의 질문(您认为当代儿童文学作家肩负的职责和使命是什么？)이 서로 다릅니다. 하지만 대화①에서 보통 첫 번째 문제의 정답이 나오므로, 흐름을 따라가며 선택지와 일치하는 표현이 들리는지 집중합니다. 진행자가 당대 아동 문학 작가가 짊어진 직책과 사명을 묻자, 게스트는 '我一直认为，最优秀的儿童读物既应具有社会效应和文学价值'라고 답하면서 선택지의 '社会效益'와 비슷한 '社会效应(사회적 효과)'을 언급했습니다. '社会效应'과 '社会效益'는 같은 뜻입니다. 따라서 정답은 C 有社会效益입니다.

2 문제의 질문과 진행자의 질문(您在创作过程中有哪些感触和收获？)이 서로 다릅니다. 대화②에서 진행자가 창작 과정에 어떤 느낌과 성과가 있었는지 묻자, 게스트는 '作品的情节和语言像是餐具，想让孩子接受食物，最好给他们卡通餐具，这样他们才会爱上吃饭'이라 하면서 '作品的情节和语言'이 식기(餐具)와 같다고 말합니다. 그리고 아이들에게 캐릭터 식기를 줘야 식사를 잘하게 된다고 말했습니다. 문제와 진행자의 질문이 다르지만, 선택지에 있는 '作品的情节和语言'이 그대로 들리므로 정답은 D 孩子喜欢的情节和语言입니다.

선택지 단어

◆ 想象力 xiǎngxiànglì 명 상상력 | 印刷精美 yìnshuā jīngměi 인쇄가 정교하고 아름답다 | 社会效益 shèhuì xiàoyì 사회적 효과(=社会效应 shèhuì xiàoyìng) | 题材 tícái 명 제재, 장르 | 类型多样 lèixíng duōyàng 유형이 다양하다 | 彩色 cǎisè 명 컬러 | 插图 chātú 명 삽화 | 内涵 nèihán 명 (언어에 담겨 있는) 내용, 의미 | 阅读 yuèdú 동 (책을) 읽다, 독서하다 | 奖励 jiǎnglì 명 (격려하는) 상 | 情节 qíngjié 명 (작품의) 줄거리

지문 단어

- 儿童 értóng 명 어린이, 아동 *儿童文学 아동 문학 *儿童读物 아동 도서 | 肩负 jiānfù 동 짊어지다 | 职责 zhízé 명 직책 | 使命 shǐmìng 명 사명 | 人生观 rénshēngguān 명 인생관 | 价值观 jiàzhíguān 명 가치관 | 形成 xíngchéng 동 형성되다 | 影响 yǐngxiǎng 명 영향 | 创作 chuàngzuò 동 창작하다 | 谨慎 jǐnshèn 형 (언행이) 신중하다 | 表达观点 biǎodá guāndiǎn 관점을 표현하다 | 考虑 kǎolǜ 동 고려하다 | 完整性 wánzhěngxìng 명 완전성 | 可读性 kědúxìng 명 가독성[글이 읽고 감상할 가치가 있는 것을 말함] | 引导 yǐndǎo 동 인도하다, 이끌다 | 一直 yìzhí 부 계속, 줄곧 | 优秀 yōuxiù 형 우수하다 | 具有 jùyǒu 동 있다, 가지다 | 手不释卷 shǒubúshìjuàn 성 손에서 책을 놓지 않다 | 发自内心 fāzì nèixīn 마음속에서 우러나오다 | 起到效果 qǐdào xiàoguǒ 효과를 거두다 | 润物细无声 rùnwùxìwúshēng 소리 없이 촉촉이 만물을 적신다, 은연중에 감화되다

- 过程 guòchéng 명 과정 | 感触 gǎnchù 명 (어떤 사물을 대하여 촉발된) 느낌, 감동 | 收获 shōuhuò 명 수확, 성과, 소득 | 悟出 wùchū 동 깨닫다, 이해하다 | 餐具 cānjù 명 식기, 식사 도구 | 最好 zuìhǎo 부 ~하는 것이 가장 좋다 | 卡通 kǎtōng 명 카툰, 애니메이션, 캐릭터 | 本着 běnzhe 전 ~에 따라 | 将近 jiāngjìn 동 거의 ~에 가깝다 | 其实 qíshí 부 사실 | 互相 hùxiāng 부 서로 | 促进 cùjìn 동 촉진하다 | 尝试 chángshì 동 시도해 보다 | 思维 sīwéi 명 사유, 사고 | 思考 sīkǎo 동 사고하다, 생각하다 | 保持心态 bǎochí xīntài 마음가짐을 유지하다 | 喜爱 xǐ'ài 동 좋아하다, 사랑하다 | 充实 chōngshí 형 충실하다, (마음이) 뿌듯하다 | 陪伴 péibàn 동 동반하다, 함께하다 | 具备特征 jùbèi tèzhēng 특징을 갖추다 | 比喻 bǐyù 동 비유하다

🔊 4-06

예제 2

1. A 模仿别人　　B 发挥想象力　　C 和别人聊天　　D 抓住生活细节

2. A 慢慢积累　　B 积累人脉　　C 赚很多钱　　D 努力学习

3. A 是个演员　　B 不爱说话　　C 喜欢电视剧　　D 刚开始拍电影

Tip 3번 선택지를 보면, 게스트의 신분과 관련된 질문임을 유추할 수 있습니다.

정답 및 해석

第1到3题是根据下面一段采访:

대화①

女：今天很高兴也很荣幸能够邀请到您接受我们的采访，³我知道您曾经饰演过很多形形色色的小人物，他们都有自己的人生困惑，而正是这些小人物和他们的人生困惑，使广大观众感同身受，对此，您怎么看？

男：¹我们在刻画人物的时候也都是抓住生活中的一些细节，生活中的细节有时是高光时刻，有时是黯淡时光，就像我们画一幅画一样，有浓墨重彩的地方，也有留白的地方，也有粗砺或者说色彩混沌的地方，它才构成一幅完整的画。对很多细节的勾勒，包括对于一些人生坎坷或者磨难的描述，这是文艺创作里经常会用到的方法，

1~3번 문제는 다음 인터뷰에 근거한다

대화①

여: 오늘 당신을 저희 인터뷰에 초대하게 되어 기쁘고도 영광스럽습니다. ³저는 당신이 이전에 가지각색의 작은 인물들을 많이 연기했다는 걸 알고 있어요. 그들은 모두 자기 인생의 곤혹스러움이 있었는데, 바로 이 작은 인물들과 그들 인생의 곤혹스러움 때문에 많은 시청자들이 공감했어요. 이에 대해 당신은 어떻게 보시나요?

남: ¹우리가 인물을 묘사할 때도 항상 생활 속의 일부 디테일을 잡아요. 생활 속의 디테일은 때로는 가장 빛나는 순간이고, 때로는 암담한 시기죠. 마치 우리가 한 폭의 그림을 그리듯이, 강렬하게 묘사하는 곳이 있고, 여백을 남기는 곳도 있고, 거칠거나 색채가 불분명한 곳도 있어요. 그래야 그것은 완전한 그림을 이루게 됩니다. 많은 디테일에 대한 묘사는 일부 인생의 우여곡절 혹은 고난에 대한 묘사를 담고 있어요. 이건 문예 창작에서 자주 쓰는 방법이에요. 많은

有很多作品都是从社会细节和小人物作为切入点来展开宏大叙事的，我们平时创作也会用到这样的方法。

대화②

女：提到您的名字，我们会自然地联想到一些关键词，比如说实力，我们应该怎么做才能成为一个有实力的人？

男：实力都是别人对你的一种肯定，对自己来说可能就是一个"垒砖"的过程。²**其实就是平时一点一滴积累**，一块砖一块砖地垒，慢慢成为一面相对厚实的砖墙，无论是在专业上的，还是人生历练上的积累，我们可以慢慢把它提炼成别人所说的这种实力。

1 男的通过哪种方式刻画人物？
    A 模仿别人
    B 发挥想象力
    C 和别人聊天
    D 抓住生活细节 (✓)

2 男的认为怎样能成为有实力的人？
    A 慢慢积累 (✓)
    B 积累人脉
    C 赚很多钱
    D 努力学习

3 关于男的，可以知道什么？
    A 是个演员 (✓)
    B 不爱说话
    C 喜欢电视剧
    D 刚开始拍电影

작품이 모두 사회의 디테일과 작은 인물들을 착안점으로 삼아 거대한 서사를 펼치죠. 우리가 평소에 창작할 때도 이런 방법을 씁니다.

대화②

여: 당신의 이름을 언급하면, 우리는 몇몇 키워드가 자연스레 연상됩니다. 예를 들어 실력 같은 거요. 우리는 어떻게 해야 실력이 있는 사람이 될 수 있을까요?

남: 실력은 모두 당신에 대한 다른 사람의 인정이고, 자신한테 있어서는 아마 '벽돌을 쌓는' 과정일 거예요. ²**사실 평소에 조금씩 쌓는 거고**, 벽돌을 한 장씩 쌓다 보면 차츰 두꺼운 벽돌담이 되는 거죠. 전문 분야에서 쌓이든 인생 경험이 쌓이든 간에, 우리는 차츰 그것을 다른 사람이 말하는 실력으로 다듬어 낼 수 있습니다.

1 남자는 어떤 방식을 통해서 인물을 묘사하는가？
    A 다른 사람을 흉내 낸다
    B 상상력을 발휘한다
    C 다른 사람과 이야기한다
    D 생활의 디테일을 잡는다 (✓)

2 남자는 어떻게 해야 실력이 있는 사람이 될 수 있다고 여기는가？
    A 천천히 쌓는다 (✓)
    B 인맥을 쌓는다
    C 많은 돈을 번다
    D 열심히 공부한다

3 남자에 관하여 무엇을 알 수 있는가？
    A 배우이다 (✓)
    B 말하기 싫어한다
    C TV 드라마를 좋아한다
    D 막 영화를 촬영하기 시작했다

해설

1 대화①에서 진행자의 질문을 통해 게스트가 연기자라는 것을 유추할 수 있습니다. 진행자의 질문과 실제 문제가 일치하지는 않지만, 게스트의 답변 첫 문장에서 선택지에 있는 '抓住细节'가 들립니다. 따라서 정답은 D 抓住生活细节입니다. 답을 고른 후, 녹음 마지막에 나오는 문제의 질문을 듣고 다시 한번 답을 확인합니다.

2 대화②에서 진행자의 질문(我们应该怎么做才能成为一个有实力的人？)이 2번 문제의 질문과 같습니다. 질문을 미리 듣지 못하므로, 진행자의 질문이 곧 문제라 생각하고 문제를 풀면 됩니다. 진행자가 실력 있는 사람이 되려면 어떻게 해야 하는지를 묻자, 게스트는 '其实就是平时一点一滴积累(사실 평소에 조금씩 쌓는 거다)'라고 말했습니다. 따라서 정답은 A 慢慢积累입니다. 부사 '其实' 뒤에 정답이 자주 출제된다는 점을 기억합니다.

	3 남자, 즉 게스트에 관한 신상을 묻고 있습니다. 대화①에서 진행자가 '我知道您曾经饰演过很多形形色色的小人物'라며, 게스트가 가지각색의 작은 인물들을 많이 연기했다고 말했습니다. 이 부분을 듣고 우리는 게스트가 배우임을 알 수 있습니다. 따라서 정답은 A 是个演员입니다. 이처럼 게스트의 신상 관련 내용은 녹음 초반에 등장하지만, 막상 실제 문제는 4~5번째 문제에 배치하니 대화 내용을 잘 듣고 기억해야 합니다.
선택지 단어	◆ 模仿 mófǎng 동 모방하다, 흉내 내다 | 发挥想象力 fāhuī xiǎngxiànglì 상상력을 발휘하다 | 聊天 liáotiān 동 이야기하다 | 抓住细节 zhuāzhù xìjié 디테일을 잡다 | 慢慢(儿) mànmàn(r) 부 천천히, 차츰 | 积累 jīlěi 동 (조금씩) 쌓다, 축적하다 | 人脉 rénmài 명 인맥 | 赚钱 zhuànqián 동 돈을 벌다 | 演员 yǎnyuán 명 배우 | 电视剧 diànshìjù 명 TV 드라마 | 拍电影 pāi diànyǐng 영화를 촬영하다
지문 단어	◆ 荣幸 róngxìng 형 (매우) 영광스럽다 | 邀请 yāoqǐng 동 초청하다, 초대하다 | 接受采访 jiēshòu cǎifǎng 인터뷰에 응하다 | 饰演 shìyǎn 동 (어떤 역을) 연기하다 | 形形色色 xíngxíngsèsè 형 형형색색의, 가지각색의 | 人生困惑 rénshēng kùnhuò 인생의 곤혹스러움 | 广大 guǎngdà 형 (사람 수가) 많다 | 观众 guānzhòng 명 관중, 시청자 | 感同身受 gǎntóngshēnshòu 성 직접 은혜를 입은 것처럼 감사하다, 공감하다 | 刻画人物 kèhuà rénwù 인물을 묘사하다 *刻画 동 ①새기거나 그리다 ②묘사하다 | 有时 yǒushí 부 때때로 | 高光时刻 gāoguāng shíkè 가장 빛나는 순간 | 黯淡时光 àndàn shíguāng 암담한 시기 | 幅 fú 양 폭[옷감·종이·그림 등을 셀 때 쓰임] | 浓墨重彩 nóngmò-zhòngcǎi 성 굵은 획과 농후한 색채, 강렬하게 묘사하다 | 留白 liúbái 동 여백을 남기다 | 粗砺 cūlì 형 거칠다 | 或者(说) huòzhě(shuō) 접 ~(이)거나, 혹은 | 色彩混沌 sècǎi hùndùn 색채가 불분명하다 | 构成 gòuchéng 동 구성하다, 이루다 | 完整 wánzhěng 형 (손상이 없이) 온전하다, 완전하다 | 勾勒 gōulè 동 (윤곽) 묘사하다 | 包括 bāokuò 동 포괄하다, 포함하다 | 坎坷 kǎnkě 명 우여곡절 | 磨难 mónàn 명 고난 | 描述 miáoshù 동 묘사하다 | 文艺创作 wényì chuàngzuò 문예 창작 | 作为 zuòwéi 동 ~으로 삼다 | 切入点 qiērùdiǎn 명 착안점[어떤 문제를 해결하기 위한 실마리가 되는 점] | 展开叙事 zhǎnkāi xùshì 서사를 펼치다[서사: 어떤 사실을 있는 그대로 기록하는 글의 양식] | 宏大 hóngdà 형 웅대하다, 거대하다 ◆ 提到 tídào 동 언급하다 | 联想 liánxiǎng 동 연상하다 | 关键词 guānjiàncí 명 키워드 | 比如说 bǐrú shuō 예를 들어 | 肯定 kěndìng 동 긍정하다, 인정하다 | 垒砖 lěi zhuān 벽돌을 쌓다 *一块砖 벽돌 한 장 | 过程 guòchéng 명 과정 | 其实 qíshí 부 사실 | 一点一滴 yìdiǎnyìdī 성 약간, 조금씩 | 厚实 hòushi 형 두껍다 | 砖墙 zhuānqiáng 명 벽돌담 | 专业 zhuānyè 명 전문 분야 | 历练 lìliàn 명 경험(과 단련) | 提炼 tíliàn 동 (생활이나 경험 속에서 재료나 소재를) 다듬다, 얻어 내다 | 通过 tōngguò 전 ~을 통해서

2 내공이 쌓이는 시간

시험에 잘 나오는 인터뷰 지문을 주제별로 준비했습니다. 다 알아듣지 못해도 정답 찾기에 큰 도움이 되므로, 아래의 내용을 잘 익혀 봅니다.

1 게스트의 개인 신상

🎧 4-07

게스트의 신상 정보를 묻는 문제는 주로 '그에 관하여 무엇을 알 수 있는가?'를 물어보고, 녹음 지문과 일치하는 내용을 고르면 된다. 게스트의 신상 정보는 첫 번째 대화 시작 부분에서 자주 언급하지만, 실제 문제는 네 번째 혹은 다섯 번째 문제에서 물어본다. 따라서 녹음 시작 전에 다섯 문제의 선택지를 빠르게 훑어보며, 어떤 질문이 나올지를 파악한 후에 녹음을 들어야 한다.

1) 빈출 질문 유형

- 男的从事哪方面的工作? 남자는 어떤 분야의 일에 종사하는가?
- 在做导演之前，男的做过什么? 감독이 되기 전에 남자는 무엇을 했었는가?
- 关于男的，可以知道什么? 남자에 관하여 무엇을 알 수 있는가?
- 关于男的的职业，下列哪项正确? 남자의 직업에 관하여 다음 중 정확한 것은?

◆ 导演 dǎoyǎn 몡 감독, 연출자 | 职业 zhíyè 몡 직업

2) 빈출 인터뷰 내용

Tip 게스트가 이 일을 언제 시작했는지, 이 일을 어떻게 접하게 되었는지, 어떤 계기로 사업을 시작했는지를 묻는 질문이 자주 등장하니, 잘 익혀 둡니다.

문제 1

진행자	男：当初您<u>怎么选择</u>房地产这个行业？	남：	처음에 당신은 <u>어째서</u> 부동산이라는 이 업종을 <u>선택하게 되었나요</u>?
게스트	女：其实我大学学的是建筑，大多数同学后来都到了设计院工作，但是我觉得这工作并不适合我，<u>比起天天和电脑图纸打交道，我更喜欢跟人打交道</u>。	여：	사실 제가 대학에서 배운 건 건축이고, 대다수의 친구가 나중에는 모두 설계 사무소에서 일했어요. 하지만 저는 이 일이 결코 저에게 맞지 않는 것 같았어요. <u>매일 컴퓨터 도면을 상대하는 것보다, 저는 사람 사귀는 걸 더 좋아하거든요</u>.
질문 정답	女的为什么选择房地产行业？ 喜欢与人打交道		여자는 왜 부동산 업종을 선택했는가? 사람 사귀길 좋아한다
단어	房地产 fángdìchǎn 몡 부동산 | 建筑 jiànzhù 몡 건축(물) | 设计院 shèjìyuàn 몡 설계 사무소 | 图纸 túzhǐ 몡 설계도, 도면 | 打交道 dǎ jiāodao 상대하다, 사귀다		

문제 2

진행자	男：您是<u>从什么时候开始</u>打高尔夫的？	남: 당신은 <u>언제부터</u> 골프를 치기 <u>시작하셨나요</u>?
게스트	女：最初接触高尔夫是在1997年，<u>那时候我的先生在金融界工作</u>，他也是高尔夫球的高手。下班后，同事经常带他去高尔夫练习场，所以我自己也就会跟着去试一试。	여: 처음 골프를 접한 건 1997년이었죠. <u>그때 제 남편이 금융계에서 일했는데</u>, 그 사람도 골프의 고수였어요. 퇴근 후에, 동료가 자주 그 사람을 골프 연습장에 데려가서, 저도 따라가서 한번 해 보게 되었죠.
질문 정답	关于女的丈夫，可以知道什么？ 从事金融业	여자의 남편에 관하여 무엇을 알 수 있는가? 금융업에 종사한다
단어	打高尔夫(球) dǎ gāo'ěrfū(qiú) 골프를 치다 ǀ 接触 jiēchù 통 접촉하다, 접하다 ǀ 金融界 jīnróngjiè 명 금융계 ǀ 练习场 liànxíchǎng 명 연습장 ǀ 金融业 jīnróngyè 명 금융업	

문제 3

진행자	女：能给我们说一下，您是<u>何时开始</u>接触昆曲的吗？	여: 당신은 <u>언제부터</u> 곤곡을 접하셨는지 저희에게 말씀해 주실 수 있나요?
게스트	男：<u>我生平第一次接触昆曲差不多是在9岁的时候，那时有幸在上海看到一场梅兰芳和俞振飞大师的戏</u>。从那之后我便跟昆曲结下几十年的缘分。	남: <u>제가 생애 처음으로 곤곡을 접한 건 거의 9살 때였어요. 그때 운 좋게 상하이에서 메이란팡과 위쩐페이 대가의 극을 봤어요.</u> 그때 이후로 저는 곤곡과 수십 년의 인연을 맺었죠.
질문 정답	根据这段对话，下列哪项正确？ 男的很小就接触昆曲	이 이야기에 따르면, 다음 중 정확한 것은? 남자는 어릴 때부터 곤곡을 접했다
단어	昆曲 kūnqǔ 명 곤곡[중국의 전통극 중 하나] ǀ 生平 shēngpíng 명 생애 ǀ 有幸 yǒuxìng 형 운이 좋다, 다행스럽다 ǀ 梅兰芳 Méi Lánfāng 고유 메이란팡[인명] ǀ 俞振飞 Yú Zhènfēi 고유 위쩐페이[인명] ǀ 结下缘分 jiéxià yuánfēn 인연을 맺다	

듣기 제2부분 빈출 직업 단어

- 作家 zuòjiā 작가
- 画家 huàjiā 화가
- 漫画家 mànhuàjiā 만화가
- 陶艺家 táoyìjiā 도예가
- 市长 shìzhǎng (도시를 대표하는) 시장
- 运动员 yùndòngyuán (운동) 선수
- 导演 dǎoyǎn (영화·드라마의) 감독
- 演员 yǎnyuán 배우
- 戏剧演员 xìjù yǎnyuán 전통극 배우
- 喜剧演员 xǐjù yǎnyuán 개그맨, 코미디언
- 总经理 zǒngjīnglǐ (기업의) 사장, CEO
- 企业家 qǐyèjiā 기업가

Tip 게스트의 직업이 작가라면 소설가·만화가·시인 등이 자주 등장하고, 기업가면 주로 창업에 성공한 청년이나 여성 기업가가 자주 등장합니다.

2 성공에 필요한 자질·경쟁력·시련

인물 중심 인터뷰의 게스트는 주로 업계에서 성공한 유명 인사이다. 그러므로 성공에 필요한 자질이나 스스로 느끼는 자신만의 경쟁력이 무엇인지는 빠지지 않고 나오는 질문이다. 또한 성공하기 위해 겪은 실패와 좌절·어려움·슬럼프 등의 내용도 시험에 자주 출제된다.

1) 빈출 질문 유형

- **男的认为他们公司的核心竞争力是什么？**
  남자는 그들 회사의 핵심 경쟁력이 무엇이라고 여기는가?

- **作为作家，男的认为与剧作家相比自己的优势在哪里？**
  작가로서, 남자는 극작가에 비해 자신의 강점이 어디에 있다고 여기는가?

- **下列哪项是男的团队面临的困难？**
  다음 중 남자의 팀이 직면한 어려움은?

- **女的在做企业项目的过程中发现了公司存在什么问题？**
  여자는 기업 프로젝트를 하는 과정에서 회사에 어떤 문제가 있는지 발견했는가?

◆ 核心竞争力 héxīn jìngzhēnglì 핵심 경쟁력 | 作为 zuòwéi 전 ~(신분·자격)으로서 | 与…相比 yǔ……xiāngbǐ ~와 비교해서, ~에 비해 | 剧作家 jùzuòjiā 명 극작가 | 优势 yōushì 명 우세, 강점 | 团队 tuánduì 명 단체, 팀 | 面临 miànlín 동 직면하다 | 项目 xiàngmù 명 프로젝트 | 过程 guòchéng 명 과정 | 存在问题 cúnzài wèntí 문제가 있다

2) 빈출 인터뷰 내용

문제 1

진행자	女：您觉得漫画家应该<u>具有什么样的素质</u>？	여: 만화가는 <u>어떤 자질을 가져야</u> 하는 것 같나요?
게스트	男：会画漫画只是成为漫画家的第一个条件。第二个条件是要会讲故事。此外，漫画家还要有用画面讲故事的能力。<u>好的漫画家不是跟着潮流走，而是能引领潮流</u>。	남: 만화를 그릴 줄 아는 건 만화가의 첫 번째 조건이죠. 두 번째 조건은 이야기할 줄 알아야 한다는 거예요. 이 외에도, 만화가는 화면으로 이야기하는 능력도 있어야 해요. <u>좋은 만화가는 유행을 따라가는 것이 아니라, 유행을 이끌 수 있어야 하죠</u>.
질문	好的漫画家应该具备什么素质？	좋은 만화가는 어떤 자질을 갖춰야 하는가?
정답	能引领潮流	유행을 이끌 수 있다
단어	漫画家 mànhuàjiā 몡 만화가 ǀ 具有素质 jùyǒu sùzhì 자질을 가지다 *素质 몡 소양, 자질 ǀ 潮流 cháoliú 몡 유행, 트렌드 ǀ 引领 yǐnlǐng 동 (유행을) 이끌다, 선도하다 ǀ 具备 jùbèi 동 (자질 등을) 갖추다

문제 2

진행자	女：您认为动漫作品<u>成功的关键</u>是什么？	여: 애니메이션 작품 <u>성공의 핵심</u>은 무엇이라고 생각하시나요?
게스트	男：我曾研究过人们第一眼就喜欢某一事物的原因，<u>结果发现越是纯洁、简单的事物，往往越能打动人</u>，所以创作一个好的动漫作品最重要的不在于技巧，而在于内容。	남: 저는 이전에 사람들이 첫눈에 어떤 사물을 좋아하게 되는 원인을 연구한 적이 있어요. <u>그 결과 순수하고 단순한 사물일수록 종종 사람을 감동시킬 수 있다는 것을 알게 되었어요</u>. 따라서 좋은 애니메이션 작품을 창작하는 것에서 가장 중요한 것은 테크닉에 있지 않고, 내용에 있어요.
질문	男的认为什么样的事物容易打动人？	남자는 어떤 사물이 사람을 쉽게 감동시킨다고 여기는가?
정답	简单纯洁的	단순하고 순수한 것
단어	动漫 dòngmàn 몡 애니메이션 ǀ 关键 guānjiàn 몡 관건, 핵심 ǀ 纯洁 chúnjié 혱 순결하다, 순수하다 ǀ 打动 dǎdòng 동 감동시키다 ǀ 技巧 jìqiǎo 몡 기교, 테크닉

3 게스트의 견해 묻기 🔊 4-09

게스트는 보통 한 분야의 전문가로 등장하기 때문에 진행자가 반드시 게스트의 견해를 물어본다. 이때 **인터뷰 진행자는 '怎样' 또는 '如何看待?'로 질문한다.** 문제의 질문은 시험지에 쓰여 있지 않고, 녹음으로만 들어야 한다. 따라서 녹음 시작 전, 선택지를 보고 견해를 나타내는 내용이 몇 번에 있는지 미리 파악해 두면 좋다. 견해를 나타내는 선택지는 주로 동사구(동사+목적어) 구조로 이루어져 있다.

1) 빈출 질문 유형

- 男的**怎样看**传统戏曲改革? 남자는 전통 희곡 개혁을 어떻게 보는가?
- 男的**怎么看待**科技与环境的关系? 남자는 과학 기술과 환경의 관계를 어떻게 보는가?
- 男的**如何看待**不同文化的差异? 남자는 서로 다른 문화의 차이를 어떻게 보는가?

◆ 戏曲 xìqǔ 몡 중국 전통극, 희곡 │ 改革 gǎigé 몡 개혁 │ 看待 kàndài 동 대하다, 대우하다, 보다 │ 科技 kējì 몡 과학 기술 │ 环境 huánjìng 몡 환경 │ 差异 chāyì 몡 차이

2) 빈출 인터뷰 내용

문제 1

진행자	女: 那么你听到比较刺耳的批评时, 会怎么想?	여: 그럼 당신은 비교적 귀에 거슬리는 비판을 들을 때, 어떤 생각이 드시나요?
게스트	男: 我很感谢他们给我提出中肯的意见, 忠言逆耳, 这能使我更加进步。	남: 그들이 제게 정곡을 찌르는 의견을 제시해 주어서 감사할 뿐이죠. 진심 어린 충고는 귀에 거슬린다지만, 이건 저를 더욱 발전시켜줄 수 있어요.
질문	对于观众的批评, 男的有什么表现?	관객의 비판에 대해, 남자는 어떤 표현을 했는가?
정답	表示感谢	감사를 표했다
단어	刺耳 cì'ěr 톙 귀에 거슬리다 │ 批评 pīpíng 동 비판하다, 질책하다 │ 提出意见 tíchū yìjiàn 의견을 제시하다 │ 中肯 zhòngkěn 톙 (말이) 정곡을 찌르다, 적절하다 │ 忠言逆耳 zhōngyán-nì'ěr 젱 진심 어린 충고는 귀에 거슬리다	

문제 2

진행자	男: 您**如何看待**阅读与梦想的关系?	남: 당신은 독서와 꿈의 관계를 어떻게 보시나요?
게스트	女: 我们只能在阅读中产生梦想, 并也可以通过大量阅读, 不断积累知识, 最终实现梦想。	여: 우리는 독서하면서 꿈이 생길 수밖에 없어요. 아울러 많은 독서를 통해 끊임없이 지식을 쌓을 수 있고 결국 꿈을 이루죠.
질문	女的如何看待梦想?	여자는 꿈을 어떻게 보는가?
정답	阅读时会产生梦想	독서할 때 꿈이 생기게 된다
단어	阅读 yuèdú 동 (책 등을) 읽다, 독서하다 │ 积累知识 jīlěi zhīshi 지식을 쌓다 *积累 동 (조금씩) 쌓다, 축적하다	

문제 3

진행자	女: 昆曲变得很时尚，甚至变成了一种高雅的文化消费活动，您**怎么看待**这种变化？	여: 곤곡이 유행하게 되었고, 심지어는 격조 있는 문화 소비 활동이 되었는데, 당신은 이런 변화를 **어떻게 보시나요**?
게스트	男: 我觉得这很好，青春版《牡丹亭》就好像老树开花一样，给昆曲带来了新的生命。有一件很有意思的事，我们的戏在北大演完以后，北大的学生在网上留言说："世界上只有两种人，一种是看过青春版《牡丹亭》的，另一种是没看过的。"**可见大家对青春版《牡丹亭》的喜爱**。	남: 이건 좋다고 봐요. 청춘판「모란정」은 마치 고목이 꽃을 피우는 것 같이 곤곡에 새로운 생명을 가져다 주었죠. 한 가지 재미있는 일은 우리 연극이 베이징 대학에서 공연을 마친 후에, 베이징 대학의 학생들이 인터넷에 '세상에는 두 종류의 사람밖에 없는데, 하나는 청춘판「모란정」을 본 적 있는 사람이고, 다른 하나는 본 적 없는 사람이다.'라는 댓글을 남겼어요. **사람들이 청춘판「모란정」을 좋아한다는 걸 알 수 있죠**.
질문 정답	北大学生的话说明了什么? 青春版《牡丹亭》很受欢迎	베이징 대학 학생의 말은 무엇을 설명했는가? 청춘판「모란정」은 인기가 많다
단어	昆曲 kūnqǔ 몡 곤곡[장쑤(江苏)성 일대의 전통극으로 유네스코 세계무형유산으로 지정됨] | 时尚 shíshàng 혱 유행하다, 세련되다 | 高雅 gāoyǎ 혱 고아하다, 격조가 있다 | 牡丹亭 Mǔdāntíng 고유 모란정[중국 명대(明代)의 희곡 작품] | 老树开花 lǎoshù kāihuā 고목이 꽃을 피우다 | 留言 liúyán 동 댓글을 남기다		

4 강조하는 문장

🔊 4-10

진행자나 게스트의 말에서 '最'가 나오면, 뒤에 이어지는 내용을 반드시 기억해야 한다. '最'는 강조를 나타내는 말이므로, 게스트의 견해나 감정을 나타낼 때 자주 쓰인다.

1) 빈출 질문 유형

- 男的认为喜剧**最**大的吸引力是什么? 남자는 희극의 가장 큰 매력이 무엇이라 여기는가?

- 男的对自己的哪个作品**最**满意? 남자는 자신의 어느 작품에 가장 만족하는가?

- 女的认为对于手语主播来说，**最**困难的是什么? 여자는 수화 진행자에게 가장 어려운 점이 무엇이라 여기는가?

◆ 吸引力 xīyǐnlì 몡 흡인력, 매력 | 手语 shǒuyǔ 몡 수화 | 主播 zhǔbō 몡 진행자, 사회자, 앵커

2) 빈출 인터뷰 내용

문제 1

진행자	男: 高尔夫运动带给您 <u>最大的感受</u> 是什么?	남:	골프 운동이 당신에게 가져다주는 <u>가장 큰 느낌</u>은 무엇인가요?
게스트	女: <u>高尔夫就如同人生</u>，有高峰也有低谷，不管处在什么阶段，你都要有耐心。每次在输给对手几个洞的情况下，只要我耐心等待，一般都有机会赢得比赛。	여:	<u>골프는 마치 인생과 같아서</u> 정점도 있고 저점도 있죠. 어떤 단계에 있든 관계없이 당신은 늘 인내심을 가져야 해요. 매번 상대에게 몇 개 홀(hole)을 진 상황에서, 제가 끈기 있게 기다리기만 하면 일반적으로 경기에서 이길 기회가 있어요.
질문	女的用高尔夫比喻什么?		여자는 골프를 무엇에 비유했는가?
정답	人生		인생
단어	高尔夫 gāo'ěrfū 몡 골프 ｜ 高峰 gāofēng 몡 절정, 정점 ｜ 低谷 dīgǔ 몡 밑바닥, 저점 ｜ 阶段 jiēduàn 몡 단계 ｜ 耐心 nàixīn 몡 인내심 ⑱ 인내심이 있다, 끈기 있다 ｜ 输 shū 图 패하다, 지다 ｜ 洞 dòng 몡 구멍, (골프에서의) 홀(hole) ｜ 赢得比赛 yíngdé bǐsài 경기에서 이기다 ｜ 比喻 bǐyù 图 비유하다		

문제 2

진행자	女: 对你来说潜水<u>最大的魅力</u>是什么?	여:	당신에게 잠수의 <u>가장 큰 매력</u>은 무엇인가요?
게스트	男: <u>自由潜水最大魅力就在于有机会可以和自己对话</u>。当我们下潜前进行屏息时，需要完完全全地集中精神。	남:	<u>프리다이빙의 가장 큰 매력은 자신과 대화할 수 있는 기회가 있다는 거예요.</u> 우리가 잠수하기 전 숨을 참을 때, 완전히 정신을 집중해야 해요.
질문	男的认为潜水最大的魅力是什么?		남자는 잠수의 가장 큰 장점은 무엇이라고 여기는가?
정답	可与自己对话		자신과 대화할 수 있다
단어	潜水 qiánshuǐ 图 잠수하다(=下潜 xiàqián) *自由潜水 프리다이빙[아무런 장비 없이 잠수하는 것] ｜ 屏息 bǐngxī 숨을 죽이다, 숨을 참다		

공략법 03

듣기 | 제2부분

시사형 인터뷰는 게스트의 견해가 중요하다

> Day 17

요즘 시험에서는 특정 인물 중심의 인터뷰 외에도 사회적 이슈가 되는 시사 내용을 다루는 인터뷰도 많이 출제됩니다. 시사형 인터뷰는 초반에 언급한 주제를 먼저 파악하는 것이 중요합니다. 이슈가 된 원인과 특징·직면한 위기·문제를 해결하는 조치 및 방법과 같은 세부내용 위주로 질문하므로, 전문가의 견해 및 조언을 중심으로 들어야 합니다.

1 문제가 보이는 시간

🔊 4-11

예제 1

1. A 先天遗传
   B 鼻部创伤未愈
   C 咀嚼习惯不好
   D 多数由疾病引起

2. A 粘贴封口贴
   B 戴矫正器具
   C 进行鼻口呼吸训练
   D 在医生指导下服药

Tip 선택지에 '创伤'·'疾病'·'医生' 등의 키워드가 보입니다. 이 인터뷰 내용이 질병과 관련한 내용임을 유추할 수 있습니다.

정답 및 해석

第1到2题是根据下面一段采访:

대화①

男: 不久前，长期张嘴呼吸容易导致面容变丑的词条上了热搜，同时还附上了对比图，这让不少家长感到十分焦虑。为什么会发生口呼吸呢？

女: 正常人呼吸时是用鼻腔进行呼吸，而口呼吸顾名思义，就是指用口腔进行呼吸。其实，口呼吸并不是一种疾病，而是一种症状，[1]**多数情况下它是由疾病所引起的**。鼻腔疾病、扁桃体肿大等都有可能引起这种症状的发生。

1~2번 문제는 다음 인터뷰에 근거한다

대화①

남: 얼마 전, 장기간 입을 벌리고 숨 쉬면 얼굴이 못생겨지기 쉽다는 키워드가 인기 검색어에 올랐고, 동시에 비교 그림도 첨부했어요. 이것은 많은 학부모들을 걱정시켰는데요. 왜 입으로 숨 쉬는 일이 생길까요?

여: 정상인이 숨 쉴 때는 비강으로 숨 쉬는데, 입 호흡은 글자 그대로 구강으로 숨 쉬는 것을 말해요. 사실, 입 호흡은 결코 질병이 아니라, 증상이죠. [1]**대부분 그것은 질병으로 인해 일어나요**. 비강 질환, 편도선이 붓는 것 등은 모두 이런 증상이 생기는 걸 유발할 가능성이 있어요.

대화②

男：如果发现孩子口呼吸，家长应该怎么做呢？
女：家长一旦发现孩子口呼吸，先不要想着自己治疗，需要立即带孩子去专业的耳鼻喉科、口腔科或儿科就诊，及时发现引起口呼吸的原因。若是非呼吸阻塞疾病造成的口呼吸，可以在家给孩子进行一些训练，²辅助改善孩子的口呼吸。比如，鼻口呼吸训练，让孩子有意识地闭嘴呼吸；唇肌功能训练，通过抿嘴、吹肥皂泡、吹乐器等，增强唇部肌肉功能和力量。

1　为什么会发生口呼吸？
　A 先天遗传
　B 鼻部创伤未愈
　C 咀嚼习惯不好
　D 多数由疾病引起（✓）

2　下列哪项可以辅助改善孩子的口呼吸？
　A 粘贴封口贴
　B 戴矫正器具
　C 进行鼻口呼吸训练（✓）
　D 在医生指导下服药

대화②

남: 만약 아이가 입으로 숨 쉬는 것을 발견하면, 학부모는 어떻게 해야 할까요?
여: 학부모는 일단 아이가 입으로 숨 쉬는 것을 발견하면, 먼저 스스로 치료할 생각을 하지 말고, 즉시 아이를 전문 이비인후과, 구강과 혹은 소아과에 데려가 진찰을 받고, 입 호흡을 유발하는 원인을 제때 발견해야 합니다. 만약 호흡 폐쇄 질환으로 인한 입 호흡이 아니라면, 집에서 아이에게 약간의 훈련을 하여, ²아이의 입 호흡 개선을 도울 수 있어요. 예를 들어 콧구멍 호흡 훈련은 아이가 의식적으로 입을 다물고 숨 쉬게 하면 됩니다. 입술 근육 기능 훈련은 입을 오므리거나 비눗방울을 불거나 악기를 부는 것 등을 통해 입술 근육의 기능과 힘을 강화하죠.

1　어째서 입으로 숨 쉬는 것이 발생하는 것인가?
　A 선천적으로 유전되어서
　B 코 상처가 아직 낫지 않아서
　C 씹는 습관이 나빠서
　D 대부분 질병으로 인해 일어나서 (✓)

2　다음 중 아이의 입 호흡 개선을 도울 수 있는 것은?
　A 입막음 테이프를 붙인다
　B 교정 기구를 낀다
　C 콧구멍 호흡 훈련을 한다 (✓)
　D 의사의 지도 하에 약을 복용한다

해설

1　대화①에서 진행자의 질문이 바로 1번 문제에 출제되었습니다. 게스트의 답변에 정답이 있습니다. 진행자가 '为什么会发生口呼吸呢?'라고 하며, 입으로 숨 쉬는 원인을 묻자, 게스트는 '多数情况下它是由疾病所引起的'라며, 그것이 대부분 질병으로 인해 일어난다고 했습니다. 따라서 정답은 D 多数由疾病引起입니다.

2　대화②에서 진행자의 질문이 2번 문제와 유사합니다. 게스트는 아이의 입 호흡 개선을 돕는 방법으로 '鼻口呼吸训练'을 언급했습니다. 따라서 정답은 C 进行鼻口呼吸训练입니다.

선택지 단어

◆ 遗传 yíchuán 동 유전되다 ｜ 鼻部 bíbù 명 코 ｜ 创伤未愈 chuāngshāng wèi yù 상처가 아직 낫지 않다 ｜ 咀嚼 jǔjué 동 (음식물을) 씹다 ｜ 习惯 xíguàn 명 습관 ｜ 多数 duōshù 명 다수, 대부분 ｜ 由⋯引起 yóu⋯⋯yǐnqǐ ~으로 인해 일어나다 *引起 동 일어나다, 유발하다 ｜ 疾病 jíbìng 명 질병, 질환 ｜ 粘贴 zhāntiē 동 붙이다, 바르다 ｜ 封口贴 fēngkǒu tiē 입막음 테이프 ｜ 戴矫正器具 dài jiǎozhèng qìjù 교정 기구를 착용하다 ｜ 鼻口 bíkǒu 명 콧구멍 ｜ 呼吸 hūxī 동 호흡하다, 숨을 쉬다 ｜ 训练 xùnliàn 동 훈련하다 ｜ 指导 zhǐdǎo 동 지도하다 ｜ 服药 fúyào 동 약을 복용하다

지문
단어

- 张嘴 zhāngzuǐ 동 입을 벌리다 | 导致 dǎozhì 동 (나쁜 결과를) 야기하다, 초래하다(=造成 zàochéng) | 面容变丑 miànróng biàn chǒu 얼굴이 못생겨지다 | 词条 cítiáo 명 키워드 | 上热搜 shàng rèsōu 인기 검색어에 오르다 | 附上对比图 fùshàng duìbǐtú 비교 그림을 첨부하다 | 焦虑 jiāolǜ 형 초조하다, 걱정스럽다 | 鼻腔 bíqiāng 명 비강 | 顾名思义 gùmíng-sīyì 성 이름을 보고 그 뜻을 생각하다, 글자 그대로 | 指 zhǐ 동 가리키다, 말하다 | 口腔 kǒuqiāng 구강 *口腔科 kǒuqiāngkē 명 구강과 | 其实 qíshí 부 사실 | 症状 zhèngzhuàng 명 증상 | 情况 qíngkuàng 명 상황, 경우 | 扁桃体肿大 biǎntáotǐ zhǒngdà 편도선이 붓다

- 发现 fāxiàn 동 발견하다, 알아차리다 | 治疗 zhìliáo 동 치료하다 | 需要 xūyào 동 ~해야 한다 | 立即 lìjí 부 즉시, 바로 | 专业 zhuānyè 형 전문의 | 耳鼻喉科 ěrbíhóukē 명 이비인후과 | 儿科 érkē 명 소아과 | 就诊 jiùzhěn 동 진찰을 받다 | 及时 jíshí 형 시기적절하다, 제때 ~하다 | 若是 ruòshì 접 만일, 만약 | 阻塞 zǔsè 동 막히다, 폐쇄되다 | 辅助 fǔzhù 동 보조하다, 돕다 | 比如 bǐrú 접 예를 들어 | 有意识 yǒu yìshí 의식적이다 | 闭嘴 bìzuǐ 동 입을 다물다 | 唇肌 chún jī 입술 근육 | 通过 tōngguò 전 ~을 통해서 | 抿嘴 mǐn zuǐ 입을 오므리다 | 吹肥皂泡 chuī féizàopào 비눗방울을 불다 | 吹乐器 chuī yuèqì 악기를 불다 | 增强 zēngqiáng 동 (기능·힘을) 강화하다 | 肌肉 jīròu 명 근육

🎧 4-12

예제 2

1. A 是种崭新的风格主张　　B 是更高级的审美追求
   C 在学术上没有确切的定义　D 受到中国宋明美学的启发

2. A 经济形势严峻　　　　　B 市场的优胜劣汰
   C 商家引导消费者追求潮流　D 人们厌倦了繁复的价值取向

3. A 被边缘化了　　　　　　B 被过度吹捧
   C 处于主流位置　　　　　D 受青年设计师欢迎

4. A 朴素是美德　　　　　　B 产品功能应简单
   C 产品工艺要精益求精　　D 设计要避免画蛇添足

5. A 消费更有节制　　　　　B 买不起奢侈品
   C 对未来感到茫然　　　　D 忙碌的生活让人疲惫

정답 및 해석

第1到5题是根据下面一段采访：

대화①

女：您怎么看待极简主义设计风格？可否简单讲述一下极简主义风格的历史发展及演变？

男：在设计理论界，¹<u>极简主义并没有明确的学术界定</u>，它反映的是一种生活的审美态度与价值取向，而不仅仅是一种视觉风格的主张，尽管后者是构成大众认知的主要原因。

1~5번 문제는 다음 인터뷰에 근거한다

대화①

여: 당신은 미니멀리즘 디자인 스타일을 어떻게 보시나요? 미니멀리즘 디자인 스타일의 역사 발전 및 변천을 간단하게 이야기 좀 해주실 수 있나요?

남: 디자인 이론 분야에서, ¹<u>미니멀리즘은 결코 명확한 학술적 정의가 없어요</u>. 그것이 반영하는 것은 생활의 심미적 태도와 가치 지향이지, 단지 시각적 스타일의 주장만은 아니에요. 비록 후자가 대중의 인식을 형성하는 주된 원인

一般而言，极简主义设计都追求删繁就简，保留最基本的要素，讲究纯粹形式的特征，我们很难把极简主义和某一个特定的时代联系在一起。中国宋代的瓷器，明式的家具，其美学其实也和极简主义相去不远，只不过并未在世界主流设计领域产生全球的影响。

대화②

女：您是否认为现在极简主义设计风潮又重新崛起了？如果是，您认为原因是什么？

男：是这样，但就如之前所说的那样，极简主义不是一个固化在某一时间创造的设计流派，[2]<u>更多的是一种价值取向</u>，人类历史总是由繁到简再由简到繁，周而复始，不断重复的。[2]<u>每当对繁复厌倦的时候，就是简洁美学萌芽之际</u>。

대화③

女：您认为当前极简主义设计在整个市场中是什么样的一种地位？

男：极简主义的市场是很大的，[3]<u>在现代主义设计中应该是处于主流位置的</u>。很多设计师把尽可能少的设计作为设计原则之一。

대화④

女：您怎么看待极简主义设计的未来发展趋势？

男：简洁其实不简单，更不等于简陋，那些看似简洁的造型背后往往是讲究到不可理喻的细部设计和产品工艺。[4]<u>由于材料和工艺方面的进步，未来的极简主义还将在提升品质感的道路上不断前行</u>。

대화⑤

女：您认为极简主义是否会受到大众的接受和青睐？

男：世界太热闹的时候就会有人希望安静，[5]<u>极简主义的美学对奔波劳碌中的大众是有治愈效果的，拥护者的增长也是意料中的</u>。

이지만요. 일반적으로 미니멀리즘 디자인은 모두 군더더기를 없애는 걸 추구하고 가장 기본적인 요소를 보존하며 순수한 형식의 특징을 중요시해서, 우리가 미니멀리즘을 어떤 특정 시대와 한데 연결하기는 어려워요. 중국 송대의 자기, 명나라식 가구는 그 미학이 사실 미니멀리즘과 크게 다르지 않죠. 다만 결코 세계의 주류 디자인 분야에서 전 세계적인 영향을 미친 적이 없을 뿐이에요.

대화②

여: 당신은 지금 미니멀리즘 디자인 트렌드가 또다시 부상했다고 여기시나요? 만약 그렇다면, 당신은 원인이 무엇이라고 생각합니까?

남: 그래요, 하지만 이전에 말한 바와 같이, 미니멀리즘은 어느 한 시기에 특정되어 만들어진 디자인 장르가 아니라, [2]<u>가치 지향에 더 가까워요</u>. 인류의 역사는 항상 복잡함에서 단순함으로, 다시 단순함에서 복잡함으로 끊임없이 순환하고 반복되죠. [2]<u>복잡함에 질릴 때가 바로 간결함의 미학이 싹틀 때입니다</u>.

대화③

여: 당신은 현재 미니멀리즘 디자인이 전체 시장에서 어떤 위치에 있다고 생각합니까?

남: 미니멀리즘의 시장은 커서, [3]<u>모더니즘 디자인에서 당연히 주류적 위치에 있을 겁니다</u>. 많은 디자이너가 가능한 적은 디자인을 디자인 원칙 중의 하나로 삼았죠.

대화④

여: 당신은 미니멀리즘 디자인의 미래 발전 추세를 어떻게 보세요?

남: 간결함은 사실 단순하지 않고, 더욱이 빈약한 것이 아니에요. 겉으로 간결해 보이는 그런 조형들 뒤에는 종종 말도 안 되게 신경 쓴 세부 디자인과 제품 공예가 있어요. [4]<u>재료와 공예의 발전으로, 미래의 미니멀리즘은 더욱 품질감을 높이는 길에서 끊임없이 나아갈 거예요</u>.

대화⑤

여: 당신은 미니멀리즘이 대중에게 받아들여지고 호감을 받을 것이라고 생각합니까?

남: 세상이 너무 떠들썩할 땐 조용하길 바라는 사람들이 있죠. [5]<u>미니멀리즘의 미학은 분주하게 일하는 대중에게 치유 효과가 있으니, 옹호자가 늘어나는 것도 예상했던 일이에요</u>.

1 关于极简主义，下列哪项正确？ 　A 是种崭新的风格主张 　B 是更高级的审美追求 　**C 在学术上没有确切的定义（✓）** 　D 受到中国宋明美学的启发	1 미니멀리즘에 관하여 다음 중 정확한 것은? 　A 참신한 스타일의 주장이다 　B 더욱 고급스러운 심미적 추구이다 　**C 학술적으로 확실한 정의가 없다（✓）** 　D 중국 송나라와 명나라 미학의 영감을 받았다
2 现在极简设计产品畅销的原因是什么？ 　A 经济形势严峻 　B 市场的优胜劣汰 　C 商家引导消费者追求潮流 　**D 人们厌倦了繁复的价值取向（✓）**	2 지금 미니멀리즘 디자인 제품이 잘 팔리는 원인은 무엇인가? 　A 경제 상황이 심각하다 　B 시장의 우승열패 　C 상점이 소비자가 트렌드를 추구하도록 이끈다 　**D 사람들은 복잡한 가치 지향에 질렸다（✓）**
3 在现代设计领域，极简主义的处境如何？ 　A 被边缘化了 　B 被过度吹捧 　**C 处于主流位置（✓）** 　D 受青年设计师欢迎	3 현대 디자인 분야에서 미니멀리즘의 상황은 어떠한가? 　A 비주류화되었다 　B 과도하게 치켜세워진다 　**C 주류적 위치에 있다（✓）** 　D 젊은 디자이너에게 인기 있다
4 那些成功的极简设计产品给了我们什么启示？ 　A 朴素是美德 　B 产品功能应简单 　**C 产品工艺要精益求精（✓）** 　D 设计要避免画蛇添足	4 성공적인 미니멀리즘 디자인 제품들은 우리에게 어떤 깨우침을 주었는가? 　A 소박함이 미덕이다 　B 제품 기능은 단순해야 한다 　**C 제품 공예는 더 잘하려고 애써야 한다（✓）** 　D 디자인은 쓸데없는 짓을 하는 걸 피해야 한다
5 现代人为什么拥护极简主义？ 　A 消费更有节制 　B 买不起奢侈品 　C 对未来感到茫然 　**D 忙碌的生活让人疲惫（✓）**	5 현대인은 왜 미니멀리즘을 옹호하는가? 　A 소비에 더욱 절제가 있어서 　B 사치품을 살 수 없어서 　C 미래에 대해 막연함을 느껴서 　**D 바쁜 생활이 사람을 지치게 만들어서（✓）**

해설

1 대화①에서 진행자가 미니멀리즘의 역사와 변천에 대해 물어보자, 게스트는 '极简主义并没有明确的学术界定'이라며 미니멀리즘은 명확한 학술적 정의가 없다고 대답합니다. 따라서 정답은 C 在学术上没有确切的定义입니다. 녹음에서 '明确的学术界定'이 들리고, 선택지의 '确切的定义'가 정답이 된 문제입니다.

2 대화②에서 진행자는 미니멀리즘 디자인이 부상한 원인을 물었고, 문제의 질문은 미니멀리즘 디자인 제품이 잘 팔리는 원인을 묻고 있습니다. 진행자의 질문이 곧 문제의 질문이 되었습니다. 게스트는 '更多的是一种价值取向，……，每当对繁复厌倦的时候，就是简洁美学萌芽之际'라며, 가치 지향을 언급하면서 번잡함에 질릴 때마다 미니멀리즘이 유행한다는 뉘앙스로 대답했습니다. 따라서 정답은 D 人们厌倦了繁复的价值取向입니다.

3 대화③에서 진행자는 미니멀리즘 디자인이 전체 시장에서 어떤 위치에 있는지를 물었고, 문제의 질문은 미니멀리즘의 상황을 묻고 있습니다. 진행자의 질문과 3번 문제가 근본적으로 같은 내용을 묻고 있습니다. 게스트는 '在现代主义设计中应该是处于主流位置的'라고 답하며, 미니멀리즘이 모더니즘 디자인 중에서 주류적 위치에 있다고 했습니다. 따라서 정답은 C 处于主流位置입니다.

4 대화④에서 진행자가 미니멀리즘 디자인의 발전 추세를 묻자, 게스트는 '由于材料和工艺方面的进步，未来的极简主义还将在提升品质感的道路上不断前行'이라고 답하면서, 재료와 공예의 발전으로 미래 미니멀리즘은 품질감 향상을 위해 계속 나아갈 것이라고 답했습니다. 이는 꾸준한 노력이 필요하다는 것을 뜻하기도 합니다. 따라서 정답은 C 产品工艺要精益求精입니다. '精益求精'은 6급에서 자주 보이는 성어이므로 암기해 둡니다.

5 대화⑤에서 진행자가 질문한 '受到大众的接受和青睐' 부분과 5번 문제의 질문인 '现代人为什么拥护'는 서로 같은 맥락으로 볼 수 있습니다. 게스트는 '极简主义的美学对奔波劳碌中的大众是有治愈效果的，拥护者的增长也是意料中的'라고 답하면서, 바쁘게 일하는 사람들에게 미니멀리즘 미학이 치유 효과가 있다고 했고, 이것이 미니멀리즘 옹호자가 증가하는 이유라고 밝혔습니다. 따라서 정답은 D 忙碌的生活让人疲惫입니다.

선택지 단어	◆ 崭新 zhǎnxīn 형 참신하다, 아주 새롭다	风格 fēnggé 명 풍격, 스타일	审美追求 shěnměi zhuīqiú 심미적 추구 *审美 동 심미하다	确切 quèqiè 형 확실하다	定义 dìngyì 명 정의(=界定 jièdìng)	受到启发 shòudào qǐfā 영감을 받다	宋明 Sòng Míng 명 송명, 송나라와 명나라	经济形势 jīngjì xíngshì 경제 상황	严峻 yánjùn 형 심각하다, 가혹하다	优胜劣汰 yōushèng-liètài 성 우승열패하다, 강한 자는 살아남고 약한 자는 도태되다	商家 shāngjiā 명 상점	引导 yǐndǎo 동 인도하다, 이끌다	消费者 xiāofèizhě 명 소비자 *消费 동 소비하다	追求潮流 zhuīqiú cháoliú 트렌드를 추구하다 *潮流 명 시대의 추세, 트렌드	厌倦 yànjuàn 동 싫증 나다, 질리다	繁复 fánfù 형 복잡하다 *繁 형 복잡하다	价值取向 jiàzhí qǔxiàng 가치 지향[어떤 가치에 뜻이 쏠려 향하는 것]	边缘化 biānyuánhuà 동 비주류화하다, 주류에서 밀려나다	过度 guòdù 형 과도하다, 지나치다	吹捧 chuīpěng 동 치켜세우다	处于 chǔyú 동 ~(어떤 위치)에 있다	主流位置 zhǔliú wèizhì 주류적 위치	受欢迎 shòu huānyíng 환영을 받다, 인기 있다	设计师 shèjìshī 명 디자이너 *设计 동 설계하다, 디자인하다	朴素 pǔsù 형 (색깔·디자인이) 소박하다, 화려하지 않다	美德 měidé 명 미덕, 좋은 품성	产品 chǎnpǐn 명 제품	简单 jiǎndān 형 간단하다, 단순하다 *简 형 단순하다	工艺 gōngyì 명 공예	精益求精 jīngyìqiújīng 성 훌륭하지만 더 완벽을 추구하다, 더 잘하려고 애쓰다	避免 bìmiǎn 동 피하다	画蛇添足 huàshétiānzú 성 뱀을 그리는데 다리를 그려 넣다, 쓸데없는 짓을 하다	节制 jiézhì 동 절제하다	奢侈品 shēchǐpǐn 명 사치품	未来 wèilái 명 미래	茫然 mángrán 형 막연하다	忙碌 mánglù 형 바쁘다, 눈코 뜰 새 없다	疲惫 píbèi 형 (몹시) 피로하다, 지치다
지문 단어	◆ 看待 kàndài 동 대하다, 보다	极简主义 jíjiǎnzhǔyì 미니멀리즘[단순함을 추구하는 예술 및 문화 사조, 최소주의라고도 함]	讲述 jiǎngshù 동 서술하다, 이야기하다	历史发展 lìshǐ fāzhǎn 역사 발전	演变 yǎnbiàn 동 변천하다, 변화 발전하다	理论界 lǐlùnjiè 명 이론 분야	明确 míngquè 형 명확하다	界定 jièdìng 동 정의를 내리다, 범주를 정하다 명 정의	反映 fǎnyìng 동 반영하다	审美态度 shěnměi tàidu 심미적 태도	仅仅 jǐnjǐn 부 단지, 다만	视觉 shìjué 명 시각	尽管 jǐnguǎn 접 비록 ~하지만	构成认知 gòuchéng rènzhī 인식을 형성하다 *认知 동 인지하다, 인식하다	大众 dàzhòng 명 대중	一般而言 yìbān'éryán 일반적으로 (말하자면)	删繁就简 shānfán-jiùjiǎn 성 번잡한 곳을 삭제하여 간단하게 하다, 군더더기를 없애다	保留 bǎoliú 동 보존하다	要素 yàosù 명 요소	讲究 jiǎngjiu 동 중요시하다, 신경을 쓰다	纯粹 chúncuì 형 순수하다	形式 xíngshì 명 형식	特征 tèzhēng 명 특징	特定 tèdìng 형 특정한	联系 liánxì 동 연결하다	宋代 Sòngdài 고유 송대, 송나라 시대	瓷器 cíqì 명 자기	明式的家具 Míngshì de jiājù 명식의 가구 *明式 명식, 명나라식	其实 qíshí 부 사실	相去不远 xiāngqùbùyuǎn 서로 멀리 떨어져 있지 않다, 크게 다르지 않다	只不过 zhǐbúguò 부 단지 ~일 뿐이다	并未 bìngwèi 부 결코 ~한 적이 없다	领域 lǐngyù 명 영역, 분야	产生影响 chǎnshēng yǐngxiǎng 영향을 미치다	全球 quánqiú 명 전 세계
	◆ 风潮 fēngcháo 명 (시대의) 풍조, 트렌드	重新 chóngxīn 부 다시, 재차	崛起 juéqǐ 동 굴기하다, 부상하다	不是A，更多的是B búshì A, gèng duō de shì B A가 아니라, B에 더 가깝다	固化 gùhuà 동 응고되다, 특정되다	创造 chuàngzào 동 창조하다, (새롭게) 만들다	流派 liúpài 명 유파, 장르	总是 zǒngshì 부 항상, 늘, 언제나	周而复始 zhōu'érfùshǐ 성 한 바퀴 돌고 다시 시작하다, 끊임없이 순환하다	不断 búduàn 부 부단히, 끊임없이	简洁美学 jiǎnjié měixué 간결함의 미학	萌芽 méngyá 동 (사물이) 싹트다, 막 발생하다	之际 zhījì 명 (일이 발생한) 때

- ◆ 整个 zhěnggè 형 전체의, 모든 | 地位 dìwèi 명 지위, 위치 | 现代主义 xiàndài zhǔyì 명 모더니즘[근대적인 감각을 나타내는 예술의 경향] | 尽可能 jǐnkěnéng 부 가능한 한, 최대한 | 作为 zuòwéi 동 ~으로 삼다 | 原则 yuánzé 명 원칙

- ◆ 发展趋势 fāzhǎn qūshì 발전 추세 | 不等于 bù děngyú ~와 같지 않다, ~한 것은 아니다 | 简陋 jiǎnlòu 형 초라하다, 빈약하다, 보잘것없다 | 看似 kànsì 동 ~해 보이다 | 造型 zàoxíng 명 조형[만들어 낸 물체의 형상] | 背后 bèihòu 명 배후, 뒤 | 不可理喻 bùkě-lǐyù 성 이치로 이해시킬 수 없다, 말도 안 되다 | 细部 xìbù 명 세부, 세밀한 부분 | 材料 cáiliào 명 재료 | 提升品质感 tíshēng pǐnzhìgǎn 품질감을 높이다[품질감: 물건 따위의 품질에 대한 인식이나 느낌] | 前行 qiánxíng 동 (앞으로) 나아가다

- ◆ 青睐 qīnglài 명 특별한 주목, 호감 | 热闹 rènao 형 떠들썩하다, 시끌벅적하다 | 希望 xīwàng 동 희망하다, 바라다 | 安静 ānjìng 형 조용하다 | 奔波劳碌 bēnbō láolù 분주하게 일하다 *奔波 동 바쁘게 뛰어다니다, 분주하다 | 治愈 zhìyù 동 치유하다 | 效果 xiàoguǒ 명 효과 | 拥护者 yōnghùzhě 명 옹호자 *拥护 동 옹호하다, 지지하다 | 增长 zēngzhǎng 동 늘어나다, 증가하다 | 意料中 yìliào zhōng 예상했던 일이다(=意料之中) *意料 동 예상하다, 짐작하다 | 畅销 chàngxiāo 형 잘 팔리다 | 处境 chǔjìng 명 처지, (처해 있는) 상황 | 启示 qǐshì 명 계시, 깨우침

② 내공이 쌓이는 시간

현실적으로 인터뷰 내용을 100% 알아듣기는 어렵습니다. 따라서 게스트의 인터뷰 흐름을 잡아서 듣는 것이 중요합니다. 게스트는 답변할 때, 보통 '중심 문장'에서 '뒷받침 문장' 순으로 말을 전개해 나갑니다. 여기서 말하는 '중심 문장'은 사물을 소개하거나 관점을 이야기하는 부분으로, 글의 중심(中心)에 해당합니다. 또한 '뒷받침 문장'은 '중심'에 대한 구체적인 설명 부분입니다. 뒷받침 문장에서 자주 등장하는 단어를 제대로 파악하면, 이야기의 전체 흐름을 유추할 수 있습니다.

출제 포인트 1   시간의 흐름을 나타내는 유형   🎧 4-13

듣기 제2부분은 대부분 진행자가 게스트를 초대하여, 그의 경험을 중심으로 시간의 흐름에 따라 이야기가 전개된다. 따라서 시간의 흐름을 나타내는 단어를 기억해 두면 이야기하고 있는 사건이 언제 발생한 것인지 빠르게 알 수 있다.

유형 1

핵심 구조

一开始/刚开始/起初/最初 ➡ 后来 ➡ 现在
　　　　처음에는　　　　　　나중에　　지금

刚开始我学习打羽毛球的时候感觉非常辛苦，偷懒、不想练；**后来**练着练着觉得它能锻炼人的反应能力，所以逐渐爱上了这项运动；**现在**我成为了一名专业运动员，要特别感谢我的启蒙老师。	**처음에** 제가 배드민턴을 배울 때는 너무 힘들어서 꾀를 부리고 연습하기 싫어했어요. **나중에** 연습하다 보니 배드민턴이 사람의 반응 능력을 키우는 것 같았습니다. 그래서 점점 이 운동을 좋아하게 됐지요. **지금** 저는 프로 선수가 되었어요. (배드민턴을) 전수해 주신 선생님께 특히 감사드립니다.

◆ 辛苦 xīnkǔ 형 고생스럽다, 고되다, 힘들다 | 偷懒 tōulǎn 동 게으름을 피우다, 꾀를 부리다 | 锻炼 duànliàn 동 단련하다, (능력을) 키우다 | 逐渐 zhújiàn 부 점점, 점차 | 项 xiàng 양 가지, 항목, 조항 | 专业运动员 zhuānyè yùndòngyuán 프로 선수 *专业 형 전문의, 프로의 | 启蒙 qǐméng 동 (기초 지식을) 전수하다

유형 2

핵심 구조

以前 → 如今/现在/今天
이전, 예전   지금

以前的教育模式，注重知识的传授，注重专业体系的完整性。如今情况完全不一样了，人们在网上可以获取任何知识。	이전 교육 모델은 지식의 전수에 중점을 두고 전문적인 시스템의 완전성에 중점을 뒀어요. 지금은 상황이 완전히 달라졌죠. 사람들은 인터넷에서 어떤 지식도 얻을 수 있습니다.

◆ 教育模式 jiàoyù móshì 교육 모델 | 注重 zhùzhòng 동 중시하다, 중점을 두다 | 传授 chuánshòu 동 (지식·기술을) 전수하다 | 专业体系 zhuānyè tǐxì 전문적인 시스템 *体系 명 체계, 시스템 | 完整性 wánzhěngxìng 명 완전성 | 情况 qíngkuàng 명 상황 | 获取知识 huòqǔ zhīshi 지식을 얻다

출제 포인트 2 틀린 내용을 고르는 유형　🎧 4-14

대화할 때는 상대방이 이해하기 쉽게 말하는 것이 중요하다. 따라서 본인의 생각을 말할 때 '첫째는(우선은) ~이고, 둘째는(그다음은) ~이다'의 형식으로 자주 말한다. 이렇게 여러 상황을 연달아 나열할 때 틀린 내용을 고르는 문제 유형이 많이 출제된다.

유형 1

핵심 구조

首先 → 其次 → 最后/另外/此外/还有
첫째는   둘째는   마지막은, 그 외에

首先要按照年龄段选择优质读物，其次，家长要以身作则，言传身教，营造良好的阅读氛围。	첫째는 연령대에 따라 양질의 도서를 선택해야 하고, 둘째는 학부모가 솔선수범하고 말과 행동으로 가르쳐서 좋은 독서 분위기를 조성해야 합니다.

◆ 按照 ànzhào 전 ~에 따라, ~대로 | 年龄段 niánlíngduàn 명 연령대 | 选择 xuǎnzé 동 선택하다, 고르다 | 优质 yōuzhì 형 양질의, 우수한 품질의 | 读物 dúwù 명 도서, 읽을거리 | 以身作则 yǐshēn-zuòzé 성 솔선수범하다 | 言传身教 yánchuán-shēnjiào 성 말로도 전수하고 몸소 행동으로 가르치다, 말과 행동으로 가르치다 | 营造氛围 yíngzào fēnwéi 분위기를 조성하다 | 良好 liánghǎo 형 양호하다, 좋다 | 阅读 yuèdú 동 (책을) 읽다, 독서하다

> **Tip** 위와 같은 인터뷰 대화가 나오면, 실제 문제로는 '언급하지 않은 것(没有提到的)'을 자주 출제합니다. 녹음을 들으며 선택지에서 정답을 고를 때, 여러 개의 선택지가 동시에 들린다면 언급하지 않은 것을 묻는 문제일 때가 많습니다.

유형 2

핵심 구조

一是/第一 → 二是/第二 → 第三/再者 → 另外
첫 번째는   두 번째는   세 번째는   그 외에

我认为以下几点会成为趋势：第一个是节能，如果你的家居产品和你的智能手机连上的话，你可以在快到家时提前把空调打开，而不是一直开着浪费电。第二个方面是安全性，你不在家里的时候，这些家居产品能够比较智能地保护你的居住环境。第三个方面就是比较有新意的东西了，比如有的产品能把语音和网络连接起来，如果你家里没鸡蛋了，你只要对着这个终端说"我要买鸡蛋"，它便会捕捉到鸡蛋这个关键词，并帮你下单。	저는 다음의 몇 가지가 추세가 될 거라고 봅니다. **첫 번째는** 에너지 절약으로, 만약 당신의 홈 제품이 당신의 스마트폰과 연결된다면, 당신은 곧 집에 도착할 때 미리 에어컨을 틀 수 있어요. 계속 틀어 놓고 전기를 낭비하는 것이 아니고요. **두 번째** 방면은 안전성으로, 당신이 집에 없을 때, 이러한 홈 제품은 비교적 스마트하게 당신의 거주 환경을 보호할 수 있습니다. **세 번째** 방면은 바로 비교적 새로운 의미가 있는 것으로, 예를 들어 어떤 제품은 음성과 인터넷을 연결할 수 있어서, 만일 당신 집에 달걀이 떨어졌다면, 당신은 이 단말기에 대고 '나는 달걀을 살 거야'라고 말하기만 하면, 그것은 달걀이라는 키워드를 포착하고서, 당신 대신 주문할 것입니다.

◆ 趋势 qūshì 몡 추세 | 节能 jiénéng 동 에너지를 절약하다 | 家居产品 jiājū chǎnpǐn 홈 제품 | 智能手机 zhìnéng shǒujī 몡 스마트폰 *智能 형 스마트하다 | 连 lián 동 이어지다, 연결되다 | 提前 tíqián 동 (예정된 시간을) 앞당기다, 미리 ~하다 | 空调 kōngtiáo 몡 에어컨 | 打开 dǎkāi 동 (스위치를) 켜다, 틀다 | 一直 yìzhí 부 계속, 줄곧 | 浪费电 làngfèi diàn 전기를 낭비하다 | 安全性 ānquánxìng 몡 안전성 | 保护 bǎohù 동 보호하다 | 居住环境 jūzhù huánjìng 거주 환경 | 新意 xīnyì 몡 새로운 의미 | 比如 bǐrú 접 예를 들어 | 语音 yǔyīn 몡 (언어의) 음성 | 网络 wǎngluò 몡 인터넷 | 连接 liánjiē 동 연결하다 | 鸡蛋 jīdàn 몡 달걀 | 终端 zhōngduān 몡 단말기 | 捕捉 bǔzhuō 동 포착하다 | 关键词 guānjiàncí 몡 키워드 | 下单 xiàdān 동 주문하다

> **Tip** 이렇게 여러 가지 장점이나 추세를 열거하는 내용이 들리면, 실제 문제는 아래와 같이 '不是'를 이용한 문제를 출제합니다. 위의 녹음 지문 내용을 보면, 아래 선택지에서 A 更便捷만 언급되지 않았습니다.
>
> 문제)
> A 更便捷 더욱 간편하다 (✓)
> B 节约能源 에너지를 절약한다
> C 富有新意 새로운 의미가 풍부하다
> D 确保居家安全 거주 안전을 확보한다
>
> 问: 根据对话，下列哪项**不是**智能家居的发展趋势?
> 질문: 이 대화에 근거하여, 다음 중 스마트홈의 발전 추세가 아닌 것은?
>
> ◆ 智能家居 zhìnéng jiājū 스마트홈[가전제품을 비롯한 집안의 모든 장치를 연결해 제어하는 기술] | 便捷 biànjié 형 간편하다 | 节约能源 jiéyuē néngyuán 에너지를 절약하다(=节能) | 富有 fùyǒu 동 풍부하다 | 确保 quèbǎo 동 확보하다, 확실히 보장하다 | 居家 jūjiā 동 집에서 거주하다

유형 3

핵심 구조

有两个 ➡ 一个是 ➡ 另(外)一个是
두 가지가 있다 하나는 다른 하나는

电影**有两个**特点是小屏幕无法取代的，**一个是**放大，电影有人道性，人道精神是由放大来承担的。**另外一个特点是**聚众，电影有剧场效果，有仪式感，是在黑暗中的集体观看，也是小屏幕取代不了的。

영화에는 작은 스크린이 대체할 수 없는 **두 가지** 특징이 있습니다. **하나는** 확대입니다. 영화에는 인간성이 있고 휴머니즘은 확대가 담당합니다. **또 다른 하나의 특징은** 많은 사람을 모으는 것입니다. 영화에는 극장 효과와 의식감이 있으며, 어둠 속에서 단체관람하는 것도 작은 스크린이 대체할 수 없습니다.

◆ **电影** diànyǐng 명 영화 | **屏幕** píngmù 명 스크린 | **无法** wúfǎ 동 ~할 수 없다 | **取代** qǔdài 동 대체하다 | **放大** fàngdà 동 확대하다 | **人道性** réndàoxìng 명 인간성 | **人道精神** réndào jīngshén 휴머니즘 | **由** yóu 전 ~이, ~가 | **承担** chéngdān 동 맡다, 담당하다 | **聚众** jùzhòng 동 많은 사람을 모으다 | **剧场效果** jùchǎng xiàoguǒ 극장 효과[영화나 연극 등이 불러일으키는 관객의 심리적 반응] | **仪式感** yíshìgǎn 명 의식감, 리추얼(Ritual)[규칙적으로 행하는 의식과 절차, 의례적인 일] | **黑暗** hēi'àn 형 어둡다 | **集体观看** jítǐ guānkàn 단체관람

> **Tip** '有两个' 혹은 '有两种'이 들리면, 뒤에는 하나씩 설명하는 내용이 나옵니다. 이 외에도 '一方面'이 들리면 뒤에서는 '(另)一方面'이 나오므로, 들을 때 끊어서 듣는 연습을 해야 합니다. 보통 문제는 둘 중에 맞는 내용 하나를 물어보기도 합니다.

실력 확인하기   듣기 | 제2부분

녹음 속 질문에 알맞은 답을 고르세요. 🎧 4-15

1. A 发射火箭
   B 评估空间站
   C 建设宇宙中心
   D 记录航空数据

2. A 人员更多
   B 速度更快
   C 体积更大
   D 操作面板更简易

3. A 人手不够
   B 提高实验深度
   C 派人员参与学习
   D 满足空间站的资源

4. A 出舱训练
   B 游泳训练
   C 跑步运动
   D 实用技术

5. A 空间站严重缺水
   B 神州十五号发射失败了
   C 航天员要有自我保护能力
   D 航天员必须职业飞行员出身

6. A 源远流长
   B 前景堪忧
   C 明代发展到极盛
   D 是中国四大民间艺术之一

7. A 臂力过人
   B 能制作木偶
   C 有良好的文化修养
   D 能表现木偶的性情

8. A 抖肩
   B 蹬腿
   C 晃膝盖
   D 上下翻腾

9. A 提高票房
   B 培养新人
   C 突出木偶特点
   D 运用新的舞台设备

10. A 控制表演节奏
    B 申报世界文化遗产
    C 增加和观众的互动
    D 定期举办木偶展览

독해 阅读

제4부분

문제 유형과 전략

독해 제4부분은 지문을 읽고 질문에 알맞은 답을 고르면 된다. 문제는 81번부터 100번까지, 모두 20문제가 출제된다. 독해 제4부분에 나오는 지문은 총 5개로, 지문 한 개당 4문제가 출제된다. 배점은 한 문제당 2점이다. 지문마다 내용과 관련된 그림이 있고, 중국 관련 지식이나 일반 상식을 전달하는 설명문 위주로 출제된다. 최근 중국 관련 지식의 비중이 높아지고 있으니, 교재의 중국 관련 배경지식을 꼭 읽어본다.

이렇게 풀어봐요

1. **문제를 먼저 읽는다.** 문제는 거의 순서대로 풀리므로 4문제를 모두 미리 읽어 둘 필요는 없다. '81번 문제 읽기 ➡ 지문에서 81번 정답 찾기 ➡ 82번 문제 읽기 ➡ 지문에서 82번 정답 찾기……'와 같이 지문과 번갈아 보며 한 문제 씩 정답을 찾아 간다.

2. **세부 내용을 묻는 질문이 나오면 바로 지문으로 간다.** 의문사를 사용해 원인 또는 목적 등을 구체적으로 묻는 문제는 선택지를 보지 않고 질문만 기억한 후, 바로 지문으로 가서 관련 내용을 찾는다. 만약 질문에 '…为什么?' 또는 '…为了什么?'가 있는데 선택지를 모두 읽고 지문을 보려 하면 대부분 선택지 내용을 잊어버리게 된다. 따라서 굳이 선택지를 보며 시간을 소모할 필요가 없다.

3. **맞는 내용을 묻는 질문이 나오면 선택지를 미리 본다.** 지문과 일치하는 내용을 찾는 문제는 선택지를 미리 본 후에 지문으로 가서 관련 내용을 찾는다. 만약 질문에 '根据上文，下列哪项正确?', '关于胡杨树叶，可以知道什么?'가 나오면, 질문 자체에는 아무런 정보가 없으므로 선택지를 미리 보고 내용을 파악한 후에 지문에서 키워드 중심으로 일치하는 내용을 찾는다.

4. **모르는 단어(生词)에 겁먹지 않는다.** 독해 제4부분에 나오는 단어들은 HSK 6급 필수 단어의 범위를 넘어서 출제된다. 따라서 아무리 단어를 많이 안다 해도 모르는 단어가 있을 수 있다. 모르는 단어는 앞뒤 문맥으로 그 의미를 유추하거나, 단어 중 한 글자만 가지고도 뜻을 유추하는 연습을 해야 한다. 가령 '崭新'은 '新'이라는 한 글자(字)로 의미를 유추하면 된다. 문제 풀이에 필요 없는 단어는 과감히 넘긴다.

5. **답안 마킹은 한 지문이 끝나면 바로 한다.** 독해 영역은 50문제를 50분 안에 풀고 답안 마킹까지 해야 한다. 따라서 독해 제4부분은 한 지문당 총 4분을 넘기지 않아야 한다. 독해 영역 시간이 끝나면 바로 시험지를 회수해 가므로, 시험 시간이 5분 남았다는 방송을 들었을 때 마킹을 하면 심리적으로 불안해져 실수할 확률이 높아진다. 따라서 독해 제4부분은 한 지문을 풀고 나서 바로 마킹을 해야한다. IBT는 컴퓨터에 바로 답을 체크할 수 있다.

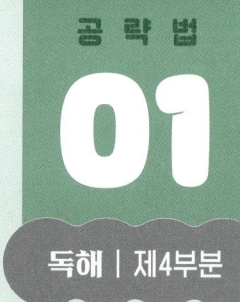

Day 19

'문제→지문→선택지' 순서로 접근한다

독해 | 제4부분

독해 제4부분에서 가장 많이 출제되는 문제는 의문사를 포함하여 구체적으로 물어보는 유형입니다. 이런 문제가 나오면 선택지를 미리 보지 않고 질문만 기억한 뒤, 바로 해당 지문으로 갑니다. 지문을 속독하면서 질문이 있는 부분을 찾은 후, 그 부분을 정독합니다. 그런 다음 선택지를 보면서 정답을 찾아야 합니다.

1 문제가 보이는 시간

예제

　　春秋时期，按照鲁国法律规定，如果有人将在国外沦为奴隶的鲁国人赎回，国家会把其所出的赎金全部返还给他。鲁国有个叫子贡的人，他不仅是孔子最富才华的弟子，也是一个成功的生意人。有一次，他在国外赎回了一个沦为奴隶的鲁国人，但回国后谢绝了国家返还的赎金。

　　子贡有一定的经济实力，那笔赎金对他来说根本算不了什么，更重要的是，他是孔子的学生，受到了孔子的道德感化，所以他才会拒收国家返还的赎金。他本以为孔子知道这件事后会对他赞赏有加，不料孔子却说："子贡，你不应该这样做。你若拿了国家返还的赎金，并不会损害你行为的价值；但你不拿，就破坏了国家那条代偿赎金的好法律。所以，你开了一个不好的头，从今以后，鲁国人不会再帮沦为奴隶的本国同胞赎身了。"

　　孔子认为，如果人人都以子贡为榜样，认为不领赎金是高尚的做法，领取赎金却是可耻的，那么为同胞赎身的人就会越来越少。因为大多数人的财力比不上子贡，无法不在乎赎金，如果不能向国家要回这笔钱，他们自己的生活可能会受到重大影响；而对于那些有经济实力的人来说，他们可能没有子贡那么高的道德品质，不愿意白白损失这笔钱。如此一来，即便看到沦为奴隶的同胞，大多数鲁国人也会放弃为他们赎身。

　　事实上，鲁国那条代偿赎金的法律立意，是想让每个人都可以在有机会的时候，**惠而不费**地去做一件功德无量的大好事，因为人们只是付出了同情心，其它方面毫无损失。因为国家制定法律的目的并不是要人们去做损己利人的牺牲，而是乐于做无损于己但却有利于人的好事。

1 子贡将同胞赎回后：
  A 被鲁国人当成了英雄
  B 忘了去要返还赎金
  C 谢绝了国家返还的赎金
  D 得到了同门师兄弟的赞许

2 孔子认为子贡的行为：
  A 很虚伪
  B 不应该被肯定
  C 体现了儒家的思想
  D 为鲁国人树立了好榜样

3 孔子认为，富人不愿意拿钱去救同胞的原因是：
  A 道德水平不高
  B 怕被孔子谴责
  C 担心国家没钱偿还
  D 生活会受到重大影响

4 第四段中划线成语"惠而不费"是什么意思？
  A 做事不费功夫
  B 不浪费一分钱
  C 帮助别人又能使自己受惠
  D 帮助他人又无损自己的利益

해설

STEP 1-① 지문 읽기

春秋时期，按照鲁国法律规定，如果有人将在国外沦为奴隶的鲁国人赎回，国家会把其所出的赎金全部返还给他。鲁国有个叫子贡的人，他不仅是孔子最富才华的弟子，也是一个成功的生意人。¹有一次，他在国外赎回了一个沦为奴隶的鲁国人，但回国后谢绝了国家返还的赎金。

→ **1번 정답 힌트** 국가의 반환금을 사절했다고 말하고 있으므로, 정답은 C 谢绝了国家返还的赎金입니다.

STEP 2-① 지문 읽기

子贡有一定的经济实力，那笔赎金对他来说根本算不了什么，更重要的是，他是孔子的学生，受到了孔子的道德感化，所以他才会拒收国家返还的赎金。他本以为孔子知道这件事后会对他赞赏有加，²不料孔子却说："子贡，你不应该这样做。你若拿了国家返还的赎金，并不会损害你行为的价值；但你不拿，就破坏了国家那条代偿赎金的好法律。所以，你开了一个不好的头，从今以后，鲁国人不会再帮沦为奴隶的本国同胞赎身了。"

→ **2번 정답 힌트** 공자가 자공(子贡)의 행동에 대해 부정적인 의견을 나타내고 있습니다. 따라서 정답은 B 不应该被肯定입니다.

STEP 3-① 지문 읽기

孔子认为，如果人人都以子贡为榜样，认为不领赎金是高尚的做法，领取赎金却是可耻的，那么为同胞赎身的人就会越来越少。因为大多数人的财力比不上子贡，无法不在乎赎金，如果不能向国家要回这笔钱，他们自己的生活可能会受到重大影响；³而对于那些有经济实力的人来说，他们可能没有子贡那么高的道德品质，不愿意白白损失这笔钱。如此一来，即便看到沦为奴隶的同胞，大多数鲁国人也会放弃为他们赎身。

→ **3번 정답 힌트** 문제의 '富人'이 지문에서 '有经济实力的人'으로 나왔습니다.

事实上，鲁国那条代偿赎金的法律立意，是想让每个人都可以在有机会的时候，**惠而不费**地去做一件功德无量的大好事，因为人们只是付出了同情心，其它方面毫无损失。因为国家制定法律的目的并不是要人们去做损己利人的牺牲，<u>⁴而是乐于做无损于己但却有利于人的好事</u>。

> **STEP 1** 문제만 읽기
>
> 세부 내용을 묻는 문제는 선택지를 보지 말고 질문(子贡将同胞赎回后)만 기억하여 지문으로 갑니다.

1. 子贡将同胞赎回后：
   - A 被鲁国人当成了英雄
   - B 忘了去要返还赎金
   - ✓ 谢绝了国家返还的赎金
   - D 得到了同门师兄弟的赞许

   STEP 1-② 정답 고르기

> **STEP 2** 문제 읽기
>
> 세부 내용을 묻는 문제입니다. 지문에서 자공(子贡)의 행위에 대한 공자의 생각을 언급한 부분을 찾습니다.

2. 孔子认为子贡的行为：
   - A 很虚伪
   - ✓ 不应该被肯定
   - C 体现了儒家的思想
   - D 为鲁国人树立了好榜样

   STEP 2-② 정답 고르기

> **STEP 3** 문제만 읽기
>
> 세부 내용을 묻는 문제는 선택지를 보지 말고 질문만 기억해서 지문을 읽습니다.

3. 孔子认为，富人不愿意拿钱去救同胞的原因是：
   - ✓ 道德水平不高
   - B 怕被孔子谴责
   - C 担心国家没钱偿还
   - D 生活会受到重大影响

   STEP 3-② 정답 고르기

   > **Tip** 이 문제는 학생들이 가장 많이 틀리는 문제입니다. 지문에서 선택지 D 生活会受到重大影响의 내용이 그대로 나와서 학생들이 오답으로 많이 고릅니다. 이 문제는 질문에서 '부자(富人)'의 생각을 물어봤고, D는 대다수 사람(大多数人)의 생각이므로 D는 오답입니다.

> **STEP 4** 문제 읽고 정답 고르기
>
> 밑줄 친 성어의 의미를 묻는 문제입니다. 먼저 단어를 한 '字'씩 보면서 뜻을 유추해 보고, 앞뒤 문맥을 통해 전체 뜻을 유추합니다. '惠而不费'의 '惠'는 '남에게 혜택을 주다', '은혜를 베풀다'라는 의미이고, '费'는 '소비하다'라는 의미입니다. 이를 유추하면 '남에게 혜택을 주면서 소비는 안 한다'라는 의미입니다. 즉, '남을 도와주면서 자신의 이익에는 손해가 나지 않는다'는 뜻이므로 정답은 D 帮助他人又无损自己的利益입니다.

4. 第四段中划线成语"惠而不费"是什么意思？
   - A 做事不费功夫
   - B 不浪费一分钱
   - C 帮助别人又能使自己受惠
   - ✓ 帮助他人又无损自己的利益

   STEP 4-② 정답 고르기

   > **Tip** 독해 제4부분의 밑줄 친 성어는 주로 주제와 관련이 있습니다.

春秋时期，按照鲁国法律规定，如果有人将在国外沦为奴隶的鲁国人赎回，国家会把其所出的赎金全部返还给他。鲁国有个叫子贡的人，他不仅是孔子最富才华的弟子，也是一个成功的生意人。有一次，他在国外赎回了一个沦为奴隶的鲁国人，但回国后谢绝了国家返还的赎金。

子贡有一定的经济实力，那笔赎金对他来说根本算不了什么，更重要的是，他是孔子的学生，受到了孔子的道德感化，所以他才会拒收国家返还的赎金。他本以为孔子知道这件事后会对他赞赏有加，不料孔子却说："子贡，你不应该这样做。你若拿了国家返还的赎金，并不会损害你行为的价值；但你不拿，就破坏了国家那条代偿赎金的好法律。所以，你开了一个不好的头，从今以后，鲁国人不会再帮沦为奴隶的本国同胞赎身了。"

孔子认为，如果人人都以子贡为榜样，认为不领赎金是高尚的做法，领取赎金却是可耻的，那么为同胞赎身的人就会越来越少。因为大多数人的财力比不上子贡，无法不在乎赎金，如果不能向国家要回这笔钱，他们自己的生活可能会受到重大影响；而对于那些有经济实力的人来说，他们可能没有子贡那么高的道德品质，不愿意白白损失这笔钱。如此一来，即便看到沦为奴隶的同胞，大多数鲁国人也会放弃为他们赎身。

事实上，鲁国那条代偿赎金的法律立意，是想让每个人都可以在有机会的时候，**惠而不费**地去做一件功德无量的大好事，因为人们只是付出了同情心，其它方面毫无损失。因为国家制定法律的目的并不是要人们去做损己利人的牺牲，而是乐于做无损于己但却有利于人的好事。

춘추시대 노나라의 법률 규정에 따르면, 만일 누군가가 외국에서 노예가 된 노나라 사람을 돈 주고 구해 오면, 국가는 그가 지불한 몸값 전부를 그에게 되돌려준다. 노나라에 자공(子贡)이라는 사람이 있었는데, 그는 공자의 제자 중 가장 뛰어난 사람이었을 뿐만 아니라 성공한 사업가이기도 했다. 어느 날, 그는 다른 나라에서 노예가 된 노나라 사람을 돈 주고 구해 왔지만 귀국한 후에 국가의 반환금을 사절했다.

자공은 어느 정도의 경제력이 있었기 때문에, 그 돈이 그에게는 별것 아니었다. 더 중요한 것은 그가 공자의 제자이고 공자의 가르침에 감화를 받았기에 국가의 배상금 반환을 거부하였다는 점이다. 그는 원래 공자가 이 사실을 알면 그를 더욱더 칭찬할 줄 알았지만, 뜻밖에도 공자는 말했다. "자공아, 너는 이렇게 하지 않았어야 했다. 만약 국가의 배상금을 받아들였다면 네 행위의 가치를 결코 상하지 않게 했을 것이다. 하지만 네가 받지 않음으로써 국가의 배상금 반환이라는 좋은 법률 조항을 깨뜨리게 되었다. 그래서, 네가 좋지 않은 선례를 남김으로써, 앞으로 노나라 사람은 노예가 된 본국의 동포를 구하려고 돈을 지불하지 않을 것이다."

공자는 만약 사람들이 자공을 모범으로 삼아 보상금을 받지 않은 것이 고상한 행위이며 배상금을 받는 것은 치욕적이라 여긴다면, 동포의 석방을 위해 돈을 쓰는 사람이 갈수록 적어질 것이라 생각했다. 왜냐하면 대다수 사람들의 재력은 자공에 비할 수 없기 때문에 배상금에 연연하지 않을 수 없는데, 만약 국가에게 이 금액을 돌려받을 수 없다면 그들은 자신의 생활에 아마도 심각한 영향을 받게 될 것이다. 반면에 경제력이 있는 사람들의 경우에는, 아마도 자공만큼 높은 도덕성이 없기 때문에 대가 없이 이 금액의 손실을 감내하길 원하지 않을 것이다. 이렇게 되면 노예가 된 동포를 보게 된다 할지라도 대다수의 노나라 사람들은 그들이 노예에서 해방되도록 돈을 쓰는 것을 포기할 것이다.

사실상 노나라의 배상금을 대신 갚아주는 법률의 입법 취지는 모든 사람들이 기회가 있을 때 **남에게 은혜를 베풀면서도 자신에게는 손실이 없는 방식으로** 공덕을 쌓는 좋은 일을 할 수 있게 하려는 것이었다. 왜냐하면 사람들은 동정심만 지불할 뿐 그 외의 다른 손실이 없기 때문이다. 국가가 법을 제정한 목적은 사람들이 타인을 위해 자신을 희생하라는 것이 아니라 자신에게 손해가 되지 않으면서 타인을 이롭게 하는 좋은 일을 기꺼이 하라는 것이기 때문이다.

1 子贡将同胞赎回后：

   A 被鲁国人当成了英雄
   B 忘了去要返还赎金
   C 谢绝了国家返还的赎金（✓）
   D 得到了同门师兄弟的赞许

1 자공은 동포를 구한 다음에

   A 노나라 사람들에게 영웅 대접을 받았다
   B 배상금 청구를 잊었다
   C 국가의 배상금 반환을 사절했다 (✓)
   D 동문 사형제의 칭찬을 받았다

2 孔子认为子贡的行为：
 A 很虚伪
 B 不应该被肯定 (✓)
 C 体现了儒家的思想
 D 为鲁国人树立了好榜样

3 孔子认为，富人不愿意拿钱去救同胞的原因是：
 A 道德水平不高 (✓)
 B 怕被孔子谴责
 C 担心国家没钱偿还
 D 生活会受到重大影响

4 第四段中划线成语"惠而不费"是什么意思？
 A 做事不费功夫
 B 不浪费一分钱
 C 帮助别人又能使自己受惠
 D 帮助他人又无损自己的利益 (✓)

---

2 공자는 자공의 행위가 어떻다고 여기는가
 A 매우 위선적이다
 B 인정받아서는 안 된다 (✓)
 C 유가 사상을 구현했다
 D 노나라 사람들에게 좋은 귀감이 되었다

3 공자가 부자들이 돈을 써 가며 동포를 구하지 않을 것이라고 생각한 이유는
 A 도덕 수준이 높지 않아서 (✓)
 B 공자한테 질책을 받을까 봐
 C 국가가 갚을 돈이 없는 것이 걱정돼서
 D 생활에 심각한 영향을 받을 수 있어서

4 네 번째 단락의 밑줄 친 성어 '惠而不费'는 무슨 뜻인가?
 A 일을 하는 데 힘이 들지 않다
 B 한 푼도 낭비하지 않는다
 C 타인을 돕고 자기도 혜택을 받을 수 있게 된다
 D 타인을 돕고 자신도 손해 보지 않는다 (✓)

지문 단어

◆ 鲁国 Lǔguó 고유 노나라 | 法律 fǎlǜ 명 법률 | 规定 guīdìng 명 규정 | 沦为 lúnwéi 동 ~으로 전락하다, ~이 되다 | 奴隶 núlì 명 노예 | 赎回 shúhuí 동 (대금을 치르고 저당물 또는 인질을) 되찾다 | 赎金 shújīn 명 (저당물을 되찾기 위해) 물어준 돈, (인질의) 몸값, 배상금 | 返还 fǎnhuán 동 되돌려주다, 반환하다 | 子贡 Zǐgòng 고유 자공[인명] | 孔子 Kǒngzǐ 고유 공자[인명] | 才华 cáihuá 명 재능, 재주 | 弟子 dìzǐ 명 제자 | 生意人 shēngyirén 명 상인, 장사꾼, 사업가 | 谢绝 xièjué 동 사절하다, 정중히 거절하다

◆ 经济实力 jīngjì shílì 명 경제력 | 笔 bǐ 양 묶, 건[돈이나 그와 관련된 것에 쓰임] | 根本 gēnběn 부 전혀, 아예 | 算不了什么 suànbuliǎo shénme 아무것도 아니다, 별것 아니다 | 拒收 jùshōu 동 거절하고 받지 않다 | 赞赏有加 zànshǎng yǒu jiā 더욱더 칭찬하다 | 不料 búliào 접 뜻밖에도, 예상외로 | 若 ruò 접 만일, 만약 | 损害 sǔnhài 동 손상시키다, 해치다 | 价值 jiàzhí 명 가치 | 破坏 pòhuài 동 파괴하다, 깨뜨리다 | 代偿 dàicháng 동 대신 갚다 | 开头 kāitóu 동 (일·행동 등을) 처음 시작하다 | 同胞 tóngbāo 명 동포 | 赎身 shúshēn 동 (노비·기녀가) 돈이나 다른 대가를 지불하고 자유를 얻다

◆ 以…为榜样 yǐ……wéi bǎngyàng ~을 본받다 | 领 lǐng 동 수령하다, 받다 | 高尚 gāoshàng 형 고상하다 | 领取 lǐngqǔ 동 받다, 수령하다 | 可耻 kěchǐ 형 수치스럽다, 치욕스럽다 | 财力 cáilì 명 재력 | 比不上 bǐbúshàng 동 비교할 수 없다, 견줄 수 없다 | 不在乎 búzàihu 동 개의치 않다, 신경 쓰지 않다 | 白白 báibái 부 공짜로, 대가 없이 | 损失 sǔnshī 동 손해보다 명 손실, 손해 | 放弃 fàngqì 동 포기하다 | 立意 lìyì 동 구상, 착상 | 惠而不费 huì'érbúfèi 성 남에게 은혜를 베풀면서도 비용이 들지 않다 | 功德无量 gōngdéwúliàng 성 공덕이 무량하다, 공과 덕이 헤아릴 수 없다 | 付出 fùchū 동 들이다, 바치다 | 制定 zhìdìng 동 (법률을) 제정하다 | 损己利人 sǔnjǐlìrén 성 자신에게 손해를 끼치면서 남을 이롭게 하다 | 牺牲 xīshēng 명 희생 | 乐于 lèyú 동 기꺼이 ~하다 | 无损于 wúsǔn yú ~에게 손해를 끼치지 않다

질문 및 선택지 단어

◆ 英雄 yīngxióng 명 영웅 | 赞许 zànxǔ 동 칭찬하며 허락하다 | 虚伪 xūwěi 형 허위적이다, 위선적이다 | 肯定 kěndìng 동 긍정하다, 인정하다 | 体现 tǐxiàn 동 구현하다, 구체적으로 드러내다 | 儒家 Rújiā 명 유가 | 树立榜样 shùlì bǎngyàng 모범을 보이다, 귀감이 되다 | 谴责 qiǎnzé 동 질책하다, 비난하다 | 偿还 chánghuán 동 (진 빚을) 상환하다, 갚다 | 不费功夫 búfèi gōngfu 힘이 들지 않다 | 浪费 làngfèi 동 낭비하다 | 受惠 shòuhuì 동 은혜를 입다, 혜택을 받다 | 利益 lìyì 명 이익

2 내공이 쌓이는 시간

독해 문제를 풀 때 가장 중요한 것은 '얼마나 빠르게 지문에서 답이 있는 부분을 찾느냐'입니다. 특히 독해 제4부분 문제를 풀 때는 글의 세부 내용은 건너뛰면서, 글의 중심만 잡아 읽는 **속독(速读) 비법**을 익혀야 합니다. 평소 동일한 지문을 반복해서 정독하면서 구조를 파악하는 것이 속독의 지름길입니다.

> **Tip** 많은 학생이 독해 문제를 푸는 시간이 부족해서 모의고사 문제를 많이 풀어보려고 하는데, 이는 잘못된 생각입니다. 모의고사 문제는 본 교재를 학습한 후에 HSK 6급 230점대의 내공이 쌓였을 때 풀어보는 것이 좋습니다. 속독은 지문을 10회 정독하는 것이 가장 좋은 방법입니다.

속독 비법 1 문장 부호로 속독한다.

독해 제4부분은 문장부호의 용법을 알면 세부 내용을 일일이 해석하지 않고 건너뛰어도 되는 부분이 눈에 쉽게 드러난다. 이는 속독하는 데 큰 도움이 된다.

1) ; 쌍반점(分号)

쌍반점은 상반되는 내용을 대비시키거나 비슷한 내용을 열거할 때 사용하므로, 글의 흐름을 파악해서 읽지 않아도 되는 곳은 바로 건너뛴다.

与游泳一样，当人们要进入陌生而困苦的环境时，有些人先警惕地探测，以做万全的准备；有些人先一脚踏入那个环境，但仍留许多后路，看着情况不妙，就抽身而返；当然还有些人心存破釜沉舟之念，打定主意，便全身投入，由于急着应付眼前重重的险阻，反倒能忘记许多痛苦。	수영과 마찬가지로 사람들이 낯설고 곤란한 환경에 들어가려 할 때, 어떤 사람들은 먼저 경계심을 갖고 탐색하고, 그렇게 해서 만반의 준비를 한다. 어떤 사람들은 그 환경에 먼저 한 발을 들여놓지만, 여전히 많은 퇴로를 남겨 두어, 상황이 좋지 않은 것을 알아차리면 바로 빠져나와 버린다. 물론 또 어떤 사람들은 마음속에 죽을 각오로 싸움에 임하는 생각을 품고서 결정을 내리고 온몸을 던진다. 눈앞의 많은 어려움에 대처하는 데 급급하다 보면, 오히려 많은 고통을 잊을 수 있기 때문이다.

해설 이 글에서는 총 3가지 유형의 사람들을 쌍반점으로 대비하여 설명하고 있습니다. 쌍반점을 잘 보고 내가 필요한 정보를 빨리 찾아내어 속독하는 습관을 기르고 글의 전체 맥락을 잡는 것이 중요합니다.

단어 陌生 mòshēng 휑 낯설다, 생소하다 | 困苦 kùnkǔ 휑 어렵고 괴롭다, 곤란하다 | 环境 huánjìng 몡 환경 | 警惕 jǐngtì 동 경계하다, 경계심을 갖다 | 探测 tàncè 동 탐색하다, 탐측하다 | 以 yǐ 접 ~하기 위해서, 그렇게 해서 | 万全 wànquán 형 만전을 기하다, 만반의, 조금도 빈틈이 없다 | 脚 jiǎo 몡 발 | 踏 tà 동 밟다, 디디다 | 仍 réng 튀 여전히 | 后路 hòulù 몡 퇴로, 여지 | 情况 qíngkuàng 몡 상황 | 不妙 búmiào 형 좋지 않다 | 抽身 chōushēn 동 빠져 나오다, 벗어나다 | 返 fǎn 동 돌아오다, 돌아가다 | 心存 xīn cún 마음에 품다 | 破釜沉舟 pòfǔ-chénzhōu 셍 파부침주[솥을 깨뜨리고 배를 침몰시키다], 죽음을 각오하고 전투에 임하다, 목표를 위해 끝까지 하기로 결심하다 | 之念 zhī niàn ~한 생각 | 打定主意 dǎdìng zhǔyi 마음을 정하다, 결정을 내리다 | 投入 tóurù 동 투입하다, (온몸을) 던지다 | 急 jí 동 초조하다, 급급하다 | 应付 yìngfu 동 (일·사람에) 대응하다, 대처하다 | 重重 chóngchóng 형 매우 많다 | 险阻 xiǎnzǔ 몡 어려움, 난관 | 反倒 fǎndào 튀 오히려 | 忘记 wàngjì 동 잊다 | 痛苦 tòngkǔ 몡 고통

2) 、 모점(頓号)

모점은 예를 들어 설명하거나 단어 또는 구를 병렬할 때 사용하므로 한 두 개 단어(또는 구)만 읽고 내용을 파악한 후에 건너뛰어도 된다.

> **Tip** 모점(、)으로 열거한 단어 마지막에는 '等+명사' 형태가 많이 보입니다.

同时，二维条形码还**具有**信息存储成本低、可以用便携式识读设备直接读取内容而无须另接数据库、信息一旦存入其中就无法更改、能对被污染的信息进行修复还原等特点。	동시에 QR코드는 또한 정보 저장 비용이 낮고, 휴대용 리더기를 이용해 내용을 직접 읽을 수 있어서 데이터 베이스가 필요 없고, 정보가 일단 저장되면 변경할 수 없으며, 오염된 정보를 원상 복귀시킬 수 있는 등의 특징을 가지고 있다.

해설 '具有'의 목적어는 맨 뒤의 '…等特点(~등의 특징)'입니다. '具有'와 '等特点' 사이의 관형어 부분을 모점(、)으로 열거하고 있다는 것을 빨리 파악하고, 그런 다음 QR코드의 여러 특징들이 있는데 문제와 관련성이 없는 거 같으면 대충 읽고 빠르게 넘어가는 속독이 중요합니다.

단어 二维条形码 èrwéi tiáoxíngmǎ 명 QR코드, 2차원 바코드(=二维码) | 具有 jùyǒu 동 있다, 가지다 | 存储 cúnchǔ 동 저장하다 | 成本 chéngběn 명 원가, 비용 | 便携式识读设备 biànxiéshì shídú shèbèi 휴대용 리더기 *便携式 형 휴대용의, 휴대에 간편한 *识读 동 인식하다 *设备 명 설비, 시설 | 读取 dúqǔ 동 읽다 | 无须 wúxū 부 ~할 필요가 없다 | 接 jiē 동 연결하다 | 存入 cúnrù 동 집어넣다, 저장하다 | 更改 gēnggǎi 동 변경하다, 바꾸다 | 污染 wūrǎn 동 오염시키다, 오염되다 | 修复 xiūfù 동 원상 복구하다 | 还原 huányuán 동 환원하다, 복원하다

속독 비법 2 접속사로 속독한다.

문장과 문장을 연결하는 접속사(但是·所以·而且 등)나 접속부사(就·却·也 등)를 이용해 글의 흐름을 쉽게 파악하면서 속독할 수 있다. 또한 '不是A, 而是B(A가 아니라 B이다)' 구문이 나오면 '不是' 뒷부분이 아닌 '而是' 뒷부분만 읽어도 된다.

长期坚持有氧运动不仅能增强心肺功能，还可以增加体内血红蛋白的数量，增强人体免疫力，增强大脑的工作效率，有效防止动脉硬化，降低心脑血管等疾病的发病率。	유산소 운동을 장기간 지속하면 심폐 기능을 강화할 수 있을 뿐만 아니라, 체내 헤모글로빈의 수를 늘리고 인체 면역력을 강화하고 대뇌의 작업 효율을 높이고 동맥경화를 효과적으로 방지하며 심뇌혈관 등 질환의 발병률도 낮출 수 있다.

해설 이 예문은 전체의 긴 지문 중에서 두 번째 단락의 첫 시작 부분을 가져온 것입니다. '不仅A, 还B(A뿐만 아니라 게다가 B이다)' 구문에서 A 부분은 앞 단락의 내용을 언급하면서 B에 대해 새롭게 이야기하겠다는 의미입니다. 첫 문장의 '长期坚持有氧运动不仅能增强心肺功能'은 장기간 유산소 운동을 지속하면 A(심폐기능을 강화할 수 있을 뿐 아니라)이므로, 앞 단락에서 유산소 운동을 하면 심폐기능을 강화한다는 내용이 있었음을 알 수 있습니다. 이렇게 접속사를 잘 활용하면 글의 앞뒤 내용을 빠르게 파악하여 흐름을 읽어낼 수 있습니다.

단어	坚持 jiānchí 동 (하고 있던 것을) 꾸준히 하다, 지속하다	有氧运动 yǒuyǎng yùndòng 명 유산소 운동	增强 zēngqiáng 동 증강하다, 강화하다	心肺功能 xīnfèi gōngnéng 심폐 기능	增加 zēngjiā 동 증가하다, 늘리다	血红蛋白 xuèhóngdànbái 명 헤모글로빈	数量 shùliàng 명 수량, 수	免疫力 miǎnyìlì 명 면역력	提高效率 tígāo xiàolǜ 효율을 높이다 *提高 동 향상시키다, 높이다	大脑 dànǎo 명 대뇌	有效 yǒuxiào 유효하다, 효과적이다	防止 fángzhǐ 동 방지하다	动脉硬化 dòngmài yìnghuà 명 동맥경화	降低 jiàngdī 동 내리다, 낮추다	心脑血管 xīnnǎoxuèguǎn 명 심뇌혈관	疾病 jíbìng 명 질병, 질환	发病率 fābìnglǜ 명 발병률

독해 阅读

제4부분

속독 비법 3 중심 문장 뒤에 뒷받침 문장이 온다.

설명문에서 글을 써 내려갈 때, 중심 문장을 말한 뒤에는 그 중심 문장을 뒷받침 해주는 문장이 온다. 따라서 미리 흐름을 파악해서 문제와 상관 없겠다 싶으면 읽지 않고 넘어간다.

　　玉米中含的硒和镁也有防癌、抗癌作用，硒能加速体内过氧化物的分解，使恶性肿瘤得不到分子氧的供应而受到抑制。镁一方面能抑制癌细胞的发展，另一方面能促使体内废物排出体外，这对防癌也有重要意义。

옥수수 속에 함유된 셀렌과 마그네슘도 암을 예방하고 암에 저항하는 작용을 하는데, 셀렌은 체내 과산화물의 분해를 가속하여 악성 종양이 분자 산소의 공급을 받지 못하도록 억제할 수 있다. 마그네슘은 한편으론 암세포의 발전을 억제할 수 있고, 다른 한편으론 체내 노폐물이 체외로 배출되게 할 수 있는데, 이것은 암을 예방하는 데에도 중요한 의미가 있다.

해설	첫 문장 '玉米中含的硒和镁也有防癌抗癌作用'이 중심 문장이며, 이 문장에서 '硒和镁'가 언급되면서 다음 문장에서는 '硒…, 镁…'라고 뒷받침 문장이 나옵니다. 또한 '镁一方面'처럼 '一方面'이 언급되면, 뒤에는 무조건 '(另)一方面'이 나옵니다.

단어	玉米 yùmǐ 명 옥수수	硒 xī 명 셀렌(Se)	镁 měi 명 마그네슘(Mg)	防癌 fáng'ái 동 암을 예방하다	*抗癌 kàng'ái 동 암에 저항하다[암세포의 증식을 억제한다는 의미]	加速 jiāsù 동 가속하다	过氧化物 guòyǎnghuàwù 명 과산화물	分解 fēnjiě 동 분해하다	恶性肿瘤 èxìng zhǒngliú 명 악성 종양	分子氧 fēnzǐyǎng 분자 산소	供应 gōngyìng 동 제공하다, 공급하다	抑制 yìzhì 동 억제하다	癌细胞 áixìbāo 명 암세포	促使 cùshǐ 동 ~하게 하다	废物 fèiwù 명 노폐물	排出 páichū 동 배출하다

속독 비법 4 중복 설명은 쉬운 부분만 읽는다.

글에서 '也就是说(다시 말하면 ~이다)', '意思是说(의미는 ~이다)', '换句话说(바꿔 말하면 ~이다)', '即(즉 ~이다)' 등의 표현 뒤에는 보통 앞의 내용을 다시 설명한다. 따라서 이 표현들이 나오면, 그 표현의 앞뒤 내용 중에서 더 쉬운 부분을 찾아 읽으면 된다.

　　目前，很多家庭已经认识到了理财的重要性，但究竟应该如何制定理财方案呢？由于每个家庭的情况有别，量体裁衣是十分必要的，也就是说家庭理财方案应该是根据家庭的实际收支情况来定。

현재, 많은 가정에서 이미 재테크의 중요성을 인식하고 있지만, 도대체 어떻게 재테크 방안을 세워야 할까? 모든 가정의 상황은 달라서, 실제 상황에 맞게 실행하는 것이 매우 필요한데, 다시 말하면 가정의 재테크 방안은 가정의 실제 수입과 지출 상황에 따라 정해야 한다는 것이다.

해설	'也就是说' 앞의 '量体裁衣是十分必要的'는 성어 '量体裁衣' 때문에 해석이 어려울 수 있습니다. 이때는 '也就是说' 뒤의 내용만 이해해도 됩니다.
단어	理财 lǐcái 동 재정을 관리하다, 재테크하다	究竟 jiūjìng 부 도대체(=到底 dàodǐ)	制定方案 zhìdìng fāng'àn 방안을 세우다	情况 qíngkuàng 명 상황	有别 yǒubié 동 차이가 있다, 서로 다르다	量体裁衣 liàngtǐ-cáiyī 성 몸의 치수를 재어 옷을 재단하다, 실제 상황에 맞게 실행하다	也就是说 yě jiùshì shuō 다시(바꾸어) 말하면 ~이다	根据 gēnjù 전 ~에 근거하여, ~에 따라	实际 shíjì 명 실제	收支 shōuzhī 명 수입과 지출

공략법 02

O·X 문제는 이렇게 푼다

독해 | 제4부분

Day 20

두 번째로 많이 보이는 문제는 O·X(맞는지, 틀리는지)를 묻는 유형입니다. 이 중에서도 무엇이 맞는지(O)를 물어보는 문제가 많으며, 무엇이 틀린지(X)를 묻는 문제도 간혹 있습니다.
이런 유형은 '根据第2段，可以知道：'처럼 단락을 근거로 무엇이 맞는지를 묻거나, '关于自动驾驶，下列哪项正确'처럼 키워드(自动驾驶)를 가지고 무엇이 맞는지를 묻습니다. 마지막으로 '根据上文，我们可以知道什么？'처럼 전체 글을 근거로 무엇이 맞는지를 묻는 형식도 있습니다.

독해 阅读 제4부분

1 문제가 보이는 시간

예제　　　　　　　　　　　　　　　　　　　　　　　5-02

　　　　实验室里存放化学药品的容器，大多采用玻璃制造。玻璃虽说坚硬，但却脆弱，一旦掉在地上就会摔碎。既然如此，为什么还采用玻璃做容器呢？

　　　　这是因为玻璃的性质很稳定，无论是物理性质还是化学性质，在众多材料中都是佼佼者。从物理性质上来说，玻璃不会因外界温度过高过低而碎裂。无论是在炎热的夏季还是在寒冷的冬季，玻璃都能保持稳定的物理性质。从化学稳定性上来说，玻璃也远超不锈钢等金属。一些酸性物质和碱性物质盛放在不锈钢器皿中，不久后便会把这些器皿溶透，但这些物质却无法腐蚀玻璃。

　　　　正因为玻璃有着很强的稳定性，所以废玻璃很难被自然降解。从目前实验的数据来看，玻璃被完全降解可能要经历上百万年。

　　　　此外，大自然降解物质的各种方式对玻璃也都不奏效。比如在自然界中有数量众多的微生物，不同的微生物有着不同的习性和需要。塑料袋虽然降解很慢，但也有针对塑料袋的微生物。可是却不存在以玻璃为食的微生物，因此玻璃没有被微生物降解的可能性。

　　　　氧化也是大自然降解物质的一种方式。如果将一块白色的塑料丢入大自然中，时间久了它就会氧化成黄色，接着会变脆、开裂，直到碎成一地，这就是大自然氧化的威力。即便是看似坚硬的钢铁在氧化力面前也显得脆弱无比。可是玻璃却有着极强的抗氧化能力，氧气也拿它无能为力。正因如此，短时间内想降解玻璃是不可能的。

不过，废玻璃虽然极难被降解，但对环境却没有多大危害。有科学家甚至提出设想，未来假如生产玻璃的矿石资源稀缺，那么废旧玻璃很可能会成为一种重要资源。将废旧玻璃回收然后扔进熔炉，还可以重新铸造成玻璃器皿。存放它们也无需特定的地方，毕竟玻璃有着极强的稳定性。

1 不使用不锈钢存放化学药品的原因是：
 A 不美观 B 易被腐蚀
 C 原料稀缺 D 易滋生细菌

2 下列哪项不属于玻璃难以被自然降解的原因？
 A 性质稳定 B 抗氧化能力强
 C 内部结构独特 D 没有以其为食的微生物

3 关于废旧玻璃，可以知道：
 A 有很多残渣 B 比矿石还宝贵
 C 会释放有毒气体 D 可能成为潜在资源

4 根据上文，下列哪项正确？
 A 废玻璃对环境影响小 B 玻璃更容易在水中分解
 C 塑料袋降解速度慢于玻璃 D 玻璃不耐酸碱性强的物质

해설 **STEP 1-①** 지문 읽기

实验室里存放化学药品的容器，大多采用玻璃制造。玻璃虽说坚硬，但却脆弱，一旦掉在地上就会摔碎。既然如此，为什么还采用玻璃做容器呢？

这是因为玻璃的性质很稳定，无论是物理性质还是化学性质，在众多材料中都是佼佼者。从物理性质上来说，玻璃不会因外界温度过高过低而碎裂。无论是在炎热的夏季还是在寒冷的冬季，玻璃都能保持稳定的物理性质。从化学稳定性上来说，玻璃也远超不锈钢等金属。¹一些酸性物质和碱性物质盛放在不锈钢器皿中，不久后便会把这些器皿溶透，但这些物质却无法腐蚀玻璃。

→ **1번 정답 힌트** 스테인리스 용기들은 완전히 녹여버리지만(溶透) 유리는 부식시킬 수 없다(无法腐蚀玻璃)고 했으므로, 화학약품을 스테인리스에 보관하지 않는 이유는 부식되기 때문이라는 것을 알 수 있습니다.

STEP 2-① 지문 이어 읽기

²⁻ᴬ正因为玻璃有着很强的稳定性，所以废玻璃很难被自然降解。从目前实验的数据来看，玻璃被完全降解可能要经历上百万年。

此外，大自然降解物质的各种方式对玻璃也都不奏效。比如在自然界中有数量众多的微生物，不同的微生物有着不同的习性和需要。塑料袋虽然降解很慢，但也有针对塑料袋的微生物。²⁻ᴰ可是却不存在以玻璃为食的微生物，因此玻璃没有被微生物降解的可能性。

氧化也是大自然降解物质的一种方式。如果将一块白色的塑料丢入大自然中，时间久了它就会氧化成黄色，接着会变脆、开裂，直到碎成一地，这就是大自然氧化的威力。即便是看似坚硬的钢铁在氧化力面前也显得脆弱无比。²⁻ᴮ可是玻璃却有着极强的抗氧化能力，氧气也拿它无能为力。正因如此，短时间内想降解玻璃是不可能的。

STEP 3-① '废旧玻璃'를 기억하며 지문 읽기

不过，⁴废玻璃虽然极难被降解，但对环境却没有多大危害。³有科学家甚至提出设想，未来假如生产玻璃的矿石资源稀缺，那么废旧玻璃很可能会成为一种重要资源。将废旧玻璃回收然后扔进熔炉，还可以重新铸造成玻璃器皿。存放它们也无需特定的地方，毕竟玻璃有着极强的稳定性。

> **3번 정답 힌트** 미래에 중요한 자원이 될 것이라는 것은 잠재적인 (潜在) 자원이 될 것이라는 말과 일맥상통합니다.

STEP 1 문제 읽기

세부 내용을 묻는 문제이므로 선택지를 보지 말고 질문(不使用不锈钢存放化学药品的原因)만 기억해서 지문을 봅니다.

1 不使用不锈钢存放化学药品的原因是：
   A 不美观   ☑ 易被腐蚀   **STEP 1-②**
   C 原料稀缺   D 易滋生细菌   정답 고르기

STEP 2 문제 읽기

틀린 것을 고르는 문제입니다. 문제에서 '不属于'를 놓치지 않고 봐야 하고, 키워드 '玻璃难以被自然降解的原因(유리가 자연적으로 분해되기 어려운 원인)'을 기억하며 본문에서 3가지 원인을 찾아봅니다. 이런 문제는 자칫 시간이 오래 걸릴 수 있으니 여차하면 체크해 놓고 마지막에 푸는 것도 방법입니다.

2 下列哪项不属于玻璃难以被自然降解的原因？
   A 性质稳定   B 抗氧化能力强   **STEP 2-②**
   ☑ 内部结构独特   D 没有以其为食的微生物 정답 고르기

STEP 3 문제 읽기

키워드 '废旧玻璃'를 지문에서 빠르게 찾고, 그 부분을 정독 합니다.

3 关于废旧玻璃，可以知道：
   A 有很多残渣   B 比矿石还宝贵   **STEP 3-②**
   C 会释放有毒气体   ☑ 可能成为潜在资源   정답 고르기

STEP 4 문제 읽고 정답 고르기

전체 지문을 근거로 맞는 선택지를 고르는 문제는 지금까지 읽은 내용을 중심으로 선택지를 먼저 봐야 하고, 정답이 없다면 다시 지문으로 가야 합니다. 보통 이런 문제는 세 번째나 네 번째 문제로 자주 나오며, 정답도 마지막 단락에서 출제하는 경우가 많습니다.

4 根据上文，下列哪项正确？

A 废玻璃对环境影响小
B 玻璃更容易在水中分解
C 塑料袋降解速度慢于玻璃
D 玻璃不耐酸碱性强的物质

STEP 4-②
정답 고르기

정답 및 해석

实验室里存放化学药品的容器，大多采用玻璃制造。玻璃虽说坚硬，但却脆弱，一旦掉在地上就会摔碎。既然如此，为什么还采用玻璃做容器呢？

这是因为玻璃的性质很稳定，无论是物理性质还是化学性质，在众多材料中都是佼佼者。从物理性质上来说，玻璃不会因外界温度过高过低而碎裂。无论是在炎热的夏季还是在寒冷的冬季，玻璃都能保持稳定的物理性质。从化学稳定性上来说，玻璃也远超不锈钢等金属。一些酸性物质和碱性物质盛放在不锈钢器皿中，不久后便会把这些器皿溶透，但这些物质却无法腐蚀玻璃。

正因为玻璃有着很强的稳定性，所以废玻璃很难被自然降解。从目前实验的数据来看，玻璃被完全降解可能要经历上百万年。

此外，大自然降解物质的各种方式对玻璃也都不奏效。比如在自然界中有数量众多的微生物，不同的微生物有着不同的习性和需要。塑料袋虽然降解很慢，但也有针对塑料袋的微生物。可是却不存在以玻璃为食的微生物，因此玻璃没有被微生物降解的可能性。

氧化也是大自然降解物质的一种方式。如果将一块白色的塑料丢入大自然中，时间久了它就会氧化成黄色，接着会变脆、开裂，直到碎成一地，这就是大自然氧化的威力。即便是看似坚硬的钢铁在氧化力面前也显得脆弱无比。可是玻璃却有着极强的抗氧化能力，氧气也拿它无能为力。正因如此，短时间内想降解玻璃是不可能的。

不过，废玻璃虽然极难被降解，但对环境却没有多大危害。有科学家甚至提出设想，未来假如生产玻璃的矿石资源稀缺，那么废旧玻璃很可能会成为一种重要资源。将废旧玻璃

실험실에서 화학 약품을 보관하는 용기는 대부분 유리로 만들어진다. 유리는 단단하지만 깨지기 쉬워서 한 번 땅에 떨어지면 산산조각이 난다. 그런데도 왜 유리로 용기를 만드는 것일까?

이는 유리의 성질이 매우 안정적이기 때문이다. 물리적 성질이든 화학적 성질이든 많은 재료 중에서 뛰어난 편이다. 물리적 성질로 보자면, 유리는 외부 온도가 너무 높거나 낮아도 깨지지 않는다. 더운 여름이나 추운 겨울에도 유리는 안정적인 물리적 성질을 유지할 수 있다. 화학적 안정성 면에서도 유리는 스테인리스강 등의 금속을 훨씬 능가한다. 일부 산성 물질이나 알칼리성 물질을 스테인리스 용기에 담아두면 얼마 지나지 않아 이 용기들을 녹여버릴 것이지만, 이러한 물질은 유리를 부식시키지 못한다.

유리가 매우 높은 안정성을 가지고 있기 때문에 폐유리는 자연적으로 분해되기 어렵다. 현재 실험 데이터로 보면, 유리가 완전히 분해되는 데 아마도 수백만 년이 걸릴 수 있다.

또한, 자연이 물질을 분해하는 다양한 방식도 유리에는 효과가 없다. 예를 들어, 자연계에는 수많은 미생물이 존재하며, 각기 다른 습성과 필요를 가지고 있다. 비닐봉지는 분해 속도가 매우 느리지만, 비닐봉지를 분해하는 미생물은 존재한다. 하지만 유리를 먹이로 삼는 미생물은 존재하지 않기 때문에 유리가 미생물에 의해 분해될 가능성은 없다.

산화도 자연이 물질을 분해하는 한 가지 방법이다. 예를 들어, 흰색 플라스틱을 자연에 버리면 시간이 지나면서 노랗게 산화되고, 점점 부서지고 갈라지며 마침내 산산조각이 난다. 이것이 자연 산화의 힘이다. 겉보기에 단단한 강철조차도 산화의 힘 앞에서는 매우 취약하다. 그러나 유리는 매우 강한 항산화 능력이 있어 산소조차 유리에 영향을 미치지 못한다. 이 때문에 단시간 안에 유리를 분해하는 것은 불가능하다.

그러나 폐유리는 분해되기 매우 어렵지만 환경에 큰 해를 끼치지는 않는다. 일부 과학자들은 미래에 유리를 생산하는 광물 자원이 부족해진다면 폐유리가 중요한 자원이 될 가능성이 있다고까지 예상했다. 폐유리를 회수해 용광로에 넣으면 다시 유리 용기로 재생산할 수 있다. 폐유리를 보관하는 것도 특별한 장소가 필요하지 않은데, 유리가 매우 안정적인 성질을 가지고 있기 때문이다.

回收然后扔进熔炉，还可以重新铸造成玻璃器皿。存放它们也无需特定的地方，毕竟玻璃有着极强的稳定性。

1 不使用不锈钢存放化学药品的原因是：
A 不美观
B 易被腐蚀（✓）
C 原料稀缺
D 易滋生细菌

2 下列哪项不属于玻璃难以被自然降解的原因？
A 性质稳定
B 抗氧化能力强
C 内部结构独特（✓）
D 没有以其为食的微生物

3 关于废旧玻璃，可以知道：
A 有很多残渣
B 比矿石还宝贵
C 会释放有毒气体
D 可能成为潜在资源（✓）

4 根据上文，下列哪项正确？
A 废玻璃对环境影响小（✓）
B 玻璃更容易在水中分解
C 塑料袋降解速度慢于玻璃
D 玻璃不耐酸碱性强的物质

1 스테인리스를 사용하지 않고 화학 약품을 보관하는 이유는
A 보기 좋지 않다
B 쉽게 부식된다（✓）
C 원료가 희소하다
D 세균이 번식하기 쉽다

2 다음 중 유리가 자연적으로 분해되기 어려운 원인에 해당하지 않는 것은 무엇인가?
A 성질이 안정적이다
B 항산화 능력이 강하다
C 내부 구조가 독특하다（✓）
D 그것을 먹이로 삼는 미생물이 없다

3 폐유리에 관하여 알 수 있는 것은
A 잔여물이 많다
B 광석보다 더 귀하다
C 유독 가스를 방출한다
D 잠재적 자원이 될 가능성이 있다（✓）

4 윗글에 따르면, 다음 중 옳은 것은?
A 폐유리는 환경에 미치는 영향이 적다（✓）
B 유리는 물속에서 더 쉽게 분해된다
C 비닐봉지 분해 속도가 유리보다 느리다
D 유리는 산성과 알칼리성이 강한 물질에 잘 견디지 못한다

지문 단어

- 实验室 shíyànshì 명 실험실 | 存放 cúnfàng 동 보관하다 | 化学 huàxué 명 화학 | 药品 yàopǐn 명 약품 | 容器 róngqì 명 용기 | 大多 dàduō 부 대부분 | 采用 cǎiyòng 동 사용하다, 채택하다 | 玻璃 bōli 명 유리 | 制造 zhìzào 동 제조하다, 만들다 | 坚硬 jiānyìng 형 단단하다 | 虽说 suīshuō 접 비록 ~하지만 | 脆弱 cuìruò 형 연약하다 | 一旦 yídàn 접 일단 ~하면 | 摔碎 shuāisuì 동 떨어뜨려 깨다 | 既然如此 jìránrúcǐ 이렇게 된 이상

- 性质 xìngzhì 명 성질 | 无论 wúlùn 접 ~에 상관없이 | 物理 wùlǐ 명 물리 | 众多 zhòngduō 형 많다 | 材料 cáiliào 명 재료 | 佼佼者 jiǎojiǎozhě 명 뛰어난 사람 또는 사물 | 从…来说 cóng…láishuō ~의 관점에서 말하면, ~로 보자면 | 外界 wàijiè 명 외부 | 温度 wēndù 명 온도 | 过高 guògāo 형 지나치게 높다 | 过低 guòdī 형 지나치게 낮다 | 碎裂 suìliè 동 깨지다 | 炎热 yánrè 형 무덥다 | 寒冷 hánlěng 형 춥다 | 保持 bǎochí 동 (지속적으로) 유지하다 | 稳定 wěndìng 형 안정적이다 | 远超 yuǎnchāo 동 훨씬 초과하다 | 不锈钢 búxiùgāng 명 스테인리스강 | 金属 jīnshǔ 명 금속 | 酸性 suānxìng 명 산성 | 碱性 jiǎnxìng 명 알칼리성 | 盛放 chéngfàng 동 담다 | 器皿 qìmǐn 명 그릇 | 溶透 róngtòu 동 완전히 녹여버리다 | 腐蚀 fǔshí 동 부식하다

- 废玻璃 fèibōli 명 폐유리 | 降解 jiàngjiě 동 분해하다 | 数据 shùjù 명 데이터

- 此外 cǐwài 뛰 이외에, 또한 | 奏效 zòuxiào 동 효과를 거두다 | 塑料袋 sùliàodài 명 비닐봉지 | 针对 zhēnduì 동 ~에 초점을 맞추다 | 微生物 wēishēngwù 명 미생물

- 氧化 yǎnghuà 동 산화하다 | 变脆 biàncuì 동 부서지기 쉽다 | 开裂 kāiliè 동 갈라지다 | 碎成一地 suì chéng yí dì 산산조각 나다 | 威力 wēilì 명 위력 | 即便 jíbiàn 접 설령 ~하더라도 | 看似 kànsì 동 겉보기에는 | 坚硬 jiānyìng 형 단단하다 | 钢铁 gāngtiě 명 강철 | 显得 xiǎnde 동 ~처럼 보이다 | 脆弱 cuìruò 형 연약하다 | 无比 wúbǐ 형 비할 데 없다 | 极强 jíqiáng 형 매우 강하다 | 抗氧化 kàngyǎnghuà 동 산화를 막다 항산화 | 氧气 yǎngqì 명 산소 | 无能为力 wúnéngwéilì 성 능력이 없다, 어찌할 도리가 없다 | 正因如此 zhèng yīn rúcǐ 바로 그렇기 때문에

- 极难 jínán 형 극히 어렵다 | 危害 wēihài 명 위해, 해로움 | 甚至 shènzhì 뛰 심지어 | 提出 tíchū 동 언급하다, 제안하다 | 设想 shèxiǎng 명 예상, 구상 동 예상하다 | 未来 wèilái 명 미래 | 假如 jiǎrú 접 만약 | 资源 zīyuán 명 자원 | 稀缺 xīquē 형 부족하다 | 废旧 fèijiù 형 폐기한, 낡아빠진 | 回收 huíshōu 동 회수하다 | 熔炉 rónglú 명 용광로 | 铸造 zhùzào 동 주조하다 | 存放 cúnfàng 동 보관하다 | 无需 wúxū 동 ~할 필요 없다 | 特定 tèdìng 형 특정하다 | 毕竟 bìjìng 뛰 그래도 어쨌든

질문 및 선택지 단어

- 使用 shǐyòng 동 사용하다 | 化学药品 huàxué yàopǐn 명 화학 약품 | 原因 yuányīn 명 원인 | 美观 měiguān 형 보기 좋다 | 原料 yuánliào 명 원료 | 稀缺 xīquē 형 부족하다 | 滋生 zīshēng 동 번식하다 | 细菌 xìjūn 명 세균 | 属于 shǔyú 동 ~에 속하다 | 难以 nányǐ 뛰 ~하기 어렵다 | 性质 xìngzhì 명 성질 | 结构 jiégòu 명 구조 | 独特 dútè 형 독특하다 | 微生物 wēishēngwù 명 미생물 | 残渣 cánzhā 명 잔재, 남은 찌꺼기 | 矿石 kuàngshí 명 광석 | 宝贵 bǎoguì 형 귀중하다 | 释放 shìfàng 동 방출하다 | 有毒气体 yǒudú qìtǐ 명 유독 가스 | 潜在资源 qiánzài zīyuán 명 잠재적 자원 | 环境 huánjìng 명 환경 | 分解 fēnjiě 동 분해하다 | 慢 màn 형 느리다 | 不耐 búnài 동 견디지 못하다

2 내공이 쌓이는 시간

출제 포인트 1 맞는 내용을 묻는 문제는 유형별 공략법을 기억한다.

1) **키워드를 가지고 무엇이 맞는지 물어보는 경우**

'关于自动驾驶，下列哪项正确？' 같은 질문은 선택지를 미리 보지 말고, 키워드인 '自动驾驶(자율주행 운전)'를 기억하며 지문으로 간다. 지문에 '自动驾驶'가 나온 부분을 속독으로 빠르게 찾는다. 그리고 그 부분을 정독한 후에 선택지를 보며 정답을 고른다.

2) **전체 글을 근거로 무엇이 맞는지 물어보는 경우**

'根据上文，我们可以知道什么？' 같은 질문은 주로 세 번째나 네 번째 문제에 자주 출제된다. 문제에 아무런 키워드가 언급되지 않았으므로 먼저 선택지를 봐야 한다. 지문을 모두 읽지 않아도 먼저 선택지에 맞는 답이 있는지 체크하고, 만약 없다면 아직 안 읽은 지문을 읽어서 정답을 찾도록 한다.

3) **단락을 근거로 무엇이 맞는지 물어보는 경우**

'根据第2段，可以知道:' 같은 질문은 선택지를 미리 보지 않고, 두 번째 단락을 먼저 읽는다. 다만, 단락 전체를 읽지 말고, 대략 1/2 정도를 읽은 후에 선택지로 가서 정답을 찾는다. 만약 앞의 1/2 부분에서 정답이 나오면, 나머지는 읽지 말고 다음 단락으로 넘어간다. 만약 앞의 1/2 부분에서 정답이 나오지 않는다면, 다시 나머지 1/2 부분을 읽은 후에 정답을 고른다.

연습문제 ◀ 아래 지문은 전체 지문 중 네 번째 단락입니다.

　　热带雨林中的植物往往高大茂盛，因此植物间对阳光、雨水的争夺也比较激烈。相对而言，附生植物能更容易地获得来之不易的阳光和雨水。比如鸟巢蕨，它形似鸟巢，可以尽可能多地截留雨水、枯落物以及鸟粪等，这些枯落物可储存水分，并提供营养物质。附生植物在形态和生理上都具有较强的适应性，这为他们的生存和繁衍提供了可能性。

1　根据第4段，可以知道：
　A　附生植物适应性强　　　　B　附生植物需水量不大
　C　附生植物往往高大茂盛　　D　鸟类喜欢在附生植物上筑巢

해설　먼저 지문에서 '比如' 앞에까지만 읽고 선택지에서 정답을 찾아봅니다. 학생들이 첫 문장에서 '往往高大茂盛'만 보고 C를 오답으로 고릅니다. 하지만 지문의 주어(热带雨林中的植物)와 선택지의 주어(附生植物)가 다르므로, C는 정답이 아닙니다. 앞부분에서 정답이 나오지 않았으므로 '比如' 뒷부분을 계속 읽어 나갑니다. 마지막 문장까지 읽고 나서 선택지로 가면 정답이 A임을 알 수 있습니다. 위의 문제는 끝까지 읽어야 정답을 찾을 수 있었지만, 일부 문제는 앞부분만 읽어도 정답을 찾을 수 있습니다. 이때는 앞에서 정답이 나왔다면 나머지 부분을 읽지 말고, 다음 단락으로 넘어갑니다.

Tip ! IBT에서 단락을 끊을 때는 '但是'·'而且'·'比如'처럼 기억하기 쉬운 접속사를 중심으로 끊어서 보도록 합니다.

정답 및 해석	热带雨林中的植物往往高大茂盛，因此植物间对阳光、雨水的争夺也比较激烈。相对而言，附生植物能更容易地获得来之不易的阳光和雨水。<u>比如</u>鸟巢蕨，它形似鸟巢，可以尽可能多地截留雨水、枯落物以及鸟粪等，这些枯落物可储存水分，并提供营养物质。<u>附生植物在形态和生理上都具有较强的适应性</u>，这为他们的生存和繁衍提供了可能性。	열대우림의 식물은 대개 크고 무성하다. 이 때문에 식물들 간에 햇빛과 빗물에 대한 경쟁이 비교적 치열하다. 상대적으로, 착생식물은 얻기 힘든 햇빛과 빗물을 더 쉽게 얻을 수 있다. <u>예를 들어</u> 아스플레니움 니두스는 생김새가 마치 새의 둥지 같아서, 빗물이나 마른 낙엽, 새 똥 등을 붙잡아 둘 수 있고, 이 마른 낙엽들은 수분을 저장하고, 게다가 영양물질을 공급할 수 있다. <u>착생식물은 형태와 생리적으로 비교적 강한 적응력을 가지고 있다</u>. 이는 그들의 생존과 번식에 가능성을 제공한다.
	1 根据第4段，可以知道： 　A 附生植物适应性强（✓） 　B 附生植物需水量不大 　C 附生植物往往高大茂盛 　D 鸟类喜欢在附生植物上筑巢	1 네 번째 단락에 근거하여, 알 수 있는 것은 　A 착생식물은 적응력이 강하다（✓） 　B 착생식물은 많은 수분이 필요하지 않다 　C 착생식물은 크고 무성하게 자라는 편이다 　D 조류는 착생식물 위에 둥지를 짓는 것을 좋아한다
단어	附生 fùshēng 동 착생하다[다른 물체에 부착하여 생장하다] ｜ 茂盛 màoshèng 형 (식물이) 무성하다 ｜ 来之不易 láizhībúyì 성 오기가 쉽지 않다, 얻기가 쉽지 않다 ｜ 鸟巢蕨 niǎocháojué 명 아스플레니움 니두스[잎이 새 둥지처럼 생긴 식물] ｜ 鸟巢 niǎocháo 명 새 둥지 ｜ 截留 jiéliú 동 붙잡아 두다 ｜ 枯落物 kūluòwù 명 마른 낙엽 ｜ 鸟粪 niǎofèn 명 새 똥 ｜ 储存 chǔcún 동 저장하다 ｜ 繁衍 fányǎn 동 번식하다	

출제 포인트 2 밑줄 친 성어는 문맥과 '字'를 통해 정답을 찾는다.

밑줄 친 성어는 지문의 주제와 관련이 있거나, 그 단락의 중심 내용과 관련된 경우가 많습니다. 또한 학생들이 모르는 성어가 나올 확률이 높습니다. 출제자가 원하는 것은 수험생이 모르는 성어나 단어를 만났을 때, 문맥과 '字'를 이용해서 정답을 찾게 하는 것입니다.

연습문제 ◀ 아래 지문은 전체 지문 중 첫 번째 단락입니다.

　　拟音师是指通过道具、肢体或口技，模拟出各种声音的职业。影视作品中的很多声音并不是在真实环境中录制下来的，而是拟音师用那些生活中随处可见的物品，甚至常人眼中的"破烂儿"创造出来的，简直称得上是"**化腐朽为神奇**"。

1 第一段"化腐朽为神奇"说的是拟音师：
　A 擅长为不同角色配音　　　B 能调动演员的积极性
　C 能模拟不同人物的动作　　D 能用常见物品创造各类声音

해설	밑줄 친 성어 '化腐朽为神奇'는 '拟音师'의 특징을 나타내는 핵심 단어이기에 물어본 문제입니다. 이런 유형의 문제는 문맥으로도 충분히 맞출 수 있도록 출제합니다. '化A为B' 구조는 'A를 B로 변화시키다'라는 의미입니다. '腐朽'와 '神奇'를 몰라도 밑줄 친 성어 앞의 '而是拟音师用那些生活中随处可见的物品，甚至常人眼中的"破烂儿"创造出来的' 부분을 통해서 정답을 고를 수 있습니다. 정답은 D 能用常见物品创造各类声音입니다.

정답 및 해석	拟音师是指通过道具、肢体或口技，模拟出各种声音的职业。影视作品中的很多声音并不是在真实环境中录制下来的，<u>而是拟音师用那些生活中随处可见的物品，甚至常人眼中的"破烂儿"创造出来的</u>，简直称得上是"**化腐朽为神奇**"。	음향 효과 전문가는 도구, 신체나 성대모사를 통해 각종 소리를 모방해내는 직업을 말한다. 영화 드라마 작품 속의 많은 소리들은 결코 실제 환경에서 녹음된 것이 아니라, **음향 효과 전문가가 어디서나 볼 수 있는 그런 생활 속 물건들, 심지어 보통 사람의 눈에 보이는 '쓰레기'를 이용해서 창조해낸 것으로**, 그야말로 '**쓸모 없는 물건을 유용하게 이용한다**'고 말할 만하다.
	1 第一段 "化腐朽为神奇" 说的是拟音师: A 擅长为不同角色配音 B 能调动演员的积极性 C 能模拟不同人物的动作 D 能用常见物品创造各类声音 (✓)	1 첫 번째 단락의 '化腐朽为神奇'가 말하는 것은 음향 효과 전문가가 A 서로 다른 배역으로 더빙하는 것을 잘한다 B 배우의 적극성을 불러일으킬 수 있다 C 서로 다른 인물의 동작을 모방할 수 있다 D 흔한 물건으로 갖가지 소리를 만들 수 있다 (✓)

단어	拟音师 nǐyīnshī 명 음향 효과 전문가 *拟音 명 음향 효과 동 음향 효과를 내다 ｜ 道具 dàojù 명 도구 ｜ 肢体 zhītǐ 명 신체 ｜ 口技 kǒujì 명 성대모사 ｜ 模拟 mónǐ 동 모방하다 ｜ 职业 zhíyè 명 직업 ｜ 影视作品 yǐngshì zuòpǐn 영화 드라마 작품 ｜ 真实 zhēnshí 형 진실하다, 실제의 ｜ 录制 lùzhì 동 녹음 제작하다, 녹음하다 ｜ 随处 suíchù 부 어디서나 ｜ 常人 chángrén 명 보통 사람 ｜ 破烂儿 pòlànr 명 쓰레기, 폐품 ｜ 创造 chuàngzào 동 창조하다, (새롭게) 만들다 ｜ 简直 jiǎnzhí 부 그야말로, 정말로 ｜ 称得上 chēngdeshàng ~라고 할 만하다 ｜ 化腐朽为神奇 huà fǔxiǔ wéishénqí 성 썩은 것을 신기한 것으로 바꾸다, 쓸모 없는 물건을 유용하게 이용하다 ｜ 擅长 shàncháng 동 뛰어나다, 잘하다 ｜ 角色 juésè 명 배역 ｜ 配音 pèiyīn 동 더빙하다 ｜ 调动积极性 diàodòng jījíxìng 적극성을 불러일으키다 *调动 동 동원하다, 불러일으키다 ｜ 常见 chángjiàn 형 늘 보이는, 흔한

> **출제 포인트 3** 주제나 제목을 묻는 문제는 1~2문제 출제된다.

독해 제4부분은 총 5개의 지문 중에서 주제나 제목을 묻는 문제가 1~2문제 출제됩니다. 꼭 문제로 출제되지 않더라도 글을 읽을 때는 주제를 생각하면서 읽어 나가는 것이 좋습니다. 이야기 글의 주제는 대부분 마지막 부분에 나오지만, 설명문의 주제는 도입 부분에서 주제를 언급하며, 본문에서 그 주제에 대해 구체적으로 설명합니다. 시험에는 대부분 설명문이 출제됩니다.

> **Tip** 설명문의 도입 부분에 의문문이 나왔다면, 이는 전체 글의 주제를 나타냅니다. 설명문은 도입 부분에서 질문을 던지며, 그 질문에 대한 답을 설명해 가는 방식이 많습니다. 따라서 첫 번째 혹은 두 번째 단락의 물음표(?) 문장을 보고 주제를 빠르게 생각해 낼 수 있습니다. 한 단락의 주제를 물을 때도 첫 문장에서 물음표를 이용해 주제를 던질 때가 많습니다. 물론, 설명문에서 의문문이 없더라도 대부분 첫 번째 단락 또는 두 번째 단락에서 주제가 나옵니다.

📝 **연습문제 1** ◀ 아래 지문은 전체 지문 중 첫 번째 단락입니다.

2021年，空间站"天和核心舱"在海南文昌航天发射场成功发射升空，开启了中国空间站建设的序幕。耗资巨大的空间站究竟有什么实际意义呢？其实，国际空间站是一个漂浮在地球轨道上的空间实验室，由多个国家共同建造和运营。

1 上文主要讲的是：
   A 商业太空旅行前景广阔
   B 斥巨资建太空站意义何在
   C 人类加快了探索太空的步伐
   D 中国自主研发的空间站升空

| 해설 | 이 단락은 전체 지문의 첫 번째 단락으로, 두 번째 문장에서 '耗资巨大的空间站究竟有什么实际意义呢?'라며 질문을 던졌습니다. 이 질문에 대한 답을 전체 지문에서 설명하고 있으므로, 정답은 B 斥巨资建太空站意义何在 입니다. 지문의 '耗资巨大'와 같은 의미로 B에서는 '斥巨资'를 사용하였습니다. |

| 정답 및 해석 | 2021年，空间站"天和核心舱"在海南文昌航天发射场成功发射升空，开启了中国空间站建设的序幕。耗资巨大的空间站究竟有什么实际意义呢？其实，国际空间站是一个漂浮在地球轨道上的空间实验室，由多个国家共同建造和运营。

1 上文主要讲的是：
　A 商业太空旅行前景广阔
　B 斥巨资建太空站意义何在 (✓)
　C 人类加快了探索太空的步伐
　D 中国自主研发的空间站升空 | 2021년, 우주정거장 '톈허 핵심 모듈'이 하이난 원창 위성 발사 센터에서 성공적으로 발사되어 공중으로 날아 올랐으며, 중국 우주정거장 건설의 서막을 열었다. 비용이 많이 드는 우주정거장은 도대체 어떤 실질적인 의미가 있을까? 사실, 국제우주정거장은 지구 궤도상에 떠 다니는 우주 실험실로, 여러 나라가 공동으로 건설하고 운영하고 있다.

1 윗 글에서 주로 말하는 것은
　A 상업 우주여행 전망이 밝다
　B 거액을 들여 우주정거장을 건설한 의의는 무엇인가 (✓)
　C 인류는 우주 탐사에 박차를 가했다
　D 중국이 독자적으로 개발한 우주 정거장이 공중으로 날아 오르다 |

| 단어 | 空间站 kōngjiānzhàn 몡 우주 정거장 | 天和核心舱 tiānhé héxīncāng 톈허 핵심 모듈 | 文昌 Wénchāng 고유 원창[하이난(海南) 성 북동부에 위치한 도시] | 航天发射场 hángtiān fāshèchǎng 위성 발사 센터 | 发射 fāshè 동 발사하다 | 升空 shēngkōng 동 공중으로 날아오르다 | 开启 kāiqǐ 동 열다, 시작하다 | 建设 jiànshè 명 건설 동 건설하다 | 序幕 xùmù 명 서막, (중요한 일의) 발단, 시작 | 耗资 hàozī 동 자금을 소모하다 | 巨大 jùdà 형 (수량·규모가) 아주 크다, 거대하다 | 实际意义 shíjì yìyì 명 실질적인 의미 | 漂浮 piāofú 동 (물·공중에) 떠다니다, 표류하다 | 轨道 guǐdào 명 궤도, 궤적 | 实验室 shíyànshì 명 실험실 | 建造 jiànzào 동 (대형 시설을) 건조하다, 건축하다 | 运营 yùnyíng 동 (기구를) 운영하다, 경영하다 | 太空旅行 tàikōng lǚxíng 명 우주 여행 | 前景 qiánjǐng 명 전망, 전도 | 广阔 guǎngkuò 형 넓다, 광활하다 | 斥巨资 chì jùzī 거액을 들이다 | 探索 tànsuǒ 동 탐색하다 | 步伐 bùfá 명 발걸음, 보조 | 自主 zìzhǔ 형 자주적이다, 독자적이다 |

📝 **연습문제 2** ◀ 아래 지문은 전체 지문 중 네 번째 단락입니다.

　　可见，浅层地温能具有众多的优点。那么，我们该如何开发这种比人类体温还要低很多的能源呢？科技人员认为，使用热泵是一种比较好的方式。热泵和水泵的工作原理相似。水泵是利用管道将水从低位抽到高位的机械，只不过热泵传递的不是水而是热能。一般情况下，我们居住的室内环境和地层土壤中的温度有一定的温差。冬季时，我们可以利用热泵把地下的热能抽出来，给室内供暖；夏季时，再利用热泵把室内的热能取出来，排放到地下储存起来。这种自然和人工相结合的补给方式，实现了地温能量的动态平衡，使浅层地温能得以循环利用。

1 第4段主要谈的是什么？
　A 水泵的工作原理　　　　　　B 冬季取暖的方法
　C 浅层地温能的开采　　　　　D 使用热泵的注意事项

해설	네 번째 단락의 주제를 물어본 문제이며, 단락의 두 번째 문장이 물음표를 이용한 질문이므로 주제와 관련이 있습니다. '우리는 어떻게 이런 인류 체온보다도 낮은 에너지를 개발해야 할까?' 부분을 통해 이 단락의 주제가 C 浅层地温能의 개채라는 것을 알 수 있습니다. 이렇게 빠르게 단락의 주제를 찾은 다음에는 단락의 나머지 부분은 읽지 않고 다음 단락으로 넘어갑니다.

정답 및 해석	可见，浅层地温能具有众多的优点。那么，我们该如何开发这种比人类体温还要低很多的能源呢？科技人员认为，使用热泵是一种比较好的方式。热泵和水泵的工作原理相似。水泵是利用管道将水从低位抽到高位的机械，只不过热泵传递的不是水而是热能。一般情况下，我们居住的室内环境和地层土壤中的温度有一定的温差。冬季时，我们可以利用热泵把地下的热能抽出来，给室内供暖；夏季时，再利用热泵把室内的热能取出来，排放到地下储存起来。这种自然和人工相结合的补给方式，实现了地温能量的动态平衡，使浅层地温能得以循环利用。 1 第4段主要谈的是什么？ 　A 水泵的工作原理 　B 冬季取暖的方法 　C 浅层地温能的开采 (✓) 　D 使用热泵的注意事项	이로부터 천부 지열에너지는 많은 장점이 있다는 것을 알 수 있다. 그렇다면, 우리는 어떻게 인류 체온보다도 많이 낮은 이런 에너지를 개발해야 할까? 과학 기술자는 열펌프 사용이 비교적 좋은 방식이라고 여긴다. 열펌프와 물펌프의 작동 원리는 비슷하다. 물펌프는 파이프를 이용해 물을 낮은 위치에서 높은 위치로 끌어올리는 기계이며, 다만 열펌프가 전달하는 것은 물이 아니라 열에너지일 뿐이다. 일반적인 상황에서 우리가 거주하는 실내 환경과 지층 토양 속의 온도는 일정한 온도 차가 있다. 겨울에, 우리는 열 펌프를 이용해 지하의 열에너지를 끌어올려 실내에 난방을 할 수 있고, 여름엔 열펌프를 다시 이용해 실내의 열에너지를 꺼내서 지하로 배출하여 저장한다. 자연과 인공이 서로 결합한 이런 공급 방식은 지열에너지의 동적 균형을 실현해서 천부 지열에너지가 순환 이용될 수 있게 한다. 1 네 번째 단락은 주로 무엇을 이야기 하는가? 　A 물펌프의 작업 원리 　B 겨울 난방 방법 　C 천부 지열에너지의 채굴 (✓) 　D 열펌프 사용의 주의사항

단어	浅层地温能 qiáncéng dìwēnnéng 천부 지열에너지	优点 yōudiǎn 명 장점	体温 tǐwēn 명 체온	科技 kējì 명 과학 기술	热泵 rèbèng 명 열펌프	水泵 shuǐbèng 명 물펌프, 양수기	原理 yuánlǐ 명 원리	相似 xiāngsì 형 비슷하다	管道 guǎndào 명 파이프, 관	抽 chōu 동 뽑다, 끌어올리다	机械 jīxiè 명 기계, 기계 장치	只不过 zhǐbúguò 부 (단지) ~일 뿐이다	传递 chuándì 동 전달하다	居住 jūzhù 동 거주하다	地层 dìcéng 명 지층	土壤 tǔrǎng 명 토양, 흙	温差 wēnchā 명 온도차	排放 páifàng 동 배출하다	储存 chǔcún 동 저장하다	结合 jiéhé 동 결합하다	补给 bǔjǐ 동 보충하다, 공급하다	实现 shíxiàn 동 실현하다	动态平衡 dòngtài pínghéng 동적 균형	得以 déyǐ 동 ~할 수 있다	循环 xúnhuán 동 순환하다	冬季 dōngjì 명 동계, 겨울	取暖 qǔnuǎn 동 따뜻하게 하다	开采 kāicǎi 동 (지하 자원을) 채굴하다	注意事项 zhùyì shìxiàng 주의사항

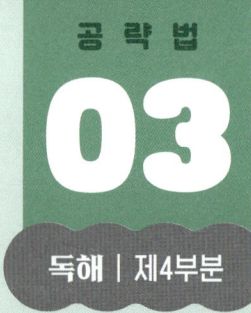

설명문과 논설문의 비중이 높다

독해 | 제4부분

Day 21

지식을 전달하는 설명문과 작가의 주장이 들어간 논설문 지문이 꾸준히 출제되고 있습니다. 설명문과 논설문은 모두 논리적인 글이라는 특징을 가지고 있습니다. 그러나 설명문은 정보 전달을 목적으로 하고, 논설문은 설득을 목적으로 합니다. 중국 관련 지식도 대부분 설명문인 점을 감안하면, 전체적으로는 설명문의 비중이 논설문보다 높습니다.

1 문제가 보이는 시간

예제

　　在过去两百多年的时间里，石油、煤炭等化石能源，推动了人类社会的快速发展。但是随着时间的推移，不可再生的化石能源储量告急。与此同时，化石能源燃烧带来的污染问题日益严峻。所以近些年，开发利用绿色的新能源成为全世界的目标。

　　在人类脚下大约三到十公里的地方，有一些巨大的岩石，内部蕴藏着大量的热能，科学家称它为干热岩。干热岩储存量大又清洁，是一种倍受期待的新能源。但是，它所处的位置和所携带的高温，也让开采变得异常困难。干热岩埋藏在3-10千米深的地下，温度在200℃以上，最高可以达到近千摄氏度。

　　传统的干热岩开采过程是：打一口井到干热岩的所在之处，施加压力把水注入，同时压裂干热岩产生裂缝。水在经过这些缝隙之后，变成高温水或者蒸汽，从另一口井出来。

　　中国创新的重力热管技术，是把一根热管深入到干热岩层段，热管的管壁是一种导热速度极快的材料，热管内装有沸点很低的氨水，在接触到炽热的井壁之后，氨水很快变成氨蒸汽，在重力的作用下返回地面。重力热管技术，只需要打一口井，不用压裂岩石，也不用消耗其他能源，是一种更安全、更节能的技术。

　　历经十几年的努力，中国科研人员在干热岩开采上有了新的创新。2022年1月，中国研制的4200米重力热管采热试验装置试运行成功，首次在国内实现了干热岩热能的长距离输运，也为中国干热岩的开采利用奠定了技术基础。

　　干热岩作为一种资源，一直被看作是潜力巨大的未来能源之一，如果能够实现大规模开采，将成为全球绿色能源的一个重要补充。

1 关于干热岩，下列哪项正确？
A 可能会爆炸
B 埋藏位置深
C 达不到200°C
D 主要分布在盆地

2 不同于传统开采技术，应用重力热管技术：
A 不用压裂岩石
B 需要消耗水资源
C 获得的热能更充足
D 可减少有害气体释放

3 重力热管采热试验装置在哪方面取得了重大突破？
A 探测干热岩储量
B 长距离输送热能
C 增强人工开采安全性
D 开发沿海干热岩资源

4 根据上文，干热岩：
A 水下蕴藏量更高
B 不能替代天然气
C 将是最清洁的能源
D 还未实现大规模开采

해설

STEP 1-① '干热岩'을 기억하며 지문 읽기

在过去两百多年的时间里，石油、煤炭等化石能源，推动了人类社会的快速发展。但是随着时间的推移，不可再生的化石能源储量告急。与此同时，化石能源燃烧带来的污染问题日益严峻。所以近些年，开发利用绿色的新能源成为全世界的目标。

在人类脚下大约三到十公里的地方，有一些巨大的岩石，内部蕴藏着大量的热能，科学家称它为干热岩。干热岩储存量大又清洁，是一种倍受期待的新能源。¹但是，它所处的位置和所携带的高温，也让开采变得异常困难。干热岩埋藏在3-10千米深的地下，温度在200°C以上，最高可以达到近千摄氏度。

→ **1번 정답 힌트** '干热岩'이 3~10킬로미터 지하에 매장되어 있다고 말했습니다. 1번으로 가서 정답을 골라 줍니다.

STEP 2-① 지문 읽기

传统的干热岩开采过程是：打一口井到干热岩的所在之处，施加压力把水注入，同时压裂干热岩产生裂缝。水在经过这些缝隙之后，变成高温水或者蒸汽，从另一口井出来。

中国创新的重力热管技术，是把一根热管深入到干热岩层段，热管的管壁是一种导热速度极快的材料，热管内装有沸点很低的氨水，在接触到炽热的井壁之后，氨水很快变成氨蒸汽，在重力的作用下返回地面。²重力热管技术，只需要打一口井，不用压裂岩石，也不用消耗其他能源，是一种更安全、更节能的技术。

→ **2번 정답 힌트** '重力热管技术'는 전통적인 과거의 채굴 방식과 달리, 압력으로 암석에 균열을 가할 필요가 없다(不用压裂岩石)고 말했습니다.

STEP 3-① 지문 읽기

　　历经十几年的努力，中国科研人员在干热岩开采上有了新的创新。最近，³中国研制的4200米重力热管采热试验装置试运行成功，首次在国内实现了干热岩热能的长距离输运，也为中国干热岩的开采利用奠定了技术基础。

→ 3번 정답 힌트　3번 질문의 키워드(重力热管采热试验装置)가 보입니다. '干热岩热能的长距离输运'을 실현했다고 말했으므로, 정답은 B 长距离输送热能입니다.

STEP 4-① 지문 읽기

　　干热岩作为一种资源，一直被看作是潜力巨大的未来能源之一，⁴如果能够实现大规模开采，将成为全球绿色能源的一个重要补充。

→ 4번 정답 힌트　'만약 대규모 채굴이 가능해진다면'이라는 말은 아직 대규모 채굴이 실현되지 않았음을 의미합니다. D 还未实现大规模开采로 정답을 골라줍니다. 새로운 기술이나 에너지와 관련하여 '잠재력이 크다(潜力巨大)'는 내용도 정답으로 많이 출제되니 꼭 기억해 둡니다.

STEP 1 문제 읽기

키워드(干热岩)를 기억하며 지문으로 갑니다. 첫 번째 문제는 대부분 첫 번째 혹은 두 번째 단락에서 정답이 출제됩니다.

1　关于干热岩，下列哪项正确？
　　A 可能会爆炸　　　　　　　　☑ 埋藏位置深　　　　STEP 1-②
　　C 达不到200℃　　　　　　　　D 主要分布在盆地　　정답 고르기

STEP 2 문제 읽기

문제의 키워드(应用重力热管技术)를 기억하며 세 번째 단락부터 읽어 나갑니다.

2　不同于传统开采技术，应用重力热管技术：
　　☒ 不用压裂岩石　　　　　　　　B 需要消耗水资源　　STEP 2-②
　　C 获得的热能更充足　　　　　　D 可减少有害气体释放　정답 고르기

STEP 3 문제 읽기

문제의 키워드(重力热管采热试验装置)를 기억하며 다섯 번째 단락부터 읽어 나갑니다.

3　重力热管采热试验装置在哪方面取得了重大突破？
　　A 探测干热岩储量　　　　　　　☑ 长距离输送热能　　STEP 3-②
　　C 增强人工开采安全性　　　　　D 开发沿海干热岩资源　정답 고르기

STEP 4 문제 읽고 선택지 먼저 보기

지문 내용을 근거로 '干热岩'에 관해 맞는 내용을 고르는 문제입니다. 마지막 단락을 제외하고 모두 읽었으므로 미리 선택지를 읽어 봅니다. 선택지에 정답이 보이지 않으니 아직 읽지 않은 마지막 단락으로 갑니다.

4　根据上文，干热岩：
　　A 水下蕴藏量更高　　　　　　　B 不能替代天然气　　STEP 4-②
　　C 将是最清洁的能源　　　　　　☑ 还未实现大规模开采　정답 고르기

在过去两百多年的时间里，石油、煤炭等化石能源，推动了人类社会的快速发展。但是随着时间的推移，不可再生的化石能源储量告急。与此同时，化石能源燃烧带来的污染问题日益严峻。所以近些年，开发利用绿色的新能源成为全世界的目标。

在人类脚下大约三到十公里的地方，有一些巨大的岩石，内部蕴藏着大量的热能，科学家称它为干热岩。干热岩储存量大又清洁，是一种倍受期待的新能源。但是，它所处的位置和所携带的高温，也让开采变得异常困难。干热岩埋藏在3-10千米深的地下，温度在200℃以上，最高可以达到近千摄氏度。

传统的干热岩开采过程是：打一口井到干热岩的所在之处，施加压力把水注入，同时压裂干热岩产生裂缝。水在经过这些缝隙之后，变成高温水或者蒸汽，从另一口井出来。

中国创新的重力热管技术，是把一根热管深入到干热岩层段，热管的管壁是一种导热速度极快的材料，热管内装有沸点很低的氨水，在接触到炽热的井壁之后，氨水很快变成氨蒸汽，在重力的作用下返回地面。重力热管技术，只需要打一口井，不用压裂岩石，也不用消耗其他能源，是一种更安全、更节能的技术。

历经十几年的努力，中国科研人员在干热岩开采上有了新的创新。最近，中国研制的4200米重力热管采热试验装置试运行成功，首次在国内实现了干热岩热能的长距离输运，也为中国干热岩的开采利用奠定了技术基础。

干热岩作为一种资源，一直被看作是潜力巨大的未来能源之一，如果能够实现大规模开采，将成为全球绿色能源的一个重要补充。

1 关于干热岩，下列哪项正确？
A 可能会爆炸
B 埋藏位置深（✓）
C 达不到200℃
D 主要分布在盆地

지난 200여 년 동안 석유, 석탄 등 화석 에너지는 인류 사회의 빠른 발전을 촉진했다. 그러나 시간이 흐르면서 재생할 수 없는 화석 에너지의 매장량이 급격히 줄어들고 있다. 동시에 화석 에너지 연소로 인한 환경 오염 문제가 날로 심각해지고 있다. 그래서 최근 몇 년간 친환경의 새로운 에너지를 개발하고 이용하는 것이 전 세계의 목표가 되었다.

인류의 발 아래 약 3~10km 지점에는 거대한 암석층이 있으며, 그 내부에는 막대한 열에너지가 매장되어 있다. 과학자들은 이를 건열암이라고 부른다. 건열암은 매장량이 풍부하고 깨끗하여 매우 기대되는 새로운 에너지 자원이다. 하지만 건열암의 위치와 그것이 지니는 높은 온도는 또한 채굴을 매우 어렵게 만들고 있다. 건열암은 3~10km의 깊은 지하에 매장되어 있고, 온도는 200℃ 이상으로, 최고 온도는 거의 1,000℃에 달할 수 있다.

전통적인 건열암 채굴 과정은 다음과 같다. 건열암이 있는 지점까지 우물을 하나 뚫고, 압력을 가해 물을 주입한다. 이와 동시에 건열암에 압력으로 균열을 발생시켜 틈을 만든다. 물이 이러한 틈을 지나면서 고온의 물이나 증기로 변하며, 또 다른 우물로 배출된다.

중국이 혁신한 중력 열관 기술은 하나의 열관을 건열암 층에 깊이 삽입하는 방식이다. 열관의 관벽은 열전도 속도가 매우 빠른 재질로 이루어져 있으며, 열관 내부에는 끓는점이 낮은 암모니아수가 들어 있다. 이 열관이 뜨거운 우물 벽에 접촉하면 암모니아수가 빠르게 암모니아 증기로 변하며, 암모니아 증기는 중력의 작용으로 지상으로 돌아오게 된다. 중력 열관 기술은 단 한 개의 우물만 뚫으면 되며, 암석에 압력으로 균열을 가할 필요가 없고, 추가 에너지를 소모하지도 않아서, 더욱 안전하고 에너지를 절약할 수 있는 기술이다.

10여 년간의 노력 끝에, 중국 연구진은 건열암 채굴 분야에서 새로운 혁신을 이루었다. 최근에 중국이 연구 제작한 4,200미터 중력 열관 열 에너지 채굴 실험 장치가 시운전에 성공해서, 처음으로 국내에서 건열암 열에너지의 장거리 수송을 실현했으며, 중국의 건열암 채굴 및 활용에 기술적 기반을 마련해 주었다.

건열암은 자원으로서 줄곧 잠재력이 큰 미래 에너지 자원 중 하나로 여겨져 왔다. 만약 대규모 채굴이 가능해 진다면, 이는 전 세계 친환경 에너지의 중요한 보완 자원이 될 것이다.

1 건열암에 관하여 다음 중 옳은 것은?
A 폭발할 가능성이 있다
B 매장 위치가 깊다 (✓)
C 200°C에 도달하지 못한다
D 주로 분지에 분포한다

2 不同于传统开采技术，应用重力热管技术：
A 不用压裂岩石（✓）
B 需要消耗水资源
C 获得的热能更充足
D 可减少有害气体释放

3 重力热管采热试验装置在哪方面取得了重大突破？
A 探测干热岩储量
B 长距离输送热能（✓）
C 增强人工开采安全性
D 开发沿海干热岩资源

4 根据上文，干热岩：
A 水下蕴藏量更高
B 不能替代天然气
C 将是最清洁的能源
D 还未实现大规模开采（✓）

2 전통적인 채굴 기술과 달리, 중력 열관 기술을 적용하면
A 암석에 압력으로 균열을 가할 필요가 없다（✓）
B 물 자원을 소모해야 한다
C 획득한 열에너지가 더 풍부하다
D 유해 가스 배출을 줄일 수 있다

3 중력 열관 열에너지 채굴 실험 장치는 어떤 면에서 큰 돌파구를 찾았는가?
A 건열암 매장량을 탐측한다
B 장거리로 열에너지를 수송한다（✓）
C 인공 채굴 안전성을 강화한다
D 연해 지역 건열암 자원을 개발한다

4 위 글에 따르면, 건열암은
A 수중 매장량이 더 많다
B 천연가스를 대체할 수 없다
C 가장 깨끗한 에너지가 될 것이다
D 아직 대규모 채굴이 실현되지 않았다（✓）

지문 단어

- 石油 shíyóu 명 석유 | 煤炭 méitàn 명 석탄 | 化石能源 huàshí néngyuán 명 화석 에너지 | 推动 tuīdòng 동 촉진하다 | 随着 suízhe 전 ~함에 따라서 | 推移 tuīyí 동 (시간이) 흐르다 | 不可再生 bùkě zàishēng 재생 불가능하다 | 储量 chǔliàng 명 매장량(=蕴藏量 yùncángliàng) | 告急 gàojí 동 위급함을 알리다 | 与此同时 yǔcǐ tóngshí 이와 동시에 | 燃烧 ránshāo 동 연소하다 | 污染 wūrǎn 명 오염 | 日益 rìyì 부 날로, 나날이 | 严峻 yánjùn 형 심각하다 | 开发 kāifā 동 개발하다 | 绿色 lǜsè 형 친환경의 | 新能源 xīnnéngyuán 명 신에너지

- 公里 gōnglǐ 양 킬로미터(km)(=千米) | 巨大 jùdà 형 거대하다 | 岩石 yánshí 명 암석 | 蕴藏 yùncáng 동 매장되다, 묻히다 | 热能 rènéng 명 열에너지 | 称A为B chēng A wéi B A를 B라고 부르다 | 干热岩 gānrèyán 명 건열암 | 储存量 chǔcúnliàng 명 저장량, 매장량 | 清洁 qīngjié 형 청결하다, 깨끗하다 | 倍受期待 bèishòu qīdài 매우 기대를 받다 | *处 chǔ 동 놓여 있다, 위치하다 | 位置 wèizhì 명 위치 | 携带 xiédài 동 지니다, 휴대하다 | 高温 gāowēn 명 고온 | 开采 kāicǎi 동 채굴하다 | 异常 yìcháng 부 매우 | 困难 kùnnan 형 어렵다 | 埋藏 máicáng 동 묻히다, 매장되다 | 温度 wēndù 명 온도 | 达到 dádào 동 도달하다 | 近千 jìn qiān 천에 가깝다 | 摄氏度 shèshìdù 양 섭씨[온도의 단위, ℃로 표기함]

- 打井 dǎjǐng 동 우물을 파다 *打一口井 우물을 하나 파다 | 所在之处 suǒzàizhīchù 명 있는 곳 | 施加压力 shījiā yālì 압력을 가하다 | 注入 zhùrù 동 주입하다, 부어 넣다 | 压裂 yāliè 동 압력으로 균열을 만들다 | 产生裂缝 chǎnshēng lièfèng 균열이 생기다 | 缝隙 fèngxì 명 틈새, 갈라진 곳 | 蒸汽 zhēngqì 명 증기

- 创新 chuàngxīn 동 혁신하다 명 혁신 | 重力热管 zhònglì règuǎn 명 중력 열관 | 层段 céngduàn 명 층단 | 管壁 guǎnbì 명 관벽 | 导热 dǎorè 동 열전도 | 速度 sùdù 명 속도 | 沸点 fèidiǎn 명 끓는점 | 氨水 ānshuǐ 명 암모니아수 | 接触 jiēchù 동 접촉하다 | 炽热 chìrè 형 매우 뜨겁다 | 井壁 jǐngbì 명 우물 벽 | 氨蒸汽 ānzhēngqì 명 암모니아 증기 | 返回 fǎnhuí 동 되돌아 오다(가다) | 消耗 xiāohào 동 소모하다 | 节能 jiénéng 동 에너지를 절약하다

- 历经 lìjīng 동 여러 번 거치다(겪다) | 科研人员 kēyán rényuán 명 과학 연구원 | 研制 yánzhì 동 연구 제작하다 | 采热 cǎirè 동 열에너지를 채굴하다 | 试验 shìyàn 동 시험하다 | 装置 zhuāngzhì 명 장치 | 试运行 shìyùnxíng 동 시범 운행하다, 시운전하다 | 首次 shǒucì 명 최초 | 实现 shíxiàn 동 실현하다 | 长距离 chángjùlí 명 장거리 | 输运 shūyùn 동 수송하다 | 奠定基础 diàndìng jīchǔ 기초를 다지다

- 资源 zīyuán 명 자원 | 被看作 bèi kànzuò ~로 여겨지다 | 潜力 qiánlì 명 잠재력, 저력 | 规模 guīmó 명 규모

질문 및 선택지 단어

- 爆炸 bàozhà 동 폭발하다 | 达不到 dábudào 도달할 수 없다 | 分布 fēnbù 동 분포하다 | 盆地 péndì 명 분지 | 不同于 bùtóng yú ~와 다르다 | 应用 yìngyòng 동 응용하다, 적용하다 | 岩石 yánshí 명 암석 | 充足 chōngzú 형 충분하다 | 减少 jiǎnshǎo 동 줄이다 | 有害气体 yǒuhài qìtǐ 명 유해 가스 | 释放 shìfàng 동 방출하다 | 取得突破 qǔdé tūpò 돌파구를 찾다 | 重大 zhòngdà 형 중대하다 | 探测 tàncè 동 탐측하다 | 增强 zēngqiáng 동 강화하다 | 沿海 yánhǎi 명 연해, 바닷가 근처 | 替代 tìdài 동 대체하다 | 天然气 tiānránqì 명 천연가스

② 내공이 쌓이는 시간

출제 포인트 1 논설문에서 작가의 관점은 맨 마지막에 나온다.

논설문은 설명문과 달리 마지막에 작가의 관점을 제시하거나 제안하고, 그와 관련된 문제를 출제한다.

📝 연습문제

　　现在各大新闻应用软件推崇的一个词叫"算法"，即通过技术手段，一边提取内容特征，一边提取用户兴趣特征，然后将内容与用户兴趣相匹配。以往人们在新闻首页里看到的内容，一般都是由专业的信息把关人——编辑，根据信息的真实性、社会价值和社会关注度等来推荐的。但现在则完全交由技术来处理，后台会不断收集你浏览新闻的"脚印"，并由此形成你的兴趣地图，继而不断地向你推荐相关信息。技术的"聪明"很快俘获了众多网友。为什么相较于编辑推荐，不少人会更倾向于算法的匹配呢？

---------------------- 중략 --------------------

　　信息同温层效应一方面极易导致受众接收的信息内容单一、格局狭小，另一方面还会造成信息的"回声室效应"。回声室效应是指在一个相对封闭的环境里，一些意见相近的声音不断重复，这会使处于相对封闭环境中的大多数人认为，他们所了解到的就是事实的全部。回声室效应在朋友圈里体现得尤为明显。我们会在朋友圈选择"信息同温层"的信息，并以沉默的方式来抵制不同意见的人。其结果是我们传递出去和接收到的信息都是相似的。

　　如此一来，表面上看我们似乎置身于信息的海洋中，实际上我们只是蜷缩在一个信息孤岛上。我们不能将自己困在封闭的孤岛上，而应该自由地翱翔。

1. 根据上文，下列哪项正确？
   A 算法限制了人们的眼界　　　B 新闻首页的信息价值最高
   C 用户可随时关闭推荐功能　　D 意见相反会出现回声室效应

해설	이 지문은 알고리즘(算法)을 다룬 글이었고, 위의 문제는 총 네 문제 중에 마지막 문제였습니다. '根据上文，下列哪项正确?'라고 물었지만, 결국 마지막 단락에서 작가의 견해가 무엇인지를 묻는 문제라고 볼 수 있습니다. '表面上看我们似乎置身于信息的海洋中，实际上我们只是蜷缩在一个信息孤岛上' 부분을 통해서 알고리즘이 우리의 시야를 제한한다는 것을 알 수 있기에 정답은 A 算法限制了人们的眼界입니다.
정답 및 해석	现在各大新闻应用软件推崇的一个词叫"算法"，即通过技术手段，一边提取内容特征，一边提取用户兴趣特征，然后将内容与用户兴趣相匹配。以往人们在新闻首页里看到的内容，一般都是由专业的信息把关人——编辑，根据信息的真实性、社会价值和社会关注度等来推荐的。但现在则完全交由技术来处理，后台会不断收集你浏览新闻的"脚印"，并由此形成你的兴趣地图，继而不断地向你推荐相关信息。

技术的"聪明"很快俘获了众多网友。为什么相较于编辑推荐，不少人会更倾向于算法的匹配呢?

------------------중략------------------

信息同温层效应一方面极易导致受众接收的信息内容单一、格局狭小，另一方面还会造成信息的"回声室效应"。回声室效应是指在一个相对封闭的环境里，一些意见相近的声音不断重复，这会使处于相对封闭环境中的大多数人认为，他们所了解的就是事实的全部。回声室效应在朋友圈里体现得尤为明显。我们会在朋友圈选择"信息同温层"的信息，并以沉默的方式来抵制不同意见的人。其结果是我们传递出去和接收到的信息都是相似的。

如此一来，<u>表面上看我们似乎置身于信息的海洋中，实际上我们只是蜷缩在一个信息孤岛上</u>。我们不能将自己困在封闭的孤岛上，而应该自由地翱翔。

1 根据上文，下列哪项正确?
  A 算法限制了人们的眼界 (✓)
  B 新闻首页的信息价值最高
  C 用户可随时关闭推荐功能
  D 意见相反会出现回声室效应 | 현재 각 대규모 뉴스 애플리케이션이 숭배하는 단어는 '알고리즘'이다. 즉, 기술 수단을 통해 한편으로는 내용의 특징을 뽑아내고, 한편으로는 사용자의 흥미 특징을 뽑아낸 후에 내용과 사용자의 흥미를 서로 매칭한다. 이전에 사람들이 뉴스 첫 페이지에서 보게 되는 내용은 일반적으로 모두 전문적인 정보 점검자인 편집자가 정보의 진실성, 사회 가치와 사회관심도 등에 근거하여 추천했다. 그러나 지금은 완전히 기술에 일임하여 처리한다. 배후에서는 당신이 브라우징한 뉴스의 '발자국'을 끊임없이 수집하고, 이를 통해 당신의 흥미 지도를 형성하며, 계속해서 당신에게 관련 정보를 추천한다.

기술의 '총명함'은 매우 빠르게 수많은 네티즌을 사로잡았다. 왜 편집 추천에 비해서, 적지 않은 사람들이 알고리즘의 매칭에 치우치는 것일까?

------------------중략------------------

정보 성층권 효과는 한편으로는 시청자가 받아들이는 정보 내용이 단일하고 시야가 좁아지게 만들며, 다른 한편으로는 정보의 '반향실 효과'를 초래한다. 반향실 효과는 상대적으로 봉쇄된 환경 안에서, 의견이 비슷한 주장이 끊임없이 중복되는 것을 가리킨다. 이는 상대적으로 봉쇄된 환경 속에서 대다수 사람이 이해한 것이 사실의 전부라고 여기게 한다. 반향실 효과는 (위챗) 펑요췐에서 특히 두드러지게 나타난다. 우리는 펑요췐에서 '뉴스 성층권'의 정보를 선택하고, 침묵의 방식으로 다른 의견인 사람을 배척한다. 그 결과 우리가 전달해 내보내고 받는 정보는 모두 비슷한 것이 된다.

이렇게 <u>표면적으로 우리는 거의 정보의 바다에 위치해 있지만, 사실 우리는 단지 하나의 정보 외딴섬에 웅크리고 있다</u>. 우리는 자신을 봉쇄된 외딴섬에 묶어두어서는 안 되고 마땅히 자유롭게 비상해야 한다.

1 윗글에 근거하여 다음 중 정확한 것은?
  A 알고리즘은 사람들의 시야를 제한했다 (✓)
  B 뉴스 첫 페이지의 정보 가치가 제일 높다
  C 사용자는 수시로 추천 기능을 닫을 수 있다
  D 의견이 상반되면 반향실 효과가 출현한다 |

단어

- 新闻 xīnwén 몡 뉴스 | 应用软件 yìngyòng ruǎnjiàn 애플리케이션, 앱 | 推崇 tuīchóng 동 추앙하다, 숭배하다 | 算法 suànfǎ 몡 알고리즘[특정 문제를 해결하기 위한 절차나 방법을 단계적으로 나열한 것] | 即 jí 부 곧, 즉, 바로 | 技术手段 jìshù shǒuduàn 기술 수단 | 提取 tíqǔ 동 추출하다, 뽑아내다 | 特征 tèzhēng 몡 특징 | 用户 yònghù 몡 사용자, 가입자 | 匹配 pǐpèi 동 매칭하다 | 以往 yǐwǎng 몡 이전, 과거 | 首页 shǒuyè 몡 첫 페이지 | 专业 zhuānyè 형 전문의, 전문적인 | 把关人 bǎguānrén 몡 게이트키퍼, 점검자[커뮤니케이션의 관문을 지키는 사람이란 뜻으로 뉴스나 정보의 유출을 통제하는 사람을 가리킴] | 编辑 biānjí 몡 편집자, 편집인 | 真实性 zhēnshíxìng 몡 진실성 | 社会价值 shèhuì jiàzhí 사회적 가치 | 关注度 guānzhùdù 몡 관심도 | 推荐 tuījiàn 동 추천하다 | 交由 jiāoyóu 동 맡기다, 일임하다 | 处理 chǔlǐ 동 처리하다 | 后台 hòutái 몡 백그라운드(background)[사용자 간섭 없이 보이지 않는 뒷편에서 실행 중인 컴퓨터 프로세스] | 收集 shōují 동 수집하다, 모으다 | 浏览 liúlǎn 동 대충 훑어보다, 브라우징하다[브라우징(browing) : 인터넷에 들어가 필요한 정보를 찾아내는 것] | 脚印 jiǎoyìn 몡 발자국 | 由此 yóucǐ 부 (기점을 나타내어) 이로부터 | 继而 jì'ér 부 계속하여, 뒤이어 *继而不断地 (계속) 끊임없이

- 俘获网友 fúhuò wǎngyǒu 네티즌을 사로잡다 *俘获 동 포로로 잡다, 사로잡다 | 众多 zhòngduō 형 매우 많다 | 相较于 xiāngjiào yú ~에 비해서 | 倾向 qīngxiàng 동 (한쪽으로) 기울다, 치우치다

- 信息同温层效应 xìnxī tóngwēncéng xiàoyìng 정보 성층권 효과 | 极易 jí yì 매우 쉽다 | 导致 dǎozhì 동 (나쁜 결과를) 야기하다, 초래하다(=造成 zàochéng) | 受众 shòuzhòng 몡 독자, 대중, 시청자 | 接收 jiēshōu 동 받다, 받아들이다 | 内容单一 nèiróng dānyī 내용이 단일하다 | 格局狭小 géjú xiáxiǎo 구조가 협소하다, 시야가 좁다 *格局 몡 짜임새, 구조, 구성 *狭小 동 좁고 작다, 협소하다 | 回声室效应 huíshēngshì xiàoyìng 반향실 효과(echo chamber effect)[비슷한 사람끼리 뭉쳐 있을 때 편협한 사고방식이 증폭되는 현상] | 封闭 fēngbì 동 봉쇄하다, 폐쇄하다 | 相近 xiāngjìn 형 비슷하다, 유사하다 | 重复 chóngfù 동 중복하다, 반복하다 | 处于 chǔyú 동 (어떤 환경에) 있다 | 朋友圈 péngyouquān 몡 펑요우췐[중국의 대표 메신저 어플인 Wechat에 글과 사진을 올리는 곳] | 体现 tǐxiàn 동 구현하다, 구체적으로 드러내다 | 尤为 yóuwéi 부 더욱이, 특히 | 沉默 chénmò 동 침묵하다 | 抵制 dǐzhì 동 보이콧하다, 배척하다 | 传递 chuándì 동 (정보를) 전달하다 | 相似 xiāngsì 형 비슷하다

- 如此一来 rúcǐ yìlái 이렇게 되면 | 似乎 sìhū 부 마치 ~인 것 같다 | 置身 zhìshēn 동 몸을 두다 | 实际上 shíjìshàng 부 사실상, 실제로 | 蜷缩 quánsuō 동 웅크리다 | 孤岛 gūdǎo 몡 고도, 외딴섬 | 困 kùn 동 포위하다, 가두어 놓다 | 翱翔 áoxiáng 동 비상하다, 빙빙 돌며 날다

- 限制眼界 xiànzhì yǎnjiè 시야를 제한하다 *眼界 몡 (욕구·지식·흥미의 범위를 나타내는) 시야 | 首页 shǒuyè 몡 첫 페이지 | 随时 suíshí 부 수시로, 언제든지 | 关闭 guānbì 동 닫다, (기능을) 끄다 | 意见相反 yìjiàn xiāngfǎn 의견이 상반되다

출제 포인트 2   **실험은 실험 대상과 실험과정을 중심으로 체크한다.**

지문 중에는 주제를 뒷받침하기 위해 실험(实验)하는 내용이 나옵니다. 실험을 통해 어떤 지식을 전달하는 지문은 '실험 대상·실험 기간·실험 배경·실험 과정·실험 결과' 등을 중심으로 언급합니다. 실험 결과는 결국 주제와 관련이 있고, 실험이 등장하면 실험 대상이나 실험 과정을 중심으로 문제를 출제합니다.

📝 **연습문제** ◀ 아래 지문은 전체 지문 중 첫 번째, 두 번째 단락입니다.

人的视觉分为中央视觉和周边视觉。中央视觉呈现的是人们目光直视看到的东西，而剩下的部分就是周边视觉，也就是"余光"。周边视觉能够提供的细节信息极少，似乎没有什么重要作用。然而，新的研究成果表明，在场景认知方面，周边视觉的作用远比人们意识到的重要得多。

试验中，研究人员向被试者展示了一些普通场景的黑白照片，比如厨房、卧室等。照片或中心部分被遮挡，或外围部分被遮挡，而且照片呈现的时间很短。看完照片后，被试者需判断出照片是什么地方的场景。结果发现，如果中央部分缺失，被试者仍能快速地指出他们看到的是什么场景。但若是周边图像缺失，他们辨认起来就比较困难。这表明，中央视觉更偏向于识别物体，而周边视觉则是用来识别场景的。

1 关于照片实验，下列哪项正确？
A 照片场景比较罕见
B 目的是测试人们的视力
C 被试者需快速判断照片场景
D 照片缺失部分对实验影响不大

해설	전체 지문은 '余光(주변시각)'에 관한 글 입니다. 위 문제는 전체 지문 중에서 첫 번째 단락과 두 번째 단락을 발췌한 것입니다. 두 번째 단락에서 실험이 등장하고, 그와 관련된 문제를 출제했습니다. 두 번째 단락에서 '而且照片呈现的时间很短。看完照片后，被试者需判断出照片是什么地方的场景' 부분을 보면 피실험자에게 사진을 보여주는 시간은 매우 짧고 사진을 보여준 뒤에는 피실험자가 바로 어떤 곳의 장면인지를 판단하는 실험이므로 정답은 C 被试者需快速判断照片场景입니다.

정답 및 해석	人的视觉分为中央视觉和周边视觉。中央视觉呈现的是人们目光直视看到的东西，而剩下的部分就是周边视觉，也就是"余光"。周边视觉能够提供的细节信息极少，似乎没有什么重要作用。然而，新的研究成果表明，在场景认知方面，周边视觉的作用远比人们意识到的重要得多。 试验中，研究人员向被试者展示了一些普通场景的黑白照片，比如厨房、卧室等。照片或中心部分被遮挡，或外围部分被遮挡，而且照片呈现的时间很短。看完照片后，被试者需判断出照片是什么地方的场景。结果发现，如果中央部分缺失，被试者仍能快速地指出他们看到的是什么场景。但若是周边图像缺失，他们辨认起来就比较困难。这表明，中央视觉更偏向于识别物体，而周边视觉则是用来识别场景的。	사람의 시각은 중앙 시각과 주변 시각으로 나뉜다. 중앙 시각에 나타나는 것은 사람들의 시선이 직시해서 본 것이고, 남은 부분은 바로 주변 시각, 다시 말하면 '余光'이다. 주변 시각은 제공할 수 있는 세부 정보가 매우 적어서, 마치 별다른 중요한 역할이 없는 것 같다. 그러나, 새로운 연구 성과에 따르면, 장면 인지 방면에서, 주변 시각의 역할은 사람들이 의식하는 것보다 훨씬 중요하다고 한다. 실험에서 연구원은 피실험자에게 보통 장면의 흑백 사진, 예를 들어 주방, 침실 등을 보여주었다. 사진은 중심 부분이 가려지거나, 외곽 부분이 가려졌고, 게다가 사진이 나타나는 시간이 짧았다. 사진을 다 본 후에, 피실험자는 어떤 곳의 장면인지 판단해 내야 했다. 결과에 따르면, 만약 중앙 부분이 부족하면, 피실험자는 그들이 본 것이 어떤 장면인지 여전히 빠르게 가리킬 수 있었다고 한다. 그러나 만약 주변 이미지가 부족하면, 그들은 식별해 내는 걸 비교적 어려워했다. 이것은 중앙 시각은 물체를 식별하는데 더욱 치우쳐 있지만, 주변 시각은 장면을 식별하는데 쓰인다는 것을 보여준다.

1 关于照片实验，下列哪项正确？	1 사진 실험에 관하여 다음 중 정확한 것은?
A 照片场景比较罕见	A 사진 장면은 비교적 보기 드물다
B 目的是测试人们的视力	B 목적은 사람들의 시력을 측정하는 것이다
C 被试者需快速判断照片场景 (✓)	C 피실험자는 빠르게 사진 장면을 판단해야 한다 (✓)
D 照片缺失部分对实验影响不大	D 사진에서 부족한 부분이 실험에 끼치는 영향은 크지 않다

단어

- 视觉 shìjué 명 시각 | 中央 zhōngyāng 명 중앙 | 周边 zhōubiān 명 주변 | 呈现 chéngxiàn 동 나타나다 | 目光 mùguāng 명 시선, 눈길 | 直视 zhíshì 동 직시하다 | 剩下 shèngxià 동 남다 | 余光 yúguāng 주변 시각, 곁눈질 | 细节信息 xìjié xìnxī 세부 정보 *细节 명 세부(사항), 디테일 | 研究成果 yánjiū chéngguǒ 연구 성과 | 表明 biǎomíng 동 표명하다, 분명하게 밝히다 | 场景认知 chǎngjǐng rènzhī 장면 인지 | 意识 yìshí 동 의식하다, 깨닫다

- 试验 shìyàn 명 실험 | 被试者 bèishìzhě 피실험자(=被试验者) [실험의 대상이 되는 사람] | 展示 zhǎnshì 동 전시하다, 보여주다 | 黑白照片 hēibái zhàopiàn 흑백 사진 | 厨房 chúfáng 명 주방, 부엌 | 卧室 wòshì 명 침실 | 遮挡 zhēdǎng 동 막다, 가리다 *遮 동 가리다, 덮다 | 外围 wàiwéi 명 바깥 둘레, 외곽 | 判断 pànduàn 동 판단하다 | 缺失 quēshī 동 부족하다 | 仍 réng 부 여전히 | 快速 kuàisù 형 쾌속의, 빠르다 | 指出 zhǐchū 동 지적하다, 가리키다 | 若是 ruòshì 접 만일, 만약 | 图像 túxiàng 명 이미지, 사진, 영상 | 辨认 biànrèn 동 식별하다 | 困难 kùnnan 형 어렵다 | 偏向于 piānxiàng yú ~에 편향되다, ~에 치우쳐 있다 | 识别物体 shíbié wùtǐ 물체를 식별하다 | 用来 yònglái 동 ~에 쓰이다

- 罕见 hǎnjiàn 형 보기 드물다 | 测试视力 cèshì shìlì 시력을 측정하다 *测试 동 측정하다, 테스트하다 | 影响 yǐngxiǎng 명 (끼친) 영향

공략법 04 중국 관련 지식이 많이 출제된다

Day 22

독해 | 제4부분

HSK는 외국인에게 중국을 알리는 시험이라 해도 과언이 아닙니다. HSK 6급 문제에서는 중국과 관련된 지문들이 많이 출제되며, 최근에는 비중이 계속 높아지고 있는 추세입니다. 중국의 역사를 배경으로 한 이야기글부터 문화와 문물을 소개하는 글이 나오며, 중국의 최신 트렌드가 출제되기도 합니다.

1 문제가 보이는 시간

예제

　　中国茶文化有着悠久的历史，发展到宋代，达到了"盛造其极"的境界。正如北宋的政治家、思想家王安石所记录的，彼时茶已成为几乎所有人的必需品，从贵族、学者到普通百姓，它就像米、油和盐一样不可缺少。

　　点茶是宋代饮茶的主流形式。与唐代的煎茶不同，点茶是先将热水倒在细密的茶粉上，调成糊状，然后慢慢加入更多热水，用茶筅不断击打，直到出现厚厚的泡沫。这种加入热水的动作被称为"点"，点茶因此得名。点茶的要领在于手腕和手臂的协调性。一盏茶大约要击打两百下，水与茶才会完全融合并出现泡沫。接着便可以用调好的茶膏，自由地在泡沫上作画。点茶不只是为了好看，还会使茶更好喝。快速击打茶汤，使茶汤中融入大量空气，产生丰富的泡沫，能够增加茶汤的鲜爽口感。点茶这种精致的喝茶方式深受宋朝皇帝宋徽宗的喜爱。宋徽宗所作的《大观茶论》一书，对"点茶"有详细描述。

　　对精致化、艺术化的极致追求，使得难度更大的茶百戏在宋代也发展到了顶峰。茶百戏是在点茶的基础上进行的，点茶的茶汤经搅拌后会形成大量泡沫，而茶百戏就是以茶勺为笔，以清水为墨，以茶汤为纸，仅用清水通过注汤和搅动等方法，使茶汤表面变幻出图案——禽兽虫鱼、花草诗词，栩栩如生，包罗万象。尽管成品看起来和"咖啡拉花"相似，但实际上却是用清水作画，不同于"咖啡拉花"的颜色叠加法。茶百戏是再现古代点茶、斗茶文化的重要技艺，对于研究中国茶文化具有重要的历史价值。在宋代，茶百戏不是寻常的品茗喝茶，人们把茶百戏与琴、棋、书并列，是士大夫们喜爱的一种文化活动。

1 中国的茶文化：
   A 明清时流行
   B 形成于宫廷之中
   C 宋代已普及至民间
   D 源于中原与西域的文化交流

2 点茶的"点"指的是下列哪个动作？
   A 倾注热水
   B 托住杯底
   C 茶匙作画
   D 调制茶糊

3 点茶的泡沫来自于：
   A 强力挤压
   B 手工击打
   C 添加的糖粉
   D 牛奶与水混合

4 关于茶百戏，下列哪项正确？
   A 会用到墨水
   B 以点茶为基础
   C 是最古老的饮茶方式
   D 与咖啡拉花技法相同

해설

STEP 1-① 지문 읽기

中国茶文化有着悠久的历史，发展到宋代，达到了"盛造其极"的境界。¹正如北宋的政治家、思想家王安石所记录的，彼时茶已成为几乎所有人的必需品，从贵族、学者到普通百姓，它就像米、油和盐一样不可缺少。

→ **1번 정답 힌트** 북송 시기에 차(茶)는 이미 거의 모든 사람들의 필수품이 되었다고 하면서, 귀족에서 일반 백성에 이르기까지 없어서는 안 된다고 말했습니다.

STEP 2-①~STEP 3-① 지문 읽기

点茶是宋代饮茶的主流形式。与唐代的煎茶不同，点茶是先将热水倒在细密的茶粉上，调成糊状，然后慢慢加入更多热水，³用茶筅不断击打，直到出现厚厚的泡沫。²这种加入热水的动作被称为"点"，点茶因此得名。点茶的要领在于手腕和手臂的协调性。

→ **2번 정답 힌트** '点'은 뜨거운 물을 넣는 동작(加入热水的动作)임을 알 수 있습니다.

一盏茶大约要击打两百下，水与茶才会完全融合并出现泡沫。接着便可以用调好的茶膏，自由地在泡沫上作画。点茶不只是为了好看，还会使茶更好喝。快速击打茶汤，使茶汤中融入大量空气，产生丰富的泡沫，能够增加茶汤的鲜爽口感。点茶这种精致的喝茶方式深受宋朝皇帝宋徽宗的喜爱。宋徽宗所作的《大观茶论》一书，对"点茶"有详细描述。

차선(茶筅)을 이용해 거품이 생길 때까지 계속 젓는다고 말했습니다. **3번 정답 힌트**
'击打'는 단순히 때리는 동작이 아닌 휘젓는 동작입니다.

STEP 4-① 지문 읽기

对精致化、艺术化的极致追求，使得难度更大的茶百戏在宋代也发展到了顶峰。⁴茶百戏是在点茶的基础上进行的，点茶的茶汤经搅拌后会形成大量泡沫，而茶百戏就

→ **4번 정답 힌트** '茶百戏'가 '点茶'의 기초 위에서 진행되었다는 것을 알 수 있습니다. 따라서 정답은 B 以点茶为基础입니다.

是以茶勺为笔，以清水为墨，以茶汤为纸，仅用清水通过注汤和搅动等方法，使茶汤表面变幻出图案——禽兽虫鱼、花草诗词，栩栩如生，包罗万象。尽管成品看起来和"咖啡

拉花"相似，但实际上却是用清水作画，不同于"咖啡拉花"的颜色叠加法。茶百戏是再现古代点茶、斗茶文化的重要技艺，对于研究中国茶文化具有重要的历史价值。在宋代，茶百戏不是寻常的品茗喝茶，人们把茶百戏与琴、棋、书并列，是士大夫们喜爱的一种文化活动。

STEP 1 문제 읽기

중국 차 문화에 대한 설명으로 맞는 선택지를 고르는 문제입니다.

1 中国的茶文化:
   - A 明清时流行
   - B 形成于宫廷之中
   - ✓ 宋代已普及至民间
   - D 源于中原与西域的文化交流

STEP 1-② 정답 고르기

STEP 2 문제 읽기

키워드(点茶의 "点")를 기억하며 두 번째 단락을 읽어 나갑니다.

2 点茶的"点"指的是下列哪个动作?
   - ✓ 倾注热水
   - B 托住杯底
   - C 茶匙作画 → 지문에 나온 '加入' 대신 정답에는 '倾注'를 썼다는데 유의합니다.
   - D 调制茶糊

STEP 2-② 정답 고르기

STEP 3 문제 읽기

키워드(点茶的泡沫)를 기억하며 정답을 찾습니다. 두 번째 단락은 '点茶'에 관한 설명이 나옵니다. 2번 정답 힌트 문장 바로 앞에 '泡沫(거품)'가 등장하는 곳을 주의 깊게 읽어줍니다.

3 点茶的泡沫来自于:
   - A 强力挤压
   - ✓ 手工击打
   - C 添加的糖粉
   - D 牛奶与水混合

STEP 3-② 정답 고르기

STEP 4 문제 읽기

키워드(茶百戏)를 기억하며 마지막 단락을 읽어 나갑니다.

4 关于茶百戏，下列哪项正确?
   - A 会用到墨水
   - ✓ 以点茶为基础
   - C 是最古老的饮茶方式
   - D 与咖啡拉花技法相同

STEP 4-② 정답 고르기

정답 및 해석

中国茶文化有着悠久的历史，发展到宋代，达到了"盛造其极"的境界。正如北宋的政治家、思想家王安石所记录的，彼时茶已成为几乎所有人的必需品，从贵族、学者到普通百姓，它就像米、油和盐一样不可缺少。

点茶是宋代饮茶的主流形式。与唐代的煎茶不同，点茶是先将热水倒在细密的茶粉上，调成糊状，然后慢慢加入更多热水，用茶筅不断击打，直到出现厚厚的泡沫。这种加入热水的动作被称为"点"，点茶因此得名。点茶的要领在于手腕和手臂的协调性。一盏茶大约要击打两百下，水与茶才会完全融合并出现泡沫。接着便可以用调好的茶膏，自由地在泡沫上作画。点茶不只是为了好看，还会使茶更好喝。快速击打茶汤，使茶汤中融入大量空气，产生丰富的泡沫，能够增加茶汤的鲜爽口感。点茶这种精致的喝茶方式深受宋朝皇帝宋徽宗的喜爱。宋徽宗所作的《大观茶论》一书，对"点茶"有详细描述。

对精致化、艺术化的极致追求，使得难度更大的茶百戏在宋代也发展到了顶峰。茶百戏是在点茶的基础上进行的，点茶的茶汤经搅拌后会形成大量泡沫，而茶百戏就是以茶勺为笔，以清水为墨，以茶汤为纸，仅用清水通过注汤和搅动等方法，使茶汤表面变幻出图案——禽兽虫鱼、花草诗词，栩栩如生，包罗万象。尽管成品看起来和"咖啡拉花"相似，但实际上却是用清水作画，不同于"咖啡拉花"的颜色叠加法。茶百戏是再现古代点茶、斗茶文化的重要技艺，对于研究中国茶文化具有重要的历史价值。在宋代，茶百戏不是寻常的品茗喝茶，人们把茶百戏与琴、棋、书并列，是士大夫们喜爱的一种文化活动。

중국 차 문화는 유구한 역사를 가지고 있고, 송대에 이르러 '최고로 번성한' 경지에 도달했다. 북송의 정치가이자 사상가인 왕안석이 기록한 바에 따르면, 그 당시 차는 거의 모든 사람들의 필수품이 되었으며, 귀족과 학자에서부터 일반 백성에 이르기까지 차는 마치 쌀, 기름, 소금처럼 없어서는 안 되는 존재였다.

점차(点茶)는 송대 차를 마시는 주류 형식이었다. 당대의 전차(煎茶)와는 달리, 점차는 먼저 뜨거운 물을 촘촘한 차가루 위에 부어 걸쭉하게 만든 뒤, 더 많은 뜨거운 물을 서서히 추가하고 차선(茶筅)을 이용해 계속 저어 두꺼운 거품이 생길 때까지 반복한다. 이렇게 뜨거운 물을 추가하는 동작을 '점(点)'이라고 하며, 점차라는 이름도 여기서 유래했다. 점차의 요령은 손목과 팔의 조화에 있다. 한 잔의 차를 만드는 데 약 200번 정도를 저어야 물과 차가 완전히 섞이고 거품이 생긴다. 그 다음에는 준비된 차고(茶膏)를 이용해 거품 위에 자유롭게 그림을 그릴 수 있다. 점차는 단순히 보기 좋기 위해서만이 아니라 차의 맛을 더욱 좋게 만들기 위해서이다. 차탕(茶汤)을 빠르게 저어 많은 공기를 차탕에 녹여 넣고 풍부한 거품을 만들어냄으로써 차탕의 맛있고 개운한 맛을 높일 수 있다. 점차라는 이 정교한 차 마시는 방식은 송나라 황제 송휘종에게 큰 사랑을 받았다. 송휘종이 쓴 『대관다론(大观茶论)』이란 책은 점차에 대해 상세히 묘사하고 있다.

정교함과 예술성의 극치를 추구한 결과, 난이도가 더 높은 차백희(茶百戏)도 송대에 절정에 이르렀다. 차백희는 점차를 바탕으로 진행된다. 점차의 차탕은 휘저으면 풍부한 거품이 형성되며, 차백희는 차 스푼을 붓으로, 맑은 물을 먹으로, 차탕을 종이로 삼아 맑은 물만으로 차탕에 물을 붓거나 저어가며 그림을 그린다. 그 결과 차탕 표면 위에는 금수 및 곤충과 물고기, 화초 및 시와 사 같은 생동감 있고 다채로운 문양이 만들어진다. 완성된 결과물은 겉보기에는 '커피 라떼아트'와 비슷하지만, 실제로는 맑은 물로 그림을 그리는 것으로, '커피 라떼아트'의 색상 중첩 방식과는 다르다. 차백희는 고대의 점차와 투차 문화를 재현하는 중요한 기예로, 중국 차 문화를 연구하는 데 있어 중요한 역사적 가치를 지닌다. 송대에 차백희는 차를 음미하며 마시는 평범한 행위가 아니었으며, 사람들은 차백희를 거문고(琴)·바둑(棋)·서예(书)와 함께 나란히 나열했으며, 사대부들이 사랑했던 문화 활동 중 하나였다.

1 中国的茶文化：
  A 明清时流行
  B 形成于宫廷之中
  C 宋代已普及至民间（✓）
  D 源于中原与西域的文化交流

2 点茶的"点"指的是下列哪个动作？
  A 倾注热水（✓）
  B 托住杯底
  C 茶匙作画
  D 调制茶糊

3 点茶的泡沫来自于：
  A 强力挤压
  B 手工击打（✓）
  C 添加的糖粉
  D 牛奶与水混合

4 关于茶百戏，下列哪项正确？
  A 会用到墨水
  B 以点茶为基础（✓）
  C 是最古老的饮茶方式
  D 与咖啡拉花技法相同

1 중국의 차 문화는
  A 명·청대에 유행했다
  B 궁중에서 형성되었다
  C 송대에 이미 민간에 보급되었다（✓）
  D 중원과 서역의 문화 교류에서 유래했다

2 점차(点茶)의 '점(点)'은 다음 중 어떤 동작을 가리키는가?
  A 뜨거운 물을 붓는 것（✓）
  B 잔 밑을 받치는 것
  C 차 스푼으로 그림을 그리는 것
  D 차를 걸쭉하게 만드는 것

3 점차의 거품은 어디에서 생기는가
  A 강하게 눌러 짜는 것
  B 손으로 휘젓는 것（✓）
  C 첨가된 설탕 가루
  D 우유와 물을 혼합하는 것

4 차백희에 관하여 다음 중 정확한 것은?
  A 먹물을 사용한다
  B 점차를 바탕으로 한다（✓）
  C 가장 오래된 차 마시는 방식이다
  D 커피 라떼아트 기법과 동일하다

지문 단어

◆ 悠久 yōujiǔ 형 (역사가) 유구하다 | 盛造其极 shèngzàoqíjí 가장 완벽하고 최고의 상태에 이르다 | 境界 jìngjiè 명 경지 | 正如 zhèngrú 동 마치 ~와 같다 | 政治家 zhèngzhìjiā 명 정치가 | 思想家 sīxiǎngjiā 명 사상가 | 记录 jìlù 동 기록하다 | 彼时 bǐshí 명 그 당시, 그 때 | 必需品 bìxūpǐn 명 필수품 | 贵族 guìzú 명 귀족 | 学者 xuézhě 명 학자 | 普通百姓 pǔtōng bǎixìng 명 일반 백성 | 米 mǐ 명 쌀 | 油 yóu 명 기름 | 盐 yán 명 소금 | 不可缺少 bùkě quēshǎo 없어서는 안 된다

◆ 点茶 diǎnchá 동 차를 우리다[당송(唐宋)시기에 차를 우리는 방식의 일종] | 饮茶 yǐnchá 동 차를 마시다 | 主流形式 zhǔliú xíngshì 주류 형태 | 煎茶 jiānchá 동 차를 달이다[전통적인 중국식 차 끓이는 방식] | 细密 xìmì 형 촘촘하다 | 茶粉 cháfěn 명 찻가루 | 调成糊状 tiáochéng húzhuàng 고루 섞어서 걸쭉한 상태로 만들다 | 加入热水 jiārù rèshuǐ 뜨거운 물을 넣다 | 茶筅 cháxiǎn 명 차선[차를 휘젓는 도구] | 击打 jīdǎ 동 (차를) 휘젓다 | 泡沫 pàomò 명 거품 | 因此得名 yīncǐ démíng 이로 인해 이름을 얻게 되다 | 要领 yàolǐng 명 요령, 요점 | 手腕 shǒuwàn 명 손목 | 手臂 shǒubì 명 팔 | 协调性 xiétiáoxìng 명 조화성 | 盏 zhǎn 양 잔, 개[술·차 등을 셀 때 쓰임] | 大约 dàyuē 부 대략 | 融合 rónghé 동 융합하다, 한데 합치다 | 接着 jiēzhe 부 이어서 | 茶膏 chágāo 명 차고[차 고체 추출물] | 茶汤 chátāng 명 차탕[베이징의 전통 먹거리] | 融入 róngrù 동 녹여 넣다 | 鲜爽 xiānshuǎng 형 맛있고 개운하다 | 口感 kǒugǎn 명 식감, 먹을때 느낌 | 精致 jīngzhì 형 정교하다 | 皇帝 huángdì 명 황제 | 宋徽宗 Sòng Huīzōng 명 송 휘종[중국 북송의 제8대 황제] | 详细 xiángxì 형 상세하다 | 描述 miáoshù 동 묘사하다

◆ 极致 jízhì 명 극치 | 追求 zhuīqiú 동 추구하다 | 使得 shǐde 동 ~하게 하다 | 顶峰 dǐngfēng 명 정점 | 茶百戏 chábǎixì 차백희[차 위에 이미지를 그려내는 행위] | 搅拌 jiǎobàn 동 휘저어 섞다 | 以茶勺为笔 yǐ cháshāo wéi bǐ 차 스푼을 붓으로 삼다 | 以清水为墨 yǐ qīngshuǐ wéi mò 맑은 물을 먹으로 삼다 | 以茶汤为纸 yǐ chátāng wéi zhǐ 차탕을 종이로 삼다 | 注汤 zhùtāng 동 차탕을 붓다 | 搅动 jiǎodòng 동 휘젓다 | 变幻 biànhuàn 동 변환하다, 종잡을 수 없이 변하다 | 图案 tú'àn

| 몡도안 | 禽兽虫鱼 qínshòu chóngyú 금수 및 곤충과 물고기 | 花草诗词 huācǎo shīcí 화초 및 시와 사 | 栩栩如生 xǔxǔrúshēng 몡 생생하게 살아 있는 듯하다, 생동감이 넘치다 | 包罗万象 bāoluówànxiàng 몡 모든 것을 포함하다 | 成品 chéngpǐn 몡 완성품 | 咖啡拉花 kāfēilāhuā 몡 커피 라떼아트 | 相似 xiāngsì 동 비슷하다 | 不同于 bùtóng yú ~와 다르다 | 颜色叠加法 yánsèdiéjiāfǎ 몡 색상 중첩 기법 | 再现 zàixiàn 동 재현하다 | 斗茶 dòuchá 동 투차(茶)의 우열을 가리다 | 技艺 jìyì 몡 기예, 기술 | 寻常 xúncháng 형 평범하다 | 品茗 pǐnmíng 동 차를 음미하다 | 琴 qín 몡 고금[고대 현악기] | 棋 qí 몡 바둑이나 장기 | 书 shū 몡 서예(=书法) | 并列 bìngliè 동 나란히 놓다 | 士大夫 shìdàfū 몡 사대부

질문 및 선택지 단어

◆ 流行 liúxíng 동 유행하다 | 宫廷 gōngtíng 몡 궁정 | 普及 pǔjí 동 보급되다, 퍼지다 | 至 zhì 동 ~에 이르다 | 源于 yuányú 동 ~에서 유래하다 | 西域 xīyù 몡 서역 | 倾注 qīngzhù 동 기울여 붓다 | 托住杯底 tuōzhù bēidǐ 잔 밑을 받치다 | 茶匙作画 cháchí zuòhuà 차 스푼으로 그림을 그리다 | 调制茶糊 tiáozhì chá hú 차를 걸쭉하게 만들다 | 强力 qiánglì 몡 강력한 힘 | 挤压 jǐyā 동 눌러 짜다 | 手工 shǒugōng 몡 수공, 수작업 | 添加 tiānjiā 동 첨가하다 | 糖粉 tángfěn 몡 설탕 가루 | 混合 hùnhé 동 혼합하다 | 墨水 mòshuǐ 몡 먹물 | 古老 gǔlǎo 형 오래되다 | 饮茶 yǐnchá 차를 마시다 | 技法 jìfǎ 몡 기법

2 내공이 쌓이는 시간

출제 포인트 1 중국의 춘추전국시대 이야기가 꾸준히 출제되고 있다.

중국의 역사적 인물이나, 현대 인물 중 어느 한 분야에서 특출한 두각을 드러낸 인물이 주인공이 되어 독해 제4부분에 꾸준히 출제되고 있다. 특히 중국의 역사 중에서 춘추전국시대와 초한지 이야기가 주를 이루므로 배경지식으로 알아두면 좋다. 또한 필수어휘 외에 어려운 단어들도 많이 보이므로 평소에 '字' 학습을 통해 모르는 단어를 유추하는 훈련을 해야 한다.

1) **春秋战国时期** Chūnqiū Zhànguó Shíqī 춘추전국시대

춘추전국시대는 동주 시대라고도 불린다. 서주 시대에는 주나라의 천자가 천하의 주인으로서 권위를 유지하고 있었다. 주나라 13대 왕인 평왕(平王)이 세력을 동쪽으로 옮기면서 동주 시대가 시작되었고, 그 후 주나라 왕실은 쇠퇴하기 시작하면서 단지 천하의 주인이라는 명의만 유지한 채 실제 통제 능력은 없었다. 중원의 여러 나라들도 사회·경제적 조건이 달랐기 때문에, 대국 간에 맹주의 지위를 놓고 치열한 경쟁이 벌어졌다. 이 시기는 국가의 수가 많았던 만큼, 중국 역사상 유명한 통치자와 신하는 물론, 수많은 성어들이 모두 이 시기에 생겨났다.

춘추시대는 **춘추오패** 세력이 가장 강대했다. 바로 제환공·송양공·진문공·진목공·초장왕이 다섯 통치자인데, 그들이 재위한 시기가 본국의 힘이 가장 강대했던 때였다. 이 통치자들과 관련된 성어로는 '**老马识途**'·'**退避三舍**'·'**伯乐相马**' 등이 HSK 듣기와 독해에서 자주 등장한다.

전국시대는 여러 국가가 해마다 전쟁을 벌였다는 말에서 유래해. 이 시기에 세력이 가장 강대했던 **전국칠웅**은 바로 제나라·초나라·연나라·한나라·조나라·위나라·진나라이다. 그중 진나라는 군사·정치·경제력이 모두 강력하여 다른 6개 국가를 잇달아 멸망시켰고, 결국 **진시황**이 BC. 221년에 전국을 통일했다. 전국시대는 **백가쟁명**의 시대라고도 한다. **공자**와 **맹자**를 대표로 하는 유가, 노자를 대표로 하는 도가, 묵자를 대표로 하는 묵가가 3대 철학 체계를 형성했다.

춘추전국시대에는 **편작·상앙·굴원** 등의 유명한 인물들이 많이 등장했다. 이 시기는 회화·조각·서예·음악과 춤·건축·옥 조각 등 다양한 예술 분야도 크게 발전했다. 그중 청동기는 전 세계에 잘 알려져 있다. BC. 221년, 진시황은 전국을 통일했지만, 폭정과 사회 불안으로 중국 역사상 첫 번째의 대규모 농민 봉기가 일어났고, 결국 BC. 206년, 진왕 자영은 유방에게 투항했다.

- **春秋五霸** chūnqiū wǔ bà 춘추오패

  춘추시대의 제환공(齐桓公 Qí Huángōng)·송양공(宋襄公 Sòng Xiānggōng)·진문공(晋文公 Jìn Wéngōng)·진목공(秦穆公 Qín Mùgōng)·초장왕(楚庄王 Chǔ Zhuāngwáng) 다섯 명의 패자를 말한다. 덕이 아닌 무력으로 신하와 백성들을 통치했기 때문에 패자라고 불린다.

  > **Tip!** '패자(霸者)'란 무력이나 권력으로 천하를 다스리는 사람을 말합니다.

- **老马识途** lǎomǎshítú 늙은 말은 길을 알고 있다

  춘추시대 제나라의 왕 제환공과 그의 군대는 긴 전쟁이 끝나고 제나라로 돌아가던 중에 길을 잃었다. 제환공은 물론 다른 장수들도 좋은 방책을 내놓지 못할 때, 관중이라는 장수가 말은 길을 잘 아니 늙은 말의 지혜를 빌려보자고 제안했다. 제환공이 허락하여 말을 풀어놓자, 과연 늙은 말은 산골짜기를 빠져나와 큰길로 군대를 인도했다. '老马识途'는 이 고사에서 유래한 성어로, '경험이 많으면 그 일에 능숙하다'라는 뜻이 담겨있다.

- **退避三舍** tuìbìsānshè 삼사(三舍)를 물러나다, 남에게 양보하고 다투지 않다

  '1舍'는 30리를 뜻하는 단위로, 옛날 군대는 하루에 '1舍'를 행군했다. 춘추시대에 진나라와 초나라가 전쟁을 치를 때, 진문공이 3일 동안 '3舍', 즉, 90리를 뒤로 물러나 충돌을 피한 데서 유래한 성어이다. 이처럼 스스로 양보하여 남과 다투지 않는 상황에서 쓸 수 있다.

- **伯乐相马** bólèxiàngmǎ 백락이 말의 좋고 나쁨을 가려내다

  춘추시대의 '伯乐(bólè)'이라는 사람은 좋은 말을 구별하는 재주가 매우 뛰어나, 초왕은 그에게 천리마를 사오라고 시켰다. 백락은 우연히 소금 수레를 끄는 말을 보았는데, 겉보기에는 매우 보잘것없어 보였지만 그 말의 울음소리로 명마임을 확신했다. 말을 처음 본 초왕은 매우 실망했지만, 후에 그 말은 백락의 생각대로 전장에서 많은 공을 세웠다. '伯乐相马'는 여기서 유래한 성어이다.

- **战国七雄** Zhànguó qīxióng 전국칠웅

  전국칠웅은 전국시대의 일곱 제후국인 진·초·연·제·조·위·한나라를 말한다. 이 시기는 독립된 소국가만 100여 곳이 있었는데, 칠웅은 이러한 나라들 중에서 진나라가 통일하기 전까지 멸망하지 않고 살아남은 나라를 가리킨다.

- **百家争鸣** bǎijiāzhēngmíng 백가쟁명, 서로 다른 학파들이 자유롭게 논쟁하다

  춘추전국시대는 전쟁의 시기이면서도 사상과 학문의 시기였다. 이 시기의 제후들은 나라를 부강하게 만들기 위해 유능한 인재를 모았고, 이러한 분위기 속에서 여러 학파의 사상가가 등장했다. 이 사상가와 학파를 일컬어 '제자백가(诸子百家 zhūzǐbǎijiā)'라 하고, 이들의 자유로운 논쟁과 토론을 '백가쟁명(百家争鸣)'이라 한다. 그중 가장 대표적인 학파로는 유가(儒家)·도가(道家)·묵가(墨家)·법가(法家)가 있다.

- **屈原** Qūyuán 굴원

  초나라의 애국지사였던 굴원은 여러 번 정치적으로 배척당해, 결국 도성으로 쫓겨나 이곳저곳을 떠돌다니다. 조국인 초나라의 침탈 소식에 분노와 슬픔을 못이겨 강물에 투신하여 자살했다. 그는 정치가뿐 아니라 시인으로서의 소질도 매우 뛰어났다. 방랑 생활 중, 자신의 번민을 담아 「이소(离骚)」, 「어부사(渔父词)」 등의 걸작시를 지었다. 그의 작품들은 『초사(楚辞)』에 실려 있다. 그 지역의 백성들은 굴원을 추모하기 위해

서, 매년 그의 기일인 음력 5월 5일에 용선 경주를 벌이고, 쫑즈를 강에 던졌다. 강 속의 물고기에게 밥을 던져 넣어, 물속에 잠긴 굴원이 물고기에게 먹히지 않도록 하기 위함이었다. 이렇게 굴원을 추모하기 위해 생겨난 중국 전통 명절이 바로 '端午节(돤우제)'이다.

> **알아두면 좋을 어휘**
> - 龙舟(용선): 뱃머리를 용의 머리로 장식한 배
> - 粽子(쫑즈): 찹쌀을 갈대나 대나뭇잎에 싸서 찐 음식

2) 楚汉志 ChǔHànzhì 초한지

BC. 210년, 중국 역사상 가장 큰 농민 봉기가 일어났는데, 바로 **진승(陈胜)과 오광(吴广)의 봉기**이다. 봉기는 각지에서 빠르게 확산하면서, 유방(刘邦 Liúbāng), 항우(项羽 Xiàngyǔ)도 함께 봉기를 일으켰다. BC. 206년, 진나라가 멸망한 후에 유방과 항우는 가장 큰 중심 세력이 되어 서로 다투게 된다.

유방은 지방 관리 출신으로, 성품이 온화하고 활달하며 도량이 넓었다. 소하(萧何 Xiāohé)·한신(韩信 Hánxìn)·장량(张良 Zhāngliáng)·번쾌(樊哙 Fánkuài) 등 훌륭한 장군과 참모가 유방을 잘 보좌했다. 한편 항우는 초나라 귀족의 후예로, 성격이 다소 난폭하고 직설적이었다. 그에게도 범증(范曾 Fànzēng)이라는 참모가 있었으나, 항우는 그의 진언을 잘 받아들이지 않았다. 5년에 걸친 초한 전쟁 끝에, 항우는 유방에게 패하면서 스스로 목숨을 끊었다. 결국, 유방은 오랜 전쟁 끝에 한나라를 세웠다.

항우가 고립되어 죽음에 몰린 고사로 '**四面楚歌**'라는 성어가 생겨났다. 또한 항우의 죽음 후 그의 애첩 우희가 뒤따라 목숨을 끊었는데, 항우와 우희의 이별 이야기는 '**패왕별희(霸王别姬)**'라는 이야기로 잘 알려져 있다. 비록 항우는 패했지만 여전히 중국 역사상 가장 강한 무장으로, '패왕(霸王)'은 전적으로 항우를 가리킨다. 유방은 항우보다 능력이 출중하지는 않았지만, 인재를 잘 활용했기 때문에 결국 황제가 될 수 있었다.

- **陈胜吴广起义** Chénshèng Wúguǎng Qǐyì 진승과 오광의 봉기

  진나라의 초대 황제인 시황제의 뒤를 이어 등극한 2세 황제는 포악한 정치를 일삼았다. 그는 자기 뜻에 반대하는 자라면, 관리는 물론 형제자매까지 무참히 죽였다. 장정과 인부의 징집이 심해지자, 백성들은 폭발하기 시작했고, 이때 최초의 농민 반란이라 불리는 진승과 오광의 난이 일어났다. 농민 출신인 진승과 오광이 징집명에 따라 이동하던 중, 농민 900여 명을 이끌고 일으킨 난으로, 진(秦)나라 멸망의 계기가 되었다.

- **四面楚歌** sìmiànchǔgē 사면초가

  유방(刘邦 Liúbāng)과 항우(项羽 Xiàngyǔ)가 대치하던 중, 유방은 교섭 도중 약속을 어기고 항우의 진지를 포위했다. 항우군의 식량이 바닥났고 군사들의 사기가 점점 떨어져 가던 중, 유방은 자신의 군사 중 초나라 출신을 골라 밤마다 초나라 노래를 부르게 했다. 오랜 시간 동안 전쟁에 시달려 온 항우 군의 초나라 병사들은 고향 노래를 듣자 점점 마음이 약해졌고, 이것은 항우 또한 마찬가지였다. 매일 밤 들려오는 초나라 노래에, 항우는 자신을 도와야 할 초나라 군사들이 모두 유방에게 돌아섰다고 생각하고 싸울 기력을 잃고 말았다. '四面楚歌'는 이 고사에서 유래한 성어로, '사방이 완전히 적으로 둘러싸여 고립되다'라는 속뜻이 있다.

- **霸王别姬** bàwángbiéjī 패왕별희, 초왕 항우가 애첩 우희에게 작별을 고하다

  우희는 항우의 애첩이다. 당시 우희는 항우에 대한 지조를 지키기 위해 항우가 죽은 후 스스로 자결했다고 전해지기도 하고, 항우가 죽기 직전 스스로 우희를 죽였다고도 한다. '패왕별희'라는 제목의 이별 이야기는

경극과 영화 등 여러 가지 매체로 각색되어 전해지고 있다. 경극으로는 '梅兰芳(Méi Lánfāng)'이 출연한 것이 가장 유명하고, 영화로는 '张国荣(Zhāng Guóróng)'이 주연을 맡은 것이 가장 유명하다.

출제 포인트 2 중국의 문화·전통 공예품·지역 등을 소개한다.

외국인 대상의 중국어 시험인 HSK는 중국의 전통 문화와 공예품 등을 소개하는 지문을 많이 출제한다. 따라서 평소에 일상 회화만 공부해서는 안 되며, 중국의 문화에도 많은 관심을 가져야 한다.

- **四大名琴** sìdàmíngqín 사대명금

  중국의 선비 계층이 즐기던 풍류로 거문고·바둑·서예·그림이 있다. 이 네 가지 기예를 금기서화(琴棋书画)라고 부르는데, 이 중 거문고인 금(琴)의 역사가 가장 오래되었다. 가장 유명한 것은 제 환공(齐桓公)의 호종(号钟 hàozhōng)·초 장왕(楚庄王)의 요량(绕梁 ràoliáng)·사마상여(司马相如)의 녹기(绿绮 lǜqǐ)·채옹(蔡邕 Cài Yōng)의 초미(焦尾 jiāowěi)인데, 이 넷이 바로 중국의 사대명금이다.

- **丝绸之路** sīchóuzhīlù 실크로드

  실크로드는 중국 고대 한나라 시기에 생긴 서방으로 통하는 상업 및 문화 교류의 길을 뜻한다. 무역 상품이 주로 중국의 비단(丝绸) 또는 견직물이었으므로, 이 길을 비단길이라 불렀다. 실크로드는 동쪽에서 시작하여 당시의 수도인 장안(지금의 산시성 시안)까지 이어졌으며 서쪽으로는 지중해, 유럽까지 펼쳐져 있었다.

- **笛子** dízi 피리

  피리는 중국 한족의 관악기이다. 천연 대나무로 만들어져 '竹笛'라고도 부른다. 피리는 선율이 아름다울 뿐 아니라 새 소리 등 대자연의 각종 소리도 표현할 수 있다. 소수민족인 강족(羌族 Qiāngzú)이 사용하는 피리는 '羌笛'라 부르며, 문자가 없는 '羌族'는 '羌笛'를 이용해 문화를 전승한다.

- **皮影戏** píyǐngxì 그림자극

  그림자극은 '影子戏'라고도 부르며, 소가죽으로 만든 인물 실루엣을 조명 아래에서 비추어 그림자를 만들어 공연을 하는 연극을 일컫는다. 중국 민간에서 널리 전해지는 연극의 한 종류이다.

- **古柏** gǔbǎi 측백나무

  베이징의 측백나무는 나이가 5백 년 이상 된 것이 약 5,000개 이상이 있고, 베이징의 1급 고목(古树) 중 대다수를 차지한다. 이들은 대부분 요금(辽金) 시대에서 명나라 때 심어진 것으로, '江山永固, 万代千秋(강산이 영원하며 만대에 걸쳐 오래오래 전해진다)'라는 의미를 지닌다.

- **敦煌莫高窟** dūnhuáng mògāokū 둔황 막고굴

  막고굴은 세계 최대의 불교 석굴군으로 1987년 유네스코 세계문화유산으로 등록되었으며, 천불동(千佛洞)이라고도 한다. 간쑤성(甘肃省) 둔황시 동남쪽에 자리잡은 밍샤산(鸣沙山) 동쪽 산기슭의 50여 미터 되는 높은 절벽에 층층의 동굴로 배열되어 있다.

> **Tip** 둔황(敦煌 Dūnhuáng)은 고대 동서양 교류의 요지로, 실크로드로 가는 통로였던 곳입니다. 당대(唐代) 7세기부터 8세기 중엽에 걸쳐 가장 왕래가 활발하여, 동서 무역의 중계 지점으로서 문화의 꽃을 피우며 '둔황 예술'을 창출했습니다.

중국의 3대 석굴

- 둔황의 막고굴(莫高窟)
- 낙양(洛阳)의 용문석굴(龙门石窟 Lóngmén shíkū)
- 대동(大同)의 운강석굴(云冈石窟 Yúngāngshíkū)

- **五台山** Wǔtái Shān 우타이산

2009년 세계문화유산으로 지정된 우타이산은 산시성(山西省) 동북부에 있다. 우타이산은 사찰의 건립 시기가 가장 빨라 4대 불교 명산 중의 으뜸이며, 중국 불교 역사적으로 매우 중요하다.

중국의 4대 불교 명산

- 우타이산(五台山)
- 푸퉈산(普陀山 Pǔtuóshān)
- 어메이산(峨眉山 Éméishān)
- 지우화산(九华山 Jiǔhuáshān)

Tip 우타이산에서 역사가 가장 오래되고 규모가 큰 절은 현통사(显通寺 Xiǎntōngsì)입니다. 이 절에는 '세 가지가 없고, 두 가지가 기이하며, 한 가지 보배가 있다'고 전해집니다. '세 가지가 없다'라는 것은 대궐은 있으나 불상이 없고, 비석은 있으나 글자가 없으며, 건물은 있으나 대들보가 없다는 것입니다. '두 가지가 기이하다'라는 것은 입구에 있는 종루(钟楼)와 비스듬히 자리 잡은 정문이고, '한 가지 보배가 있다'라는 것은 구리로 주조한 건물인 '동전(铜殿)'을 가리킵니다.

- **承德避暑山庄** Chéngdé bìshǔ shānzhuāng 청더 피서산장

청더 피서산장은 중국 4대 정원 중의 하나로, 중국 최대의 황실 정원이다. 1703년 처음 지어지기 시작해, 청조 3대 황제인 강희(康熙 Kāngxī)·융정(雍正 Yōngzhèng)·건륭(乾隆 Qiánlóng)을 거쳐 약 90년 동안 지어졌다. 산장은 호수 구역과 평야 구역, 산간 구역으로 분류된다. 건물·궁전·누각·정자·복도·사찰·탑·다리를 비롯한 120여 곳이 자연의 산과 물과 어우러져 아름다운 경관을 형성한다.

중국의 4대 정원(园林)

- 베이징 이화원(颐和园 Yíhéyuán)
- 쑤저우 졸정원(拙政园 zhuōzhèngyuán)
- 쑤저우 유원(留园 liúyuán)
- 청더 피서산장(避暑山庄 bìshǔshānzhuāng)

- **塔克拉玛干沙漠** Tǎkèlāmǎgān Shāmò 타클라마칸 사막

타클라마칸 사막은 면적 37만㎢으로, 대표적인 모래사막이다. 현재 중국의 신장(新疆 Xīnjiāng) 위구르자치구(维吾尔自治区 Wéiwú'ěr Zìzhìqū)에 속해 있으며, 뤄부포(罗布泊 Luóbùpō) 호수를 기준으로, 서쪽은 모래 언덕으로 이루어진 사막이, 동쪽은 자갈로 이루어진 사막이 있다. 지금은 허허벌판이지만 과거에는 실크로드를 잇는 동서간 교통로의 중심지였기에 수많은 크고 작은 도시국가와 군소 왕국들이 사막 위에 군림해 있었다. 실크로드를 타고 온 바람에 번영을 누리기도 하였으나 이후 동서 교통로가 단절되어 가면서 서서히 몰락하였다.

- **吐鲁番** Tǔlǔfān 투루판

투루판은 신장(新疆) 천산(天山) 동부의 산간 분지에 있다. 투루판 분지 안은 건조하고 비가 적으며, 일조가 충분하여 중국의 대표적인 포도(葡萄)와 하미과(哈密瓜 hāmiguā) 생산지이다. 또한 일교차가 아주 커서

'早穿皮袄午穿纱，围着火炉吃西瓜(아침에는 모피 옷을 입고, 낮에는 망사 옷을 입으며, 난로를 에워싸고서 수박을 먹는다)'라는 유명한 말이 생기기도 했다.

• 皮袄 pí'ǎo 명 모피 옷 | 火炉 huǒlú 명 화로, 난로

- **木偶戏** mù'ǒuxì 나무 인형 전통극

  실에 매단 나무 인형을 이용해서 이야기를 공연하는 중국 전통극이다. 나무 인형으로 펼치는 경극(京剧)이라 생각해도 무방하다.

- **山西老陈醋** Shānxī lǎochéncù 산서 발효식초

  산시(山西) 지역은 면 요리가 유명하며, 물이 경수(硬水)라 소화가 잘 안되어, 산시 사람들은 예로부터 식초를 즐겨 먹었다. 이 지역은 고량(高粱)을 발효하여 만든 검은 색의 산시 발효식초(山西老陈醋)가 유명하다.

- **地书** dìshū 바닥에 쓰는 붓글씨

  주로 공원이나 길가의 매끄러운 돌판 위에다 개조한 큰 붓에 물을 묻혀 글씨를 쓰는 것을 말하며, 노인들뿐 아니라 젊은이들도 즐겨 한다.

- **中华老字号** zhōnghuá lǎozìhào 중국의 전통 가게

  '中华老字号'는 역사가 깊고(历史底蕴深厚), 문화적 특색이 선명하고(文化特色鲜明), 공 기술이 독특하며(工艺技术独特), 설계 제조가 뛰어나고(设计制造精良), 사회적으로 인정 받는 100년 이상 된 가게(字号) 혹은 브랜드(品牌)를 말한다.

  '中华老字号'의 6가지 대표 브랜드

  ☐ 同仁堂 Tóngréntáng 동인당
  1669년에 창립된 동인당(同仁堂)은 중국 한약 업종의 전통 브랜드이다. 동인당은 우수한 한약재와 뛰어난 제약 기술로 많은 사랑을 받고 있으며, 역대 청나라 황제들과 관련된 일화로도 잘 알려져 있다.

  ☐ 老凤祥 Lǎofèngxiáng 라오펑샹
  1848년에 설립된 중국의 유명한 보석 액세서리 브랜드로, 중국의 보석 업종의 발전과 혁신을 보여준다.

  ☐ 茅台酒 Máotáijiǔ 마오타이주
  800여 년의 역사를 지닌 중국 백주(白酒)의 대표로, 스카치위스키, 코냑과 함께 세계 3대 증류 명주(世界三大蒸馏名酒)라 불린다.

  ☐ 全聚德 Quánjùdé 취안쥐더
  1864년에 창업한 중국의 유명 카오야(烤鸭) 브랜드이며, 여러 차례 국빈 연회에 선택되었다.

  ☐ 六必居 Liùbìjū 류삐쥐
  1436년부터 쌀·기름·소금·간장·식초 등 생필품을 판매하고 있으며, 특히 장류와 장아찌 등의 절임 음식이 유명하여 '베이징 1등 장아찌(京城酱菜之冠)'라고 불린다.

  ☐ 内联升 Nèiliánshēng 네이롄성
  1853년, '赵廷(Zhàotíng)'이 창업한 브랜드로, 중국 전통 천으로 만든 신발(传统布鞋)과 수제 가죽 신발(手工皮鞋)을 만들어 판매한다.

실력 확인하기 독해 | 제4부분

지문에 따라 질문에 알맞은 답을 고르세요.

1-4

"超级月亮"，通俗地说就是肉眼看上去很大的月亮。其实，"超级月亮"是一种较为常见的天文现象，在一年中总会出现几次。严格地说，"超级月亮"这个说法并不严谨，在天文学上其准确称谓应该是"近点朔望月"。

由于月球沿椭圆形轨道绕地球转动，所以月球与地球间的距离总在不断变化。地球与月球间平均距离约为38.4万公里，近地点距离小于36万公里，远地点则超过40万公里。处于近地点附近时的月亮，通常在视觉上看起来要显得更大一些。

当月球处于近地点附近，月亮又刚好是满月阶段时，月亮从视觉上看起来是最大的，故而被称为"超级月亮"。理论上说，它要比发生在远地点时的满月看上去大14%左右，变亮30%左右。尽管每年会有12-13次的满月，但我们能看到超级月亮的次数只有2-4次。

观赏超级月亮需要满足什么条件呢？一般来说，超级月亮的最佳观测时段是当它从地平线升起时。这个时候的月亮看起来最大最圆，色泽也最漂亮。如果观测所在的地方天气晴朗，空气通透，效果则更佳。

如果用肉眼观测，可以选择站在位置比较高且比较开阔的地段。如果当天天气条件很好，满月升得比较高的时候，就会特别亮。这时要是用望远镜观测，最好加一点儿保护措施，比如可以用偏光滤镜把光稍微减一减，以免损伤视力。

1 "近点朔望月"的天文奇观与什么有关？
  A 月球转动的幅度 B 地心引力的强弱
  C 月球与地球的距离 D 地球自转轨道的长短

2 在下列哪种条件下，观测超级月亮的效果更好？
  A 空气湿润时 B 在比较开阔的地方
  C 在地势较低的地方 D 月亮在夜空中央时

3 关于超级月亮，下列哪项正确？
  A 易引发地震 B 每年都能看到
  C 月亮会出现缺口 D 满月时定会出现

4 上文最有可能出自：
  A 《天文地理》 B 《生态科学》
  C 《地质学刊》 D 《华夏人文》

5-8

人类很早就发现衣服可以经清水的洗涤变干净。有关洗衣最早记录出现在古墓的壁画上，该壁画上刻画了一群男人弯腰洗衣的情景：两个人在用力搓洗，两个人在折叠，另外两个人在使劲儿拧干。人们凭借一双手，利用河水的冲刷动力和棍棒的击打力来清洗衣物，可以看出那时候洗衣是一项十分费时、费力的体力劳动。

中国古代劳动人民很早就发现了草木灰可以用作洗涤剂。《礼记·内则》提到"冠带垢，和灰清漱。"意思是系帽子的带子脏了，就和着草木灰洗。早在春秋战国时期，人们就能够制造并使用"钾肥皂"了。到了秦朝，人们使用生产更为方便的"灰水"来洗衣服。这个"灰水"就是用草木灰泡水制成的，草木灰中含有碳酸钾，在现代工业中也是很重要的原材料，主要用来制肥皂、印染等。

到了魏晋时期，古人开始用皂角和澡豆来洗衣服。皂角是皂树的果实，果实中含有皂苷，皂苷在水中能产生大量泡沫，有很强的去垢能力。"澡豆"一词，大约是在魏晋南北朝时期流行起来的。这个时期正是中国历史上的"香料大发现"时代，各地的香料到达中原，让贵族的生活面貌一新。人们将豆面等天然去污原料与珍贵香料混合到一起，制成的澡豆便能够散发出优雅的香气，这也是澡豆的最大特点。

到了唐代，人们利用动物的胰腺制成了能够清洗衣物的"胰皂"，这可是人们的生活必备品，家家都会配制。如今我们使用的洗衣粉、洗衣皂中仍然有皂角、胰腺等成分，这是古人智慧的光辉，亦是现代人对古人智慧的传承。

5 根据古墓壁画中的场景，可以知道当时洗衣：

A 以浸泡清洗为主　　　　B 有专门的洗涤剂
C 由两个人分工完成　　　D 会借助河水冲刷衣物

6 引用《礼记·内则》中的内容是为了说明草木灰：

A 能染色　　　　　　　　B 产量高
C 用途广泛　　　　　　　D 使用时间早

7 与皂角相比，澡豆的最大特点是什么？

A 有香味　　　　　　　　B 泡沫多
C 去污力强　　　　　　　D 价格低廉

8 上文主要介绍了什么？

A 古代的洗衣工具　　　　B 古人的清洁"妙招"
C 洗涤用品的清洁原理　　D 古代"洗衣粉"的演变

9-12

　　马面裙是中国古代女子主要裙式之一。可是裙身上本没有马，何来"马面"一说呢？"马面裙"这一正式的叫法是从清代才开始的。马面是古时沿着城墙所建的一系列在平面上凸出于墙面外的墩台。其作用是加固城体，便于观察和夹击攻城敌兵。而从远处看，马面裙裙身正面与两侧的打褶结合，正好类似于这种建筑结构。不过，它的得名是否真的与城端有关，还有待考证。

　　这种裙子前后里外共有四个裙门，两两重合，外裙门有装饰，内裙门装饰较少或无装饰，马面裙侧面打裥，裙腰多用白色的布，取白头偕老之意，以绳或纽固结。马面裙在宋代已初具雏形。明清时期最为流行。它的风格由明代的清新淡雅到清代的华丽富贵，再到民国的秀丽质朴，经历了一系列的变化，但它的"马面"结构一直根深蒂固地存在着。

　　马面裙色彩较为鲜艳，以红色居多，在清代，蓝色的马面裙也比较常见，作为当时的流行色，常与黑色和黄色搭配。马面裙的纹样可以分为单独的刺绣织物纹样和大面积的刺绣织物纹样图案，其中单独的刺绣织物纹样占了大多数。而各种吉祥的纹样，如龙凤、吉祥八宝和云蟒纹饰等，显示着身份高贵的同时，还表达着各种美好的寓意。

　　马面裙在中国流行了六百多年，在近年来汉服复兴的热潮中，马面裙因其独有的风雅气质，重新受到了年轻人的追捧。

9 第一段主要介绍了：
　A 穿马面裙的场合　　　　　B 马面裙名字的来历
　C 马面是裙身的刺绣　　　　D "马面"的错误释义

10 下列哪项在第二段中没有提到？
　A 马面裙的盛行时期　　　　B 马面裙的风格演变
　C 马面裙的构成要素　　　　D 马面裙的搭配建议

11 清代的马面裙有什么特点？
　A 裙腰以黄色居多　　　　　B 蓝色亦较为常见
　C 并没有正式取名　　　　　D 是一种庆典服饰

12 根据上文，马面裙：
　A 纹样有许多忌讳　　　　　B 近些年迎来复兴
　C 只有贵族才穿得起　　　　D 引领现代服饰的潮流

쓰기 书写

문제 유형과 전략

쓰기 영역은 1,000자 정도의 지문 한 편을 읽고 400자 정도로 요약하면 된다. 문제는 단 1문제(101번)로, 배점은 100점이다. 지문은 10분 동안 눈으로만 읽을 수 있고, 지문이 없는 채로 35분 동안 답안(원고지)에 요약하여 써야 한다. 이때 중요한 것은 자신의 관점을 추가해서는 안 된다. 요약 쓰기는 말 그대로 글의 내용을 체계적으로 요약해서 쓰는 것이 중요하기 때문에 주인공 이름 등 고유명사에 너무 집착하지 않는다.

이렇게 풀어봐요

1. **지문을 10분 동안 최소 3번 속독한다.** 첫 번째는 빠르게 읽으면서 이야기의 줄거리를 파악한다. 두 번째는 내가 쓸 내용을 생각하며 첫 번째 읽었던 줄거리를 바탕으로 주요 내용을 선별한다. 이야기 흐름에 영향을 끼치지 않는 부분이나 문학적인 표현들은 과감하게 버린다. 세 번째는 발단과 결말 위주로 순서를 기억하며 핵심 표현을 외운다. 내용은 시간을 나타내는 표현을 따라 외우고, '누가(주인공)·언제·어디서·무엇을·어떻게·왜' 했는지를 정리한다. 제목은 요약을 끝낸 후에 써도 되니 독해 시간을 낭비하면 안 된다. 내공이 약한 학생은 최소 2번 읽기를 목표로 반드시 속독 연습을 한다.

2. **결론이 가장 중요하다.** 출제되는 지문은 대부분 이야기 글이다. 서론에서 주인공에 대한 간단한 소개로 시작하여 주인공과 관련된 사건을 전개한다. 서론은 간략하게 요약하고, 본론에서는 시간 흐름에 따라 큰 흐름만 정리한다. 결론은 반드시 써야 한다. 결론에서 교훈을 전달하는 글이라면, 최대한 지문을 그대로 암기하여 쓰는 것이 좋으며, 요약 시작 전에 원고지 여백 부분에 외워둔 교훈을 미리 메모해 둔다. 메모는 시험지 제출 전에 깨끗하게 지운다.

3. **자신의 언어로 정리해서 요약한다.** 지문에 있는 내용을 모두 기억할 수 없다. 따라서 먼저 내용을 이해한 후에 지문 내용이 변하지 않는 선에서 자신이 쓸 수 있는 쉬운 단어로 바꾸어 요약한다. 성어나 어려운 HSK 6급 단어보다는 HSK 4급, HSK 5급 단어로도 충분히 자연스러운 문장을 작성해 좋은 점수를 받을 수 있다. 따라서 굳이 어려운 표현을 쓰지 않아도 된다. 기초적이고 자연스러운 중국식 표현 능력이 필요하니, 평소에 기본적인 작문 연습을 많이 해 본다.

4. **모르는 한자는 부수를 나눠서 기억하라.** 어려운 단어는 내용의 흐름상 쓰지 않아도 될 때가 많지만, 간혹 주요 단어가 매우 어렵게 나올 때가 있다. 이때 펜 사용이 금지되어 있으므로 손가락으로 써 보면서 외워야 한다. 어려운 한자는 부수를 나눠서 기억하는 것이 큰 도움이 된다. 가령 '安慰'의 '慰'는 '尸+示+寸+心'으로 나눠 외운다.

5. **독해력은 기본이다.** 쓰기는 지문을 요약해서 써야 하므로 무엇보다 독해력이 중요하다. 내공이 약한 학생들이 종종 쓰기부터 공부하려고 하는데, 이는 잘못된 순서이다. 우선 독해 제2·3·4부분부터 공부하여 지문을 빠르게 읽고 정확하게 이해하는 실력을 키우는 것이 필요하다. 독해 영역과 달리, 쓰기 영역의 독해는 정독이 필요하므로 평소에 많은 글을 정독해 봐야 한다. 평소에 같은 지문을 반복해서 정독하고 문장 암기 훈련이 필요하다.

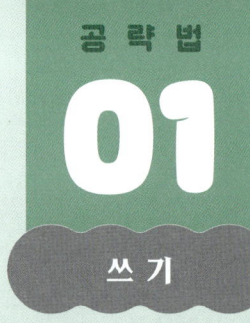

Day 24

공략법 01 쓰기
길고 복잡한 내용은 짧고 쉽게 줄이자

1,000자 내외의 긴 지문을 400자 내외로 줄여야 하는데 지문에는 길고 복잡한 문장이 많고, 어려운 표현들도 많습니다. 전체적인 내용이 변하지 않는 범위에서, 구체적인 묘사·이야기 흐름에 영향을 주지 않는 내용·중복된 표현·환경에 대한 묘사·인물의 혼잣말과 같이 필요 없는 부분은 다 생략하고, 본인이 이해하기 어렵거나 표현하기 어려운 부분을 피하며, 중요한 내용이어도 직접 쓸 수 있는 쉬운 표현으로 바꿔서 요약해야 합니다. 이번 공략법에서는 길고 복잡한 내용을 짧고 쉽게 줄이는 연습을 해 봅시다.

1 문제가 보이는 시간

예제 1

患者躺在床上，看着病房窗外的那棵被秋风扫过的树上还有一片树叶。

내가 풀어본 답 ◀ 예제의 지문을 줄여서 써 보세요.

해석	①患者躺在床上，②看着病房窗外的那棵被秋风扫过的树上③还有一片树叶。	환자는 침대에 누워서, 병실 창밖에 있는 가을바람에 쓸린 나무 위에 나뭇잎 하나가 아직 있는 걸 보고 있다.
해설	요약에서 가장 중요한 것은 길고 복잡한 문장 속에서 주요 성분을 골라내는 것입니다. 즉, 주어·술어·목적어의 중심 내용만 남기고, 그 외의 부분은 생략합니다. 이 문제의 중심 내용은 '환자가 나무 위의 유일한 나뭇잎을 보고 있다'입니다. ① '躺在床上' 생략하기 ▶ 문장을 전체적으로 읽어 보면 환자가 병실에서 밖의 나무를 보고 있는 상황임을 알 수 있습니다. 따라서 침대에 누워 있는 것은 당연한 내용이므로 굳이 쓸 필요가 없습니다. 나뭇잎을 '바라보는' 행동이 더 중요하므로 '看着'라는 행동만 써 줍니다. ② '病房窗外的那棵被秋风扫过的' 생략하기 ▶ 나무는 당연히 창밖에 있으므로 '病房窗外的'는 불필요합니다. 또한 '被秋风扫过的(가을바람에 쓸린)'는 문학적인 묘사임으로 생략합니다. ③ '还有一片' → '唯一的' ▶ 가을바람에 모든 나뭇잎이 다 떨어졌음을 유추할 수 있고, 지금은 나뭇잎 한 장만 남아 있으므로 이 부분은 '唯一的'라고 요약합니다.	
모범 답안	患者看着树上唯一的树叶。 환자는 나무 위의 유일한 나뭇잎을 보고 있다.	

단어	患者 huànzhě 몡 환자 | 躺 tǎng 동 눕다 | 病房 bìngfáng 몡 병실 | 棵 kē 양 그루, 포기[식물을 셀 때 쓰임] | 扫 sǎo 동 쓸다, 쓸어버리다 | 树叶 shùyè 몡 나뭇잎

예제 2

陈春仁1977年出生于河南省信阳的一个农村家庭。他从小就喜欢读书，而且还喜欢写读书笔记，他最大的梦想是成为一名像鲁迅一样伟大的作家。

내가 풀어본 답 ◀ 예제의 지문을 줄여서 써 보세요.

해석	①陈春仁1977年出生于河南省信阳的一个农村家庭。②他从小就喜欢读书，而且还喜欢写读书笔记，③他最大的梦想是成为④一名像鲁迅一样伟大的作家。	천춘런은 1977년에 허난성 신양의 한 농촌 가정에서 태어났다. 그는 어려서부터 독서하길 좋아했고, 게다가 독후감을 쓰는 걸 좋아했다. 그의 가장 큰 꿈은 바로 루쉰과 같은 작가가 되는 것이었다.
해설	요약할 때, 묘사 부분은 중심 내용이 변하지 않는 범위에서 과감하게 생략하는 것이 좋습니다. 이야기 흐름에 영향을 주지 않는 부분도 생략합니다. ① '1977年出生于河南省信阳的一个农村家庭' 생략하기 ▶ 주인공을 소개하는 내용에서 출생 연도와 출생지는 일반적으로 중요하지 않습니다. 따라서 구체적인 중국 지역 명칭은 포함할 필요가 없으므로 생략합니다. ② '喜欢读书，而且还喜欢写读书笔记'→'喜欢读书' ▶ 주인공을 소개하는 단락에서 좋아하는 행동이나 취미는 핵심이 되는 하나만 써도 충분합니다. ③ '最大' 생략하기 ▶ 명사 꿈(梦想)을 수식하는 관형어는 생략해도 됩니다. ④ '一名像鲁迅那样伟大的' 생략하기 ▶ 핵심은 천춘런의 꿈이 '작가'라는 것입니다. 부연 설명인 관형어는 과감하게 생략합니다.	
모범 답안	陈春仁从小就喜欢读书，他的梦想是成为一名作家。 천춘런은 어려서부터 독서하길 좋아했고, 그의 꿈은 작가가 되는 거였다.	
단어	农村 nóngcūn 몡 농촌 | 写读书笔记 xiě dúshūbǐjì 독후감을 쓰다 *笔记 동 필기하다 | 梦想 mèngxiǎng 몡 꿈 | 鲁迅 Lǔ Xùn 고유 루쉰, 노신[인명]	

예제 3

哈莱是美国纽约的一名艺术家，一直以来，他创作的作品不计其数。哈莱擅长用各种各样的材料来制作艺术作品，比如用树叶作画，用木头做成人体雕塑，用废纸做成衣服等等，并且广受好评。

내가 풀어본 답 ◀ 예제의 지문을 줄여서 써 보세요.

해석	①哈莱是美国纽约的**一名艺术家**，一直以来，②他创作**的作品**不计其数。哈莱**擅长用**各种各样的**材料**来制作艺术作品，③比如用树叶作画，用木头做成人体雕塑，用废纸做成衣服等等，④**并且**广受好评。	하라이는 미국 뉴욕의 한 예술가로, 그동안 그가 창작한 작품은 셀 수 없이 많다. 하라이는 갖가지 재료로 예술 작품을 만드는 데 뛰어났다. 예컨대 나뭇잎으로 그림 그리기, 나무토막으로 인체 조소 만들기, 폐지로 옷 만들기 등등이다. 게다가 널리 호평을 받았다.
해설	요약할 때 글의 흐름에 영향을 주지 않는 나라 이름, 지역 명칭은 생략합니다. 또한 앞의 내용을 뒤에서 예를 들어 구체적으로 설명하는 부분도 과감하게 생략합니다. 예를 들 때 자주 쓰이는 표현으로는 '比如'·'例如'·'比方说' 등이 있습니다. ① '美国纽约的' 생략하기 ▶ 보통 주인공을 소개하는 문장에서 보이는 나라 이름 및 지역 명칭은 생략합니다. ② '不计其数' → '非常多' ▶ 어려운 성어나 표현이 나왔을 때는 앞뒤 흐름을 통해 뜻을 유추해서 간단한 표현으로 바꿔 씁니다. '不计其数'는 의미를 몰랐어도 '아주 많다'라고 유추할 수 있으므로, '非常多'라고 쉽게 바꿔 씁니다. ③ '比如用树叶作画，用木头做成人体雕塑，用废纸做成衣服等等' 생략하기 ▶ 앞에서 언급한 내용을 구체적으로 예를 들어 설명하는 부분은 생략합니다. ④ '广受好评' → '很受欢迎' ▶ 만약 '广受好评'이란 표현이 기억나지 않는다면, 같은 의미의 좀 더 쉬운 표현인 '很受欢迎'으로 바꿔 씁니다.	
모범답안	哈莱是一名艺术家，他的作品非常多。他擅长用各种材料创作，并且作品很受欢迎。 하라이는 예술가로, 그의 작품은 매우 많다. 그는 각종 재료로 창작하는 데 뛰어났고, 게다가 작품이 매우 인기 있었다.	
단어	哈莱 Hālái 고유 하라이[인명] ｜ 纽约 Niǔyuē 고유 뉴욕[지명] ｜ 一直以来 yìzhí yǐlái 그동안, 지금껏 ｜ 创作 chuàngzuò 동 창작하다 ｜ 不计其数 bújìqíshù 성 부지기수이다, 셀 수 없이 많다 ｜ 擅长 shàncháng 동 (어떤 방면에) 뛰어나다, 잘하다 ｜ 材料 cáiliào 명 재료 ｜ 制作 zhìzuò 동 제작하다, 만들다 ｜ 树叶 shùyè 명 나뭇잎 ｜ 作画 zuòhuà 동 그림을 그리다 ｜ 木头 mùtou 명 나무토막 ｜ 雕塑 diāosù 명 조소[입체적인 미술품을 만드는 기법] ｜ 废纸 fèizhǐ 명 폐지 ｜ 广受好评 guǎngshòu hǎopíng 널리 호평을 받다	

예제 4

　　终于轮到他面试了，他昂首走进办公室。面试官是一位满头银发的老人，在听了他简短的自我介绍后，就说他根本不符合录取条件。他说："大学时我的导师说我是房地产评估方面的天才。我可以不要工资，只请您给我一个学习的机会，试用我一个月。一个月后，如果您觉得我能胜任这份工作，就和我签合同，如果不合适，我就无条件离开。"面试官被他的诚意打动了，沉思了一会儿说："你的诚意我们看到了，我们也相信你具备一定的实力，不然你不会这么自信。但是，招聘要优中择优，我们还想看看后面有没有更合适的人选。"

내가 풀어본 답 ◀ 예제의 지문을 줄여서 써 보세요.

해석

①终于轮到他面试了，他昂首走进办公室。面试官是一位满头银发的老人，在听了他简短的自我介绍后，就说他根本不符合录取条件。②他说："大学时我的导师说我是房地产评估方面的天才。我可以不要工资，只请您给我一个学习的机会，试用我一个月。一个月后，如果您觉得我能胜任这份工作，就和我签合同，如果不合适，我就无条件离开。"面试官被他的诚意打动了，沉思了一会儿说：③"你的诚意我们看到了，④我们也相信你具备一定的实力，不然你不会这么自信。⑤但是，招聘要优中择优，我们还想看看后面有没有更合适的人选。"

마침내 그가 면접 볼 차례가 되자, 그는 고개를 들고 사무실로 들어갔다. 면접관은 백발이 성성한 노인이었는데, 그의 간결한 자기소개를 듣고 난 후에, 그가 채용 조건에 전혀 맞지 않는다고 말했다. 그는 말했다. "대학 때 저의 지도 교수님이 제가 부동산 평가 분야의 천재라고 하셨습니다. 저는 월급은 받지 않아도 되니, 제게 배울 기회만 주어서 저를 한 달간 시험 삼아 써 주세요. 한 달 후, 만약 제가 이 업무를 능히 감당할 수 있다고 여기시면, 저와 계약을 맺으시고, 만약 적합하지 않다면, 저는 조건 없이 떠나겠습니다." 면접관은 그의 진심에 감동 받고, 잠시 깊이 생각하더니 말했다. "자네의 진심을 우린 봤고, 자네가 어느 정도의 실력을 갖추었으리라 우리도 믿는다네. 그렇지 않다면 자네가 이렇게 자신만만하지 않겠지. 하지만 채용은 우수한 사람 중에 우수한 자를 선택해야 하기에, 우리는 뒤에 더 적합한 인선이 있는지 좀 더 보고 싶다네."

쓰기 书写

해설

요약할 때 큰따옴표(" ")로 표기된 긴 대화문 내용은 정확하게 다 외우기도 어렵고, 그대로 다 적을 필요도 없습니다. 따라서 직접화법을 'A对B说, ……。(A는 B에게 ~라고 했다.)'와 같이 간접화법으로 바꿉니다. 이때 문장 부호와 인칭 대사도 적절히 바꿔야 합니다.

① '面试官是一位满头银发的老人' 생략하기
▶ 면접관은 중요한 인물이지만, 나이 혹은 외모 등의 부연 설명은 생략합니다.

② '他说："大学时我的导师说我是房地产评估方面的天才。……。如果不合适，我就无条件离开。"'
▶ 내용의 핵심은 주인공 '他'가 채용 조건에 맞지 않지만, 자신을 채용하도록 면접관을 설득하는 것입니다. 대학 때 지도 교수님의 자신에 대한 평가와 면접관을 설득하는 부분도 핵심 내용이 아니므로 생략합니다. 가정(如果)으로 언급한 부분은 뒤에서 이루어지지 않기 때문에 보통 생략합니다. 긴 대화문을 간접화법으로 바꿀 때는 문장 부호와 인칭 대사의 전환에 주의해야 합니다.

③ '你的诚意我们看到了' 생략하기
▶ 앞에 나온 '面试官被他的诚意打动了'와 의미상 같은 내용이므로 생략합니다.

④ '我们也相信你具备一定的实力，不然你不会这么自信' 생략하기
▶ 면접관의 대답 중 핵심 내용이 아니므로 생략합니다.

⑤ '招聘要优中择优' 생략하기
▶ 뒤에 나온 '我们还想看看后面有没有更合适的人选'과 의미상 같은 내용이므로 생략합니다.

253

모범 답안	终于轮到他面试了。他对面试官说，他可以不要工资，只想要一个月学习的机会，一个月后如果他做得好，就和他签合同。面试官被他的诚意打动了，但是他们还想看看有没有更优秀的人。 마침내 그가 면접 볼 차례가 되었다. 그는 면접관에게 월급을 받지 않아도 되니, 단지 한 달간 배울 기회를 원하고, 만약 한 달 후에 자신이 잘한다면, 자신과 계약을 맺자고 했다. 면접관은 그의 진심에 감동 받았지만, 그들은 더 우수한 사람이 있는지 좀 더 보고 싶어 했다.
단어	终于 zhōngyú 뷔 마침내 ǀ 轮到 lúndào 동 차례가 되다 ǀ 面试 miànshì 동 면접을 보다 ǀ 昂首 ángshǒu 동 고개를 들다 ǀ 面试官 miànshìguān 명 면접관 ǀ 满头银发 mǎntóu yínfà 백발이 성성하다 ǀ 简短 jiǎnduǎn 형 간결하다 ǀ 根本 gēnběn 뷔 전혀, 아예 ǀ 符合条件 fúhé tiáojiàn 조건에 맞다 *符合 동 부합하다, (들어)맞다 ǀ 录取 lùqǔ 동 채용하다, 합격시키다 ǀ 导师 dǎoshī 명 지도 교수 ǀ 房地产 fángdìchǎn 명 부동산 ǀ 评估 pínggū 동 평가하다 ǀ 工资 gōngzī 명 월급, 임금 ǀ 试用 shìyòng 동 시험 삼아 쓰다 ǀ 胜任 shèngrèn 동 (맡은 직책·임무를) 능히 감당하다 ǀ 签合同 qiān hétong 계약서에 사인하다, 계약을 맺다 ǀ 诚意 chéngyì 명 성의, 진심 ǀ 打动 dǎdòng 동 감동시키다 ǀ 沉思 chénsī 동 깊이 생각하다, 심사숙고하다 ǀ 具备 jùbèi 동 (실력을) 갖추다 ǀ 不然 bùrán 접 그렇지 않으면 ǀ 招聘 zhāopìn 동 초빙하다, 채용하다 ǀ 优中择优 yōu zhōng zéyōu 우수한 사람 중에 우수한 자를 선택하다 ǀ 人选 rénxuǎn 명 인선, 선발 인원, 적임자

2 내공이 쌓이는 시간

1 답안지 작성 방법

1) 원고지가 있는 PBT

> **Tip** 원고지 여백에 미리 외워둔 주인공 이름·직업·신분·단서가 되는 사물 같은 중요한 표현이나 키워드를 적어두면 요약 쓰기에 유리합니다. 제출할 때는 반드시 깨끗이 지워 줍니다.

① 원고지 첫 줄 앞에 4칸을 띄고 제목을 작성한다.

▶ 제목을 작성할 때는 내용만 쓰면 됩니다. 〈 〉,《 》와 같은 부호는 쓰지 않습니다.

② 문단 시작할 때는 2칸을 들여쓰기한다.

▶ 제목을 작성한 후, 바로 다음 줄부터 본 내용을 작성하는데, 이때 맨 앞에 2칸을 비워 두어야 합니다. 매번 문단을 나누어서 새 문단을 시작할 때는 앞에 2칸을 꼭 비워 둡니다.

③ 한 칸에 한 글자씩, 부호도 한 칸에 하나씩 써야 한다.

[예외1] 문장 부호는 매 행 첫 번째 칸에 단독으로 쓸 수 없으므로, 문장을 줄 바꿈 할 경우 행의 마지막 한 칸에 글자와 문장 부호를 함께 쓴다.

- 他对我说，知道 了。

[예외2] 문장 부호 두 개가 연달아 나오는 경우, 한 칸에 두 개를 함께 쓴다.

- 他说：" 我知道了 。"

④ 최대한 400자 정도의 분량을 채운다.
  ▶ 6급 요약 쓰기는 글자 수에 대한 요구가 빈칸과 부호를 제외한 400자 정도임으로 최대한 알차게 분량을 채워야 60점 이상을 받아 합격할 수 있습니다. 원고지에는 100칸마다 표시를 해주므로 400칸 표시된 부분을 넘어야 유리합니다.

2) 원고지가 없는 IBT

> **Tip!** IBT는 '搜狗(sogou)' 입력기를 사용하는데, 평소 바이두에서 다운로드하여 미리 타자 연습을 해 봅니다. 병음을 모르는 한자는 입력기에 있는 '手写输入'키를 누른 후에 마우스로 한자를 그리면 됩니다.

① 제목은 4칸 띄지 않고 바로 입력한다.
  ▶ IBT는 원고지 칸이 따로 없으므로 바로 제목을 작성하면 됩니다.

② 문단 앞 2칸 띄지 않고 바로 내용을 입력한다.
  ▶ 제목을 입력한 후, 엔터(ENTER)키를 눌러 바로 다음 줄부터 내용을 입력합니다. 새로운 문단을 나눌 때는 엔터(ENTER)키를 사용해 줄 바꿈 해주고 띄어쓰기 없이 작성합니다. 문장 부호도 뒤에 띄어쓰기 없이 바로 글자를 입력합니다.

③ 글자 수 확인하며 400자 정도 채우기
  ▶ IBT는 화면 상단에 실시간으로 본인이 입력한 글자 수가 나옵니다. 최대한 내용을 떠올려서 400자 정도의 분량을 채워야 60점 이상을 받아 합격할 수 있습니다.

2 제목 작성 방법

제목을 지을 때는 되도록 문장 형식보다 명사형 구절로 써 준다. 또한 제목에는 지문 속에서 키워드를 찾아내 주제를 잘 드러내야 한다.

1) 성공 관련 이야기

'누구의 성공'과 같은 표현은 한국식 표현이므로 피해야 한다. 또한 '成功'은 동사 또는 형용사로만 쓰이기 때문에 명사형으로는 쓸 수 없다.

[중국식 제목 추천]

- 刘雯成功的秘诀 리우웬의 성공 비결
- 刘雯的成功经历 리우웬의 성공 경험
- 有志者事竟成 뜻이 있는 곳에 길이 있다

> **Tip!** 성공 관련 이야기에서 주인공이 자신의 목표를 견지하고 끝내 뜻을 이룬 내용이라면 '坚守与梦想(굳게 지키기와 꿈)' 또는 '有志者事竟成(뜻이 있는 곳에 길이 있다)'이라는 성어를 제목으로 쓰면 좋습니다.

[제목 쓰기의 나쁜 예]

- 刘雯为什么能成功 (✗) 리우웬은 왜 성공할 수 있었는가
- 刘雯怎么成功的 (✗) 리우웬은 어떻게 성공했는가
- 刘雯很努力 (✗) 리우웬은 노력한다

2) 창의력, 발명 관련 이야기

기발한 아이디어로 무언가를 발명하거나, 영감을 받아 창의력을 발휘하여 제품을 개발하는 내용이 자주 출제된다. 이럴 때는 최종적으로 만들어 낸 사물을 제목으로 써 준다.

[중국식 제목 추천]
- 哈莱的美食创意 하라이의 미식 아이디어
- 会变色的冰激凌 색이 변하는 아이스크림
- 3D煎饼打印机 3D 전병 프린터
- "活鱼"礼盒 '활어' 선물 세트

[제목 쓰기의 나쁜 예]
- 哈莱有一个好办法 (✗) 하라이에게는 좋은 방법이 있다
- 物理学家做颜色能变的冰淇淋 (✗) 물리학자가 색이 변할 수 있는 아이스크림을 만들었다
- 研究打印机 (✗) 프린터를 연구한다
- 卖鱼的好手段 (✗) 물고기를 파는 좋은 수단

3) 단서가 되는 사물 중심으로 제목 정하기

사건의 실마리를 나타내는 사물이나 화제가 나올 경우, 이야기의 유형과 상관없이 그 실마리를 제목으로 써 준다. '수량+명사' 구조가 가장 좋고, '형용사/동사+명사' 구조도 가능하다.

[중국식 제목 추천]
- 佛爷顶气象站 포예딩 기상관측소
- 无人书店 무인 서점
- 一台卖"时间"的售货机 '시간'을 파는 판매기
- 会"咳嗽"的广告牌 '기침'할 줄 아는 광고판
- 能过滤纯净水的书 정수물을 여과할 수 있는 책

4) 가족 간의 사랑 이야기

부모와 자식 간의 감동적인 이야기나 자식의 교육에 관한 이야기도 시험에 자주 출제된다. 이때 학생들이 가장 많이 틀리는 표현은 바로 '爱情'이다. '爱情'은 남녀 간의 사랑만 가리키므로, 가족 간의 사랑이나 친구 간의 우정을 표현할 때는 '爱情' 대신 '爱'라고 써야 한다. 그리고 '教育'는 보통 '인성교육(素质教育)', '교육 시스템(教育体系)' 등 객관적 상황의 명사 형태로만 쓰고, 개인적인 상황에는 쓰지 않는다. 예를 들어, '어머니의 교육'이라는 제목을 쓰고 싶다면 '教育'가 아니라 '教导'라는 단어를 써 준다.

[중국식 제목 추천]
- 伟大的父爱　위대한 부성애
- 妈妈的教导　어머니의 가르침
- 可怜天下父母心　자녀를 걱정하는 세상 부모 마음

[제목 쓰기의 나쁜 예]
- 父亲的爱情 (✗)　아버지의 사랑
- 妈妈的教育 (✗)　어머니의 교육

5) 인생철학 관련 이야기

삶의 지혜나 이치, 교훈을 주는 이야기가 자주 출제된다. 이때 학생들은 그 교훈의 내용을 제목으로 쓰려는 경향이 있는데, 문장 형태의 제목은 좋지 않다. '관형어+명사' 형태로 쓰는 것이 가장 무난하며, 교훈이 담긴 속담을 쓰면 더 좋은 점수를 받을 수 있다. 보통 이야기의 교훈은 지문 마지막 한두 문장에 담겨 있다.

[중국식 제목 추천]
- 世上无难事，只怕有心人　마음만 먹으면 못 할 일이 없다
- 机遇只青睐有准备的人　기회는 준비된 사람만이 주목한다
- 善良无需考核　선량함은 심사할 필요가 없다

[제목 쓰기의 나쁜 예]
- 一直努力的话会成功 (✗)　계속 노력하면 성공할 것이다
- 坚持下来的结果 (✗)　꾸준히 한 결과
- 小男孩很善良 (✗)　어린 소년이 착하다

6) 역사적 인물 이야기

역사상 유명한 인물에 관한 이야기가 출제되면 'OO的故事'라고 쓰는 것이 가장 좋다. 간혹 고사성어의 유래를 담은 이야기도 출제되는데, 이때는 그 성어를 제목으로 붙인다.

[중국식 제목 추천]
- 伯乐和千里马的故事　백락과 천리마의 이야기
- 曹冲的故事　조충의 이야기
- 张良的故事　장량의 이야기
- 一饭千金　조그마한 은혜에 후히 보답하다
- 精卫填海　징웨이가 바다를 메우다

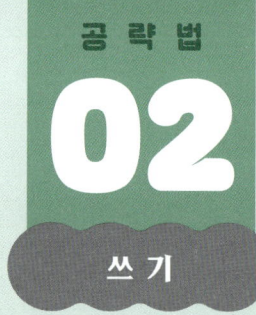

성공 이야기는 시련을 극복한 후에 성공한다

Day 25

중국 또는 실제 유명 인물의 성공 이야기는 시험에 가장 많이 출제되는 주제 중의 하나입니다. 성공 이야기 속 주인공은 반드시 시련을 겪고 이를 극복하는 과정에서 뚜렷한 성과를 거두며 성공합니다. 주인공이 겪은 시련은 한 번 있었을 수도 있고 여러 번 있었을 수도 있습니다. 이 부분은 상세하게 쓸 필요는 없고, 기억나는 만큼 간략하게 쓰면 됩니다. 가장 중요한 것은 마지막 문단에 나오는 성공의 결과 및 우리에게 주는 교훈으로, 이 부분은 15자 이내로 최대한 지문 그대로 암기하여 쓰도록 합니다.

1 문제가 보이는 시간

예제 ◀ 지문을 10분간 읽고, 400자 내외로 줄여서 써 보세요. (35분 동안 359쪽 원고지에 직접 써 보세요.)

　　胡婷婷自小就接受了良好的艺术熏陶，琴棋书画样样精通。在机缘巧合下，她走上了儿童教育之路。

　　胡婷婷之所以走上儿童教育这条路，还得从她的女儿说起。2015年10月的一天，女儿高烧，胡婷婷想哼首小曲来安抚她，搜肠刮肚才发现，自己除了印象中的几首老儿歌外，几乎不会唱别的儿歌。

　　"能不能把诗词唱出来？"胡婷婷突发奇想。说来就来，胡婷婷随口哼唱了几句《将进酒》："君不见，黄河之水天上来，奔流到海不复回……"这一唱，胡婷婷突然发现中国古典诗词都是有韵律的，原本就是可以唱的，只不过流传过程中韵律丢失了。现在为什么我们不能把诗词再次唱起来呢？

　　2016年1月，胡婷婷发布了第一首作品《将进酒》。让她喜出望外的是，在没有任何经验的情况下，自己的处女作一鸣惊人，上线后得到了很多家长的支持，孩子们特别喜欢，大家都叫她"婷婷姐姐"。

　　不过，并非音乐科班出身的她一开始吃了不少苦头。起初她想找歌手录制歌曲，但成本太高，所以最后只能硬着头皮自己来。"谱曲、演唱自己来还行，但编曲、乐器演奏就得请人了。"为了降低成本又能找到优秀的音乐人才，有一段时间她天天去上海音乐学院校园里转悠，看到有毕业表演的信息就早早去占座、献花、套近乎，然后恳请音乐学院的老师帮忙编曲。在胡婷婷的努力下，终于成功地完成了几首朗朗上口的音乐作品。

胡婷婷把这几首音乐作品收录到《婷婷唱古文》中，然后上传到网上，作品受到了大量的好评，这给了胡婷婷很大的勇气。于是，她专门挑一些流传较广的诗词，并谱上曲子再上传网上。一开始特别受欢迎，但时间久了，孩子们出现了审美疲劳。新上线的音频播放量持续走低，胡婷婷很是苦恼。为了了解孩子们的需求，她特地进行了调研。那时，不管是亲戚的还是朋友的，只要一看到小孩，胡婷婷便会拿出手机，问他们："婷婷姐姐给你放首歌好不好……"胡婷婷终于发现，孩子们不喜欢太大声的配乐，前奏不能超过10秒，要选择孩子们耳熟能详的诗词……

　　《婷婷唱古文》只是简单地把诗词唱出来，要让孩子们体会其中的意境还远远不够，所以胡婷婷决定做一个专栏。2016年6月，胡婷婷创办的专栏——《婷婷诗教》上线了。从此胡婷婷真正走上了儿童教育这条路。《婷婷诗教》在唱的基础上又增加了对诗词的讲解，让孩子们可以深入了解诗词的创作过程，帮助孩子学以致用，全方面提升孩子的阅读兴趣和表达能力。经过团队的不断努力，《婷婷诗教》得到了大家的认可，在喜马拉雅FM众多同类专栏中，连续8个月订阅量稳居第一。胡婷婷还经常应邀去电视台录节目，越来越多人认识了这位知性大姐姐。最终胡婷婷取得了巨大的成功。

쓰기 书写

STEP 1　제1단락 요약하기

해석

①胡婷婷自小就接受了良好的艺术熏陶，琴棋书画样样精通。②在机缘巧合下，她走上了儿童教育之路。	후팅팅은 어려서부터 좋은 예술의 영향을 받아서, 금기서화에 하나같이 다 정통했다. 우연한 기회에 그녀는 아동교육의 길에 들어섰다.

중심 내용	예술에 정통한 후팅팅은 우연히 아동교육을 하게 되었다.(주인공에 대한 간단한 소개)
해설	① 주인공이 어려서부터 다양한 예술에 대해 정통했다는 부분이 주요 내용입니다. '熏陶', '琴棋书画' 등과 같은 어려운 단어는 굳이 기억할 필요가 없습니다. ② '机缘巧合'는 '기회와 인연이 딱 들어맞다'라는 뜻인데, 외워 쓰기에 다소 어려운 표현이므로 '偶然的机会(우연한 기회)'로 쉽게 바꿔 써도 됩니다.
요약	胡婷婷从小就在艺术方面很精通。一次偶然的机会，她走上了儿童教育之路。 후팅팅은 어려서부터 예술 방면에 있어서 매우 정통했다. 우연한 기회에 그녀는 아동교육의 길에 들어섰다.
단어	胡婷婷 Hú Tíngtíng [고유] 후팅팅[인명] ｜ 接受熏陶 jiēshòu xūntáo 영향을 받다 *熏陶 [명] (좋은) 영향, 훈도 ｜ 琴棋书画 qínqíshūhuà [성] 금기서화[거문고·바둑·서예·그림 등 문인들의 고상한 취미 생활을 뜻함] ｜ 样样精通 yàngyàng jīngtōng 하나같이 다 정통하다 *样样 [대] 여러 가지, 갖가지, 모든 것 ｜ 机缘巧合 jīyuán qiǎohé 기회와 인연이 딱 들어맞다, 우연한 기회 ｜ 儿童教育 értóng jiàoyù 아동교육

STEP 2 제2단락 요약하기

해석

①胡婷婷之所以走上儿童教育这条路，还得从她的女儿说起。②2015年10月的一天，女儿高烧，胡婷婷想哼首小曲来安抚她，搜肠刮肚才发现，自己除了印象中的几首老儿歌外，几乎不会唱别的儿歌。

후팅팅이 아동교육이라는 이 길에 들어서게 된 이유는, 그녀의 딸 이야기부터 해야 한다. 2015년 10월의 어느 날, 딸이 고열이 나자 후팅팅은 노래를 흥얼거려서 그녀를 달래 주려고 했고, 온갖 궁리를 다하고 나서야, 자신이 기억 속의 옛 동요 몇 곡 외에, 다른 동요는 거의 부를 줄 모른다는 것을 깨달았다.

중심 내용 후팅팅은 딸을 달래 주면서 아는 동요가 많지 않다는 걸 깨달았다.

해설

① 아동교육의 길을 택하게 된 이유가 딸이라는 문장을 그대로 쓸 필요는 없고 바로 구체적인 사건을 씁니다.

② 구체적인 연도나 월은 기억하면 좋지만, 기억이 나지 않을 땐 항상 쓰는 표현인 '一天' 또는 '一次'로 대체할 수 있습니다. '哼首小曲'는 '노래를 흥얼거리다'라는 뜻인데 더 쉽게 '唱首歌'라고 써도 됩니다. 성어는 대부분 의미를 부연해 주는 역할을 하기 때문에 '搜肠刮肚'라는 어려운 성어를 굳이 안 써도 됩니다.

요약

一天，女儿发烧，胡婷婷想唱首歌安慰她。可是她发现自己不会唱别的儿歌。

하루는 딸이 열이 나자, 후팅팅은 노래 한 곡을 불러서 그녀를 달래 주려고 했다. 하지만 그녀는 자기가 다른 동요를 부를 줄 모른다는 것을 깨달았다.

단어 高烧 gāoshāo 동 고열이 나다 | 哼小曲 hēng xiǎoqǔ 노래를 흥얼거리다 | 首 shǒu 양 수, 곡[시나 노래 따위를 셀 때 쓰임] | 安抚 ānfǔ 동 위로하다, 달래다 | 搜肠刮肚 sōucháng-guādù 성 고심하여 생각을 짜내다, 온갖 궁리를 다하다 | 儿歌 érgē 명 동요 | 几乎 jīhū 부 거의

STEP 3 제3단락 요약하기

해석

①"能不能把诗词唱出来？"胡婷婷突发奇想。说来就来，胡婷婷随口哼唱了几句《将进酒》："君不见，黄河之水天上来，奔流到海不复回……"②这一唱，胡婷婷突然发现中国古典诗词都是有韵律的，原本就是可以唱的，只不过流传过程中韵律丢失了。现在为什么我们不能把诗词再次唱起来呢？

"시와 사를 노래로 부를 수 있을까?" 후팅팅은 갑자기 기발한 생각이 떠올랐다. 말 나온 김에, 후팅팅은 「장진주(将进酒)」 몇 구절을 입에서 나오는 대로 흥얼거렸다. "그대는 보지 못했는가, 황하의 물이 하늘에서 내려와 산산이 흩어져 바다에 닿아 돌아오지 못함을……" 이렇게 불러보자, 후팅팅은 중국 고전 시와 사에는 모두 운율이 있어서 원래부터 노래할 수 있었지만, 그저 전해지는 과정에서 운율이 유실되었을 뿐이란 걸 문득 깨달았다. 지금 왜 우리가 시와 사를 다시 노래할 수 없는 걸까?

중심 내용 유명한 고대 시를 노래로 부르면 되겠다는 기발한 아이디어가 떠올랐다.

해설

① 혼잣말이나 심리 묘사는 생략합니다. 시의 내용도 굳이 외워 쓸 필요는 없습니다. 대신 '唱了几句《将进酒》(「장진주」라는 시 몇 구절을 불렀다)'라고 간단히 쓰면 됩니다. '突发奇想'은 내용상 중요하니 기억해서 써 줍니다.

② 시와 사를 노래로 부르면서 갑자기 든 생각은 고대 시와 사는 원래 노래로 부를 수 있었는데, 지금도 다시 부를 수 있다는 내용입니다. 한편, 반어문 형식은 평서문 형식으로 '现在也能把诗词再次唱起来'와 같이 요약합니다.

요약	胡婷婷突发奇想，随口唱了几句《将进酒》。她突然发现，中国的诗词原来都是可以唱的，那现在也能把诗词再次唱起来. 후팅팅은 갑자기 기발한 생각이 떠올라서, 입에서 나오는 대로 「장진주(将进酒)」 몇 구절을 불렀다. 그녀는 중국의 시와 사는 원래 모두 노래할 수 있는 것이고, 그럼 지금도 시와 사를 다시 노래할 수 있다는 것을 문득 깨달았다.
단어	诗词 shīcí 명 시와 사(=古诗) *词 명 사[당나라 말엽부터 송나라 때 완성된 운문 형식] ｜ 突发奇想 tūfā qíxiǎng 갑자기 기발한 생각이 떠오르다 ｜ 说来就来 shuō lái jiù lái 말 나온 김에 ｜ 随口 suíkǒu 부 입에서 나오는 대로 ｜ 哼唱 hēngchàng 동 콧노래를 부르다, 흥얼거리다 ｜ 将进酒 qiāngjìnjiǔ 명 장진주, 권주가[한나라 악부시 중의 하나] *将 동 청하다, 권하다 *进酒 동 술을 권하다 ｜ 君不见，黄河之水天上来，奔流到海不复回 jūn bú jiàn, Huánghé zhī shuǐ tiānshàng lái, bēnliú dào hǎi bú fù huí 그대는 보지 못했는가, 황허의 물이 하늘에서 내려와, 산산이 흩어져 바다에 닿아 돌아오지 못함을 *奔流 동 (물살이) 세차게 흐르다 ｜ 突然 tūrán 부 갑자기, 문득 ｜ 古典 gǔdiǎn 명 고전 ｜ 韵律 yùnlǜ 명 운율 ｜ 原本 yuánběn 부 원래 ｜ 只不过 zhǐbúguò 부 단지(그저) ~일 뿐이다 ｜ 流传 liúchuán 동 전해지다 ｜ 过程 guòchéng 명 과정 ｜ 丢失 diūshī 동 잃어버리다, 유실되다

STEP 4 제4단락 요약하기

해석

①2016年1月，**胡婷婷发布了第一首作品《将进酒》**。②让她喜出望外的是，在没有任何经验的情况下，自己的处女作一鸣惊人，**上线后得到了很多家长的支持，孩子们特别喜欢**，大家都叫她"婷婷姐姐"。	2016년 1월, 후팅팅은 첫 작품 「장진주」를 발표했다. 그녀를 기뻐서 어쩔 줄 모르게 한 것은, 아무런 경험도 없던 상황에서 자신의 처녀작이 세상을 깜짝 놀라게 한 것인데, 업로드된 후에 많은 학부모의 지지를 받았고, 아이들이 아주 좋아했으며, 모두가 다 그녀를 '팅팅 언니(婷婷姐姐)'라고 부르게 되었다.

중심 내용 첫 작품을 발표한 후 많은 인기를 얻었다.

해설	① 이 문장은 스토리 전개에 중요한 사건이므로, 연도를 제외하고 반드시 써 줍니다. ② '喜出望外', '一鸣惊人'이라는 어려운 표현을 꼭 쓸 필요는 없습니다. 그 뒤에 나오는 '上线后得到了很多家长的支持，孩子们特别喜欢'만 그대로 써도 그녀의 첫 작품이 업로드된 후에 인기가 많았다는 것을 표현할 수 있습니다.
요약	后来，胡婷婷发布了第一首作品《将进酒》。作品上线后得到了很多家长的支持，孩子们特别喜欢。 나중에, 후팅팅은 첫 작품 「장진주」를 발표했다. 작품이 업로드된 후에 많은 학부모의 응원을 받았고, 아이들이 아주 좋아했다.
단어	发布作品 fābù zuòpǐn 작품을 발표하다 ｜ 喜出望外 xǐchūwàngwài 성 기뻐서 어쩔 줄 모르다 ｜ 经验 jīngyàn 명 경험, 경력 ｜ 处女作 chǔnǚzuò 명 처녀작 ｜ 一鸣惊人 yìmíngjīngrén 성 한번 울면 사람을 놀라게 하다, (성과를 내기 시작하면서) 세상을 깜짝 놀라게 하다 ｜ 上线 shàngxiàn 동 (인터넷 등에) 업로드하다 ｜ 得到支持 dédào zhīchí 지지를 얻다(받다) ｜ 家长 jiāzhǎng 명 학부모

STEP 5 제5단락 요약하기

해석

①不过，并非音乐科班出身的她一开始吃了不少苦头。②起初她想找歌手录制歌曲，但成本太高，所以最后只能硬着头皮自己来。"谱曲、演唱自己来还行，但编曲、乐器演奏就得请人了。"为了降低成本又能找到优秀的音乐人才，有一段时间她天天去上海音乐学院校园里转悠，看到有毕业表演的信息就早早去占座、献花、套近乎，然后恳请音乐学院的老师帮忙编曲。在胡婷婷的努力下，终于成功地完成了几首朗朗上口的音乐作品。	그러나, 음악 정규교육을 받은 사람이 아닌 그녀는 처음에 많은 고생을 겪었다. 처음에 그녀는 가수를 불러 노래를 녹음하려 했지만, 비용이 너무 높아서 결국 할 수 없이 자신이 할 수밖에 없었다. "작곡과 노래는 스스로 해도 되지만, 편곡과 악기 연주는 사람을 불러야 합니다." 비용은 낮추면서 또 우수한 음악 인재를 찾아내기 위해, 한동안 그녀는 매일 상하이 음대 캠퍼스에 가서 돌아다녔다. 졸업 공연이 있다는 정보를 보고 일찌감치 가서 자리를 맡고, 꽃을 드리고, 친근하게 군 후에 음대 교수님께 편곡을 도와 달라고 간청했다. 후팅팅의 노력 덕분에, 마침내 입에 딱 붙는 음악 작품 몇 곡이 성공적으로 완성되었다.

중심 내용 창작을 위해 음대 교수님에게 도움을 청했고 마침내 작품을 완성했다.

해설	① 전환을 나타내는 접속사 '不过'로 시작하고 있습니다. 이는 어려움을 겪고 결국 극복하는 전형적인 '성공 이야기'가 이어질 것임을 예상할 수 있습니다. '吃苦头(고생을 겪다)'는 '遇到困难(어려움을 만나다)'으로 쉽게 바꿔 써도 됩니다. ② 내용은 많지만 실제로 반드시 써야 할 부분은 많지 않기 때문에 핵심을 잘 잡는 것이 중요합니다. 다만 지문의 내용을 많이 생략하면 다른 단락에서 그만큼 더 많은 내용을 써야 합니다. '창작하기 위해서 음대 교수에게 도움을 청했고, 이런 노력 끝에 마침내 작품이 완성되었다'는 내용이 핵심입니다.
요약	不过，她遇到了一些困难。可是为了创作，她请音乐学院的老师帮忙，终于成功地完成了几首音乐作品。 그러나, 그녀는 약간의 어려움을 만났다. 하지만 창작을 위해 그녀는 음대 교수님께 도와 달라고 부탁했고, 마침내 음악 작품 몇 곡이 성공적으로 완성되었다.
단어	科班出身 kēbān chūshēn 정규 교육을 받은 사람 ǀ 吃苦头 chī kǔtou 쓴맛을 보다, 고생을 겪다 ǀ 起初 qǐchū 명 처음, 최초 ǀ 歌手 gēshǒu 명 가수 ǀ 录制歌曲 lùzhì gēqǔ 노래를 녹음하다 ǀ 成本 chéngběn 명 원가, 비용 ǀ 硬着头皮 yìngzhe tóupí 할 수 없이 ǀ 谱曲 pǔqǔ 동 작곡하다, (가사에) 곡을 붙이다(=谱曲子) ǀ 演唱 yǎnchàng 동 (무대에서) 노래하다 ǀ 编曲 biānqǔ 동 편곡하다 ǀ 乐器演奏 yuèqì yǎnzòu 악기 연주 ǀ 降低 jiàngdī 동 (비용을) 낮추다 ǀ 优秀 yōuxiù 형 우수하다 ǀ 有一段时间 yǒu yíduàn shíjiān 한동안, 한때 ǀ 音乐学院 yīnyuè xuéyuàn 음악대학, 음대 ǀ 校园 xiàoyuán 명 캠퍼스 ǀ 转悠 zhuànyou 동 돌아다니다 ǀ 毕业表演 bìyè biǎoyǎn 졸업 공연 ǀ 占座 zhànzuò 동 자리를 맡다 ǀ 献花 xiànhuā 동 꽃을 바치다(드리다) ǀ 套近乎 tào jìnhu (잘 모르는 사람에게) 친근하게 굴다 ǀ 然后 ránhòu 접 그런 후에, 그다음에 ǀ 恳请 kěnqǐng 동 간청하다 ǀ 终于 zhōngyú 부 마침내, 결국 ǀ 朗朗上口 lǎnglǎngshàngkǒu 성 (소리가) 맑고 또랑또랑하다, 입에 딱 붙다

STEP 6 제6단락 요약하기

해석

①胡婷婷把这几首音乐作品收录到《婷婷唱古文》中，然后上传到网上，作品受到了大量的好评，这给了胡婷婷很大的勇气。于是，她专门挑一些流传较广的诗词，并谱上曲子再上传网上。②一开始特别受欢迎，但时间久了，孩子们出现了审美疲劳。新上线的音频播放量持续走低，胡婷婷很苦恼。③为了了解孩子们的需求，她特地进行了调研。那时，不管是亲戚的还是朋友的，只要一看到小孩，胡婷婷便会拿出手机，问他们："婷婷姐姐给你放首歌好不好……"胡婷婷终于发现，孩子们不喜欢太大声的配乐，前奏不能超过10秒，要选择孩子们耳熟能详的诗词……	후팅팅은 이 음악 작품 몇 곡을 『팅팅이 고문을 노래하다(婷婷唱古文)』에 수록했다. 그 후에 인터넷에 업로드하자 작품은 많은 호평을 받았고, 이것은 후팅팅에게 큰 용기를 주었다. 그리하여 그녀는 비교적 널리 알려진 시와 사를 특별히 골랐고, 아울러 곡을 붙이고 나서 인터넷에 업로드했다. 처음에는 아주 인기가 있었는데, 시간이 지나자 아이들은 싫증이 났다. 새로 업로드된 오디오 재생 횟수가 지속적으로 떨어지자, 후팅팅은 매우 고민했다. 아이들이 바라는 것을 알기 위해서, 그녀는 특별히 조사 연구를 진행했다. 그때, 친척의 아이이든 친구의 아이이든 관계없이, 아이를 봤다 하면 후팅팅은 핸드폰을 꺼내어 그들에게 물었다. "팅팅 언니가 네게 노래를 틀어 줄 건데 어때……?" 후팅팅은 마침내 아이들이 너무 큰 소리의 반주를 싫어하고, 전주는 10초를 넘어선 안 되며, 아이들에게 익숙한 시와 사를 선택해야 한다는 것 등을 알아냈다.

중심 내용 처음에는 반응이 좋았지만 나중에 아이들은 지루함을 느꼈고, 주인공은 이를 해결하기 위해 조사 연구를 하며 마침내 해결책을 찾아냈다.

해설	① 이번 단락의 핵심 내용은 또 다른 어려움을 겪고 해결책을 찾아내는 과정입니다. 따라서 작품이 호평을 받았고 자신에게 용기를 주었다는 내용은 생략해도 괜찮습니다. ② '一开始……，但后来/现在……(처음에는 ~했는데, 나중에/지금은~)' 구조는 자주 사용하므로 기억해 둡니다. '审美'는 6급 단어이며, '审美疲劳'는 시험에 잘 나오는 표현입니다. 만약 기억하기 어렵다면 '孩子们觉得没意思' 혹은 '孩子们不爱听了'처럼 풀어 써도 됩니다. '播放量持续走低'는 '播放量越来越少'와 같이 쉽게 바꿔 쓸 수 있습니다. ③ '아이들이 바라는 것을 이해하기 위해서, 주인공은 조사 연구를 진행했고, 마침내 아이들의 취향을 알아냈다'는 내용이 핵심입니다. 아이들을 만나면 핸드폰을 꺼내어 의견을 물어보는 것은 조사 연구에 대한 구체적인 표현이므로 생략할 수 있습니다. 연구 결과인 반주·전주·시와 사에 관한 내용도 모두 다 쓸 필요는 없습니다. '她发现了孩子们想要什么(그녀는 아이들이 무엇을 원하는지 알아냈다)' 혹은 '她发现了孩子们的喜好(그녀는 아이들의 취향을 알아냈다)' 정도로 요약하면 충분합니다.
요약	胡婷婷的作品一开始特别受欢迎，但是后来，孩子们出现了审美疲劳，音乐的播放量也持续下降。为了了解孩子们的需求，她专门进行了调研。通过调查，胡婷婷终于发现了孩子们的喜好。 후팅팅의 작품은 처음엔 아주 인기가 있었지만, 나중에 아이들은 싫증이 났고, 음악의 재생 횟수도 지속적으로 떨어졌다. 아이들이 바라는 것을 이해하기 위해서, 그녀는 특별히 조사 연구를 진행했다. 조사를 통해 후팅팅은 마침내 아이들의 취향을 알아냈다.
단어	收录 shōulù 동 수록하다, 싣다 | 上传 shàngchuán 동 (인터넷에) 업로드하다 | 受到好评 shòudào hǎopíng 호평을 받다 | 大量 dàliàng 형 대량의, 많은 양의 | 勇气 yǒngqì 명 용기 | 专门 zhuānmén 부 특별히, 일부러 | 挑 tiāo 동 선택하다, 고르다 | 受欢迎 shòu huānyíng 환영을 받다, 인기가 있다 | 出现审美疲劳 chūxiàn shěnměi píláo 싫증이 나다 | 音频 yīnpín 명 오디오 | 播放量 bōfàngliàng 명 재생 횟수 | 持续 chíxù 동 지속하다 | 走低 zǒudī (조회 수가) 하락하다, 떨어지다 | 苦恼 kǔnǎo 동 고민하다 | 了解需求 liǎojiě xūqiú 요구(바라는 것)를 알다 *了解 동 (자세하게 잘) 알다, 이해하다 | 特地 tèdì 부 특별히, 일부러 | 调研 diàoyán 동 조사 연구하다 | 亲戚 qīnqi 명 친척 | 拿出手机 náchū shǒujī 핸드폰을 꺼내다 | 放歌 fànggē 동 노래를 틀다 | 配乐 pèiyuè 명 반주 | 前奏 qiánzòu 명 전주

쓰기 书写

| 超过 chāoguò 동 초과하다, 넘다 | 秒 miǎo 양 초 | 耳熟能详 ěrshú-néngxiáng 성 귀에 익히 들어 자세히 말할 수 있다, 너무나 익숙하다 *熟 형 잘 알다, 익숙하다 *详 동 자세히 설명하다

STEP 7 제7단락 요약하기

해석

①《婷婷唱古文》只是简单地把诗词唱出来，要让孩子们体会其中的意境还远远不够，所以胡婷婷决定做一个专栏。2016年6月，胡婷婷创办的专栏——《婷婷诗教》上线了。从此胡婷婷真正走上了儿童教育这条路。②《婷婷诗教》在唱的基础上又增加了对诗词的讲解，让孩子们可以深入了解诗词的创作过程，帮助孩子学以致用，全方面提升孩子的阅读兴趣和表达能力。③经过团队的不断努力，《婷婷诗教》得到了大家的认可，在喜马拉雅FM众多同类专栏中，连续8个月订阅量稳居第一。胡婷婷还经常应邀去电视台录节目，越来越多人认识了这位知性大姐姐。最终胡婷婷取得了巨大的成功。

『팅팅이 고문을 노래하다(婷婷唱古文)』는 단지 단순히 시와 사를 노래할 뿐이었기에, 아이들이 그 속의 예술적 경지를 몸소 깨닫게 하기에는 몹시 부족했다. 그래서 후팅팅은 전문 코너 하나를 만들기로 결정했다. 2016년 6월, 후팅팅이 새롭게 만든 전문 코너 「팅팅의 시 교육(婷婷诗教)」이 업로드되었다. 그때부터, 후팅팅은 아동교육이란 이 길에 진정으로 들어섰다. 「팅팅의 시 교육」은 노래를 기초로 시와 사에 대한 설명을 더하여, 아이들이 시와 사의 창작 과정을 깊이 이해할 수 있게 했고, 아이가 배운 것을 실제로 활용하도록 도와서 아이의 독서에 관한 흥미와 표현력을 전반적으로 높였다. 팀의 끊임없는 노력 끝에, 「팅팅의 시 교육」은 사람들의 인정을 받았고, 히말라야 FM의 많은 동종 전문 코너 중에서, 구독자 수가 8개월 연속 안정적으로 1위였다. 후팅팅은 또한 자주 TV 방송국에 초청을 받아 프로그램을 녹화했고, 갈수록 많은 사람들이 이 지적인 큰 언니를 알게 되었다. 최후에 후팅팅은 커다란 성공을 거두었다.

중심 내용 후팅팅은 아이들을 위해 새로운 전문 코너(专栏)를 만들었고, 시에 대한 설명을 더하여 아이들의 흥미와 표현력을 향상시켰다. 전문 코너는 사람들의 인정을 받았고 결국 큰 성공을 거두게 되었다.

해설

① '단순히 노래하는 것보다 아이들에게 시와 사의 내용을 알게 하는 것이 더 중요하다고 생각해서 전문 코너를 만들었다'가 주요 내용입니다. 전문 코너의 이름은 기억이 잘 안 나면 굳이 안 써도 됩니다. '体会其中的意境'이 어렵다면 '了解诗词的内容'과 같이 쉽게 바꿔 써도 됩니다.

② '시와 사에 대한 설명을 더하여, 아이의 독서에 관한 흥미와 표현력을 높였다'는 것으로 전문 코너에 대한 간단한 설명을 합니다. '增加讲解'는 '增加说明'이라고 해도 됩니다.

③ '노력 끝에, 전문 코너는 모두의 인정을 받았고, 결국 주인공은 커다란 성공을 거두었다'가 주요 내용입니다. 8개월 연속 구독자 수 1위를 한 것이나 방송국에 초대 받은 내용은 전부 성공을 표현하기 위한 구체적인 사례이므로 굳이 기억할 필요는 없습니다. '得到认可(인정을 받다)'와 '取得成功(성공을 거두다)', 이 두 개의 표현이 핵심 키워드입니다.

요약

胡婷婷觉得让孩子们了解诗词的内容比唱诗词更重要。于是她做了一个专栏。在这个专栏里，胡婷婷增加了对诗词的说明，全方面提高了孩子的阅读兴趣和表达能力。经过不断努力，这个专栏得到了大家的认可。最终胡婷婷取得了巨大的成功。

후팅팅은 아이들이 시와 사의 내용을 알게 하는 것이 시와 사를 노래하는 것보다 더 중요하다고 여겼다. 그래서 그녀는 전문 코너 하나를 만들었다. 이 전문 코너에서, 후팅팅은 시와 사에 대한 설명을 더하여, 아이의 독서에 관한 흥미와 표현력을 전반적으로 높였다. 끊임없는 노력 끝에, 이 전문 코너는 사람들의 인정을 받았다. 최후에 후팅팅은 커다란 성공을 거두었다.

단어

简单 jiǎndān 형 간단하다, 단순하다 | 体会 tǐhuì 동 체득하다, 몸소 깨닫다 | 意境 yìjìng 명 (문학·예술 작품에 표현된) 예술적 경지 | 远远不够 yuǎnyuǎn búgòu 몹시 부족하다 | 专栏 zhuānlán 명 전문 칼럼, 전문 코너 | 创办 chuàngbàn 동 (신문 등을) 창간하다 | 诗教 shījiào 명 시 교육 | 从此 cóngcǐ 부 이제부터, 그로부터 | 基础 jīchǔ 명 기초 | 增加讲解 zēngjiā jiǎngjiě 설명을 더하다 | 深入了解 shēnrù liǎojiě 깊이 이해하다 *深入 동 깊다, 철저하다 | 创作过程 chuàngzuò guòchéng 창작 과정 | 学以致用 xuéyǐzhìyòng 성 배운 것을 실제로 활용하다 | 提升 tíshēng 동 (흥미·능력 등을) 높이다, 끌어올리다 | 阅读兴趣 yuèdú xìngqù 독서에 관한 흥미 | 表达能力 biǎodá nénglì 표현력 | 经过 jīngguò 전 ~를 거쳐, ~ 끝에 | 团队 tuánduì 명 단체, 팀 | 不断 búduàn 동 끊임없다 | 得到认可 dédào rènkě 인정을 받다 | 喜马拉雅FM Xǐmǎlāyǎ FM 고유 히말라야 FM[중국 최대 모바일 음성 콘텐츠 플랫폼] | 众多 zhòngduō 형 (사람 등이) 아주 많다 | 同类 tónglèi 명 동종, 같은 종류의 사물 | 连续 liánxù 동 연속하다 | 订阅量 dìngyuèliàng 명 구독자 수 | 稳居第一 wěn jū dì yī 안정적으로 1위이다 *稳居 ~에 안정적으로 자리를 잡다, 변함없는 ~이다, 부동의 ~이다 | 应邀 yìngyāo 동 초청을 받다 | 录节目 lù jiémù 프로그램을 녹화하다 | 知性 zhīxìng 형 지적인 | 取得成功 qǔdé chénggōng 성공을 거두다

모범 답안

> **Tip** 후팅팅이 만든 전문 코너인 '婷婷诗教(팅팅의 시 교육)'를 제목으로 써도 됩니다.

			婷	婷	唱	古	文												
		胡	婷	婷	从	小	就	在	艺	术	方	面	很	精	通	。	一	次	偶
然	的	机	会	,	她	走	上	了	儿	童	教	育	之	路	。				
		一	天	,	女	儿	发	烧	,	胡	婷	婷	想	唱	首	歌	安	慰	她。
可	是	她	发	现	自	己	不	会	唱	别	的	儿	歌	。	胡	婷	婷	突	发
奇	想	,	随	口	唱	了	几	句	《	将	进	酒	》	。	她	突	然	发	现,
中	国	的	诗	词	原	来	都	是	可	以	唱	的	,	那	现	在	也	能	把
诗	词	再	次	唱	起	来	。	后	来	,	胡	婷	婷	发	布	了	第	一	首
作	品	《	将	进	酒	》	。	作	品	上	线	后	得	到	了	很	多	家	长
的	支	持	,	孩	子	们	特	别	喜	欢	。	不	过	,	她	遇	到	了	一
些	困	难	。	可	是	为	了	创	作	,	她	请	音	乐	学	院	的	老	师
帮	忙	,	终	于	成	功	地	完	成	了	几	首	音	乐	作	品	。		
		胡	婷	婷	的	作	品	一	开	始	特	别	受	欢	迎	,	但	是	后
来	,	孩	子	们	出	现	了	审	美	疲	劳	,	音	乐	的	播	放	量	也
持	续	下	降	。	为	了	了	解	孩	子	们	的	需	求	,	她	专	门	进
行	了	调	研	。	通	过	调	查	,	胡	婷	婷	终	于	发	现	了	孩	子

们的喜好。

　　胡婷婷觉得让孩子们了解诗词的内容比唱诗词更重要。于是她做了一个专栏。在这个专栏里，胡婷婷增加了对诗词的说明，全方面提高了孩子的阅读兴趣和表达能力。经过不断努力，这个专栏得到了大家的认可。最终胡婷婷取得了巨大的成功。

해석

팅팅이 고문을 노래하다

　　후팅팅은 어려서부터 예술 방면에 있어서 매우 정통했다. 우연한 기회에 그녀는 아동교육의 길에 들어섰다.

　　하루는 딸이 열이 나자, 후팅팅은 노래 한 곡을 불러서 그녀를 달래 주려고 했다. 하지만 그녀는 자기가 다른 동요를 부를 줄 모른다는 것을 깨달았다. 후팅팅은 갑자기 기발한 생각이 나서, 입에서 나오는 대로 「장진주(将进酒)」 몇 구절을 불렀다. 그녀는 중국의 시와 사는 원래 모두 노래할 수 있는 것이고, 그럼 지금도 시와 사를 다시 노래할 수 있다는 것을 문득 깨달았다. 나중에, 후팅팅은 첫 작품 「장진주」를 발표했다. 작품이 업로드된 후에 많은 학부모의 응원을 받았고, 아이들이 아주 좋아했다. 그러나, 그녀는 약간의 어려움을 만났다. 하지만 창작을 위해서, 그녀는 음대 교수님께 도와 달라고 부탁했고, 마침내 음악 작품 몇 곡이 성공적으로 완성되었다.

　　후팅팅의 작품은 처음엔 아주 인기가 있었지만, 나중에 아이들은 싫증이 났고, 음악의 재생 횟수도 지속적으로 떨어졌다. 아이들이 바라는 것을 이해하기 위해서, 그녀는 특별히 조사 연구를 진행했다. 조사를 통해서, 후팅팅은 마침내 아이들의 취향을 알아냈다.

　　후팅팅은 아이들이 시와 사의 내용을 알게 하는 것이 시와 사를 노래하는 것보다 더 중요하다고 여겼다. 그래서 그녀는 전문 코너 하나를 만들었다. 이 전문 코너에서, 후팅팅은 시와 사에 대한 설명을 더하여, 아이의 독서에 관한 흥미와 표현력을 전반적으로 높였다. 끊임없는 노력 끝에, 이 전문 코너는 사람들의 인정을 받았다. 결국, 후팅팅은 커다란 성공을 거두었다.

2 내공이 쌓이는 시간

1 자주 쓰는 시간 표현 ★

이야기의 종류에 상관없이 반드시 쓰게 되는 표현들이 있다. 예를 들면 '그러던 어느 날', '그다음 날'과 같이 시간의 경과를 나타내는 표현이다. 다음의 시간 관련 표현은 반드시 숙지한다.

> **Tip** 시간 관련 표현들은 막상 쓰게 되면 어색하게 표현하는 학생들이 많습니다. 이런 기본적인 것만 제대로 쓸 줄 알아도 60점대 취득은 어렵지 않습니다. 시간이나 때를 나타내는 다음 표현들을 꼭 숙지해 두세요.

☐ **(有)一天** 어느 날

- 有一天，他在同学聚会上遇到了小李。
  어느 날, 그는 동창 모임에서 샤오리를 만났다.
  - ◆ 同学聚会 tóngxué jùhuì 동창 모임 | 遇到 yùdào 동 만나다

☐ **(有)一次** 한번은

- 有一次，女儿发烧，她想唱首歌安慰女儿。
  한번은, 딸이 열이 나자, 그녀는 노래 한 곡을 불러서 딸을 위로하려고 했다.
  - ◆ 发烧 fāshāo 동 열이 나다 | 安慰 ānwèi 동 위로하다

☐ **平时** 평소에

- 平时他都是第一个来，今天却迟迟未出现。
  평소에 그는 늘 첫 번째로 왔지만, 오늘은 늦도록 나타나지 않았다.
  - ◆ 迟迟 chíchí 부 늦도록

☐ **第二天** 이튿날, 다음날

- 昨天我在网上买了一件衣服，第二天就收到了快递。
  어제 나는 인터넷에서 옷 한 벌을 샀는데, 다음날 바로 택배를 받았다.
  - ◆ 收到快递 shōudào kuàidì 택배를 받다

☐ **前一天** 전날

- 面试的前一天，我通常都紧张得睡不着觉。
  면접 전날에, 나는 보통 긴장한 나머지 잠을 이루지 못한다.
  - ◆ 面试 miànshì 명 면접(시험) | 紧张 jǐnzhāng 형 긴장하다

☐ **过了一会儿** 잠시 후 [과거형에 쓰임]

- 过了一会儿，他带着超大的水桶又回来了。
  잠시 후에, 그는 아주 큰 물통을 가지고 다시 돌아왔다.
  - ◆ 超大 chāodà 형 아주 크다 | 水桶 shuǐtǒng 명 물통

> **Tip** '过了一会儿'은 몇 분에서 몇십 분 정도로 잠깐의 시간이 지날 때 사용합니다.

☐ **没过多久** 얼마 지나지 않아[과거형에 쓰임]

> **Tip** '没过多久'는 며칠 또는 몇 달이 될 수도 있지만 생각보다 짧은 시간이 지났을 때 사용합니다.

- 这个项目让他的公司有了知名度，然而没过多久，他就收到了合作方发来的终止合作的邮件。
  이 프로젝트는 그의 회사에 지명도가 생기게 했지만, 얼마 지나지 않아, 그는 협력사에서 보내온 협력을 끝낸다는 메일을 받았다.

  ◆ 项目 xiàngmù 명 프로젝트 | 知名度 zhīmíngdù 명 지명도 | 然而 rán'ér 접 그러나, 하지만 | 收到邮件 shōudào yóujiàn 메일을 받다 | 合作方 hézuòfāng 명 협력사 | 终止 zhōngzhǐ 동 중지하다, 끝내다

☐ **过了一段时间** 얼마 후, 시간이 흐른 후[과거형에 쓰임]

> **Tip** '过了一段时间'은 시간이 안 가거나 빨리 가는 느낌 없이 실제로 몇 달의 물리적인 시간이 흘렀을 때 사용합니다.

- 他先用第一个方法进行试验。过了一段时间，他发现这个方法依然存在安全隐患。
  그는 먼저 첫 번째 방법으로 테스트를 진행했다. 얼마 후, 그는 이 방법에 여전히 안전상 잠재된 위험이 존재한다는 것을 발견했다.

  ◆ 试验 shìyàn 동 시험하다, 테스트하다 | 依然 yīrán 부 여전히 | 存在 cúnzài 동 존재하다 | 安全隐患 ānquán yǐnhuàn 안전상 잠재된 위험

☐ **过了+(시간사)** (시간이) 지나다[과거형에 쓰임]

- 过了十年，当初的小孩已经长成大人了。
  10년이 지나고, 그 당시의 아이는 이미 자라서 어른이 되었다.

☐ **(시간사)+后** (시간) 후에

- 五年后，我成为了这家公司最年轻的总裁。
  5년 후에, 나는 이 회사의 가장 젊은 회장이 되었다.

  ◆ 总裁 zǒngcái 명 회장

☐ **后来** 나중에[과거형에 쓰임]

- 他从小就喜欢画画，后来因为学医，这个爱好就暂时搁置了。
  그는 어려서부터 그림 그리길 좋아했는데, 나중에 의학을 배우느라 이 취미는 잠시 그만두었다.

  ◆ 学医 xuéyī 동 의학을 배우다 | 暂时 zànshí 명 잠시 | 搁置 gēzhì 동 내버려두다, 그만두다

☐ **最后/最终** 마지막에, 결국에

> **Tip** '最后'와 '最终'은 일반적인 결말 또는 안타까운 결말을 말할 때 사용합니다.

- 他考虑了很久，最后还是选择了这份工作。
  그는 한참을 생각하다가, 마지막에 이 일을 선택하고 말았다.

- 他在雨中等了一整天，最终没能等来那个人。
  그는 빗속에서 온종일 기다리다가, 결국엔 그 사람이 오는 걸 기다리지 못했다.
  - 一整天 yìzhěngtiān 명 온종일

☐ 终于 마침내, 드디어[바라던 결과가 이뤄졌을 때 쓰임]

- 长大后，我终于明白了父母的苦心。
  자라고 나서, 나는 마침내 부모님의 고심을 깨달았다.
  - 苦心 kǔxīn 명 고심

☐ 从那以后/从此 그 후로

- 五年前她出国了，从那以后我们就失去了联系。
  5년 전에 그녀가 출국하고, 그 후로 우리는 연락이 끊어졌다.

2 자주 틀리는 표현

학생들이 요약 쓰기를 하면서 자주 틀리는 표현을 정리했다. 어법적인 오류·한국식 표현·부적절한 단어 사용 등은 학생들이 쓰기 영역에서 자주 틀리는 부분이다. 아래 내용을 공부할 때는 단순히 이해하는 데서 그치면 안 되고, 반드시 수십 번 읽어서 어감으로 만들어 놔야 실수하지 않는다.

1) 父亲的鼓励让我真感动。（✗）

   → 父亲的鼓励让我很感动。（○） 아버지의 격려는 나를 매우 감동시켰다.

   ▶ '真'은 대화에서만 쓰는 부사이므로, 대화하거나 혼잣말할 때, 즉 서술문이 아닌 대사에서만 쓸 수 있습니다. 요약 쓰기는 서술문이므로, '真'을 쓰면 매우 어색해집니다. 따라서 '真' 대신 '很'·'非常'·'特别'·'十分'과 같은 정도부사를 사용해야 합니다.

2) 面试失败了，她很灰心了。（✗）

   → 面试失败了，她很灰心。（○） 면접이 실패하고, 그녀는 낙담했다.

   ▶ '형용사+了'는 과거가 아닌, 변화를 나타냅니다. 실제 대화 상황에서 형용사 뒤에 '了'를 쓰는 경우도 있지만, 요약 쓰기와 같은 서술문 형태의 작문에서는 '정도부사+형용사'의 형태로 써야 합니다.

   > **Tip** 실제 대화 상황에서 상대방의 표정이나 행동으로 감정의 변화를 느낄 때, '감정 형용사+了'의 형태로 말할 수 있습니다. 다만, 변화가 아닌 그저 자신의 감정 상태를 나타낼 때는 '了'를 붙이지 않습니다. '我非常伤心了'는 학생들이 자주 틀리는 표현이니 기억해 둡니다.
   >
   > - 你不高兴了？ 너 기분 안 좋아졌지?[대화 중 친구의 표정이 갑자기 나쁘게 변했을 때]
   > - 不料，我在最后的面试中被淘汰了，我非常伤心了。（✗）
   >   → 不料，我在最后的面试中被淘汰了，我非常伤心。（○）
   >   뜻밖에도, 나는 마지막 면접에서 떨어져서 매우 슬프다.
   >   - 不料 búliào 부 뜻밖에, 외외에 | 淘汰 táotài 동 도태되다, (면접에서) 떨어지다 | 伤心 shāngxīn 형 상심하다, 슬프다[현대한어사전에는 '伤心'이 형용사로 표기됨]

3) 他参加了比赛，但是没获得冠军了。（✗）

→ 他参加了比赛，但是没获得冠军。（○） 그는 시합에 참여했지만, 우승을 차지하지 못했다.

◆ 获得冠军 huòdé guànjūn 우승을 차지하다

▶ '没'를 동사 앞에 쓰면 동사의 과거를 부정하는 의미가 됩니다. 따라서 과거를 나타내는 '了'를 또 쓸 수 없습니다.

4) 书店没开门，我们明天又来吧。（✗）

→ 书店没开门，我们明天再来吧。（○） 서점이 문을 열지 않았어. 우리 내일 다시 오자.

▶ 부사 '再'는 미래형에 쓰고, '又'는 과거형에 씁니다. 다른 예로, '面试结果公布了，他又失败了。(면접 결과가 발표되었는데, 그는 또 실패했다.)'라는 문장은 과거형이라 '再'를 쓸 수 없습니다.

Tip 헷갈리면 '再见!'과 '又来了!'를 생각하세요. 기억하기가 쉬워질 것입니다.

5) 我决心了从明天减肥。（✗）

→ 我决定从明天开始减肥。（○）

나는 내일부터 다이어트를 시작하기로 결정(결심)했다.

▶ '~하기로 결정하다'는 '决定+동사' 구조로 씁니다. '决心'은 주로 명사로 사용하고, '下决心+동사' 구조로 씁니다. '决定'이나 '下决心' 뒤에는 '了'를 사용하지 않습니다. 또한 '(언제)부터 ~하기 시작했다'는 '从+시간+开始+동사'로, '开始'를 빼놓지 않고 써야 합니다.

6) 他建议我们一起唱歌，所以我们就高兴地唱起来了。（✗）

→ 他建议我们一起唱歌，于是我们就高兴地唱起来了。（○）

그가 우리한테 함께 노래를 부르자고 제안해서, 우리는 즐겁게 노래하기 시작했다.

▶ '于是'는 앞의 상황 또는 행동 후에, 다른 상황이나 행동이 이어서 나타날 경우에 씁니다. 즉, '于是'가 이끄는 내용은 앞의 내용으로 인해 일어난 것입니다. '于是'는 복문의 뒤 절 맨 앞에 위치하며 거의 과거형에만 씁니다. 반면, '所以'는 인과관계를 설명할 때 씁니다. 즉, 앞에서 말한 원인이나 이유에 따라 뒤에서 어떤 결과 혹은 결론이 나타나야 합니다. 위 문장의 앞 절 '他建议我们一起唱歌'에서 그가 우리한테 함께 노래를 부르자고 제안했고, 우리가 그 제안을 받아들여 바로 행한 행동이 즐겁게 노래하기 시작한 것입니다. 인과관계가 아니라, 시간에 따라 이어지는 두 가지의 행동이므로, '所以'가 아니라 '于是'를 써야 합니다.

Tip '于是'는 '인과관계'가 아니라, '이어지는 상황'에 쓴다는 것을 꼭 기억하세요.

7) 他想这个机会很难得。（✗）

→ 他觉得这个机会很难得。（○） 그는 이 기회는 얻기 어렵다고 여긴다.

▶ '想'은 '~을 하고 싶다'라고 생각할 때 또는 마음속으로 혼자 미래에 대해서 예측할 때만 씁니다. '觉得'는 '~이라고 여기다' 혹은 평가나 판단에 대해서 말할 때 씁니다. 따라서 위의 예문에서 이 기회는 얻기 어려운 것 같다고 '판단'했으므로, '想'이 아닌 '觉得'를 써야 합니다.

8) 我重新回去那家公司，走进去了应聘室。（✗）

→ 我重新回那家公司，走进了应聘室。（O）

나는 다시 그 회사로 돌아가서, 면접 대기실에 들어갔다.

◆ 应聘室 yìngpìnshì 명 면접 대기실

▶ '来/去'가 동사로 쓰이면 뒤에 장소 목적어가 올 수 있습니다. 하지만 '동사+来/去'는 '来/去'가 동사가 아닌 방향보어로 쓰인 것입니다. 이때 장소 목적어가 함께 오려면 반드시 '동사+장소+来/去'의 순서로 써야 합니다. 장소 뒤에 오는 '来/去'는 대부분 생략합니다.

9) 面对两条路，终于，她还是选择了第一条。（✗）

→ 面对两条路，最后，她还是选择了第一条。（O）

두 갈래 길을 마주하며, 최후에 그녀는 그래도 첫 번째 길을 선택했다.

▶ '终于'는 '드디어', '마침내'라는 뜻으로, 간절히 바라던 일이 이루어졌을 때 씁니다. 일반적인 결과 또는 안타까운 결과가 이루어졌을 때는 '终于'가 아닌 '最后' 또는 '最终'을 씁니다.

10) 小时候我不理解父亲为什么爱惜这双鞋，以后才知道原来是奶奶给他做的。（✗）

→ 小时候我不理解父亲为什么爱惜这双鞋，后来才知道原来是奶奶给他做的。（O）

어렸을 때 나는 아버지가 왜 이 신발을 아끼는지 이해하지 못했는데, 나중에 알고 보니 할머니가 아버지에게 만들어 준 것임을 비로소 알게 되었다.

◆ 爱惜 àixī 동 아끼다

▶ 문장 맨 앞에 '以后'가 오면 미래를 나타내며, '앞으로/나중에 ~할 것이다/~하겠다'는 의미입니다. 과거인데 시간이 좀 더 지난 과거를 나타내면서 '나중에(후에) ~했다'라고 표현할 때는 '后来'를 써 줍니다.

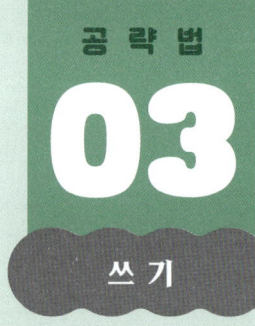

일상 이야기는 결말 부분의 교훈이 중요하다

Day 26

일상 이야기는 내용이 어떻게 전개되는지 그 흐름을 잘 파악해야 합니다. 흐름의 변화를 잘 살피면 구체적으로 묘사하는 부분, 중요도가 떨어지는 부분, 의미상 반복되는 부분 등을 손쉽게 생략하여 정리할 수 있습니다. 이렇게 기본 줄거리 요약만으로 60점을 받을 수 있습니다. 결말의 교훈은 되도록 지문과 똑같이 암기해서 써 줍니다.

1 문제가 보이는 시간

예제 ◀ 지문을 10분간 읽고, 400자 내외로 줄여서 써 보세요. (35분 동안 360쪽 원고지에 직접 써 보세요.)

　　22岁的时候，我在一家航空公司参加了人生中的第一次面试，那是一次非常失败的应聘。

　　那天中午，当我把前两次的笔试成绩递给了面试我的李经理后，他表示这是他迄今为止见过的最好成绩，还预祝我在这最后一轮的面试中取得好成绩。我信心满满地等着他出考题，他却拿出一个小纸盒递给我说："你先把这个盒子拿去12楼的1208号办公室，找王主管签字后，再拿上来，好吗？""好的！"我拿起盒子走了出去。当时所处的位置是11楼，等电梯需要很长时间，我干脆步行上了12楼，并且找到了王主管，让他签了字以后，我又拿着盒子回到了李经理的办公室。李经理看了看王主管的签名后，又在王主管的签名旁边签下了他的名字。之后，他把盒子又递给了我，让我再次拿上去让王主管签字。

　　我还从来没有见过这样的事：经理和主管根本就没有拆开来看盒子里有什么，他们只是让我跑来跑去不断让他们签名，当我来来回回整整跑了九趟以后，我的心情糟糕透了。我推开办公室的门，愤怒地对李经理说："我决定放弃面试了，你们根本不是真心要招聘一个乘务员，你们只是在捉弄人！"

　　李经理有些吃惊地看着我。我没理会他，我把盒子重重地放在他的桌子上，转身离开，就在我走到门边时，李经理说："你不想看看这个盒子里有什么吗？它与你有关。"我好奇地拆开一看，没想到里面居然是一只杯子，杯子里面是一包速溶咖啡和一张纸条，纸条上面写着："如果你微笑着走完了九趟，那就代表你已经被录用了，你可以泡上一杯咖啡和经理好好聊聊你的工作了。"

原来这就是面试的考题，我后悔极了，不知道说什么才好。李经理微笑着对我说："看在你已经走完九趟的份儿上，我来告诉你为什么我要这样设置。前三趟是愉悦听命的阶段，中间三趟是克服情绪的阶段，最后三趟是考验脾气的阶段，如果跑完九趟你还没有发脾气，你就能被录用了。但很遗憾，你虽然跑完了，但却对我发了脾气。""可是，这样公平吗？我根本不理解你们到底要做什么，我这样跑来跑去又怎么能不发脾气呢？"我解释道。"不，你在飞机上会遇到各种各样的人以及各种各样的要求，你对很多事情都会无法理解，但是你不需要理解，你只需要为所有人提供你应该提供的服务就行了，即使有人在两分钟内要喝十杯水！"李经理摇着头说，"你的笔试成绩非常好，但你的面试成绩不合格，无法控制自己脾气的人不是我们需要的。"

我为错过这次机会而感到沮丧，但同时也觉得庆幸，我虽然没有被录用，但我得到了一笔对我来说或许能受益一生的财富，那就是永远记得要控制自己的脾气，不要被情绪所奴役。

쓰기 书写

STEP 1 제1단락 요약하기

해석

| ①22岁的时候，我在一家航空公司参加了人生中的第一次面试，那是一次非常失败的应聘。 | 22살 때, 나는 한 항공사에서 인생의 첫 번째 면접을 봤는데, 그건 매우 실패한 면접이었다. |

중심 내용 나는 한 항공사에서 본 면접에 실패했다.

해설	① 이 단락에서 강조하고 있는 것은 '인생의 첫 번째 면접(人生中的第一次面试)'이 아닌 '매우 실패한 면접(非常失败的应聘)'이므로, '人生中的第一次面试'는 생략합니다. '失败'는 '(면접 과정이) 실패했다'라는 의미이고, '应聘(지원)'은 여기서 '面试(면접)'의 의미로 쓰였습니다.
요약	22岁的时候，我在一家航空公司参加了一次非常失败的面试。 22살 때, 나는 한 항공사에서 매우 실패한 면접을 봤다.
단어	航空公司 hángkōng gōngsī 항공사 ｜ 参加面试 cānjiā miànshì 면접에 참가하다, 면접을 보다 *面试 명 면접 동 면접을 보다 ｜ 失败 shībài 형 동 실패하다 ｜ 应聘 yìngpìn 동 초빙에 응하다, 지원하다 [여기서는 '면접'의 의미로 쓰임]

STEP 2 제2단락 요약하기

해석

| ①那天中午，当我把前两次的笔试成绩递给了面试我的李经理后，他表示这是他迄今为止见过的最好成绩，还预祝我在这最后一轮的面试中取得好成绩。②我信心满满地等着他出考题，他却拿出一个小纸盒递给我说："你先把这个盒子拿去12楼的1208号办公室，找王主管 | 그날 점심, 내가 지난 두 번의 필기시험 성적을 나를 면접 본 리 팀장에게 건넨 후, 그는 이것이 자신이 지금까지 봤던 것 중 가장 좋은 성적이라며, 내게 이번 최종 면접에서 좋은 성적을 거두길 기원한다고도 말했다. 나는 자신만만하게 그가 시험 문제를 낼 기다렸지만, 그는 작은 종이 상자를 꺼내서 내게 건네며 말했다. "당신은 먼저 이 상자를 12층 1208호 사무실로 가져가서, 왕 주임을 찾아 사인을 받은 후, |

273

签字后，再拿上来，好吗？" "好的！" ③我拿起盒子走了出去。当时所处的位置是11楼，等电梯需要很长时间，我干脆步行上了12楼，并且找到了王主管，让他签了字以后，我又拿着盒子回到了李经理的办公室。李经理看了看王主管的签名后，又在王主管的签名旁边签下了他的名字。之后，他把盒子又递给了我，让我再次拿上去让王主管签字。

다시 갖다 주세요. 알겠어요?" "네!" 나는 상자를 들고 나갔다. 당시에 있던 곳은 11층이었고, 엘리베이터를 기다리는데 시간이 오래 걸려서, 나는 아예 걸어서 12층에 올라갔다. 그리고 왕 주임을 찾아서 그에게 사인해달라고 한 후에, 나는 다시 상자를 들고 리 팀장의 사무실로 돌아왔다. 리 팀장은 왕 주임의 사인을 좀 본 후에, 다시 왕 주임의 사인 옆에 그의 이름을 적었다. 그 다음, 그는 상자를 내게 건네며, 나한테 다시 가져 가서 왕 주임에게 사인을 받도록 했다.

중심 내용 면접관(李经理)이 나에게 종이 상자(纸盒)를 건네며 왕 주임(王主管)의 사인을 받아오라고 해서, 내가 사인을 받아오자, 면접관은 사인 옆에 자신의 이름을 적은 후에 다시 왕 주임의 사인을 받으라고 했다.

해설	① '他表示这是他迄今为止见过的最好成绩'와 같은 부분은 이야기 전개에 영향을 미치지 않으므로 생략합니다. ② '信心满满地'와 같은 구체적인 묘사는 생략합니다. '면접관이 시험 문제를 낼 기다렸지만, 나에게 작은 종이 상자를 주었다'는 내용을 씁니다. 구체적인 사무실 호수는 중요하지 않습니다. 사무실이 12층이라는 것을 기억해서 써도 되지만, 만약 몇 층인지 기억이 잘 안 나면, '楼上(위층)', '楼下(아래층)'로 대체해도 됩니다. 직접화법 "你先……, 再……, 好吗?" 이 부분을 간접화법으로 바꾸도록 합니다. 면접관이 주인공한테 시키는 내용이므로 '让我……'로 바꾸고, '先……, 再……'를 기억해서 동작의 순서에 맞게 써 줍니다. ③ '我拿起盒子走了出去'와 '내가 11층에 있다가 걸어서 12층 사무실에 간 이유'는 흐름상 중요하지 않으므로 생략합니다. 면접 미션을 수행하고 돌아왔는데, 다시 같은 임무를 반복하게 한 것을 기억해서 씁니다.
요약	那天中午，我把笔试成绩交给李经理后，他预祝我面试取得好成绩。我等着他出考题，他却给我一个小纸盒，并让我拿到楼上找王主管签字后再拿回来。我去找王主管签字后，回到了李经理的办公室。李经理在王主管的签名旁边签下了自己的名字。之后，他又让我再次拿上去找王主管签字。 그날 점심, 내가 필기시험 성적을 리 팀장에게 건넨 후, 그는 내가 면접에서 좋은 성적을 거두길 기원했다. 나는 그가 시험 문제를 낼 기다렸지만, 그는 내게 작은 종이 상자를 건넸고, 내게 위층에 들고 가서 왕 주임을 찾아 사인을 받은 후 다시 가져오게 했다. 나는 왕 주임을 찾아가서 사인을 받은 후, 리 팀장의 사무실로 돌아왔다. 리 팀장은 왕 주임의 사인 옆에 자신의 이름을 적었다. 그다음, 그는 또 나한테 다시 가져가서 왕 주임을 찾아 사인을 받도록 했다.
단어	笔试 bǐshì 명 필기시험 ǀ 递 dì 동 넘겨주다, 건네다 ǀ 经理 jīnglǐ 명 부장, 팀장 ǀ 迄今为止 qìjīn wéi zhǐ 지금까지 ǀ 预祝 yùzhù 동 축원하다, 기원하다 ǀ 最后一轮的面试 zuìhòu yì lún de miànshì 최종 면접 *轮 양 (돌아가는) 차례 ǀ 信心满满 xìnxīn mǎnmǎn 자신만만하다 ǀ 出考题 chū kǎotí 시험 문제를 내다(=出题) ǀ 拿 ná 동 (손에) 가지다, 들다 *拿出 꺼내다 *拿上来 갖다 주다 *拿上去 가지고 (올라)가다 ǀ 纸盒 zhǐhé 명 종이 상자 ǀ 盒子 hézi 명 (비교적 작은) 상자 ǀ 主管 zhǔguǎn 명 주임(=主任 zhǔrèn) ǀ 签字 qiānzì 동 (문서에) 사인하다(=签名) *签 동 (이름을) 적다 ǀ 位置 wèizhì 명 위치, 장소, 곳 ǀ 电梯 diàntī 명 엘리베이터 ǀ 需要 xūyào 동 필요하다, (시간이) 걸리다 *不需要 ~할 필요 없다 ǀ 干脆 gāncuì 부 아예, 차라리 ǀ 步行 bùxíng 동 보행하다, 걷다 ǀ 并且 bìngqiě 접 게다가, 또한

STEP 3 제3단락 요약하기

해석

①我还从来没有见过这样的事：②经理和主管根本就没有拆开来看盒子里有什么，他们只是让我跑来跑去不断让他们签名，当我来来回回整整跑了九趟以后，我的心情糟糕透了。③我推开办公室的门，愤怒地对李经理说："我决定放弃面试了，你们根本不是真心要招聘一个乘务员，你们只是在捉弄人！"	나는 아직 여태껏 이런 일을 본 적이 없다. 팀장과 주임은 상자 안에 무엇이 있는지 아예 뜯어보질 않고, 그들은 나한테 왔다 갔다 하며 자신들에게 사인을 받도록 할 뿐이었다. 내가 왔다 갔다 꼬박 아홉 번을 뛰어다닌 이후에, 내 기분은 매우 나빠졌다. 나는 사무실 문을 밀어젖히고, 분노하여 리 팀장에게 말했다. "전 면접을 포기하기로 결정했어요. 당신들은 전혀 진심으로 승무원을 채용하려는 것이 아니라, 사람을 놀리고만 있을 뿐이에요!"

중심 내용 면접 미션을 아홉 번 반복한 뒤, 나는 분노한 나머지 면접을 포기하기로 결정했다.

해설
이전 단락에서는 면접에서 어떤 구체적인 동작을 반복했다는 것을 설명하고자 많이 줄여 쓰지 못했지만, 이번 단락에서는 의미상 중복되는 내용을 최대한 과감하게 생략해도 됩니다.
① '我还从来没有见过这样的事'는 흐름상 중요한 내용이므로 그대로 써 줍니다.
② 분노하게 된 구체적인 이유 중 '整整跑了九趟(꼬박 아홉 번 뛰어다녔다)'이 가장 중요하므로 꼭 써 줘야 합니다. '我的心情糟糕透了'는 더 쉽게 '我非常愤怒' 혹은 '我感到非常生气'로 바꿔 써도 됩니다.
③ 핵심 문장인 '我决定放弃面试了'는 그대로 써 줍니다. 대신 앞에 접속사 '于是'를 넣어, 문장이 자연스럽게 연결되도록 합니다.

요약
我还从来没有见过这样的事。当我整整跑了九趟以后，我非常愤怒。于是，我决定放弃面试了。
나는 아직 여태껏 이런 일을 본 적이 없다. 내가 꼬박 아홉 번을 뛰어다닌 이후에, 나는 매우 분노했다. 그래서 나는 면접을 포기하기로 결정했다.

단어 从来没有…过 cónglái méiyǒu……guo 여태껏 ~한 적이 없다 | 根本 gēnběn 튀 전혀, 아예 | 拆开 chāikāi 동 (상자를) 뜯다 *拆 동 (붙어 있는 것을) 뜯다 | 跑来跑去 pǎo lái pǎo qù (이리저리) 뛰어 다니다, 왔다 갔다 하다 | 不断 búduàn 튀 부단히, 끊임없이 | 整整 zhěngzhěng 튀 온전히, 꼬박 | 趟 tàng 양 차례, 번[왕래한 횟수를 세는 데 쓰임] | 糟糕 zāogāo 형 엉망이다, (기분이) 나쁘다 | 透了 tòule 정말(너무) ~하다 | 推开 tuīkāi 동 밀어 열다, 밀어젖히다 | 愤怒 fènnù 동 분노하다 | 决定 juédìng 동 결정하다 | 放弃 fàngqì 동 포기하다 | 真心 zhēnxīn 형 진심이다 | 招聘 zhāopìn 동 모집하다, 채용하다 | 乘务员 chéngwùyuán 명 승무원 | 捉弄 zhuōnòng 동 놀리다, 농락하다

STEP 4 제4단락 요약하기

해석

①李经理有些吃惊地看着我。我没理会他，我把盒子重重地放在他的桌子上，转身离开，就在我走到门边时，②李经理说："你不想看看这个盒子里有什么吗？它与你有关。"③我好奇地拆开一看，没想到里面居然是一只杯子，杯子里面是一包速溶咖啡和一张纸条，纸条上面写着："如果你微笑着走完了九趟，那就代表你已经被录用了，你可以泡上一杯咖啡和经理好好聊聊你的工作了。"	리 팀장은 조금 놀라서 나를 보고 있었다. 나는 그를 아랑곳하지 않고, 그의 책상 위에 상자를 무겁게 두고 돌아서서 떠나는데, 바로 내가 문 근처에 다가갔을 때, 리 팀장이 말했다. "당신은 이 상자 안에 무엇이 있는지 좀 보고 싶지 않나요? 그것은 당신과 관련이 있습니다." 내가 궁금해하며 뜯어보니, 안에는 뜻밖에도 컵이 있었고, 컵 안에는 커피믹스 한 봉지와 쪽지 한 장이 있었으며, 쪽지에는 '만약 당신이 미소 지으며 아홉 번을 다 오갔다면, 그럼 당신이 채용되었을 것이고, 당신은 커피 한 잔을 타서 팀장과 당신의 업무에 관해 이야기를 잘 나눌 수 있게 되었을 거라는 것을 의미합니다.'라고 적혀 있었다.

275

중심 내용	내가 궁금해하며 상자를 뜯어 보니, 안에는 '만약 미소 지으며 아홉 번 다 오갔다면, 당신은 채용된 겁니다.'라고 적혀 있는 쪽지가 있었다.
해설	① 상세한 동작 묘사는 전부 생략합니다. 이전 단락에서 정리했던 '放弃面试(면접을 포기하다)'와 바로 연결되는 것은 '离开时'입니다. ② 직접화법(李经理说:"你不想……吗?")을 간접화법(李经理让我……)으로 바꿔 줍니다. 직접화법의 대화 내용이 반문으로 되어 있으므로, '李经理让我打开盒子看看'처럼 평서문으로 요약해 줍니다. ③ 상자 안 쪽지에 적혀 있는 '내용'이 핵심이므로 '如果你微笑着走完了九趟'은 그대로 써 줍니다. '被录用(채용되다)'이 어렵다면, '通过面试(면접을 통과하다)'라는 쉬운 표현으로 바꾸어 써도 됩니다.
요약	就在我要离开时，李经理让我打开盒子看看。我打开一看，里面居然是一个杯子，杯子里有一包咖啡和一张纸条，纸条上面写着："如果你微笑着走完了九趟，那么你就通过了面试。" 내가 떠나려고 할 때, 리 팀장은 나에게 상자를 열어서 좀 보도록 했다. 내가 열어보자, 안에는 뜻밖에도 컵이 있었고, 컵 안에 커피 한 봉지와 쪽지 한 장이 있었으며, 쪽지에는 '만약 당신이 미소 지으며 아홉 번을 다 오갔다면, 그럼 당신은 면접을 통과한 겁니다.'라고 적혀 있었다.
단어	吃惊 chījīng 동 놀라다 | 理会 lǐhuì 동 아랑곳하다, 거들떠보다 | 重重 zhòngzhòng 형 무겁다 | 转身 zhuǎnshēn 동 몸을 돌리다, 돌아서다 | 与…有关 yǔ……yǒuguān ~와 관련이 있다 | 好奇 hàoqí 형 호기심을 갖다, 궁금해하다 | 没想到 méi xiǎngdào 생각지 못하다 | 居然 jūrán 부 뜻밖에, 의외로 | 速溶咖啡 sùróng kāfēi 커피믹스[빨리 녹는 커피] *溶 동 녹다, 용해되다 | 纸条 zhǐtiáo 명 (종이) 쪽지 | 微笑 wēixiào 동 미소를 짓다 | 代表 dàibiǎo 동 나타내다, 의미하다 | 录用 lùyòng 동 채용하다 | 泡 pào 동 (커피를) 타다 | 聊 liáo 동 이야기를 나누다

STEP 5 제5단락 요약하기

해석

①原来这就是面试的考题，我后悔极了，不知道说什么才好。②李经理微笑着对我说："看在你已经走完九趟的份儿上，我来告诉你为什么我要这样设置。前三趟是愉悦听命的阶段，中间三趟是克服情绪的阶段，最后三趟是考验脾气的阶段，如果跑完九趟你还没有发脾气，你就能被录用了。但很遗憾，你虽然跑完了，但却对我发了脾气。"③"可是，这样公平吗？我根本不理解你们到底要做什么，我这样跑来跑去又怎么能不发脾气呢？"我解释道。④"不，你在飞机上会遇到各种各样的人以及各种各样的要求，你对很多事情都会无法理解，但是你不需要理解，你只需要为所有人提供你应该提供的服务就行了，即使有人在两分钟内要喝十杯水！"李经理摇着头说，"你的笔试成绩非常好，但你的面试成绩不合格，无法控制自己脾气的人不是我们需要的。"

알고 보니 이것은 바로 면접의 시험 문제였다. 나는 몹시 후회했고, 뭐라고 해야 좋을지 몰랐다. 리 팀장은 미소 지으며 내게 말했다. "당신이 이미 아홉 번을 다 오간 것을 봐서, 내가 왜 이렇게 설정했는지 알려줄게요. 앞의 세 번은 즐겁게 지시에 따르는 단계이고, 중간의 세 번은 불만을 극복하는 단계이며, 마지막 세 번은 성격을 시험하는 단계라서, 만약 아홉 번을 다 다녔는데도 화를 내지 않았다면, 당신은 채용될 수 있었습니다. 하지만 아쉽게도, 당신은 비록 다 돌아다녔지만, 내게 화를 냈습니다." "하지만, 이러는 게 공평한가요? 전 당신들이 도대체 무엇을 하려고 하는 건지 전혀 이해가 안 돼요. 제가 이렇게 왔다 갔다 했는데 또 어떻게 화를 안 낼 수 있죠?"라고 내가 해명했다. "아니요, 당신은 비행기에서 각양각색의 사람들과 온갖 요구를 만나게 되며, 많은 일들을 모두 이해할 수는 없을 겁니다. 그러나 당신은 이해할 필요가 없습니다. 당신은 모든 사람에게 당신이 제공해야 하는 서비스를 제공하기만 하면 됩니다. 설령 누군가가 2분 안에 물 10잔을 마시겠다고 하더라도요!"라고 리 팀장은 고개를 가로저으며 말했다. "당신의 필기시험 성적은 매우 좋지만, 당신의 면접 성적은 불합격입니다. 자신의 성질을 다스릴 수 없는 사람은 우리에게 필요한 사람이 아닙니다."

중심 내용	나는 시험 문제를 알고 나서 매우 후회했고, 리 팀장은 시험 문제를 이렇게 설정하려고 한 이유를 설명하고서 화를 다스릴 수 없는 사람은 필요 없다고 말했다.
해설	이번 단락은 직접화법으로 구성된 대화문이 많지만, 핵심 내용은 '리 팀장이 면접을 이렇게 설정한 이유를 언급하며 나처럼 성질을 다스리지 못하는 사람은 필요 없다'라고 한 것입니다. 따라서 '李经理告诉我', '李经理说'와 같이 간접화법으로 요약합니다. ① '不知道说什么才好'는 후회되는 감정에 대한 상세한 설명이므로 생략합니다. ② '前三趟是愉悦听命的阶段, 中间三趟是克服情绪的阶段, 最后三趟是考验脾气的阶段' 부분은 리 팀장이 면접을 이렇게 설정한 3단계 이유이므로 지문 그대로 살려 씁니다. 그리고 뒤에 이어지는 내용은 중복이거나 상세한 묘사이므로 생략합니다. ③ 주인공 '我'가 한 말은 이야기 전개상 불필요하므로 생략합니다. ④ '비행기에서 온갖 사람들의 요구를 마주치는데, 이해할 필요 없고 서비스를 제공하기만 하면 된다.'가 면접 설정의 이유입니다. 마지막으로 리 팀장이 '성질을 다스릴 수 없는 사람은 필요 없다.'라는 결론을 나에게 알려줍니다. 이와 같이 핵심 내용을 잘 정리한 후에 지문을 적절히 살려 쓰면 됩니다.
요약	原来这就是面试的考题。李经理告诉我，前三趟是愉悦听命的阶段，中间三趟是克服情绪的阶段，最后三趟是考验脾气的阶段。在飞机上会遇到各种各样的人和要求，但并不需要理解这些事，只要为大家提供服务就行了。李经理说，他们不需要无法控制脾气的人。 알고 보니 이것은 바로 면접의 시험 문제였다. 리 팀장이 내게 말하길, 앞의 세 번은 즐겁게 지시에 따르는 단계이고, 중간의 세 번은 불만을 극복하는 단계이고, 마지막 세 번은 성격을 시험하는 단계라고 했다. 비행기에서 온갖 사람들과 요구를 만나게 되는데, 이런 일들을 결코 이해할 필요 없고, 모두에게 서비스를 제공하기만 하면 된다. 리 팀장이 말하길, 자신들은 성질을 다스릴 수 없는 사람이 필요 없다고 했다.
단어	原来 yuánlái 튄 알고 보니 │ 后悔 hòuhuǐ 동 후회하다 │ 极了 jíle 형용사·동사 뒤에 위치해 뜻을 매우 강조할 때 쓰임 │ 看在…的份儿上 kànzài……de fènshàng ~을 봐서 │ 设置 shèzhì 동 설치하다, 설정하다 │ 愉悦 yúyuè 형 유쾌하고 기쁘다, 즐겁다 │ 听命 tīngmìng 동 명령(지시)에 따르다 │ 阶段 jiēduàn 명 단계 │ 克服 kèfú 동 극복하다 │ 情绪 qíngxù 명 ① 정서, 감정 ② 불쾌감, 불만 │ 考验 kǎoyàn 동 시험하다 │ 脾气 píqi 명 성격, 성질 *发脾气 성질을 부리다, 화를 내다 │ 遗憾 yíhàn 형 안타깝다, 아쉽다 │ 理解 lǐjiě 동 이해하다 │ 到底 dàodǐ 튄 도대체 │ 解释 jiěshì 동 해명하다 │ 遇到 yùdào 동 만나다, 마주치다 │ 各种各样 gèzhǒnggèyàng 성 각양각색, 온갖 │ 只需要…就行了 zhǐ xūyào……jiù xíng le ~하기만 하면 된다 │ 提供服务 tígōng fúwù 서비스를 제공하다 │ 即使 jíshǐ 접 설령 ~할지라도 │ 摇头 yáotóu 동 고개를 젓다 │ 不合格 bù hégé 불합격이다 │ 控制 kòngzhì 동 통제하다, (성질을) 다스리다

STEP 6 제6단락 요약하기

해석

①我为错过这次机会而感到沮丧，但同时也觉得庆幸，②我虽然没有被录用，但我得到了一笔对我来说或许能受益一生的财富，③那就是永远记得要控制自己的脾气，不要被情绪所奴役。	나는 이번 기회를 놓쳐서 낙심했지만, 동시에 다행이라고 여겼다. 나는 비록 채용되지 않았지만, 나에게 있어서 어쩌면 평생 도움을 받을 수 있는 재산을 얻었다. 그건 바로 자신의 성질을 다스려야 하고 감정에 사로잡혀선 안 된다는 것을 언제나 기억하는 것이다.

중심 내용	나는 이번 기회를 놓쳐서 낙심했지만, 동시에 다행이라 여겼다. 나는 나의 성질을 다스려야 하고 불만에 사로잡히면 안 된다는 것을 깨달았다.

해설	① '为…而感到…'는 '~때문에 ~하다'라는 의미입니다. 이 고정격식을 그대로 살려 쓰되, '沮丧'이 어렵다면 비슷한 의미인 '难过(괴롭다)'로 대체해도 됩니다. ② '我虽然没有被录用'은 앞에 '성질을 다스릴 수 없는 사람이 필요 없다'고 한 부분과 의미상 중복되므로 생략합니다. '我得到了一笔对我来说或许能受益一生的财富'가 어렵다면, 좀 더 쉽게 '我明白了一个道理'로 바꿔 써도 됩니다. ③ 교훈을 주는 부분은 반드시 그대로 암기해서 쓰도록 합니다. 만약 '不要被情绪所奴役'가 너무 어렵다면, '要控制自己的脾气'만 써도 됩니다.
요약	我为错过这次机会而感到沮丧,但同时也觉得很庆幸,因为我明白了一个道理:要控制自己的脾气,不要被情绪所奴役。 나는 이번 기회를 놓쳐서 낙심했지만, 동시에 다행이라고 여겼다. 왜냐하면 나는 자신의 성질을 다스려야 하고 불만에 사로잡혀선 안 된다는 이치를 깨달았기 때문이다.
단어	错过 cuòguò 동(기회를) 놓치다 ǀ 沮丧 jǔsàng 형 낙담하다, 낙심하다 ǀ 庆幸 qìngxìng 형 다행이다 ǀ 或许 huòxǔ 부 아마, 어쩌면 ǀ 受益 shòuyì 동 이익을 얻다, 도움을 받다 ǀ 财富 cáifù 명 부, 재산 ǀ 奴役 núyì 동 노예로 부리다 * 被…所奴役 ~에 사로잡히다

> **Tip** 지문에 주인공 이름이 없으므로, '面试', '应聘' 같은 키워드나 교훈 부분에 나온 표현을 가지고 제목을 만들면 됩니다.
> - 一次失败的面试 실패적인 면접
> - 一次难忘的应聘 잊을 수 없는 면접
> - 学会控制脾气 성질을 다스리는 걸 배우다

모범 답안

			不	要	被	情	绪	所	奴	役									
		22	岁	的	时	候	,	我	在	一	家	航	空	公	司	参	加	了	一
次	非	常	失	败	的	面	试	。											
		那	天	中	午	,	我	把	笔	试	成	绩	交	给	李	经	理	后	,
他	预	祝	我	面	试	取	得	好	成	绩	。	我	等	着	他	出	考	题	,
他	却	给	我	一	个	小	纸	盒	,	并	让	我	拿	到	楼	上	找	王	主
管	签	字	后	再	拿	回	来	。	我	去	找	到	王	主	管	签	字	后	,
回	到	了	李	经	理	的	办	公	室	。	李	经	理	在	王	主	管	的	签
名	旁	边	签	下	了	自	己	的	名	字	。	之	后	,	他	又	让	我	再
次	拿	上	去	找	王	主	管	签	字	。									
		我	还	从	来	没	有	见	过	这	样	的	事	。	当	我	整	整	跑

了九趟以后,我非常愤怒。于是,我决定放弃面试了。就在我要离开时,李经理让我打开盒子看看。我打开一看,里面居然是一个杯子,杯子里有一包咖啡和一张纸条,纸条上面写着:"如果你微笑着走完了九趟,那么你就通过了面试。"

  原来这就是面试的考题。李经理告诉我,前三趟是愉悦听命的阶段,中间三趟是克服情绪的阶段,最后三趟是考验脾气的阶段。在飞机上会遇到各种各样的人和要求,但并不需要理解这些事,只要为大家提供服务就行了。李经理说,他们不需要无法控制脾气的人。

  我为错过这次机会而感到沮丧,但同时也觉得很庆幸,因为我明白了一个道理:要控制自己的脾气,不要被情绪所奴役。

해석

불만에 사로잡혀서는 안 된다

  22살 때, 나는 한 항공사에서 매우 실패한 면접을 봤다.
  그날 점심, 내가 필기시험 성적을 리 팀장에게 건넨 후, 그는 내가 면접에서 좋은 성적을 거두길 기원했다. 나는 그가 시험 문제를 내길 기다렸지만, 그는 내게 작은 종이 상자를 건넸고, 내게 위층에 들고 가서 왕 주임을 찾아 사인을 받은 후 다시 가져오게 했다. 나는 왕 주임을 찾아가서 사인을 받은 후, 리 팀장의 사무실로 돌아왔다. 리 팀장은 왕 주임의 사인 옆에 자신의 이름을 적었다. 그다음, 그는 또 나한테 다시 가져가서 왕 주임을 찾아 사인을 받도록 했다.
  나는 아직 여태껏 이런 일을 본 적이 없다. 내가 꼬박 아홉 번을 뛰어다닌 후에, 나는 매우 분노했다. 그래서 나는 면접을 포기하기로 결정했다. 내가 떠나려고 할 때, 리 팀장은 나에게 상자를 열어서 좀 보도록 했다. 내가 열어보자, 안에는 뜻밖에도 컵이 있었고, 컵 안에 커피 한 봉지와 쪽지 한 장이 있었으며, 쪽지에는 "만약 당신이 미소 지으며 아홉 번을 다 오갔다면, 그럼 당신은 면접을 통과한 겁니다."라고 적혀 있었다.
  알고 보니 이것은 바로 면접의 시험 문제였다. 리 팀장이 내게 말하길, 앞의 세 번은 즐겁게 지시에 따르는 단계이고, 중간의 세 번은 불만을 극복하는 단계이고, 마지막 세 번은 성격을 시험하는 단계라고 했다. 비행기에서 온갖 사람들과 요구를 만나게 되는데, 이런 일들을 결코 이해할 필요 없고, 모두에게 서비스를 제공하기만 하면 된다. 리 팀장이 말하길, 자신들은 성질을 다스릴 수 없는 사람이 필요 없다고 했다.
  나는 이번 기회를 놓쳐서 낙심했지만, 동시에 다행이라고 여겼다. 왜냐하면 나는 자신의 성질을 다스려야 하고 불만에 사로잡혀선 안 된다는 이치를 깨달았기 때문이다.

2 내공이 쌓이는 시간

1 직접화법을 간접화법으로 바꾸기 ★★

> **Tip** 직접화법을 간접화법으로 바꿀 때 가장 자주 쓰는 동사를 외워 봅니다.
> 说·告诉·问·让·劝·推荐·提醒·求·拜托·嘱咐·通知·派·回答
> 劝 quàn 통 권하다, 타이르다 | 推荐 tuījiàn 통 추천하다 | 提醒 tíxǐng 통 (잊지 말라고) 알려주다 | 拜托 bàituō 통 부탁하다 | 嘱咐 zhǔfù 통 당부하다 | 派 pài 통 보내다

1) '~에게 말하다': '对+사람+说'

'~에게 말하다'라는 표현을 '说+사람', '给+사람+说' 형태로 자주 쓰는데, 이것은 모두 틀린 표현이다.

- 说爸爸(✗)   给爸爸说(✗)   对爸爸说(○)

[직접화법]
- 他说:"爸爸，我决定不卖房子了。" 그는 말했다. "아빠, 저 집을 사지 않기로 결정했어요."

[간접화법]
- 他对爸爸说，他决定不卖房子了。 그는 아빠한테 자신은 집을 사지 않기로 결정했다고 말했다.

> **Tip** 직접화법의 '我'는 간접화법에서 '他'로 바꾸어 표현하는 것을 기억합니다.

2) '~에게 물어보다': '问+사람+물어본 내용'

동사 '问'은 전치사 '对'·'跟'·'给' 등과 같이 쓰지 않는다.

我对孩子问(✗)   我问孩子(○)

[직접화법]
- 我说:"孩子，你怎么不举手？" 나는 말했다. "얘야, 넌 왜 손을 들지 않았니?"

[간접화법]
- 我问孩子怎么不举手。 나는 아이에게 왜 손을 들지 않았는지 물어봤다.

> **Tip** 직접화법의 '你'는 '孩子'와 같은 사람이므로 두 번 쓸 필요가 없습니다.

3) '吗' → '정반의문문(긍정+부정)'

'吗'는 직접화법에서만 쓰이므로, 간접화법으로 바꿀 때는 정반의문문을 이용해서 뜻을 전달해야 한다. 간접화법에서는 누구에게 질문할 수 없으므로, 문장이 물음표 대신 마침표로 끝나야 한다는 것에 주의한다.

[직접화법]

- 秘书问总裁："那您还参加会议吗？" 비서가 회장한테 물었다. "그럼 회의에도 참석하실 건가요?"

[간접화법]

- 秘书问总裁还参不参加会议。 비서는 회장에게 회의에도 참석할 건지 물어봤다.

> **Tip**
> 1. 의문문을 간접화법으로 바꾸기
>   1) '동사+吗?' → '동사+不+동사'
>   - 去吗? → 去不去。
>   2) '동사+了吗?' → '동사+没+동사'
>   - 去了吗? → 去没去。
> 2. 능원동사나 심리동사가 있을 때, 간접화법으로 바꾸기
>   1) '능원동사+동사+吗?' → '능원동사+不+능원동사+동사'
>   - 想去吗? → 想不想去
>   2) '심리동사+동사+吗?' → '심리동사+不+심리동사+동사'
>   - 喜欢吃吗? → 喜欢不喜欢吃。 / 喜不喜欢吃。

4) 권유하는 문장: '劝+대상+내용'

무엇을 하도록 설득하는 어기를 나타낼 때는 '劝'을 활용하여 '劝+권하는 대상(사람)+권하는 내용(동사+목적어)' 형태로 쓴다.

[직접화법]

- 父亲对儿子说："你还是安心待在这里比较好。"
  아버지가 아들에게 말했다. "넌 아무래도 안심하고 여기에 머무는 것이 좋겠구나."

[간접화법]

- 父亲劝儿子安心待在这里。
  아버지는 아들한테 안심하고 여기에 머물라고 권했다.

5) 지시 또는 명령하는 문장: '让+사람+지시/명령의 내용'

상대방이 어떤 일을 하도록 시키는 내용을 표현할 때는 사역동사 '让'을 써서 '让+사람+동사 +(목적어)' 형태로 나타낸다.

[직접화법]

- 总监对我说："你周末去上海出一趟差吧。"
  총감독이 내게 말했다. "주말에 상하이에 출장 다녀오세요."

- 妈妈对我说："外面凉，多穿点衣服。"
  엄마가 내게 말했다. "밖에 추우니까, 옷 좀 많이 입으렴."

[간접화법]

- 总监让我去上海出差。 총감독은 나에게 상하이로 출장을 가라고 했다.
- 妈妈让我多穿点衣服。 엄마는 나에게 옷을 좀 많이 입으라고 했다.
- 妈妈嘱咐我多穿点衣服。 엄마는 나에게 옷을 좀 많이 입으라고 당부했다.

> **Tip** 두 번째 문장은 어머니가 자식을 걱정하는 마음이 담겨 있으므로, '당부하다'라는 의미의 '嘱咐'를 쓰면 더 좋은 문장이 됩니다.

◆ 总监 zǒngjiān [동] 총감독 | 嘱咐 zhǔfù [동] 당부하다

6) 상대방을 일깨우는 문장: '醒+일깨움을 받는 사람+내용'

상대방에게 잊지 말라고 알려줄 때는 '提醒'을 활용하여 표현한다. 따라서 상대방을 일깨우는 내용이 담긴 문장이라면 '说' 보다는 '提醒'을 쓰는 것이 좋다.

> **Tip** '提醒'은 사전 그대로 '일깨우다'의 뜻으로 암기하지 말고, '(잊지 말라고) 알려주다'라는 뜻으로 기억합니다.

[직접화법]

- 妈妈说:"别忘了带雨伞!" 엄마가 말했다. "우산 챙기는 거 잊지 마렴!"

[간접화법]

- 妈妈提醒我带雨伞。 엄마가 내게 우산을 챙기라고 알려 주었다.

7) 감사의 문장: '向+사람+表示+感谢'

'~에게 감사를 표하다'와 같이 표현할 때는 '向+사람+表示+感谢/谢意'로 나타낸다.

[직접화법]

- 我说:"太感谢你了。" 나는 말했다. "너무 감사드려요."

[간접화법]

- 我向他表示感谢。 나는 그에게 감사를 표시했다.

> **Tip** 감사하거나 사과하는 말을 간접화법으로 바꿀 때, 다음과 같이 쓰지 않도록 주의합니다. '表示' 뒤에는 명사 목적어가 옵니다. 그런데 '谢谢'와 '道歉'은 동사이므로 '表示'의 목적어로 쓰일 수 없습니다. 감사를 뜻하는 올바른 표현은 '向+사람+表示+感谢/谢意', 사과를 뜻하는 올바른 표현은 '向+사람+表示+歉意'입니다.
>
> - 我向他表示谢谢。(X)
>   　　　　　　동사
>   → 我向他表示感谢(O)
> - 我向他表示道歉。(X)
>   　　　　　　동사
>   → 我向他表示歉意(O)

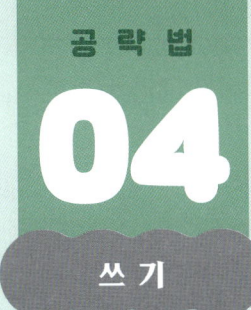

중국의 역사적 인물 이야기가 출제된다

중국의 역사적 인물 이야기가 나오면 어려울 것 같다는 선입견이 있는 학생들이 많습니다. 하지만 역사 이야기는 그 배경이 중국 고대 어느 왕조에 있을 뿐, 일반적인 일상 이야기와 구성이 비슷합니다. 왕조 이름은 굳이 쓰지 않고, 주인공의 이름·이야기의 전개·꼭 필요한 키워드만 잘 기억하면 됩니다. 이야기 마지막에 핵심 성어가 있다면 되도록 그대로 외워서 써 줍니다.

1 문제가 보이는 시간

예제 ◀ 지문을 10분간 읽고, 400자 내외로 줄여서 써 보세요. (35분 동안 361쪽 원고지에 직접 써 보세요.)

  他年幼时虽然家境贫寒，但是很早就表现出对读书的兴趣，五六岁的时候就开始识字学习了。

  16岁那年，他的父亲不幸离世，家里失去了经济支柱，没有了收入来源。于是，他承担起了赡养患病母亲的重任。看到其他同学都能无忧无虑地上学，他想，有没有既能照顾好母亲，又能兼顾学习的方法。经过几天的思索，他终于想出了一个两全其美的办法，那就是帮人抄书。

  那时候，印刷业还不够发达，许多书籍都是靠手工抄写流传下来的，有钱人家要想收藏一本书，都是先借来这本书，再花钱雇人抄写的。和抄书的同行相比，他年纪虽小，但他的字写得端正整齐，人也勤奋好学，因此大家都喜欢请他抄书。从此，他便替人抄书，以此养活了自己的母亲。

  与其他人不同的是，别人只是把抄书当做是一种单调枯燥的谋生手段，但他却把抄书看作是一个难得的读书机会。每次抄写到精彩的部分，他都会情不自禁地边抄边大声诵读，沉浸在知识的海洋里；如果抄到了不理解的地方，他就会记下来，再抽空虚心地向有学问的人请教，直到弄清楚那些令人困惑的部分才肯罢休。因此，在大多数情况下，他把文章抄完一遍后，不仅理解了书中的内容，还把主要内容和优美的词句都深刻地印在脑海里。

他认为很有价值的书籍，在替人抄写后，他会为自己再抄写一份，然后珍藏起来。在抄书过程中，如果发现借来的书中有抄错、遗漏的地方，他就会细心地查阅资料，或者与他人讨论后加以修改。这种学习方法尽管十分辛苦，但同时也使得他在抄书的过程中博览儒家经典，涉猎了一些当时的杂学著作，为他日后成为一名知识渊博的文学家奠定了坚实的基础。

　　当然，抄书并不是一件舒服的工作，天长日久地抄书更是艰辛。由于他不分昼夜地抄书，他的手上长了一层厚厚的茧，眼睛也花了，还要忍受着腰酸背痛。在寒冷的冬天，他的手指冻僵了，甚至裂开了一个缝；在炎热的夏天，他常常汗流浃背，忍受着酷暑的折磨。但为了生活，也为了读书，他硬是咬紧牙关，一直坚持着抄书的工作，一刻也不曾想过要放弃。

　　多年以后，他为自己抄录的书和用抄书的工钱买的书，竟然达到万余册，他也成为了当时的三大藏书家之一。更重要的是，在多年的抄读生涯中，他的学问与日俱增，最终成为了一名极负盛名的大学者，甚至因为他学识渊博、文才出众而当上了当时国家最高学府——太学的博士。他就是中国南北朝时期的文学家王僧儒。

STEP 1　제1단락 요약하기

해석

①他年幼时虽然家境贫寒，②但是很早就表现出对读书的兴趣，五六岁的时候就开始识字学习了。	그는 어릴 때 비록 집안이 가난했지만, 일찌감치 책 읽기에 관심을 나타냈고, 대여섯 살 때부터 글자를 익히며 공부하기 시작했다.

중심 내용	그는 어려서 가난했지만, 책 읽기에 관심을 나타냈고, 글자를 익히며 공부하기 시작했다.
해설	요약할 때, 첫 번째 단락(도입 부분)에서 주인공을 소개하는 내용이 나오면 많이 생략하지 않습니다. ① '年幼时(어릴 때)'는 우리에게 익숙하고 쉬운 표현인 '小时候'로 바꿔 쓰면 됩니다. '家境贫寒(집안이 가난하다)'은 '家里很穷'으로 쉽게 바꿔 씁니다. 혹은 더 쉽게 '家里很穷'이라고 써 주어도 됩니다. ② '表现出对读书的兴趣(책 읽기에 관심을 나타내다)'는 '对读书很感兴趣(책 읽기에 관심이 많다)'로 쉽게 요약합니다.
요약	他小时候家里很贫穷，但是他对读书很感兴趣，五六岁时就开始识字学习了。 그는 어릴 때 집이 가난했지만, 책 읽기에 관심이 많았고, 대여섯 살 때부터 글자를 익히며 공부하기 시작했다.
단어	年幼 niányòu 형 어리다 ｜ 家境贫寒 jiājìng pínhán 집안이 가난하다 *贫寒 형 가난하다(=贫穷 pínqióng) ｜ 表现 biǎoxiàn 동 (흥미를) 나타내다 ｜ 兴趣 xìngqù 명 흥미, 관심 ｜ 识字 shízì 동 글자를 익히다

> **STEP 2** 제2단락 요약하기

해석

① 16岁那年，他的父亲不幸离世，家里失去了经济支柱，没有了收入来源。② 于是，他承担起了赡养患病母亲的重任。③ 看到其他同学都能无忧无虑地上学，他想，有没有既能照顾好母亲，又能兼顾学习的方法。④ 经过几天的思索，他终于想出了一个两全其美的办法，那就是帮人抄书。

16살이 되던 그해에, 그의 아버지가 불행히 세상을 떠나면서, 집안에는 생활의 버팀목을 잃었고, 수입원이 없어졌다. 그래서 그는 병든 어머니를 부양하는 무거운 짐을 지게 되었다. 다른 친구들이 모두 아무런 걱정 없이 학교에 다니는 것을 보면서, 그는 어머니를 잘 돌볼 수 있으면서, 공부도 병행할 수 있는 방법이 있는지 생각했다. 며칠간 깊이 생각한 끝에, 그는 마침내 양쪽을 모두 만족시키는 방법을 생각해 냈는데, 그건 바로 다른 사람에게 책을 베껴 써 주는 거였다.

중심 내용 아버지가 세상을 떠난 후에, 수입원이 없어져서, 어머니를 부양하고 공부도 할 수 있는 방법을 생각해 냈는데, 그건 바로 책을 베껴 써 주는 거였다.

해설

어떤 내용을 선택해야 할지 고민된다면, 시간을 나타내는 표현으로 정리해 봅니다. 제1단락의 '年幼时', '五六岁的时候'와 제2단락의 '16岁那年', '经过几天的思索'는 시간을 나타내는 표현입니다.

① '不幸(불행하다)'은 감정을 나타내는 단어이므로 생략합니다. '离世(세상을 떠나다)'는 같은 의미인 '去世'로 쉽게 요약합니다. '失去了经济支柱(생활의 버팀목을 잃었다)'와 '没有了收入来源(수입원이 없어졌다)'은 표현이 다르지만, 맥락상 같은 의미이므로 둘 중에 하나만 써 줍니다.

② 이 부분은 주인공이 '抄书(책을 베껴 쓰다)'를 하게 된 주된 이유이므로 반드시 있어야 하는 내용입니다. '承担重任(무거운 짐을 지다)'은 좀 더 익숙한 표현인 '承担责任(책임을 지다)'으로 바꿔 써 줘도 됩니다. '赡养(부양하다)'은 같은 의미인 '养活'라는 쉬운 표현으로 바꾸어 씁니다.

③ 다른 친구들의 상황은 중요한 내용이 아니므로 생략합니다. '既能A，又能B(A할 수 있으면서, B도 할 수 있다)'라는 구문이 있는 문장이 핵심이므로 살려 쓰도록 합니다. '兼顾(병행하다)'라는 단어가 어려우면 굳이 안 써도 됩니다.

④ '经过几天的思索(며칠간 깊이 생각한 끝에)'는 간단하게 '想了几天' 혹은 '几天后'라고 바꿔 줍니다. 성어 '两全其美(양쪽을 모두 만족시키다)'는 앞에 3번 문장에서 같은 의미인 '既能照顾好母亲，又能学习'로 대체하여 요약합니다. '那就是帮人抄书(그건 바로 다른 사람에게 책을 베껴 써 주는 거였다)'라는 핵심 내용은 그대로 써 줍니다.

요약

16岁时，他的父亲去世后，家里没有了收入来源。于是，他承担起了养活母亲的责任。几天后，他想出了一个既能照顾母亲，又能学习的好方法，那就是帮人抄书。

16살 때, 그의 아버지가 세상을 떠난 후에, 집안에 수입원이 없어졌다. 그래서, 그는 어머니를 부양하는 책임을 지게 되었다. 며칠 후, 그는 어머니를 돌볼 수 있고, 공부할 수도 있는 좋은 방법을 생각해 냈는데, 그건 바로 다른 사람에게 책을 베껴 써 주는 거였다.

단어

不幸 búxìng 형 불행하다 | 离世 líshì 동 세상을 떠나다 | 失去 shīqù 동 잃다, 잃어버리다 | 经济 jīngjì 명 경제, 생활, 살림살이 | 支柱 zhīzhù 명 지주, 기둥, 버팀목 | 收入来源 shōurù láiyuán 수입원 *来源 명 (사물의) 원천, 출처 | 承担重任 chéngdān zhòngrèn 무거운 짐을 지다 *承担 동 맡다, (책임을) 지다 | 赡养 shànyǎng 동 부양하다, 먹여 살리다 (=养活 yǎnghuo) | 患病 huànbìng 동 병에 걸리다, 병들다 | 无忧无虑 wúyōuwúlǜ 성 아무런 걱정이 없다 | 兼顾 jiāngù 동 겸하여 고려하다, 병행하다 | 经过 jīngguò 전 ~을 거쳐, ~끝에 | 思索 sīsuǒ 동 사색하다, 깊이 생각하다 | 终于 zhōngyú 부 마침내, 결국 | 两全其美 liǎngquán-qíměi 성 양쪽을 모두 만족시키다 | 抄书 chāoshū 동 책을 베껴 쓰다 *抄 동 베끼다, 베껴 쓰다

쓰기 书写

> **STEP 3** 제3단락 요약하기

해석

①那时候，印刷业还不够发达，<u>许多书籍都是靠手工抄写流传下来的</u>，有钱人家要想收藏一本书，都是先借来这本书，再花钱雇人抄写的。②和抄书的同行相比，<u>他年纪虽小，但他的字写得端正整齐，人也勤奋好学，因此大家都喜欢请他抄书</u>。③从此，他便<u>替人抄书</u>，以此<u>养活</u>了自己的<u>母亲</u>。	그 당시, 인쇄업은 아직 그다지 발달하지 않아서, 많은 서적이 모두 손으로 베껴 써서 전해져 왔다. 부유한 집안은 책 한 권을 소장하려고, 모두 먼저 이 책을 빌려온 다음, 다시 돈을 주고 사람을 고용하여 베껴 썼다. 책을 베껴 쓰는 동종업자에 비해, 그는 나이가 비록 어리지만, 글자를 아주 반듯하게 쓰고 사람도 근면하고 배우기 좋아해서, 모두가 그에게 책을 베껴 써 달라고 부탁하길 좋아했다. 그 뒤로, 그는 대신 책을 베껴 썼고, 이것으로 자신의 어머니를 부양했다.

중심 내용 주인공은 글자를 예쁘고 쓰고 근면하며 배우기 좋아해서, 모두 그에게 책을 베껴 써 달라고 부탁했고, 이것으로 어머니를 부양했다.

해설
① 당시 배경 설명 중 핵심은 '许多书籍都是靠手工抄写流传下来的(많은 책들이 모두 손으로 베껴 써서 전해져 왔다)'입니다. '书籍(서적)'는 그대로 쓰거나 '书'로 바꿔 줍니다. 인쇄업과 부유한 집안에 대한 언급은 그다지 중요하지 않으므로 생략합니다.

② '和抄书的同行相比(책을 베껴 쓰는 동종업자에 비해)'는 흐름상 중요하지 않으므로 생략합니다. 주인공 '他'가 나오는 부분부터 요약해 줍니다. '字写得端正整齐，人也勤奋好学(글자를 아주 반듯하게 쓰고 사람도 근면하고 배우기 좋아한다)'가 주인공이 대신 책을 베껴 쓰게 된 두 가지 이유입니다. 따라서 이 부분을 요약해 줍니다. '端正整齐'라는 표현은 다소 어려우므로 비슷한 의미인 '很漂亮'으로 대체합니다. '勤奋好学'는 그대로 쓰거나 좀 더 쉽게 '努力好学(열심히 하고 배우기 좋아하다)'로 바꾸어도 좋습니다.

③ '替人抄书(대신 책을 베껴 쓰다)'와 '养活母亲(어머니를 부양하다)'이라는 핵심 표현을 활용해서 요약해 줍니다. '替人抄书' 앞에 '방식'을 나타내는 전치사 '靠(~로)'를 써 주는 것이 좋습니다.

요약
那时候，许多书都是靠手工抄写流传下来的。他虽然年纪小，但他的字写得很漂亮，人也勤奋好学，因此大家都喜欢请他抄书。从此，他靠替人抄书养活了母亲。

그 당시, 많은 책들이 모두 손으로 베껴 써서 전해져 왔다. 그는 비록 나이가 어리지만, 글자를 예쁘게 쓰고, 사람도 근면하고 배우기 좋아해서, 모두가 그에게 책을 베껴 써 달라고 부탁하길 좋아했다. 그 뒤로, 그는 대신 책을 베껴 쓰는 것으로 어머니를 부양했다.

단어
印刷业 yìnshuāyè 몡 인쇄업 | 不够 búgòu 閉 그다지 ~하지 않다 | 发达 fādá 동 발달하다 | 书籍 shūjí 몡 서적, 책 | 靠 kào 전 ~에 의지해서, ~으로 | 手工 shǒugōng 몡 손작업, 수공 | 抄写 chāoxiě 동 베껴 쓰다 | 流传 liúchuán 동 전해지다 | 有钱人家 yǒuqián rénjiā 부유한 집안 *有钱 휑 돈이 많다, 부유하다 | 收藏 shōucáng 동 소장하다 | 雇人 gùrén 동 사람을 고용하다 | 和…相比 hé……xiāngbǐ ~와 비교해서, ~에 비해 | 同行 tóngháng 몡 동종업자 | 年纪 niánjì 몡 나이 | 端正 duānzhèng 휑 단정하다, 가지런하다(=整齐 zhěngqí) | 勤奋好学 qínfèn hàoxué 근면하고 배우기를 좋아하다 | 因此 yīncǐ 접 이 때문에, 그래서 | 从此 cóngcǐ 閉 그 뒤로, 그로부터(=从那以后) | 替 tì 동 대신하다

STEP 4 제4단락 요약하기

해석

①与其他人不同的是，别人只是把抄书当做是一种单调枯燥的谋生手段，但他却把抄书看作是一个难得的读书机会。②每次抄写到精彩的部分，他都会情不自禁地边抄边大声诵读，沉浸在知识的海洋里；③如果抄到了不理解的地方，他就会记下来，再抽空虚心地向有学问的人请教，直到弄清楚那些令人困惑的部分才肯罢休。④因此，在大多数情况下，他把文章抄完一遍后，不仅理解了书中的内容，还把主要内容和优美的词句都深刻地印在脑海里。	다른 사람들과 다른 것은, 남들은 그저 책 베껴 쓰기를 단조롭고 지루한 생계 수단으로 여겼지만, 그는 책 베껴 쓰기를 얻기 힘든 공부 기회라고 여겼다는 것이다. 매번 훌륭한 부분을 베껴 쓸 때마다, 그는 저도 모르게 베껴 쓰면서 큰 소리로 낭독하며 지식의 바닷속에 빠져들었다. 만약 이해가 안 되는 부분을 베껴 썼다면, 그는 적어두고 나서, 짬을 내어 겸허하게 학식 있는 사람에게 물어봤고, 곤혹스럽게 하는 부분들을 분명히 알고 나서야 그만두었다. 이 때문에, 대부분의 경우, 그는 글을 한 번 다 베껴 쓰고 나면, 책 속의 내용을 이해했을 뿐만 아니라, 또한 주요 내용과 아름다운 글귀들을 모두 머릿속에 깊이 새겼다.

중심 내용 주인공은 '抄书'를 얻기 어려운 공부 기회라고 여겼고, '抄'하면서 큰 소리로 읽고 이해가 안 되는 부분은 학식 있는 사람에게 물어보는 노력을 기울였다.

Tip 이전 단락에 나오는 '读书'는 '책을 읽다'라는 의미지만, 여기서는 문맥상 '공부하다'라는 의미를 나타냅니다.

해설

이전 단락에서 '抄书'의 첫 번째 이유, 어머니 부양에 대해서 언급했고, 지금 단락에서는 두 번째 이유, 공부를 위한 여러 가지 노력들을 간단히 적으면 됩니다. 상세한 묘사는 모두 생략하고 가장 핵심이 되는 내용을 요약하면 됩니다.

① '抄书'에 대한 다른 사람들의 생각은 별로 중요하지 않으므로 생략합니다. 그러면서 뒤 절에서 전환을 나타내는 표현인 '但…却'도 같이 생략해야 합니다. '把A当做/看作B(A를 B로 여기다)' 구문 그대로 요약하거나, 아니면 쉽게 '책 베껴 쓰기는 그에게 얻기 어려운 공부 기회이다'라고 요약해도 됩니다.

② '훌륭한 부분은 베껴 쓰면서 큰 소리로 읽었다'가 공부를 위한 첫 번째 노력입니다. 여기서 'A(동사1)하면서 B(동사2)하다'라는 동시 동작을 나타내는 표현은 접속사 '(一)边A(一)边B'를 쓰면 됩니다. '诵读(낭독하다)'는 더 쉽게 '朗读(낭독하다)' 혹은 '读(읽다)'로 써 주면 됩니다.

③ '이해가 안 되는 부분은 학식이 있는 사람에게 물어봤다'가 공부를 위한 두 번째 노력입니다. 지문에서 '向有学问的人请教'라는 핵심 내용은 그대로 써 줍니다.

④ 앞에 언급된 두 가지 노력으로 충분히 유추할 수 있는 내용이므로 생략합니다.

요약

抄书对他来说是一个难得的读书机会。每次抄到精彩的地方，他都会一边抄一边大声读。抄到了不理解的地方，他就会向有学问的人请教。

책 베껴 쓰기는 그에게 얻기 어려운 공부 기회이다. 매번 훌륭한 부분을 베껴 쓸 때마다, 그는 베껴 쓰면서 큰 소리로 읽었다. 이해가 안 되는 부분을 베껴 썼다면, 그는 학식 있는 사람에게 물어봤다.

단어

当做 dàngzuò 동 ~로 여기다(=看作) | 单调 dāndiào 형 단조롭다 | 枯燥 kūzào 형 무미건조하다, 지루하다 | 谋生手段 móushēng shǒuduàn 생계 수단 *谋生 동 생계를 도모하다 | 难得 nándé 형 얻기 어렵다 | 精彩 jīngcǎi 동 뛰어나다, 훌륭하다 | 情不自禁 qíngbúzìjìn 성 자신의 감정을 억누르지 못하다, 저도 모르게 | 诵读 sòngdú 동 소리 내어 읽다, 낭독하다 | 沉浸 chénjìn 동 (어떤 생각에) 잠기다, 빠져들다 | 海洋 hǎiyáng 명 해양, 바다 | 理解 lǐjiě 동 이해하다 | 抽空 chōukòng 동 짬(시간)을 내다 | 虚心 xūxīn 형 겸허하다 | 学问 xuéwen 명 학식 | 请教 qǐngjiào 동 가르침을 청하다, 물어보다 | 直到…才 zhídào……cái ~하고 나서야 | 弄清楚 nòng qīngchu (인식 등을) 분명히 하다 | 困惑 kùnhuò 형 곤혹스럽다 | 肯 kěn 능 (기꺼이) ~하려 하다 | 罢休 bàxiū 동 그만두다 | 情况 qíngkuàng 명 상황, 경우 *大多数情况 대부분의 경우 | 文章 wénzhāng 명 (독립된 한 편의) 글 | 遍 biàn 양 번, 차례, 회[한 동작의 처음부터 끝까지의 전 과정을 가리킴] | 内容 nèiróng 명 내용 | 优美 yōuměi 형 (우아하고) 아름답다 | 词句 cíjù 명 낱말과 구절, 글귀 | 深刻 shēnkè 형 깊다 | 印 yìn 동 (머리에) 새기다 | 脑海 nǎohǎi 명 머리

쓰기 书写

STEP 5 제5단락 요약하기

해석

①他认为很有价值的书籍，在替人抄写后，他会为自己再抄写一份，然后珍藏起来。②在抄书过程中，如果发现借来的书中有抄错、遗漏的地方，他就会细心地查阅资料，或者与他人讨论后加以修改。③这种学习方法尽管十分辛苦，但同时也使得他在抄书的过程中博览儒家经典，涉猎了一些当时的杂学著作，为他日后成为一名知识渊博的文学家奠定了坚实的基础。	그가 매우 가치 있다고 여기는 책은 다른 사람 대신 베껴 쓴 후에, 그는 자신을 위해 한 부 더 베껴 쓰고, 그런 후에 소중히 간직했다. 책을 베껴 쓰는 과정에서, 만약 빌려온 책에 잘못 베껴 쓰고 빠뜨린 부분을 발견하면, 그는 꼼꼼하게 자료를 찾아 읽거나 다른 사람과 토론한 후에 수정했다. 이런 공부 방법은 비록 매우 고생스럽지만, 동시에 그가 책을 베껴 쓰는 과정에서 유가 경전을 두루 많이 읽고, 당시의 잡학 저서들을 섭렵하도록 하여, 그가 장래에 지식이 해박한 문학가가 되기 위한 튼튼한 기초를 다졌다.

중심 내용 '抄书' 일을 하면서 자신을 위해 한 부 더 베껴 쓰고, 잘못된 부분이 있으면 수정하는 노력을 기울여 자신이 장래에 문학가가 되기 위한 튼튼한 기초를 다졌다.

해설

① '그는 가치 있다고 여기는 책들을 자신을 위해 한 부 더 베껴 쓰고 소중히 간직했다'가 공부를 위한 세 번째 노력입니다. '在替人抄写后(대신 베껴 쓴 후에)'는 당연한 일이라 생략하고, 나머지 표현들을 적절히 살려 쓰면 됩니다. '珍藏(소중히 간직하다)'은 어려운 단어라 의미가 비슷한 '收藏(소장하다)'으로 바꿔 씁니다.

② '잘못 베껴 쓰고 빠뜨린 부분을 발견하면, 자료를 찾아 읽거나 다른 사람과 토론한 후에 수정했다'가 공부를 위한 네 번째 노력입니다. '抄错、遗漏的地方(잘못 베껴 쓰고 빠뜨린 부분)'은 세부 내용이고 어려운 표현이므로 굳이 그대로 쓸 필요는 없고, '错误(잘못된 부분)'라는 쉬운 표현으로 대체하면 됩니다.

③ '尽管……，……杂学著作'는 내용이 어렵기도 하고 중요한 내용도 아니므로 생략합니다. '이런 학습 방법(앞에 열거된 여러 노력들)은 그가 장래에 문학가가 되기 위한 튼튼한 기초를 다졌다'라는 내용으로 요약합니다. '为…奠定基础/打下基础(~하기 위한 기초를 다지다)'라는 지문 표현 그대로 요약해도 되고, 이 표현이 어렵다면, 비슷한 의미인 '对…有很大帮助(~에 큰 도움이 되다)'라는 쉬운 표현으로 대체해도 됩니다.

요약

他认为很有价值的书，他会为自己再抄一份，然后收藏起来。发现书里有错误，他就会查资料，或者和他人讨论后修改。这种学习方法为他将来成为一名文学家打下了坚实的基础。

그는 매우 가치 있다고 여기는 책들을 자신을 위해 한 부 더 베껴 쓰고, 그런 후에 소중히 간직했다. 책 속에 잘못된 부분이 있는 것을 발견하면, 그는 자료를 찾거나 다른 사람과 토론한 후에 수정했다. 이런 학습 방법은 그가 장래에 문학가가 되기 위한 튼튼한 기초를 다졌다.

단어

价值 jiàzhí 명 가치 | 珍藏 zhēncáng 동 소중히 간직하다 | 过程 guòchéng 명 과정 | 抄错 chāo cuò 잘못 베껴 쓰다 | 遗漏 yílòu 동 빠뜨리다, 누락하다 | 细心 xìxīn 형 세심하다, 꼼꼼하다 | 查阅 cháyuè 동 열람하다, 찾아서 읽다 | 资料 zīliào 명 자료 | 加以 jiāyǐ 동 ~하다 | 修改 xiūgǎi 동 고치다, 수정하다 | 尽管 jǐnguǎn 접 비록 ~하지만 | 辛苦 xīnku 형 고생스럽다(=艰辛 jiānxīn) | 使得 shǐde 동 ~하게 하다 | 博览 bólǎn 동 (책을) 두루 많이 읽다 | 儒家经典 rújiā jīngdiǎn 유가 경전 | 涉猎 shèliè 동 두루 읽어보다, 섭렵하다 | 杂学著作 záxué zhùzuò 잡학 저서 | 为…奠定基础 wèi……diàndìng jīchǔ ~하기 위한 기초를 다지다 | 日后 rìhòu 명 나중, 장래 | 渊博 yuānbó 형 (지식·학식이) 해박하다, 깊고 넓다 | 坚实 jiānshí 형 견실하다, 튼튼하다

STEP 6 제6단락 요약하기

해석

①当然，抄书并不是一件舒服的工作，天长日久地抄书更是艰辛。②由于他不分昼夜地抄书，他的手上长了一层厚厚的茧，眼睛也花了，还要忍受着腰酸背痛。在寒冷的冬天，他的手指冻僵了，甚至裂开了一个缝；在炎热的夏天，他常常汗流浃背，忍受着酷暑的折磨。③但为了生活，也为了读书，他硬是咬紧牙关，一直坚持着抄书的工作，一刻也不曾想过要放弃。	물론, 책 베껴 쓰기는 결코 편한 일이 아니고, 오랜 시간 동안 책을 베껴 쓰는 것은 더욱 고생스럽다. 그가 밤낮을 가리지 않고 책을 베껴 써서, 그의 손에는 두꺼운 굳은살이 박였고, 눈도 침침해졌으며, 온몸이 쑤시고 아픈 것도 견뎌야 했다. 추운 겨울에 그의 손가락이 얼어, 심지어 갈라져 틈이 생겼고, 무더운 여름에 그는 늘 땀이 줄줄 흘러, 혹서의 고통을 견뎌냈다. 하지만 생계를 위해서, 또한 공부를 위해서도, 그는 억지로 이를 악물고, 계속 책을 베껴 쓰는 일을 꾸준히 했고, 한순간도 포기하겠다고 생각해 본 적이 없다.

중심 내용 오랜 시간 동안 '抄书'를 하는 것은 고생스럽지만, 생활과 공부를 위해 포기하겠다고 생각해 본 적이 없다.

해설

① '抄书并不是一件舒服的工作(책 베껴 쓰기는 결코 편한 일이 아니다)'와 '天长日久地抄书更是艰辛(오랜 시간 동안 책을 베껴 쓰는 것은 더욱 고생스럽다)'은 표현이 다르지만, 맥락상 같은 의미이므로 둘 중에 하나만 써 줍니다. '편한 일이 아니다'보다 '고생스럽다'라는 표현이 더 직접적이므로, 뒤 절을 요약합니다. '天长日久(오랜 시간 동안)'는 '长时间(장시간)'이라는 쉬운 표현으로 대체하고, '艰辛(고생스럽다)'은 같은 의미인 '辛苦'라는 쉬운 표현으로 바꾸어 씁니다.

② '抄书'를 열심히 하느라 어떤 고생을 했는지 상세하게 묘사하고 있으므로 전부 생략합니다.

③ '생계와 공부를 위해서, 포기하겠다고 생각해 본 적이 없다'라는 핵심 내용을 기반으로 요약해 줍니다. '但为了生活，也为了读书'는 하나로 합쳐서 '但为了生活和读书'로 써 줍니다. '一刻也不曾…过(한 순간도 ~해 본 적이 없다)'는 '从来没/从未…过(여태껏 ~해 본 적이 없다)'라는 쉬운 표현으로 대체합니다.

요약

当然，长时间地抄书很辛苦，但为了生活和读书，他从来没想过要放弃。
물론, 장시간 동안 책을 베껴 쓰는 것은 고생스럽지만, 생계와 공부를 위해서, 그는 여태껏 포기하겠다고 생각해 본 적이 없다.

단어

当然 dāngrán 뷔 당연히, 물론 | 天长日久 tiānchángrìjiǔ 셍 오랜 시간 동안 | 不分昼夜 bùfēnzhòuyè 셍 밤낮을 가리지 않다 | 长茧(子) cháng jiǎn(zi) 굳은살이 박이다 | 厚 hòu 혱 두껍다 | 眼睛花 yǎnjing huā 눈이 침침하다 *花 혱 (눈이) 흐리다, 침침하다 | 忍受 rěnshòu 동 견디다, 참다 | 腰酸背痛 yāosuānbèitòng 셍 허리가 시큰거리고 등이 아프다, 온몸이 쑤시고 아프다 | 寒冷 hánlěng 혱 한랭하다, 춥다 | 手指 shǒuzhǐ 명 손가락 | 冻僵 dòngjiāng 동 (추워서 손발이) 얼다 | 甚至 shènzhì 접 심지어 | 裂缝 lièfèng 동 찢어져(갈라져) 틈이 생기다 | 炎热 yánrè 혱 (날씨가) 무덥다 | 汗流浃背 hànliú-jiābèi 셍 땀이 흘러 등에 배다, 땀이 줄줄 흐르다 *浃 동 (축축이) 젖다, 배다 | 酷暑 kùshǔ 명 혹서, 폭염 | 折磨 zhémó 동 (육체·정신적으로) 괴롭히다, 고통스럽게 하다 | 硬是 yìngshì 뷔 억지로 | 咬紧牙关 yǎojǐn yáguān 이를 악물다 *牙关 명 아관[입속 구석의 윗잇몸과 아랫잇몸이 맞닿은 부분] | 坚持 jiānchí 동 (하고 있던 것을) 계속하다, 꾸준히 하다 | 一刻 yíkè 명 잠시, 한순간 | 放弃 fàngqì 동 포기하다

书写

STEP 7 제7단락 요약하기

해석

①多年以后，他为自己抄录的书和用抄书的工钱买的书，竟然达到万余册，他也成为了当时的三大藏书家之一。②更重要的是，在多年的抄读生涯中，他的学问与日俱增，最终成为了一名极负盛名的大学者，③甚至因为他学识渊博、文才出众而当上了当时国家最高学府——太学的博士。④他就是中国南北朝时期的文学家王僧儒。

몇 년 후, 그가 자신을 위해 베껴 쓴 책과 책을 베껴 쓴 품삯으로 산 책은 뜻밖에도 만여 권에 달했고, 그도 당시 3대 장서가 중의 하나가 되었다. 더 중요한 것은 몇 년간 베껴 쓰며 읽는 생애에서, 그의 학문이 날로 높아지면서, 최후에는 매우 큰 명성을 누리는 대학자가 되었고, 심지어 그의 학식이 깊고 넓은 데다 글재주가 뛰어나서 당시 국가의 최고 학부인 태학의 박사가 되었다는 점이다. 그가 바로 중국 남북조 시대의 문학가 왕승유이다.

중심 내용 그의 책이 많아져 장서가 중의 하나가 되었고, 학식이 깊고 넓어서 태학의 박사가 되었다. 그가 바로 왕승유이다.

해설

마지막 단락은 이야기의 흐름에 따른 결말을 설명하기 때문에 많이 줄일 수 없습니다. 따라서 내용을 최대한 기억해서 쉬운 표현으로 바꾸어 씁니다. 한 가지 팁은 마지막 한두 마디 표현을 그대로 암기해서 쓰면 좋다는 것입니다.

① 첫 번째 성과는 '베껴 쓴 책과 책을 베껴 쓴 품삯으로 산 책이 만여 권에 달했고, 3대 장서가 중의 하나가 되었다'입니다. '为自己抄录的书和用抄书的工钱买的书(자신을 위해 베껴 쓴 책과 책을 베껴 쓴 품삯으로 산 책)'를 그대로 써 주는 것이 가장 좋지만, 차선으로 '收藏的书'로 바꾸어 쓰는 방법도 있습니다. '万余册'는 그대로 써도 되고 '一万多本'으로 대체해도 됩니다.

② 두 번째 성과는 '학문이 날로 높아지면서 대학자가 되었다'입니다. '更重要的是'는 강조하는 표현이므로 굳이 안 써도 됩니다. 앞에 접속사 '而且'를 써서 첫 번째 성과와 자연스럽게 연결해 줍니다. '与日俱增(날로 높아지다)'은 6급에서 자주 나오는 성어로 가능하면 기억해서 써 주는 것이 좋습니다. 어렵다면 '越来越高(점점 높아지다)'라는 쉬운 표현으로 바꾸어 씁니다. '极负盛名(매우 큰 명성을 누리다)'은 '非常有名'이란 쉬운 표현으로 대체합니다.

③ 세 번째 성과는 '당시 국가의 최고 학부인 태학의 박사가 되었다'입니다. 박사가 된 이유는 일종의 부연 설명으로 생략해도 무방합니다. '太学'를 '大学'로 잘못 쓰지 않도록 주의합니다.

④ 마지막에 밝혀진 주인공 이름은 반드시 기억해서 써야 합니다. 시대는 기억이 안 난다면 굳이 안 써도 됩니다.

요약

多年以后，他收藏的书达到了一万多本，他也成为了当时的三大藏书家之一，而且他的学问与日俱增，最终成为了一名非常有名的大学者，甚至当上了当时国家最高学府——太学的博士。他就是中国的文学家王僧儒。

몇 년 후, 그가 소장한 책이 만여 권에 달했고, 그도 당시의 3대 장서가 중의 하나가 되었고, 게다가 그의 학문이 날로 높아지면서, 결국 매우 유명한 대학자가 되었으며, 심지어 당시 국가의 최고 학부인 태학의 박사가 되었다. 그는 바로 중국의 문학가 왕승유이다.

단어

抄录 chāolù 동 초록하다, 베껴 쓰다 | 工钱 gōngqian 명 품삯 | 竟然 jìngrán 부 뜻밖에도, 의외로 | 达到 dádào 동 (도)달하다, 이르다 | 余 yú 수 ~여 | 册 cè 양 권[책을 셀 때 쓰임] | 藏书家 zàngshūjiā 명 장서가 | 抄读 chāo dú 베껴 쓰며 읽다 | 生涯 shēngyá 명 생애 | 与日俱增 yǔrì-jùzēng 성 날로 늘어나다(커지다, 높아지다) | 最终 zuìzhōng 명 맨 마지막, 결국 | 极负盛名 jí fù shèngmíng 매우 큰 명성을 누리다 | 文才出众 wéncái chūzhòng 글재주가 뛰어나다 *出众 형 출중하다, 뛰어나다 | 当 dāng 동 ~가 되다 | 最高学府 zuìgāo xuéfǔ 최고 학부 | 太学 tàixué 명 태학 | 博士 bóshì 명 박사[경학을 강의하던 관원] | 南北朝时期 Nán Běi Cháo Shíqī 고유 남북조 시대 | 王僧儒 Wáng Sēngrú 고유 왕승유[인명]

모범 답안

　　　　　王僧儒抄书养母
　　　他小时候家里很贫穷，但是他对读书很感兴趣，五六岁时就开始识字学习了。16岁时，他的父亲去世后，家里没有了收入来源。于是，他承担起了养活母亲的责任。几天后，他想出了一个既能照顾母亲，又能学习的好方法，那就是帮人抄书。
　　　那时候，许多书都是靠手工抄写流传下来的。他虽然年纪小，但他的字写得很漂亮，人也勤奋好学，因此大家都喜欢请他抄书。从此，他靠替人抄书养活了母亲。
　　　抄书对他来说是一个难得的读书机会。每次抄到精彩的地方，他都会一边抄一边大声读。抄到了不理解的地方，他就会向有学问的人请教。他认为很有价值的书，他会为自己再抄一份，然后收藏起来。发现书里有错误，他就会查资料，或者和他人讨论后修改。这种学习方法为他将来成为一名文学家打下了坚实的基础。当然，长时间地抄书很辛苦，但为了生活和读书，他从来没想过要放弃。
　　　多年以后，他收藏的书达到了一万多本，他也成为了当时的三大藏书家之一，而且他的学问与日俱增，最终成为了一名非常有名的大

|学|者|,|甚|至|当|上|了|当|时|国|家|最|高|学|府|—|—|太|学|
|的|博|士|。|他|就|是|中|国|的|文|学|家|王|僧|儒|。| | | |

해석 　　　　　　　　　　왕승유가 책을 베껴 써서 어머니를 부양한다

　그는 어릴 때 집이 가난했지만, 책 읽기에 관심이 많았고, 대여섯 살 때부터 글자를 익히며 공부하기 시작했다. 16살 때, 그의 아버지가 세상을 떠난 후에, 집안에 수입원이 없어졌다. 그래서, 그는 어머니를 부양하는 책임을 지게 되었다. 며칠 후, 그는 어머니를 돌볼 수 있고, 공부할 수도 있는 좋은 방법을 생각해 냈는데, 그건 바로 책을 베껴 써 주는 거였다.

　그 당시, 많은 책들이 모두 손으로 베껴 써서 전해져 왔다. 그는 비록 나이가 어리지만, 글자를 예쁘게 쓰고, 사람도 근면하고 배우기 좋아해서, 모두가 그에게 책을 베껴 써 달라고 부탁하길 좋아했다. 그 뒤로, 그는 대신 책을 베껴 쓰는 것으로 어머니를 부양했다.

　책 베껴 쓰기는 그에게 얻기 어려운 공부 기회이다. 매번 훌륭한 부분을 베껴 쓸 때마다, 그는 베껴 쓰면서 큰 소리로 읽었다. 이해가 안 되는 부분을 베껴 썼다면, 그는 학식 있는 사람에게 물어봤다. 그는 매우 가치 있다고 여기는 책들을 자신을 위해 한 부 더 베껴 쓰고, 그런 후에 소중히 간직했다. 책 속에 잘못된 부분이 있는 것을 발견하면, 그는 자료를 찾거나 다른 사람과 토론한 후에 수정했다. 이런 학습 방법은 그가 장래에 문학가가 되기 위한 튼튼한 기초를 다졌다. 물론, 장시간 동안 책을 베껴 쓰는 것은 고생스럽지만, 생계와 공부를 위해서, 그는 여태껏 포기하겠다고 생각해 본 적이 없다.

　몇 년 후, 그가 소장한 책이 만여 권에 달했고, 그도 당시의 3대 장서가 중의 하나가 되었고, 게다가 그의 학문이 날로 높아지면서, 결국 매우 유명한 대학자가 되었으며, 심지어 당시 국가의 최고 학부인 태학의 박사가 되었다. 그는 바로 중국의 문학가 왕승유이다.

 내공이 쌓이는 시간

성어는 반드시 써야 하는 것은 아니므로, 성어를 암기하다 전체 내용을 잊어버려서는 안 됩니다. 내공이 쌓인 학생이라면 본문에 나온 성어를 암기하여 써 줍니다.

1 요약할 때 자주 쓰는 성어

1) 사람의 감정을 묘사하는 성어

☐ **闷闷不乐** mènmèn-búlè 우울하다, 울적하다

- 奶奶去世后，父亲仿佛没有了灵魂，一直闷闷不乐。
  할머니가 세상을 떠난 후에, 아버지는 마치 영혼이 사라진 듯이 줄곧 울적해한다.

◆ 去世 qùshì 동 세상을 떠나다 ｜ 仿佛 fǎngfú 부 마치 ~인 듯하다 ｜ 灵魂 línghún 명 영혼

☐ **百感交集** bǎigǎnjiāojí 온갖 생각이 뒤얽히다, 만감이 교차하다

- 她看着年轻时和丈夫拍的照片，一时百感交集。
  그녀는 젊을 때 남편과 찍은 사진을 보며, 잠시 만감이 교차했다.

◆ 一时 yìshí 명 잠시, 잠깐

☐ **感动不已** gǎndòngbùyǐ 감동해 마지않다, 몹시 감동하다

- 当我需要帮助的时候，他总是倾囊相助，让我感动不已。
  내가 도움이 필요할 때, 그는 늘 돈을 다 털어 도와주며, 나를 몹시 감동하게 했다.

> **Tip!** '感动不已'와 비슷한 표현인 '激动不已'도 함께 외워 두세요.
> ◆ 激动不已 jīdòngbùyǐ 감격해 마지않다

◆ 需要 xūyào 동 필요하다 ｜ 倾囊相助 qīngnáng xiāngzhù 돈을 다 털어 도와주다 *倾囊 동 주머니를 털다

☐ **出人意料** chūrényìliào 예상 밖이다, 뜻밖이다

- 他的成绩一直不算太好，但这次考试却得了第一名，取得了出人意料的成绩。
  그의 성적은 줄곧 그리 좋은 편이 아니었지만, 이번 시험에서 1등을 해서 뜻밖의 성적을 거두었다.

◆ 取得成绩 qǔdé chéngjì 성적을 거두다

☐ **心急如焚** xīnjí-rúfén 마음이 불타는 듯 초조하다, 애가 타다

- 因为联系不上女儿，母亲此刻心急如焚。
  딸과 연락이 되지 않아서, 엄마는 이때 애가 탔다.

◆ 联系 liánxì 동 연락하다 ｜ 此刻 cǐkè 명 이때

☐ **惊讶不已** jīngyàbùyǐ 놀라 마지않다, 몹시 놀라다
- 虽然孩子的年纪还很小，但他成熟的想法却让父母惊讶不已。
  비록 아이의 나이는 아직 어리지만, 그의 성숙한 생각이 부모를 몹시 놀라게 했다.
- ◆ 成熟 chéngshú 혱 성숙하다

☐ **忐忑不安** tǎntèbù'ān 안절부절못하다, 가슴이 두근두근 뛰다(=**坐立不安** zuòlìbù'ān)
- 他回到家，忐忑不安地等待着消息。
  그는 집으로 돌아가면서, 안절부절못하며 소식을 기다리고 있었다.
- ◆ 等待 děngdài 동 기다리다 | 消息 xiāoxi 명 소식

☐ **灰心丧气** huīxīn-sàngqì (실패·좌절로) 낙담하다, 의기소침하다
- 经过几百次试验仍然没有成功，这让她灰心丧气。
  수백 번의 테스트를 거쳤는데 여전히 성공하지 못했고, 이것은 그녀를 매우 낙담하게 했다.
- ◆ 试验 shìyàn 명 시험, 테스트 | 仍然 réngrán 부 여전히

☐ **兴高采烈** xìnggāo-cǎiliè 신바람이 나다, 매우 흥겹다
- 从南极回来后，他兴高采烈地讲述着那些难忘的经历。
  남극에서 돌아온 후, 그는 신바람이 나서 잊을 수 없는 그런 경험을 이야기하고 있다.
- ◆ 南极 nánjí 명 남극 | 讲述 jiǎngshù 동 서술하다, 이야기하다 | 难忘 nánwàng 혱 잊기 어렵다, 잊을 수 없다 | 经历 jīnglì 명 경험

☐ **倍感压力** bèigǎnyālì 심한 스트레스를 받다
- 丽丽是一位设计师，她最近接到了一个让她倍感压力的任务。
  리리는 디자이너로, 그녀는 최근 자신에게 심한 스트레스를 주는 임무를 받았다.
- ◆ 设计师 shèjìshī 명 디자이너 | 接到任务 jiēdào rènwù 임무를 받다

2) 사람의 태도를 묘사하는 성어

☐ **一心一意** yìxīn-yíyì 한마음 한뜻으로, 전심전력으로
- 他在文物修复领域一心一意地钻研了四十多年。
  그는 문화재 복원 분야에서 전심전력으로 40여 년 동안 깊이 연구했다.
- ◆ 文物修复 wénwù xiūfù 문화재 복원 | 钻研 zuānyán 동 깊이 연구하다

☐ **专心致志** zhuānxīn-zhìzhì 온 마음을 다 기울이다, 열심히 하다
- 无论做什么事，都要专心致志，这样才能有所收获。
  무슨 일을 하든 간에, 항상 열심히 해야 한다. 그래야 어느 정도 성과를 거둘 수 있다.
- ◆ 收获 shōuhuò 명 수확, 성과

☐ **坚持不懈** jiānchíbúxiè 꾸준하며 게으르지 않다, 꾸준하게 하다

- 他为了儿时的梦想，坚持不懈地奋斗了十年，终于实现了理想。
  그는 어린 시절의 꿈을 위해서 꾸준하게 10년 동안 노력했고, 마침내 꿈을 실현했다.
- ◆ 梦想 mèngxiǎng 명 꿈 ｜ 奋斗 fèndòu 동 분투하다, 노력하다 ｜ 实现理想 shíxiàn lǐxiǎng 이상(꿈)을 실현하다

☐ **突发奇想** tūfāqíxiǎng 갑자기 아이디어가 떠오르다

- 水源被污染，当地人根本喝不到纯净水，于是她突发奇想，决定研发一张便携的过滤纸。
  수원이 오염되어 현지인이 증류수를 아예 마시지 못하자, 그녀는 갑자기 아이디어가 떠올라서 휴대용 여과지를 연구 개발하기로 결정했다.
- ◆ 污染 wūrǎn 동 오염되다 ｜ 纯净水 chúnjìngshuǐ 명 (살균 처리된) 증류수 ｜ 研发 yánfā 동 연구 개발하다 ｜ 便携 biànxié 형 휴대용의 ｜ 过滤纸 guòlǜzhǐ 명 여과지

☐ **不以为然** bùyǐwéirán 그렇게 여기지 않다, 동의하지 않다

- 我劝她不要轻敌，她却对此不以为然，仍坚持己见，最终输掉了比赛。
  나는 그녀에게 상대를 경시하지 말라고 타일렀지만, 그녀는 이에 대해 동의하지 않고 여전히 자기 의견을 고집했고, 결국엔 시합에서 졌다.
- ◆ 劝 quàn 동 타이르다 ｜ 轻敌 qīngdí 동 적을 얕잡아 보다, 상대를 경시하다 ｜ 仍 réng 부 여전히 ｜ 坚持己见 jiānchí jǐ jiàn 자기 의견을 고집하다 ｜ 最终 zuìzhōng 명 결국 ｜ 输 shū 동 지다, 패하다 ｜ 比赛 bǐsài 명 시합

☐ **全神贯注** quánshén-guànzhù 온 정신을 다 기울이다

- 观众们都在全神贯注地观看着魔术师的表演。
  관중들은 모두 온 정신을 다 기울여서 마술사의 공연을 보고 있다.
- ◆ 观众 guānzhòng 명 관중 ｜ 观看 guānkàn 동 보다, 관람하다 ｜ 魔术师 móshùshī 명 마술사 ｜ 表演 biǎoyǎn 명 공연

☐ **心满意足** xīnmǎn-yìzú 매우 만족하다

- 抓到猎物后，这只狐狸心满意足地回到了洞穴里。
  사냥감을 잡은 후에, 이 여우는 매우 만족하며 동굴로 돌아갔다.
- ◆ 抓 zhuā 동 쥐다, 잡다 ｜ 猎物 lièwù 명 사냥감 ｜ 狐狸 húli 명 여우 ｜ 洞穴 dòngxué 명 동굴

☐ **胸有成竹** xiōngyǒuchéngzhú
일을 하기 전에 이미 모든 준비가 되어 있다, 마음속에 이미 전반적인 계획이 서 있다, 자신 있다

- 只有做好充分的准备，才能胸有成竹地应对挑战。
  충분한 준비를 해야만, 비로소 자신 있게 도전에 대응할 수 있다.
- ◆ 应对挑战 yīngduì tiǎozhàn 도전에 대응하다

3) 사람의 표정을 묘사하는 성어

☐ **眼前一亮** yǎnqiányíliàng (좋은 생각이 떠오르거나 좋은 것을 봤을 때) 눈이 번뜩이다

- 儿子的话让他眼前一亮，如果给这些瓶子换上不同的瓶盖，那么就能变成不同的工具。
  아들의 말에 그는 눈이 번뜩였고, 만약 이 병들을 서로 다른 병뚜껑으로 바꿔주면, 그럼 다른 도구가 될 수 있다.
  - 瓶子 píngzi 명 병 | 瓶盖 pínggài 명 병뚜껑

☐ **垂头丧气** chuítóu-sàngqì 머리를 아래로 늘어뜨리고 기를 잃다, 풀이 죽다

- 钢琴老师说他没有天赋，他垂头丧气地回家向父亲表示再也不练钢琴了。
  피아노 선생님이 그에게 타고난 재능이 없다고 하자, 그는 풀이 죽은 채 집으로 돌아가서 아버지에게 더 이상 피아노를 연습하지 않겠다고 말했다.
  - 钢琴 gāngqín 명 피아노 | 天赋 tiānfù 명 타고난 재능

☐ **无精打采** wújīng-dǎcǎi 의기소침하다, 풀이 죽다

- 自从听说初恋结婚的消息后，她整日无精打采。
  첫사랑의 결혼 소식을 들은 후에, 그녀는 온종일 풀이 죽었다.
  - 初恋 chūliàn 명 첫사랑 | 结婚 jiéhūn 동 결혼하다 | 整日 zhěngrì 명 온종일

☐ **目瞪口呆** mùdèng-kǒudāi 눈을 크게 뜨고 입을 벌리다, 어안이 벙벙하다, 아연실색하다

- 事故发生得太突然了，大家都来不及反应，个个目瞪口呆，不知所措。
  사고가 너무 갑작스럽게 일어나서, 모두가 미처 반응하지 못하고 하나같이 어안이 벙벙하고 어찌할 바를 몰랐다.
  - 突然 tūrán 형 갑작스럽다 | 来不及 láibují 동 미처 ~하지 못하다 | 不知所措 bùzhī-suǒcuò 성 어찌할 바를 모르다, 갈팡질팡하다

☐ **热泪盈眶** rèlèiyíngkuàng 뜨거운 눈물이 그렁그렁하다[감격을 나타냄]

- 回到阔别五十年的故乡，这位华侨顿时热泪盈眶，不禁感慨万千。
  50년이나 떠나 있던 고향으로 돌아가자, 이 화교는 갑자기 뜨거운 눈물이 그렁그렁했고 자기도 모르게 감개가 무량했다.
  - 阔别 kuòbié 동 오래 떨어져 지내다, (오래) 떠나 있다 | 华侨 huáqiáo 명 화교[외국에 거주하는 중국인] | 顿时 dùnshí 부 갑자기 | 不禁 bùjīn 금치 못하다, 자기도 모르게 | 感慨万千 gǎnkǎiwànqiān 성 감개가 무량하다

☐ **哭笑不得** kūxiào-bùdé 웃을 수도 울 수도 없다, 어쩔 줄을 모르다

- 患者的这种误解让陈医生哭笑不得，也让她陷入深思。
  환자의 이런 오해는 천 의사를 어쩔 줄 모르게 했고, 그녀를 깊은 생각에 빠지게도 했다.
  - 患者 huànzhě 명 환자 | 误解 wùjiě 명 오해 | 陷入深思 xiànrù shēnsī 깊은 생각에 빠지다

- [ ] **喜出望外** xǐchūwàngwài 기뻐서 어쩔 줄 모르다
  - 让她喜出望外的是，在没有任何经验的情况下，她的处女作上线后得到了很多家长的支持。
    그녀가 기뻐서 어쩔 줄 모르게 한 것은 아무런 경험이 없는 상황에서 그녀의 처녀작이 업로드된 후에 많은 학부모의 응원을 받았다는 점이다.
  - 经验 jīngyàn 명 경험 | 情况 qíngkuàng 명 상황 | 处女作 chǔnǚzuò 명 처녀작[작가나 화가 등이 맨 처음 발표한 작품] | 上线 shàngxiàn 동 (인터넷 등에) 업로드되다 | 得到支持 dédào zhīchí 지지를 얻다, 응원을 받다 | 家长 jiāzhǎng 명 학부모

4) 시간을 묘사하는 성어

- [ ] **日积月累** rìjī-yuèlěi 날을 거듭하다, 세월이 쌓이다
  - 成功从来不是一下子的事情，是经过日积月累才能达到的。
    성공은 지금껏 단번에 이뤄지는 일이 아니라, 세월이 쌓인 끝에 비로소 도달할 수 있는 것이다.
  - 一下子 yíxiàzi 부 단번에 | 达到 dádào 동 도달하다

- [ ] **稍纵即逝** shāozòng-jíshì (시간·기회는) 조금만 늦어도 사라져 버리다
  - 机会之所以珍贵，是因为它从来都是稍纵即逝。
    기회가 귀중한 까닭은 그것이 지금껏 항상 조금만 늦어도 사라져 버리기 때문이다.
  - 珍贵 zhēnguì 형 진귀하다, 귀중하다

- [ ] **随时随地** suíshísuídì 언제 어디서나
  - 成功的秘诀，往往在于随时随地把握机会。
    성공의 비결은 주로 언제 어디서나 기회를 잡는 것에 있다.
  - 秘诀 mìjué 명 비결 | 把握机会 bǎwò jīhuì 기회를 잡다

- [ ] **一朝一夕** yìzhāo-yìxī 일조일석, 단기간, 아주 짧은 시간
  - 编写一部思想深刻的著作并非是一朝一夕能完成的。
    생각이 깊은 저서를 집필하는 건 결코 단기간에 완성할 수 있는 것이 아니다.
  - 编写 biānxiě 동 집필하다, 창작하다 | 思想深刻 sīxiǎng shēnkè 생각이 깊다 | 著作 zhùzuò 명 저작, 저서

- [ ] **日复一日** rìfùyírì 하루 또 하루, 매일 반복되는
  - 他日复一日地重复着这项枯燥的工作，却从未有过一句怨言。
    그는 매일 반복되는 이 무미건조한 일을 반복하고 있지만, 지금껏 불평 한마디 있었던 적이 없다.
  - 枯燥 kūzào 형 무미건조하다, 지루하다 | 从未 cóngwèi 부 지금껏 ~한 적이 없다 | 怨言 yuànyán 명 원망의 말, 불평

□ **夜深人静** yèshēnrénjìng 밤이 깊어 인기척이 없다

- 因为白天要正常上班，他只能在夜深人静的时候抓紧时间创作。
  낮에는 정상적으로 출근해야 해서, 그는 밤이 깊어 인기척이 없을 때 서둘러서 창작할 수밖에 없었다.
- 抓紧时间 zhuājǐn shíjiān 시간을 재촉하다, 서두르다 | 创作 chuàngzuò 동 창작하다

5) 결말에 자주 쓰는 성어

□ **恍然大悟** huǎngrándàwù 문득 크게 깨닫다

- 老人的一番话让他恍然大悟。
  노인의 말에 그는 문득 크게 깨달았다.

□ **如愿以偿** rúyuànyǐcháng 희망이 이루어지다, 소원을 성취하다

- 经过十几年的尝试，最终他如愿以偿，实现了当初的梦想。
  수십 년의 시도 끝에, 결국 그는 소원을 성취하고 처음의 꿈을 실현했다.
- 尝试 chángshì 동 시도하다 | 最终 zuìzhōng 명 결국 | 实现梦想 shíxiàn mèngxiǎng 이상(꿈)을 실현하다

□ **脱颖而出** tuōyǐng'érchū 송곳 끝이 주머니를 뚫고 나오다, 두각을 나타내다

- 当初在应聘经理助理时脱颖而出的优胜者，现在依然是经理助理，也就是我的助理。
  처음 팀장 비서에 지원할 때 두각을 나타낸 우승자는 현재 여전히 팀장 비서이면서, 또한 나의 비서이기도 하다.
- 应聘 yìngpìn 동 지원하다 | 经理助理 jīnglǐ zhùlǐ 팀장 비서 *助理 명 비서 | 优胜者 yōushèngzhě 명 우승자 | 依然 yīrán 부 여전히

□ **全力以赴** quánlìyǐfù 최선을 다하다, 전력을 기울이다

- 袁子弹说，干编剧虽然又辛苦又寂寞，可那是自己的梦想，她一定会全力以赴。
  위엔즈딴이 말하길, 각본가를 하는 건 비록 고되면서 쓸쓸하지만, 그건 자신의 꿈이라서 반드시 최선을 다할 거라고 하였다.
- 袁子弹 Yuán Zǐdàn 고유 위엔즈딴[인명] | 编剧 biānjù 명 각본가, 시나리오 작가 | 辛苦 xīnkǔ 형 고생스럽다, 고되다 | 寂寞 jìmò 형 외롭다, 쓸쓸하다

□ **持之以恒** chízhī-yǐhéng 꾸준히 하다

- 做事贵在持之以恒，既然选择了，那么在做出成绩前，都不能半途而废。
  일을 하는 건 꾸준히 하는 것이 중요하다. 이미 선택했으면, 성과를 내기 전에 도중에 포기해선 안 된다.
- 半途而废 bàntú'érfèi 성 도중에 포기하다

실력 확인하기 쓰기

지문을 10분간 읽고, 400자 내외로 줄여 쓰세요.
(35분 동안 362쪽 원고지에 직접 써 보세요.)

　　赵震是一位给秦始皇兵马俑拍摄"身份证"照片的文物摄影师。由于父亲在博物馆工作，所以小时候的寒暑假，他都待在秦俑村。受父亲的影响，赵震自小对兵马俑就有着特殊的感情。

　　1997年，赵震从学校毕业后，也选择了在博物院工作。在博物院里，每一尊兵马俑都有自己的文物档案，所有文物档案的总和叫"文物总账"，它像一个户口本，家里添丁进口都要补充更新。

　　每一尊俑的保存现状、是否经过修复、是否参加外展以及是否有新俑出土，都要重新记录。对于图片像素不高甚至是年代久远的黑白胶片，都要进行信息更新，赵震和他的同事们就是要给兵马俑的文物总账做新的补充。通俗地说，就是给兵马俑们拍身份证照片。

　　赵震在博物院一工作就是二十多年。一尊尊兵马俑的证件照多出自他手。给兵马俑们拍照并不是一件简单的事，考虑到文物的安全，每次下坑拍摄之前都要先进行审批，还需要几个部门同事的配合。每次在下坑前他都要精心做好准备；一是要沐浴更衣，二是在进坑之前停食一小时，三是穿上最软的鞋和贴身的工作服，最后才小心翼翼地下坑工作。

　　赵震每天要拍摄四到六个小时，一天下来要走几万步。不停地站起来、蹲下、跪下，见缝插针，经常是灰头土脸地出来。因为一号坑的兵马俑之间距离太近，只有三四十厘米。为了保护文物，不至于刮到秦俑，所以即便是在严寒的冬天，赵震也是轻装上阵，只穿件薄薄的衣服。而夏天，坑内就像一个"火炉"，一整天拍下来，他就像在里面洗了个澡。

　　赵震在拍照的时候，特别在意"自然美"。因秦俑坑不能打灯，有时为了拍出最美的自然光线，他会等上一个月甚至一年。而拍照的时候他也会考虑得面面俱到，不单单只拍正面，侧面、发髻、鞋子等细节他都会拍摄到位。每拍摄一尊完整的秦俑，赵震都要蹲着、趴着、跪着无数次。

　　有一次，他猛然发现，照片中兵马俑的嘴唇边上竟然有一枚指纹！"那是2200年前制作兵马俑工匠的指纹！当时我就傻在那儿了，仿佛时间已经消失了，他只是刚刚离去，而我就踩在他还有温度的脚印上。"赵震说。

　　赵震最近干的一件大事，就是为862尊陶俑拍摄了高清照片、建立了电子档案。等身的兵马俑，和人一样高大。通过镜头，四目相对，他们仿佛活过来了，血肉丰沛，呼吸均匀，情感饱满。这种对视，无声胜有声，一眼千年。

독해 阅读

제1부분

문제 유형과 전략

독해 제1부분은 4개의 선택지(A·B·C·D) 중에서 '病句(틀린 문장)'를 고르면 된다. 문제는 51번에서 60번까지 총 10문제가 출제되며, 배점은 한 문제당 2점이다. 독해 제1부분은 단기간에 점수를 올리기 어려우니 맨 마지막에 공부한다. 실제 시험을 볼 때도 독해 제2부분→제3부분→제4부분→제1부분 순서대로 문제를 풀도록 한다.

이렇게 풀어봐요

1. **독해 제1부분은 마지막에 푼다.** 실제 시험에서는 반드시 독해 제2부분~제4부분을 먼저 풀고, 남은 시간에 독해 제1부분을 풀어야 한다. IBT는 먼저 독해 제1부분 정답을 찍어둔 후, 제2부분~제4부분을 풀고 나서 남는 시간에 다시 독해 제1부분을 풀며 정답을 고친다. 평소에도 독해 제1부분보다 독해 제2부분~제4부분을 공부하는 데 더 많은 시간을 투자한다. 보통 HSK 6급 200점 합격선까지는 독해 제1부분을 풀 수 있는 시간이 부족하므로, 200점 이상의 내공이 쌓인 후에 독해 제1부분의 학습량을 서서히 늘려 가도록 한다. 최근에 독해 제1부분이 많이 쉬워졌지만, 여전히 학습자에게 어려운 부분이다.

2. **문장 구조를 분석한다.** 독해 제1부분은 가장 먼저 주어·술어·목적어 등의 문장 구조를 분석하는 연습을 해야 한다. 네 개의 선택지를 보면, 술어+목적어 호응 문제, 문장성분의 중복 출현 혹은 누락, 불필요한 문장성분의 추가 등의 오류 문장이 많다. 따라서 문장구조를 잘 분석할 수 있다면, 실제 시험에서 굳이 시간을 들여 해석하지 않아도 구조 분석만으로도 정답을 골라낼 수 있다. 그러므로 평소에 문장 구조를 분석하는 연습을 많이 하도록 한다.

3. **정독을 많이 한다.** 독해 제1부분은 어법보다 어감이 필요한 영역이다. 중국의 수능인 '高考(까오카오)'에서도 맞는 문장을 찾는 문제가 출제된다. 그만큼 난이도가 있는 부분이다. 문장을 한두 번만 읽고도 '病句'를 찾을 수 있으려면, 평소 정독을 많이 하여 어감을 길러야 한다. 정독은 소리 내서 읽어야 하고, 한 지문을 반복해서 읽어야 한다. 독해 제2부분~제4부분의 지문들로 정독 연습을 하면 좋다.

4. **출제 포인트를 확실히 익힌다.** HSK 6급 독해 제1부분의 정답 포인트나 출제 유형은 거의 비슷하다. 따라서 본 교재의 '내공이 쌓이는 시간'에서 알려 주는 출제 포인트를 익히면 '病句'를 바르게 골라낼 수 있는 안목이 생긴다.

> Day 23

공략법 01
주술목 호응을 확인한다

독해 | 제1부분

독해 제1부분에서 '주어(S)+술어(V)+목적어(O)'의 호응 관계 문제는 매 시험 빠지지 않고 출제됩니다. 먼저 수식 성분인 관형어와 부사어를 괄호로 표시하고, 주어·술어·목적어가 서로 호응 되는지, 동사와 목적어가 서로 호응이 맞는지 확인하면 정답을 빨리 찾을 수 있습니다. 문장을 읽고 어감으로도 답을 찾을 수 있지만, 어감은 짧은 기간에 생기지 않으므로 주술목 구조 분석 으로 답을 찾도록 합니다.

1 문제가 보이는 시간

예제 1 ◀ 틀린 문장을 골라 보세요.

A 中国人使用煤炭的历史可以追溯到两汉。
B 生态环境没有替代品，用之不觉，失之难存。
C 接下来请允许我向大家介绍一下本次会议的流程。
D 他是土生土长的当地人，那里的风土人情对他十分了解。

내가 풀어본 답 ◀ 틀린 문장을 고쳐 보세요.

정답 및 해석

A 中国人使用煤炭的历史可以追溯到两汉。
B 生态环境没有替代品，用之不觉，失之难存。
C 接下来请允许我向大家介绍一下本次会议的流程。
D 他是土生土长的当地人，那里的风土人情对他十分了解。（✔）

A 중국인이 석탄을 사용한 역사는 양한까지 거슬러 올라간다.
B 생태 환경은 대체품이 없어서, 아무렇지도 않게 쓰면 잃어 버려 보존하기 어렵다.
C 다음으로 제가 여러분께 이번 회의의 절차를 소개 좀 해 드리겠습니다.
D 그는 토박이라서, 그곳의 풍토와 인심에 대해 잘 알고 있다.（✔）

해설

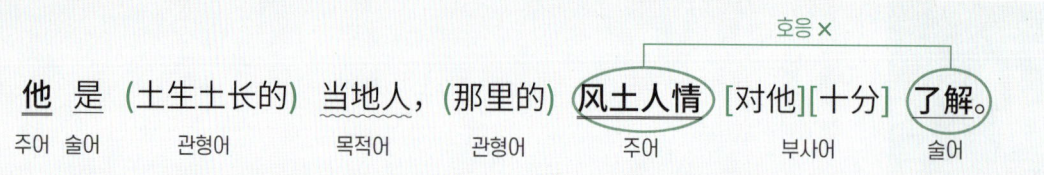

▶ 동사 '了解(잘 알다)'와 호응하는 주어는 '风土人情(풍토와 인심)'이 아닌 사람 '他'가 되어야 합니다. 또한 의미상 '了解'의 대상에 해당하는 '那里的风土人情'은 전치사 '对' 뒤에 써야 합니다.

옳은 문장 他是土生土长的当地人，他对那里的风土人情十分了解。

단어

煤炭 méitàn 명 석탄 | 追溯 zhuīsù 동 거슬러 올라가다 | 两汉 Liǎng Hàn 명 양한[고대의 서한과 동한을 아울러 이르는 말] | 生态环境 shēngtài huánjìng 명 생태 환경 | 替代品 tìdàipǐn 명 대체품 *替代 동 대체하다, 대신하다 | 用之不觉，失之难存 yòngzhībùjué, shīzhīnáncún (가치를 모르고) 아무렇지도 않게 쓰면 잃어버려 보존하기 어렵다 | 接下来 jiēxiàlái 다음으로, 이어서 | 允许 yǔnxǔ 동 허가하다, 허용하다 | 流程 liúchéng 명 절차, 과정 | 土生土长 tǔshēng-tǔzhǎng 성 그 고장에서 나서 자라다, 토박이 | 当地人 dāngdìrén 명 현지인 | 风土人情 fēngtǔ rénqíng 풍토와 인심 | 了解 liǎojiě 동 (자세하게 잘) 알다, 이해하다

예제 2 ◀ 틀린 문장을 골라 보세요.

A 根据天气预报，明天白天淮北地区仍有大量降雨。
B 迄今为止，中国各地有一定规模的动物园不下300家。
C 随着三星堆考古的深入，古蜀文明中更多的历史细节得以呈现。
D 屈原成立了中国诗歌中用香草美人比喻政治理想与君子形象的传统。

내가 풀어본 답 ◀ 틀린 문장을 고쳐 보세요.

정답 및 해석

A 根据天气预报，明天白天淮北地区仍有大量降雨。
B 迄今为止，中国各地有一定规模的动物园不下300家。
C 随着三星堆考古的深入，古蜀文明中更多的历史细节得以呈现。
D 屈原成立了中国诗歌中用香草美人比喻政治理想与君子形象的传统。（✔）

A 일기 예보에 따르면, 내일 낮에는 화이베이 지역에 여전히 많은 비가 내린다고 한다.
B 지금까지 중국 각지에는 일정 규모의 동물원이 300개 이상 있다.
C 삼성퇴 고고학이 심화됨에 따라, 고대 촉 문명 중 더 많은 역사적 세부 정보가 드러날 수 있다.
D 굴원은 중국 시에서 향초미인으로 정치적 이상과 군자의 모습을 비유하는 전통을 세웠다. （✔）

해설

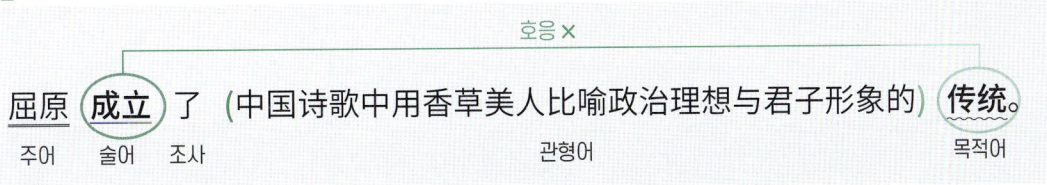

▶ 동사 '成立(설립하다)'와 목적어 '传统(전통)'은 잘못된 호응입니다. '传统'과 호응하는 동사는 '开创'이므로 '成立'를 '开创(세우다)'으로 바꿔 줘야 합니다.

옳은 문장 屈原开创了中国诗歌中用香草美人比喻政治理想与君子形象的传统。

단어

根据 gēnjù 젠 ~에 근거하여, ~에 따르면 | 天气预报 tiānqì yùbào 명 일기 예보 | 淮北 Huáiběi 고유 화이베이, 회북[지명] | 地区 dìqū 명 지역 | 仍 réng 부 여전히 | 降雨 jiàngyǔ 동 비가 내리다 | 迄今为止 qìjīn wéizhǐ 지금까지 | 各地 gèdì 명 각지 | 规模 guīmó 명 규모 | 不下 búxià 동 ~보다 적지 않다, ~ 이상 있다 | 随着 suízhe 젠 ~함에 따라서 | 三星堆 Sānxīngduī 고유 삼성퇴[장강 문명 유적지의 하나] | 考古 kǎogǔ 명 고고학 | 深入 shēnrù 동 깊이 들어가다, 심화되다 | 古蜀 Gǔshǔ 고유 고대 촉, 고촉 | 历史 lìshǐ 명 역사 | 细节 xìjié 명 세부 정보 | 得以 déyǐ 동 ~할 수 있다 | 呈现 chéngxiàn 동 나타나다, 드러나다 | 屈原 Qū Yuán 고유 굴원[인명] | 成立 chénglì 동 (조직·회사 등을) 설립하다 | 开创 kāichuàng 동 창립하다, 열다, (전통을) 세우다 | 诗歌 shīgē 명 시 | 香草美人 xiāngcǎo měirén 향초미인[자신의 충절, 절개, 정치적 이상과 군자의 모습을 '향초'와 '미인'에 빗대어 표현한 상징 기법으로 굴원의 시에서 자주 쓰임] | 比喻 bǐyù 동 비유하다 | 政治理想 zhèngzhì lǐxiǎng 정치적 이상 | 君子形象 jūnzǐ xíngxiàng 군자의 모습 | 传统 chuántǒng 명 전통

② 내공이 쌓이는 시간

실제 독해 제1부분 시험에서 가장 많이 출제되는 유형은 주술목(S+V+O) 관련 문제입니다. 구조 분석을 직접 해 보고, 어디가 틀렸는지 생각한 후에 해설을 보는 것이 좋습니다. 문장이 똑같이 출제되지는 않지만, 출제 포인트는 같습니다.

중국어 문장의 기본 구조

관형어	+	주어	+	부사어	+	술어	+	보어	+	관형어	+	목적어
来上海两年多的		我		已经深深地		喜欢		上了		美丽的		上海。

상하이에 온 지 2년이 넘은 나는 이미 아름다운 상하이를 깊이 좋아하게 되었다.

출제 포인트 1 '주어+술어+목적어'의 호응 관계 오류

틀린 문장 1 春天的田野是最有生机的一个季节。

해설

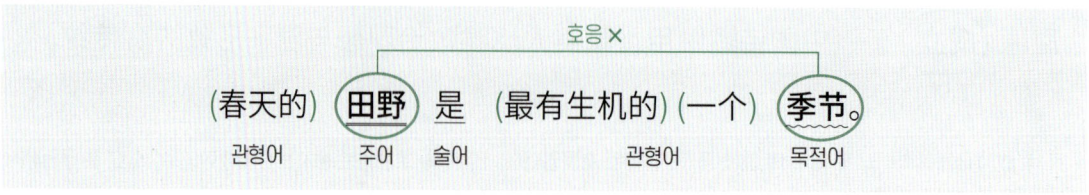

▶ 주어인 '田野(들판)'와 목적어인 '季节(계절)'는 호응이 맞지 않습니다. 따라서 '的田野'를 삭제하여 '春天'이 주어가 되게 하거나 '季节'를 '地方'으로 바꿔야 합니다.

옳은 문장 ① 春天是最有生机的一个季节。 봄은 가장 생기 있는 계절이다.
② 春天的田野是最有生机的一个地方。 봄의 들판은 가장 생기 있는 곳이다.

◆ 田野 tiányě 명 들판 | 生机 shēngjī 명 생기 | 季节 jìjié 명 계절

틀린 문장 2 绿色植物是天然的空气调节器和净化器的作用。

해설

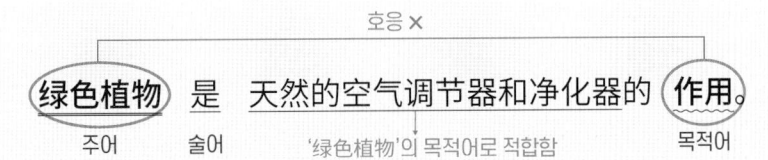

▶ 주어 '绿色植物(녹색 식물)'와 목적어 '作用(작용)'은 호응이 맞지 않습니다. 따라서 '的作用'을 삭제하여 '空气调节器和净化器'가 목적어가 되어야 맞는 문장이 됩니다.

옳은 문장 绿色植物是天然的空气调节器和净化器。 녹색 식물은 천연의 공기 조절기이자 정화기이다.

◆ 绿色植物 lǜsè zhíwù 명 녹색 식물 | 天然 tiānrán 형 천연의 | 调节器 tiáojiéqì 명 조절기 | 净化器 jìnghuàqì 명 정화기
| 作用 zuòyòng 명 작용, 효과

틀린 문장 3 对艺术品收藏来说，作品的材质和工艺是关键其价值的决定。

해설

▶ 주어 '材质和工艺(재질과 공예)'와 목적어 '决定(결정)'은 호응이 맞지 않습니다. 문맥상 '그 가치를 결정하는 핵심'이 자연스러우므로, '关键'과 '决定'의 위치를 서로 바꿔 줍니다. 관형어 자리의 '决定其价值'는 '决定(동사)+其价值(목적어)' 구조로 보면 됩니다.

옳은 문장 对艺术品收藏来说，作品的材质和工艺是决定其价值的关键。
예술품 소장에 있어서, 작품의 재질과 공예는 그 가치를 결정하는 핵심이다.

◆ 收藏 shōucáng 동 소장하다 | 材质 cáizhì 명 재질 | 工艺 gōngyì 명 공예 | 关键 guānjiàn 명 관건, 핵심 | 价值 jiàzhí 명
가치 | 决定 juédìng 동 결정하다

출제 포인트 2 술어와 목적어의 호응 관계 오류

틀린 문장 1 智能手机扩大了微博等社交媒体工具的普及速度。

해설

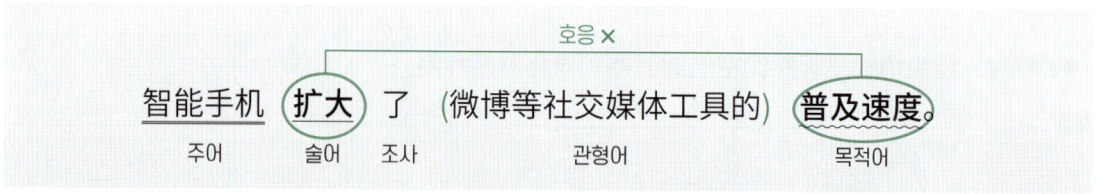

▶ 동사 '扩大(확대하다)'와 목적어 '速度(속도)'는 호응이 맞지 않습니다. '速度'와 호응하는 동사는 '提高'이므로 '扩大'를 '提高(높이다)'로 바꿔 줍니다.

옳은 문장 智能手机提高了微博等社交媒体工具的普及速度。
스마트폰은 웨이보 등 소셜 미디어 도구의 보급 속도를 높였다.

◆ 智能手机 zhìnéng shǒujī 스마트폰 | 扩大 kuòdà 동 (범위를) 확대하다 | 提高 tígāo 동 (속도를) 높이다 | 微博 Wēibó 고유 웨이보[중국식 트위터] | 社交媒体 shèjiāo méitǐ 소셜 미디어(SNS) | 工具 gōngjù 명 도구 | 普及 pǔjí 동 보급되다 | 速度 sùdù 명 속도

틀린 문장 2 五彩缤纷的焰火在夜空中组织了一幅美妙无比的图案。

해설

▶ 동사 '组织(모으다)'와 목적어 '图案(무늬)'은 호응이 맞지 않습니다. '图案'과 호응하는 동사는 '构成'이므로 '组织'를 '构成(이루다)'으로 바꿔 줍니다.

옳은 문장 五彩缤纷的焰火在夜空中构成了一幅美妙无比的图案。
오색찬란한 불꽃이 밤하늘에 아주 아름다운 무늬를 이루었다.

Tip 동사 '组织'는 사람들을 모아서 어떤 활동을 할 때 사용합니다.
• 学校组织学生们到中国去旅游。 학교는 학생들을 모아서 중국으로 여행을 갔다.

◆ 五彩缤纷 wǔcǎi-bīnfēn 성 오색찬란하다 | 焰火 yànhuǒ 명 화염, 불꽃 | 夜空 yèkōng 명 밤하늘 | 组织 zǔzhī 동 (사람들을) 모으다 | 构成 gòuchéng 동 구성하다, 이루다 | 幅 fú 양 폭 [옷감·종이·그림을 셀 때 쓰임] | 美妙 měimiào 형 아름답다, 훌륭하다 | 无比 wúbǐ 형 (주로 좋은 방면으로) 비할 바가 없다, 아주 뛰어나다 | 图案 tú'àn 명 도안, 무늬

틀린 문장 3   由于大量的酒精会杀死脑神经细胞，所以长期饮酒会导致记忆力减退，还有可能引发各种疾病的可能性。

해설

▶ 동사 '引发'는 '일으키다', '유발하다'의 의미로, '引发争吵(논쟁을 일으키다)'처럼 쓰입니다. 이 문장에서 '引发'는 '可能性'을 목적어로 가질 수 없고, 직접적으로 '各种疾病'을 목적어로 가져야 합니다. 따라서 '的可能性'을 삭제하여 '引发各种疾病'으로 술어와 목적어의 호응을 맞춰 줍니다.

옳은 문장   由于大量的酒精会杀死脑神经细胞，所以长期饮酒会导致记忆力减退，还有可能引发各种疾病。
　　　　대량의 알코올은 뇌신경 세포를 죽일 수 있어서, 장기간 음주하면 기억력 감퇴를 초래하고, 각종 질병을 일으킬 수도 있다.

◆ 酒精 jiǔjīng 몡 알코올 | 杀死 shāsǐ 동 죽이다 | 脑神经细胞 nǎoshénjīng xìbāo 뇌신경 세포 | 饮酒 yǐnjiǔ 동 음주하다, 술을 마시다 | 导致 dǎozhì 동 (나쁜 결과를) 초래하다 | 记忆力 jìyìlì 몡 기억력 | 减退 jiǎntuì 동 (정도가) 감퇴하다, 약해지다 | 引发 yǐnfā 동 (질병을) 일으키다, 유발하다

공략법 **02** 주술목이 빠졌는지 확인한다

독해 | 제1부분

Day 24

주술목의 호응 관계를 찾다 보면 주술목 중에 빠진 문장 성분을 발견할 수 있습니다. 문장에서 주어·술어·목적어가 빠져 있는지 확인하면서 '病句(틀린 문장)' 찾는 습관을 길러 봅니다.

1 문제가 보이는 시간

예제 1 ◀ 틀린 문장을 골라 보세요.

A 这部剧的网络点击量已经达到了10亿。
B 孩子们在雪地里嬉笑玩闹，给宁静的冬天增添了活力。
C 生活在这儿的人，一开春便可见山花烂漫，一入秋便能知柿红谷熟。
D 作为中国三条候鸟迁徙路线的交汇点，北京地区生态多样、四季分明，观察野生鸟类互动、迁徙的胜地。

내가 풀어본 답 ◀ 틀린 문장을 고쳐 보세요.

정답 및 해석

A 这部剧的网络点击量已经达到了10亿。
B 孩子们在雪地里嬉笑玩闹，给宁静的冬天增添了活力。
C 生活在这儿的人，一开春便可见山花烂漫，一入秋便能知柿红谷熟。
D 作为中国三条候鸟迁徙路线的交汇点，北京地区生态多样、四季分明，观察野生鸟类互动、迁徙的胜地。(✓)

A 이 드라마의 인터넷 조회수가 이미 10억 뷰에 달했다.
B 아이들은 눈밭에서 웃고 장난치며, 조용한 겨울에 활력을 더했다.
C 여기 사는 사람은 봄이 되면 산에 핀 꽃이 눈부신 것을 볼 수 있고, 가을이 되면 감과 곡식이 익는 것을 알 수 있다.
D 중국의 3대 철새 이동 경로의 합류점으로서, 베이징 지역은 생태가 다양하고 사계절이 분명하며, 야생 조류가 서로 왕래하며 이동하는 것을 관찰하는 명소이다. (✓)

해설

[作为中国三条候鸟迁徙路线的交汇点]，
부사어

北京地区 生态多样、 四季分明， (观察野生鸟类互动、迁徙的) **胜地**。
주어   술어   술어   술어 자리   관형어   목적어

▶ '生态(주어)+多样(동사)'과 '四季(주어)+分明(동사)'은 주술술어문으로 앞에 '北京地区'의 술어에 해당합니다. 이 문장의 구조를 보면, 관형어 동사 '观察'의 목적어는 '野生鸟类互动、迁徙'이므로 목적어인 '胜地(명소)'와 호응하는 술어가 없음을 알 수 있습니다. 따라서 관형어 '观察野生鸟类互动、迁徙' 앞에 술어 '是'를 써 줍니다.

옳은 문장 作为中国三条候鸟迁徙路线的交汇点，北京地区生态多样、四季分明，**是**观察野生鸟类互动、迁徙的胜地。

단어

剧 jù 명 연극, 드라마 | 网络 wǎngluò 명 인터넷 | 点击量 diǎnjīliàng 명 조회수 *点击 동 클릭하다 | 达到 dádào 동 (도)달하다 | 亿 yì 수 억 | 雪地 xuědì 명 눈밭 | 嬉笑玩闹 xīxiào wánnào 웃으며 장난치다 | 宁静 níngjìng 형 조용하다 | 增添活力 zēngtiān huólì 활력을 더하다 *增添 동 더하다, 늘리다 | 开春 kāichūn 동 봄이 되다 | 山花烂漫 shānhuā lànmàn 산에 핀 꽃이 눈부시다 *烂漫 형 (빛깔이) 선명하고 아름답다, 눈부시다 | 入秋 rùqiū 동 가을이 되다 | 柿红谷熟 shìhóng gǔshú 감과 곡식이 익다 *熟 형 (과일·곡식이) 익다 | 作为 zuòwéi 전 ~(자격·신분)으로서 | 候鸟 hòuniǎo 명 철새 | 迁徙路线 qiānxǐ lùxiàn 이동 경로 *迁徙 동 (사람·철새가) 이동하다, 옮겨가다 | 交汇点 jiāohuìdiǎn 명 합류점, 모이는 곳 *交汇 동 합류하다, 합치다 | 地区 dìqū 명 지역 | 生态多样 shēngtài duōyàng 생태가 다양하다 | 四季分明 sìjì fēnmíng 사계절이 분명하다 | 观察 guānchá 동 관찰하다 | 野生鸟类 yěshēng niǎolèi 야생 조류 | 互动 hùdòng 동 서로 왕래하다 | 胜地 shèngdì 명 명승지, 명소

예제 2 ◀ 틀린 문장을 골라 보세요.

A 在现代生活中，厨房油烟的危害不容忽视。
B 毕业活动丰富多彩，学生们以自己的方式告别母校与曾经的岁月。
C 通过供电模拟展示台，用户可直观地了解发电时所产生的碳排放量。
D 春节将至，全国上下掀起了一场春运抢票热潮，到处都弥漫着"一票难求"。

내가 풀어본 답 ◀ 틀린 문장을 고쳐 보세요.

정답 및 해석

A 在现代生活中，厨房油烟的危害不容忽视。
B 毕业活动丰富多彩，学生们以自己的方式告别母校与曾经的岁月。
C 通过供电模拟展示台，用户可直观地了解发电时所产生的碳排放量。

A 현대 생활에서, 주방 연기의 해로움은 무시해서는 안 된다.
B 졸업 행사가 풍부하고 다채로웠고, 학생들은 자신의 방식으로 모교와 과거의 세월에 작별을 고했다.
C 전력 공급 시뮬레이션 전시대를 통해서, 사용자는 전기를 생산할 때 발생하는 탄소 배출량을 직관적으로 이해할 수 있다.

| D 春节将至，全国上下掀起了一场春运抢票热潮，到处都弥漫着"一票难求"。(✓) | D 설이 곧 다가오며, 전국 각지에는 설 여객운송 티켓팅 열풍이 불었고, 곳곳에는 '표 한 장 구하기도 힘든' 분위기가 가득했다. (✓) |

해설

春节 [将] 至， 全国上下 掀〈起〉了 (一场) 春运抢票热潮，
주어1 부사어 술어1 주어2 술어2 보어 조사 관형어 목적어2

[到处][都] 弥漫 着 "一票难求"。
부사어 술어3 조사
└─ '弥漫'의 목적어가 될 수 없음 ─┘

▶ 동사 술어 '弥漫(감돌다)'과 호응하는 명사 목적어가 없습니다. 따라서 '一票难求' 뒤에 '的气氛'를 추가하여 목적어를 만들어 줍니다.

옳은 문장 春节将至，全国上下掀起了一场春运抢票热潮，到处都弥漫着"一票难求"的氛围。

단어

厨房 chúfáng 명 주방 | 油烟 yóuyān 명 (요리할 때 기름으로 인해 나오는) 연기 | 危害 wēihài 명 위해, 해로움 | 不容 bùróng 동 허용하지 않다, ~해서는 안 된다 | 忽视 hūshì 동 소홀히 하다, 무시하다 | 毕业活动 bìyè huódòng 졸업 행사 | 丰富多彩 fēngfùduōcǎi 형 풍부하고 다채롭다 | 告别 gàobié 동 작별을 고하다 | 母校 mǔxiào 명 모교 | 曾经 céngjīng 형 과거의 | 岁月 suìyuè 명 세월 | 通过 tōngguò 전 ~을 통해서 | 供电 gōngdiàn 동 전력을 공급하다 | 模拟 mónǐ 명 시뮬레이션 | 展示台 zhǎnshìtái 명 전시대[물품을 전시할 수 있도록 벌여 놓은 대] | 用户 yònghù 명 사용자 | 直观 zhíguān 형 직관적인 | 了解 liǎojiě 동 (자세하게 잘) 알다, 이해하다 | 发电 fādiàn 동 전기를 생산하다 | 产生 chǎnshēng 동 발생하다 | 碳排放量 tàn páifàngliàng 탄소 배출량 *排放 동 (폐기 가스 등을) 배출하다 | 将至 jiāng zhì 곧 다가오다 | 全国上下 quánguó shàngxià 전국 각지 | 掀起热潮 xiānqǐ rècháo 붐이 일다, 열풍이 불다 | 春运抢票 chūnyùn qiǎngpiào 설 여객운송 티켓팅 *春运 명 설 여객운송 *抢票 동 티켓팅하다 | 到处 dàochù 부 도처에, 곳곳에 | 弥漫 mímàn 동 (분위기가) 가득하다, (안개 등이) 자욱하다 | 一票难求 yí piào nánqiú 표 한 장 구하기도 힘들다 | 氛围 fēnwéi 명 분위기

2 내공이 쌓이는 시간

문장을 볼 때, 주술목 구조를 파악하는 습관을 길러야 합니다. 주어·술어·목적어가 빠져 있는 출제 포인트의 문제를 통해 '病句'를 찾는 안목을 길러 봅시다.

출제 포인트 1 주어가 빠진 경우

틀린 문장 1 中国是扇子的故乡，在中国有着悠久的历史。

해설

생략된 주어 '中国'는 '有历史'의 주어가 될 수 없음

中国　是　(扇子的)　故乡，　[在中国]　有　着　(悠久的)　历史。
주어1　술어1　관형어　목적어　부사어　술어2　조사　관형어　목적어2

▶ 앞 절과 뒤 절의 주어가 같을 때만 뒤 절의 주어를 생략할 수 있습니다. 이 문장에서 앞 절의 주어인 '中国'는 뒤 절인 '在中国 有着悠久的历史'의 주어가 될 수 없습니다. 따라서 뒤 절에 주어 '扇子'를 써 주어야 합니다.

옳은 문장 中国是扇子的故乡，扇子在中国有着悠久的历史。
중국은 부채의 고향이고, 부채는 중국에서 유구한 역사가 있다.

◆ 扇子 shànzi 명 부채 ｜ 故乡 gùxiāng 명 고향 ｜ 悠久 yōujiǔ 형 유구하다

틀린 문장 2 在不断的尝试和突破中，逐渐成长为一名优秀的节目主持人。

해설

[在不断的尝试和突破中]，　[逐渐]　成长　〈为一名优秀的节目主持人〉。
　　　부사어　　　　　　　부사어　술어　　　　　보어

▶ 동사 술어인 '成长(성장하다)'과 호응하는 주어는 사람이어야 합니다. 따라서 뒤 절의 맨 앞에 사람 주어 '他'를 써 줍니다.

옳은 문장 在不断的尝试和突破中，他逐渐成长为一名优秀的节目主持人。
끊임없는 시도와 돌파 속에서, 그는 점차 우수한 프로그램 진행자로 성장했다.

◆ 不断 búduàn 동 끊임없다 ｜ 尝试 chángshì 동 시도해 보다 ｜ 突破 tūpò 동 (난관을) 돌파하다 ｜ 逐渐 zhújiàn 부 점점, 점차 ｜ 成长 chéngzhǎng 동 성장하다, 자라다 ｜ 优秀 yōuxiù 형 우수하다 ｜ 节目 jiémù 명 프로그램 ｜ 主持人 zhǔchírén 명 진행자, MC

틀린 문장 3 由于计算机技术的普及，为学校开展多媒体教学提供了良好的条件。

해설

由于 (计算机技术的) 普及， [为学校开展多媒体教学]
　　　관형어　　　주어　　　　　　　부사어

提供 了 (良好的) 条件。
술어　조사　관형어　목적어

▶ 이 문장은 '提供了…条件'의 주어가 빠져 있습니다. 의미상 문장 제일 앞의 부사어 부분을 주어로 바꾸어 주는 것이 좋습니다. '由于'를 삭제하여 '计算机技术的普及'를 주어로 만들어 줍니다.

옳은 문장 计算机技术的普及，为学校开展多媒体教学提供了良好的条件。
컴퓨터 기술의 보급은 학교에서 멀티미디어 수업을 하는 데 좋은 조건을 제공했다.

◆ 计算机 jìsuànjī 몡 컴퓨터 | 技术 jìshù 몡 기술 | 普及 pǔjí 동 보급되다 | 开展 kāizhǎn 동 전개하다, (수업을) 하다 | 多媒体教学 duōméitǐ jiàoxué 멀티미디어 수업 | 提供条件 tígōng tiáojiàn 조건을 제공하다

출제 포인트 2 술어가 빠진 경우

틀린 문장 1 有些网站可以免费申请个人主页的功能。

해설

有些网站　(可以免费申请个人主页的) 功能。
주어　술어 자리　　　　관형어　　　　　목적어

▶ 이 문장에 동사(申请)는 있지만 '申请'의 목적어는 '个人主页'입니다. 즉, 목적어 '功能'과 호응하는 술어가 없습니다. 따라서 주어 '有些网站' 뒤에 술어 '有'를 써 줍니다.

옳은 문장 有些网站有可以免费申请个人主页的功能。
몇몇 사이트에는 무료로 개인 홈페이지를 신청할 수 있는 기능이 있다.

◆ 网站 wǎngzhàn 몡 (인터넷) 사이트 | 免费 miǎnfèi 동 무료로 하다 | 申请 shēnqǐng 동 신청하다 | 个人主页 gèrén zhǔyè 개인 홈페이지

틀린 문장 2 大自然的许多奥妙是与人生的某些现象相似之处的。

해설

▶ 이 문장에서 '是~的'는 강조 구문이므로 '是'는 술어가 아닙니다. '与人生的某些现象'은 '전치사+명사' 구조의 부사어이며, '相似之处'는 명사형 단어이므로 문장에 술어가 없다는 것을 알 수 있습니다. 따라서 목적어 앞에 술어 '有'를 추가해 줍니다.

옳은 문장 大自然的许多奥妙是与人生的某些现象有相似之处的。
대자연의 수많은 오묘함은 인생의 어떤 현상들과 비슷한 점이 있다.

- 奥妙 àomiào 휑 오묘하다 | 现象 xiànxiàng 몡 현상 | 相似之处 xiāngsì zhī chù 비슷한 점

틀린 문장 3 书中的经验和知识对我们来说取之不尽、用之不竭的源泉。

해설

(书中的) 经验和知识 [对我们来说] (取之不尽、用之不竭的) 源泉。
　관형어　　주어　　　　부사어　　　　　　관형어　　　　목적어
　　　　　　　　　　　　　　　술어 자리

▶ 이 문장의 구조를 보면 '经验和知识'가 주어이고, '取之不尽、用之不竭的'는 '源泉'을 수식하는 관형어이므로 문장에서 술어가 없음을 알 수 있습니다. 일부러 관형어 자리에 어려운 성어를 써서 혼란스럽게 했을 뿐입니다. 따라서 술어를 추가해 줍니다.

옳은 문장 书中的经验和知识对我们来说是取之不尽、用之不竭的源泉。
책 속의 경험과 지식은 우리에게 있어서 아무리 써도 없어지지 않는 원천이다.

- 经验 jīngyàn 몡 경험 | 知识 zhīshi 몡 지식 | 取之不尽、用之不竭 qǔzhībújìn、yòngzhībùjié 솅 아무리 써도 없어지지 않는다, 무궁무진하다 | 源泉 yuánquán 몡 원천

출제 포인트 3 목적어가 빠진 경우

틀린 문장 1 他这个人除了有点儿固执之外，还有不少让人值得佩服。

해설

他这个人 [除了有点儿固执之外]，[还] 有 不少让人值得佩服。
　주어　　　　　부사어　　　　　　　　부사어 술어
　　　　　　　　　　　　　　　　　　　　　　　　'有'의 목적어가 될 수 없음

▶ '他这个人'이 주어이고, '有'가 동사 술어입니다. '不少让人值得佩服'에서 '不少'가 수식하는 명사 목적어가 없습니다. 따라서 '不少让人值得佩服'는 목적어가 될 수 없으며, 목적어를 수식하는 관형어가 되어야 합니다. 그러므로 그 뒤에 '的地方'을 추가하여 목적어를 만들어 줍니다.

옳은 문장 他这个人除了有点儿固执之外，还有不少让人值得佩服的地方。
그 사람은 약간 고집스러운 것 외에, 남이 감탄할 만한 점도 많이 있다.

- 除了 chúle 젠 ~을 제외하고, ~외에 | 固执 gùzhí 휑 고집스럽다 | 值得 zhídé 동 ~할 만하다 | 佩服 pèifú 동 감탄하다, 탄복하다

313

틀린 문장 2 现代医学研究表明，22时到凌晨4时是人体免疫系统、造血系统最旺盛。

해설

现代医学研究	表明，	22时到凌晨4时	是	人体免疫系统、造血系统最旺盛。
大주어	大술어	주어	술어	

'是'는 명사형 목적어를 가지므로 이는 목적어가 될 수 없음

▶ 이 문장은 '현대 의학 연구에서(주어) ~을(목적어) 밝혔다(술어)'라는 큰 구조에서, 목적어 부분을 다시 구체화한 문장입니다. '22时到凌晨4时'가 주어이고 '是'는 동사 술어입니다. 주어 '22时到凌晨4时'는 시간을 나타내므로 '~最旺盛(~이 가장 왕성하다)'은 '是'의 목적어가 될 수 없습니다. 그러므로 이 문장은 목적어가 빠져 있습니다. '~最旺盛' 뒤에 '的时间'을 추가하여 목적어를 만들면, 전체 주어와 술어, 목적어의 호응 관계가 맞습니다.

옳은 문장 现代医学研究表明，22时到凌晨4时是人体免疫系统、造血系统最旺盛的时间。
현대 의학 연구에 따르면 22시(밤 10시)부터 새벽 4시까지는 인체의 면역 계통과 조혈 계통이 가장 왕성한 시간이라고 한다.

◆ 研究表明 yánjiū biǎomíng 연구에 따르면 ~라고 한다 | 凌晨 língchén 명 새벽, 이른 아침 | 免疫系统 miǎnyì xìtǒng 면역 계통 | 造血系统 zàoxuè xìtǒng 조혈 계통 *造血 동 조혈하다, 피를 만들다 | 旺盛 wàngshèng 형 왕성하다

틀린 문장 3 褪黑素具有调节昼夜节律和改善睡眠。

해설

褪黑素	具有	调节昼夜节律和改善睡眠。
주어	술어	

'具有'의 목적어가 될 수 없음

▶ '褪黑素'가 주어이고, '具有'가 술어입니다. '调节昼夜节律和改善睡眠'은 동사구가 접속사 '和'로 연결된 형태이므로 목적어가 될 수 없습니다. 그러므로 그 뒤에 '的作用' 또는 '的效果'를 추가하여 목적어를 만들어 줍니다.

옳은 문장 褪黑素具有调节昼夜节律和改善睡眠的作用/效果。
멜라토닌은 밤낮 리듬을 조절하고 수면을 개선하는 효과가 있다.

◆ 褪黑素 tuìhēisù 명 멜라토닌[수면과 관련된 호르몬] | 具有 jùyǒu 동 있다 | 调节 tiáojié 동 조절하다 | 昼夜节律 zhòuyè jiélǜ 밤낮 리듬 | 改善睡眠 gǎishàn shuìmián 수면을 개선하다 | 作用 zuòyòng 명 작용, 효과(=效果 xiàoguǒ)

공략법 03 불필요한 단어의 중복을 확인한다

독해 | 제1부분

:sun: Day 25

주술목 호응을 분석하며 '病句'를 찾다 보면 쓸데없이 내용이 중복되는 단어나 구가 보입니다. 그런데 이런 유형의 문제들은 한국어로 해석하면 오히려 말이 되는 거 같아 '病句'를 찾기 어렵습니다. 한국어로 해석하기보다는 주술목의 호응을 제대로 분석하는 실력을 키우는 것이 중요합니다.

1 문제가 보이는 시간

예제 1 ◀ 틀린 문장을 골라 보세요.

- A 造成这起事故，是由于我们一时疏忽的结果。
- B 这位神秘嘉宾的出现，将晚会的气氛推向了最高潮。
- C 四月的龙城，20多万株紫荆繁花竞放，街头巷尾，处处皆景。
- D 在交往中与他人形成融洽的人际关系，是合作学习的一条基本原则。

내가 풀어본 답 ◀ 틀린 문장을 고쳐 보세요.

정답 및 해석

A	造成这起事故，是由于我们一时疏忽的结果。(✓)	A 이 사고를 일으킨 것은 우리가 잠시 부주의한 결과이다/ 부주의했기 때문이다. (✓)
B	这位神秘嘉宾的出现，将晚会的气氛推向了最高潮。	B 이 신비로운 게스트의 출현은 저녁행사의 분위기를 최고조로 끌어올렸다.
C	四月的龙城，20多万株紫荆繁花竞放，街头巷尾，处处皆景。	C 4월의 롱청은 20여만 그루의 자형 꽃들이 만발하여, 거리와 골목 곳곳이 모두 아름다운 풍경이다.
D	在交往中与他人形成融洽的人际关系，是合作学习的一条基本原则。	D 교류하면서 타인과 원만한 인간관계를 형성하는 것은 모둠 학습의 기본 원칙이다.

해설

> '由于'와 '的结果' 둘 중 하나만 남겨두면 목적어가 될 수 있음
>
> **造成这起事故，** **是** 由于我们一时疏忽的结果。
> 주어　　　　　　술어

▶ 이 문장은 문맥상 '由于'와 '的结果' 둘 중 하나만 남겨두면 됩니다. '由于'를 삭제하면 관형어 '我们一时疏忽的' 뒤의 '结果'가 명사 목적어가 되고, '的结果'를 삭제하면 '由于+주어+술어' 형태의 절 목적어가 됩니다.

옳은 문장
① 造成这起事故，是我们一时疏忽的结果。 이 사고를 일으킨 것은 우리가 잠시 소홀한 결과이다.
② 造成这起事故，是由于我们一时疏忽。 이 사고를 일으킨 것은 우리가 잠시 소홀했기 때문이다.

단어

造成事故 zàochéng shìgù 사고를 일으키다 *造成 동 (나쁜 결과를) 일으키다 | 一时 yìshí 명 잠시 | 疏忽 shūhu 동 소홀히 하다, 부주의하다 | 结果 jiéguǒ 명 결과 | 神秘 shénmì 형 신비롭다 | 嘉宾 jiābīn 명 게스트 | 出现 chūxiàn 동 출현하다 | 晚会 wǎnhuì 명 저녁 행사 | 气氛 qìfēn 명 분위기 | 推向 tuīxiàng 동 끌어올리다 | 最高潮 zuìgāocháo 명 최고조 | 龙城 Lóngchéng 고유 롱청, 용성[지명] | 株 zhū 양 그루 | 紫荆 zǐjīng 고유 자형, 박태기나무[식물명] | 繁花竞放 fánhuā jìngfàng 꽃들이 만발하다 *繁花 명 온갖 꽃, 갖가지 꽃 *竞放 동 다투어 피다, 만발하다 | 街头巷尾 jiētóu-xiàngwěi 성 거리와 골목(의 이곳저곳) | 处处皆景 chùchù jiē jǐng 곳곳이 모두 아름다운 풍경이다 | 交往 jiāowǎng 동 왕래하다, 교류하다 | 形成 xíngchéng 동 (관계를) 형성하다 | 融洽 róngqià 동 사이가 좋다, 원만하다 | 人际关系 rénjì guānxì 명 인간관계 | 合作学习 hézuò xuéxí 모둠 학습[한 학급 전체 또는 몇 명으로 구성된 팀이 공동의 목적을 성취하기 위한 협력 학습 방법] | 基本原则 jīběn yuánzé 기본 원칙

예제 2 ◀ 틀린 문장을 골라 보세요.

A 河水的来源除了地下水之外，还有雨水。
B 沉重压抑的气氛令在场的人都有些喘不过气来。
C 散文被视为抒情文学，情感性是散文的第一首要要素。
D 中小企业在保障就业、改善民生等方面发挥着重要的作用。

내가 풀어본 답 ◀ 틀린 문장을 고쳐 보세요.

정답 및 해석

A 河水的来源除了地下水之外，还有雨水。
B 沉重压抑的气氛令在场的人都有些喘不过气来。
C 散文被视为抒情文学，情感性是散文的第一首要要素。(✓)
D 中小企业在保障就业、改善民生等方面发挥着重要的作用。

A 강물의 원천은 지하수 외에, 빗물도 있다.
B 무겁고 답답한 분위기가 현장에 있던 사람들을 모두 숨막히게 했다.
C 산문은 서정문학으로 간주되며, 감정적 특징은 산문의 가장 중요한/첫 번째 요소이다. (✓)
D 중소기업은 취업을 보장하고 민생을 개선하는 등의 방면에 중요한 역할을 하고 있다.

해설

散文　　被　　视　　〈为抒情文学〉,
'视'의 목적어　被(+주어 생략)　술어1　　보어

情感性　是　(散文的)(第一首要)　要素。
주어2　　술어2　　관형어　　　　목적어2

'第一'와 '首要'는 같은 의미임

▶ '第一'와 '首要'는 같은 의미를 나타내므로 함께 쓰지 못합니다. 따라서 둘 중 하나만 써 줍니다.

옳은 문장　① 散文被视为抒情文学，情感性是散文的首要要素。
② 散文被视为抒情文学，情感性是散文的第一要素。
산문은 서정문학으로 간주되고, 감정적 특징은 산문의 첫 번째 요소이다.

단어

河水 héshuǐ 명 강물 | 来源 láiyuán 명 (사물의) 원천 | 除了 chúle 전 ~을 제외하고, ~ 외에 | 地下水 dìxiàshuǐ 명 지하수 | 沉重压抑 chénzhòng yāyì (분위기가) 무겁고 답답하다 | 气氛 qìfēn 명 분위기 | 在场 zàichǎng 동 현장에 있다 | 喘不过气来 chuǎnbuguòqìlái 숨쉬기 힘들다, 숨막히다 *喘气 동 숨차다, 숨을 헐떡이다 | 散文 sǎnwén 명 산문 | 被视为 bèi shìwéi ~로 간주되다 *视 동 보다, 간주하다 | 抒情文学 shūqíng wénxué 서정문학[개인의 감정이나 정서를 주관적으로 표현한 문학] | 情感性 qínggǎnxìng 명 감정적 특징 | 首要 shǒuyào 형 가장 중요하다 | 要素 yàosù 명 요소 | 中小企业 zhōngxiǎo qǐyè 중소기업 | 保障就业 bǎozhàng jiùyè 취업을 보장하다 | 改善民生 gǎishàn mínshēng 민생을 개선하다 | 发挥作用 fāhuī zuòyòng 역할을 (발휘)하다

② 내공이 쌓이는 시간

내용상 중복되는 성분이나 단어를 '病句'로 출제하는 문제들의 패턴을 익혀 봅니다.

출제 포인트 1　필요 없는 단어가 있는 경우

틀린 문장 1　经过治疗，儿子的病已经恢复了健康。

해설

[经过治疗], (儿子的) 病 [已经] 恢复 了 健康。
　부사어　　　관형어　주어　　　　술어　조사

▶ 만약 주어가 '儿子'라면 '恢复了健康'을 술어와 목적어로 가질 수 있지만, 주어 '病'은 목적어 '健康'을 가질 수 없습니다. 그러므로 이 문장에서 '健康'은 불필요한 단어가 됩니다.

옳은 문장　① 经过治疗，儿子的病已经恢复了。 치료 끝에, 아들의 병은 이미 회복되었다.

② 经过治疗，儿子已经恢复了健康。 치료 끝에, 아들은 이미 건강을 회복했다.

◆ 经过 jīngguò 젠 ~을 거쳐, ~ 끝에 | 治疗 zhìliáo 동 치료하다 | 恢复 huīfù 동 회복되다 | 健康 jiànkāng 명 건강

틀린 문장 2 今天，我们去了北京郊区的地方，游览了很多著名的景点。

해설

[今天]，我们 去 了 北京郊区的地方，游览 了 (很多著名的) 景点。
부사어　주어　술어1 조사　　목적어1　　　술어2 조사　　관형어　　　목적어2

Tip 이 문제와 유사한 문제가 자주 출제되니 꼭 익혀 둡니다. 장소 뒤에는 '的地方'을 쓰지 않습니다.

▶ 동사 '去'의 목적어는 '北京郊区'만 있으면 됩니다. '的地方'은 장소인 '北京郊区' 뒤에 쓰지 않습니다.

옳은 문장 今天，我们去了北京郊区，游览了很多著名的景点。
오늘 우리는 베이징 교외 지역에 가서 많은 유명한 명소들을 유람했다.

◆ 郊区 jiāoqū 명 교외 지역 | 游览 yóulǎn 동 유람하다 | 著名 zhùmíng 형 저명하다, 유명하다 | 景点 jǐngdiǎn 명 명소, 명승지

틀린 문장 3 中国古代的青花瓷，图案款式种类繁多，每个时期的款式都有鲜明的时代特征明显。

해설

(中国古代的) 青花瓷，(图案款式) 种类 繁多，
　관형어　　　　大주어　　관형어　　주어1 술어1

(每个时期的) 款式 [都] 有 (鲜明的) 时代特征 明显。
　관형어　　　주어2 부사어 술어2 관형어　　 목적어2

▶ 맨 뒤 절의 동사 술어는 '有'이고, 목적어는 '时代特征'입니다. 목적어 뒤에는 다른 단어가 올 수 없습니다. 따라서 '明显'을 삭제해야 맞는 문장이 됩니다.

옳은 문장 中国古代的青花瓷，图案款式种类繁多，每个时期的款式都有鲜明的时代特征。
중국 고대의 청화자기는 문양 디자인의 종류가 아주 많고, 각 시기의 디자인은 모두 뚜렷한 시대적 특징이 있다.

◆ 青花瓷 qīnghuācí 명 청화자기 | 图案 tú'àn 명 도안, 문양 | 款式 kuǎnshì 명 양식, 스타일, 디자인 | 种类繁多 zhǒnglèi fánduō 종류가 아주 많다 | 时期 shíqī 명 시기 | 鲜明 xiānmíng 형 선명하다, 뚜렷하다 | 时代特征 shídài tèzhēng 시대적 특징

공략법 04 부사어와 특수구문을 확인한다

독해 | 제1부분

주술목 구조가 올바르다면 두 번째로 확인할 부분은 부사어와 특수구문입니다. 부사어와 특수구문 관련 문제는 꾸준하게 출제되고 있습니다. 부사어란 술어 앞에 위치하여 술어를 수식하는 문장성분을 말하는데, 주로 부사, 능원동사, 전치사구 등이 부사어로 쓰입니다. 부사어 '病句'는 부사의 위치와 전치사의 누락을 확인하는 것이 가장 중요합니다. 특수구문이란 중국어의 기본 문형에서 벗어난 문장 형태를 말하며, 把자문·被자문·겸어문이 대표적입니다.

1 문제가 보이는 시간

예제 1 ◀ 틀린 문장을 골라 보세요.

A 大型化、集约化、高效化是现代农业发展的趋势。
B 吴敬梓用辛辣的笔触塑造了一批可笑又可悲的人物。
C 很多手机厂商都在手机的摄像头中加入了防抖功能。
D 彩虹原则倡导在进食足量蔬菜的同时，蔬菜的颜色搭配有五种至少。

내가 풀어본 답 ◀ 틀린 문장을 고쳐 보세요.

정답 및 해석

A 大型化、集约化、高效化是现代农业发展的趋势。
B 吴敬梓用辛辣的笔触塑造了一批可笑又可悲的人物。
C 很多手机厂商都在手机的摄像头中加入了防抖功能。
D 彩虹原则倡导在进食足量蔬菜的同时，蔬菜的颜色搭配有五种至少。（✓）

A 대형화·집약화·고효율화는 현대 농업 발전의 추세이다.
B 오경재는 신랄한 필치로 우스꽝스럽고 가엾은 인물들을 묘사했다.
C 많은 핸드폰 제조업체들이 모두 핸드폰 카메라에 손떨림 방지 기능을 추가했다.
D 무지개 원칙은 충분한 양의 채소를 섭취하는 동시에, 채소의 색깔 조합에 최소한 5가지가 있도록 권장한다. （✓）

해설

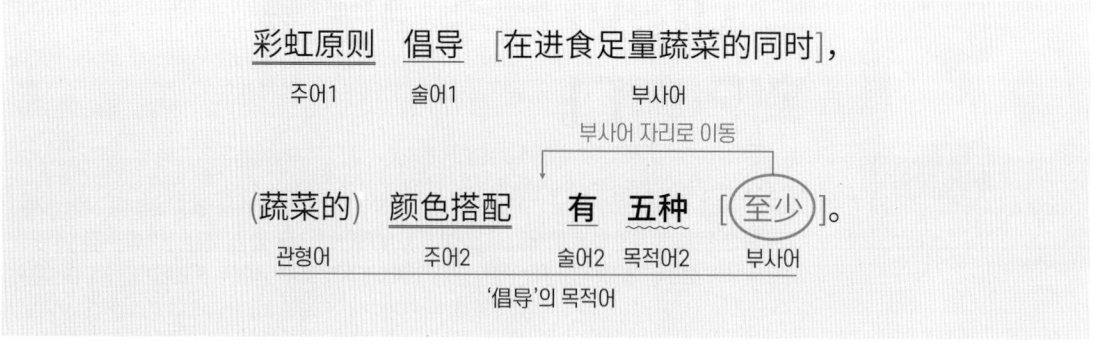

▶ '倡导'의 목적어 부분에서 술어는 '有'이고, 목적어는 '五种'입니다. 목적어 뒤에는 다른 단어가 올 수 없으므로, 부사 '至少'를 술어 앞으로 옮겨서 '至少有'로 만들어 줍니다.

옳은 문장 彩虹原则倡导在进食足量蔬菜的同时，蔬菜的颜色搭配至少有五种。

단어

大型化 dàxínghuà 명 대형화 | 集约化 jíyuēhuà 명 집약화 | 高效化 gāoxiàohuà 명 고효율화 | 农业发展 nóngyè fāzhǎn 농업 발전 | 趋势 qūshì 명 추세 | 吴敬梓 Wú Jìngzǐ 고유 오경재[청나라 소설가] | 辛辣 xīnlà 형 (글·말이) 신랄하다 | 笔触 bǐchù 명 필치[글에 나타나는 개성] | 塑造 sùzào 동 (인물을) 형상화하다, 묘사하다 | 批 pī 양 무리, 떼 | 可笑 kěxiào 형 우습다, 우스꽝스럽다 | 可悲 kěbēi 형 슬프다, 가엾다 | 手机厂商 shǒujī chǎngshāng 핸드폰 제조업체 | 摄像头 shèxiàngtóu 명 카메라 | 加入功能 jiārù gōngnéng 기능을 추가하다 | 防抖 fáng dǒu (손)떨림을 방지하다 *防 동 막다, 방지하다 | 彩虹原则 cǎihóng yuánzé 무지개 원칙 | 倡导 chàngdǎo 동 제창하다, 권장하다 | 进食 jìnshí 동 (음식을) 먹다, 섭취하다 | 足量 zúliàng 형 충분한 양의 | 蔬菜 shūcài 명 채소, 야채 | 搭配 dāpèi 동 조합하다 | 至少 zhìshǎo 부 최소한, 적어도

예제 2 ◀ 틀린 문장을 골라 보세요.

A 这家公司目前在全球76个国家1300万客户提供服务。
B 种子是种子植物的繁殖和散布器官，全球种子种类超过35万种。
C 如今，丰富的视频、直播和网友之间的互动，使得科普更生动、直观。
D 依兰是香水工业的重要原料，从依兰的新鲜花瓣中提取的精油称依兰油。

내가 풀어본 답 ◀ 틀린 문장을 고쳐 보세요.

정답 및 해석

A 这家公司目前在全球76个国家1300万客户提供服务。(✓)
B 种子是种子植物的繁殖和散布器官，全球种子种类超过35万种。
C 如今，丰富的视频、直播和网友之间的互动，使得科普更生动、直观。

A 이 회사는 현재 전 세계 76개 국가에서 1,300만 명의 고객에게 서비스를 제공한다. (✓)
B 씨는 종자식물의 번식과 분산 기관으로, 전 세계의 씨 종류는 35만 종이 넘는다.
C 오늘날 풍부한 동영상, 라이브 방송 및 네티즌 간의 상호작용은 지식 대중화를 더욱 생생하고 직관적으로 만든다.

| D | 依兰是香水工业的重要原料，从依兰的新鲜花瓣中提取的精油称依兰油。 | D | 일랑일랑은 향수 산업의 중요한 원료이며, 일랑일랑의 신선한 꽃잎에서 추출된 에센셜 오일은 일랑일랑 오일이라고 한다. |

해설

这家公司 [目前][在全球76个国家] 1300万客户 提供 服务。
　주어　　　　부사어　　　　　　명사형　　술어　목적어

▶ 문장 구조를 보면 부사어 '目前在全球76个国家' 뒤에 바로 명사형 단어인 '1300万客户'가 왔습니다. 이 명사형 단어가 어떤 문장성분으로 쓰였는지는 정확하지 않습니다. 이 문장은 '这家公司'가 주어이므로 주어 뒤, 명사 앞에 전치사 '为'를 써야 맞는 표현이 됩니다.

옳은 문장 这家公司目前在全球76个国家为1300万客户提供服务。

단어

全球 quánqiú 명 전 세계 | 客户 kèhù 명 고객, 거래처 | 提供服务 tígōng fúwù 서비스를 제공하다 | 种子植物 zhǒngzi zhíwù 종자식물[씨를 퍼뜨려 번식하는 식물] *种子 명 종자, 씨 | 繁殖 fánzhí 동 번식하다 | 散布 sànbù 동 (여기저기) 흩어지다, 분산하다 | 器官 qìguān 명 (생물의) 기관 | 种类 zhǒnglèi 명 종류 | 超过 chāoguò 동 초과하다, 넘다 | 如今 rújīn 명 오늘날 | 丰富 fēngfù 형 풍부하다 | 视频 shìpín 명 동영상 | 直播 zhíbō 명 라이브 방송 | 网友 wǎngyǒu 명 네티즌 | 互动 hùdòng 동 상호 작용을 하다, 소통하다 | 使得 shǐde 동 ~하게 하다 | 科普 kēpǔ 명 과학 보급, 지식 대중화 | 生动 shēngdòng 형 생동감 있다, 생생하다 | 直观 zhíguān 형 직관적인 | 依兰 Yīlán 고유 일랑일랑[동남아시아에서 자라는 열대 상록성 교목] *依兰油 일랑일랑 오일 | 香水工业 xiāngshuǐ gōngyè 향수 산업 *工业 명 공업, 산업 | 原料 yuánliào 명 원료 | 新鲜 xīnxiān 형 신선하다 | 花瓣 huābàn 명 꽃잎 | 提取 tíqǔ 동 추출하다 | 精油 jīngyóu 명 에센셜 오일 | 称 chēng 동 ~라고 부르다, ~라고 하다

② 내공이 쌓이는 시간

부사어 자리에 들어가는 부사는 주로 위치 혹은 의미상 부사를 제대로 썼는지를 물어봅니다. 전치사는 전치사가 빠진 '病句'를 많이 물어봅니다. 또한 把자문, 被자문 등의 특수구문 출제 포인트도 익혀 둡니다.

출제 포인트 1   부사의 '의미 혹은 위치' 오류

틀린 문장 1   中国至少在周朝就有了天赋人权的思想萌芽。

해설

中国	[至少]	[在周朝]	[就]	有	了	(天赋人权思想的)	萌芽。
주어		부사어		술어	조사	관형어	목적어

▶ 부사를 제대로 썼는지 물어보는 유형입니다. 문장은 '周朝', 즉 주나라 때의 일을 말하고 있으므로, '최소한'의 뜻을 가진 '至少'는 의미상 어울리지 않습니다. 과거 시기의 일을 들어, '일찍이 언제부터 ~했다'라고 표현할 때는 '早在+시기+就+동사' 구조를 씁니다. 따라서 부사 '至少'를 '早'로 바꾸어야 합니다.

옳은 문장   中国**早**在周朝就有了天赋人权思想的萌芽。 중국에는 일찍이 주나라 때 천부인권사상의 싹이 생겨났다.

◆ 周朝 Zhōucháo [고유] 주 왕조, 주나라 | 天赋人权思想 tiānfù rénquán sīxiǎng 천부인권사상[인간은 태어나면서부터 누구에게도 양도하거나 빼앗길 수 없는 권리를 하늘로부터 부여받았다는 사상] | 萌芽 méngyá [명] 싹, 맹아[사물의 시작을 비유함]

틀린 문장 2   通过参观茶叶博览会，我了解到很多关于茶叶的知识，还买了顺便一些大红袍茶叶。

해설

[通过参观茶叶博览会],	我	了解	〈到〉	(很多)	(关于茶叶的)	知识,
부사어	주어	술어	보어		관형어	목적어

빈도부사 '还' 앞으로 이동

[还]	买	了	[顺便]	(一些)	大红袍茶叶。
부사어	술어2	조사	부사어	관형어	목적어2

▶ '顺便(겸사겸사)'은 부사이므로 술어 '买' 뒤쪽이 아닌, '买' 앞쪽 부사어 자리에 와야 하며, 의미상 빈도부사 '还' 앞으로 옮겨 줍니다.

옳은 문장   通过参观茶叶博览会，我了解到很多关于茶叶的知识，**顺便**还买了一些大红袍茶叶。
찻잎 박람회 관람을 통해서, 나는 찻잎에 관한 많은 지식을 알게 되었고, 겸사겸사 대홍포 찻잎도 조금 샀다.

◆ 通过 tōngguò [전] ~을 통해서 | 参观 cānguān [동] 관람하다 | 茶叶 cháyè [명] 찻잎 | 博览会 bólǎnhuì [명] 박람회 | 了解 liǎojiě [동] (자세하게 잘) 알다, 이해하다 | 知识 zhīshi [명] 지식 | 顺便 shùnbiàn [부] ~하는 김에, 겸사겸사 | 大红袍 dàhóngpáo [명] 대홍포[중국 복건성 무이산 지역에서 생산되는 차]

출제 포인트 2 전치사의 '생략 혹은 의미' 오류

틀린 문장 1 专家建议，求职者谨慎的态度找工作是对的，但也不可过于挑剔。

해설

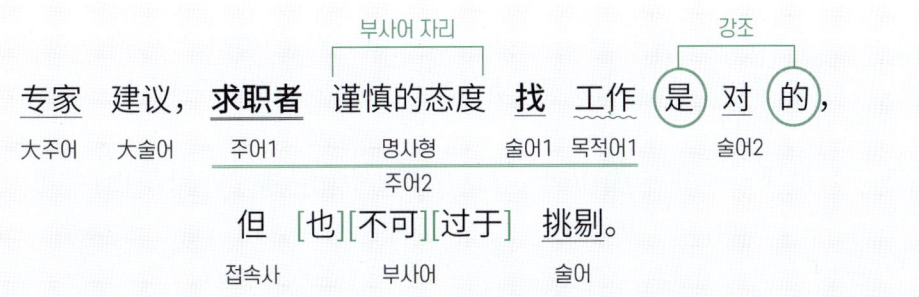

▶ 두 번째 주어 '求职者谨慎的态度找工作'는 하나의 문장으로 이루어졌습니다. 주어 '求职者'와 명사형 단어인 '谨慎的态度'가 연달아 있고, 그 뒤에 동사 술어 '找'가 있습니다. 따라서 '求职者' 뒤의 명사 '谨慎的态度' 앞에는 전치사 '以'를 추가하여 부사어로 만들어 줍니다.

옳은 문장 专家建议，求职者以谨慎的态度找工作是对的，但也不可过于挑剔。
전문가는 구직자가 신중한 태도로 일자리를 찾는 것이 맞지만, 지나치게 따져서도 안 된다고 제안한다.

◆ 专家 zhuānjiā 몡 전문가 | 建议 jiànyì 동 건의하다, 제안하다 | 求职者 qiúzhízhě 몡 구직자 | 谨慎 jǐnshèn 형 (언행이) 신중하다 | 态度 tàidu 몡 태도 | 过于 guòyú 부 지나치게, 너무 | 挑剔 tiāotī 동 (결점·잘못을) 들추어내다, 따지다

틀린 문장 2 经过显微镜，我们可以清楚地看到肉眼看不见的微生物。

해설

[经过显微镜]， 我们 [可以][清楚地] 看到 (肉眼看不见的) 微生物。
　부사어　　　　주어　　　부사어　　　술어　　　관형어　　　목적어

▶ 전치사 '经过'와 '通过'를 제대로 썼는지 물어보는 유형입니다. '经过'는 주로 '经过长期的努力(오랜 노력 끝에)'처럼 기간과 함께 쓰이며, '通过'는 단순히 수단을 나타낼 때 쓰입니다. 이 문장에서 '显微镜(현미경)'은 단순한 수단이므로 '经过'가 아닌 '通过'를 써야 합니다.

옳은 문장 通过显微镜，我们可以清楚地看到肉眼看不见的微生物。
현미경을 통해서, 우리는 육안으로 볼 수 없는 미생물을 분명하게 볼 수 있다.

◆ 经过 jīngguò 전 ~을 거쳐, ~끝에 | 通过 tōngguò 전 ~을 통해서 | 显微镜 xiǎnwēijìng 몡 현미경 | 清楚 qīngchu 형 분명하다 | 肉眼 ròuyǎn 몡 육안, 맨눈 | 微生物 wēishēngwù 몡 미생물

출제 포인트 3 **把자문의 오류**

틀린 문장 1   有的人把购物成为一种释放压力的手段，心理压力过大、心里不痛快时，就通过购物来舒缓自己的情绪。

해설

有的人　[把购物]　成〈为一种释放压力的手段〉，
주어　　　把+목적어　　　　보어
[心理压力过大、心里不痛快时]，[就][通过购物]　来　舒缓　（自己的）　情绪。
　　　　부사어　　　　　　　　　부사어　　조사　술어　　관형어　　　목적어

Tip '通过+수단+来+동사' 구조에서 '来'는 조사로서, 방식을 나타냅니다. 굳이 해석하지 않아도 됩니다.

▶ 把자문은 동사 뒤에 '为+명사' 구문이 보어로 자주 쓰입니다. 하지만 이 문장에서 '成为'의 '为'는 보어가 아니고 '成为' 자체가 하나의 단어로 쓰였습니다. '成为'는 把자문에 쓰지 않습니다. 이 문장은 'A를 B로 보다(여기다)'라는 뜻의 '把+A+视为B' 구문으로 바꾸어야 옳은 문장이 됩니다.

옳은 문장   有的人把购物视为一种释放压力的手段，心理压力过大、心里不痛快时，就通过购物来舒缓自己的情绪。
어떤 사람은 쇼핑을 스트레스를 해소하는 수단으로 여겨, 심리적 스트레스가 너무 크고 마음이 불쾌할 때 쇼핑을 통해서 자신의 기분을 푼다.

◆ 购物 gòuwù 동 물건을 사다, 쇼핑하다 | 视为 shìwéi 동 ~로 보다, ~로 여기다 | 释放压力 shìfàng yālì 스트레스를 해소하다 *释放 동 방출하다, 해소하다 | 不痛快 bú tòngkuài 불쾌하다 | 舒缓情绪 shūhuǎn qíngxù 기분을 풀다 *舒缓 동 느슨하게 하다, (기분을) 풀다

틀린 문장 2   顾虑太多，犹豫不决，就容易把机会从手中溜走。

해설

顾虑太多，犹豫不决，　[就][容易]　[把机会]　[从手中]　溜走。
　　　주어　　　　　　　　　부사어　　　把+목적어　　부사어　　술어

▶ 이 문장은 술어 '溜走'의 뜻을 알아야 把자문을 써야 할지 겸어문을 써야 할지 알 수 있습니다. 많은 학생이 '溜走'의 뜻을 몰라서 '病句'임을 알아차리지 못했습니다. '溜走'는 '몰래 빠져나가다'라는 의미로, 뒤에 목적어를 갖지 않는 동사입니다. 把자문과 被자문에 쓰이는 동사들은 모두 목적어를 가지므로, 위의 把자문은 '病句'입니다. '把'를 '让'으로 바꾸어 겸어문으로 만들어 주면 옳은 문장이 됩니다.

옳은 문장   顾虑太多，犹豫不决，就容易让机会从手中溜走。
너무 많이 근심하고 망설이는 것은 기회가 손에서 쉽게 빠져나가게 만든다.

◆ 顾虑 gùlǜ 동 근심하다, 염려하다 | 犹豫不决 yóuyùbùjué 성 결단을 못 내리다, 망설이다 | 溜走 liūzǒu 동 (몰래) 빠져나가다, 사라지다

출제 포인트 4 被자문의 오류

틀린 문장 1 人要善于控制自己的情绪，否则你就会控制它们。

해설

人 [要] 善于 控制自己的情绪， 否则 你 [就][会] 控制 它们。
주어 부사어 술어1 목적어1 접속사 주어2 부사어 술어2 목적어2

▶ 이 문제는 어법적으로 문제가 없지만, 의미상 앞 절과 뒤 절이 어울리지 않습니다. 앞 절은 '자신의 마음을 잘 조절해야 한다'고 말하고 있습니다. 접속사 '否则'가 뒤 절을 잇고 있는데, '否则(그렇지 않으면)'는 '不然'과 같은 의미로 그 뒤에는 앞 절과 상반되는 내용이 나와야 문맥이 매끄럽습니다. 따라서 뒤 절은 '被'를 이용하여 '否则你就会被它们控制'로 바꾸면 문맥이 자연스러워집니다.

옳은 문장 人要善于控制自己的情绪，否则你就会被它们控制。
사람은 자신의 마음을 잘 조절해야지, 그렇지 않으면 당신이 그것(자신의 마음)에 통제된다.

◆ 善于 shànyú 동 ~을 잘하다, 잘 ~하다 | 控制 kòngzhì 동 통제하다, 조절하다 | 情绪 qíngxù 명 마음, 정서, 기분 | 否则 fǒuzé 접 그렇지 않으면, 안 그러면

틀린 문장 2 鸟类原本是以星星定向的，城市的照明光却常常被它们迷失方向。

해설

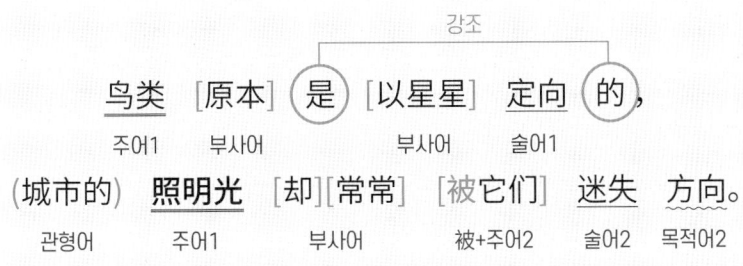

▶ 被자문의 기본 구조는 '목적어+被(+주어)+동사 술어+결과'입니다. 이 문장 두 번째 절의 '被' 부분을 보면 '被' 뒤에 '주어+술어+목적어' 형태로 쓰여 있기 때문에 被자문 구조가 아님을 알 수 있습니다. 또한 의미를 해석해 보면, '被' 앞의 주어 '照明光'이 주체가 되어, '它们迷失方向'이라는 결과를 이끄는 것이 의미상 자연스럽습니다. 따라서 이 문장은 '被'를 '让(~에게 ~하게 하다)'으로 바꿔 줍니다.

옳은 문장 鸟类原本是以星星定向的，城市的照明光却常常让它们迷失方向。
새들은 원래 별을 가지고 방향을 정하지만, 도시의 조명이 자주 새들이 방향을 잃게 만든다.

◆ 鸟类 niǎolèi 명 조류, 새 | 定向 dìngxiàng 동 방향을 정하다 | 城市 chéngshì 명 도시 | 照明光 zhàomíngguāng (밝게 비추는) 조명 | 迷失方向 míshī fāngxiàng 방향을 잃다

출제 포인트 5　**겸어문의 오류**

틀린 문장 1　碳酸饮料中的二氧化碳和糖分会体内的脂肪更易堆积。

해설

(碳酸饮料中的)	二氧化碳和糖分	[会]	(体内的)	脂肪	[更][易]	堆积。
관형어	주어1	부사어	관형어	주어2	부사어	술어2

▶ 능원동사 '会' 뒤에는 명사(体内的脂肪)가 바로 올 수 없으므로 이 문장은 '病句'입니다. '二氧化碳和糖分(주어1)+会+使(술어1)+脂肪(주어2)+堆积(술어2)'처럼 사역동사 '使'를 '会' 뒤에 넣어 겸어문을 만들어 줍니다.

옳은 문장　碳酸饮料中的二氧化碳和糖分会使体内的脂肪更易堆积。
　　　　　　탄산음료에 들어 있는 이산화탄소와 당분은 체내의 지방이 더 쉽게 쌓이게 한다.

◆ 碳酸饮料 tànsuān yǐnliào 명 탄산음료 ｜ 二氧化碳 èryǎnghuàtàn 명 이산화탄소(CO_2) ｜ 糖分 tángfèn 명 당분 ｜ 脂肪 zhīfáng 명 지방 ｜ 堆积 duījī 동 쌓이다, 축적되다

틀린 문장 2　经过三天的培训，使员工的业务素质得到了一定的提高。

해설

[经过三天的培训],	使	(员工的)	业务素质	得到	了	(一定的)	提高。
부사어		관형어	주어	술어	조사	관형어	목적어

▶ '使'를 이용한 겸어문이 되려면 '使' 앞에 반드시 주어가 있어야 합니다. '经过三天的培训'은 '전치사+명사' 구조로, 주어가 아닌 부사어로 쓰입니다. 따라서 사역동사 '使'를 삭제하여 일반적인 문장으로 만들어 줍니다.

옳은 문장　① 经过三天的培训，员工的业务素质得到了一定的提高。
　　　　　　　3일간의 교육을 거쳐, 직원의 업무 자질이 어느 정도 향상되었다.
　　　　　　② 三天的培训使员工的业务素质得到了一定的提高。
　　　　　　　3일간의 교육은 직원들의 업무 자질을 어느 정도 향상시켰다.

◆ 经过 jīngguò 전 ~을 거쳐, ~ 끝에 ｜ 培训 péixùn 동 훈련하다, 교육하다 ｜ 员工 yuángōng 명 직원 ｜ 业务素质 yèwù sùzhì 업무 자질 ｜ 得到提高 dédào tígāo 향상되다

공략법 05 자주 출제되는 보너스 문제를 공략한다

Day 27

독해 | 제1부분

주술목 구조 분석과 부사어 체크에 익숙해졌다면 독해 제1부분 시험에 자주 출제되는 포인트를 알아 두어야 합니다. 출제 포인트만 잘 알고 있으면 모든 문장을 분석하지 않고도 정답을 빠르게 고를 수 있습니다. 접속사, 是否·能否·有没有, 之一, 정도부사, 형용사 중첩이 문장에 나오면 그 문장부터 확인해야 합니다.

1 문제가 보이는 시간

예제 1 ◀ 틀린 문장을 골라 보세요.

A 一样事物能否成为时尚，要看它符合人们的审美。
B 别人怎么评价你不重要，重要的是你怎么看自己。
C 他不顾大家的阻拦，坚持要回到火灾现场实施救援。
D 父母如果想消除跟子女之间的代沟，就要紧跟时代的步伐。

내가 풀어본 답 ◀ 틀린 문장을 고쳐 보세요.

정답 및 해석

A 一样事物能否成为时尚，要看它符合人们的审美。(✓)	A 하나의 사물이 유행할 수 있는가는 그것이 사람들의 미적 기준에 부합하는지를 봐야 한다. (✓)
B 别人怎么评价你不重要，重要的是你怎么看自己。	B 다른 사람이 당신을 어떻게 평가하는지는 중요하지 않고, 중요한 것은 당신이 자신을 어떻게 보는지이다.
C 他不顾大家的阻拦，坚持要回到火灾现场实施救援。	C 그는 모두의 저지에도 아랑곳하지 않고, 화재 현장으로 돌아가서 구조를 실시하겠다고 고집했다.
D 父母如果想消除跟子女之间的代沟，就要紧跟时代的步伐。	D 부모가 자녀와의 세대차를 해소하려면, 시대의 흐름을 따라야 한다.

해설

一样事物能否成为时尚， [要] 看 它符合人们的审美。
　　주어　　　　　　　　　부사어　술어　　목적어

▶ '一样事物能否成为时尚'에서 '能否(能不能)'를 확인했다면, '要看' 뒤에도 긍정·부정을 담은 어휘가 있어야 문장이 논리적으로 맞습니다. 따라서 동사 '符合' 앞에 '是否'를 써 주어야 합니다.

옳은 문장 一样事物能否成为时尚，要看它是否符合人们的审美。

단어

事物 shìwù 명 사물 | 时尚 shíshàng 명 유행, 트렌드 | 符合 fúhé 동 부합하다, (들어)맞다 | 审美 shěnměi 명 심미, 미적 기준 | 评价 píngjià 동 평가하다 | 不顾 búgù 동 고려하지 않다, 아랑곳하지 않다 | 阻拦 zǔlán 동 저지하다 | 坚持 jiānchí 동 고수하다, 고집하다 | 火灾现场 huǒzāi xiànchǎng 화재 현장 | 实施救援 shíshī jiùyuán 구조를 실시하다 *救援 동 구원하다, 구조하다 | 如果 rúguǒ 접 만약, 만일 | 消除代沟 xiāochú dàigōu 세대차를 해소하다 *消除 동 없애다, 해소하다 | 紧跟时代的步伐 jǐngēn shídài de bùfá 시대의 흐름을 따르다 *紧跟 동 바짝 뒤따르다 *步伐 명 발걸음, 보조

예제 2 ◀ 틀린 문장을 골라 보세요.

A 一些沿海城市在发展起来之前，只是个港口或码头。
B 他写这本书时搜集了很多资料，光草稿本就有三尺多厚。
C 中央气象台报道，台风杜苏芮成为强台风的可能性依然很大极了。
D 湖上泛着一片青烟似的薄雾，远望微山，只能隐约辨出灰色的山影。

내가 풀어본 답 ◀ 틀린 문장을 고쳐 보세요.

정답 및 해석

A 一些沿海城市在发展起来之前，只是个港口或码头。
B 他写这本书时搜集了很多资料，光草稿本就有三尺多厚。
C 中央气象台报道，台风杜苏芮成为强台风的可能性依然很大极了。(✓)
D 湖上泛着一片青烟似的薄雾，远望微山，只能隐约辨出灰色的山影。

A 일부 연해 도시는 발전하기 전에, 단지 항구나 부두에 불과했다.
B 그가 이 책을 쓸 때 많은 자료를 수집했는데, 초고본만 두께가 3척이 넘는다.
C 중국 중앙기상청에서 태풍 독수리가 강태풍이 될 가능성이 여전히 크다고 보도했다. (✓)
D 호수에 푸른 연기 같은 옅은 안개가 끼어 있어, 멀리 웨이산을 바라보면, 회색의 산그림자만 어렴풋하게 분간해 낼 수 있다.

해설

中央气象台 报道，(台风杜苏芮成为强台风的) 可能性 [依然] [很] 大 极了。
　　대주어　　대술어　　　　관형어　　　　　　주어　부사어　술어

▶ '很'은 정도부사이고, '极了'는 정도 보어로 모두 정도를 강조해 주는 표현이므로 함께 쓸 수 없습니다. '可能性大极了'라는 표현은 잘못 되었기 때문에 '大' 뒤의 '极了'를 삭제해 줍니다.

옳은 문장 中央气象台报道，台风杜苏芮成为强台风的可能性依然很大。

단어

沿海城市 yánhǎi chéngshì 연해 도시[연해: 바닷가 근처 지방] | 发展 fāzhǎn 동 발전하다 | 港口 gǎngkǒu 명 항구 | 码头 mǎtou 명 부두 | 搜集资料 sōují zīliào 자료를 수집하다 | 光 guāng 부 (단지) ~만 | 草稿本 cǎogǎoběn 명 초고본[완성된 책 형태가 아닌 상태로, 저자가 처음으로 쓴 책을 말함] | 尺 chǐ 양 자, 척[길이의 단위, 1丈(장)의 1/10로 약 33.3cm] | 厚 hòu 명 두께 | 中央气象台 zhōngyāng qìxiàngtái 중앙기상대, 중앙기상청 | 报道 bàodào 동 보도하다 | 台风 táifēng 명 태풍 | 杜苏芮 dùsūruì 명 독수리 | 强台风 qiángtáifēng 명 강태풍 | 依然 yīrán 부 여전히 | 极了 jíle 매우[형용사 뒤에서 정도 보어로 쓰임] | 湖 hú 명 호수 | 泛 fàn 동 (안개가) 끼다, 범람하다 | 青烟 qīng yān 푸른 연기 | 似 sì 동 ~와 같다 | 薄雾 bówù 명 옅은 안개 | 远望微山 yuǎnwàng Wēishān 멀리 웨이산을 바라보다 *微山 웨이산[산 이름] | 隐约 yǐnyuē 형 어렴풋하다, 희미하다 | 辨 biàn 동 분간하다 | 灰色 huīsè 명 회색, 잿빛 | 山影 shānyǐng 명 산그림자

2 내공이 쌓이는 시간

접속사는 앞뒤 짝꿍이 되는 접속사와 접속 부사를 함께 익혀두면 됩니다. 또한 앞뒤 문맥에 맞게 접속사를 썼는지도 확인해야 합니다. 나머지 '是否'나 시험에 꾸준히 나오는 출제 포인트를 통해 '病句(틀린 문장)'를 찾는 안목을 기르도록 합니다.

출제 포인트 1 접속사의 오류

접속사는 독해 제1부분에서 거의 매 시험마다 1~2문제씩 출제된다. 시험에 나오는 접속사 문제는 절대로 어렵지 않다. '因为…所以…', '虽然…但是…', '如果…就…', '不仅…而且…', '不管…都…', '只有…才…', '只要…就…' 처럼 가장 기본적인 접속사 위주로 출제된다. 접속사 자체의 호응보다는 앞 절과 뒤 절의 내용 관계를 파악하여 접속사를 제대로 썼는지 확인하는 연습을 해 본다.

틀린 문장 1 不管大家强烈反对，他仍然坚持自己的意见。

해설

不管…也/都… ~을 막론하고 ~하다

不管 大家强烈反对， 他仍然坚持自己的意见。
접속사   모두 반대한다   그는 고집한다 ← 앞뒤 절은 상반된 내용

▶ 접속사 '不管'은 주로 '也', '都'와 함께 호응을 이루어 '~을 막론하고 ~하다'라는 의미를 나타냅니다. 이때 '不管' 뒤에는 반드시 두 가지 이상의 조건이 와야 합니다. 이 문장에는 '不管'과 호응하는 단어도 없고, 두 가지 이상의 조건도 없으므로 '病句'입니다. 의미상 '모두가 반대했지만, 그는 자신의 의견을 고집했다'라는 내용이므로 '尽管'을 써 줍니다.

> **Tip** '不管'과 같은 의미의 접속사로는 '无论/不论'이 있습니다. 문장에 '不管'이 있으면, 반드시 두 가지 이상의 조건이 와야 하는데, 이 두 가지 이상의 조건에는 의문사, '多'·'多么'·'A不A'·'A还是B'·'AB' 형식이 자주 나옵니다. 여기서 '多'나 '多么'는 형용사 앞에서 '얼마나'라는 의미를 나타냅니다. '都'는 뒤에 나오는 결과가 항상 똑같다는 것을 의미하며, '都' 대신 '也'와 '总'을 쓰기도 합니다.

옳은 문장 尽管大家强烈反对，他仍然坚持自己的意见。
비록 모두가 강하게 반대했지만, 그는 여전히 자신의 의견을 고집했다.

- 不管 bùguǎn 접 ~에 관계없이 | 尽管 jǐnguǎn 접 비록 ~지만 | 强烈 qiángliè 형 강하다, 강렬하다 | 仍然 réngrán 부 여전히 | 坚持 jiānchí 동 (의견을) 고집하다

틀린 문장 2 时间就像海绵里的水，要不然你愿意挤，总是有的。

해설

时间就像海绵里的水，|要不然| 你愿意挤， 总是有的。
　　　　　　　　　　　접속사　 당신이 짜려 한다　 항상 있다
　　　　　　　　　　　　　　　　　　(조건)　　　　　(결과)

▶ 접속사 '要不然'은 '만약에 그렇지 않으면'이란 의미로, 앞에 언급한 내용과 반대 상황을 가정할 때 쓰는 접속사입니다. 하지만 이 문장은 앞뒤 절이 서로 자연스럽게 이어지는 내용이므로 '要不然'이 어울리지 않습니다. 이 문장은 '你愿意挤'가 조건이고 '总是有的'가 조건에 따른 결과입니다. 따라서 '~하기만 하면'이라는 의미의 '只要'가 들어가야 합니다.

옳은 문장 时间就像海绵里的水，只要你愿意挤，总是有的。
시간은 스펀지 속의 물과 같아서, 당신이 짜려고만 하면 항상 있다.

- 海绵 hǎimián 명 스펀지 | 只要 zhǐyào 접 ~하기만 하면 | 挤 jǐ 동 (손으로) 짜다 | 总是 zǒngshì 부 항상, 늘

틀린 문장 3 有人说："有两种东西，即便失去才知道可贵：一是青春，一是健康。"

해설

　　　　　　　　　　　　　即便…也… 설령 ~할지라도 ~하다
有人说："有两种东西，|即便| 失去　才知道可贵：一是青春，一是健康。"
　　　　　　　　　　접속사　잃어버리다　그제야 귀중함을 알게 되다
　　　　　　　　　　　　　　(조건)　　　　(결과)

▶ 접속사 '即便'은 주로 부사 '也'와 호응을 이루어 '설령 ~할지라도 ~하다'라는 의미를 나타냅니다. 이때 '即便' 뒤에는 극단적인 가정 상황이 옵니다. 하지만 이 문장은 '即便'과 호응하는 '也'도 없고, '잃어버리다'라는 조건과 '그제야 알게 되다'라는 결과와 의미상으로도 맞지 않으므로 '病句'입니다. 따라서 조건을 이끌어 내어 결과를 유도하는 문장은 '只有…才…' 구문을 써야 합니다. 이 문장에서는 '才知道可贵'의 '才'가 힌트입니다.

옳은 문장 有人说："有两种东西，只有失去才知道可贵：一是青春，一是健康。"
어떤 사람이 "오직 잃어버려야만 귀중함을 알게 되는 두 가지가 있다. 하나는 청춘이고, 하나는 건강이다."라고 말한다.

- 即便 jíbiàn 접 설령 ~할지라도 | 只有 zhǐyǒu 접 반드시(오직) ~해야만 | 可贵 kěguì 형 귀중하다, 소중하다 | 健康 jiànkāng 명 건강

틀린 문장 4 狮子每天要睡20个小时左右，因而它在捕食猎物时会消耗大量体力。

해설

狮子每天要睡20个小时左右， **因而**(=因此) 它在捕食猎物时会消耗大量体力。
　사자는 20시간 자야 한다　　　접속사　　　　　많은 체력을 소모한다
　　　　　(결과)　　　　　　　　　　　　　　　　　　(원인)

▶ '因而'은 '그러므로'라는 뜻으로, 결과를 이끌어 내는 접속사입니다. 즉, '원인, 因而+결과'의 형태로 쓰는데, 이 문장은 뒤 절이 앞 절의 원인이 되기 때문에 '因而'이 아니라 '因为'를 써야 합니다.

옳은 문장 狮子每天要睡20个小时左右，因为它在捕食猎物时会消耗大量体力。
사자는 매일 20시간 정도 자야 한다. 왜냐하면 사자는 사냥감을 잡아먹을 때 많은 체력을 소모하기 때문이다.

> **Tip** '결과, 因为+원인'처럼 '因为'는 뒤 절에 쓸 수 있습니다.

• 狮子 shīzi 명 사자 | 因而 yīn'ér 접 그러므로 | 捕食 bǔshí 동 (먹이를) 잡아먹다 | 猎物 lièwù 명 사냥감 | 消耗体力 xiāohào tǐlì 체력을 소모하다 *消耗 동 소모하다, 소비하다

틀린 문장 5 长时间盯着手机屏幕看，不仅容易引起眼睛疲劳，反而会导致近视、散光等视力问题。

해설

[长时间] 盯着 手机屏幕 看， **不仅** [容易] 引起 眼睛疲劳，
　부사어　술어1　목적어1　술어2　접속사　부사어　술어　목적어
　　　　　　　　　　주어

[**反而**][会] 导致 (近视、散光等) 视力问题。
　부사어　술어　　　관형어　　　　목적어

▶ '不仅'은 '~할 뿐만 아니라'라는 뜻으로, 뒤 절에는 접속사 '而且' 혹은 '还/也' 같은 부사와 함께 쓰입니다. 따라서 뒤 절의 '反而'을 '而且'로 바꿔 줍니다.

> **Tip** '不仅' 뒤에 부정부사 '不/没'가 있다면 뒤 절에 '反而'을 써 줍니다. '不仅+不/没+A, 反而+B' 구조는 'A하지 않을 뿐 아니라, 오히려 B하다'는 뜻입니다.

옳은 문장 长时间盯着手机屏幕看，不仅容易引起眼睛疲劳，而且会导致近视、散光等视力问题。
핸드폰 화면을 장시간 쳐다보면, 눈의 피로를 쉽게 유발할 뿐만 아니라, 게다가 근시와 난시 등의 시력 문제를 초래하게 된다.

• 盯 dīng 동 응시하다, 쳐다보다 | 屏幕 píngmù 명 화면 | 引起 yǐnqǐ 동 야기하다, 유발하나 | 疲劳 píláo 형 피로하다 | 反而 fǎn'ér 부 오히려 | 导致 dǎozhì 동 (나쁜 결과를) 초래하다 | 近视 jìnshì 명 근시[먼 곳이 잘 안 보이고 가까운 곳이 잘 보이는 질환] | 散光 sǎnguāng 명 난시[안구의 표면이 고르지 않아 눈으로 들어온 빛이 한 점에서 초점을 맺지 못하는 질환] | 视力 shìlì 명 시력

출제 포인트 2 '是否'·'能否'·'有没有'의 사용 오류

'是否'·'能否'·'有没有'는 모두 술어 앞에 위치하는 부사어이다. '是否'는 '是不是'의 의미이고, '能否'는 '能不能'의 의미이다.

틀린 문장 1 寂寞是一块儿试金石，可以试出一个人意志坚韧是否。

해설

寂寞　是　（一块儿）　试金石，　[可以]　试　〈出〉　一个人意志坚韧是否。
주어　술어1　관형어　　목적어1　　부사어　술어2　보어　　　목적어2

▶ '是否'는 부사이므로 술어 앞에 옵니다. 뒤 절의 목적어인 '一个人意志坚韧是否'에서 부사 '是否'가 형용사 술어인 '坚韧' 뒤에 위치하고 있으므로 이 문장은 '病句'입니다.

옳은 문장 寂寞是一块儿试金石，可以试出一个人意志是否坚韧。
외로움은 시금석으로, 사람의 의지가 강인한지 아닌지를 시험할 수 있다.

◆ 寂寞 jìmò 휑 외롭다, 쓸쓸하다ㅣ试金石 shìjīnshí 몡 시금석[어떤 사물의 가치나 사람의 능력 등을 평가하는 데 기준이 될 만한 사물을 비유하여 이르는 말]ㅣ试 shì 동 시험하다ㅣ意志 yìzhì 몡 의지ㅣ坚韧 jiānrèn 휑 강인하다

틀린 문장 2 能否保持一颗平常心是考试正常发挥的关键。

해설

能否保持一颗平常心　是　（考试正常发挥的）　关键。
　　주어　　　　　　 술어　　　관형어　　　　목적어
~할 수 있는가 없는가　　≠　　~할 수 있는가

▶ '能否保持一颗平常心(평상심을 유지할 수 있는가 없는가)'은 뒤에 나오는 '是考试正常发挥的关键(시험에서 정상적으로 실력을 발휘하는 가의 관건이다)'과 내용상 논리가 맞지 않습니다. 따라서 관형어 부분도 '考试能否正常发挥'로 바꿔 줍니다. 아니면 양쪽의 '能否'를 삭제해도 됩니다.

옳은 문장 ① 能否保持一颗平常心是考试能否正常发挥的关键。
평상심을 유지할 수 있는지의 여부는 시험에서 정상적으로 (실력을) 발휘할 수 있는지 없는지의 관건이다.

② 保持一颗平常心是考试正常发挥的关键。
평상심을 유지하는 것은 시험에서 정상적으로 (실력을) 발휘하는 가의 관건이다.

◆ 保持 bǎochí 동 (지속적으로) 유지하다ㅣ平常心 píngchángxīn 몡 평상심ㅣ正常 zhèngcháng 휑 정상적이다ㅣ发挥 fāhuī 동 (실력을) 발휘하다ㅣ关键 guānjiàn 몡 관건, 열쇠

틀린 문장 3 这场比赛的胜负将直接决定我们能进入决赛圈。

해설

（这场比赛的）　胜负　[将直接]　决定　我们能进入决赛圈。
　관형어　　　　주어　　부사어　　술어　　　목적어

▶ 이 문장에는 '是否'·'能否'·'有没有' 대신에 '胜负'라는 단어가 있습니다. '胜负'는 '승부(이기고 지는 것)'라는 뜻이라, '决定' 뒤의 내용을 '본선에 진출할 수 있는지 아닌지를 결정한다'라고 해줘야 합니다. 따라서 '我们能'의 '能'을 '能否'로 바꿔 줍니다.

옳은 문장 这场比赛的胜负将直接决定我们能否进入决赛圈。
이 경기의 승패는 우리가 본선에 진출할 수 있는지 아닌지를 직접적으로 결정할 것이다.

• 比赛 bǐsài 명 경기, 시합 | 胜负 shèngfù 명 승부, 승패 | 直接 zhíjiē 형 직접적인 | 决定 juédìng 동 결정하다 | 决赛圈 juésàiquān 명 결선, 본선 *进入决赛圈 본선에 진출하다

틀린 문장 4 有没有坚定的信念，是成功的先决条件。

해설

有没有坚定的信念， 是 （成功的） 先决条件。
　주어　　　　　　　술어　　　　　　목적어
~이 있는가 없는가　 ≠　　　　　~의 선결 조건이다

▶ '是成功的先决条件'은 '술어+목적어' 구조입니다. 따라서 주어 '坚定的信念' 앞에 '有没有'를 넣게 되면, 술어와 의미가 어울리지 않습니다. 확고한 신념이 성공의 선결 조건이지, 확고한 신념이 있고 없고가 성공의 선결 조건은 아니기 때문입니다. 따라서 주어 부분의 '有没有'를 삭제해야 합니다.

옳은 문장 坚定的信念，是成功的先决条件。 확고한 신념은 성공의 선결 조건이다.

• 坚定 jiāndìng 형 (신념이) 확고하다, 굳다 | 先决条件 xiānjué tiáojiàn 선결 조건

출제 포인트 3 '之一'의 사용 오류

> **Tip** '之一'는 '~중의 하나'라는 의미로, 앞에 '四大'·'七大'·'八大'·'十大' 등의 단어와 함께 쓰인다. 확인해야 할 것은 '四大', '七大' 등의 단어가 나왔을 때 주어가 1개일 경우에는 반드시 '之一'를 써 줘야 한다는 것이다. 즉, '之一'가 보이면 주어의 수를 세어서 '之一'가 필요한지 필요 없는지를 판단해야 한다.

틀린 문장 1 《红楼梦》是中国古代四大名著。

해설

《红楼梦》　是　中国古代四大名著。
　주어　　 술어　　　목적어
『홍루몽』:1개　　　　4대 명작: 4개

▶ 주어는 《红楼梦》만 있으므로 목적어 '中国古代四大名著'의 '四大'와 수가 맞지 않습니다. 따라서 '四大名著' 뒤에 반드시 '之一'를 붙여 줘야 합니다.

옳은 문장 《红楼梦》是中国古代四大名著之一。 『홍루몽』은 중국 고대 4대 명작 중의 하나이다.

• 红楼梦 Hónglóumèng 고유 홍루몽[중국의 사대기서 중의 하나, 청나라 조설근(曹雪芹)이 지은 소설] | 四大名著 sìdà míngzhù 4대 명작[삼국연의·수호전·서유기·홍루몽을 뜻함]

틀린 문장 2 《富春山居图》是元朝画家黄公望的作品，以浙江富春江为背景，是中国十大传世名画。

해설

《富春山居图》	是	（元朝画家黄公望的）	作品，	[以浙江富春江]
주어	술어1	관형어	목적어1	부사어

为	背景，	是	中国十大传世名画。
술어2	목적어2	술어3	목적어3
			10대 명화: 10개

▶ 주어는 《富春山居图》 1개이므로, 목적어 '中国十大传世名画'의 '十大'와 수가 맞지 않습니다. 따라서 '中国十大传世名画' 뒤에 '之一'를 붙여야만 앞뒤 절의 의미가 어울립니다.

옳은 문장 《富春山居图》是元朝画家黄公望的作品，以浙江富春江为背景，是中国十大传世名画之一。

「부춘산거도」는 원나라 화가 황공망의 작품으로, 저장성 부춘강을 배경으로 했으며 중국 후세에 전해지는 10대 명화 중의 하나이다.

◆ 富春山居图 Fùchūnshānjūtú 고유 부춘산거도[중국의 10대 명화 중 하나] | 元朝 Yuáncháo 고유 원나라 | 黄公望 Huáng Gōngwàng 고유 황공망[인명] | 浙江 Zhèjiāng 고유 저장성[지명] | 富春江 Fùchūnjiāng 고유 부춘강[지명] | 背景 bèijǐng 명 배경 | 传世 chuánshì 동 후세에 전해지다

틀린 문장 3 苏洵，北宋文学家，与其子苏轼、苏辙合称"三苏"，均被列入"唐宋八大家"之一。

해설

苏洵，	北宋文学家，	[与其子 苏轼 、 苏辙]	合称	"三苏"，
주어	술어1	부사어	술어2	목적어2

사람 3명

[均]	被	列	〈入"唐宋八大家"之一〉。
부사어	被	술어	보어
			당송팔대가(위의 3명 포함됨)

▶ 당송팔대가에 포함되는 사람은 '三苏', 즉 '苏洵'·'苏轼'·'苏辙' 세 명입니다. 또한 부사 '均(=都)'이 쓰인 걸로 봐서 역시 여러 사람임을 알 수 있습니다. 따라서 '唐宋八大家之一'에서 '之一'는 한 명일 때 사용하므로 잘못된 표현입니다. '之一'를 삭제하고 '唐宋八大家'만 써야 옳은 문장이 됩니다.

옳은 문장 苏洵，北宋文学家，与其子苏轼、苏辙合称"三苏"，均被列入"唐宋八大家"。

소순은 북송의 문학가로 그의 아들 소식, 소철을 합쳐서 '삼소(三苏)'라고 부르며, 모두 '당송팔대가'에 속한다.

◆ 苏洵 Sū Xún 고유 소순[인명] | 苏轼 Sū Shì 고유 소식[인명] | 苏辙 Sū Zhé 고유 소철[인명] | 合称 héchēng 동 합쳐서 ~라고 부르다 | 均 jūn 부 모두, 다 | 被列入 bèi lièrù ~에 속하다, ~에 들어가다

출제 포인트 4　정도부사와 형용사 중첩 오류

형용사는 목적어를 갖지 않기 때문에 독해 제1부분에서 '病句'로 출제되는 비율이 아주 적다. 형용사 문제는 '정도'를 제대로 강조했는지를 물어본다. 형용사의 정도를 강조하는 방법에는 세 가지(①정도부사+형용사, ②형용사+정도보어, ③형용사 중첩)가 있다. 주의할 점은, 형용사의 정도를 강조할 때, 이 방법들 중에서 2개 이상을 함께 쓰면 안 된다. 즉, 정도부사와 형용사 중첩을 함께 쓰면 '病句'이다.

틀린 문장 1　正值7月盛夏，车内没有空调，热得很不得了。

해설

[正值7月盛夏]，　车内　　没有　　空调，　热　　得　〈很不得了〉。
　부사어　　　　주어　　술어1　　목적어1　술어2　조사　　정도보어

▶ '热得不得了'의 '不得了'는 정도보어로, 이미 정도가 강조되어 있기 때문에 정도부사 '很'을 함께 쓸 수 없습니다. 따라서 '很'을 삭제해야 합니다.

옳은 문장　正值7月盛夏，车内没有空调，热得不得了。
마침 7월 한여름인 데다 차 안에는 에어컨이 없어서 엄청 덥다.

◆ 正值 zhèngzhí 동 마침 ~한 시기이다 ｜ 盛夏 shèngxià 명 한여름 ｜ 空调 kōngtiáo 명 에어컨 ｜ 不得了 bùdéliǎo 형 (정도가) 심하다

틀린 문장 2　他长得很身强力壮，个子大概在一米八五左右。

해설

他　长　得　〈很身强力壮〉，　个子　　[大概]　在　一米八五左右。
주어1 술어1 조사　　정도보어　　　주어2　　부사어　술어2　　목적어2

▶ '身强力壮'은 성어이지만 성질은 형용사와 같고, 이미 정도가 강조되어 있으므로 앞에 정도부사 '很'을 쓸 수 없습니다. 따라서 이 문장에서는 '很'을 삭제하고 '长得身强力壮'으로 고쳐야 옳은 문장이 됩니다.

　　형용사 역할을 하는 성어

　□ 兴高采烈 xìnggāo-cǎiliè 매우 기쁘다
　□ 心花怒放 xīnhuā-nùfàng 마음의 꽃이 활짝 피다, 대단히 기쁘다
　□ 如花似玉 rúhuāsìyù (여자의 자태가) 아름답다

옳은 문장　他长得身强力壮，个子大概在一米八五左右。
그는 신체 건장하고 힘이 넘치며, 키는 대략 185cm 정도이다.

◆ 身强力壮 shēnqiáng-lìzhuàng 성 신체 건장하고 힘이 넘치다 ｜ 大概 dàgài 부 대략

틀린 문장 3 她看上去很老老实实，一点儿也不淘气，这就是她给我们留下的第一印象。

해설

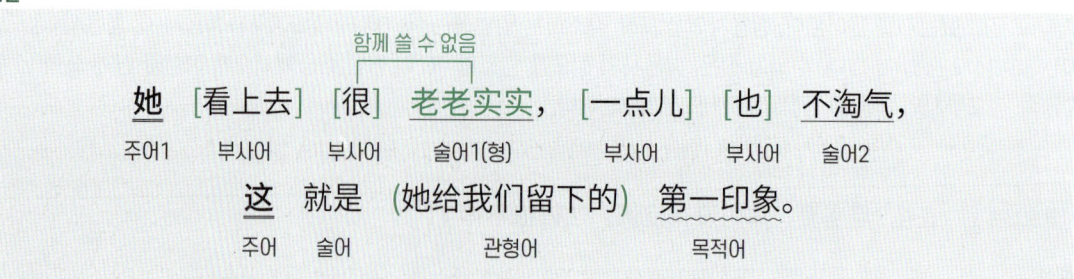

▶ 형용사 중첩과 정도부사는 함께 쓸 수 없습니다. 따라서 이 문장의 '老老实实'는 정도부사 '很'의 수식을 받을 수 없으므로, '很老实'라고 고쳐야 옳은 문장이 됩니다.

옳은 문장 她看上去很老实，一点儿也不淘气，这就是她给我们留下的第一印象。
그녀는 보기에 성실하고, 조금도 장난이 심하지 않다. 이것이 바로 그녀가 우리한테 남긴 첫인상이다.

◆ 老实 lǎoshi 형 성실하다 | 淘气 táoqì 형 장난이 심하다

실력 확인하기 독해 | 제1부분

5분 | Day 27

어법적 오류가 있는 문장을 고르세요.

1. A 一个人的认知方式影响着他所做的每个决策。
   B 创新和灵感一样，需要长期积累，才能偶然得之。
   C 比起简单的喝水，喝运动饮料能让运动员在比赛中表现得更好。
   D 很多人会将一组具有特殊意义的数字设置成密码，以便便于记忆。

2. A 真空低温烹饪法能最大限度减少食物水分的流失。
   B 生活方式对于审美文化的影响和渗透是广泛而多样的。
   C 清洗不锈钢制品时应避免使用强碱和强氧化剂洗涤一下。
   D 光合作用是生物赖以生存的基础，也是地球碳氧循环的重要媒介。

3. A 成功固然重要，但没有健康的身体，一切都是空谈。
   B 激光并不是天然存在的光，而是通过一种物理原理形成的光。
   C 三星堆考古的重大发现是人类文明与铜矿密切相关的生动实证。
   D 年轻人有闲暇时间，不如多学些技能，将来才能不把社会淘汰。

4. A 历史给予了人们无尽的启示和继续前行的力量。
   B 据有关部门估计，这次火灾造成的经济损失超过5000万元。
   C 各种手机应用软件在带来便利的同时，也增添了不少烦恼。
   D 热爱读书，不分身在城市还是安居乡土，也不分年近古稀还是正当少年。

5. A 由高速、高铁、航空构成的立体便捷的交通网打破了川渝贵文旅合作的壁垒。
   B 体育比赛要有可观赏性，光有技术还不够，还要有高水平的解说同样不可或缺。
   C 中国的语言文字是音形义的统一，特别讲究辞章的结构美与音韵美，既能表情达意，也能以情感人。
   D 从常见的指纹、掌纹、声音和面部识别，到不太常见的耳朵和手指静脉，现代机器可使用各种生物识别方法来识别一个人。

정답 및 해설 ▶ 408쪽

HSK 6급 실전 모의고사

영역별 소요 시간 및 채점표

영역	문항 수 / 소요 시간	맞은 문항 수 × 배점(예상)
듣기 听力	50문항 / 약 35분 (답안 작성 5분)	_____ × 2점
독해 阅读	50문항 / 50분	_____ × 2점
쓰기 书写	1문항 / 45분 (10분 읽기, 35분 쓰기)	_____ × 100점

* 듣기 음원 종료 후 5분 동안 답안지에 답을 적습니다.
* 모든 시험 시간은 약 140분입니다. (개인 정보 적는 시간 5분 포함)
* 총 점수가 180점 이상이면 합격입니다.

이렇게 풀어봐요

1. 실제 시험처럼 영역별 시간을 정확하게 점검하여 푼다.

2. HSK는 한 영역 안에서 문제 순서를 임의로 풀 수 있지만, 듣기 시간에 독해나 쓰기 문제를 미리 보거나, 독해 시간에 듣기 문제를 재확인할 수 없다.

3. PBT 응시자는 OMR 마킹 연습도 함께 한다. 듣기는 녹음이 종료된 후 5분 동안 OMR을 마킹하고, 독해는 따로 마킹 시간이 없으므로 반드시 지문을 풀 때마다 정답을 마킹한다. 반면, IBT 응시자는 눈으로 문제를 풀면서 정답을 체크해야 한다.

4. IBT는 모르는 문제에 별표 표시를 할 수 있으니 고민되는 문제에 시간을 버리지 말고, 과감하게 아는 문제부터 풀어낸 후 모르는 문제는 마지막에 고민한다.

一、听力

第一部分

第1-15题：请选出与所听内容一致的一项。

1. A 作文写得很好
   B 他们在急诊室
   C 老师批评了学生
   D 作文没有标点符号

2. A 晴空颠簸容易被预测
   B 晴空颠簸威胁飞行安全
   C 晴空颠簸总伴随着风暴
   D 小型客机易遭遇晴空颠簸

3. A 厦门堵车很严重
   B 厦门废除了新规定
   C 玩手机时视野会变窄
   D 新道路法已在全国推行

4. A 加油站只收现金
   B 没带手机不能加油
   C 在加油站扫码不安全
   D 手机会引起加油站爆炸

5. A 悬念能吸引观众注意
   B 悬疑电影剪辑难度大
   C 文艺电影更有感染力
   D 背景音乐比画面重要

6. A 作家性格爽快
   B 很多人拜访作家
   C 作家对人很粗鲁
   D 作家出版了诗集

7. A 高铁票价很贵
   B 大家都不想长途旅游
   C "2小时旅游圈"受热捧
   D 从北京到陕西需要两个小时

8. A 那里属于盆地
   B 该保护区海拔高
   C 此处夜行动物少
   D 该公路旁边有牧场

9. A 那款帽子方便携带
   B 戴帽子前要熨一下
   C 渔夫帽是皮革做的
   D 那款帽子雨天不防水

10. A 献血后免疫力会下降
    B 白细胞体积比红细胞大
    C 献血不会损失大量白细胞
    D 白细胞一天之内无法恢复

11. A 七夕起源于唐代
    B 女子在七夕祭拜祖先
    C 女儿节是七夕节的别称
    D 各朝代的七夕习俗不同

12. A 蜜罐蚁分布颇广
    B 蜜罐蚁全身扁长
    C 蜜罐蚁可储藏食物
    D 蜜罐蚁能过滤蜜糖

13. A 邮筒仍有价值
    B 明信片已被淘汰
    C 人们依赖社交软件
    D 视频通话最受欢迎

14. A 眨眼会加深皱纹
    B 眨眼疲劳时会流泪
    C 眨眼次数越多越好
    D 闭眼可缓解眼部不适

15. A 汽水含糖量高
    B 喝饮料会加重胃病
    C 喝碳酸饮料能补钙
    D 喝完汽水会感觉凉爽

第二部分

第16-30题：请选出正确答案。

16. A 掀起创业热潮
    B 推动教育改革
    C 激发产业活力
    D 促进品牌创新

17. A 调整奖励机制
    B 取消年龄限制
    C 设产业命题赛道
    D 按项目类别分组

18. A 本科教育是根本
    B 年轻人更有创意
    C 本科生精力充沛
    D 招本科生的企业多

19. A 开拓新的行业
    B 开展技能培训
    C 采用先进教育理念
    D 设置教育质量标准

20. A 完善相关法律
    B 建设教师队伍
    C 加大资金投入
    D 加强政策指引

21. A 迷人的服饰文化
    B 云南的名胜古迹
    C 西南丝路的传说
    D 个人的童年经历

22. A 自然与美食
    B 历史和文物
    C 有趣的角色
    D 曲折的情节

23. A 端正写作态度
    B 描绘生活场景
    C 多做实地调查
    D 擅长用脚写字

24. A 坚定创作信念
    B 反复修改作品
    C 多看读者评论
    D 借鉴他人经验

25. A 热爱探险
    B 有写作天赋
    C 作品被埋没了
    D 作品很像游记

26. A 为了赶潮流
    B 要凑医药费
    C 想实现儿时的梦想
    D 想让网店生意更兴隆

27. A 论坛上讨论激烈的
    B 网上有免费教程的
    C 展现乡村新面貌的
    D 关于中国传统文化的

28. A 涉及隐私
    B 摄影师水平不高
    C 能把握想要的感觉
    D 尚未招聘工作人员

29. A 故乡的变迁
    B 当老师的往事
    C 奶奶的人生旅程
    D 粮食成为美食的过程

30. A 并不会刺绣
    B 常思索哲学问题
    C 做的视频覆盖多方面
    D 希望启发人们珍爱生命

第三部分

第31-50题：请选出正确答案。

31. A 火势蔓延快
    B 地理位置偏
    C 烟雾很难散
    D 高处气压低

32. A 电能
    B 燃油
    C 天然气
    D 太阳能

33. A 转移人员
    B 迅速起降
    C 识别着火点
    D 控制喷水管

34. A 较难挖掘
    B 已推广至全国
    C 井水富含矿物质
    D 由坎儿井改良而来

35. A 纺车
    B 采棉机
    C 洒水车
    D 运棉车

36. A 只有柳树
    B 新疆百姓立碑纪念
    C 都是西北的绿色屏障
    D 曾被左宗棠作诗称颂

37. A 话题有争议
    B 以哲学经典为主
    C 重视娱乐性和实用性
    D 兼具学术性与大众性

38. A 时长固定
    B 有多个版本
    C 在电视台录制
    D 开设了文学专题

39. A 许多高校有直播课
    B 大学鼓励旁听生听课
    C 知识传播途径越来越多
    D 短视频比线下讲座精彩

40. A 刺骨寒风
    B 高领毛衣
    C 昼夜温差
    D 流行性感冒

41. A 易受外力伤害
    B 位于人的左脑
    C 敏感度因人而异
    D 与心理承受力有关

42. A 心率加快
    B 反应迟钝
    C 四肢发麻
    D 脑供血不足

43. A 衣领综合征
    B 颈椎病手术
    C 胃肠道疾病
    D 诱发过敏的因素

44. A 繁衍后代
    B 适应高温
    C 捕食飞虫
    D 扩张根系

45. A 保护花瓣
    B 避开传粉竞争
    C 加速果实生长
    D 阻止天敌靠近

46. A 用雪水滋润枝干
    B 进化出保温的结构
    C 靠落叶覆盖来保暖
    D 扎根深土中吸收营养

47. A 花蕾不怕严寒
    B 光照影响植物花色
    C 高山植物生长周期长
    D 深冬几乎没有植物开花

48. A 交通不便
    B 百姓收入低
    C 海关手续复杂
    D 人们空闲时间少

49. A 可随时停靠
    B 节约住宿费
    C 航行时间短
    D 感觉很威风

50. A 可以租马
    B 会请导游
    C 商人占少数
    D 有旅行书籍

二、阅读

第一部分

第51-60题：请选出有语病的一项。

51. A 自古以来，瓷器便受到文人墨客的热捧。
    B 技术进步给人类的生活带来了很多变化。
    C 这件衣服裁缝制作得既质量高又设计独特。
    D 高科技行业的竞争归根到底是人才的竞争。

52. A 热带地区出产的铁西瓜是一种传统的药用植物。
    B 中国西部地区的劣势之一是自然资源丰富多彩。
    C 新陈代谢，除旧更新，这是历史发展的必然规律。
    D 好钢是在烈火中炼出来的，快刀是在石头上磨出来的。

53. A 这篇文章使大家认识到了吸烟的危害有多大。
    B 尽管山道极其险峻，我们最终还是登上了峰顶。
    C 轻柔的微风和小桥流水人家的景色令人心旷神怡。
    D 当务之急是寻找证据，否则我们能不能打赢官司。

54. A 一个地区方言太多会障碍人与人之间的沟通。
    B "珍稀"是一件物品是否具有收藏价值的首要标准。
    C 人生难免会遇到艰难的时刻，但艰难中总会孕育着希望。
    D 为什么大多数人在减肥或摆脱坏习惯方面都感到很困难？

55. A 他获奖无数，柜子上摆满了奖杯，挂满了奖牌在他墙上。
    B 跟手势一样，表情符号也是一种辅助工具，无法独立使用。
    C 从古至今，从皇宫到民居，中国人在建筑上一直都在追求对称美。
    D 据联合国粮食及农业组织预测，到2050年，世界人口将增长到90亿。

56. A 这本书内容太深奥了，读起来很吃力，恐怕看多几次才能看懂。
    B 我们包容多元的个体审美趣味，但更需要塑造向上的主流审美。
    C 一座座输电铁塔巍然矗立，串联起的电线像五线谱一样延伸到远方。
    D 在金钱面前，社会关系和道德规范比我们潜意识所认为的更有力量。

57. A 北京大学王力语言学奖第十九届评奖工作于12月18日圆满结束。
    B 他的演讲具有强大的感染力，听众可以从中感受到激动人心的力量。
    C 宇航员进入太空的微重力环境后，身体会遭受一系列极端压力的干扰。
    D 三国时代的诸葛亮神机妙算，毫无没有争议地被认为是中国最有智慧的历史人物。

58. A 与交谈对象保持目光接触固然有好处，不过，偶尔中断一下或许更有利于交谈。
    B 在中国文学史上，盛唐送别诗在情感与美学上都具有较高水平，并深深地影响了后世的诗歌创作。
    C 声音比身体其他特征衰老得更慢，如果你试图通过听声音来判断一个人的年龄，很可能会错误地猜。
    D 极端天气气候事件包括极端天气事件和极端气候事件，是相对于绝大多数较平常的事件而言的异常事件。

59. A 这件高122厘米、重64公斤的巨大青铜壶，体现了商周时期高超的青铜器制造工艺。
    B 一个人不管怎么厉害，只有面对的是自己不太熟悉、不太擅长的事情，都难免会有所担忧。
    C 我们能生活在一个拥有越来越多绿色植物的环境中，得益于多年来持续不断的国土绿化工程。
    D 世界自然保护联盟最新更新的"濒危物种红色名录"显示：接近28%的物种面临不同程度的灭绝危险。

60. A 华中师大心理学院疫情防控心理援助平台，上线首日就接待了超过100位来访者。
    B 新航线的开辟，使中西方交往的内容扩展到宗教、科技、艺术、思想等各个层面。
    C 既然当代设计界有一种共识，即色彩是危险的，严肃的设计师在作品中偏爱黑色和柔和的灰色等颜色。
    D 艺术课程的设计要遵循儿童的身心发展规律，儿童的兴趣、思维和感想，都应该是学校安排课程的参考和依据。

第二部分

第61-70题：选词填空。

61. 针对当下的养生保健潮，专家表示，保健食品虽能_____人体的机能，但不以治疗_____为目的，因此不能过分_____保健品。平时养成健康的作息和饮食等生活习惯，才是养生的最佳方式。

    A 调节　疾病　依赖　　　　B 调剂　弊病　依靠
    C 协调　癌症　依托　　　　D 调和　病毒　依据

62. 绿色植物的茎叶中含有大量叶绿素。叶绿素对阳光的吸收是有选择的，它能吸收红光和蓝光，_____不吸收绿光，还会把绿光_____出去。因此，我们看到的大多数植物叶子，在一般情况下都_____绿色。

    A 却　反射　呈现　　　　　B 若　分散　展现
    C 则　放射　蕴藏　　　　　D 便　扩散　散发

63. 为了保鲜，荔枝在运输和贮藏过程中会采取加入冰块、密封保存等处理_____。但在_____环境下，荔枝容易发酵产生酒精和二氧化碳，人们吃完荔枝后，口腔内会_____酒精，开车就有可能被测出"酒驾"。

    A 步伐　闭塞　保留　　　　B 手段　沉闷　汹涌
    C 方案　脆弱　遗留　　　　D 措施　封闭　残留

64. 近年来，"中文热"持续升温，中文在国际社会上得到了更加广泛的_____。近日，联合国世界旅游组织_____通报，自2021年1月25日起，中文正式成为该组织的_____语言。今后，中文将在全球国际旅游事务中_____更加积极的作用。

    A 认可　发布　官方　发挥　　B 认定　发行　正宗　实行
    C 任命　公布　首要　呼吁　　D 命名　公证　典型　掀起

65. 近日，上海市公布了全市41条"落叶不扫"景观道。_____，落叶不扫就是不去破坏落叶_____的自然风景。环卫工人每天都会开展细致的保洁工作，如控制落叶总量，_____无隔夜或被污染的落叶滞留路面，让市民能享受到_____的落叶美景。

    A 家喻户晓　衬托　确立　难得　　B 实事求是　扩充　确信　单纯
    C 恍然大悟　点缀　承诺　纯洁　　D 顾名思义　形成　确保　纯粹

66. 中国北方相对干燥，南方往往湿润多雨，这间接导致了南北方 _____ 文化的差异。北方 _____ 种小麦，所以面食很多，_____ 了山西刀削面、兰州拉面等独特面食；而南方多种水稻，以大米为主要原料 _____ 制作而成的米粉就更为流行。

    A 素食   合适   涌现   搅拌   B 饮食   适宜   诞生   加工
    C 粮食   适合   迸发   筛选   D 庄稼   妥善   萌芽   栽培

67. 目前，废弃塑料的化学回收以热催化为主，通常需要 _____ 大量的热能，造成严重的碳排放，同时会 _____ 多种有毒有害气体。_____，开展新型、可持续的废弃塑料化学回收工作 _____。

    A 排除   解放   进而   当务之急   B 耗费   分散   以至   任重道远
    C 消耗   释放   因而   刻不容缓   D 消除   放射   从而   迫不及待

68. 珊瑚是海洋的建筑师，能为其他生物提供 _____，是许多生物产卵、育幼和索饵的重要 _____。珊瑚礁还是海洋生态环境优劣的风向标，对优化海洋生态具有 _____ 的作用，被 _____ 为"海洋中的热带雨林"。

    A 保卫   巢穴   举世瞩目   呼   B 包庇   场合   得天独厚   称
    C 守护   基地   名副其实   赞   D 庇护   场所   举足轻重   誉

69. 黎族船型屋是黎族人以船的形状所建造的房屋。其圆拱 _____ 和架空结构，有防湿、防雨作用，并有利于 _____ 台风的侵袭。船型屋的茅草屋面能就地取材，拆建也很方便。_____ 这些优点，船型屋得以 _____ 流传下来。

    A 造型   抵抗   鉴于   世代   B 外表   对抗   譬如   永恒
    C 形态   反抗   连同   一贯   D 规格   抗议   终究   漫长

70. 近些年，一些高校里的后勤工作人员，或在工作之余励志考学，或在平凡的 _____ 上坚持自己的爱好与追求，_____ 被舆论关注。这背后 _____ 有身在学府、耳濡目染的 _____ 作用，同时也源于个体心中有一座永不 _____ 的灯塔。

    A 职务   时常   不止   引导   灭亡   B 岗位   屡次   固然   熏陶   熄灭
    C 职位   一度   显然   陶醉   毁灭   D 单位   接连   势必   干预   消灭

第三部分

第71-80题：选句填空。

71-75.

　　林鸣是港珠澳大桥岛隧工程总工程师。在港珠澳大桥建设项目成立之初，当时的中国虽有了一定的造桥能力，(71)＿＿＿＿＿＿，最大的难题是在深海中建设一条连接两个人工岛的、6.7公里长的沉管隧道。这项技术不仅中国没做过，放眼全世界，掌握这项技术的国家也寥寥无几。沉管深埋这个难题，(72)＿＿＿＿＿＿。在这样的困境中，林鸣毅然担负起了这一责任，并选择带领大家走上了自主攻关的道路。(73)＿＿＿＿＿＿，林鸣和团队经过长时间考察研究和千百次的试验，创造了一个"半刚性"新工法，完美解决了沉管深埋问题。在第一节沉管安装时，由于泥沙质地松软易淤积，放置沉管的位置与预想的差了十几公分。这个结果其实算是成功的，而且如果想把一个已经固定在深海基槽内6000多吨重的庞然大物重新吊起、对接，一旦出现差错，(74)＿＿＿＿＿＿，但林鸣依然坚持返工重来。经过42小时的重新精调，偏差从16厘米降到了2.5毫米以下。在林鸣看来，(75)＿＿＿＿＿＿，越是看不到的地方，越要做好。

A　后果不堪设想

B　高品质的工程不是做给别人看的

C　凭着不达目的誓不罢休的韧劲

D　但对这座世界上最长的跨海公路大桥而言

E　历史性地摆到了中国工程师的面前

76-80.

　　郊外有一处村庄，生态环境极好，有家公司在那里种下了大片的向日葵，想将其打造成一个乡村文旅园。然而，到了十月采摘季，(76)_____。原来种植向日葵，并不是只要光照充足，浇水施肥后等着它开花结果这么简单。要想让它长得好，花盘开得大，瓜子饱满，(77)_____——等向日葵长到有3至5片真叶，大概50至60厘米高的时候，要进行移植，拉开每株幼苗的距离，不能种得太密。

　　当向日葵茁壮成长，需要大量吸收养分的时候，(78)_____，让向日葵挤挤挨挨地在一起，它们就会相互抢占养分。叶片互相遮挡光照，授粉也不均匀。就像几个人抢一个东西，(79)_____。

　　等到向日葵长出葵花盘时，密集的距离又使葵花盘的生长空间受限。向日葵不仅伸展不开，而且授粉不均，这种情况下如何能结出饱满的瓜子呢？(80)_____，只追求看上去密集的"丰收"效果，以为种得越密，产量就越大，结果却令人遗憾。

A 如果不留出足够的距离

B 有个非常关键的环节

C 肯定会资源不均

D 这家公司就是忽略了向日葵的生长规律

E 却只摘到了一些果实干瘪的葵花盘

第四部分

第81-100题：请选出正确答案。

81-84.

银行卡的支付密码一般是六位数字，第三方平台的支付密码也是，但我们在注册很多网站的账户时，却被要求用复杂的字母、数字和特殊符号来进行组合。后面这种情况时常让人头疼，因为我们很容易忘记太复杂的密码。

为什么和钱相关的密码这么简单，而网站注册账户的密码反而如此复杂？难道钱还不如其他事情重要吗？显然不是。这是一个经济性的问题，任何创新，都要考虑消费者使用的经济性——要减少他们的精力耗费。

银行卡用六位密码无疑是经济的。首先，银行卡的用户范围很广，老年人用户的记忆力可能不好，而平时到处注册网站和手机软件账户的年轻人，设置的各种密码非常多，如果密码过于复杂，那么他们很可能会把密码搞混。而六位数密码就好多了，更容易记住，也不容易搞混。

其他支付工具的密码也是如此。一位大型互联网企业的第三方支付工具工程师坦言，他们在设计支付工具的支付密码时，也考虑过复杂的方式，但最后还是决定用最简单的六位数字密码。他们通过很多次模拟实验，并用很多模型试过之后，发现还是六位数密码能最好地达到安全性和经济性的平衡。

另外，无论是银行还是大型互联网企业的第三方支付工具，它们都有很强的技术实力，拥有强大的基于数据、影像等技术手段的安全系统，并高薪聘请了行业内最优秀的工程师团队，完全可以抵御普通黑客的攻击，保证用户的密码安全。因此，简单的六位数字密码没有任何问题，反而能给消费者带来便捷。

相反，很多网站之所以要求用户注册时设置更复杂的密码，就是因为它们的实力不够，必须通过让用户耗费更多精力，记住更复杂的密码的方式来保证安全。

81. 设计密码时，要考虑消费者使用的经济性，具体是指：
    A 密码越简单越好   B 保持一致性原则
    C 节省消费者的精力   D 符合人们的思维习惯

82. 银行卡密码设计得简单，主要是为了：
    A 避免客户记混   B 减轻数据库压力
    C 降低系统维护成本   D 提高银行工作效率

83. 大型互联网企业第三方支付工具：
    A 希望增加密码长度   B 经常遭到黑客的攻击
    C 会定期进行安全模拟实验 D 拥有业内顶尖的工程师团队

84. 为什么很多网站注册账户时需要复杂的密码？
    A 提升用户的信任   B 防止用户被盗号
    C 其安保技术实力较弱   D 为更好地体现其专业性

85 – 88.

四川卧龙国家级自然保护区管理局首次公布了全球唯一的白色大熊猫正脸照,没有"黑眼圈"的变异大熊猫引发广泛关注。白化动物的出现究竟是怎么回事呢?

在野外,同一物种的成员生存环境相同,彼此的形态结构也都相似,但偶尔会出现体色有明显差别的个体,而这种体色异常的个体通常呈白色,故被称为白化动物。

白化现象可以发生在爬行类、鸟类和哺乳类等各类脊椎动物中,白化动物的虹膜大多为红色,主要为眼底血管的颜色,也有淡蓝色,其体内结构和各种内脏与同种的其他个体并无不同,也具有繁殖后代的能力。目前在野外,已经记录到的白化动物,包括白鹿、白喜鹊、白乌鸦、白骆驼等,<u>不胜枚举</u>。

白化是一种基因突变现象,这种基因突变导致了酪氨酸酶不能正常合成,而酪氨酸酶又是产生黑色素的关键蛋白,所以细胞不能合成黑色素。一旦缺乏黑色素,动物皮肤和毛发(羽毛)就会脱色,动物外观表现为白化。但白化动物也并不都是纯白色的,也有呈黄白色或者淡褐色的。

野生白化动物数量较为稀少,再加上白色作为最"单纯"的颜色深受大家喜爱,因此人们通常会对白化动物钟爱有加。

85. 与同物种的其他成员相比,白化动物:
   A 体形偏大
   B 发育更迟缓
   C 生存环境恶劣
   D 体色明显异常

86. 第三段中的画线词语最可能是什么意思?
   A 价值不相上下
   B 地位举足轻重
   C 分辨不出真假
   D 无法全列举出来

87. 第四段主要讲的是:
   A 黑色素的来源
   B 白化动物的分布
   C 基因突变的弊端
   D 动物白化的缘故

88. 关于白化动物,下列哪项正确?
   A 眼睛多为蓝色
   B 备受人们喜爱
   C 皮毛为纯白色
   D 多是猫科动物

89–92.

东晋时的一个雪天，宰相谢安和家人一起谈论诗文的义理。谢安问："白雪纷纷何所似？"侄儿谢朗第一个站起来回答："撒盐空中差可拟。"接着，侄女谢道韫站起来说："未若柳絮因风起。"那么，"柳絮"和"撒盐"到底孰优孰劣呢？

后代许多人认为，飘飘扬扬的雪花与趁风飘舞的柳絮非常相像，不仅颜色相似，而且形态贴切形象。至于空中撒的盐与雪花只是颜色相似，形态不贴切、不形象。再说，谢安听了谢朗的回答未置可否，听了侄女的比喻便高兴大笑，显然是对后者的赏识。后人还将"柳絮才高"或"咏絮才女"作为成语典故来称有文才的女性。

也有人认为当时下的也许并不是雪花，而是雪粒，很像空中撒盐粒。谢道韫没有认真观察，就根据平时经验来比喻，这样的是不准确的。如此说来，"撒盐"胜过"柳絮"，但这也值得商榷。

有人觉得两者都对。下雪过程中，雪落下来的形态是有变化的。当温度达到零度时，漂浮在天空的水汽凝结成冰，落下来的就是雪粒；当雪粒从高空中飘落，未到地面就成了雪花。谢朗和谢道韫的观察，恰巧赶在雪粒和雪花变化的转折点上，两人看到的雪不一样，他们的比喻都是对降雪比较准确的形象描绘。两人比喻的本体不同，喻体自然不同，不存在正误优劣的问题。

到这里，算是平局了吧。不过，有人认为比喻要形似，更要"神似"。柳絮孕育着生命的种子，比喻白雪，成为联系冬与春的纽带，令人产生遐想和希望。而"撒盐空中"与落雪无神似，也没有更多意蕴，且须借人力，遂失自然之美。

89. "柳絮才高"用来形容：
 A 某人学历高　　　　　　B 某人气质高雅
 C 男子的文采与样貌俱佳　　D 女子有卓越的文学才能

90. 持"撒盐"胜过"柳絮"观点的人，认为用"柳絮"：
 A 不文雅　　　　B 不准确
 C 太间接　　　　D 很幼稚

91. 支持"撒盐"和"柳絮"都对的人，认为两人当时的差异在于：
 A 观察角度　　　B 心理状态
 C 知识结构　　　D 观察的时间点

92. 根据最后一段，可以知道：
 A 柳絮更神似白雪　　　　B 撒盐一词更有意蕴
 C 诗词需符合科学道理　　D 读者应具有质疑精神

93 – 96.

早在两千多年前，中国就用纸来记录文字、进行文化传承了。那么，古人都用什么原料来造纸呢？

传统概念的纸是指用植物纤维制造的薄薄的片状物。由此可见，造纸的原材料来自植物，核心物质是纤维。为了满足人们书写、作画及生活的需求，中国古人不断寻觅各式各样的造纸植物，努力探索最适宜的纤维材料。其中，麻类纤维、树皮纤维、茎秆纤维都曾用作造纸材料。

麻纸是中国最古老的纸，以大麻、亚麻、苎麻等麻类植物纤维为主要原料。麻类植物含有修长且柔韧的纤维，还具有细腻、不透水等优点，是造纸的优等原料。不过用麻造纸，因材料稀少、工序繁杂，所以性价比不高。如今，麻类植物纤维主要用于纺织业，很少用于造纸了。

树皮也可以用于造纸，其做成的纸被称为皮纸。树皮纤维长宽比较大、纤维素含量高，也是很好的造纸原料。制作皮纸的原料通常为构树、桑树、青檀等树皮。这些树在中国分布广泛，是南北各地通用的造纸原料。汉代蔡伦改进造纸术时，就曾使用过构树皮。构树皮作为造纸原料，一直沿用至今。

以毛竹、苦竹、水竹等竹类的茎秆纤维为主要原料制成的纸，称为竹纸。竹类植物的纤维短少、木素多、具有多孔性，并不是常规意义上最好的造纸材料，但它们的纤维交织能力强，成纸强度高，有利于添加辅料，还能有效提高纸张吸墨能力。竹类喜欢温暖湿润的气候，适宜在南方生长，是中国南方主要的造纸原料之一。不过各地竹类品种不尽相同，古人们大多因地制宜进行选择：如湖南多用毛竹，四川多用慈竹、水竹等。

在探索造纸植物的路上，除了上述纤维外，古人还尝试过草类纤维、藤皮纤维等。但由于原材料生长周期长、产地的局限、供应不足、制作繁杂等原因，综合效果并不理想，随着时间流逝，它们逐渐淹没在造纸历史的长河之中了。

93. 关于麻类纤维，可以知道：
   A 质地脆弱　　　　　　　B 无法防水
   C 供应充足　　　　　　　D 现多用于纺织业

94. 竹类植物造纸有什么优势？
   A 密度大　　　　　　　　B 成纸强度高
   C 具有多孔性　　　　　　D 纤维素含量高

95. 草类纤维、藤皮纤维被淘汰的原因不包括：
   A 产地有限　　　　　　　B 生长周期长
   C 吸墨性能差　　　　　　D 制作太麻烦

96. 最适合做上文标题的一项是：
   A 纤维的威力　　　　　　B 造纸术的前世今生
   C 用于造纸的植物纤维　　D 中国南北不同的造纸原料

97–100.

　　人类很多创造灵感都来自大自然，航空航天技术也是如此。人们通过学习动物的能力，并且把它们应用在生产生活中，这就是仿生学。在航空航天事业发展中，很多发明其实都"学师"于各种自然生物。例如，航天器升空时，速度非常快，压力是人体根本无法承受的。而科学家研究发现，长颈鹿的血液通过长长的颈部输送到头部时，却不会发生脑出血。通过对长颈鹿的研究，科学家研制出适合航天飞行的"抗荷服"，让航天员的血压保持正常。再如，在宇宙中因为缺少定位标，有时航天器会偏离航向，飞上错误的轨道。科学家注意到，苍蝇不用跑道就能直接起飞，他们通过研究发现，苍蝇有两对翅膀，后面的一对翅膀已退化，形成了哑铃状的一对小棒，这就是楫翅。

　　楫翅是苍蝇飞行时的天然导航仪，当苍蝇在飞行时，楫翅迅速振动，一旦苍蝇的身体发生倾斜或偏离航向，楫翅就会扭转振动，并向大脑报告，大脑会即刻调整肌肉的收缩，纠正偏离的航向，保持身体平衡。科学家利用苍蝇楫翅的导航原理，成功研制出一种音叉式振动的陀螺仪，用来纠正航天器偏转的航向，从而保持正确的轨道运行。

　　此外，众所周知，航天员能顺利出舱完成各项任务，全靠航天服的保护。航天服除了安全系数要高，还需要有很好的灵活度。关节部位是航天服设计中的一大难点，关节如果太硬，航天员难以活动；如果太软，又无法达到防护效果。在设计新一代"飞天"航天服时，中国航天工程师从小龙虾既坚硬又灵活的鳞片结构中获得了灵感。工程师经过反复设计和实验，在"飞天"舱外服关节处，设计了类似虾尾鳞片的层叠结构，同时使用气密轴承，让航天服在严格保证气密性的同时，关节部位活动自如。

　　总之，仿生学技术在航空工程领域的应用非常广泛，未来随着技术的不断发展，仿生学技术的应用将会更加深入，为航空工程带来更多的创新和发展机遇。

97. 仿生学主要是模仿生物的什么？
    A 防御技能   B 逃生策略
    C 构造和功能   D 动作和声音

98. 抗荷服：
    A 灵感来自长颈鹿   B 可阻挡病毒入侵
    C 能抵御太空辐射   D 可降低航天员血糖

99. 苍蝇的楫翅是通过什么方式来维持飞行平衡的？
    A 接收位置信号   B 上下扇动保持平衡
    C 扭转振动并告知大脑 D 急速旋转产生巨大升力

100. 新一代"飞天"航天服有什么特点？
    A 灵活度很高   B 能调节体温
    C 比上一代轻   D 能自动充电

三、书写

第101题： 缩写。

(1) 仔细阅读下面这篇文章，时间为10分钟，阅读时不能抄写、记录。
(2) 10分钟后，监考收回阅读材料，请你将这篇文章缩写成一篇短文，时间为35分钟。
(3) 标题自拟。只需复述文章内容，不需加入自己的观点。
(4) 字数为400左右。
(5) 请把作文直接写在答题卡上。

    2009年秋天，我所在的报社在毫无征兆的情况下，撤销了我负责的评论部。摆在我面前的有三条路：一条是去编辑部上夜班，一条是重新参与竞聘，还有一条是辞职。稍作思考后，我选了第三条。

    辞职决定是五分钟内做出来的。我根本没想过家中的积蓄只够交三个月的房贷，也没想过五岁的女儿不久就要进小学……等我反应过来后，才意识到自己的举动是多么不理智。但开弓没有回头箭，我必须硬着头皮走下去。

    签完辞职手续，我茫然地走出单位大门，然后给妻子打电话通知此事。同在一家报社的她对此事早有耳闻，可能怕说多了扰乱我的心情，她只是在电话里故作镇定地让我回家再说。挂了电话，平时只需要十几分钟的回家路程，今天却异常漫长。辞职时想都没想过的困难，如同集装箱一般从天而降，堵在我面前，成为我当时必须解决的难题。

    回到家后，虽然我很努力地假装轻松，但妻子还是看出我的难过与绝望。她拍了拍我的后背，然后又回到厨房。她知道，此时此刻，一碗温度适宜的萝卜粥比什么话都有用。

    女儿小美在小黑板上画画。看到我回来，她照例扑过来要抱抱。在女儿扑向我的那一瞬间，我崩溃了。我抱着她，说出一句令我后悔一辈子的话："爸爸失业了，我们没钱买饭吃了！"小美当时没什么特别的反应，歪歪头，又回她的房间去了，随手还掩上了门。

    之后两天，我头昏脑胀，躺在床上像失了魂一般，不知道下一步应该去做点儿什么，总觉得自己做任何努力都是徒劳无用的，甚至认为自己当初作出辞职的决定是十分愚蠢、不负责任的。我像深陷在流沙中一般，任何努力和挣扎，都让自己陷得更深。

    第三天晚上，小美来到我床边，用一只手握着我的一根指头，把我拉起来，走到她的小书桌边。她让我坐下，然后轻轻拉开柜门。里面是满满一柜子纸飞机，大的、小的、宽翅的、窄翅的，层层叠叠，垒在小柜子里。这些都是她这两天的"劳动成果"。"爸爸，没钱吃饭，我们可以去卖飞机！"女儿眼里闪着亮光，像完成了一个大工程一般，颇有成就感地对我说。

    那一刻，绝对是我人生中最难忘的时刻！看着她天真的神情，我悲喜交集，并且为自己让一个五岁的小生命过早体会谋生的艰难而羞愧难当。我紧紧抱着她说："对不起，爸爸不该吓你，爸爸是开玩笑的，爸爸以后不开这种玩笑了。"

    那晚之后，我收起涣散的自己，开始认真做事情，开启了自己的撰稿生涯。此后的13年里，我出版了15本书，最高峰时，一个月开了二十几个专栏，还忙里偷闲写了几个影视剧本。我因重新顶起了家里的一片天而感到万分欣慰。而这段记忆，也成了我生命中的一块燃料，一直温暖并鼓励着我。

1 응시자 정보 작성 방법

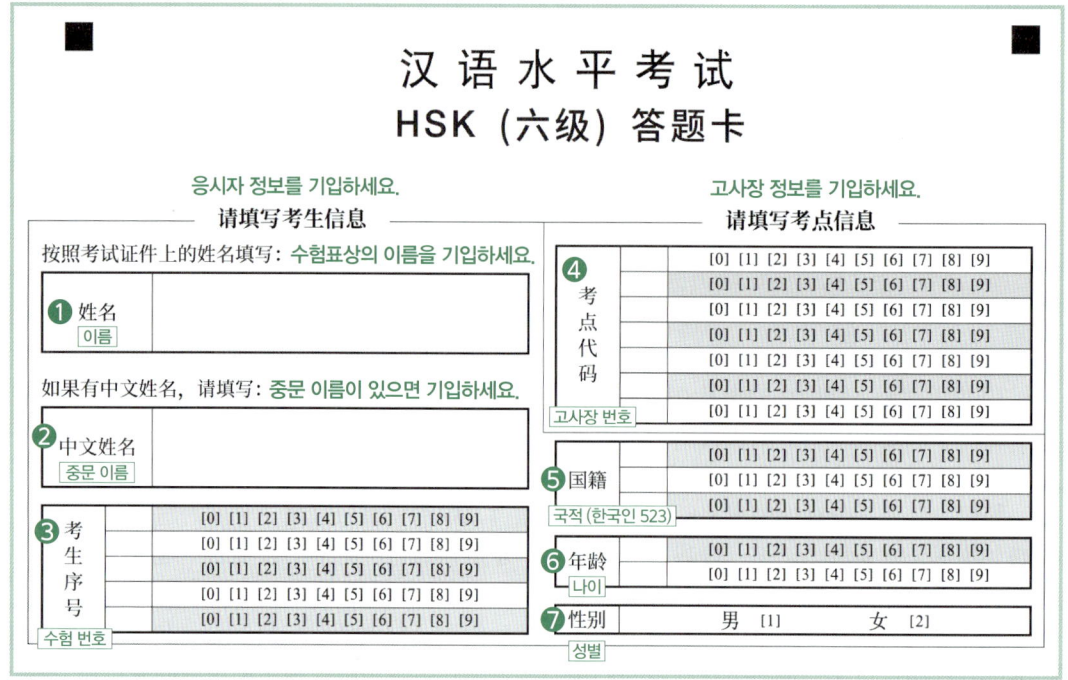

2 답안지 작성 유의 사항

PBT 답안지

- 답안지를 작성할 때는 반드시 2B연필을 사용합니다.
  (쓰기 주관식의 경우에는 샤프 연필을 사용해도 됩니다.)
- 답안은 네모 칸을 꽉 채워서 진하게 마킹합니다.
- 답안지는 교체되지 않으므로 답안을 정정할 때는 지우개로 깨끗하게 지우고 답안을 새로 마킹하거나 적으면 됩니다.
- 듣기 영역은 마킹 시간이 따로 주어지지만, 독해나 쓰기 영역은 시험시간 안에 답안 마킹까지 끝내야 하므로 마킹하면서 문제를 풀어야 합니다.

IBT 답안지

- IBT는 답안을 마우스로 클릭하기만 하면 됩니다.
- 정답이 헷갈리는 문제는 해당 문제에 별표(★)를 클릭한 후에 다른 문제를 풀고 재검토합니다.
- 듣기 영역은 시험이 끝난 후 5분 동안 답안 점검 시간이 있고, 독해와 쓰기 영역은 해당 시간내에 정답 표시를 끝내야 합니다.
- 쓰기 영역은 중국어 입력기를 이용해서 타자하면 됩니다. 모르는 한자는 필기 인식도 가능합니다.
- 답안지 화면 오른쪽 답안지 제출 을 클릭하면 즉시 시험이 종료됩니다. 시험이 끝날 때까지 절대 답안지 제출을 클릭하면 안 됩니다.

쓰기 영역 | 원고지 1

쓰기 영역 | 원고지 2

汉语水平考试
HSK (六级) 答题卡

请填写考生信息

按照考试证件上的姓名填写：

姓名

如果有中文姓名，请填写：

中文姓名

考生序号
[0] [1] [2] [3] [4] [5] [6] [7] [8] [9]
[0] [1] [2] [3] [4] [5] [6] [7] [8] [9]
[0] [1] [2] [3] [4] [5] [6] [7] [8] [9]
[0] [1] [2] [3] [4] [5] [6] [7] [8] [9]

请填写考点信息

考点代码
[0] [1] [2] [3] [4] [5] [6] [7] [8] [9]
[0] [1] [2] [3] [4] [5] [6] [7] [8] [9]
[0] [1] [2] [3] [4] [5] [6] [7] [8] [9]
[0] [1] [2] [3] [4] [5] [6] [7] [8] [9]
[0] [1] [2] [3] [4] [5] [6] [7] [8] [9]
[0] [1] [2] [3] [4] [5] [6] [7] [8] [9]
[0] [1] [2] [3] [4] [5] [6] [7] [8] [9]

国籍
[0] [1] [2] [3] [4] [5] [6] [7] [8] [9]
[0] [1] [2] [3] [4] [5] [6] [7] [8] [9]
[0] [1] [2] [3] [4] [5] [6] [7] [8] [9]

年龄
[0] [1] [2] [3] [4] [5] [6] [7] [8] [9]
[0] [1] [2] [3] [4] [5] [6] [7] [8] [9]

性别　　男 [1]　　女 [2]

注意　请用2B铅笔这样写：■

一、听力

1. [A] [B] [C] [D]　　6. [A] [B] [C] [D]　　11. [A] [B] [C] [D]　　16. [A] [B] [C] [D]　　21. [A] [B] [C] [D]
2. [A] [B] [C] [D]　　7. [A] [B] [C] [D]　　12. [A] [B] [C] [D]　　17. [A] [B] [C] [D]　　22. [A] [B] [C] [D]
3. [A] [B] [C] [D]　　8. [A] [B] [C] [D]　　13. [A] [B] [C] [D]　　18. [A] [B] [C] [D]　　23. [A] [B] [C] [D]
4. [A] [B] [C] [D]　　9. [A] [B] [C] [D]　　14. [A] [B] [C] [D]　　19. [A] [B] [C] [D]　　24. [A] [B] [C] [D]
5. [A] [B] [C] [D]　　10. [A] [B] [C] [D]　　15. [A] [B] [C] [D]　　20. [A] [B] [C] [D]　　25. [A] [B] [C] [D]

26. [A] [B] [C] [D]　　31. [A] [B] [C] [D]　　36. [A] [B] [C] [D]　　41. [A] [B] [C] [D]　　46. [A] [B] [C] [D]
27. [A] [B] [C] [D]　　32. [A] [B] [C] [D]　　37. [A] [B] [C] [D]　　42. [A] [B] [C] [D]　　47. [A] [B] [C] [D]
28. [A] [B] [C] [D]　　33. [A] [B] [C] [D]　　38. [A] [B] [C] [D]　　43. [A] [B] [C] [D]　　48. [A] [B] [C] [D]
29. [A] [B] [C] [D]　　34. [A] [B] [C] [D]　　39. [A] [B] [C] [D]　　44. [A] [B] [C] [D]　　49. [A] [B] [C] [D]
30. [A] [B] [C] [D]　　35. [A] [B] [C] [D]　　40. [A] [B] [C] [D]　　45. [A] [B] [C] [D]　　50. [A] [B] [C] [D]

二、阅读

51. [A] [B] [C] [D]　　56. [A] [B] [C] [D]　　61. [A] [B] [C] [D]　　66. [A] [B] [C] [D]　　71. [A] [B] [C] [D] [E]
52. [A] [B] [C] [D]　　57. [A] [B] [C] [D]　　62. [A] [B] [C] [D]　　67. [A] [B] [C] [D]　　72. [A] [B] [C] [D] [E]
53. [A] [B] [C] [D]　　58. [A] [B] [C] [D]　　63. [A] [B] [C] [D]　　68. [A] [B] [C] [D]　　73. [A] [B] [C] [D] [E]
54. [A] [B] [C] [D]　　59. [A] [B] [C] [D]　　64. [A] [B] [C] [D]　　69. [A] [B] [C] [D]　　74. [A] [B] [C] [D] [E]
55. [A] [B] [C] [D]　　60. [A] [B] [C] [D]　　65. [A] [B] [C] [D]　　70. [A] [B] [C] [D]　　75. [A] [B] [C] [D] [E]

76. [A] [B] [C] [D] [E]　　81. [A] [B] [C] [D]　　86. [A] [B] [C] [D]　　91. [A] [B] [C] [D]　　96. [A] [B] [C] [D]
77. [A] [B] [C] [D] [E]　　82. [A] [B] [C] [D]　　87. [A] [B] [C] [D]　　92. [A] [B] [C] [D]　　97. [A] [B] [C] [D]
78. [A] [B] [C] [D] [E]　　83. [A] [B] [C] [D]　　88. [A] [B] [C] [D]　　93. [A] [B] [C] [D]　　98. [A] [B] [C] [D]
79. [A] [B] [C] [D] [E]　　84. [A] [B] [C] [D]　　89. [A] [B] [C] [D]　　94. [A] [B] [C] [D]　　99. [A] [B] [C] [D]
80. [A] [B] [C] [D] [E]　　85. [A] [B] [C] [D]　　90. [A] [B] [C] [D]　　95. [A] [B] [C] [D]　　100. [A] [B] [C] [D]

三、书写

101.

不要写到框线以外!　　　　接背面

汉语水平考试 HSK (六级) 答题卡

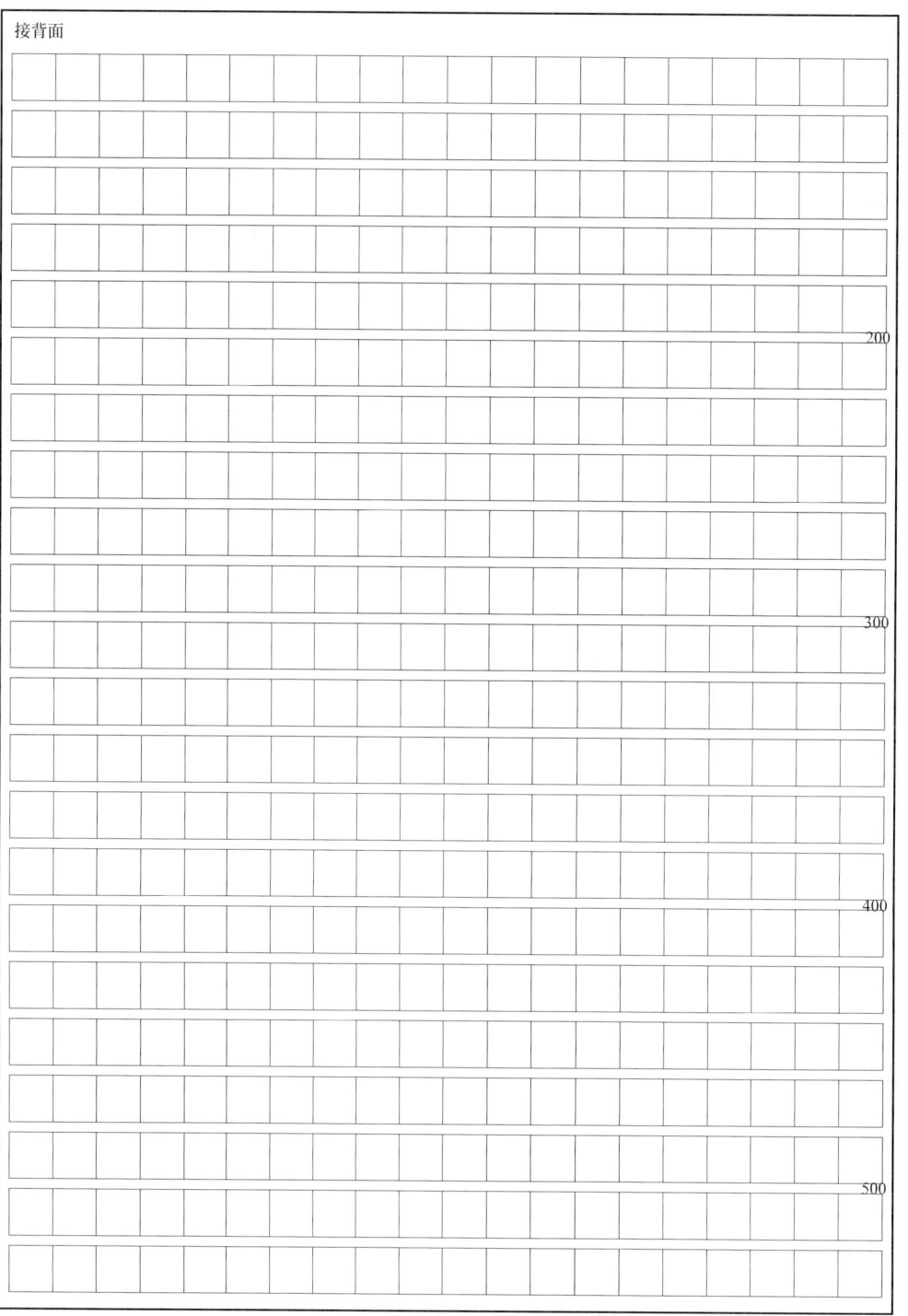

HSK 6급
180점 넘어 230점까지

정답 및 해설

- 영역별 실력 확인하기 정답 및 해설 366
- HSK 6급 실전 모의고사 정답 412
- HSK 6급 실전 모의고사 해설 413

실력 확인하기 듣기 | 제1부분　　0-14

정답　1 A　　2 B　　3 D　　4 D　　5 C　　6 B　　7 D　　8 C

1

정답 및 해석

爸爸正用电脑写稿子，儿子过来说自己可以用电视遥控器关闭电脑，看着爸爸疑惑的眼神，儿子拍着胸膛说：" 如果我做到了，你给我100块钱。"见爸爸点头同意，<u>儿子用遥控器碰了一下电脑开关，电脑屏幕立马黑了。</u>

A 儿子很机智（✓）
B 电脑屏幕碎了
C 爸爸责怪了儿子
D 电视遥控器坏了

아빠가 마침 컴퓨터로 원고를 쓰고 있는데, 아들이 와서 자신이 TV 리모컨으로 컴퓨터를 끌 수 있다고 말했다. 아빠의 미심쩍은 눈빛을 보고, 아들은 가슴을 두드리며 말했다. "제가 해내면, 100위안을 주세요." 아빠가 고개를 끄덕이며 동의하는 것을 본 <u>아들은 리모컨으로 컴퓨터 스위치를 한 번 건드리자, 컴퓨터 화면은 바로 꺼졌다.</u>

A 아들이 재치 있다 （✓）
B 컴퓨터 화면이 깨졌다
C 아버지가 아들을 나무랐다
D TV 리모컨이 고장 났다

해설　선택지의 단어가 일상생활과 관련된 것이므로 유머 지문이라는 것을 유추하면서 듣습니다. 녹음에서 아들은 TV 리모컨으로 컴퓨터를 끌 수 있다고 말하며 아빠와 내기합니다. 녹음 마지막 문장 '儿子用遥控器碰了一下电脑开关，电脑屏幕立马黑了'에서 물리적인 방법을 써서 컴퓨터를 껐다는 것을 알 수 있습니다. 따라서 정답은 A 儿子很机智입니다.

단어
◆ 稿子 gǎozi 명 원고 | 遥控器 yáokòngqì 명 리모컨 | 关闭 guānbì 동 (컴퓨터 등) 끄다 | 疑惑 yíhuò 동 의아하다, 미심쩍다 | 眼神 yǎnshén 명 눈빛 | 拍胸膛 pāi xiōngtáng 가슴을 두드리다 | 点头 diǎntóu 동 고개를 끄덕이다 | 同意 tóngyì 동 동의하다 | 碰 pèng 동 건드리다, 만지다 | 开关 kāiguān 명 스위치 | 屏幕 píngmù 명 화면, 스크린 | 立马 lìmǎ 부 즉시, 바로

◆ 机智 jīzhì 형 슬기롭다, 재치 있다 | 碎 suì 동 부서지다, 깨지다 | 责怪 zéguài 동 나무라다, 책망하다 | 坏了 huàile 동 고장 나다, 망가지다

2

정답 및 해석

<u>海水的盐度在不同海区、海域相差很大。</u>最咸的海水出现在大洋内部一些孤立的海盆中，因为这些地方降水量和河流入海量都很少，地形又较封闭，与临近大洋海水的交换不够顺畅。

A 赤道附近海水密度大
B 海水盐度有区域性差别（✓）
C 降水量与海水盐度无关
D 海洋内部海水流通频繁

<u>해수의 염도는 해구와 해역에 따라 차이가 크게 난다.</u> 가장 짠 해수는 대양 내부의 고립된 일부 해분에서 나타나는데, 이러한 지역은 강수량과 하천 유입량이 적고, 지형 또한 비교적 폐쇄적이어서, 인접한 대양 해수와의 교환이 그다지 원활하지 않기 때문이다.

A 적도 부근은 해수 밀도가 크다
B 해수 염도는 지역별로 차이가 있다 （✓）
C 강수량은 해수 염도와 관련이 없다
D 해양 내부는 해수 순환이 빈번하다

해설　선택지를 보면 해수(海水)에 관한 글임을 알 수 있습니다. '密度(밀도)', '盐度(염도)', '流通(순환)'과 같은 핵심 단어가 녹음에 나오면 집중해서 듣도록 합니다. 녹음 첫 문장 '海水的盐度在不同海区、海域相差很大'에서 해수의 염도는 지역별로 차이가 난다는 것을 알 수 있습니다. 따라서 정답은 B 海水盐度有区域性差别입니다.

단어	◆ 海水 hǎishuǐ 명 해수, 바닷물	盐度 yándù 명 염도[소금기의 정도]	海区 hǎiqū 명 해구[바다 위에 설정한 깊고 좁은 도랑]	海域 hǎiyù 명 해역[바다 위의 일정한 구역]	相差 xiāngchà 동 서로 차이가 나다	咸 xián 형 (맛이) 짜다	出现 chūxiàn 동 출현하다, 나타나다	大洋 dàyáng 명 대양, 큰 바다	孤立 gūlì 형 고립되다	海盆 hǎipén 명 해분[분지 모양의 움푹하고 낮은 해저 지형]	降水量 jiàngshuǐliàng 명 강수량	河流入海量 héliúrùhǎiliàng 하천 유입량[바다로 유입되는 하천의 양]	地形 dìxíng 명 지형	封闭 fēngbì 형 폐쇄적이다	临近 línjìn 동 인접하다, 근접하다	交换 jiāohuàn 동 교환하다	不够 búgòu 부 그다지 ~하지 않다	顺畅 shùnchàng 형 원활하다, 순조롭다
	◆ 赤道 chìdào 명 적도[지구의 중간선]	附近 fùjìn 명 부근, 근처	密度 mìdù 명 밀도	有区域性差别 yǒu qūyùxìng chābié 지역별로 차이가 있다	与…无关 yǔ……wúguān ~와 관련이 없다	海洋 hǎiyáng 명 해양	流通 liútōng 동 유통되다, 순환되다	频繁 pínfán 형 빈번하다, 잦다

3

정답 및 해석

如意是一种中国传统工艺品，在古代流行于全国大部分地区。如意一般多用玉或黄金等材料制成，象征着顺心如意。<u>最早的如意一端被制作成手指形，便于人们自己抓痒</u>，因而也被叫做"不求人"。	루이는 중국 전통 공예품으로, 고대에는 전국 대부분 지역에서 유행했다. 루이는 일반적으로 옥이나 황금 등의 재료로 많이 만들어지며, '顺心如意(마음먹은 대로 뜻대로 되다)'를 상징한다. <u>최초의 루이는 한쪽 끝이 손가락 모양으로 만들어져, 사람들이 스스로 가려운 곳을 긁기 편리했으며</u>, 그래서 '효자손(不求人)'이라고도 불렸다.
A 如意的颜色鲜艳 B 如意在南方很少见 C 如意是陶瓷艺术品 **D 如意早期可用来抓痒（✓）**	A 루이의 색깔은 화려하다 B 루이는 남방에서 보기 드물다 C 루이는 도자기 예술품이다 **D 루이는 초기에 가려운 곳을 긁는 데 쓰일 수 있었다（✓）**

해설	선택지를 보면 '如意'라는 어떤 공예품에 관한 글임을 알 수 있습니다. 녹음 중 '最早的如意一端被制作成手指形，便于人们自己抓痒'에서 최초의 루이는 가려운 곳을 긁기 편리했다는 것을 알 수 있습니다. 따라서 정답은 D 如意早期可用来抓痒입니다.

단어	◆ 如意 Rúyì 고유 루이[상서로움을 상징하는 공예품]	传统工艺品 chuántǒng gōngyìpǐn 전통 공예품	流行 liúxíng 형 유행하다	用…制成 yòng……zhìchéng ~으로 만들어지다	玉 yù 명 옥	材料 cáiliào 명 재료	象征 xiàngzhēng 동 상징하다	顺心如意 shùnxīn rúyì 마음먹은 대로 뜻대로 되다	一端 yìduān 명 (긴 물건의) 한쪽 끝	制作 zhìzuò 동 제작하다, 만들다	手指形 shǒuzhǐxíng 명 손가락 모양	便于 biànyú 동 ~하기 편리하다	抓痒 zhuāyǎng 동 가려운 곳을 긁다	因而 yīn'ér 접 그러므로, 그래서	被叫做 bèi jiàozuò ~라고 불리다	不求人 bùqiú rén 명 효자손
	◆ 鲜艳 xiānyàn 형 (색이) 화려하다	少见 shǎojiàn 형 보기 드물다	陶瓷 táocí 명 도자기	艺术品 yìshùpǐn 명 예술품	早期 zǎoqī 명 조기, 초기	用来 yònglái 동 ~에 쓰이다

4

정답 및 해석

"轻装上阵"原指为了行动便利只携带轻便的装备上战场，<u>现在多比喻放下心理负担，轻松投入到工作或学习中</u>。简单轻便的状态有助于我们更加自由地前行，开拓更广阔的新天地。	'轻装上阵'은 원래 행동의 편의를 위해서 가벼운 장비만을 지니고 전쟁터에 나간다는 뜻이었지만, <u>현재는 심리적인 부담을 내려놓고 가볍게 일이나 공부에 몰두하는 것을 비유하는 경우가 많다.</u> 간단하고 가벼운 상태는 우리가 더욱 자유롭게 나아가고, 더 넓은 신세계를 개척하는 데 도움이 된다.
A 负面情绪使人疲惫 B 思想负担可化为动力 C 士兵上战场前很担心 **D 行动前应卸下思想重担（✓）**	A 부정적인 감정은 사람을 몹시 피곤하게 하다 B 정신적 부담은 동력이 될 수 있다 C 병사들은 전쟁터에 나가기 전에 매우 걱정한다 **D 행동하기 전에 정신적 부담을 내려놓아야 한다（✓）**

367

해설	선택지에서 '负面情绪', '思想负担', '思想重担'과 같은 핵심 단어들을 보면 심리 상태에 관한 글임을 알 수 있습니다. 녹음에 나오는 '轻装上阵'은 마음의 부담을 내려놓고 가볍게 일이나 공부에 몰두하는 것을 비유한다고 하였습니다. 녹음의 '放下心理负担'이 선택지의 '卸下思想重担'으로 바뀌어 출제된 문제입니다. 따라서 정답은 D 行动前应卸下思想重担입니다.
단어	◆ 轻装上阵 qīngzhuāng-shàngzhèn 성 가벼운 장비로 전쟁터에 나가다	指 zhǐ 동 가리키다, 뜻하다 *原指 원래 ~(라는 뜻)이다	便利 biànlì 형 편리하다 명 편의	携带 xiédài 동 휴대하다, 지니다	轻便 qīngbiàn 형 간편하다, 가볍다	装备 zhuāngbèi 명 장비	上战场 shàng zhànchǎng 전쟁터에 나가다	比喻 bǐyù 비유하다	放下 fàngxià 동 (짐·부담을) 내려놓다	负担 fùdān 명 부담	轻松 qīngsōng 형 수월하다, 가볍다	投入 tóurù 동 몰두하다, 전념하다	轻便 qīngbiàn 형 간편하다, 편리하다	状态 zhuàngtài 명 상태	有助于 yǒuzhùyú 동 ~에 도움이 되다	前行 qiánxíng 동 (앞으로) 나아가다, 전진하다	开拓 kāituò 동 개척하다	广阔 guǎngkuò 형 광활하다, 넓다	新天地 xīntiāndì 명 신세계, 새로운 영역 ◆ 负面情绪 fùmiàn qíngxù 부정적인 감정	疲惫 píbèi 형 몹시 피곤하다	思想 sīxiǎng 명 사상, 생각, 정신	化为 huàwéi 동 ~로 변하다, ~이 되다	动力 dònglì 명 동력	士兵 shìbīng 명 병사	担心 dānxīn 동 걱정하다	卸下 xièxià 동 (부담을) 덜다, 내려놓다	重担 zhòngdàn 명 무거운 짐, 부담 *思想重担 정신적 부담

정답 및 해석

梅花不与百花争艳，而在寒冷的冬天开放，这种特点常被文人称颂。陆游在《卜算子·咏梅》中写道"无意苦争春，一任群芳妒"。就是形容梅花清雅高洁、不争不抢、淡泊名利的高尚品质。 A 梅花四季常开 B 常以梅花比喻美人 C 文人赞扬梅花的品质（✓） D 那句诗出自人物传记	매화는 온갖 꽃들과 아름다움을 다투지 않고 추운 겨울에 피어나며, 이러한 특징은 자주 문인들에게 칭송받는다. 육유(陆游)는 「복산자·영매」에서 '애써 봄꽃들과 다툴 맘 없고, 뭇꽃들의 시샘도 내버려두리라'라고 썼다. 바로 매화의 청아하고 고결하며, 다투어 빼앗지 않고, 명예와 이익에 욕심이 없는 고상한 품성을 묘사한 것이다. A 매화는 사계절 내내 핀다 B 자주 매화를 미인에 비유한다 C 문인들은 매화의 품성을 칭찬한다 (✓) D 그 시는 인물 전기에서 나왔다

해설	선택지를 보면 '매화(梅花)'에 관한 글임을 알 수 있습니다. 녹음 첫 문장 '梅花不与百花争艳，而在寒冷的冬天开放，这种特点常被文人称颂'에서 매화의 어떤 특징이 문인한테 칭송받는다고 하였습니다. '称颂'을 듣고 '赞扬'을 고르는 문제입니다. 따라서 정답은 C 文人赞扬梅花的品质입니다.
단어	◆ 梅花 méihuā 명 매화	百花 bǎihuā 명 백화, 온갖 꽃	争艳 zhēngyàn 동 아름다움을 다투다	寒冷 hánlěng 형 한랭하다, 몹시 춥다	开放 kāifàng 동 (꽃이) 피다	特点 tèdiǎn 명 특징	文人 wénrén 명 문인	称颂 chēngsòng 동 칭송하다, 칭찬하다	陆游 Lù Yóu 고유 육유[남송의 저명한 시인]	卜算子·咏梅 bǔsuànzi·yǒngméi 고유 복산자·영매[중국 송나라 시인 육유의 시로 매화의 정신을 찬양하며 애국심을 표현함]	无意苦争春，一任群芳妒 wúyì kǔ zhēng chūn, yīrèn qúnfāng dù 애써 봄꽃들과 다툴 맘 없고, 뭇꽃들의 시샘도 내버려두리라 *无意 형 ~할 마음이 없다 *一任 내버려두다 *妒 동 질투하다, 시샘하다	形容 xíngróng 동 형용하다, 묘사하다	清雅高洁 qīngyǎ gāojié 청아하고 고결하다	不争不抢 bù zhēng bù qiǎng 다투지 않고 빼앗으려 하지 않다 *争抢 동 쟁탈하다, 다투어 빼앗다	淡泊名利 dànbó mínglì 명예와 이익에 욕심이 없다 *淡泊 형 욕심이 없다	高尚 gāoshàng 형 고상하다	品质 pǐnzhì 명 품성 ◆ 四季常开 sìjì chángkāi 사계절 내내 피다	比喻 bǐyù 동 비유하다	赞扬 zànyáng 동 칭찬하다	诗 shī 명 시	出自 chūzì 동 ~에서 나오다	人物传记 rénwù zhuànjì 인물 전기

6

정답 및 해석

在传统农耕文化中，谷雨节气将谷和雨联系起来，表示降水状况和雨生百谷。<u>谷雨节气后气温升高，雨量增多，空气湿度加大，适合谷类作物生长，是庄稼生长的最佳时节。</u>	전통 농경 문화에서 곡우(谷雨) 절기는 곡물과 비를 연결하여 강수 상황과 비로 인해 온갖 곡물이 자라남을 의미한다. <u>곡우 절기 후에는 기온이 상승하고 강우량이 증가하고 공기 습도가 높아져, 곡류 작물이 자라기에 적합하며, 농작물이 자라기에 가장 좋은 시기이다.</u>
A 每一季度都有谷雨 B 谷雨后作物长势好 (✓) C 谷雨时节气温回落 D 谷雨意为灌溉庄稼	A 분기마다 곡우가 있다 B 곡우 이후 농작물은 작황이 좋다 (✓) C 곡우 절기에 기온이 다시 내려간다 D 곡우는 작물을 관개한다는 뜻이다

해설 선택지를 보면 24절기 중 하나인 '谷雨'에 관한 글임을 알 수 있습니다. 녹음 속 두 번째 문장 '谷雨节气后气温升高，雨量增多，空气湿度加大，适合谷类作物生长，是庄稼生长的最佳时节'에서 곡우 절기 후에는 여러 이유로 작물이 자라기에 적합하다고 한 것은 작황이 좋다는 의미로 볼 수 있습니다. 따라서 정답은 B 谷雨后作物长势好입니다.

단어
◆ 传统 chuántǒng 몡 전통 | 农耕文化 nónggēng wénhuà 농경 문화 *农耕 동 농경하다, 농사를 짓다 | 谷雨 gǔyǔ 몡 곡우[24절기 중의 하나] *谷 곡식, 곡물 | 节气 jiéqì 몡 절기 | 联系 liánxì 동 연결하다 | 表示 biǎoshì 동 나타내다, 의미하다 | 降水 jiàngshuǐ 몡 강수[비·구름·싸라기·우박 따위의 통칭] | 状况 zhuàngkuàng 몡 상황 | 升高 shēnggāo 동 (기온이) 상승하다 | 雨量 yǔliàng 몡 강우량 | 增多 zēngduō 동 증가하다, 많아지다 | 湿度 shīdù 몡 습도 | 加大 jiādà 동 크게 하다, (습도가) 높아지다 | 适合 shìhé 동 적합하다 | 谷类 gǔlèi 몡 곡류 | 作物 zuòwù 몡 (농)작물(=庄稼 zhuāngjia) | 最佳 zuìjiā 형 가장 좋다, 최적이다 | 时节 shíjié 몡 절기, 시기

◆ 季度 jìdù 몡 분기[3개월을 하나의 단위로 삼을 때 '분기'라고 함] | 长势 zhǎngshì 몡 성장도, 작황 | 回落 huíluò 동 (기온이) 다시 내려가다 | 意为 yìwéi 동 ~라는 뜻이다 | 灌溉 guàngài 동 관개하다, (농지에) 물을 대다

7

정답 및 해석

沉浸式体验就是运用灯光影像等效果，调动人体各感官，从而给参与者一种置身于虚拟主题中的感觉。例如，<u>虚拟现实就是通过戴上特定的设备，进入到某个虚拟场景中进行的沉浸式体验。</u>	몰입형 체험은 바로 조명과 영상 등의 효과를 활용하여 인체의 각 감각 기관을 자극하고, 그렇게 함으로써 참여자에게 가상 테마 속에 와 있는 느낌을 주는 것이다. 예를 들어, <u>가상 현실은 특정 장비를 착용하고 어떤 가상의 장면으로 들어가는 것을 통해서 진행하는 몰입형 체험이다.</u>
A 沉浸式体验主要靠想象 B 虚拟现实技术已很普及 C 沉浸式体验无需特定设备 D 沉浸式体验的场景是虚拟的 (✓)	A 몰입형 체험은 주로 상상에 의존한다 B 가상 현실 기술은 이미 대중화되었다 C 몰입형 체험에는 특정 장비가 필요 없다 D 몰입형 체험의 장면은 가상이다 (✓)

해설 선택지 단어의 난이도가 비교적 높습니다. 이런 경우 반드시 핵심 단어를 먼저 체크해 놓고, 녹음에서 일치하는 단어가 나오는지 체크하면서 들어야 합니다. 각 선택지의 핵심 단어는 '沉浸式体验', '虚拟', '场景'입니다. 녹음 마지막 문장 '虚拟现实就是通过戴上特定的设备，进入到某个虚拟场景中进行的沉浸式体验'에서 가상 현실은 가상의 장면으로 들어가 진행하는 몰입형 체험이라고 설명했습니다. 따라서 정답은 D 沉浸式体验的场景是虚拟的입니다.

단어
◆ 沉浸式体验 chénjìnshì tǐyàn 몰입형 체험 *沉浸 동 몰입하다, 골몰하다 | 运用 yùnyòng 동 운용하다, 활용하다 | 灯光 dēngguāng 몡 조명 | 影像 yǐngxiàng 몡 영상 | 效果 xiàoguǒ 몡 효과 | 调动 diàodòng 동 동원하다, 자극하다 | 感官 gǎnguān 몡 감각 기관(=感觉器官 gǎnjué qìguān) | 从而 cóng'ér 부 따라서, 그렇게 함으로써 | 参与者 cānyùzhě 몡 참여자 | 置身于 zhìshēn yú ~에 몸을 두다, ~에 와 있다 | 虚拟 xūnǐ 형 가상의, 사이버상의 | 主题 zhǔtí 몡 주제, 테마 | 感觉 gǎnjué 몡 감각, 느낌 | 例如 lìrú 동 예를 들다 | 通过 tōngguò 전 ~을 통해서 | 虚拟现实 xūnǐ xiànshí 가상 현실 | 戴 dài 동 (머리·얼굴 등에) 착용하다 | 特定 tèdìng 형 특정한 | 设备 shèbèi 몡 설비, 장비 | 场景 chǎngjǐng 몡 장면

♦ 靠 kào 동 기대다, 의존하다 | 想象 xiǎngxiàng 명 상상 | 技术 jìshù 명 기술 | 普及 pǔjí 동 보급되다, 대중화되다 | 无需 wúxū 동 필요 없다

8

정답 및 해석

千眼桥建于明代，因泄水孔约有1000个而得名，是江西省重点保护文物。千眼桥总长2000多米，桥身由花岗石做成，<u>每年只有当鄱阳湖水位下降至枯水位时千眼桥才会露出水面</u>。

A 千眼桥修建于宋代
B 千眼桥的桥身很狭窄
C 千眼桥不会总露出水面 (✓)
D 千眼桥总长将近一千米

천안교는 명나라 때 지어졌는데, 배수 구멍이 대략 1,000개가 있어서 이름을 얻었으며, 장시성의 핵심 보호 문화재이다. 천안교는 전체 길이가 2,000미터 남짓이고, 다리 본체는 화강암으로 만들어졌으며, <u>매년 포양호 수위가 저수위까지 낮아질 때만 비로소 수면 위로 드러난다</u>.

A 천안교는 송나라 때 건설되었다
B 천안교의 다리 본체는 협소하다
C 천안교는 항상 수면 위로 드러나지 않는다 (✓)
D 천안교는 전체 길이가 거의 1,000미터에 가깝다

해설 선택지를 보면 중국의 다리인 '千眼桥'에 관한 글임을 알 수 있습니다. 주어가 같으므로 선택지의 술어 내용을 주의해서 들어야 합니다. 녹음 지문의 마지막 문장인 '只有……才会露出水面'을 이해해야 풀 수 있는 문제입니다. 마지막 문장에서 특별한 경우에만 다리가 수면 위로 드러난다고 했으므로 평소에는 수면 위로 잘 드러나지 않는 것을 알 수 있습니다. 따라서 정답은 C 千眼桥不会总露出水面입니다.

> **Tip!** '因……而得名'은 정답으로 많이 출제되므로 선택지에 관련 내용이 있다면 주의해서 봅니다.

단어
♦ 千眼桥 Qiānyǎnqiáo 고유 천안교 | 因…而得名 yīn……ér démíng ~ 때문에 이름을 얻다 | 泄水孔 xièshuǐkǒng 명 배수 구멍[물이 빠져나가는 구멍] | 约 yuē 부 대략 | 江西省 Jiāngxī Shěng 고유 장시성[지명] | 重点保护文物 zhòngdiǎn bǎohù wénwù 핵심 보호 문화재 | 总长 zǒngcháng 명 전체 길이 | 桥身 qiáoshēn 명 다리 본체 | 由…做成 yóu……zuòchéng ~으로 만들어지다 | 花岗石 huāgāngshí 명 화강암 | 鄱阳湖 Póyáng Hú 고유 포양호[지명] | 水位 shuǐwèi 명 수위[물 높이] | 下降 xiàjiàng 낮아지다 | 枯水位 kū shuǐwèi 저수위 *枯 동 (우물·강 등이) 마르다 | 露出水面 lùchū shuǐmiàn 수면 위로 드러나다

♦ 修建 xiūjiàn 동 건설하다 | 宋代 Sòngdài 고유 송대, 송나라 때 | 狭窄 xiázhǎi 형 비좁다, 협소하다 | 将近 jiāngjìn 동 거의 ~에 가깝다

실력 확인하기 독해 | 제2부분

1-13

정답 1 D   2 A   3 A   4 C   5 D

1

정답 및 해석

与其抱怨时间不够用，不妨屏蔽外界①干扰，保持专注善用等待时间，完成小目标；②给予自我奖励，增强前进动力。用好零碎时间，你将会享受更③充实的生活，完成那些看起来艰难的任务。

시간이 부족하다고 불평하기보다는, 외부 방해를 차단하고 집중력을 유지하며 기다리는 시간을 잘 활용하여 작은 목표를 달성하는 것도 괜찮다. 스스로에게 보상을 주어, 앞으로 나아갈 동력을 강화하라. 자투리 시간을 잘 활용하면 당신은 더 충실한 삶을 즐기고, 어려워 보이는 과제들도 완수할 수 있을 것이다.

A 唠叨 ✕	保卫 ✕	富裕 ✕
B 践踏 ✕	力争 ✕	十足 ✕
C 嘲笑 ✕	赋予 ✕	和睦 ✕
D 干扰 ○	给予 ○	充实 ○(✓)

A 잔소리하다	지키다	부유하다
B 짓밟다	힘쓰다	넘치다
C 비웃다	부여하다	화목하다
D 방해하다	주다	충실하다 (✓)

해설

① 첫 번째 빈칸 문장 '屏蔽外界(　)'에서 동사 '屏蔽'의 목적어를 찾아야 합니다. 의미적으로 보면 '외부의 (　)을 차단하다'입니다. 선택지 A(잔소리하다), B(짓밟다), C(비웃다)는 모두 '屏蔽'와 어울리지 않습니다. 외부의 간섭이나 방해를 차단한다는 뜻으로 '干扰'가 가장 잘 어울립니다. 따라서 정답은 D 干扰입니다. 여기서 '干扰'는 명사처럼 사용되었다는 것을 알 수 있습니다.

② 두 번째 빈칸 문장은 '(　)自我奖励，增强前进动力'이고 그 뜻은 '자기 자신에게 보상을 (　)하고, 앞으로 나아갈 동력을 키우다'라는 뜻입니다. 선택지 A(지키다), B(힘껏 쟁취하다), C(부여하다)는 모두 빈칸에 넣었을 때 부자연스럽고 '给予(주다)가 문맥상 가장 자연스럽습니다. 따라서 정답은 D 给予입니다. '给予'는 '给'의 서면어입니다.

③ 세 번째 빈칸 문장은 '你将会享受更(　)的生活'입니다. 목적어 '生活'를 꾸미는 단어를 선택해야 합니다. 의미상 가능한 단어는 A(부유하다)와 D(충실하다)입니다. 그런데 앞뒤 문맥을 살펴보면 '자투리 시간을 잘 활용하면 더욱 (　)한 생활을 누릴 수 있다'이므로, 선택지 D 充实(충실하다)가 정답입니다. '生活充实'는 '생활이 알차다'는 의미입니다.

선택지 단어

빈칸 ①

A 唠叨 láodao 동 말을 많이 하다, 잔소리하다
  예문 妈妈总是唠叨我早点睡觉。 엄마는 항상 나한테 일찍 자라고 잔소리한다.

B 践踏 jiàntà 동 ①(농작물 등을) 밟다 ② 짓밟다, 유린하다[비유]
  예문 我们不应该践踏别人的尊严。 우리는 다른 사람의 존엄성을 짓밟아서는 안 된다.
   ◆ 尊严 zūnyán 명 존엄(성)

C 嘲笑 cháoxiào 동 비웃다, 조소하다
  예문 他因为失败而被同学们嘲笑。 그는 실패 때문에 친구들에게 비웃음을 당했다.

D 干扰 gānrǎo 동 교란시키다, 방해하다 명 교란, 방해
  예문 电视信号受到飞机的干扰 。 TV신호는 비행기의 교란을 받았다.

빈칸 ②

A 保卫 bǎowèi 동 보위하다, 지키다
   保卫祖国 조국을 지키다
  예문 军队负责保卫国家安全。 군대는 책임지고 국가의 안전을 지킨다.
   ◆ 负责 fùzé 동 책임을 지다

371

B 力争 lìzhēng 동 (목표에 도달하기 위하여) 매우 노력하다, 힘쓰다
예문 我们必须力争取得胜利。 우리는 반드시 승리를 거두기 위하여 힘써야 한다.
◆ 取得胜利 qǔdé shènglì 승리를 거두다

C 赋予 fùyǔ 동 (사명·가치·의미를) 부여하다, 주다
짝꿍 赋予使命 사명을 부여하다
赋予意义 의미를 부여하다
예문 这本书赋予了读者无限的想象空间。 이 책은 독자에게 무한한 상상의 공간을 주었다.

D 给予 jǐyǔ 동 (물질적·정신적 도움을) 주다
짝꿍 给予帮助 도움을 주다
给予同情 동정하다
예문 老师给予了我很多鼓励。 선생님은 나에게 많은 격려를 해 주셨다.

빈칸 ③

A 富裕 fùyù 형 부유하다
예문 他们家非常富裕，生活条件很好。 그들 집은 매우 부유하여 생활 조건이 좋다.

B 十足 shízú 형 충분하다, 넘치다
예문 他说话的时候自信十足。 그는 말할 때 자신감이 넘친다.

C 和睦 hémù 형 화목하다
예문 他们家人相处得非常和睦。 그들 가족은 매우 화목하게 지낸다.
◆ 相处 xiāngchǔ 동 함께 지내다

D 充实 chōngshí 형 충실하다, 풍부하다
짝꿍 充实的生活 충실한 생활
예문 这本书的内容非常充实，让我学到了很多知识。 이 책의 내용은 매우 충실해서, 내가 많은 지식을 배웠다.

| 지문 단어 | 与其 yǔqí 접 ~하기보다는 ｜ 抱怨 bàoyuàn 동 원망하다, 불평하다 ｜ 不妨 bùfáng 부 무방하다, 괜찮다 ｜ 屏蔽 píngbì 동 (병풍처럼) 가리다, 차단하다 ｜ 保持 bǎochí 동 (지속적으로) 유지하다 ｜ 专注 zhuānzhù 동 집중하다, 전념하다 ｜ 善用 shànyòng 동 잘 활용하다 ｜ 等待 děngdài 동 기다리다 ｜ 完成目标 wánchéng mùbiāo 목표를 완수하다 ｜ 奖励 jiǎnglì 명 상, 상금 ｜ 增强动力 zēngqiáng dònglì 동력을 강화하다 ｜ 零碎 língsuì 형 자질구레하다, 자잘하다 ｜ 享受生活 xiǎngshòu shēnghuó 생활을 즐기다 ｜ 艰难 jiānnán 형 어렵다, 힘들다 ｜ 任务 rènwu 명 임무 |

정답 및 해석

中国戏曲是世界三大古代戏剧之一，它①起源于原始歌舞，经过②漫长的发展演变，形成了以"京剧、越剧、黄梅戏、评剧、豫剧"五大戏曲剧种为③核心的中华戏曲百花苑。

A 起源 ○	漫长 ○	核心 ○ (✓)
B 根源 ×	悠久 ×	重心 ×
C 来源 ○	持久 ×	层次 ×
D 发源 ○	遥远 ×	支柱 ×

중국 전통극은 세계 3대 고대 전통극 중 하나로, 그것은 원시 가무에서 기원하여, 기나긴 발전과 변천을 거쳐 '경극·월극·황매희·평극·예극'의 5대 전통극을 핵심으로 하는 중국 전통극 백화원을 형성하였다.

A 기원하다	(시간이) 길다	핵심 (✓)
B 근원	유구하다	(무게)중심
C 비롯되다	오래 지속하다	단계
D 기원(발원)하다	아득히 멀다	기둥

해설

① 첫 번째 빈칸 문장은 '中国戏曲(중국 전통극)'에 관한 내용입니다. '它(　)于原始歌舞'는 '그것(중국 전통극)은 원시 가무에서 (　)'라는 뜻으로, 어울리는 동사를 찾아야 합니다. 선택지 A 起源(기원하다)은 사물이나 문화의 시작이나 최초의 탄생을 나타내므로 정답입니다. 뒤에 전치사 '于'와 함께 '起源于'의 형태로 많이 사용됩니다. '根源(근원)'은 주로 명사로 사용합니다.

② 두 번째 빈칸 문장 '经过(　)的发展演变'에서 '发展演变'에 어울리는 형용사를 찾아야 합니다. 한국어로 해석하면 '(　)의 발전과 변천을 거쳐서'입니다. 선택지 A의 '漫长'은 '(시간이) 길다'는 뜻으로, '기나긴 발전과 변천을 거쳐서'라는 말이 되므로, 문맥상 가장 자연스럽습니다. 따라서 정답은 A 漫长입니다. '悠久'는 '历史悠久(역사가 유구하다)'로 사용하며, '持久'는 '药效持久(약효가 오래 지속되다)'처럼 사용하며, '遥远'은 '거리가 멀다'는 의미입니다.

③ 세 번째 빈칸 문장 '形成了以"京剧、越剧、黄梅戏、评剧、豫剧"五大戏曲剧种为(　)的中华戏曲百花苑'에서 '以⋯为⋯(~을 ~로 삼다)' 구조가 보입니다. 즉, '京剧·越剧·黄梅戏·评剧·豫剧의 5대 희극을 (　)으로 하는 중화 희곡 백화원을 형성하였다'라는 말입니다. 네 가지 선택지 중 A 核心(핵심)이 가장 자연스러우므로 정답입니다. '形成了'의 목적어는 맨 뒤의 '中华戏曲百花苑'입니다. '中华戏曲百花苑'은 중국 전통극의 다양성과 풍부함을 가리키는 말입니다.

 선택지 단어

빈칸 ①

A 起源 qǐyuán 통 기원하다
  예문 我们的文字起源于象形文字。 우리의 문자는 상형문자에서 기원했다.

B 根源 gēnyuán 명 근원, 근본 원인
  예문 社会矛盾的根源在于贫富差距。 사회적 갈등의 근본 원인은 빈부격차에 있다.
  ◆ 贫富差距 pínfù chājù 빈부격차

C 来源 láiyuán 통 비롯되다, 기원하다, 생겨나다 명 (사물의) 근원, 출처
  예문 艺术来源于生活。 예술은 생활에서 나왔다.
      这个消息的来源是政府公告。 이 소식의 출처는 정부 공고이다.
  ◆ 政府 zhèngfǔ 명 정부

D 发源 fāyuán 통 발원하다, 기원하다
  짝꿍 发源地 발원지
  예문 长江发源于青藏高原。 창장은 칭짱고원에서 발원했다.

빈칸 ②

A 漫长 màncháng 형 (시간이) 길다
  짝꿍 漫长的等待 긴 기다림
       漫长的历史 긴 역사
  예문 我们又要度过一个漫长的夜晚。 우리는 또 기나긴 밤을 보내야 한다.

B 悠久 yōujiǔ 형 (역사가) 유구하다
  예문 韩国有着悠久的传统文化。 한국은 유구한 전통 문화를 가지고 있다.

C 持久 chíjiǔ 형 오래 지속되다, 지속적인
  짝꿍 持久的和平 지속적인 평화

D 遥远 yáoyuǎn 형 (거리가) 아주 멀다, 아득히 멀다
  짝꿍 遥远的地方 아득히 먼 곳

빈칸 ③

A 核心 héxīn 명 핵심
  짝꿍 核心技术 핵심 기술
  예문 生产力是企业的核心。 생산력은 기업의 핵심이다.

373

	B 重心 zhòngxīn 명 (무게)중심, (일의) 중심, 핵심 예문 我的生活<u>重心</u>就是我的家人。 내 삶의 중심은 바로 나의 가족이다. C 层次 céngcì 명 등급, 단계, 순서 짝꿍 <u>层次</u>分明 등급이 분명하다 不同的<u>层次</u>和步骤 다른 단계와 절차 ◆ 步骤 bùzhòu 명 (일 진행의) 순서, 절차 D 支柱 zhīzhù 명 지주, 기둥, 동량[비유] 예문 家庭是社会的<u>支柱</u>之一。 가정은 사회의 기둥 중 하나이다.
지문 단어	戏曲 xìqǔ 명 중국 전통극 ｜ 戏剧 xìjù 명 희극, 연극, 중국 전통극 ｜ 原始歌舞 yuánshǐ gēwǔ 원시 가무 ｜ 经过 jīngguò 전 ~을 거쳐 ｜ 演变 yǎnbiàn 동 변화 발전하다, 변천하다 ｜ 京剧 jīngjù 명 경극 ｜ 越剧 yuèjù 명 월극 ｜ 黄梅戏 huángméixì 명 황매희 ｜ 评剧 píngjù 명 평극 ｜ 豫剧 yùjù 명 예극 ｜ 剧种 jùzhǒng 명 중국 전통극의 종류 ｜ 中华 Zhōnghuá 고유 중화[중국의 옛 이름] ｜ 百花苑 bǎihuāyuàn 명 백화원[중국 전통극의 다양성과 풍부함을 가리키는 말]

3

정답 및 해석

随着人民生活水平提高，以上门代厨、上门整理收纳等为代表的"上门经济"①<u>日益</u>走俏，不仅②<u>满足</u>消费者多元化、个性化需求，还拓宽了③<u>就业</u>渠道，丰富了服务场景，让消费④<u>模式</u>变得更为自由灵活。	국민들의 생활 수준이 향상됨에 따라 출장 요리, 출장 정리정돈 등을 대표로 하는 '방문 경제'가 <u>나날이</u> 인기를 얻고 있다. 이는 소비자의 다원화되고 개성화된 수요를 <u>만족시킬</u> 뿐만 아니라, <u>취업</u> 경로를 넓히고 서비스 상황을 풍부하게 하여 소비 <u>패턴</u>을 더욱 자유롭고 유연해지게 했다.

A	日益 ○	满足 ○	就业 ○	模式 ○ (✓)		A	나날이	만족시키다	취업하다	패턴 (✓)
B	逐步 ×	达成 ×	敬业 ×	规范 ×		B	단계적으로	달성하다	직업에 충실하다	규범
C	愈加 ○	兑现 ×	营业 ×	格式 ×		C	더욱더	(약속을) 이행하다	영업하다	형식
D	逐年 ×	供给 ×	经营 ×	模范 ×		D	해마다	공급하다	경영하다	모범

해설	① 첫 번째 빈칸 문장 '"上门经济"( )走俏'에서 빈칸은 '走俏'를 수식하는 부사어 자리입니다. '방문 경제가 ( ) 인기를 얻고 있다'라는 뜻을 만들면 됩니다. 바로 앞 문장과 함께 보면 '사람들의 경제수준이 높아지면서 방문 경제가 점점 인기를 얻고 있다'가 자연스러우므로 정답은 A 日益입니다. '愈加走俏'도 틀린 표현은 아니지만, 나머지 밑줄의 정답이 C가 아닙니다. ② 두 번째 빈칸 문장 '不仅( )消费者多元化、个性化需求'에서 빈칸은 목적어 '需求'와 호응하는 동사가 들어가야 합니다. 선택지 A 满足는 '满足需求(수요를 만족시키다)'라는 뜻으로 가장 무난한 정답입니다. 나머지 밑줄의 정답을 모르겠다면 두 번째 밑줄만 가지고 정답을 고른 후에 빠르게 다음 문제로 넘어가도 됩니다. ③ 세 번째 빈칸 문장 '还拓宽了( )渠道'에서 빈칸은 목적어 '渠道'를 꾸미는 관형어 자리입니다. 문장의 주제가 방문 경제이므로 전에 없던 일자리 창출에 관한 내용임을 알 수 있습니다. 그래서 정답은 A 就业(취업)입니다. '营业渠道'나 '经营渠道'도 호응이 가능하지만, 전체 맥락상 어울리지 않습니다. ④ 네 번째 빈칸 문장 '让消费( )变得更为自由灵活'는 '(새로운 직업이 생겨났으므로) 소비( )도 보다 더 자유롭고 유연하게 변했다'는 뜻입니다. '消费模式(소비 패턴)'는 고정 형태로 자주 쓰입니다. 따라서 정답은 A 消费模式입니다.

빈칸 ①

A 日益 rìyì 부 날로, 나날이
예문   随着人口的增长,城市化进程<u>日益</u>加速。 인구가 늘어나면서 도시화 진행이 나날이 빨라졌다.
◆ 进程 jìnchéng 명 진행 과정, 진전

B 逐步 zhúbù 튀 한걸음씩, 점진적으로
　예문　我们逐步实现了目标。 우리는 목표를 점진적으로 달성했다.
　　◆ 实现目标 shíxiàn mùbiāo 목표를 달성하다

C 愈加 yùjiā 튀 더욱, 더욱더
　예문　经过锻炼，他的身体愈加健康了。 운동을 통해, 그의 몸은 더욱더 건강해졌다.

D 逐年 zhúnián 튀 해마다, 매년
　예문　公司的利润逐年增长。 회사의 이윤은 해마다 증가하고 있다.
　　◆ 利润 lìrùn 명 이윤 | 增长 zēngzhǎng 동 증가하다

빈칸 ②

A 满足 mǎnzú 동 만족시키다
　짝꿍　满足需求 수요를 만족시키다
　　　　满足条件 조건을 만족시키다
　　◆ 需求 xūqiú 명 수요, 필요

B 达成 dáchéng 동 달성하다, 이루다
　짝꿍　达成任务 임무를 달성하다
　예문　双方最终达成了协议。 양측은 마침내 협의를 이루었다.
　　◆ 协议 xiéyì 명 협의, 합의

C 兑现 duìxiàn 동 (약속을) 이행하다, 실행하다
　짝꿍　兑现诺言 약속을 이행하다
　예문　他兑现了自己对父母的承诺。 그는 자신이 부모님께 한 약속을 이행했다.
　　◆ 诺言 nuòyán 명 약속, 언약 | 承诺 chéngnuò 명 승낙, 약속

D 供给 gōngjǐ 동 공급하다, 제공하다
　짝꿍　供给物资 물자를 공급하다
　　　　供给能源 에너지를 공급하다
　예문　政府在紧急情况下供给了食物和水。 정부는 긴급 상황에서 음식과 물을 공급했다.
　　◆ 紧急 jǐnjí 형 긴급하다

빈칸 ③

A 就业 jiùyè 동 취업하다, 취직하다
　예문　政府采取了多种措施来促进年轻人的就业。 정부는 다양한 조치를 취해서 청년들의 취업을 촉진했다.
　　◆ 采取措施 cǎiqǔ cuòshī 조치를 취하다

B 敬业 jìngyè 동 직업에 충실하다, 맡은 일에 헌신적이다
　짝꿍　敬业态度 직업에 충실한 태도
　　　　敬业精神 직업에 헌신적인 정신
　예문　他是一个非常敬业的老师。 그는 매우 헌신적인 교사이다.

C 营业 yíngyè 동 영업하다
　예문　这家店每天上午九点开始营业。 이 가게는 매일 아침 9시에 영업을 시작한다.

D 经营 jīngyíng 동 경영하다, 운영하다
　짝꿍　经营公司 회사를 운영하다
　예문　我的梦想是经营一个中国文化空间。 내 꿈은 중국 문화공간을 경영하는 것이다.

빈칸 ④

A 模式 móshì 명 모델, 패턴, 유형
   짝꿍 经营模式 경영 모델
         发展模式 발전 유형
   예문 这家公司采用了新的管理模式。 이 회사는 새로운 관리 유형을 채택했다.
   ◆ 采用 cǎiyòng 동 채택하다, 사용하다

B 规范 guīfàn 명 규범, 본보기
   짝꿍 道德规范 도덕 규범
         行为规范 행위 규범
   예문 我们应该按照公司的规范来工作。 우리는 회사의 규범에 따라 일해야 한다.

C 格式 géshì 명 양식, 형식
   짝꿍 文件格式 문서 형식
         书写格式 글쓰기 형식
   예문 请按照规定的格式填写表格。 정해진 형식에 따라 서식을 작성해 주세요.
   ◆ 填写 tiánxiě 동 기입하다, 작성하다 | 表格 biǎogé 명 표, 서식

D 模范 mófàn 명 모범, 본받을 만한 사람, 모범자
   예문 他是我们班的模范学生。 그는 우리 반의 모범 학생이다.

| 지문 단어 | 随着 suízhe 전 ~함에 따라서 \| 提高 tígāo 동 향상되다 \| 以…为代表 yǐ……wéi dàibiǎo ~을 대표로 하다 \| 上门代厨 shàngmén dàichú 출장 요리 \| 上门整理收纳 shàngmén zhěnglǐ shōunà 출장 정리정돈 \| 上门经济 shàngmén jīngjì 방문 경제 \| 走俏 zǒuqiào 형 (상품이) 잘 팔리다, 인기를 얻다 \| 消费者 xiāofèizhě 명 소비자 \| 多元化 duōyuánhuà 동 다원화되다 \| 个性化 gèxìnghuà 동 개성화되다 \| 需求 xūqiú 명 수요, 필요 \| 拓宽 tuòkuān 동 넓히다, 확장하다 \| 渠道 qúdào 명 경로, 루트 \| 丰富 fēngfù 동 풍부하게 하다 \| 服务 fúwù 동 서비스하다 \| 场景 chǎngjǐng 명 장면, 상황 \| 模式 móshì 명 모델, 방식 \| 灵活 línghuó 형 유연하다, 융통성 있다 |

4

정답 및 해석

人的肠道能吸收营养物质，其吸收能力与肠道菌群①息息相关。人的肠道内寄居着500到1000种肠道菌群，它们并不是②天生就有的，而是随着母乳喂养、进食各种辅食等逐渐入驻的。肠道菌群中的益生菌能够促进食物③消化、各种维生素的吸收，④建立免疫屏障。

인간의 장은 영양소를 흡수할 수 있으며, 그 흡수 능력은 장내 균군과 밀접한 관련이 있다. 인간의 장에는 500~1,000종의 장내 균군이 기거하고 있으며, 그것들은 선천적으로 존재하는 것이 아니라 모유 수유와 각종 이유식 섭취로 점차 정착하게 된다. 장내 균군 중의 프로바이오틱스는 음식의 소화와 다양한 비타민의 흡수를 촉진하고 면역 장벽을 세울 수 있다.

A 相辅相成 ×	一向 ×	腐烂 ×	组成 ×
B 不相上下 ×	预先 ×	分解 ×	修建 ×
C 息息相关 ○	天生 ○	消化 ○	建立 ○ (✓)
D 与日俱增 ×	历来 ×	融化 ×	构成 ×

A 상부상조하다	줄곧	부패하다	구성하다
B 막상막하이다	미리	분해하다	건설하다
C 밀접한 관련이 있다	선천적인	소화하다	세우다 (✓)
D 날이 갈수록 증가하다	예로부터	녹다	구성하다

해설

① 첫 번째 빈칸 문장 '其吸收能力与肠道菌群(　　)'에 들어갈 성어가 어려운 편은 아니지만, 선택지에 성어가 있다면 다른 문제부터 푸는 습관을 기릅니다. 'A与B息息相关(A와 B가 밀접한 관련이 있다)'은 시험에 많이 나오는 필수 성어이므로 반드시 암기합니다. 비슷한 표현으로 'A与B密切相关(A와 B는 밀접한 관련이 있다)'도 같이 외워 봅니다. 빈칸 문장은 '그 흡수 능력은 장내 균군과 밀접한 관련이 있다'가 가장 자연스럽습니다. 따라서 정답은 C 息息相关입니다.

② 두 번째 빈칸 문장 '它们并不是( )就有的，而是随着母乳喂养、进食各种辅食等逐渐入驻的'를 해석하면, '그것들은 ( ) 이미 있던 것이 아니라 모유 수유, 각종 이유식 섭취 등을 통해 점차 자리 잡아가고 있다'는 말입니다. '而是' 뒤의 내용이 후천적으로 생긴다는 내용이므로 '선천적'이라는 어휘가 가장 적합합니다. '天生'은 형용사이면서 부사어로도 함께 사용할 수 있습니다. 따라서 정답은 C 天生입니다.

③ 세 번째 빈칸 문장 '肠道菌群中的益生菌能够促进食物( )'은 '장내 미생물군 속의 프로바이오틱스는 음식물의 ( )를 촉진할 수 있다'는 내용입니다. 즉, 빈칸은 동사 '促进'과 의미상 호응하는 목적어 자리입니다. '消化'가 가장 자연스럽고 '促进消化'도 자주 사용하는 고정 격식입니다. 따라서 정답은 C 消化입니다.

④ 네 번째 빈칸 문장 '( )免疫屏障'은 '면역 장벽을 ( )하다'는 뜻입니다. 장벽이란 단어를 생각하면, '장벽을 세우다'는 연결이 가장 자연스럽습니다. 따라서, 정답은 C 建立입니다. '建立关系(관계를 맺다)'도 시험에 많이 출제되니 함께 암기해 둡니다. '修建'은 집·건물·다리 등을 건설할 때 사용하는 단어입니다.

선택지 단어

빈칸 ①

A 相辅相成 xiāngfǔ-xiāngchéng 성 상부상조하다, 서로 협력하다
예문 两家公司相辅相成，取得了更大的成果。두 회사는 서로 협력해서 더 큰 성과를 거두었다.

B 不相上下 bùxiāng-shàngxià 성 막상막하이다, 비슷하다
예문 两位选手的实力不相上下，很难预测谁会赢。두 선수의 실력은 비슷해서 누가 이길지 예측하기 어렵다.
◆ 预测 yùcè 동 예측하다

C 息息相关 xīxī-xiāngguān 성 밀접한 관련이 있다
예문 环境保护与我们的生活息息相关。환경 보호는 우리의 생활과 밀접한 관련이 있다.

D 与日俱增 yǔrì-jùzēng 성 날이 갈수록 증가하다(커지다)
예문 他的名气随着时间的推移与日俱增。그의 인기는 시간이 지나면서 날이 갈수록 커지고 있다.
◆ 推移 tuīyí 동 (시간이) 지나가다

빈칸 ②

A 一向 yíxiàng 부 줄곧, 내내, 계속해서
예문 他一向强调学术研究的重要性。그는 줄곧 학술 연구의 중요성을 강조해 왔다.

B 预先 yùxiān 부 미리, 사전에
짝꿍 预先通知 미리 통지하다
预先警告 사전에 경고하다
예문 我们预先做好了所有的安排，避免了任何意外。우리는 미리 모든 준비를 다 해서, 어떤 의외의 사고를 피했다.
◆ 警告 jǐnggào 동 경고하다 | 安排 ānpái 동 안배하다, 준비하다 | 避免 bìmiǎn 동 피하다

C 天生 tiānshēng 형 타고난, 선천적인
예문 有一些人天生就有创造力。어떤 사람들은 선천적으로 창의력을 가지고 있다.

D 历来 lìlái 부 예로부터, 여태껏, 줄곧
예문 这家公司历来以高品质的服务著称。이 회사는 줄곧 높은 품질의 서비스로 유명하다.
◆ 著称 zhùchēng 동 이름나다, 유명하다

빈칸 ③

A 腐烂 fǔlàn 동 부패하다, 썩다
예문 食物在高温下容易腐烂。음식은 고온에서 쉽게 부패한다.

B 分解 fēnjiě 동 분해하다
예문 这种化学物质很难在自然环境中分解。이 화학 물질은 자연환경에서 분해되기 어렵다.

C 消化 xiāohuà 동 소화하다
예문 吃完饭后散步有助于消化。 식후 산책은 소화에 도움이 된다.

D 融化 rónghuà 동 (얼음·눈이) 녹다, 융해되다
예문 春天到了，雪开始融化了。 봄이 오고, 눈이 녹기 시작했다.

빈칸 ④

A 组成 zǔchéng 동 구성하다, 이루어져 있다
예문 这个团队由五个人组成。 이 팀은 다섯 명으로 구성되어 있다.

B 修建 xiūjiàn 동 건설하다, 만들다, 짓다
짝꿍 修建铁路 철도를 건설하다
修建房子 집을 짓다
예문 政府决定修建一座新桥。 정부는 새로운 다리를 건설하기로 결정했다.

C 建立 jiànlì 동 세우다, 만들다, (관계를) 맺다
짝꿍 建立外交关系 외교 관계를 맺다
建立屏障 장벽을 세우다
예문 公司在1990年建立了自己的研发部门。 회사는 1990년에 자체 연구 개발 부서를 만들었다.

D 构成 gòuchéng 동 구성하다
예문 这篇文章由三个部分构成。 이 글은 세 부분으로 구성되어 있다.

지문 단어	肠道 chángdào 명 장 ｜ 吸收营养物质 xīshōu yíngyǎng wùzhì 영양소를 흡수하다 ｜ 菌群 jūn qún 균군[진균·세균 등 미생물의 집합] ｜ 寄居 jìjū 동 기거하다, 얹혀 살다 ｜ 随着 suízhe 동 ~함에 따라서 ｜ 母乳喂养 mǔrǔ wèiyǎng 모유 수유 *喂养 동 먹여 키우다 ｜ 进食 jìnshí 식사하다, 섭취하다 ｜ 辅食 fǔshí 명 (영아의) 보충식 ｜ 逐渐 zhújiàn 부 점차 ｜ 入驻 rùzhù 동 입주하다, 정착하다 ｜ 益生菌 yìshēngjūn 명 익생균, 프로바이오틱스 ｜ 促进 cùjìn 동 (소화·흡수를) 촉진하다 ｜ 维生素 wéishēngsù 명 비타민 ｜ 免疫屏障 miǎnyì píngzhàng 면역 장벽

5

정답 및 해석

屋顶在中国传统建筑造型中具有重要地位。《诗经》里就用"如鸟斯革"来①描绘像翼舒展的屋顶和出檐。自此，两汉以来的诗词歌赋里不断②涌现出相关的词句。这证明屋顶不但是几千年来广大人民所③喜闻乐见的，并且是中华民族最骄傲的④成就之一。

지붕은 중국 전통 건축 조형물에서 중요한 위치를 차지하고 있다. 『시경(诗经)』에는 '여조사혁(如鸟斯革)'으로 날개를 펼친 듯한 지붕과 처마를 묘사하고 있다. 이때부터 양한 이래의 운문에는 관련 문구가 끊임없이 대거 생겨났다. 이것은 지붕이 수천 년 동안 많은 사람들이 즐겨 듣고 즐겨 본 것일 뿐만 아니라, 중화민족의 가장 자랑스러운 성취 중 하나임을 증명한다.

A	塑造 ✕	泛滥 ✕	齐心协力 ✕	奇迹 ✕
B	树立 ✕	滞留 ✕	络绎不绝 ✕	遗迹 ✕
C	呼唤 ✕	汹涌 ✕	潜移默化 ✕	成果 ○
D	描绘 ○	涌现 ○	喜闻乐见 ○	成就 ○(✓)

A	형상화하다	범람하다	한마음으로 협력하다	기적
B	세우다	체류하다	왕래가 빈번하여 끊이지 않다	유적
C	부르다	용솟음치다	은연중에 영향을 끼치다	성과
D	묘사하다 (✓)	대거 나타나다	사람들이 즐겨 듣고 보다	성취

해설

① 첫 번째 빈칸 문장 '《诗经》里就用"如鸟斯革"来( )像翼舒展的屋顶和出檐'을 해석하면 '『시경(诗经)』에 '如鸟斯革'으로 날개를 편 듯한 지붕과 처마를 ( )하고 있다'고 말합니다. 『시경(诗经)』은 책(시집)이므로, 목적어인 지붕과 처마를 '묘사한다'가 어울립니다. 따라서 정답은 D 描绘입니다.

② 두 번째 빈칸 문장 '两汉以来的诗词歌赋里不断( )出相关的词句'를 해석하면 '양한 이래의 시(诗)와 사(词) 그리고 가부(歌赋)에서 관련 문구가 끊임없이 ( )한다'는 뜻입니다. 즉, 빈칸은 '词句'와 의미상 호응하는 동사 술어의 자리입니다. 우리말로는 '출현한다'는 표현이 어울리므로, '出现'의 '现'이 있는 '涌现'을 정답으로 골라 줍니다. 두 번째 밑줄은 선택지 단어가 모두 어려운 편이라 바로 건너뛰어도 됩니다. '涌现'은 '大量出现'의 의미입니다.

③ 세 번째 빈칸 문장 '这证明屋顶不但是几千年来广大人民所(　)的'에서 뒤에 이어지는 문장을 제외하고 이 문장만 해석하면 '이것은 지붕이 수천 년 동안 많은 사람들이 (　)것을 증명한다'입니다. 빈칸은 성어 자리인데, 의미상 가장 자연스러운 것은 '喜闻乐见'입니다. '喜闻乐见'은 '즐겨 듣고 보다'라는 뜻으로 사람들이 좋아하고 사람들에게 인기 있고 사랑받음을 비유할 때 자주 쓰입니다.

④ 네 번째 빈칸 문장 '并且是中华民族最骄傲的(　)之一'를 해석하면 '중화민족의 가장 자랑스러운 (　) 중 하나'입니다. 선택지 단어들은 모두 뜻이 다릅니다. '成果'도 말은 되지만, 가장 자연스러운 정답은 D 成就(성취)입니다.

빈칸 ①

A 塑造 sùzào 동 (인물을) 형상화하다, 묘사하다, 만들어내다
　짝꿍　塑造形象 이미지를 형상화하다
　　　　塑造性格 성격을 만들어내다

B 树立 shùlì 동 수립하다, 세우다
　짝꿍　树立榜样 모범을 보이다
　　　　树立信心 자신감을 세우다
　◆ 榜样 bǎngyàng 명 본보기, 모범

C 呼唤 hūhuàn 동 부르다, 외치다
　짝꿍　呼唤自由 자유를 외치다
　　　　呼唤正义 정의를 외치다

D 描绘 miáohuì 동 묘사하다, 그리다
　짝꿍　描绘风景 풍경을 묘사하다
　　　　描绘未来 미래를 그리다
　　　　描绘蓝图 청사진을 그리다
　예문　这幅山水画描绘了我国美好的河山。 이 산수화는 우리나라의 아름다운 강산을 묘사했다.
　◆ 蓝图 lántú 명 청사진

빈칸 ②

A 泛滥 fànlàn 동 범람하다, 넘쳐 흐르다
　짝꿍　河水泛滥 강물이 범람하다
　　　　谣言泛滥 유언비어가 범람하다
　◆ 谣言 yáoyán 명 유언비어, 헛소문

B 滞留 zhìliú 동 머물다, 체류하다
　짝꿍　滞留一夜 하룻밤을 머물다
　예문　他在异国他乡滞留了多年。 그는 타지에서 여러 해 동안 체류했다.
　◆ 异国他乡 yìguó tāxiāng 이국타향, 타지

C 汹涌 xiōngyǒng 동 (물이) 용솟음치다, 거세게 몰려들다
　짝꿍　波涛汹涌 파도가 용솟음치다
　　　　人潮汹涌 인파가 기세게 몰려들다
　◆ 波涛 bōtāo 명 파도 | 人潮 réncháo 명 인파

D 涌现 yǒngxiàn 동 대거 나타나다, 많이 생겨나다
　짝꿍　涌现机遇 기회가 대거 나타나다
　　　　涌现人才 인재가 대거 나타나다
　예문　学术界涌现了一批新锐。 학술계에 신예들이 대거 나타났다.
　◆ 机遇 jīyù 명 (좋은) 기회 | 新锐 xīnruì 명 신예

빈칸 ③

A 齐心协力 qíxīn-xiélì 성 한마음으로 협력하다
예문 我们必须齐心协力，才能克服困难。 우리는 반드시 한마음으로 협력해야만, 어려움을 극복할 수 있다.

B 络绎不绝 luòyìbùjué 성 왕래가 빈번해 끊이지 않다, 줄을 잇다
예문 来这里看病的人络绎不绝。 이곳에 진료 받으러 오는 사람들이 끊이지 않는다.

C 潜移默化 qiányí-mòhuà 성 은연중에 영향을 끼치다
예문 父母的行为对孩子起到了潜移默化的作用。 부모의 행동은 아이에게 은연중에 영향을 미친다.

D 喜闻乐见 xǐwén-lèjiàn 성 사람들이 즐겨 듣고 보다
예문 这个节目内容丰富，观众喜闻乐见。 이 프로그램은 내용이 풍부해서, 시청자들이 좋아하고 즐겨 본다.

빈칸 ④

A 奇迹 qíjì 명 기적
짝꿍 发生奇迹 기적이 발생하다
　　 创造奇迹 기적을 만들어내다
예문 互联网是20世纪人类创造的最伟大的奇迹之一。
　　 인터넷은 20세기 인류가 창조한 가장 위대한 기적 중의 하나이다.
◆ 互联网 hùliánwǎng 명 인터넷

B 遗迹 yíjì 명 유적
짝꿍 参观遗迹 유적을 관람하다
　　 保存遗迹 유적을 보존하다

C 成果 chéngguǒ 명 성과
짝꿍 分享成果 성과를 공유하다
　　 展示成果 성과를 보여주다
예문 这次实验取得了不错的成果。 이번 실험에서 괜찮은 성과를 얻었다.

D 成就 chéngjiù 명 성취, 성과, 업적
짝꿍 突出的成就 뛰어난 성취
　　 取得成就 성과를 거두다
예문 他在科学领域取得了巨大的成就。 그는 과학 분야에서 커다란 업적을 이루었다.
◆ 领域 lǐngyù 명 영역, 분야

| 지문 단어 | 屋顶 wūdǐng 명 지붕 | 传统 chuántǒng 형 전통적인 | 建筑造型 jiànzhù zàoxíng 건축 조형물 | 具有重要地位 jùyǒu zhòngyào dìwèi 중요한 위치를 차지하고 있다 | 诗经 Shījīng 고유 시경[책 이름] | 如鸟斯革 rúniǎosīgé 여조사혁[새가 날개를 펼친 것과 같다] | 翼 yì 명 날개 | 舒展 shūzhǎn 동 (날개를) 펼치다 | 出檐 chūyán 명 (돌출된) 처마 | 诗词歌赋 shīcígēfù 시·사·가·부, 운문 | 不断 búduàn 부 부단히, 끊임없이 | 词句 cíjù 명 문구 | 证明 zhèngmíng 동 증명하다 | 广大 guǎngdà 형 (사람 수가) 많다 | 中华民族 Zhōnghuá Mínzú 고유 중화민족 | 骄傲 jiāo'ào 형 자랑스럽다 |

실력 확인하기 독해 | 제3부분

정답 1 E   2 D   3 C   4 B   5 A

1-5.
정답 및 해석

　　无锡惠山泥人是中国著名的民间工艺品，在其发展过程中，(1) <u>E 除受到政治、经济因素的影响外</u>，无锡惠山的寺庙、园林、街坊、戏文、雕刻、庙会等也都对惠山泥人的题材和风格产生了重要的影响，使其形成了由俗而雅、粗中有细、雅俗共赏的艺术特征。

　　(2) <u>D 无锡惠山泥人分为"粗货"与"细货"两大类</u>，以其独特的艺术造型、鲜明的民间色彩和浓郁的江南气息而深受民众的喜爱。

　　"粗货"用模具印塑头和身体后，手脚和配件再以手工捏制而成，大多以喜庆吉祥的题材为主，如大阿福、小花囡等。"阿福"是指有福气的孩子，"小花囡"是吴地方言，指俊俏乖巧的女孩，讨人喜欢。(3) <u>C 二者在造型上多有相似之处</u>，比例上头大身短，形象上浑厚朴实，寄托着民间辟邪纳福、丰衣足食的美好愿望。

　　"细货"即手捏泥人，形态生动传神，色彩或清新或富丽，装饰精致逼真，个人风格突出，主要取材于戏曲人物、神话传说等。其中，(4) <u>B 数量最多的是"手捏戏文"</u>，通常由戏文中两个或三个角色组成一个作品。从前"手捏戏文"有多种用途，可作家庭陈设、神台供品，(5) <u>A 也可作为礼品馈赠亲朋好友</u>。以"手捏戏文"为代表的细货，是惠山泥人中最让人赏心悦目的民艺精品。

우시 후이산 토우는 중국의 유명한 민간 공예품으로, 그 발전 과정에서 (1) <u>E 정치, 경제적 요인의 영향을 받는 거 외에</u>, 우시 후이산의 사원·정원·거리·연극·조각·묘회 등도 후이산 토우의 소재와 스타일에 중요한 영향을 미쳤다. 이것은 후이산 토우가 속됨 속에서도 우아함을 띠고, 거칠면서도 섬세하며, 대중과 고급 취향 모두를 만족시키는 예술적 특색을 형성하게 했다.

(2) <u>D 우시 후이산 토우는 '거친 토우'와 '정교한 토우'의 두 가지 유형으로 나뉘며</u>, 그 독특한 예술적 형상, 뚜렷한 민속적 색채, 그리고 짙은 지앙난(江南) 지역의 정취로 인해 대중들에게 큰 사랑을 받고 있다.

'거친 토우'는 각종 모형으로 머리와 몸통을 찍어낸 후, 손발과 부속품은 다시 손으로 빚어 완성하며, 대부분은 축복과 길상을 소재로 한다. 예를 들어, 대아복(큰 복을 지닌 아이)과 소화난(작은 꽃 소녀) 등이 있다. '아복'은 복이 많은 아이를 의미하며, '소화난'은 우(吴)지방 방언으로, 예쁘고 똑똑한 소녀를 가리키며, 사람들의 호감을 산다. (3) <u>C 이 둘은 조형상 많은 유사점이 있는데</u>, 비율은 머리가 크고 몸이 짧고, 이미지는 소박하고 단순하여, 민간에서 악귀를 쫓고 복을 기원하며, 풍요로운 삶을 바라는 아름다운 염원을 담고 있다.

'정교한 토우'는 손으로 빚어 만든 토우로, 형태가 생동감 있고 생명력이 넘치며, 색채는 산뜻하거나 화려하고, 장식은 정교하고 사실적이며, 개인의 스타일이 두드러진다. 주로 전통극 인물이나 신화 전설 등을 소재로 하여 제작된다. 그중에서도 (4) <u>B (수량이) 가장 많은 것은 '손으로 빚은 전통극'으로</u>, 보통 전통극 속의 두세 명의 인물이 하나의 작품을 이루는 형태로 구성된다. 예전에는 '손으로 빚은 전통극'이 다양한 용도로 사용되었는데, 가정 장식품이나 신단의 공물로 쓰일 수 있었고, (5) <u>A 또한 친척이나 친구들에게 선물로 주기도 했다</u>. '손으로 빚은 전통극'을 대표로 하는 정교한 토우는 후이산 토우 중에서 가장 아름답고 감탄을 자아내는 민속 예술품이다.

해설

1　빈칸 앞에 전치사구(在其发展过程中)가 있고, 빈칸 뒤의 문장 '우시 후이산의 절·정원·이웃·극문·조각·묘회 등도 모두 후이산 토우의 소재와 스타일에 중요한 영향을 끼쳤다'라는 문맥을 잘 파악해야 합니다. 즉, '也对…产生影响'이 정답을 찾는 키워드입니다. 부사 '也'가 보인다면, 앞에 같은 내용이 있다고 추측할 수 있어야 합니다. 따라서 빈칸 안의 내용도 '影响'과 관련 있는 내용이어야 합니다. 이를 종합해보면, 정답은 E 除受到政治、经济因素的影响外입니다. 참고로 '除(了)A以外, B也…(A말고도 B도~ 하다)' 표현도 꼭 알아 둡니다.

2　빈칸은 문장의 시작 부분이어서 '주어+술어'가 모두 있어야 합니다. B·C·D 중에서 B는 빈칸 뒷부분에 '手捏戏文'이 언급되지 않았고, C의 '二者'는 앞에 두 가지가 있어야 하는데 없습니다. 따라서 정답을 D로 고를 수 있습니다. 또한 D에서 '分为"粗货"与"细货"两大类'라고 했는데, 세 번째 단락과 네 번째 단락 도입부에서 각각 '粗货'와 '细货'를 언급하며, 두 가지 종류를 구체적으로 설명하고 있습니다. 따라서 빈칸에는 '粗货'와 '细货'를 함께 언급하는 것이 문맥상 자연스럽습니다. 따라서 정답은 D입니다.

3　먼저, 빈칸 앞 문장에서 '阿福'와 '小花囡'을 언급했습니다. C의 '二者'는 '阿福'와 '小花囡'을 가리킵니다. C를 빈칸에 넣고 뒷 문장을 해석해 보면 매끄러우므로 정답은 C입니다.

381

4 빈칸 뒤에서 '通常由戏文中两个或三个角色组成一个作品(보통 전통극 중에서 두세 명의 배역으로 하나의 작품을 구성한다)'이라 말하며 '戏文'을 언급했고, 그 뒤에서 '从前"手捏戏文"有多种用途'라고 말하며 '手捏戏文'을 언급했습니다. 따라서, 정답은 B 数量最多的是"手捏戏文"입니다.

5 빈칸 앞에 '从前"手捏戏文"有多种用途, 可作家庭陈设、神台供品'이 있어서 이 문장은 '手捏戏文'의 여러 가지 용도를 설명하고 있음을 알 수 있습니다. 빈칸 바로 앞 문장 '可作家庭陈设、神台供品'에서 '可作…'라고 했으므로 '也可作…'로 연결하는 것이 자연스럽습니다. 따라서 정답은 A입니다.

단어

- 无锡 Wúxī 고유 우시[중국의 도시] | 惠山 Huìshān 고유 후이산[우시의 한 지역] | 泥人 nírén 명 진흙 인형, 토우 | 著名 zhùmíng 형 유명하다 | 民间工艺品 mínjiān gōngyìpǐn 명 민간 공예품 | 发展过程 fāzhǎn guòchéng 발전 과정 | 政治 zhèngzhì 명 정치 | 经济 jīngjì 명 경제 | 影响 yǐngxiǎng 명 영향 | 寺庙 sìmiào 명 사찰 | 园林 yuánlín 명 원림, 정원 | 街坊 jiēfāng 명 거리 | 戏文 xìwén 명 연극 | 雕刻 diāokè 명 조각 | 庙会 miàohuì 명 묘회, 사찰 축제 | 题材 tícái 명 소재, 재제 | 风格 fēnggé 명 풍격, 스타일 | 俗 sú 형 속되다 | 雅 yǎ 형 우아하다 | 粗中有细 cūzhōngyǒuxì 성 거칠면서도 세밀하다 | 雅俗共赏 yǎsú-gòngshǎng 성 고상한 사람과 저속한 사람 모두가 즐길 수 있다 | 特征 tèzhēng 명 특징

- 粗货 cū huò 거친 물건 | 细货 xì huò 정교한 물건 | 独特 dútè 형 독특하다 | 造型 zàoxíng 명 조형 | 鲜明 xiānmíng 형 선명하다 | 色彩 sècǎi 명 색채 | 浓郁 nóngyù 형 농후하다, 짙다 | 气息 qìxī 명 분위기, 정취 | 深受喜爱 shēnshòu xǐ'ài 매우 깊이 사랑을 받다, 큰 사랑을 받다

- 模具 mújù 명 틀 | 印塑 yìnsù 동 (틀로) 찍어내다 | 手脚 shǒujiǎo 명 손발 | 配件 pèijiàn 명 부품, 부속품 | 手工捏制 shǒugōng niēzhì 손으로 빚다 | 喜庆 xǐqìng 명 경사, 기쁨 | 吉祥 jíxiáng 명 길상, 행운 | 阿福 āfú 명 아복[복이 많은 사람] | 小花囡 xiǎohuānān 명 소화난[우(吴)지방 방언으로 예쁘고 똑똑한 소녀를 말함] | 有福气 yǒu fúqi 복이 있다 | 俊俏 jùnqiào 형 (얼굴이) 준수하다, 아름답다 | 乖巧 guāiqiǎo 형 총명하다, 영리하다 | 讨人喜欢 tǎo rén xǐhuan 남에게 사랑받다, 남에게 귀여움을 받다 | 相似之处 xiāngsì zhī chù 비슷한 점, 유사점 | 比例 bǐlì 명 비율 | 形象 xíngxiàng 명 형상, 이미지 | 浑厚朴实 húnhòu pǔshí 진솔하고 소박하다 | 寄托愿望 jìtuō yuànwàng 바람을 담다 | 辟邪纳福 bìxiénàfú 성 악귀를 물리치고 복을 맞이하다 | 丰衣足食 fēngyī-zúshí 성 먹고 입는 것이 다 풍족하다, 살림이 넉넉하다 | 美好 měihǎo 형 아름답다

- 形态 xíngtài 명 형태 | 生动 shēngdòng 형 생동감 있다 | 传神 chuánshén 형 생동감 넘치다 | 色彩 sècǎi 명 색채 | 清新 qīngxīn 형 신선하다 | 富丽 fùlì 형 화려하다 | 装饰 zhuāngshì 동 장식하다 | 精致 jīngzhì 형 정교하다 | 逼真 bīzhēn 형 사실적이다 | 突出 tūchū 형 두드러지다 | 取材 qǔcái 동 소재를 얻다 | 戏曲人物 xìqǔ rénwù 명 전통극 인물 | 神话传说 shénhuà chuánshuō 신화와 전설 | 数量 shùliàng 명 수량 | 手捏 shǒuniē 동 손으로 빚다 | 戏文 xìwén 명 전통극 | 通常 tōngcháng 부 통상적으로, 보통 | 角色 juésè 명 배역, 역할 | 组成 zǔchéng 동 구성하다 | 用途 yòngtú 명 용도 | 家庭 jiātíng 명 가정 | 陈设 chénshè 동 진열하다, 장식하다 | 神台供品 shéntái gòngpǐn 신단의 공물 | 馈赠 kuìzèng 동 선물로 주다 | 亲朋好友 qīnpéng hǎoyǒu 친지와 친구 | 赏心悦目 shǎngxīn-yuèmù 성 눈과 마음을 즐겁게 하다, 아름다운 정경을 감상하여 마음이 즐겁다 | 精品 jīngpǐn 명 명품, 우수한 작품

실력 확인하기 듣기 | 제3부분

3-14

정답 1 B 2 D 3 D 4 C 5 C 6 B 7 C 8 B
      9 D 10 D

1-3

정답 및 해석

第1到3题是根据下面一段话：

在三星堆的考古发现中，除了让人赞叹的青铜文明，金器也备受关注，而其中最受关注的无疑就是金面罩。与三星堆青铜头像的严肃不同，这件发现于三号坑的黄金面罩仿佛有温度，熠熠生辉。它的两个眼睛和眉毛中空，两个耳朵所占面部的比例也较真人大很多，¹双耳有明显的耳洞。金面罩的宽度近40厘米，接近一个成年男子的肩宽。在三星堆新发现的4个金面罩里，它的体量排行第二，而且相对来说最完整。

值得一提的是，²这个金面罩出土时，完全挤作一团，专家一点点修复后才发现，原来它不是一个金疙瘩，而是一个金面罩。至于它的用途，专家认为这个金面罩应该是贴附在铜人头像，或者³是贴附在铜面具上的一个器物，它不会是单独存在的，因为它太薄了。不过，在这个金面罩附近，并没有发现能和它对应的人头像或青铜面具，这也有待考古的进一步发现。

1 关于三星堆出土的金面罩，下列哪项正确？
  A 表情严肃
  B 耳朵有耳洞（✓）
  C 嘴巴特别小
  D 眼睛和鼻子中空

2 金面罩出土时状态如何？
  A 碎成几块
  B 腐蚀严重
  C 有一角翘起
  D 像个金疙瘩（✓）

3 专家认为金面罩有什么用途？
  A 遮盖疤痕
  B 皇帝日常佩戴
  C 战争时用来防御
  D 贴附在其他器物上（✓）

1~3번 문제는 다음 이야기에 근거한다

삼성퇴의 고고학적 발견 중에서, 감탄을 자아내는 청동 문명 외에도 금기(황금 유물) 또한 많은 관심을 받고 있으며, 그 중에서도 가장 주목받는 것은 단연 금면(황금 가면)이다. 삼성퇴 청동 두상의 엄숙함과 달리, 3호 땅굴에서 발견된 이 황금 가면은 마치 온기를 지닌 듯 빛나며 반짝거린다. 그것의 두 눈과 눈썹 사이는 비어 있고, 두 귀가 얼굴에서 차지하는 비율이 실제 사람보다 훨씬 크며, ¹양쪽 귀에는 뚜렷한 귀걸이 구멍이 있다. 황금 가면의 너비는 약 40cm에 이르며, 이는 성인 남성의 어깨 너비에 가까운 크기이다. 삼성퇴에서 새로 발견된 4개의 황금 가면 중, 이 가면은 크기가 두 번째로 크며, 상대적으로 가장 완전한 상태를 유지하고 있다.

언급할 만한 점은, 이 황금 가면이 출토되었을 때 완전히 구겨져 있었고, 전문가들이 하나하나 복원한 후에야 비로소 ²그것이 금덩이가 아닌 황금 가면임을 알게 되었다는 것이다. 그 용도에 대해서 전문가는 이 황금가면이 청동 인물 두상이나 ³청동 가면에 부착되었던 물건으로 추정하며, 홀로 존재할 수는 없다고 본다. 그 이유는 가면이 너무 얇기 때문이다. 그러나 이 황금 가면 근처에는 그것과 맞는 인물 두상이나 청동 가면이 발견되지 않았으며, 이는 앞으로의 고고학적 발견에 따라 더 연구가 필요하다.

1 삼성퇴에서 출토된 황금 가면에 관하여 다음 중 맞는 것은 무엇인가?
  A 표정이 엄숙하다
  B 귀에 귀걸이 구멍이 있다（✓）
  C 입이 특히 작다
  D 눈과 코 사이가 비어 있다

2 황금 가면이 출토되었을 때 상태는 어땠는가?
  A 몇 조각으로 부서졌다
  B 부식이 심하다
  C 한쪽 모서리가 들려 있다
  D 금덩이처럼 생겼다（✓）

3 전문가들은 황금 가면의 용도가 무엇이라고 생각하는가?
  A 흉터를 가린다
  B 황제가 일상적으로 착용한다
  C 전쟁 시 방어용으로 사용한다
  D 다른 물건에 붙인다（✓）

해설

1   녹음의 세 번째 문장에서 황금가면의 모습을 '双耳有明显的耳洞'이라고 설명합니다. 그러므로, 정답은 B 耳朵有耳洞입니다.

2   녹음 중반부에 '这个金面罩出土时, 完全挤作一团, 专家一点点修复后才发现, 原来它不是一个金疙瘩, 而是一个金面罩(처음에 출토했을 때 완전히 엉겨붙어서, 전문가가 복구하고 나서야 금덩이가 아닌 것을 알았다)'라고 말했습니다. 즉, 처음에는 금덩어리인 줄 알았다는 뜻입니다. 문제는 황금 가면이 출토되었을 때의 상태를 물어봤으므로, 정답은 D 像个金疙瘩입니다. 보통 '不是A, 而是B' 구문에서 앞 절의 A는 부정이므로 정답이 아니지만, 이 문제는 앞 절의 내용까지 이해해서 풀어야 하는 문제입니다.

3   녹음에서 '至于它的用途, 专家认为这个金面罩应该是贴附在铜人头像, 或者是贴附在铜面具上的一个器物(황금 가면의 용도에 관해, 전문가는 청동 인물 두상이나 청동 가면에 부착된 물건으로 여긴다)'라고 말했습니다. 따라서 정답은 정답은 D 贴附在其他器物上입니다.

지문 단어

◆ 三星堆 sānxīngduī 명 삼성퇴[중국 쓰촨성(四川省) 광한시(广汉市)에 위치한 중요한 고고학적 유적지로, 주로 상나라(商朝)와 함께 번성한 고대 촉나라(蜀国) 문명의 중심지였으며, 기원전 12세기에서 11세기 사이에 번성한 것으로 추정됨] | 考古 kǎogǔ 명 고고학 | 发现 fāxiàn 동 발견하다 | 赞叹 zàntàn 동 찬탄하다, 칭찬하다 | 青铜 qīngtóng 명 청동 | 文明 wénmíng 명 문명 | 金器 jīnqì 명 금기[황금 유물] | 备受关注 bèishòu guānzhù 많은 관심을 받다 | 无疑 wúyí 명 의심할 바 없다, 틀림없다 | 金面罩 jīnmiànzhào 명 금면[황금 가면] | *面罩 얼굴 가리개, 마스크 | 头像 tóuxiàng 명 두상 | 严肃 yánsù 형 엄숙하다, 진지하다 | 坑 kēng 명 갱, 땅굴 | 仿佛 fǎngfú 부 마치 ~인 듯하다 | 温度 wēndù 명 온도 | 熠熠生辉 yìyìshēnghuī 형 반짝반짝 빛나다 | 眉毛 méimáo 명 눈썹 | 中空 zhōngkōng 형 속이 비다 | 比例 bǐlì 명 비율 | 真人 zhēnrén 명 실제 사람 | 明显 míngxiǎn 형 뚜렷하다, 분명하다 | 耳洞 ěrdòng 명 귀걸이 구멍 | 宽度 kuāndù 명 너비 | 厘米 límǐ 명 센티미터(cm) | 接近 jiējìn 동 접근하다, 가까워지다 | 肩宽 jiānkuān 명 어깨 너비 | 体量 tǐliàng 명 크기 | 排行 páiháng 동 순위를 매기다 | 完整 wánzhěng 형 온전하다, 완전하다

◆ 值得一提 zhídé yì tí 언급할 만하다 | 出土 chūtǔ 동 출토되다 | 挤作一团 jǐzuòyìtuán 한데 뒤엉키다 | 专家 zhuānjiā 명 전문가 | 修复 xiūfù 동 (건축물 등을) 복원하다 | 原来 yuánlái 부 알고 보니 | 金疙瘩 jīn gēda 금덩이 | *疙瘩 명 둥글거나 뭉쳐진 덩어리 | 至于 zhìyú 전 ~에 대해서는, ~으로 말하자면 | 用途 yòngtú 명 용도 | 贴附 tiēfù 동 붙이다, 부착하다 *贴 붙이다 *附 부착하다 | 铜人 tóngrén 명 동인, 청동 인물 | 或者 huòzhě 접 ~이나, 혹은 | 面具 miànjù 명 가면 | 器物 qìwù 명 기물, 도구 | 单独 dāndú 부 단독으로, 홀로 | 存在 cúnzài 동 존재하다 | 薄 báo 형 얇다 | 附近 fùjìn 명 부근, 근처 | 对应 duìyìng 동 대응하다 | 有待 yǒudài 동 ~할 필요가 있다, ~이 요구되다 | 进一步 jìnyībù 형 진일보하다

질문 및 선택지 단어

◆ 表情 biǎoqíng 명 표정 | 嘴巴 zuǐbā 명 입 | 状态 zhuàngtài 명 상태 | 碎 suì 동 부서지다, 깨지다 | 腐蚀 fǔshí 동 부식되다, 썩다 | 严重 yánzhòng 형 심각하다 | 翘起 qiàoqǐ 동 치켜들다, 들리다 | 遮盖 zhēgài 동 가리다, 덮다 | 疤痕 bāhén 명 흉터 | 皇帝 huángdì 명 황제 | 佩戴 pèidài 동 착용하다 | 战争 zhànzhēng 명 전쟁 | 防御 fángyù 동 방어하다, 막다

4-6

정답 및 해석

第4到6题是根据下面一段话：

有一头驴，平时吃惯了主人给的青草，时间久了，便觉得没有滋味了。
一次，⁴主人往它的草料里加了一把盐，从前乏味的草料竟变成了美味佳肴。得知这是加了盐的缘故，驴便兴奋地跟主人说，自己以后只吃盐，不吃草料了。结果可想而知，第二天，这头驴就皱着眉头找草料了。这就是心理学上著名的"食盐效应"，⁵意思是再好的东西也要适时适度，只有真正需要的才是最好的。

4~6번 문제는 다음 이야기에 근거한다

당나귀 한 마리가 있었는데, 평소에 주인이 주는 푸른 풀을 먹는 것에 익숙해져, 시간이 지나자 맛이 없다고 느꼈다.
한 번은, ⁴주인이 당나귀의 여물에 소금을 한 줌 넣었더니, 예전에 맛이 없던 여물이 뜻밖에도 맛있는 요리가 되었다. 소금이 들어갔다는 사실을 알게 된 당나귀는 흥분해서 주인에게 앞으로는 소금만 먹고, 여물은 먹지 않겠다고 말했다. 그 결과, 미루어 짐작하듯이 다음 날 당나귀는 미간을 찌푸리며 다시 여물을 찾았다. 이것이 바로 심리학에서 유명한 '식염 효과'이다. ⁵그 의미는 아무리 좋은 것도 적절한 시기와 적당한 정도가 중요하다는 것이다. 진정으로 필요한 것이야말로 가장 좋은 것이다.

故事中的驴只是尝到有盐的草料，就以为"盐"是世间最好的食物。它却不知道盐只是美食的调味剂，若只吃盐就会难以下咽。因为无视了"度"和真正的"需求"，只会让结果难以接受。

生活中的各种关系皆是如此，无论是与人交往、伴侣相处，还是子女教育，⁶若能运用"食盐效应"，把握其中的需求与尺度，就能让人与人的关系更上一层楼。

이야기 속 당나귀는 단지 소금이 들어간 여물을 먹어보고는, 소금이 세상에서 가장 좋은 음식이라고 여겼다. 그러나 당나귀는 소금이 단지 음식을 맛있게 하는 조미료일 뿐이어서 만약 소금만 먹는다면 삼키기 어려울 것이라는 것을 몰랐다. 왜냐하면 '적당한 정도'와 진정한 '수요'를 무시했기 때문에 결과를 받아들이기 어렵게만 만들었다.

삶 속의 여러 관계는 모두 이러하다. 사람들과의 교류, 배우자와의 관계, 자녀 교육을 막론하고, ⁶만약 '식염 효과'를 적용하여 그 속에서 수요와 척도를 파악한다면, 사람과 사람의 관계는 한층 더 발전하게 할 수 있다.

4 那头驴为什么说自己以后不吃草料了？
 A 喉咙疼
 B 草料不新鲜
 C 误将盐当佳肴（✓）
 D 想让主人加餐

5 关于"食盐效应"，可以知道什么？
 A 要看眼色做事
 B 调味剂不可缺少
 C 要明确真正的需求（✓）
 D 好东西不需要节制

6 怎么做才能让人与人的关系更上一层楼？
 A 多赞美对方
 B 把握好尺度（✓）
 C 不计较得失
 D 多体谅别人

4 그 당나귀는 왜 자기는 앞으로 여물을 먹지 않겠다고 말했는가?
 A 목이 아파서
 B 여물이 신선하지 않아서
 C 소금을 좋은 요리로 잘못 여겨서 （✓）
 D 주인에게 식사를 더 달라 하고 싶어서

5 '식염 효과'에 관하여 무엇을 알 수 있는가?
 A 눈치를 보고 일해야 한다
 B 조미료는 필수적이다
 C 진정한 수요를 명확히 해야 한다 （✓）
 D 좋은 것은 절제할 필요가 없다

6 어떻게 해야 사람과 사람의 관계를 한층 더 발전시킬 수 있는가?
 A 상대를 많이 칭찬한다
 B 척도를 잘 파악한다 （✓）
 C 득실을 따지지 않는다
 D 다른 사람을 많이 이해한다

해설

4 교훈을 주는 이야기는 전체의 흐름을 통해 글이 전달하려는 주제를 파악해야 정답을 쉽게 찾을 수 있습니다. 녹음 초반 사건의 발단 부분이 문제로 자주 나오니 잘 들어 줍니다. 두 번째 문장 '主人往它的草料里加了一把盐，从前乏味的材料竟变成了美味佳肴'에서 주인이 여물에 소금을 넣었는데 맛있는 요리로 바뀌었다고 말했습니다. 이 부분을 듣고 내용상 비슷한 의미인 선택지 C 误将盐当佳肴를 정답으로 골라야 합니다. 녹음이 끝난 후 문제가 나올 때 다시 정답을 확인하면 됩니다.

5 녹음에서 '食盐效应(식염효과)'의 뜻을 '再好的东西也要适时适度，只有真正需要的才是最好的'라고 설명했습니다. '아무리 좋은 것도 적절해야 하며, 진정으로 필요한 것만이 가장 좋은 것이다.'라는 뜻입니다. 따라서 정답은 C 要明确真正的需求입니다.

6 녹음 맨 마지막 문장에서 '若能运用"食盐效应"，把握其中的需求与尺度，就能让人与人的关系更上一层楼'라고 말합니다. 즉, 그 필요와 균형을 잘 맞춘다면 인간관계는 한층 더 발전할 수 있다고 설명합니다. 따라서 정답은 B 把握好尺度입니다.

지문 단어

♦ 驴 lǘ 명 당나귀 | 平时 píngshí 명 평소, 평상시 | 惯 guàn 동 습관이 되다, 익숙해지다 | 滋味 zīwèi 명 맛

♦ 草料 cǎoliào 명 여물, 사료 | 盐 yán 명 소금 *加盐 소금을 넣다 | 从前 cóngqián 명 예전, 이전 | 乏味 fáwèi 형 맛이 없다 | 竟 jìng 부 뜻밖에도, 의외로 | 美味佳肴 měiwèi jiāyáo 맛있는 요리 *美味 명 맛있는 요리 형 맛있다, 맛이 좋다 *佳肴 명 좋은 요리 | 得知 dézhī 동 알게 되다 | 缘故 yuángù 명 원인, 이유 | 兴奋 xīngfèn 형 (기뻐서) 흥분하다 | 结果 jiéguǒ 접 결국, 그 결과 명 결과 | 可想而知 kěxiǎng'érzhī 성 미루어 알 수 있다 | 皱眉头 zhòu méitóu 미간을 찌푸리다 | 著名 zhùmíng 형 저명하다, 유명하다 | 食盐效应 shíyán xiàoyìng 식염 효과 | 适时适度 shìshí shìdù 적절한 시기에 적당히 하다 *适度 형 적당하다, 적절하다 | 需要 xūyào 동 필요하다

- 故事 gùshi 명 이야기 | 尝 cháng 동 맛보다, 경험하다, 체험하다 | 世间 shìjiān 명 세상 | 食物 shíwù 명 음식(물) | 美食 měishí 명 맛있는 음식 | 调味剂 tiáowèijì 명 조미료 | 若 ruò 접 만약 ~라면 | 下咽 xiàyàn 동 삼키다 | 无视 wúshì 동 무시하다 | 需求 xūqiú 명 수요, 필요 | 接受 jiēshòu 동 받아들이다

- 皆 jiē 부 모두, 다 | 如此 rúcǐ 이와 같다, 이러하다 | 交往 jiāowǎng 동 왕래하다, 교류하다 | 伴侣 bànlǚ 명 반려, 배우자 | 相处 xiāngchǔ 동 함께 살다, 함께 지내다 | 子女教育 zǐnǚ jiàoyù 자녀 교육 | 运用 yùnyòng 동 운용하다, 활용하다, 적용하다 | 把握 bǎwò 동 파악하다 | 尺度 chǐdù 명 척도, 표준, 기준 | 更上一层楼 gèngshàng yì céng lóu 성 한층 더 발전하다, 진일보하다

질문 및 선택지 단어

- 喉咙 hóulóng 명 목, 목구멍 | 新鲜 xīnxiān 형 신선하다 | 误 wù 형 잘못되다, 틀리다 | 加餐 jiācān 동 끼니를 늘리다, 식사를 더하다 | 看眼色 kàn yǎnsè 눈치를 보다 | 调味剂 tiáowèijì 명 조미료 | 不可缺少 bùkěquēshǎo 성 없어서는 안 된다, 필수적이다 | 明确 míngquè 동 (수요를) 명확히 하다 | 不需要 bù xūyào ~할 필요가 없다 | 节制 jiézhì 동 절제하다, 억제하다 | 赞美 zànměi 동 찬미하다, 칭찬하다 | 计较得失 jìjiào déshī 득실을 따지다 | 体谅 tǐliàng 동 (남의 입장에서) 이해하다, 알아주다

7-10

정답 및 해석

第7到10题是根据下面一段话:

　　激光在我们生活中并不少见，在很多舞台表演或者一些展览上都会出现，它们颜色艳丽，方向性极强，给人一种视觉冲击感，<u>7但是如果你拿手机直接对着它们拍摄，用不了多久就会发现手机摄像头轻则出现光斑，重则直接报废</u>。拍照画面呈现出模糊、斑点甚至花屏的情况，并且这种损坏不可逆。

　　据悉，<u>8激光、镭射灯光等不同于一般光源</u>，其光线十分集中，具有相当强的方向性，单点发出的能量极高，<u>8总的来说具有高能量、精准聚焦的特性，所以也被称为最亮的光</u>。这种能量可以快速加热敏感表面并造成损害。<u>9而我们的摄像头和相机镜头的感光元件是非常脆弱的，在这些能量极高的强光面前</u>，就好比一束温度高的强光照在了一张纸上面，一定面积内接受的热量过多，<u>9很容易就会被烧毁甚至击穿</u>。实际上演唱会以及一些演出的票上大多标注了不能现场手机拍摄，<u>10使用激光本意是想带给观众更好的视觉体验</u>，但如果因观众疏忽，导致手机摄像头损坏，那就得不偿失了。

7~10번 문제는 다음 이야기에 근거한다

　　레이저는 우리 생활에서 흔히 볼 수 있으며, 많은 무대 공연이나 전시회에서 자주 등장한다. 레이저는 색상이 화려하고 방향성이 아주 강해 시각적 쇼크를 주지만, <u>7만약 당신이 휴대폰으로 직접 촬영하려 하면 얼마 지나지 않아 핸드폰 카메라에 가벼운 경우에는 빛 반점이 나타나고, 심한 경우에는 카메라가 완전히 고장난다</u>. 촬영 화면은 흐려지거나 반점, 심지어 화면 깨짐 현상이 나타날 수 있다. 게다가 이러한 손상은 되돌릴 수 없다.

　　알려진 바에 따르면, <u>8레이저와 레이저 조명 등은 일반적인 광원과 달리</u> 빛이 매우 집중되고, 방향성이 강하며, 단일 지점에서 방출되는 에너지가 매우 높다. <u>8전반적으로 말하자면 높은 에너지와 정확하게 초점을 맞추는 특성을 가지기 때문에 '가장 밝은 빛'이라고도 불린다</u>. 이런 에너지는 민감한 표면을 빠르게 가열하여 손상을 일으킬 수 있다. <u>9반면에 우리의 카메라와 카메라 렌즈의 감광센서는 매우 취약한데, 이러한 고에너지의 강한 빛 앞에서는</u> 마치 고온의 강한 빛이 종이에 비추는 것과 같아서, 일정한 면적 내에서 받아 들이는 열량이 너무 높으면 <u>9쉽게 타버리거나 심지어는 구멍이 뚫릴 수 있다</u>. 실제로 콘서트나 일부 공연의 티켓에는 현장에서 휴대폰 촬영을 금지한다는 문구가 대부분 적혀 있다. <u>10레이저 사용의 본래 목적은 관객에게 더 나은 시각적 경험을 제공하기 위함</u>이지만, 관객의 부주의로 인해 휴대폰 카메라가 손상된다면 그야말로 득보다 실이 클 것이다.

7 用手机拍摄激光后可能会出现什么情况?
　A 画面清晰
　B 颜色更艳丽
　C 摄像头受损 (✓)
　D 手机不能使用

7 휴대폰으로 레이저를 촬영한 후 어떤 상황이 발생할 수 있는가?
　A 화면이 선명해진다
　B 색상이 더 화려해진다
　C 카메라가 손상된다 (✓)
　D 휴대폰을 사용할 수 없게 된다

8 激光和一般光源相比有什么不同?
   A 能量低
   B 亮度更高 (✓)
   C 光线不集中
   D 方向四处发散

9 相机镜头的感光元件有什么特点?
   A 喜欢强光
   B 比较昂贵
   C 不容易受损
   D 对光非常敏感 (✓)

10 根据这段话,下列哪项正确?
   A 激光让皮肤受损
   B 用手机拍摄更清楚
   C 演唱会允许手机拍摄
   D 激光可以提高观众视觉效果 (✓)

8 레이저는 일반 광원과 어떤 차이점이 있는가?
   A 에너지가 낮다
   B 밝기가 더 높다 (✓)
   C 빛이 집중되지 않는다
   D 방향이 사방으로 퍼진다

9 카메라 렌즈의 감광 센서는 어떤 특징이 있는가?
   A 강한 빛을 좋아한다
   B 비교적 비싸다
   C 쉽게 손상되지 않는다
   D 빛에 매우 민감하다 (✓)

10 이 문장에 따르면, 다음 중 맞는 것은?
   A 레이저는 피부를 손상되게 한다
   B 휴대폰으로 촬영하면 더 선명하다
   C 콘서트는 휴대폰 사진 촬영을 허락한다
   D 레이저는 관객의 시각적 효과를 높일 수 있다 (✓)

해설

7 녹음의 첫번째 문장에서 '如果你拿手机直接对着它拍摄,用不了多久就会发现手机摄像头轻则出现光斑,重则直接报废(휴대폰으로 레이저에 직접 대고 사진을 찍으면, 얼마 지나지 않아 휴대폰 카메라에 가벼우면 반점이 생기고 심하면 바로 폐기처분할 수 있다)'라고 말했습니다. 여기에서 '报废'는 '폐기 처분하다, 폐품이 되다'라는 뜻입니다. '出现光斑'이나 '直接报废'를 듣고 정답 C 摄像头受损을 고르는 문제입니다.

8 녹음의 두번째 문장에서 '激光、镭射灯光等不同于一般光源'이라 말했고, 뒤에서는 '总的来说具有高能量、精准聚焦的特性,所以也被称为最亮的光'이라고 설명했습니다. 즉, 레이저는 일반적인 광원과 달리 높은 에너지, 정확하게 초점을 모으는 특성이 있어 가장 밝은 빛이라고 불린다는 말입니다. 그러므로, 정답은 B 亮度更高입니다.

9 녹음의 세 번째 문장에서 '我们的摄像头和相机镜头的感光元件是非常脆弱的(우리의 카메라와 카메라 렌즈의 감광센서는 매우 취약하다)'라고 설명합니다. 여기에서 말하는 '脆弱'는 '연약하다, 취약하다'는 뜻입니다. 따라서 정답은 D 对光非常敏感입니다.

10 녹음의 맨 마지막 부분에서 '使用激光本意是想带给观众更好的视觉体验(레이저를 사용하는 것은 더 나은 시각적인 체험을 선사하기 위한 것)'이라고 말합니다. 그러므로, 정답은 D 激光可以提高观众视觉效果입니다.

지문 단어

◆ 激光 jīguāng 명 레이저(=镭射 léishè) | 并不少见 bìngbùshǎojiàn 절대 드물지 않다, 흔히 볼 수 있다 | 舞台表演 wǔtái biǎoyǎn 무대 공연 | 或者 huòzhě 접 ~이나, 혹은 | 展览 zhǎnlǎn 명 전시회 | 出现 chūxiàn 동 나타나다, 등장하다 | 颜色 yánsè 명 색깔, 색상 | 艳丽 yànlì 형 곱고 아름답다, 화려하다 | 极 jí 부 아주, 몹시 | 视觉 shìjué 명 시각 | 冲击感 chōngjīgǎn 명 충격적인 느낌, 쇼크 | 直接 zhíjiē 형 직접적인 부 곧장 | 拍摄 pāishè 형 촬영하다, 사진을 찍다(=拍照) | 多久 duōjiǔ 대 얼마 동안 | 摄像头 shèxiàngtóu 명 카메라, 웹캠 | 光斑 guāngbān 명 빛 반점 *斑 명 반점, 얼룩 | 报废 bàofèi 동 폐기처분하다, 못 쓰게 되다 | 画面 huàmiàn 명 화면 | 呈现 chéngxiàn 동 나타나다, 드러나다 | 模糊 móhu 형 흐릿하다, 분명하지 않다 | 斑点 bāndiǎn 명 반점 | 甚至 shènzhì 접 심지어 | 花屏 huā píng 화면이 깨지다 | 情况 qíngkuàng 명 상황 | 损坏 sǔnhuài 동 손상되다, 망가지다 | 不可逆 bùkě nì 되돌릴 수 없다

◆ 据悉 jùxī 동 알려진 바에 따르면 ~라고 한다 | 灯光 dēngguāng 명 불빛, 조명 | 一般 yìbān 명 보통이다, 일반적이다 | 光源 guāngyuán 명 광원 | 光线 guāngxiàn 명 광선, 빛 | 集中 jízhōng 동 집중하다, 모이다 | 具有 jùyǒu 동 있다, 지니다 | 单点 dāndiǎn 명 단일 지점 | 发出 fāchū 동 (열기 등을) 방출하다, 발산하다 | 能量 néngliàng 명 에너지 | 总的来说 zǒngdeláishuō 전반적으로 말해서 | 精准 jīngzhǔn 형 정확하다 | 聚焦 jùjiāo 동 초점을 맞추다 | 特性 tèxìng 명 특성 | 被称为 bèi chēngwéi ~라고 불리다 | 快速 kuàisù 형 빠르다 | 加热 jiārè 동 가열하다 | 敏感 mǐngǎn 형 민감하다 | 造成 zàochéng 동 (나쁜 결과를) 초래하다(=导致 dǎozhì) | 损害 sǔnhài 동 손상시키다 | 镜头 jìngtóu 명 (카메라의) 렌즈 | 感光元件 gǎnguāng yuánjiàn 감광센서 | 脆弱 cuìruò 형 취약하다, 약하다 | 强光 qiángguāng 명 강한 빛 | 好比 hǎobǐ 동 (마치) ~와 같다 | 束 shù 양 묶음, 다발 | 温度 wēndù 명 온도 | 面积 miànjī 명 면적 | 接受 jiēshòu 동 받아들이다 | 热量 rèliàng 명 열량 | 过高 guògāo 형 너무 높다 | 烧毁 shāohuǐ 동 불태워 없애다, 소각하다

| 击穿 jīchuān 동 뚫고 지나가다, 관통하다 | 实际上 shíjìshang 부 실제로 | 演唱会 yǎnchànghuì 명 콘서트 | 以及 yǐjí 접 및, 그리고, 아울러 | 演出 yǎnchū 명 공연 | 大多 dàduō 부 대부분 | 标注 biāozhù 동 표기하다 | 使用 shǐyòng 동 사용하다 | 本意 běnyì 명 본뜻, 원래 뜻 | 体验 tǐyàn 명 체험 | 疏忽 shūhu 동 소홀히 하다, 부주의하다 | 得不偿失 débùchángshī 성 얻는 것보다 잃는 것이 더 많다

질문 및 선택지 단어

◆ 清晰 qīngxī 형 선명하다, 뚜렷하다 | 受损 shòusǔn 동 손상을 입다, 손상되다 | 亮度 liàngdù 명 밝기 | 四处 sìchù 명 사방, 도처 | 发散 fāsàn 동 발산하다, 퍼지다 | 昂贵 ángguì 형 (가격이) 비싸다 | 皮肤 pífū 명 피부 | 清楚 qīngchu 형 분명하다, 선명하다 | 允许 yǔnxǔ 명 허가하다, 윤허하다 | 提高效果 tígāo xiàoguǒ 효과를 높이다

실력 확인하기 〉 듣기 | 제2부분   4-15

정답 1 B   2 D   3 B   4 A   5 C   6 A   7 D   8 A
         9 C   10 C

1-5

정답 및 해석

第1到5题是根据下面一段采访：	1~5번 문제는 다음 인터뷰에 근거한다
女: 大家好，今天我们邀请了国际宇航联空间运输委员会副主席杨宇光做客我们的节目，宇光你好，此次神舟十六号载人飞船已经顺利发射，在轨期间，神舟十六号乘组将会完成哪些任务？ 男: 现在空间站进入了正式应用与发展阶段，神舟十六号乘组将是让中国空间站真正集中力量开始发挥效益的乘组。¹在轨期间，神舟十六号乘组会进行各种各样的科学实验，他们要认定空间站的建造工作以及其它各项工作是否已经达标，¹要进行很多的测试和评估。 女: 神舟十六号载人飞船用的是中国新批次的载人飞船。与上一批次相比，新批次的载人飞船进行了哪些优化升级？ 男: 首先，整个元器件的国产化率，应该是差不多达到100%了，²另外就是对航天员的操作面板进行了优化，让它变得更易于操作、更人性化。	여: 여러분 안녕하세요. 오늘 저희 프로그램에 국제우주항공연맹 우주운송위원회 부위원장인 양위광님을 모셨습니다. 위광님 안녕하세요. 이번 션저우 16호 유인 우주선이 이미 순조롭게 발사되었는데, 궤도에 있는 동안 션저우 16호 승무원 팀이 어떤 임무를 완수하게 되나요? 남: 현재 우주정거장은 공식적인 응용 및 발전 단계에 진입했으며, 션저우 16호 승무원 팀은 중국 우주정거장이 제대로 역량을 집중하여 효과와 이점을 발휘하기 시작하는 중요한 승무원 팀일 겁니다. ¹궤도에 있는 동안, 션저우 16호 승무원 팀은 각종 과학 실험을 진행할 것이며, 우주정거장의 건설 작업 및 기타 각종 작업들이 목표에 도달했는지를 확인하고, ¹많은 테스트와 평가를 진행하려고 합니다. 여: 션저우 16호 유인 우주선이 사용하는 것은 중국의 새로운 유인 우주선입니다. 지난번에 비해, 새로운 유인 우주선은 어떤 최적화와 업그레이드를 진행했나요? 남: 우선, 전체 부품의 국산화율이 아마 거의 100%에 도달했을 겁니다. ²이 외에 우주비행사의 조작 패널에 대해 최적화를 진행하여, 더 쉽게 조작하고, 인간 친화적이게 되도록 하였습니다.

女：此次神舟十六号航天员乘组仍然采用的是"以老带新"的模式，但是第三批航天员在原有的航天驾驶员的基础上，增加了航天飞行工程师和载荷专家两个类别，这是出于什么考虑？

男：我们空间站的建设是为了实用。过去在空间站的关键技术验证阶段和建造阶段更多的是关注工程，到了应用与发展阶段，显然我们更多的是关注科学。从要从事的科学实验的广度来说，我们过去的航天员是能够胜任的，³但是从深度上来说，太专业的事情还是由专业的技术人员或者是科学人员来做更为合理。所以就有了非职业飞行员出身的航天员。

女：非飞行员出身的航天员进入太空执行任务，对于他们来说会面临哪些挑战或者难题？

男：说到挑战，⁴我个人觉得除了像一些出舱活动的训练以外，还有一项非常重要的训练，就是在非正常情况下的天地往返所需要进行的各项相关的训练，这是非常艰苦的。当然更艰苦的还有野外生存训练。因为天上出问题的情况千差万别，⁵所以航天员要具备野外恶劣环境下自我保护与生存的能力。

1 神舟十六号载人飞船要完成什么任务？
   A 发射火箭
   B 评估空间站（✓）
   C 建设宇宙中心
   D 记录航空数据

2 关于新批次载人飞船，下列哪项正确？
   A 人员更多
   B 速度更快
   C 体积更大
   D 操作面板更简易（✓）

3 第三批航天员为什么增加了两种职业类别？
   A 人手不够
   B 提高实验深度（✓）
   C 派人员参与学习
   D 满足空间站的资源

여: 이번 선저우 16호 우주비행사 승무원 팀이 여전히 채택하고 있는 것은 '노장이 신참을 이끄는' 방식입니다. 그러나 제3기 우주비행사에는 기존의 우주 비행 조종사를 기반으로, 우주 비행 엔지니어와 화물 전문가 두 가지 카테고리가 추가되었습니다. 이는 어떤 이유에서 나온 건가요?

남: 우리 우주정거장의 건설은 실용을 위한 것입니다. 과거 우주정거장의 핵심 기술 검증 단계와 건축 단계는 공학 기술에 더 많은 관심을 가졌지만, 응용 및 발전 단계에 들어서면서 이제는 과학에 관심을 더 많이 가지고 있는 것이 분명합니다. 수행해야 할 과학 실험의 폭에 있어서는 과거의 우주비행사들도 능히 감당할 수 있었습니다. ³하지만 깊이에 있어서, 매우 전문적인 작업은 여전히 전문 기술자나 과학자가 맡는 것이 더 합리적입니다. 그래서 직업 비행사 출신이 아닌 우주비행사들이 등장하게 된 것입니다.

여: 비행사 출신이 아닌 우주비행사들이 우주에서 임무를 수행할 때, 그들이 직면하게 될 도전이나 어려움은 무엇인가요?

남: 도전에 대해 말하자면, ⁴개인적으로 우주 유영 활동 같은 훈련 외에도 매우 중요한 훈련이 하나 더 있다고 생각합니다. 그것은 비정상적인 상황에서 지구와 우주를 오갈 때 필요한 여러 관련 훈련입니다. 이는 매우 힘든 훈련입니다. 물론 더 힘든 것은 야외 생존 훈련입니다. 왜냐하면 우주에서 발생할 수 있는 문제는 다양하기 때문에, ⁵우주비행사들은 야외의 열악한 환경에서 스스로 보호하고 생존할 수 있는 능력을 갖춰야 합니다.

1 선저우 16호 유인 우주선은 어떤 임무를 완수해야 하는가?
   A 로켓을 발사한다
   B 우주정거장을 평가한다 (✓)
   C 우주 센터를 건설한다
   D 항공 데이터를 기록한다

2 새로운 배치의 유인 우주선에 대해, 다음 중 맞는 항목은 무엇인가?
   A 인원이 더 많다
   B 속도가 더 빠르다
   C 부피가 더 크다
   D 조작 패널이 더 간편하다 (✓)

3 제3기 우주비행사에 두 가지 직업 카테고리가 추가된 이유는 무엇인가?
   A 인력이 부족해서
   B 실험의 깊이를 높이려고 (✓)
   C 인원을 파견하여 학습에 참여하려고
   D 우주정거장의 자원을 충족시키려고

4 下列哪项属于非飞行员出身的航天员要接受的训练?
　A 出舱训练 (✓)
　B 游泳训练
　C 跑步运动
　D 实用技术

4 다음 중 비행사 출신이 아닌 우주비행사가 받아야 할 훈련은 무엇인가?
　A 우주 유영 훈련 (✓)
　B 수영 훈련
　C 달리기 운동
　D 실용 기술

5 根据对话,可以知道什么?
　A 空间站严重缺水
　B 神州十五号发射失败了
　C 航天员要有自我保护能力 (✓)
　D 航天员必须职业飞行员出身

5 대화를 통해 알 수 있는 것은 무엇인가?
　A 우주정거장은 심각한 물 부족 상태이다
　B 선저우 15호 발사가 실패했다
　C 우주비행사는 자기 보호 능력을 갖춰야 한다 (✓)
　D 우주비행사는 반드시 직업 비행사 출신이어야 한다

해설

1 첫 번째 대화에서 진행자는 '在轨期间, 神舟十六号乘组将会完成哪些任务?'라고 하면서, 어떤 임무를 완성해야 하는지를 묻고 있습니다. 게스트는 이 질문에 대한 답변으로 '在轨期间, 神舟十六号乘组会进行各种各样的科学实验, 要进行很多的测试和评估(궤도에 있는 동안에 다양한 과학 실험을 진행할 것이고, 많은 테스트와 평가를 진행할 것이다)'라고 말했습니다. 그러므로, 정답은 B 评估空间站입니다.

2 두 번째 대화에서 진행자는 '新批次的载人飞船进行了哪些优化升级?(새롭게 배치한 유인 비행선은 어떤 최적화 업그레이드를 진행했는가?)'라고 물었습니다. 이 질문에 대해 게스트는 '另外就是对航天员的操作面板进行了优化, 让它变得更易于操作(이 외에 우주 비행사의 조작 패널이 최적화되어, 조작이 더욱 쉬워졌다)'라고 대답했습니다. 따라서 정답은 D 操作面板更简易입니다.

3 세 번째 대화에서 진행자는 '但是第三批航天员在原有的航天驾驶员的基础上, 增加了航天飞行工程师和载荷专家两个类别, 这是出于什么考虑?(하지만 세 번째 우주 비행사는 기존의 우주 비행 조종사를 기반으로 우주 비행 엔지니어와 화물 전문가의 두 가지 범주를 추가했는데, 이건 무슨 이유에서 그런 건가요?)'라고 질문했습니다. 이 질문에 게스트는 '但是从深度上来说, 太专业的事情还是由专业的技术人员或者是科学人员来做更为合理。(하지만 깊은 측면에서 말하자면, 너무 전문적인 일은 역시 전문적인 기술자나 과학자가 하는 것이 더욱 합리적이기 때문이다)'라고 말했습니다. 따라서 정답은 B 提高实验深度입니다.

4 네 번째 대화에서 진행자는 '非飞行员出身的航天员进入太空执行任务, 对于他们来说会面临哪些挑战或者难题?'라고 물었는데, 여기서 '面临哪些挑战或者难题'는 바로 이 문제의 질문(비행사 출신이 아닌 우주비행사가 받아야 할 훈련은 무엇인가?)의 요지와 같습니다. 이 질문에 게스트는 '说到挑战, 我个人觉得除了像一些出舱活动的训练以外, 还有一项非常重要的训练'이라고 대답했습니다. '除了…以外' 부분의 내용에 정답이 들렸으므로 정답은 A 出舱训练입니다.

5 선택지를 보고 맞는 내용을 고르는 문제입니다. 대화가 총 4세트로 이루어져 있기 때문에 어떤 대화에는 정답이 2개 들어 있습니다. 마지막 문제의 정답은 대부분 마지막 단락에 있습니다. 네 번째 대화 마지막 부분에서 '所以航天员要具备野外恶劣环境下自我保护与生存的能力(우주비행사는 야외의 열악한 환경에서 스스로를 보호하고 생존하는 능력을 갖춰야 한다)'라고 말했습니다. 그러므로, 정답은 C 航天员要有自我保护能力입니다.

지문 단어

◆ 邀请 yāoqǐng 동 초청하다, 모시다 | 国际宇航联 guójì yǔháng lián 국제우주항공연맹 | 空间运输委员会 kōngjiān yùnshū wěiyuánhuì 우주운송위원회 | 副主席 fùzhǔxí 명 부주석, 부위원장 | 杨宇光 Yáng Yǔguāng 고유 양위광[인명] | 做客 zuòkè 동 손님이 되다, 방문하다 | 节目 jiémù 명 프로그램 | 神舟十六号载人飞船 Shénzhōu Shíliù Hào zàirén fēichuán 선저우 16호 유인 우주선 | 顺利 shùnlì 형 순조롭다 | 发射 fāshè 동 발사하다 | 在轨期间 zài guǐ qījiān 궤도에 있는 동안, 궤도 체류 기간 | 乘组 chéngzǔ 명 승무원 팀 | 完成任务 wánchéng rènwù 임무를 완수하다 | 空间站 kōngjiānzhàn 명 우주정거장 | 正式 zhèngshì 형 정식의, 공식적인 | 应用 yìngyòng 동 응용하다, 활용하다 | 发展 fāzhǎn 동 발전하다 | 阶段 jiēduàn 명 단계 | 集中力量 jízhōng lìliàng 역량을 집중하다 | 发挥 fāhuī 동 발휘하다 | 效益 xiàoyì 명 효과와 이점 | 各种各样 gèzhǒnggèyàng 성 각양각색, 각종 | 实验 shíyàn 명 실험 | *科学实验 과학 실험 | 认定 rèndìng 동 인정하다, 확인하다 | 建造 jiànzào 동 (대형 시설을) 건조하다, 건축하다 | 以及 yǐjí 접 및, 그리고, 아울러 | 项 xiàng 양 가지, 항목, 조항 | 达标 dábiāo 동 목표에 도달하다, 기준에 달하다 | 测试 cèshì 동 테스트하다 | 评估 pínggū 동 평가하다

- 批次 pīcì 명 차, 차수[제품을 대량으로 생산하는 횟수] | 与⋯相比 yǔ⋯⋯xiāngbǐ ~와 비교하다, ~에 비해 | 优化 yōuhuà 동 최적화하다 | 升级 shēngjí 동 업그레이드하다 | 首先 shǒuxiān 부 우선, 먼저 | 整个 zhěnggè 형 모든, 전체의 | 元器件 yuánqìjiàn 명 (기계의) 부품 | 国产化率 guóchǎnhuàlǜ 명 국산화율 | 差不多 chābùduō 부 거의, 대체로 | 达到 dádào 동 도달하다, 이르다 | 另外 lìngwài 접 이 외에 | 航天员 hángtiānyuán 명 우주비행사 | 操作 cāozuò 동 조작하다, 다루다 | 面板 miànbǎn 명 패널 | 人性化 rénxìnghuà 형 인간 친화적이다

- 仍然 réngrán 부 여전히 | 采用 cǎiyòng 동 채택하다 | 以老带新 yǐlǎodàixīn 성 노장이 신참을 이끈다 | 模式 móshì 명 모드, 방식 | 原有 yuányǒu 형 기존의 | 航天驾驶员 hángtiān jiàshǐyuán 우주 비행 조종사 *驾驶员 명 운전사, 조종사 | 基础 jīchǔ 명 기초, 기반 | 增加 zēngjiā 동 증가하다, 추가하다 | 航天飞行 hángtiān fēixíng 명 우주 비행 | 工程师 gōngchéngshī 명 엔지니어 | 载荷专家 zàihè zhuānjiā 화물 전문가(Payload specialist) *载荷 명 탑재 하중, 화물 | 类别 lèibié 명 종류, 카테고리 | 出于 chūyú 동 ~에서 비롯되다, ~에서 나오다 | 考虑 kǎolǜ 동 고려하다, 생각하다 | 建设 jiànshè 동 건설하다 | 实用 shíyòng 형 실용적이다 | 关键 guānjiàn 형 매우 중요한, 핵심의 | 技术 jìshù 명 기술 | 验证 yànzhèng 동 검증하다 | 工程 gōngchéng 명 공학 기술 | 关注 guānzhù 동 관심을 가지다 | 显然 xiǎnrán 형 명백하다, 분명하다 | 从事 cóngshì 동 종사하다, 처리하다 | 广度 guǎngdù 명 넓이, 폭 | 胜任 shèngrèn 동 (맡은 임무를) 능히 감당하다 | 深度 shēndù 명 깊이 | 专业 zhuānyè 형 전문적인 | 人员 rényuán 명 인원 | 合理 hélǐ 형 합리적이다 | 职业 zhíyè 명 직업, 프로 | 飞行员 fēixíngyuán 명 조종사, 비행사 | 出身 chūshēn 동 출신이다

- 太空 tàikōng 명 우주 | 执行任务 zhíxíng rènwù 임무를 수행하다 | 面临 miànlín 동 직면하다 | 挑战 tiǎozhàn 명 도전 | 难题 nántí 명 난제 | 出舱 chūcāng 동 우주선에서 밖으로 나가다, 우주 유영하다 | 训练 xùnliàn 동 훈련하다 | 往返 wǎngfǎn 동 왕복하다, 오가다 | 相关 xiāngguān 동 관련되다 | 艰苦 jiānkǔ 형 고되다, 고달프다, 힘들고 어렵다 | 野外 yěwài 명 야외 | 生存 shēngcún 명 생존 | 情况 qíngkuàng 명 상황 | 千差万别 qiānchāwànbié 성 천차만별 | 具备能力 jùbèi nénglì 능력을 갖추다 | 恶劣 èliè 형 열악하다, 나쁘다 | 环境 huánjìng 명 환경

질문 및 선택지 단어

- 火箭 huǒjiàn 명 로켓 | 宇宙中心 yǔzhòu zhōngxīn 우주 센터 | 记录数据 jìlù shùjù 데이터를 기록하다 | 航空 hángkōng 명 항공 | 速度 sùdù 명 속도 | 体积 tǐjī 명 부피 | 简易 jiǎnyì 형 간단하고 쉽다, 간편하다 | 人手 rénshǒu 명 일손, 인력 | 不够 búgòu 형 부족하다 | 提高 tígāo 동 향상시키다, 높이다 | 派 pài 동 파견하다, 보내다 | 参与 cānyù 동 참여하다 | 满足资源 mǎnzú zīyuán 자원을 충족시키다 | 严重 yánzhòng 형 심각하다 | 缺水 quēshuǐ 동 물이 부족하다 | 失败 shībài 동 실패하다

6-10

정답 및 해석

第6到10题是根据下面一段采访：

女：首先请王老师先给我们介绍一下木偶戏的发展历史吧！

男：⁶木偶戏又叫傀儡戏，演变自商周时期的俑。汉代出现了具有可操纵功能的多关节木俑，⁶元明清三代木偶艺术通过与地方戏剧的互相学习、交融，逐渐走上了戏剧化道路。新中国成立后，为弘扬木偶戏这门民间艺术，文化部成立了中国木偶艺术剧团。

女：您能给我们介绍一下木偶的制作过程吗？

男：没有木偶就没有木偶戏，木偶也在不断地与时俱进。制作木偶的过程基本上分以下几步：首先是打坯，其次是雕刻，然后是打土，接下来是喷色，再往下是彩绘，最后还要根据具体人物配上胡须、头发等，如果是新娘子还要盘头发。这样，一个木偶的制作就完成了。

6~10번 문제는 다음 인터뷰에 근거한다

여: 우선 왕 선생님께서 저희에게 나무 인형극의 발전 역사를 좀 소개해 주세요.

남: ⁶나무 인형극은 쿠레이씨(傀儡戏)라고도 하고, 상주시대의 흙 인형에서 진화했습니다. 한대에는 조작 기능이 있는 다관절 인형이 등장했고, ⁶원명청 삼대의 인형 예술은 지방 연극과의 상호 학습, 어우러짐을 통해서 점차 연극화되는 길을 걷게 되었습니다. 신중국 수립 이후, 나무 인형극이란 이 민간 예술을 더욱 발전시키기 위해서, 문화부는 중국 나무 인형 예술극단을 설립했습니다.

여: 저희에게 나무 인형의 제작 과정을 좀 소개해 주실 수 있나요?

남: 나무 인형이 없으면 나무 인형극도 없죠. 나무 인형도 끊임없이 시대와 더불어 발전하고 있습니다. 나무 인형을 제작하는 과정은 기본적으로 다음의 몇 단계로 나눕니다. 첫째는 흙덩이 만들기이고, 둘째는 조각이고, 그다음은 흙 털기이고, 이어서는 색 뿌리기이고, 그다음은 채색하여 그림 그리기입니다. 마지막에 또 구체적인 인물에 따라 수염과 머리 등을 붙여야 하고, 만일 신부라면 머리도 올려야 합니다. 이렇게, 나무 인형의 제작이 완성됩니다.

女：木偶戏对操作木偶的演员要求非常高吧？

男：是的，木偶艺术要靠操作者的技巧来体现和塑造木偶形象，这也是它的根本特点。⁷演员需要做的不仅仅是让木偶动起来，还要通过操作来表现木偶的性格和喜怒哀乐。例如"抖"是木偶戏的基本功，⁸木偶没有脚，走路时一靠演员的步伐带动，二靠抖肩。小伙子快走怎么抖，小脚老太太慢走怎么抖，都是有讲究的。

女：木偶戏坚持传统固然重要，但创新同样不能忽视，如何让传统木偶戏贴近现代人的生活呢？

男：为了适应现代观众的观赏品味，我们的新剧目不仅在情节上融入了许多与儿童生活息息相关的故事，还应用了现代化的舞台表现手法，⁹坚持在采用新的表演形式的基础上，始终把突出木偶特点作为根本，在每部戏里都尽可能多地融入木偶元素，以此来保持中国木偶剧的特色。当然了，光有舞台呈现肯定是不够的，¹⁰现在的孩子要求参与戏剧表演，要表达自己的想法。为此，我们每部作品基本上都要设计四五次观众互动，来充分吸引孩子的注意力。

6 关于木偶戏，下列哪项正确？
  A 源远流长 (✓)
  B 前景堪忧
  C 明代发展到极盛
  D 是中国四大民间艺术之一

7 对木偶戏演员来说，最重要的是什么？
  A 臂力过人
  B 能制作木偶
  C 有良好的文化修养
  D 能表现木偶的性情 (✓)

8 下列哪项是表现木偶走步的方法？
  A 抖肩 (✓)
  B 蹬腿
  C 晃膝盖
  D 上下翻腾

9 男的认为新的表演形式要以什么为根本?
   A 提高票房
   B 培养新人
   C 突出木偶特点 (✓)
   D 运用新的舞台设备

10 为了与时俱进，木偶戏做了什么努力?
   A 控制表演节奏
   B 申报世界文化遗产
   C 增加和观众的互动 (✓)
   D 定期举办木偶展览

9 남자는 새로운 공연 형식이 무엇을 근본으로 삼아야 한다고 여기는가?
   A 흥행 수입을 높이는 것
   B 신인을 양성하는 것
   C 나무 인형의 특징을 부각하는 것 (✓)
   D 새로운 무대 설비를 활용하는 것

10 시대와 더불어 발전하기 위해서, 나무 인형극은 어떤 노력을 했는가?
   A 공연 리듬을 통제했다
   B 세계문화유산으로 등록 신청했다
   C 관중과의 소통을 늘렸다 (✓)
   D 정기적으로 나무 인형 전람회를 열었다

해설

6 첫 번째 대화에서 진행자는 나무 인형극의 발전 역사(木偶戏的发展历史)에 관해 질문했고, 이에 게스트는 '木偶戏又叫傀儡戏，演变自商周时期的俑'이라며 중국의 역사 속 '商周时期(상주시대)'와 '汉代(한대)'에 이어 '元明清三代(원명청 삼대)'를 언급했습니다. 이는 곧 역사가 유구하다는 것을 뜻합니다. 따라서 정답은 A 源远流长입니다. 중국어 성어 '源远流长'은 시험에 많이 출제되니 꼭 알아 두어야 합니다.

7 두 번째 대화에서 진행자가 나무 인형의 제작 과정(木偶的制作过程)을 물어봤고, 게스트의 답변을 들으며 7번~8번 문제의 선택지를 봐도 정답이 없습니다. 두 번째 대화에서는 문제의 정답이 하나도 출제되지 않았습니다. 이어서 세 번째 대화에서 진행자가 나무 인형을 조작하는 연기자들에 대해 물었고, 이는 7번 문제의 질문과 동일합니다. 게스트는 '演员需要做的不仅仅是让木偶动起来，还要通过操作来表现木偶的性格和喜怒哀乐'라고 답했습니다. 따라서 정답은 D 能表现木偶的性情입니다. '性格'와 '性情'이 유의어로 출제된 문제입니다.

8 세 번째 대화의 게스트 답변에서 '木偶没有脚，走路时一靠演员的步伐带动，二靠抖肩' 부분의 '抖肩'을 놓치지 않고 들어야 합니다. 그러면 정답 A 抖肩을 고를 수 있습니다.

9 네 번째 대화에서 진행자는 전통을 고수하는 것도 중요하지만 창의성도 중요하다고 말하면서 현대인들 삶에 어떻게 다가설 지를 물었습니다. 이 질문은 전통과 관련된 인터뷰의 단골 질문이니 꼭 기억해 둡니다. 게스트의 답변 중 '坚持在采用新的表演形式的基础上，始终把突出木偶特点作为根本…' 부분을 듣다 보면 선택지 C 突出木偶特点 내용이 그대로 들립니다. 따라서 정답은 C 突出木偶特点입니다.

10 녹음 전체가 총 4개의 대화로 이루어져 있으니, 마지막 문제의 정답 또한 대부분 마지막 대화에서 출제됩니다. 게스트의 답변에서 '我们每部作品基本上都要设计四五次观众互动，来充分吸引孩子的注意力' 부분을 들었다면 정답을 고를 수 있습니다. 정답은 C 增加和观众的互动입니다.

지문 단어

◆ 首先 shǒuxiān 부 가장 먼저, 우선 대 첫째(로), 먼저 | 木偶戏 mù'ǒuxì 명 나무 인형극(=木偶剧 mù'ǒujù) *木偶 명 (나무로 만든) 인형 *戏 명 연극 | 发展 fāzhǎn 동 발전하다 | 傀儡戏 kuǐlěixì 명 쿠레이씨[중국의 인형극, '木偶戏'의 고대 명칭] | 演变 yǎnbiàn 동 변천하다, 변화 발전하다 | 商周时期 Shāngzhōu Shíqī 고유 상주시대 | 俑 yǒng 명 (옛날 순장할 때 사용한 흙이나 나무로 된) 인형 *木俑 (나무) 인형 | 出现 chūxiàn 동 출현하다, 나타나다 | 具有 jùyǒu 동 있다, 가지다 | 操纵 cāozòng 동 조종하다, 조작하다 | 关节 guānjié 명 관절 | 通过 tōngguò 전 ~을 통해서 | 戏剧 xìjù 명 중국 전통극, 희극, 연극 | 交融 jiāoróng 동 뒤섞이다, 어우러지다 | 逐渐 zhújiàn 부 섬섬, 점차 | 走上⋯道路 zǒushàng dàolù ~한 길을 걷다 | 戏剧化 xìjùhuà 동 연극화되다 | 弘扬 hóngyáng 동 더욱 발전시키다 | 剧团 jùtuán 명 극단

◆ 制作 zhìzuò 동 제작하다, 만들다 | 过程 guòchéng 명 과정 | 不断 búduàn 동 끊임없다 | 与时俱进 yǔshíjùjìn 성 시대와 발전하다 | 基本上 jīběnshang 부 기본적으로, 대체로 | 分以下几步 fēn yǐxià jǐbù 다음 몇 단계로 나누다 | 打坯 dǎpī 동 흙덩이를 만들다 | 其次 qícì 대 둘째(로), 그 다음 | 雕刻 diāokè 동 조각하다 | 然后 ránhòu 접 그런 후에, 그 다음에 | 打土 dǎtǔ (묻은) 흙을 털다 | 接下来 jiēxiàlái 다음으로, 이어서 | 喷色 pēnsè 동 색을 뿌리다 | 再往下 zài wǎng xià 그 다음은 | 彩绘 cǎihuì 동 채색하여 그림을 그리다 | 根据 gēnjù 전 ~에 근거하여, ~에 따라 | 具体 jùtǐ 형 구체적이다 | 配 pèi 동 배합하다, 붙이다 | 胡须 húxū 명 수염 | 头发 tóufa 명 머리카락, 머리 | 新娘(子) xīnniáng(zǐ) 명 신부 | 盘 pán 동 (머리를) 올리다

- 操作 cāozuò 동 조작하다, (손으로) 다루다 | 演员 yǎnyuán 명 배우, 연기자 | 靠 kào 전 ~에 의지해서, ~으로 동 의지하다 | 操作者 cāozuòzhě 명 조작자 | 技巧 jìqiǎo 명 테크닉 | 体现 tǐxiàn 동 구현하다, 구체적으로 드러내다 | 塑造 sùzào 동 (형상·이미지를) 만들다 | 形象 xíngxiàng 명 형상, 이미지 | 根本 gēnběn 형 근본적인 명 근본 | 需要 xūyào 능 ~해야 한다 | 表现 biǎoxiàn 동 표현하다 | 喜怒哀乐 xǐnùāilè 성 희로애락[기쁨과 노여움과 슬픔과 즐거움] | 例如 lìrú 동 예를 들다 | 抖 dǒu 동 털다, 흔들다 | 基本功 jīběngōng 명 기본기 | 脚 jiǎo 명 발 | 步伐 bùfá 명 발걸음 | 带动 dàidòng 동 (이끌어) 움직이다 | 抖肩 dǒu jiān 어깨를 흔들다 | 小伙子 xiǎohuǒzi 명 젊은이 | 慢走 mànzǒu 천천히 걷다 | 讲究 jiǎngjiu 명 주의할 점, 규칙

- 坚持传统 jiānchí chuántǒng 전통을 고수하다 *坚持 동 (하고 있던 일을) 계속하다, 고수하다 | 固然 gùrán 접 물론 ~지만 | 创新 chuàngxīn 명 창의성 | 同样 tóngyàng 형 같다, 마찬가지다 | 忽视 hūshì 동 소홀히 하다, 간과하다 | 贴近 tiējìn 동 (아주 가까이) 접근하다 | 适应 shìyìng 동 적응하다 | 观众 guānzhòng 명 관중 | 观赏品味 guānshǎng pǐnwèi 감상 수준 | 剧目 jùmù 명 연극 목록 | 情节 qíngjié 명 (작품의) 줄거리 | 融入 róngrù 동 녹여내다 | 儿童 értóng 명 아동, 어린이 | 息息相关 xīxī-xiāngguān 성 밀접한 관계가 있다 | 故事 gùshi 명 이야기 | 舞台 wǔtái 명 무대 | 表现手法 biǎoxiàn shǒufǎ 표현 기법 | 采用 cǎiyòng 동 사용하다, 채택하다 | 表演 biǎoyǎn 동 공연하다, 연기하다 | 形式 xíngshì 명 형식 | 基础 jīchǔ 명 기초 | 始终 shǐzhōng 부 시종일관, 줄곧 | 突出特点 tūchū tèdiǎn 특징을 부각시키다 | 作为 zuòwéi 동 ~으로 삼다 | 尽可能 jǐnkěnéng 부 가능한 한, 최대한 | 元素 yuánsù 명 요소 | 保持 bǎochí 동 (지속적으로) 유지하다 | 特色 tèsè 명 특색 | 舞台呈现 wǔtái chéngxiàn 무대 연출 | 肯定 kěndìng 부 확실히, 틀림없이 | 不够 búgòu 형 부족하다 | 参与 cānyù 동 참여하다 | 表达 biǎodá 동 (생각을) 나타내다 | 为此 wèicǐ 접 이 때문에 | 设计 shèjì 동 설계하다 | 互动 hùdòng 동 상호 작용을 하다, 소통하다 | 充分 chōngfèn 부 충분히 | 吸引注意力 xīyǐn zhùyìlì 주의를 끌다

질문 및 선택지 단어

- 源远流长 yuányuǎn-liúcháng 성 역사가 유구하다 | 前景堪忧 qiánjǐng kānyōu 앞날이 걱정스럽다 | 极盛 jíshèng 형 절정이다, 아주 흥성하다 | 臂力 bìlì 팔의 힘 | 过人 guòrén 동 (남보다) 뛰어나다 | 修养 xiūyǎng 교양, 소양 *文化修养 문화적 교양 | 性情 xìngqíng 명 성정, 성격 | 走步 zǒubù 동 걷다 | 蹬腿 dēngtuǐ 동 다리를 뻗다 | 晃膝盖 huàng xīgài 무릎을 흔들다 | 上下翻腾 shàngxià fānténg 공중돌기하다 | 以A为B yǐ A wéi B A를 B로 삼다 | 提高 tígāo 동 높이다 | 票房 piàofáng 명 흥행 수입 | 培养 péiyǎng 동 배양하다, 기르다 | 运用 yùnyòng 동 운용하다, 활용하다 | 设备 shèbèi 명 설비, 시설 | 控制 kòngzhì 동 통제하다, 제어하다 | 节奏 jiézòu 명 리듬 | 申报 shēnbào 동 등록 신청하다 | 文化遗产 wénhuà yíchǎn 문화 유산 | 增加 zēngjiā 증가하다, 늘리다 | 定期 dìngqī 형 정기적인 | 举办 jǔbàn 동 개최하다, 열다 | 展览 zhǎnlǎn 명 전람회

실력 확인하기 독해 | 제4부분

정답 1 C 2 B 3 B 4 A 5 D 6 D 7 A 8 D
      9 B 10 D 11 B 12 B

1-4

정답 및 해석

"超级月亮"，通俗地说就是肉眼看上去很大的月亮，其实，³"超级月亮"是一种较为常见的天文现象，在一年中总会出现几次。严格地说，"超级月亮"这个说法并不严谨，在天文学上其准确称谓应该是"近点朔望月"。

由于月球沿椭圆形轨道绕地球转动，¹所以月球与地球间的距离总在不断变化。地球与月球间平均距离约为38.4万公里，近地点距离小于36万公里，远地点则超过40万公里。处于近地点附近时的月亮，通常在视觉上看起来要显得更大一些。

当月球处于近地点附近，月亮又刚好是满月阶段时，月亮从视觉上看起来是最大的，故而被称为"超级月亮"。理论上说，它要比发生在远地点时的满月看上去大14%左右，变亮30%左右。尽管每年会有12~13次的满月，但我们能看到超级月亮的次数只有2~4次。

观赏超级月亮需要满足什么条件呢？一般来说，超级月亮的最佳观测时段是当它从地平线升起时。这个时候的月亮看起来最大最圆，色泽也最漂亮。如果观测所在的地方天气晴朗，空气通透，效果则更佳。

²如果用肉眼观测，可以选择站在位置比较高且比较开阔的地段。如果当天天气条件很好，满月升得比较高的时候，就会特别亮。这时要是用望远镜观测，最好加一点儿保护措施，比如可以用偏光滤镜把光稍微减一减，以免损伤视力。

'슈퍼문'은 쉽게 말해 육안으로 크게 보이는 달이지만, 사실 ³'슈퍼문'은 비교적 흔한 천문 현상으로, 1년에 늘 몇 차례 발생한다. 엄격히 말하면 '슈퍼문'이라는 표현은 절대 완전하지 않으며, 천문학적으로 그 정확한 명칭은 '근점 삭망월'이어야 한다.

달은 타원형 궤도를 따라 지구 주위를 돌아서, ¹달과 지구 사이의 거리는 늘 계속해서 변한다. 지구와 달 사이의 평균 거리는 대략 38.4만km이며, 근지점에서는 거리가 36만km보다 가깝고, 원지점에서는 40만km를 초과한다. 근지점 부근에 있을 때의 달은 보통 시각적으로 좀 더 크게 보인다.

달이 근지점 부근에 있으면서 마침 보름달 단계일 때, 달은 시각적으로 가장 크게 보이기 때문에 '슈퍼문'이라 불린다. 이론적으로 슈퍼문은 원지점에서 생길 때의 보름달보다 14% 정도 더 크게 보이고 30% 정도 밝아진다. 비록 매년 12~13번의 보름달이 있지만, 우리가 슈퍼문을 볼 수 있는 횟수는 2~4번에 불과하다.

슈퍼문을 감상하려면 어떤 조건을 충족시켜야 할까? 일반적으로 슈퍼문의 가장 좋은 관측 시간대는 슈퍼문이 지평선에서 떠오를 때이다. 이때 달은 가장 크고 둥글게 보이며, 색감도 가장 아름답다. 만약 관측 장소의 날씨가 맑고 공기가 잘 통하면, 관측 효과는 더욱 뛰어나다.

²만약 육안으로 관측한다면, 위치가 비교적 높은 데다가 탁 트인 지역에 서 있는 것을 선택하면 된다. 만약 그날 날씨 조건이 좋고, 보름달이 비교적 높이 떠오르면 매우 밝아진다. 이때 만약 망원경으로 관측한다면, 보호 조치를 조금 취하는 것이 가장 좋다. 예를 들어 편광 필터로 빛을 약간 줄여 시력이 손상되지 않도록 할 수 있다.

1 "近点朔望月"的天文奇观与什么有关？
    A 月球转动的幅度
    B 地心引力的强弱
    C 月球与地球的距离 (✓)
    D 地球自转轨道的长短

2 在下列哪种条件下，观测超级月亮的效果更好？
    A 空气湿润时
    B 在比较开阔的地方 (✓)
    C 在地势较低的地方
    D 月亮在夜空中央时

1 '근점 삭망월'의 기이한 천문 현상은 무엇과 관련이 있는가?
    A 달의 회전 폭
    B 중력의 강약
    C 달과 지구의 거리 (✓)
    D 지구 자전 궤도의 길이

2 다음 중 어떤 조건에서 슈퍼문의 관측 효과가 더 좋은가?
    A 공기가 습할 때
    B 비교적 탁 트인 곳에서 (✓)
    C 지세가 비교적 낮은 곳에서
    D 달이 밤하늘 중앙에 있을 때

3 关于超级月亮，下列哪项正确？
   A 易引发地震
   B 每年都能看到 (✓)
   C 月亮会出现缺口
   D 满月时定会出现

4 上文最有可能出自：
   A《天文地理》(✓)
   B《生态科学》
   C《地质学刊》
   D《华夏人文》

3 슈퍼문에 관하여 다음 중 정확한 것은?
   A 지진을 일으키기 쉽다
   B 매년 볼 수 있다 (✓)
   C 달에 결함이 생기게 된다
   D 보름달일 때 반드시 출현한다

4 윗글은 출처가 어디일 가능성이 높은가
   A 『천문지리』(✓)
   B 『생태과학』
   C 『지질학 학술지』
   D 『중국인문』

해설

1 첫 번째 단락에서 슈퍼문, 즉 '근점 삭망월'이 무엇인지 설명한 후, 두 번째 단락 첫 문장에서 '所以月球与地球间的距离总在不断变化'라고 말하며 근점 삭망월 현상의 발생 원인을 설명했습니다. 달과 지구의 거리는 계속해서 변하므로 우리가 바라보는 달의 크기가 시각적으로 다르다는 사실을 알 수 있습니다. 따라서 정답은 C 月球与地球的距离입니다.

2 마지막 단락에서 '如果用肉眼观测，可以选择站在位置比较高且比较开阔的地段(육안으로 슈퍼문을 관측한다면, 비교적 높은 데다가 탁 트인 지역에 서 있는 것을 택하라)'이라고 말했습니다. 따라서 정답은 B 在比较开阔的地方입니다.

3 첫 번째 단락의 "超级月亮"은 一种较为常见的天文现象，在一年中总会出现几次"에서 '슈퍼문'은 비교적 흔한 천문 현상으로, 1년 중 몇 차례 발생한다고 설명했습니다. 따라서 정답은 B 每年都能看到입니다.

4 이 글은 '슈퍼문', 즉 달(月亮)에 대해 설명하고 있습니다. 따라서 정답은 A《天文地理》입니다.

지문 단어

◆ 超级月亮 chāojí yuèliang 명 슈퍼문 | 通俗 tōngsú 형 통속적이다, 대중적이다 *通俗地说 쉽게 말해 | 肉眼 ròuyǎn 명 육안, 맨눈 | 其实 qíshí 부 사실 | 较为 jiàowéi 부 비교적 | 常见 chángjiàn 형 자주 보는, 흔한 | 天文现象 tiānwén xiànxiàng 천문 현상 | 总 zǒng 부 항상, 늘 | 出现 chūxiàn 동 출현하다, 발생하다, 생기다 | 严格 yángé 형 엄격하다, 엄밀하다 | 说法 shuōfa 명 표현 | 严谨 yánjǐn 형 완전하다, 빈틈없다 | 准确 zhǔnquè 형 정확하다, 확실하다 | 称谓 chēngwèi 명 명칭, 호칭 | 近点朔望月 jìndiǎn shuòwàngyuè 근점 삭망월[달이 지구에서 가장 가까워질 때 보이는 보름달]

◆ 月球 yuèqiú 명 달 | 沿 yán 전 ~을 따라 | 椭圆形 tuǒyuánxíng 명 타원형 | 轨道 guǐdào 명 궤도 | 绕…转动 rào……zhuàndòng ~의 주위를 돌다 *绕 동 (빙빙) 돌다 *转动 동 (축을 중심으로) 돌다, 회전하다 | 地球 dìqiú 명 지구 | 距离 jùlí 명 거리 | 不断 búduàn 부 끊임없이, 계속해서 | 变化 biànhuà 동 변화하다, 변하다 | 平均 píngjūn 형 평균의 | 约 yuē 부 대략 | 为 wéi ~이다 | 公里 gōnglǐ 양 킬로미터(km) | 近地点 jìndìdiǎn 명 근지점[달이 지구에 가장 가까이 있는 지점] | 远地点 yuǎndìdiǎn 명 원지점[달이 지구로부터 가장 멀리 떨어진 지점] | 超过 chāoguò 동 초과하다, 넘다 | 处于 chǔyú 동 ~(어떤 상태)에 있다 | 附近 fùjìn 명 부근 | 通常 tōngcháng 부 통상적으로, 보통 | 视觉 shìjué 명 시각 | 显得 xiǎnde 동 ~하게 보이다

◆ 刚好 gānghǎo 부 마침, 알맞게 | 满月 mǎnyuè 명 보름달 | 阶段 jiēduàn 명 단계 | 故而 gù'ér 접 ~하여, ~하기 때문에 | 被称为 bèi chēngwéi ~이라고 불리다 | 理论 lǐlùn 명 이론 | 左右 zuǒyòu 명 정도, 쯤 | 变亮 biàn liàng 밝아지다 | 尽管 jǐnguǎn 접 비록 ~하지만 | 次数 cìshù 명 횟수 | 观赏 guānshǎng 동 감상하다 | 需要 xūyào 동 ~해야 한다 | 满足条件 mǎnzú tiáojiàn 조건을 충족시키다 | 最佳 zuìjiā 형 가장 좋다 | 观测 guāncè 동 관측하다 | 时段 shíduàn 명 시간대 | 地平线 dìpíngxiàn 명 지평선 | 升起 shēngqǐ 동 떠오르다 | 圆 yuán 형 둥글다 | 色泽 sèzé 명 색깔과 윤기, 색감 | 天气晴朗 tiānqì qínglǎng 날씨가 맑다 | 空气通透 kōngqì tōngtòu 공기가 잘 통하다 | 效果 xiàoguǒ 명 효과

◆ 开阔 kāikuò 형 (면적·공간이) 넓다, 탁 트이다 | 地段 dìduàn 명 지역 | 望远镜 wàngyuǎnjìng 명 망원경 | 最好 zuìhǎo 부 ~하는 것이 가장 좋다 | 加措施 jiā cuòshī 조치를 취하다 | 保护 bǎohù 동 보호하다 | 偏光滤镜 piānguāng lǜjìng 편광 필터[사진 촬영 시 빛의 반사를 줄여주고 색상을 더 선명하게 만들어 주는 기구] | 稍微 shāowēi 부 조금, 약간 | 减 jiǎn 동 빼다, 줄이다 | 以免 yǐmiǎn 접 ~하지 않도록 | 损伤视力 sǔnshāng shìlì 시력이 손상되다

질문 및 선택지 단어

◆ 天文奇观 tiānwén qíguān 기이한 천문 현상 | 与…有关 yǔ……yǒuguān ~와 관련이 있다 | 幅度 fúdù 몡 폭, 너비 | 地心引力 dìxīn yǐnlì 몡 지구 인력, 중력 | 强弱 qiángruò 몡 강약 | 自转 zìzhuàn 동 자전하다 | 长短 chángduǎn 몡 길이 | 湿润 shīrùn 형 (공기가) 습하다, 촉촉하다 | 地势 dìshì 몡 지세, 땅의 형세 | 夜空 yèkōng 몡 밤하늘 | 中央 zhōngyāng 몡 중앙 | 引发地震 yǐnfā dìzhèn 지진을 일으키다 | 缺口 quēkǒu 몡 결함, 빈틈 | 天文地理 tiānwén dìlǐ 몡 천문지리 | 生态科学 shēngtài kēxué 몡 생태과학 | 地质学刊 dìzhì xuékān 몡 지질학 학술지 *刊 몡 간행물, 잡지 | 华夏人文 Huáxià rénwén 몡 중국인문 *华夏 몡 화해[중국의 옛 명칭]

5-8

정답 및 해석

人类很早就发现衣服可以经清水的洗涤变干净。有关洗衣最早记录出现在古墓的壁画上，该壁画上刻画了一群男人弯腰洗衣的情景：两个人在用力搓洗，两个人在折叠，另外两个人在使劲儿拧干。⁵人们凭借一双手，利用河水的冲刷动力和棍棒的击打力来清洗衣物，可以看出那时候洗衣是一项十分费时、费力的体力劳动。

中国古代劳动人民很早就发现了草木灰可以用作洗涤剂。《礼记·内则》提到"冠带垢，和灰清漱。"意思是系帽子的带子脏了，就和着草木灰洗。⁶早在春秋战国时期，人们就能够制造并使用"钾肥皂"了。⁶到了秦朝，人们使用生产更为方便的"灰水"来洗衣服。这个"灰水"就是用草木灰泡水制成的，草木灰中含有碳酸钾，在现代工业中也是很重要的原材料，主要用来制肥皂、印染等。

到了魏晋时期，古人开始用皂角和澡豆来洗衣服。皂角是皂树的果实，果实中含有皂苷，皂苷在水中能产生大量泡沫，有很强的去垢能力。⁷"澡豆"一词，大约是在魏晋南北朝时期流行起来的。这个时期正是中国历史上的"香料大发现"时代，各地的香料到达中原，让贵族的生活面貌一新。人们将豆面等天然去污原料与珍贵香料混合到一起，⁷制成的澡豆便能够散发出优雅的香气，这也是澡豆的最大特点。

到了唐代，人们利用动物的胰腺制成了能够清洗衣物的"胰皂"，这可是人们的生活必备品，家家都会配制。如今我们使用的洗衣粉、洗衣皂中仍然有皂角、胰腺等成分，这是古人智慧的光辉，亦是现代人对古人智慧的传承。

인류는 아주 오래전부터 옷을 맑은 물로 세탁하면 깨끗해진다는 사실을 발견했다. 세탁에 관한 가장 초기의 기록은 고대 무덤 벽화에서 찾아볼 수 있는데, 이 벽화에는 여러 남자가 허리를 굽혀 세탁하는 장면이 묘사되어 있다. 두 사람은 힘껏 비벼 빨고, 두 사람은 옷을 접고, 다른 두 사람은 힘껏 짜내고 있는 모습이다. ⁵사람들은 맨손으로 강물의 흐르는 힘과 막대기의 타격력을 이용해 옷을 세탁했으며, 그 당시 세탁은 시간과 노력이 매우 많이 드는 힘든 육체노동이었음을 알 수 있다.

중국 고대 노동자들은 일찍이 초목회(풀과 나무를 태운 재)를 세제로 사용할 수 있다는 것을 발견했다. 『예기·내칙』에는 '관대구, 화회청수'라는 말이 나오는데, 이는 모자의 끈이 더러워지면 초목회와 함께 세탁한다는 뜻이다. ⁶일찍이 춘추전국시대에 사람들은 '칼륨 비누'를 제조하고 사용했다. ⁶진나라에 이르러서는 사람들이 더 간편한 '잿물'을 사용해 옷을 세탁했다. 이 '잿물'은 초목회를 물에 담가 만든 것으로, 초목회에는 탄산칼륨이 함유되어 있어, 이는 현대 산업에서도 중요한 원료로 비누 제조나 염색 등에 주로 사용된다.

위진 시기에 이르러 고대인들은 조각(쥐엄나무 열매)과 조두(가루 비누)를 사용해 옷을 세탁하기 시작했다. 조각은 쥐엄나무의 열매로, 열매 안에는 사포닌이 함유되어 있어 물에서 많은 거품을 만들어내며 강력한 세정 능력을 갖고 있다. ⁷'조두'라는 단어는 대략 위진남북조 시기에 유행하기 시작했다. 이 시기는 중국 역사에서 '향료 대발견'의 시대였으며, 각지의 향료들이 중원에 들어와 귀족들의 생활을 완전히 바꿔 놓았다. 사람들은 콩가루 등의 천연 세정 재료와 귀한 향료를 한데 섞어 ⁷만든 조두는 우아한 향기를 내뿜는 것이 가장 큰 특징이었다.

당나라에 이르러 사람들은 동물의 췌장을 이용해 옷을 세탁할 수 있는 '췌장 비누'를 만들었다. 이는 사람들의 생활필수품이었으며, 집마다 배합하여 만들 수 있었다. 오늘날 우리가 사용하는 세제나 세탁비누에도 여전히 쥐엄나무 열매, 췌장 등의 성분이 포함되어 있는데, 이는 고대인의 지혜가 담긴 찬란한 빛일 뿐만 아니라, 현대인이 고대인의 지혜를 전승한 것이기노 하다.

---

5 根据古墓壁画中的场景，可以知道当时洗衣：

A 以浸泡清洗为主
B 有专门的洗涤剂
C 由两个人分工完成
D 会借助河水冲刷衣物（✓）

5 고분 벽화 속 장면에 따르면, 당시 세탁 방식은 어떠했는가

A 주로 담가서 세탁하는 방식이었다
B 전용 세제가 있었다
C 두 사람이 분업하여 완성했다
D 강물의 도움을 빌려 옷을 씻어냈다 （✓）

397

6 引用《礼记・内则》中的内容是为了说明草木灰：
  A 能染色
  B 产量高
  C 用途广泛
  D 使用时间早 (✓)

7 与皂角相比，澡豆的最大特点是什么？
  A 有香味 (✓)
  B 泡沫多
  C 去污力强
  D 价格低廉

8 上文主要介绍了什么？
  A 古代的洗衣工具
  B 古人的清洁"妙招"
  C 洗涤用品的清洁原理
  D 古代"洗衣粉"的演变 (✓)

6 『예기·내칙』의 내용을 인용한 것은 초목회(풀과 나무를 태운 재)의 어떤 특성을 설명하기 위한 것인가
  A 염색이 가능하다
  B 생산량이 많다
  C 용도가 광범위하다
  D 사용 시기가 이르다 (✓)

7 조각(쥐엄나무 열매)과 비교할 때, 조두(가루 비누)의 가장 큰 특징은 무엇인가?
  A 향기가 있다 (✓)
  B 거품이 많이 난다
  C 세정력이 강하다
  D 가격이 저렴하다

8 윗글은 주로 무엇을 소개했는가?
  A 고대의 세탁 도구
  B 고대인의 세정 '비법'
  C 세제의 세정 원리
  D 고대 '세탁 세제'의 변천사 (✓)

해설

5 문제를 기억하면서 지문에서 문제가 있는 부분을 빠르게 읽으며 찾습니다. 해당 문제는 고분 벽화의 장면을 근거로 당시의 세탁하는 방법을 묻고 있습니다. 첫 번째 단락 세 번째 문장에서 '人们凭借一双手，利用河水的冲刷动力和棍棒的击打力来清洗衣物'라고 했으므로 정답은 D 会借助河水冲刷衣物입니다.

6 문제는 『예기·내칙(礼记·内则)』의 내용을 인용한 것이 초목회(草木灰)의 어떤 특성을 설명하기 위한 것인지를 묻고 있습니다. 본문에서 『예기·내칙』이 나오는 부분을 찾아봅니다. 두 번째 단락에서 '早在春秋战国时期(일찍이 춘추전국시대에)'라고 언급했고, 또 그 다음 문장에서 '到了秦朝，人们使用生产更为方便的"灰水"来洗衣服'라고 했으며, 여기서 '灰水'는 '초목회'를 물에 담궈서 만들었다고 했으므로 정답은 D 使用时间早입니다.

7 이 문제는 '澡豆'의 가장 큰 특징이 무엇인지를 묻고 있습니다. 먼저, 세 번째 단락에서 이 단어를 찾았다면 뒤에 나오는 설명을 읽어 봅니다. 단락의 마지막 문장 '制成的澡豆便能够散发出优雅的香气，这也是澡豆的最大特点'에서 정답을 찾을 수 있습니다. 따라서 정답은 A 有香味입니다.

8 글의 주제를 묻는 문제입니다. 지문에서 '春秋战国时期, 秦朝, 魏晋时期, 唐代'처럼 중국의 역사적 흐름이 차례로 등장하는 것을 보아, 이 글은 세탁 세제의 변천을 다룬 글임을 알 수 있습니다. 이처럼 어떤 사물의 역사적 변천사를 다룬 글은 자주 출제됩니다. 따라서 정답은 D 古代"洗衣粉"의 演变입니다.

지문 단어

◆ 人类 rénlèi 명 인류 | 洗涤 xǐdí 동 세탁하다, 씻다 | 洗衣 xǐyī 동 옷을 빨다, 세탁하다 | 记录 jìlù 동 기록하다 | 古墓 gǔmù 명 고분, 무덤 | 壁画 bìhuà 명 벽화 | 刻画 kèhuà 동 묘사하다, 새기다 | 弯腰 wānyāo 허리를 굽히다 | 情景 qíngjǐng 명 장면, 정경 | 搓洗 cuōxǐ 동 비벼 빨다 | 折叠 zhédié 동 접다, 개다 | 另外 lìngwài 대 별도의, 다른 | 使劲儿 shǐjìnr 동 힘을 쓰다 | 拧干 nínggān 동 짜서 물기를 없애다, 꽉 짜다 | 凭借 píngjiè 동 ~에 의하다, ~에 의지하다 전 ~로써, ~에 근거하여 | 冲刷 chōngshuā 동 씻어 내다, 물로 헹구다 | 动力 dònglì 명 동력, 원동력 | 棍棒 gùnbàng 명 몽둥이, 막대기 | 击打力 jīdǎlì 명 타격력 | 清洗衣物 qīngxǐ yīwù 옷을 세탁하다 | 费时 fèishí 형 시간이 걸리다 | 费力 fèilì 형 힘이 들다 | 体力劳动 tǐlì láodòng 명 육체노동

◆ 劳动人民 láodòng rénmín 명 노동 인민 | 草木灰 cǎomùhuī 명 초목회[풀과 나무를 태운 재] *灰 재, 먼지 | 用作 yòngzuò 동 ~로 사용하다 | 洗涤剂 xǐdíjì 명 세제 | 礼记 Lǐjì 고유 예기[고대 중국의 예서] | 提到 tídào 동 언급하다, 말하다 | 冠带 guāndài 명 모자의 끈 *冠 명 관, 모자 | 垢 gòu 형 더럽다 | 和 huò 동 섞다, 젓다, 배합하다, 혼합하다 | 清漱 qīngshù 동 깨끗이 씻다 | 系 jì 동 매다, 묶다 | 帽子 màozi 명 모자 | 带子 dàizi 명 띠, 끈 | 草木 cǎomù 명 풀과 나무 | 灰洗 huī xǐ 재로 씻다 | 春秋战国时期 Chūnqiū Zhànguó Shíqī 고유 춘추전국시대 | 制造 zhìzào 동 제조하다, 만들다 | 使用 shǐyòng 동 사용하다 | 钾肥皂 jiǎféizào 명 칼륨 비누 | 秦朝 Qíncháo 고유 진나라 | 灰水 huīshuǐ 명 잿물 | 泡水 pàoshuǐ 동 물에 담그다 | 制成 zhìchéng 동 만들다, 제조하다 | 含有 hányǒu 동 함유하다, 함유되어 있다 | 碳酸钾 tànsuānjiǎ 명 탄산칼륨 | 原材料 yuáncáiliào 명 원재료 | 肥皂 féizào 명 비누

印染 yìnrǎn 동 염색하다, 날염하다

- 魏晋时期 Wèijìn Shíqī 고유 위진 시기 | 皂角 zàojiǎo 명 쥐엄나무 열매 | 澡豆 zǎodòu 명 가루 비누 | 皂树 zàoshù 명 쥐엄나무 | 果实 guǒshí 명 열매 | 皂苷 zàogān 명 사포닌[거품을 내는 성분] | 产生泡沫 chǎnshēng pàomò 거품을 발생시키다 | 大量 dàliàng 부 대량으로, 다량의 | 去垢 qùgòu 동 때를 제거하다 | 魏晋南北朝 Wèijìn Nánběicháo 고유 위진남북조 | 流行 liúxíng 동 유행하다 | 香料 xiāngliào 명 향료 | 到达 dàodá 동 도달하다, 이르다 | 中原 Zhōngyuán 명 중원 | 面貌一新 miànmàoyīxīn 성 면모가 일신되다, 완전히 새로운 모습을 하다 | 去污 qùwū 동 오염을 제거하다 | 珍贵 zhēnguì 형 귀중하다, 진귀하다 | 混合 hùnhé 동 혼합하다 | 散发香气 sànfā xiāngqì 향기를 발산하다 | 优雅 yōuyǎ 형 우아하다

- 唐代 Tángdài 고유 당대, 당나라 시대 | 胰腺 yíxiàn 명 췌장 | 胰皂 yízào 명 췌장 비누 | 必备品 bìbèipǐn 명 필수품 | 配制 pèizhì 동 조제하다, 배합하다 | 如今 rújīn 명 오늘날 | 洗衣粉 xǐyīfěn 명 세탁 세제 | 洗衣皂 xǐyīzào 명 빨래 비누 | 仍然 réngrán 부 여전히, 아직도 | 成分 chéngfèn 명 성분 | 智慧 zhìhuì 명 지혜 | 光辉 guānghuī 명 찬란한 빛 | 亦是 yì shì 또한 ~이다, 역시 ~이다 | 传承 chuánchéng 동 전승하다, 물려받다

질문 및 선택지 단어

- 根据 gēnjù 전 ~에 근거하여, ~에 따르면 | 古墓 gǔmù 명 고대 무덤 | 壁画 bìhuà 명 벽화 | 场景 chǎngjǐng 명 장면 | 浸泡 jìnpào 동 (물 속에) 담그다 | 清洗 qīngxǐ 동 깨끗이 씻다, 세탁하다 | 专门 zhuānmén 형 전문적이다 | 洗涤剂 xǐdíjì 명 세제 | 分工 fēngōng 동 분업하다, 분담하다 | 借助 jièzhù 동 ~의 도움을 받다 | 河水 héshuǐ 명 강물 | 冲刷 chōngshuā 동 씻어내다, 헹구다 | 染色 rǎnsè 동 염색하다 | 产量 chǎnliàng 명 생산량 | 用途 yòngtú 명 용도 | 广泛 guǎngfàn 형 광범위하다 | 有香味 yǒu xiāngwèi 향기가 나다 | 泡沫多 pàomò duō 거품이 많다 | 去污力强 qùwūlì qiáng 세정력이 강하다 *去污 오염을 제거하다 | 价格低廉 jiàgé dīlián 가격이 저렴하다 | 洗衣工具 xǐyī gōngjù 세탁 도구 | 清洁 qīngjié 동 깨끗하게 하다, 세정하다 | 妙招 miàozhāo 명 묘책, 비법 | 原理 yuánlǐ 명 원리 | 演变 yǎnbiàn 동 변화 발전하다, 변천하다

9-12

정답 및 해석

马面裙是中国古代女子主要裙式之一。⁹可是裙身上本没有马，何来"马面"一说呢？"马面裙"这一正式的叫法是从清代才开始的。马面是古时沿着城墙所建的一系列在平面上凸出于墙面外的墩台。其作用是加固城体，便于观察和夹击攻城敌兵。而从远处看，马面裙裙身正面与两侧的打褶结合，正好类似于这种建筑结构。不过，它的得名是否真的与城端有关，还有待考证。

¹⁰⁻ᶜ这种裙子前后里外共有四个裙门，两两重合，外裙门有装饰，内裙门装饰较少或无装饰，马面裙侧面打裥，裙腰多用白色的布，取白头偕老之意，以绳或纽固结。马面裙在宋代已初具雏形。¹⁰⁻ᴬ明清时期最为流行。¹⁰⁻ᴮ它的风格由明代的清新淡雅到清代的华丽富贵，再到民国的秀丽质朴，经历了一系列的变化，但它的"马面"结构一直根深蒂固地存在着。

马面裙色彩较为鲜艳，以红色居多，¹¹在清代，蓝色的马面裙也比较常见，作为当时的流行色，常与黑色和黄色搭配。马面裙的纹样可以分为单独的刺绣织物纹样和大面积的刺绣织物纹样图案，其中单独的刺绣织物纹样占了大多数。而各种吉祥的纹样，如龙凤、吉祥八宝和云蟒纹饰等，显示着身份高贵的同时，还表达着各种美好的寓意。

마면 치마는 중국 고대 여성들의 주요 치마 스타일 중 하나이다. ⁹그런데 치마에 본래 말(马)이 없는데, 왜 '마면(马面)'이라는 이름이 붙었는가? '마면 치마'라는 공식 명칭은 청대부터 시작되었다. '마면'은 고대 성벽을 따라 지은 평면에서 벽면 밖으로 돌출된 일련의 둔대(墩台)를 의미한다. 그것의 역할은 성벽을 강화하고, 적군을 관찰하고 공격하기 편하게 한 것이다. 멀리서 보면, 마면 치마의 치마 정면과 양쪽에 있는 주름의 결합이 마침 이러한 건축 구조와 비슷하다. 그러나 이 명칭이 정말 성벽 끝부분과 관련이 있는지는 아직 고증이 필요하다.

¹⁰⁻ᶜ이 치마는 앞뒤, 안팎으로 총 네 개의 치마 문이 있으며, 두 개씩 겹쳐져 있다. 바깥 치마 문은 장식이 있고, 안쪽 치마 문은 장식이 적거나 없다. 마면 치마의 옆쪽에는 주름이 잡혀 있고, 치마 허리는 주로 흰색 천을 사용하는데, 이는 '백두해로(白头偕老)'를 상징하며, 끈이나 단추로 고정된다. 마면 치마는 송대에 이미 초기 형태를 갖추었으며, ¹⁰⁻ᴬ명청 시기에 가장 유행했다. ¹⁰⁻ᴮ명대의 참신하고 우아한 스타일에서 청대의 화려하고 부유한 느낌, 그리고 중화민국 시기의 수려하고 소박한 스타일에 이르기 까지 일련의 변화를 겪었지만, 그 '마면' 구조는 줄곧 뿌리깊게 유지되고 있다.

마면 치마의 색상은 비교적 산뜻하고 아름다우며, 붉은색이 대부분이다. ¹¹청대에는 남색 마면 치마도 비교적 흔하게 볼 수 있었다. 남색은 당시 유행 색상으로, 종종 검은색과 노란색과 조화를 이루었다. 마면 치마의 문양은 단독 자수 직물 문양과 큰 면적의 자수 직물 문양 디자인으로 나눌 수 있는데, 이 중 단독 자수 직물 문양이 대부분을 차지했다. 그리고 각종 길상 문양, 예를 들면 용과 봉황, 길상팔보, 운망(구름과 뱀) 문양 등은 신분의 고귀함을 드러내는 동시에 다양한 아름다운 의미도 담고 있다.

马面裙在中国流行了六百多年，¹²在近年来汉服复兴的热潮中，马面裙因其独有的风雅气质，重新受到了年轻人的追捧。

마면 치마는 중국에서 600년 넘게 유행했으며, ¹²최근 한푸(汉服)의 부흥 열풍 속에서, 마면 치마는 그 독특한 우아한 기품 덕분에 다시 젊은이들의 뜨거운 인기를 얻고 있다.

9 第一段主要介绍了:
   A 穿马面裙的场合
   B 马面裙名字的来历 (✓)
   C 马面是裙身的刺绣
   D "马面"的错误释义

9 첫 번째 단락에서 주로 소개한 것은
   A 마면 치마를 입는 상황
   B 마면 치마 이름의 유래 (✓)
   C 마면은 치마의 자수이다
   D '마면'의 잘못된 해석

10 下列哪项在第二段中**没有**提到?
   A 马面裙的盛行时期
   B 马面裙的风格演变
   C 马面裙的构成要素
   D 马面裙的搭配建议 (✓)

10 다음 중 두 번째 단락에서 언급하지 <u>않은</u> 것은?
   A 마면 치마의 유행 시기
   B 마면 치마 스타일의 변화
   C 마면 치마의 구성 요소
   D 마면 치마의 코디 제안 (✓)

11 清代的马面裙有什么特点?
   A 裙腰以黄色居多
   B 蓝色亦较为常见 (✓)
   C 并没有正式取名
   D 是一种庆典服饰

11 청대 마면 치마는 어떤 특징이 있는가?
   A 치마 허리 부분에 노란색이 많다
   B 남색도 비교적 흔하다 (✓)
   C 공식적인 이름이 없다
   D 축제 의상이다

12 根据上文，马面裙:
   A 纹样有许多忌讳
   B 近些年迎来复兴 (✓)
   C 只有贵族才穿得起
   D 引领现代服饰的潮流

12 윗글에 따르면, 마면 치마는
   A 문양에 많은 금기가 있다
   B 최근 들어 부흥했다 (✓)
   C 귀족만 입을 수 있었다
   D 현대 의류의 유행을 이끌고 있다

해설

9   첫 번째 단락의 주제를 묻는 문제입니다. 단락의 주제는 첫 문장에서 많이 출제되며, 이 지문처럼 첫 문장에 의문문(?)이 있다면 그 문장이 주제가 됩니다. '可是裙身上本没有马，何来"马面"一说呢?'에서 치마에 말(马)이 없는데 '马面'이라는 말이 왜 붙었는지 질문을 던졌고, 다음 문장에 그에 대한 답을 말해주고 있습니다. 따라서 정답은 B 马面裙名字的来历입니다.

10 두 번째 단락에서 언급하지 않은 내용을 묻는 문제입니다. 해당 단락을 절반 정도 읽은 후에 선택지를 보고, 다시 나머지 절반을 읽고 선택지를 보면서 정답을 찾습니다. 만약 단락 앞 부분에서 정답이 나왔다면, 바로 다음 문제로 가면 됩니다. 하지만 이 문제는 단락 전체를 다 읽어야 답을 찾을 수 있습니다. 두 번째 단락 첫 문장 '这种裙子前后里外共有四个裙门'에서 구성 요소를, '明清时期最为流行'에서 유행 시기를, '它的风格…'에서 스타일의 변화를 언급했습니다. '搭配建议(코디 제안)'에 관한 내용은 나오지 않았습니다. 따라서 정답은 D 面裙的搭配建议입니다.

11 문제는 청나라 시대 마면 치마의 특징을 묻고 있습니다. 순서대로 세 번째 단락에서 '清代'를 찾습니다. 단락의 첫 문장 '在清代，蓝色的马面裙也比较常见，作为当时的流行色，常与黑色和黄色搭配' 부분에서 청대에는 남색의 마면 치마도 자주 볼 수 있었고, 당시 유행하는 색이 되었다고 설명하고 있습니다. 따라서 정답은 B 蓝色亦较为常见입니다.

12 마면 치마에 관하여 맞는 내용을 묻는 문제입니다. 먼저 선택지를 읽어보며 지금까지 읽은 내용 중에 정답이 있는지 체크합니다. 정답이 없으므로 남아 있는 마지막 단락을 읽고 정답을 찾도록 합니다. 마지막 단락의 마지막 문장 '在近年来汉服复兴的热潮中，马面裙因其独有的风雅气质，重新受到了年轻人的追捧'에서 최근 다시 마면 치마가 뜨거운 사랑을 받고 있다고 말했습니다. 따라서 정답은 B 近些年迎来复兴입니다.

지문 단어

- 马面裙 mǎmiànqún 명 마면 치마 | 裙式 qúnshì 명 치마 스타일 | 何来 "A" 一说呢? hé lái "A" yī shuō ne? 'A'라는 말은 어디서 나왔을까? | 叫法 jiàofǎ 명 명칭, 호칭 | 沿着 yánzhe 동 ~을 따라 | 城墙 chéngqiáng 명 성벽 | 一系列 yíxìliè 명 일련의 | 凸出 tūchū 동 돌출되다 | 墩台 dūntái 명 돈대[성벽 위의 돌출된 부분] | 加固城体 jiāgù chéngtǐ 성체를 강화하다 | 便于 biànyú 동 ~에 편리하다 | 观察 guānchá 동 관찰하다 | 夹击 jiājī 동 협공하다 | 攻城 gōngchéng 동 성을 공격하다 | 敌兵 díbīng 명 적군 | 从远处看 cóng yuǎnchù kàn 멀리서 보면 | 打褶 dǎzhé 동 주름을 잡다 | 结合 jiéhé 동 결합하다 | 正好 zhènghǎo 부 딱 맞다, 우연히 | 类似 lèisì 동 유사하다 | 建筑结构 jiànzhù jiégòu 건축 구조 | 得名 démíng 동 이름을 얻다 | 城端 chéngduān 명 성의 끝부분 | 有待 yǒudài 동 ~이 필요하다 | 考证 kǎozhèng 동 고증하다

- 前后 qiánhòu 명 앞뒤 | 里外 lǐwài 명 안팎 | 重合 chónghé 동 겹치다 | 装饰 zhuāngshì 명 장식 | 打裥 dǎjiǎn 동 치마에 주름을 잡다 | 裙腰 qúnyāo 명 치마 허리 부분 | 取…之意 qǔ…zhī yì ~의 뜻을 취하다 | 固结 gùjié 동 견고하게 결합하다 | 白头偕老 báitóu-xiélǎo 성 백년해로하다, 늙을 때까지 함께하다 | 宋代 Sòngdài 고유 송대, 송나라 시대 | 初具 chūjù 동 처음으로 갖추다 | 雏形 chúxíng 명 초기 형태 | 明清时期 Míng Qīng Shíqī 고유 명청 시대 | 清新 qīngxīn 형 맑고 산뜻하다 | 淡雅 dànyǎ 형 담백하고 우아하다 | 清代 Qīngdài 고유 청대, 청나라 시대 | 华丽富贵 huálì fùguì 화려하고 부유하다 | 民国 Mínguó 명 중화민국 ['中华民国'를 줄여 부르는 말] | 秀丽质朴 xiùlìzhìpǔ 성 아름답고 소박하다 | 经历变化 jīnglì biànhuà 변화를 겪다 | 根深蒂固 gēnshēn-dìgù 성 뿌리 깊고 굳건하다 | 存在 cúnzài 동 존재하다

- 色彩 sècǎi 명 색채 | 较为 jiàowéi 부 비교적 | 鲜艳 xiānyàn 형 선명하고 화려하다 | 搭配 dāpèi 동 조합하다, 배합하다 | 分为 fēnwéi 동 ~으로 나누다 | 单独 dāndú 부 단독으로, 따로, 별도로 | 刺绣 cìxiù 명 자수 | 织物 zhīwù 명 직물 | 纹样 wényàng 명 무늬 | 图案 tú'àn 명 도안, 디자인 | 吉祥 jíxiáng 형 길상, 상서로움 | 龙凤 lóngfèng 명 용과 봉황 | 吉祥八宝 jíxiáng bābǎo 길상 팔보[불교의 상징물] | 云蟒纹饰 yúnmǎng wénshì 명 구름과 용의 무늬 장식 | 显示 xiǎnshì 동 나타내다, 드러내다 | 身份高贵 shēnfèn gāoguì 신분이 고귀하다 | 表达寓意 biǎodá yùyì 상징적 의미를 표현하다

- 汉服 hànfú 명 한푸[중국 전통 의상] | 复兴 fùxīng 동 부흥하다 | 热潮 rècháo 명 열풍, 붐 | 因其 yīnqí 접 그것 때문에, 그것으로 인해 | 独有 dúyǒu 형 독특한, 유일한 | 风雅气质 fēngyǎ qìzhì 우아한 기품 *气质 명 품격, 기품 | 重新 chóngxīn 부 다시, 재차 | 受到追捧 shòudao zhuīpěng 큰 호응을 받다, 뜨거운 인기를 얻다

질문 및 선택지 단어

- 场合 chǎnghé 명 장소, 상황 | 来历 láilì 명 내력, 유래 | 刺绣 cìxiù 명 자수 | 错误 cuòwù 명 오류, 잘못 | 释义 shìyì 명 해석, 설명 | 盛行 shèngxíng 동 성행하다, 유행하다 | 风格 fēnggé 명 스타일, 풍격 | 演变 yǎnbiàn 동 변천하다, 변화 발전하다 | 构成 gòuchéng 동 구성하다, 형성하다 | 要素 yàosù 명 요소 | 搭配 dāpèi 동 조합하다, 배합하다 | 建议 jiànyì 동 제안하다 | 裙腰 qúnyāo 명 치마 허리 부분 | 居多 jūduō 동 다수를 차지하다, 대부분이다 *以…居多 ~이 많다 | 亦 yì 부 또한 | 较为 jiàowéi 부 비교적 | 常见 chángjiàn 형 흔히 보는, 흔한 | 正式 zhèngshì 형 정식의, 공식적인 | 取名 qǔmíng 동 이름을 짓다 | 庆典 qìngdiǎn 명 경축 행사, 축제 | 服饰 fúshì 명 복식, 의상 | 纹样 wényàng 명 무늬 | 忌讳 jìhuì 동 금기하다 | 迎来 yínglái 동 맞이하다 | 复兴 fùxīng 동 부흥하다, 부흥시키다 | 穿得起 chuāndeqǐ 입을 수 있다 | 引领潮流 yǐnlǐng cháoliú 유행을 이끌다

실력 확인하기 — 쓰기

STEP 1 제1단락 요약하기

해석

①赵震是一位给秦始皇兵马俑拍摄"身份证"照片的文物摄影师。由于父亲在博物馆工作，②所以小时候的寒暑假，他都待在秦俑村。③受父亲的影响，赵震自小对兵马俑就有着特殊的感情。

자오전은 진시황 병마용의 '신분증' 사진을 찍는 문화재 사진사이다. 아버지가 박물관에서 일했기 때문에, 그는 어렸을 때 겨울방학과 여름방학 동안 진용촌에 머물렀다. 아버지의 영향을 받아, 자오전은 어릴 적부터 병마용에 대해 특별한 감정을 가지고 있었다.

중심 내용 주인공 자오전은 병마용에게 '신분증' 사진을 찍어주는 문화재 사진사이며, 박물관에서 일하는 아버지의 영향을 받아 어려서부터 병마용을 좋아했다.

해설
① '秦始皇兵马俑'를 '兵马俑'으로 줄이면 됩니다.
② 겨울방학과 여름방학을 진용촌에서 보낸 내용은 중요하지 않으니 생략합니다.
③ '自小对兵马俑有着特殊的感情'을 '从小就很喜欢兵马俑'으로 쉽게 줄여도 됩니다.

요약 赵震是一位给兵马俑拍"身份证"照片的文物摄影师。由于父亲在博物馆工作，受父亲影响，赵震从小就对兵马俑有着特殊的感情。

자오전은 병마용의 '신분증' 사진을 찍는 문화재 사진사이다. 아버지가 박물관에서 일해서 아버지의 영향을 받아, 자오전은 어릴 때부터 병마용에 대해 특별한 감정을 가지고 있었다.

단어 赵震 Zhào Zhèn 고유 자오전[인명] | 秦始皇 Qín Shǐhuáng 고유 진시황[인명] | 兵马俑 bīngmǎyǒng 명 병마용[진시황릉의 테라코타 군대] *俑 명 (무덤에 묻힌) 인형, 조각상 | 拍摄 pāishè 동 촬영하다 | 身份证 shēnfènzhèng 명 신분증 | 文物 wénwù 명 문화재, 유물 | 摄影师 shèyǐngshī 명 사진사, 촬영 기사 | 博物馆 bówùguǎn 명 박물관 | 寒暑假 hánshǔjià 명 겨울방학과 여름방학 | 秦俑村 Qínyǒngcūn 명 진용촌[병마용이 발굴된 마을] | 受影响 shòu yǐngxiǎng 영향을 받다 | 特殊 tèshū 형 특별하다 | 感情 gǎnqíng 명 감정

STEP 2 제2단락 요약하기

해석

①1997年，赵震从学校毕业后，也选择了在博物院工作。②在博物院里，每一尊兵马俑都有自己的文物档案，③所有文物档案的总和叫"文物总账"，它像一个户口本，家里添丁进口都要补充更新。

1997년, 자오전은 학교를 졸업한 후 박물관에서 일하기로 선택했다. 박물관에서 모든 병마용은 자체 문화재 기록이 있으며, 모든 문화재 기록의 총합은 '문화재 총 장부'라고 부른다. 이 총 장부는 마치 호적부와 같아서, 집안에 새로운 구성원이 늘어나는 것도 모두 보충하고 갱신해야 한다.

중심 내용 자오전은 졸업 후에 역시 박물관에서 일하게 되었고, 병마용은 각각의 문화재 기록이 있다.

해설
① '1997年'이란 시간은 기억이 안 나면 굳이 안 써도 됩니다.
② '在博物馆里'는 중복된 내용으로 생략해 줍니다. 병마용을 세는 양사인 '尊'이 어렵다면, '每个兵马俑'으로 써도 됩니다.
③ '文物档案'는 '赵震'이 하는 일과 관련된 키워드이면서, 결말에서 '赵震'이 만든 '电子档案'과도 관련되어 있으므로 반드시 기억해 줍니다. 하지만 뒤에 나오는 자세한 설명 부분은 생략합니다.

요약 1997年，赵震毕业后也选择在博物馆工作。在博物馆里，每一尊兵马俑都有自己的文物档案。

1997년, 자오전은 졸업 후에도 박물관에서 일하기로 선택했다. 박물관에서 모든 병마용은 자체 문화재 기록이 있었다.

단어 毕业 bìyè 동 졸업하다 | 尊 zūn 양 기[불상을 셀 때 쓰임] | 档案 dàng'àn 명 기록, 문서 | 总账 zǒngzhàng 명 총 장부 | 户口本 hùkǒuběn 명 호적부 | 添丁进口 tiāndīng jìnkǒu 새로운 구성원이 늘어나다 | 补充 bǔchōng 동 보충하다 | 更新 gēngxīn 동 갱신하다

STEP 3 제3단락 요약하기

해석

| ①每一尊俑的保存现状、是否经过修复、是否参加外展以及是否有新俑出土，都要重新记录。对于图片像素不高甚至是年代久远的黑白胶片，都要进行信息更新，②赵震和他的同事们就是要给兵马俑的文物总账做新的补充。通俗地说，就是给兵马俑们拍身份证照片。 | 각각의 병마용의 보존 현황·복원 여부·외부 전시 참여 여부·새로운 병마용이 발굴되었는지의 여부를 모두 다시 기록해야 한다. 사진 화소가 낮거나 심지어 오래된 흑백 필름에 대해서도 정보를 업데이트해야 해서 자오전과 그의 동료들은 병마용의 문화재 총 장부에 새로운 보충을 해 준다. 쉽게 말해, 병마용들의 신분증 사진을 찍는 것이다. |

중심 내용 박물관에서 자오전은 여러 업무를 한다.

해설 ① '赵震'의 업무를 너무 구체적으로 설명할 필요는 없습니다.
② 제2단락에서 병마용들은 각각 '文物档案'이 있다는 요약에 이어, '赵震'이 하는 업무는 이 '文物档案'에 갖가지 보충을 하는 것(做各种各样的补充), 즉 병마용에게 신분증 사진을 찍는 것이라고 쓰면 됩니다.

요약 赵震的工作就是要给这些文物档案做各种各样的补充，也就是给它们拍身份证照片。
자오전의 일은 바로 이러한 문화재 기록에 갖가지 보충을 해주는 것이다. 즉, 병마용들의 사진을 찍는 것이다.

단어 保存 bǎocún 통 보존하다 | 现状 xiànzhuàng 명 현황, 현 상태 | 经过 jīngguò 통 거치다, 경과하다 | 修复 xiūfù 통 복원하다 | 以及 yǐjí 접 및, 그리고, 아울러 | 出土 chūtǔ 통 발굴되다, 출토되다 | 图片 túpiàn 명 사진, 이미지 | 像素 xiàngsù 명 화소, 픽셀 | 甚至 shènzhì 접 심지어 | 久远 jiǔyuǎn 형 오래되다 | 黑白胶片 hēibái jiāopiàn 흑백 필름 | 信息 xìnxī 명 정보 | 更新 gēngxīn 통 업데이트하다 | 通俗地说 tōngsú de shuō 쉽게 말해 | 拍照片 pāi zhàopiàn 사진을 찍다

STEP 4 제4단락 요약하기

해석

| ①赵震在博物院一工作就是二十多年。②一尊尊兵马俑的证件照多出自他手。给兵马俑们拍照并不是一件简单的事，③考虑到文物的安全，④每次下坑拍摄之前都要先进行审批，还需要几个部门同事的配合。每次在下坑前他都要精心做好准备；⑤一是要沐浴更衣，二是在进坑之前停食一小时，三是穿上最软的鞋和贴身的工作服，最后才小心翼翼地下坑工作。 | 자오전은 박물관에서 일한 지 벌써 20년이 되었다. 병마용의 신분증 사진은 대부분 그의 손에서 나왔다. 병마용들의 사진을 찍는 것은 결코 간단한 일이 아니다. 문화재의 안전을 고려해, 매번 발굴 현장으로 내려가서 촬영하기 전에 반드시 먼저 심사 승인을 진행해야 하고, 여러 부서 동료의 협력이 필요하다. 매번 발굴 현장으로 내려가기 전에 그는 세심하게 준비를 잘해야 한다. 첫째는 목욕하고 옷을 갈아입는 것이고, 둘째는 발굴 현장으로 내려가기 전에 한 시간 동안 음식을 섭취하지 않는 것이며, 셋째는 가장 부드러운 신발과 몸에 딱 붙는 작업복을 입는 것이다. 마지막으로 조심스럽게 발굴 현장으로 내려가 작업한다. |

중심 내용 자오전은 박물관에서 일한 지 벌써 20년이 되었고, 병마용 사진을 찍기 전 여러 준비를 한다.

해설 ① 이 단락의 전체적인 내용을 요약하면, '문화재의 안전을 위해 사진을 찍기 전 촬영 승인을 받아야 하고, 동료들의 협력이 필요할 뿐만 아니라 스스로도 여러가지 준비를 해서 마지막에 현장으로 내려가 작업한다.'입니다. 요약 포인트는 작업 전의 준비 단계 순서에 따라, '先…，然后…，最后/此外…' 구조로 정리하는 것입니다.
② '一尊尊兵马俑的证件照多出自他手'는 충분히 유추할 수 있는 내용임으로 생략합니다.
③ '考虑到文物的安全'은 '为了文物的安全'으로 요약합니다.
④ '进行审批'가 어렵다면, HSK 5급 어휘 '获得批准'으로 쓰면 됩니다.
⑤ '一是要沐浴更衣，二是在进坑之前停食一小时，三是穿上最软的鞋和贴身的工作服'는 너무 상세한 설명이므로 줄여서 '他自己也要做好各方面的准备'라고 요약하면 좋습니다.

요약 赵震就这样在博物馆工作了二十年。给兵马俑拍照并不是一件简单的事。为了文物的安全，他每次下坑拍照前，要先获得批准，还要多个部门同事们配合，不仅如此，他自己也要做好各方面的准备。最后才小心地开始工作。

자오전은 이렇게 박물관에서 일한 지 20년이 되었다. 병마용의 사진을 찍는 것은 결코 간단한 일이 아니다. 문화재의 안전을 위해서, 그는 매번 발굴 현장으로 내려가서 사진 찍기 전에 먼저 승인을 받아야 하고, 또한 여러 부서의 동료들이 협조해야 하며, 뿐만 아니라, 그 자신도 여러 방면의 준비를 잘해야 한다. 마지막에 비로소 조심스럽게 일하기 시작한다.

단어 证件照 zhèngjiànzhào 명 증명사진, 신분증 사진 | 出自 chūzì 동 ~에서 나오다 | 简单 jiǎndān 형 간단하다, 단순하다 | 下坑 xiàkēng 동 발굴 현장(갱도)으로 내려가다 | 审批 shěnpī 동 심사하고 승인하다 | 配合 pèihé 동 협력하다 | 精心 jīngxīn 정성을 들이다, 세심하다 | 做好准备 zuòhǎo zhǔnbèi 준비를 잘하다 | 沐浴 mùyù 동 목욕하다 | 更衣 gēngyī 동 옷을 갈아입다 | 停食 tíngshí 동 음식을 끊다, 음식을 섭취하지 않다 | 贴身 tiēshēn 형 몸에 딱 붙다, 치수가 맞다 | 小心翼翼 xiǎoxīn yìyì 형 매우 조심스럽다

STEP 5 제5단락 요약하기

해석

赵震每天要拍摄四到六个小时，一天下来要走几万步。①不停地站起来、蹲下、跪下，见缝插针，经常是灰头土脸地出来。②因为一号坑的兵马俑之间距离太近，只有三四十厘米。为了保护文物，不至于刮到秦俑，所以即便是在严寒的冬天，赵震也是③轻装上阵，只穿件薄薄的衣服。而夏天，④坑内就像一个"火炉"，一整天拍下来，他就像在里面洗了个澡。

자오전은 매일 4~6시간 동안 촬영하며, 하루에 수만 걸음을 걷는다. 그는 끊임없이 일어섰다가, 쪼그려 앉았다가, 무릎을 꿇으며 틈새를 찾아 촬영하는데, 늘 먼지투성이로 나온다. 왜냐하면 1호 발굴 구역의 병마용들 사이의 거리는 불과 30~40초로 아주 가깝기 때문이다. 문화재를 보호하기 위해 진나라 병마용을 긁지 않도록, 설령 혹한의 겨울에도 자오전은 얇은 옷만 입고 가벼운 옷차림으로 작업에 나선다. 그러나 여름에 발굴 구역 안은 마치 '화로'와 같아서, 하루 종일 촬영하고 나면 마치 그 안에서 샤워한 것 같다.

중심 내용 자오전의 힘들고 어려운 업무 과정에 대한 설명-매일 몇 시간씩 촬영하고 몇만 보씩 걷고, 끊임없이 동작을 바꿔야 한다. 문화재를 보호하기 위해 설령 겨울에도 얇은 옷을 입어야 하며 여름엔 또 매우 덥다.

해설 ① '不停地站起来、蹲下、跪下，见缝插针，经常是灰头土脸地出来'는 '不停地改变姿势'로 요약해도 되고, 객관적으로 정리해서 '整个拍摄过程非常辛苦'라고 요약해도 좋습니다.
② '因为一号坑的兵马俑之间距离太近，只有三四十厘米。为了保护文物，不至于刮到秦俑'는 '为了保护文物'로 줄여 쓰면 됩니다.
③ '轻装上阵'과 '只穿件薄薄的衣服'는 같은 내용이므로 '只穿一件很薄的衣服'로 요약합니다.
④ '坑内就像一个"火炉"，一整天拍下来，他就像在里面洗了个澡'는 '坑里非常热' 혹은 '坑里热得像火炉'로 요약합니다. '坑里'를 그대로 써 주거나 의미가 통하는 '拍摄现场(촬영 현장)'이란 단어로 바꿔 써 주는 것도 좋습니다.

요약 赵震每天要拍摄四到六个小时，走几万步，整个拍摄过程非常辛苦。为了保护文物，即使是冬天，他也只能穿一件很薄的衣服，夏天拍摄现场又热得像个火炉。

자오전은 매일 4~6시간 동안 촬영하고 수만 걸음을 걸으며, 전체 촬영 과정이 매우 힘들었다. 문화재를 보호하기 위해서, 설령 겨울이라도 그는 얇은 옷 한 벌만 입을 수 있었고, 여름에는 촬영 현장이 화로처럼 더웠다.

단어 走步 zǒubù 동 걸음을 걷다 | 蹲 dūn 동 쪼그리고 앉다 | 跪 guì 동 무릎을 꿇다 | 见缝插针 jiànfèng-chāzhēn 성 (바쁜 가운데 시간의) 틈새를 찾다 | 灰头土脸 huītóutǔliǎn 성 (머리와 얼굴이 온통) 먼지투성이다 | 距离 jùlí 명 거리 | 厘米 límǐ 명 센티미터(cm) | 保护 bǎohù 동 보호하다 | 不至于 búzhìyú ~에 이르지 않다 | 刮 guā 동 깎다, 긁다 | 秦俑 Qínyǒng 명 진나라 병마용 | 即便 jíbiàn 접 설령 ~일지라도 | 严寒 yánhán 명 혹한, 혹독한 추위 | 轻装上阵 qīngzhuāngshàngzhèn 가벼운 옷차림으로 작업에 나서다 | 薄 báo 형 얇다 | 火炉 huǒlú 명 화로 | (一)整天 (yì)zhěngtiān 명 하루 종일

STEP 6 제6단락 요약하기

해석

赵震在拍照的时候，特别在意"自然美"。因秦俑坑**不能打灯**，有时**为了拍出最美的自然光线**，① 他会等上一个月甚至一年。② 而拍照的时候他也会考虑得面面俱到，不单单只拍正面、侧面、发髻、鞋子等细节他都会拍摄到位。③ 每拍摄一尊完整的秦俑，赵震都要蹲着、趴着、跪着无数次。	자오전은 사진을 찍을 때 특히 '자연미'를 신경 쓴다. 병마용 발굴 현장에서는 조명을 켤 수 없기 때문에, 때로는 가장 아름다운 자연광을 찍기 위해 한 달, 심지어 일 년을 기다리기도 한다. 촬영할 때 그는 모든 면을 세심하게 고려하며, 단순히 정면 사진만 찍는 것이 아니라 측면, 머리 모양, 신발 등 세부적인 부분까지도 꼼꼼하게 찍는다. 매번 하나의 온전한 진나라 병마용을 촬영할 때마다, 자오전은 수없이 쪼그려 앉고, 엎드리고, 무릎을 꿇으며 작업에 임한다.

중심 내용 힘들고 어려운 업무환경에서도 열정적으로 일하는 모습에 대한 설명-자연광을 포착하기 위해 1년을 기다리고, 정면사진뿐만 아니라 세부적인 부분까지 다 꼼꼼히 찍는다.

해설 ① '他会等上一个月甚至一年'은 '等上很长时间'으로 정리하면 됩니다.
② '而拍照的时候他也会考虑得面面俱到，不单单只拍正面、侧面、发髻、鞋子等细节他都会拍摄到位'는 '不仅拍正面，还会拍各种细节'로 요약합니다.
③ '每拍摄一尊完整的秦俑，赵震都要蹲着、趴着、跪着无数次'라는 내용은 제5단락에서 '끊임없이 자세를 바꾼다'는 내용과 중복되므로 여기서는 생략합니다.

요약 因为不能打灯，为了拍出美丽的自然光线，他会等上很长时间。他不仅拍正面，还会拍各种细节。

조명을 켤 수 없기 때문에, 아름다운 자연광을 찍기 위해 그는 한참 동안 기다리기도 한다. 그는 정면 뿐만 아니라, 각종 여러 디테일한 부분도 찍는다.

단어 在意 zàiyì 동 신경 쓰다 | 打灯 dǎdēng 동 조명을 켜다 | 面面俱到 miànmiàn-jùdào 성 모든 면을 세심하게 고려하다 | 正面 zhèngmiàn 명 정면 | 侧面 cèmiàn 명 측면 | 发髻 fàjì 명 머리 모양 | 细节 xìjié 명 세부 사항 | 到位 dàowèi 형 적절하다, 훌륭하다, 제대로하다 | 完整 wánzhěng 형 온전하다, 완전하다 | 趴 pā 동 엎드리다 | 无数次 wúshùcì 부 여러 번, 거듭

STEP 7 제7단락 요약하기

해석

有一次，他猛然发现，照片中兵马俑的嘴唇边上竟然有一枚指纹！① "那是2200年前制作兵马俑② 工匠的指纹**！当时我就傻在那儿了，仿佛时间已经消失了，他只是刚刚离去，而我就踩在他还有温度的脚印上。"赵震说。	한번은, 자오전이 사진 속 병마용의 입술 옆에 뜻밖에도 하나의 지문이 있는 것을 갑자기 발견했다! "그것은 2,200년 전 병마용을 만든 장인의 지문이었습니다! 그 순간 저는 그 자리에서 멍해졌어요. 마치 시간이 이미 사라진 듯, 그가 방금 떠난 것만 같았고, 저는 아직 온기가 남아 있는 그의 발자국을 밟는 듯했습니다." 자오전은 이렇게 말했다.

중심 내용 자오전은 사진 속 병마용 입술 옆에서 2,200년 전에 그것을 만든 장인의 지문을 발견했고 매우 놀랐다.

해설 ① 직접화법은 간접화법으로 바꿔서 요약해야 합니다. 2,200년 전에 병마용 만든 장인의 지문이라는 사실은 그대로 쓰고, 뒷부분을 재해석하여 지문 발견에 대한 놀라움을 표현하면 됩니다. 따라서 '这让赵震非常吃惊'이라고 요약해 줍니다.
② '工匠'이 어려우면 '工人'으로 바꿔도 됩니다.

요약 有一次，他发现照片中兵马俑嘴边有一枚指纹，那是2200年前制作兵马俑工匠的指纹。这让他非常震惊，好像时间都消失了。

한번은, 그는 사진 속 병마용의 입가에 지문이 있는 것을 발견했는데, 그건 2,200년 전에 병마용을 만든 장인의 지문이었다. 이것은 그를 몹시 놀라게 했고, 마치 시간이 사라진 듯했다.

단어 猛然 měngrán 분 갑자기 | 嘴唇 zuǐchún 명 입술 | 竟然 jìngrán 분 뜻밖에 | 枚 méi 양 개, 조각[작고 얇은 물건을 셀 때 쓰임] | 指纹 zhǐwén 명 지문 | 工匠 gōngjiàng 명 장인 | 傻 shǎ 형 멍하다 | 仿佛 fǎngfú 분 마치 ~인 듯하다 | 消失 xiāoshī 동 사라지다 | 踩 cǎi 동 밟다 | 脚印 jiǎoyìn 명 발자국

STEP 8 제8단락 요약하기

해석

①赵震最近干的一件大事，就是为862尊②陶俑拍摄了高清照片、建立了电子档案。等身的兵马俑，和人一样高大。③通过镜头，四目相对，他们仿佛活过来了，血肉丰沛，呼吸均匀，情感饱满。这种对视，无声胜有声，一眼千年。

자오전이 최근에 한 중요한 일은 바로 토용(병마용) 862개의 고해상도 사진을 촬영하고 전자 기록을 만든 것이다. 실물 크기의 병마용은 사람과 같은 크기이다. 렌즈를 통해서 서로 마주하면 그들이 마치 살아난 듯한데, 그들은 피와 살이 넘치고 호흡이 고르며 감정이 충만해 있다. 이러한 눈맞춤은 말없이도 말을 넘어서고, 한 번의 눈맞춤이 천 년을 뛰어넘는 듯하다.

중심 내용 자오전이 병마용의 전자 기록을 만들었고, 사진을 찍어주면서 병마용의 매력을 느꼈다.

해설 ① '干的一件大事，862尊、拍摄了高清照片'은 모두 생략해도 됩니다.
② '陶俑'은 '兵马俑'으로 바꿔서 쓰면 됩니다.
③ 마지막 내용은 길어서 다 기억을 할 수 없음으로 가장 핵심적인 부분만 살려서 요약합니다. '通过镜头，四目相对'는 주인공이 카메라 렌즈를 통해 병마용과 마주하고, '这种对视, 无声胜有声, 一眼千年'은 이러한 눈맞춤은 서로 말을 못하지만 말없이도 천 년을 뛰어넘을 수 있다는 매력을 설명하면 됩니다. 또한 보통 요약 쓰기에서 결말 부분의 가장 마지막 한 마디 표현은 그대로 외워서 써 주면 좋습니다.

요약 赵震最近为兵马俑建立了电子档案。通过镜头，他和兵马俑四目相对。这种对视，无声胜有声，一眼千年。

자오전은 최근 병마용을 위해서 전자 기록을 만들었다. 렌즈를 통해서, 그는 병마용과 눈이 마주쳤다. 이런 눈맞춤은 말없이도 말을 넘어서고 한 번의 눈맞춤이 천 년을 뛰어넘는 듯하다.

단어 陶俑 táoyǒng 명 토용(진흙으로 만든 인형) | 建立电子档案 jiànlì diànzǐ dàng'àn 전자 기록을 만들다 | 镜头 jìngtóu 명 렌즈 | 四目相对 sìmùxiāngduì 성 두 사람이 서로 마주하다 | 活过来 huó guòlái 살아나다 | 血肉丰沛 xuèròu fēngpèi 피와 살이 넘치다 | 呼吸均匀 hūxī jūnyún 호흡이 고르다 | 情感饱满 qínggǎn bǎomǎn 감정이 충만하다 | 对视 duìshì 동 서로 바라보다, 눈 마주치다 | 无声胜有声 wúshēng shèng yǒushēng 말하지 않는 것이 말하는 것보다 낫다, 말없이도 말을 넘어서다 *胜 동 낫다 | 一眼千年 yì yǎn qiānnián 한 번의 눈맞춤이 천 년을 뛰어넘는 듯하다

모범 답안

	给	兵	马	俑	拍	身	份	证	的	人	/	一	眼	千	年	的	对	视
		赵	震	是	一	位	给	兵	马	俑	拍	"	身	份	证	"	照	片	的
文	物	摄	影	师	。	由	于	父	亲	在	博	物	馆	工	作	，	受	父	亲
影	响	，	赵	震	从	小	就	对	兵	马	俑	有	着	特	殊	的	感	情	。
		19	97	年	，	赵	震	毕	业	后	也	选	择	在	博	物	馆	工	作。
在	博	物	馆	里	，	每	一	尊	兵	马	俑	都	有	自	己	的	文	物	档
案	。	赵	震	的	工	作	就	是	要	给	这	些	文	物	档	案	做	各	种
各	样	的	补	充	，	也	就	是	给	它	们	拍	身	份	证	照	片	。	

赵震就这样在博物馆工作了二十年。给兵马俑拍照并不是一件简单的事。为了文物的安全，他每次下坑拍照前，要先获得批准，还要多个部门同事们配合，不仅如此，他自己也要做好各方面的准备。最后才小心地开始工作。赵震每天要拍摄四到六个小时，走几万步，整个拍摄过程非常辛苦。为了保护文物，即使是冬天，他也只能穿一件很薄的衣服，夏天拍摄现场又热得像个火炉。因为不能打灯，为了拍出美丽的自然光线，他会等上很长时间。他不仅拍正面，还会拍各种细节。

　　有一次，他发现照片中兵马俑嘴边有一枚指纹，那是2200年前制作兵马俑工匠的指纹。这让他非常震惊，好像时间都消失了。赵震最近为兵马俑建立了电子档案。通过镜头，他和兵马俑四目相对。这种对视，无声胜有声，一眼千年。

병마용 신분증을 찍는 사람 / 한 번의 눈맞춤이 천 년을 뛰어넘는 듯한 마주침

자오전은 병마용의 '신분증' 사진을 찍는 문화재 사진사이다. 아버지가 박물관에서 일해서, 아버지의 영향을 받아, 자오전은 어릴 때부터 병마용에 대해 특별한 감정을 가지고 있었다.

1997년, 자오전은 졸업 후에도 박물관에서 일하기로 선택했다. 박물관에서 모든 병마용은 자체 문화재 기록이 있었다. 자오전의 일은 바로 이런 문화재 기록에 갖가지 보충을 해주는 것이다. 즉, 병마용들의 사진을 찍는 것이다.

자오전은 이렇게 박물관에서 일한 지 20년이 되었다. 병마용의 사진을 찍는 것은 결코 간단한 일이 아니다. 문화재의 안전을 위해서, 그는 매번 발굴 현장으로 내려가서 사진 찍기 전에 먼저 승인을 받아야 하고, 또한 여러 부서의 동료들이 협조해야 하며, 뿐만 아니라, 그 자신도 여러 방면의 준비를 잘해야 한다. 마지막에 비로소 조심스럽게 일하기 시작한다. 자오전은 매일 4~6시간 동안 촬영하고 수만 걸음을 걸으며, 전체 촬영 과정이 매우 힘들었다. 문화재를 보호하기 위해 설령 겨울이라도 그는 얇은 옷 한 벌만 입을 수 있었고, 여름에는 촬영 현장이 화로처럼 더웠다. 조명을 켤 수 없기 때문에 아름다운 자연광을 찍기 위해서, 그는 한참 동안 기다리기도 한다. 그는 정면뿐만 아니라, 각종 여러 디테일한 부분도 찍는다.

한번은, 그는 사진 속 병마용의 입가에 지문이 있는 것을 발견했는데, 그건 2,200년 전에 병마용을 만든 장인의 지문이었다. 이것은 그를 몹시 놀라게 했고, 마치 시간이 사라진 듯했다. 자오전은 최근 병마용을 위해서 전자 기록을 만들었다. 렌즈를 통해서, 그는 병마용과 눈이 마주쳤다. 이런 눈맞춤은 말없이도 말을 넘어서고 한 번의 눈맞춤이 천 년을 뛰어넘는 듯하다.

실력 확인하기 　독해 | 제1부분

정답　1 D　　2 C　　3 D　　4 C　　5 B

1

정답 및 해석

A 一个人的认知方式影响着他所做的每个决策。
B 创新和灵感一样，需要长期积累，才能偶然得之。
C 比起简单的喝水，喝运动饮料能让运动员在比赛中表现得更好。
D 很多人会将一组具有特殊意义的数字设置成密码，以便便于记忆。（✓）

A 사람의 인지방식은 그가 하는 모든 결정에 영향을 끼친다.
B 혁신은 영감과 마찬가지로, 오랫동안 축적되어야만 우연히 그것을 얻을 수 있다.
C 간단한 물 마시기에 비해 스포츠음료를 마시는 것은 선수가 시합에서 더 잘 활약하게 할 수 있다.
D 많은 사람들이 특별한 의미를 지닌 숫자를 비밀번호로 설정한다. 기억하기 위해서/기억하기 편하도록. （✓）

해설

很多人	[会]	[将一组具有特殊意义的数字]	设置	〈成密码〉,	以便便于	记忆。
주어	부사어	将(=把)+목적어	술어	보어		술어

'以便'과 '便于'는 의미 중복임

▶ '以便'과 '便于'는 같은 의미의 표현이므로 함께 쓰지 못합니다. 따라서 둘 중 하나만 골라서 써 주면 됩니다.

옳은 문장　① 很多人会将一组具有特殊意义的数字设置成密码，便于记忆。
　　　　　② 很多人会将一组具有特殊意义的数字设置成密码，以便记忆。

단어　认知 rènzhī 통 인지하다 | 影响 yǐngxiǎng 통 영향을 끼치다 | 决策 juécè 명 결단, 결정 | 创新 chuàngxīn 명 혁신 | 灵感 línggǎn 명 영감 | 需要 xūyào 통 ~해야 하다 | 积累 jīlěi 통 (지식 등을) 축적하다, 쌓다 | 偶然 ǒurán 부 우연히 | 比起 bǐqǐ ~와 비교하다 | 简单 jiǎndān 형 간단하다, 단순하다 | 运动饮料 yùndòng yǐnliào 명 스포츠 음료 | 比赛 bǐsài 명 경기, 시합 | 表现 biǎoxiàn 통 표현하다, 활약하다 | 组 zǔ 양 조, 벌, 세트 | 具有 jùyǒu 통 있다, 지니다 | 特殊 tèshū 형 특수하다, 특별하다 | 数字 shùzì 명 숫자 | 设置 shèzhì 통 설치하다, 설정하다 | 密码 mìmǎ 명 비밀번호 | 以便 yǐbiàn 접 ~하기 위해서 | 便于 biànyú 통 ~하기 편하다 | 记忆 jìyì 통 기억하다

2

정답 및 해석

A 真空低温烹饪法能最大限度减少食物水分的流失。
B 生活方式对于审美文化的影响和渗透是广泛而多样的。
C 清洗不锈钢制品时应避免使用强碱和强氧化制剂洗涤一下。（✓）
D 光合作用是生物赖以生存的基础，也是地球碳氧循环的重要媒介。

A 진공 저온 조리법은 음식의 수분 손실을 최대한도로 줄일 수 있다.
B 생활 방식이 미적 문화에 끼치는 영향과 침투는 광범위하고 다양하다.
C 스테인리스 제품을 세척할 때 강알칼리와 강산화제의 사용을 피해야 한다. （✓）
D 광합성 작용은 생물이 생존하는 기반이며, 지구의 탄소와 산소 순환의 중요한 매개체이기도 하다.

해설

[清洗不锈钢制品时][应]	避免	使用强碱和强氧化剂洗涤一下。
부사어	술어	'避免'의 목적어

'洗涤一下'를 삭제하면 '避免'의 목적어가 될 수 있음

▶ 선택지 C의 '洗涤一下'가 잘못 쓰였습니다. 이 문장은 앞의 '清洗不锈钢制品时'에서 '清洗'란 단어가 이미 사용되었으므로 '避免'의 목적어는 '使用+强碱和强氧化剂制剂'만 쓰면 됩니다. '洗涤'란 단어를 다시 사용하면 불필요한 의미 중복이 되며, 동량보어인 '一下(좀…해보다)' 또한 '避免'의 목적어가 될 수 없습니다. 따라서 정답은 C입니다.

옳은 문장 清洗不锈钢制品时应避免使用强碱和强氧化剂。

단어 真空低温烹饪法 zhēnkōng dīwēn pēngrènfǎ 진공 저온 조리법 *烹饪 동 요리하다, 조리하다 | 最大限度 zuìdà xiàndù 최대한도 | 减少 jiǎnshǎo 동 감소하다, 줄이다 | 食物 shíwù 명 음식(물) | 流失 liúshī 동 유실되다, 손실되다 | 审美文化 shěnměi wénhuà 미적 문화 | 影响 yǐngxiǎng 명 영향 | 渗透 shèntòu 동 침투하다, 스며들다 | 广泛 guǎngfàn 형 광범위하다, 폭넓다 | 清洗 qīngxǐ 동 세척하다, 깨끗이 씻다 | 不锈钢 búxiùgāng 명 스테인리스(강)[철강재료의 한 종류로, 녹이 잘 슬지 않게 만든 합금강의 일종] | 制品 zhìpǐn 명 제품 | 避免 bìmiǎn 동 피하다 | 强碱 qiángjiǎn 명 강알칼리 | 强氧化剂 qiángyǎnghuàjì 명 강산화제 | *氧 명 산소 | 洗涤 xǐdí 동 세탁하다, 세척하다 | 赖以 làiyǐ 동 의지하다, 믿다 | 基础 jīchǔ 명 기초 | 地球 dìqiú 명 지구 | 碳氧循环 tànyǎng xúnhuán 탄소와 산소 순환 | 媒介 méijiè 명 매개체

3

정답 및 해석

A 成功固然重要，但没有健康的身体，一切都是空谈。
B 激光并不是天然存在的光，而是通过一种物理原理形成的光。
C 三星堆考古的重大发现是人类文明与铜矿密切相关的生动实证。
D 年轻人有闲暇时间，不如多学些技能，将来才能不把社会淘汰。(✓)

A 성공은 물론 중요하지만, 건강한 몸이 없다면 모든 것이 헛된 이야기이다.
B 레이저는 결코 자연적으로 존재하는 빛이 아니라, 물리적 원리를 통해서 형성된 빛이다.
C 삼성퇴 고고학의 중대한 발견은 인류 문명이 구리 광산과 밀접하게 관련되어 있다는 생생한 실증이다.
D 젊은이들은 여가 시간이 있으니, 기술을 좀 더 배우는 것이 낫다. (그래야) 장래에 사회에서 도태되지 않을 수 있다. (✓)

해설

年轻人	有	闲暇时间，	不如	多学些技能，	[将来][才能不]	[把社会]	淘汰。
주어	술어1	목적어1	술어2	목적어2	부사어	→被社会	술어3

▶ 선택지 D에서 '不把社会淘汰'의 '把'가 잘못 사용되었습니다. '把' 뒤에는 동사 '淘汰'의 목적어가 와야 하는데 '社会'는 '淘汰'의 목적어가 아닌 주어이므로 '被'를 써야 합니다. '淘汰'의 의미상 목적어는 앞에 있는 '年轻人'입니다. 또한 把자문의 동사 뒤에는 보통 결과를 나타내는 보어가 있어야 합니다. 被자문의 경우 동사가 2음절 동사인 경우에는 단독으로 사용할 수 있습니다. 따라서 '병구(틀린 문장)'는 D입니다.

옳은 문장 年轻人有闲暇时间，不如多学些技能，将来才能不被社会淘汰。

단어 固然 gùrán 접 물론 ~지만 | 健康 jiànkāng 형 건강하다 | 一切 yíqiè 명 모든 것 | 空谈 kōngtán 명 공염불, 헛된 이야기[실천이나 내용이 따르지 않는 주장이나 말을 비유적으로 이르는 말] | 激光 jīguāng 명 레이저 | 通过 tōngguò 전 ~을 통해서 | 物理原理 wùlǐ yuánlǐ 물리적 원리 | 三星堆 Sānxīngduī 고유 삼성퇴[장강 문명 유적지의 하나] | 考古 kǎogǔ 명 고고학 | 重大发现 zhòngdà fāxiàn 중대한 발견 | 铜矿 tóngkuàng 명 구리 광산 | 密切相关 mìqiè xiāngguān 밀접하게 관련되어 있다 | 实证 shízhèng 명 실증 | 年轻人 niánqīngrén 명 젊은이 | 闲暇时间 xiánxiá shíjiān 여가 시간 *闲暇 명 틈, 짬, 여가 | 技能 jìnéng 명 기술, 스킬 | 将来 jiānglái 명 장래, 미래 | 淘汰 táotài 동 도태되다

4

정답 및 해석

A 历史给予了人们无尽的启示和继续前行的力量。	A 역사는 사람들에게 끝없는 깨달음과 계속 나아갈 힘을 주었다.
B 据有关部门估计，这次火灾造成的经济损失超过5000万元。	B 관련 부서의 추산에 따르면, 이번 화재가 초래한 경제적 손실은 5천만 위안을 넘는다..
C 各种手机应用软件在带来便利的同时，也增添了不少烦恼。(✓)	C 각종 휴대폰 앱은 편리함을 가져다줌과 동시에, 사람들에게 적지 않은 걱정거리도 늘렸다. (✓)
D 热爱读书，不分身在城市还是安居乡土，也不分年近古稀还是正当少年。	D 독서를 사랑한다는 건 도시에 살든 고향에 평안히 살든 가리지 않고, 또한 나이가 고희에 가깝든 마침 소년 시기이든 가리지 않는다.

해설

　　　　　　　　　　　　　　　　　　　　　　'增添'의 대상이 없음
各种手机应用软件　[在带来便利的同时]，[也]　(增添)　了　(不少)　烦恼。
　　주어　　　　　　　　부사어　　　　　부사어　술어　조사　관형어　목적어

▶ 주어인 '各种手机应用软件'은 사람이 아닙니다. 따라서 술어와 목적어인 '增添+麻烦' 앞에 '给人们'이라는 대상이 와야 합니다. 따라서 정답은 C입니다.

옳은 문장 各种手机应用软件在带来便利的同时，也给人们增添了不少烦恼。

단어 给予 jǐyǔ 동 주다 *给予启示 깨달음을 주다 *给予力量 힘을 주다 | 无尽 wújìn 형 끝이 없다, 무한하다 | 启示 qǐshì 명 깨달음 | 继续前行 jìxù qiánxíng 계속 나아가다 | 力量 lìliang 명 힘, 역량 | 据……估计 jù……gūjì ~의 추산에 따르면 *估计 동 추산하다, 예측하다 | 有关部门 yǒuguān bùmén 관련 부서 | 火灾 huǒzāi 명 화재 | 造成 zàochéng 동 (나쁜 결과를) 초래하다 | 经济损失 jīngjì sǔnshī 경제적 손실 | 超过 chāoguò 동 초과하다, 넘다 | 应用软件 yìngyòng ruǎnjiàn 응용 소프트웨어, 애플리케이션, 앱 | 带来便利 dàilái biànlì 편리함을 가져다 주다 | 增添烦恼 zēngtiān fánnǎo 걱정거리를 늘리다 | 热爱读书 rè'ài dúshū 독서를 사랑하다 | 不分 bùfēn 가리지 않다 | 身在城市 shēnzài chéngshì 도시에 살다 | 安居乡土 ānjū xiāngtǔ 고향에 평안히 살다 | 年近古稀 nián jìn gǔxī 나이가 고희가 가깝다 *古稀 명 고희, 70세 | 正当少年 zhèngdàng shàonián 마침 소년 시기이다 *正当 동 마침 ~한 시기이다

5

정답 및 해석

A 由高速、高铁、航空构成的立体便捷的交通网打破了川渝贵文旅合作的壁垒。	A 고속도로·고속철도·항공으로 구성된 입체적이고 간편한 교통망이 촨위꾸이(쓰촨-충칭-꾸이저우) 문화관광 협력의 장벽을 허물었다.
B 体育比赛要有可观赏性，光有技术还不够，还要有高水平的解说同样不可或缺。(✓)	B 스포츠 경기는 볼거리가 있어야 하고, 기술만으로는 아직 부족하며, 높은 수준의 해설이 마찬가지로 없어서는 안 된다/높은 수준의 해설도 있어야 한다. (✓)
C 中国的语言文字是音形义的统一，特别讲究辞章的结构美与音韵美，既能表情达意，也能以情感人。	C 중국의 언어와 문자는 소리·형상·의미의 통일체이며, 창작 기법의 구조미와 음운미를 매우 중시하여 감정을 표현할 수도 있고, 감정으로 사람을 감동시킬수도 있다.
D 从常见的指纹、掌纹、声音和面部识别，到不太常见的耳朵和手指静脉，现代机器可使用各种生物识别方法来识别一个人。	D 일반적인 지문·손금·목소리와 안면 인식에서, 덜 흔한 귀와 손가락 정맥에 이르기까지, 오늘날 기계는 각종 생체 인식 방법을 사용하여 사람을 식별할 수 있다.

해설

体育比赛　[要]　有　可观赏性，　光有技术　[还]　不够，
주어1　　　부사어　술어　목적어　　　주어　　　부사　술어

[还要]　有　(高水平的)　解说　同样不可或缺。
부사어　술어　관형어　　　목적어

▶ 이 문제는 목적어(解说) 뒤에 필요 없는 부분(同样不可或缺)이 있으므로 삭제해야 합니다. 만약 '同样不可或缺'를 살리고 싶다면 앞에 '还要有'를 삭제해 주면 됩니다. 그러면 '高水平的解说'가 주어가 되며 '同样不可或缺'는 술어가 됩니다. 따라서 '同样不可或缺' 혹은 '还要有' 둘 중 하나는 삭제해 주어야 합니다. 따라서 정답은 B입니다.

옳은 문장 ① 体育比赛要有可观赏性，光有技术还不够，高水平的解说同样不可或缺。

② 体育比赛要有可观赏性，光有技术还不够，还要有高水平的解说。

단어 由…构成 yóu……gòuchéng ~로 구성되다 | 高速 gāosù 명 고속도로 | 高铁 gāotiě 명 고속철도 | 航空 hángkōng 명 항공 | 立体便捷 lìtǐ biànjié 입체적이고 간편하다 | 交通网 jiāotōngwǎng 명 교통망 | 打破壁垒 dǎpò bìlěi 장벽을 허물다 *打破 동 깨다, 허물다 *壁垒 명 성벽, 장벽 | 川渝贵 Chuān Yú Guì 고유 촨위꾸이[지명] *川 쓰촨(四川) *渝 충칭(重庆)의 다른 이름 *贵 꾸이저우(贵州) | 文旅 wén lǚ 문화관광(=文化旅游) | 体育比赛 tǐyù bǐsài 스포츠 경기 | 可观赏性 kě guānshǎngxìng (구경할 만한) 볼거리 *观赏 동 감상하다, 구경하다 | 不够 búgòu 형 부족하다 | 解说 jiěshuō 동 해설하다, 설명하다 | 同样 tóngyàng 형 마찬가지다 | 不可或缺 bùkě-huòquē 성 없어서는 안 되다 | 语言文字 yǔyán wénzì 언어 문자 | 音形义 yīnxíngyì 음형의 *音 소리(声音) *形 모양(形状) *义 의미(意义) | 统一 tǒngyī 동 통일하다 | 特别 tèbié 부 (그 중에서) 특히 | 讲究 jiǎngjiu 동 중요시하다 | 辞章 cízhāng 명 (글의) 수사, 창작기법 | 结构美 jiégòuměi 명 구성미 | 音韵美 yīnyùnměi 명 음운미[음운: 성조·성모·운모 등 소리 요소들을 가리킴] | 表情达意 biǎoqíng dáyì 감정을 표현하다 *表达 동 (생각·감정을) 표현하다 *情意 명 감정 | 以情感人 yǐqínggǎnrén 감정으로 감동시키다 | 常见 chángjiàn 형 일반적인, 흔한 | 指纹 zhǐwén 명 지문 | 掌纹 zhǎngwén 명 손금 | 识别 shíbié 동 식별하다, 인식하다 *面部识别 안면 인식 *生物识别 생체 인식 | 耳朵 ěrduo 명 귀 | 手指静脉 shǒuzhǐ jìngmài 손가락 정맥 | 机器 jīqì 명 기계

HSK 6급 실전 모의고사 정답

一、听力

第一部分
1 D 2 B 3 C 4 C 5 A 6 B 7 C 8 B 9 A 10 C
11 C 12 C 13 A 14 C 15 D

第二部分
16 B 17 C 18 A 19 D 20 B 21 C 22 A 23 C 24 A 25 D
26 D 27 B 28 C 29 D 30 C

第三部分
31 A 32 B 33 B 34 D 35 A 36 C 37 D 38 B 39 C 40 B
41 C 42 D 43 A 44 A 45 B 46 B 47 D 48 A 49 B 50 A

二、阅读

第一部分
51 C 52 B 53 D 54 A 55 A 56 A 57 D 58 C 59 B 60 C

第二部分
61 A 62 A 63 D 64 A 65 D 66 B 67 C 68 D 69 A 70 B

第三部分
71 D 72 E 73 C 74 A 75 B 76 E 77 B 78 A 79 C 80 D

第四部分
81 C 82 A 83 D 84 C 85 D 86 D 87 C 88 B 89 D 90 B
91 D 92 A 93 C 94 B 95 D 96 C 97 C 98 A 99 C 100 A

三、书写

101

女儿的纸飞机

　　2009年，我所在的报社取消了我负责的评论部。经过五分钟的思考后，我决定辞职。那时，我根本没想过家中的钱只够用三个月的。等我反应过来后，我才明白自己的行为很不理智。办完辞职手续，我给同在一家报社的妻子打电话通知这件事，她只是在电话里让我回家再说。

　　回到家后，妻子看出了我的难过与绝望，然后她回到厨房，给了我一碗热粥。女儿小美看到我回来，像平常那样让我抱她。那一瞬间，我崩溃地对她说："爸爸失业了，我们没钱买饭吃了！"女儿当时没什么特别的反应，就回她的房间去了。之后两天，我不知道下一步应该去做点儿什么，甚至认为辞职是十分不负责任的。

　　第三天晚上，女儿把我拉到她的小书桌边。她拉开柜门，里面是各种各样的纸飞机。女儿很有成就感地对我说："爸爸，没钱吃饭，我们可以去卖飞机！"

　　那一刻是我人生中最难忘的时刻！看着她天真的样子，我非常惭愧。那晚之后，我开始认真做事情。此后的13年里，我不仅出版了15本书，还写了几个剧本。这段记忆，也成了我生命中的一块燃料，一直温暖并鼓励着我。

HSK 6급 실전 모의고사 해설

一、听力

第一部分 녹음 속 내용과 일치하는 답을 고르세요.

1.

정답 및 해석

<u>学生写了一篇作文</u>，题目为"抢救亲人"，<u>但是令人疑惑的是，整篇文章一个标点符号也没有</u>，老师便找来学生问其缘由，学生回答道："老师，那么紧急的事情，怎么能停顿呢？"	<u>학생이 작문 한 편을 썼다</u>. 제목은 '가족 구하기'였다. <u>하지만 의아하게도 글 전체에 문장 부호가 하나도 없었다</u>. 선생님이 학생을 불러 그 이유를 묻자, 학생이 대답했다. "선생님, 그렇게 급한 일에 어떻게 멈출 수 있겠어요?"
A 作文写得很好 B 他们在急诊室 C 老师批评了学生 D 作文没有标点符号（✓）	A 작문을 잘 썼다 B 그들은 응급실에 있다 C 선생님이 학생을 꾸짖었다 D 작문에 문장 부호가 없다（✓）

해설 선택지에 선생님과 학생, 그리고 '作文'이 있으므로 유머나 재치와 관련된 이야기라고 유추할 수 있습니다. 녹음의 '学生写了一篇作文，……，但是……整篇文章一个标点符号也没有' 부분에서 글 전체에 문장 부호가 하나도 없다고 했습니다. 따라서 정답은 D 作文没有标点符号입니다.

단어 ◆ 篇 piān 몡[글·문장 등을 셀 때 쓰임] | 题目 tímù 몡 제목 | 抢救亲人 qiǎngjiù qīnrén 가족을 구하다 *抢救 동 급히 구조하다, 응급처치하다 | 疑惑 yíhuò 동 의아하다, 미심쩍다 | 整 zhěng 형 전체의 | 文章 wénzhāng 몡 (독립된 한 편의) 글 | 标点符号 biāodiǎn fúhào 몡 문장 부호 | 问其缘由 wèn qí yuányóu 그 이유를 묻다 | 紧急 jǐnjí 형 긴급하다, (몹시) 급하다 | 停顿 tíngdùn 동 멈추다, 중단하다

◆ 急诊室 jízhěnshì 몡 응급실 | 批评 pīpíng 동 꾸짖다, 질책하다

2.

정답 및 해석

近日，一趟航班在飞行的过程中遭遇晴空颠簸的新闻引起了大家的关注。"晴空颠簸"一词也进入了更多人的视野。<u>晴空颠簸发生时</u>，不会有明显的天气现象，因此难以观察和探测，<u>对飞行安全威胁巨大</u>。	최근, 한 항공편이 비행 중에 청천난류를 겪었다는 뉴스가 사람들의 관심을 끌었다. '청천난류'라는 용어도 더 많은 사람들의 시야에 들어왔다. <u>청천난류가 발생할 때는</u> 뚜렷한 기상현상이 나타나지 않기 때문에, 관찰 및 탐지가 어렵고, <u>비행 안전에 대한 위협이 크다</u>.
A 晴空颠簸容易被预测 B 晴空颠簸威胁飞行安全（✓） C 晴空颠簸总伴随着风暴 D 小型客机易遭遇晴空颠簸	A 청천난류는 예측하기 쉽다 B 청천난류는 비행 안전을 위협한다（✓） C 청천난류는 항상 폭풍을 동반한다 D 소형 여객기는 청천난류를 쉽게 겪는다

해설 모든 선택지에 '晴空颠簸(청천난류)'라는 단어가 나오므로, 녹음은 '청천난류'에 관한 내용임을 알 수 있습니다. '颠簸 diānbǒ'라는 단어의 발음이 어렵다면, '晴空'만 집중해서 들어 줍니다. 녹음에서 '晴空颠簸发生时，……，对飞行安全威胁巨大'라고 말했으므로, 이 내용과 일치하는 정답은 B 晴空颠簸威胁飞行安全입니다.

단어	◆ 近日 jìnrì 몡 근래, 최근	趟 tàng 양 차례, 번[왕래한 횟수를 셀 때 쓰임]	航班 hángbān 몡 항공편	飞行 fēixíng 동 비행하다 *飞行安全 비행 안전	过程 guòchéng 몡 과정	遭遇 zāoyù 동 (불리한 일을) 만나다, 겪다	晴空颠簸 qíngkōng diānbǒ 청천난류 *晴空 몡 맑은 하늘 *颠簸 동 (상하로) 흔들리다, 요동치다	新闻 xīnwén 몡 뉴스	引起关注 yǐnqǐ guānzhù 관심을 끌다	进入视野 jìnrù shìyě 시야에 들어오다	明显 míngxiǎn 형 뚜렷하다, 분명하다	天气现象 tiānqì xiànxiàng 몡 기상현상	因此 yīncǐ 접 이 때문에, 따라서	观察 guānchá 동 관찰하다	探测 tàncè 동 탐지하다	威胁 wēixié 동 위협하다	巨大 jùdà 형 거대하다, 매우 크다
	◆ 预测 yùcè 동 예측하다	总 zǒng 부 항상, 언제나	伴随 bànsuí 동 동반하다, 함께하다	风暴 fēngbào 몡 폭풍	小型 xiǎoxíng 형 소형의	客机 kèjī 몡 여객기

3.

정답 및 해석

人在过马路时玩手机视野会变窄，会忽略车流、红绿灯等动态信息，不仅容易阻碍交通，还会导致事故。为此，厦门发布新规定：过马路时行人不可浏览电子设备，违反者将被警告或罚款。	사람이 길을 건널 때 핸드폰을 하면 시야가 좁아져, 차량 흐름, 신호등 등의 동적인 정보를 무시하게 되어, 교통을 방해하기 쉬울 뿐만 아니라, 사고도 초래할 수 있다. 이 때문에, 샤먼은 새로운 규정을 발표했다. 길을 건널 때 보행자는 전자기기를 살펴봐서는 안 되며, 위반자는 경고를 받거나 벌금이 부과될 것이다.
A 厦门堵车很严重 B 厦门废除了新规定 C 玩手机时视野会变窄 (✓) D 新道路法已在全国推行	A 샤먼은 교통 체증이 심각하다 B 샤먼은 새로운 규정을 폐지했다 C 핸드폰을 할 때 시야가 좁아진다 (✓) D 새로운 도로법이 이미 전국적으로 시행되었다

해설	선택지에 '厦门'이라는 도시 이름과 핸드폰 사용, 규정이라는 말이 나오므로, 이 지역과 관련된 어떤 규정에 관한 내용임을 유추할 수 있습니다. 첫 문장에서 '人在过马路时玩手机视野会变窄'라고 말했는데, 이는 선택지 C 玩手机时视野会变窄와 일치하므로 정답은 C입니다.
단어	◆ 过马路 guò mǎlù 길을 건너다	玩手机 wán shǒujī 핸드폰을 하다	视野 shìyě 몡 시야	变窄 biànzhǎi 동 좁아지다	忽略 hūlüè 동 소홀히 하다, 무시하다	车流 chēliú 몡 차량의 흐름	红绿灯 hónglǜdēng 몡 신호등	动态信息 dòngtài xìnxī 동적인 정보	阻碍交通 zǔ'ài jiāotōng 교통을 방해하다	导致 dǎozhì 동 (나쁜 결과를) 초래하다	事故 shìgù 몡 사고	为此 wèicǐ 접 이 때문에	厦门 Xiàmén 고유 샤먼[복건(福建省)성의 동남 아모이 섬의 항구 도시]	发布规定 fābù guīdìng 규정을 발표하다	浏览 liúlǎn 동 훑어보다, 살펴보다	电子设备 diànzǐ shèbèi 전자기기	违反者 wéifǎnzhě 몡 위반자 *违反 동 위반하다	警告 jǐnggào 동 경고하다	罚款 fákuǎn 동 (벌금 등을) 내다, 부과하다
	◆ 堵车 dǔchē 동 차가 막히다, 교통이 체증되다	严重 yánzhòng 형 (정도가) 심각하다	废除 fèichú 동 (규정을) 폐지하다	道路法 dàolùfǎ 몡 도로법	推行 tuīxíng 동 (경험·방법을 널리) 보급하다, 시행하다

4.

정답 및 해석

近来多地开始叫停加油站现场扫码支付，有地方检察院针对加油站扫码支付是否存在安全隐患的问题组织了听证会。结论显示在易燃易爆环境下，使用手机扫码支付比打电话更容易引发爆炸。	최근 여러 지역에서는 주유소의 현장 QR코드 스캔 결제를 중단하기 시작했고, 일부 지방 검찰청은 주유소의 QR코드 스캔 결제가 안전상 잠재된 위험 문제가 있는지 여부에 대해 청문회를 개최했다. 결론에 따르면 인화성과 폭발성 환경에서는 핸드폰으로 QR코드 스캔 결제하는 것이 전화를 거는 것보다 폭발을 일으키기 더 쉽다고 한다.
A 加油站只收现金 B 没带手机不能加油 C 在加油站扫码不安全 (✓) D 手机会引起加油站爆炸	A 주유소는 현금만 받는다 B 핸드폰을 안 가져오면 주유할 수 없다 C 주유소에서 QR코드를 스캔하는 것은 안전하지 않다 (✓) D 핸드폰은 주유소 폭발을 일으킬 수 있다

해설	선택지에 나오는 '加油站', '手机', '安全', '爆炸'라는 단어를 통해 주유소에서 휴대폰을 사용하면 폭발할 수 있다는 내용임을 유추할 수 있습니다. 녹음에서 '结论显示在易燃易爆环境下,使用手机扫码支付比打电话更容易引发爆炸'라고 했으므로, 일치하는 정답은 선택지 C 在加油站扫码不安全입니다. '手机扫码支付'에서 '手机'만 들었다면 D를 오답으로 고를 수 있으니 주의합니다.
단어	◆ 近来 jìnlái 최근, 요즘	叫停 jiàotíng 통 중단하다, 중지하다	加油站 jiāyóuzhàn 명 주유소	现场 xiànchǎng 명 현장	扫码支付 sǎomǎ zhīfù QR코드를 스캔하여 결제하다	地方检察院 dìfāng jiǎncháyuàn 지방 검찰청	针对 zhēnduì 전 ~에 초점을 맞추어, ~에 대하여	安全隐患 ānquán yǐnhuàn 안전상 잠재된 위험	组织听证会 zǔzhī tīngzhènghuì 청문회를 개최하다 *组织 통 조직하다, 개최하다	结论显示 jiélùn xiǎnshì 결론에 따르면 ~라고 한다	易燃 yìrán 형 인화성의, 타기 쉬운	易爆 yìbào 형 폭발성의, 폭발하기 쉬운	环境 huánjìng 명 환경	使用 shǐyòng 통 사용하다	引发爆炸 yǐnfā bàozhà 폭발을 일으키다
◆ 收现金 shōu xiànjīn 현금을 받다	加油 jiāyóu 통 기름을 넣다, 주유하다	引起 yǐnqǐ 통 (폭발을) 일으키다

5.

정답 및 해석

电影时常会通过制造悬念的方式来吸引观众, 比如在画面尚未播出时, 先放出未来情节的配音, 像撞击声、炮火声、暗器声或开门声等。声音一旦响起, 观众就会把精力都集中到接下来的情节中。

A 悬念能吸引观众注意 (✓)
B 悬疑电影剪辑难度大
C 文艺电影更有感染力
D 背景音乐比画面重要

영화는 자주 서스펜스를 만드는 방식으로 관객을 사로잡는다. 예를 들어 화면이 아직 나오지 않았을 때, 먼저 앞으로 전개될 줄거리의 효과음을 먼저 내보낸다. 충돌 소리·포탄 소리·암기 소리 혹은 문 여는 소리 등과 같이 말이다. 소리가 일단 울리면, 관객은 에너지를 다음 줄거리에 집중하게 된다.

A 서스펜스는 관객의 주의를 끌 수 있다 (✓)
B 미스터리 영화는 편집 난이도가 높다
C 문예 영화는 더욱 호소력이 있다
D 배경 음악이 화면보다 중요하다

해설	선택지의 핵심 단어는 '电影'이므로, 문제가 영화와 관련된 내용임을 알 수 있습니다. 첫 문장에서 '电影时常会通过制造悬念的方式来吸引观众'이라 했으므로 정답은 A 悬念能吸引观众注意입니다. '悬念'의 뜻을 모른다면, 미리 선택지를 보고 발음만 가지고 녹음 내용에서 정답을 찾도록 합니다.
단어	◆ 时常 shícháng 부 자주, 항상	通过 tōngguò 전 ~을 통해서	制造 zhìzào 통 제조하다, 만들다	悬念 xuánniàn 명 서스펜스, 긴장감	吸引 xīyǐn 통 끌어당기다, 매료시키다, 사로잡다 *吸引注意 주의를 끌다	观众 guānzhòng 명 관중, 관객	比如 bǐrú 접 예를 들면, 예컨대	画面 huàmiàn 명 화면	尚未 shàngwèi 부 아직 ~하지 않았다	播出 bōchū 통 방송으로 내보내다	配音 pèiyīn 통 효과음을 넣다, 더빙하다	未来 wèilái 명 미래	情节 qíngjié 명 줄거리, 플롯, 구성	撞击声 zhuàngjīshēng 명 충돌 소리 *撞击 통 부딪치다, 충돌하다	炮火声 pàohuǒshēng 명 포탄 소리	暗器声 ànqìshēng 명 암기 소리[암기: 숨겨진 무기]	开门声 kāiménshēng 명 문 여는 소리	声音响起 shēngyīn xiǎngqǐ 소리가 울리다	一旦 yídàn 접 일단 ~하면	精力 jīnglì 명 정력, 에너지	集中 jízhōng 통 집중하다	接下来 jiēxiàlái 형 다음의, 이어지는
◆ 悬疑 xuányí 명 미스터리	剪辑 jiǎnjí 통 편집하다	难度 nándù 명 난이도	文艺 wényì 명 문예, 문학과 예술	感染力 gǎnrǎnlì 명 감화력, 호소력	背景音乐 bèijǐng yīnyuè 배경 음악

6.

정답 및 해석

他是中国著名作家, 每天来拜访他的人很多, 为了不影响创作, 他用"杜门谢客"这个成语创作了一首诗贴在门外。这首诗用幽默的方式暗示别人, 自己一心从事文学创作, 杜绝访问。

그는 중국의 유명한 작가로, 매일 그를 찾아오는 사람이 많다. 창작에 영향을 주지 않기 위해서, 그는 '杜门谢客(문을 닫고 손님을 사절한다)'라는 성어로 시 한 수를 창작하여 문 밖에 붙였다. 이 시는 유머러스한 방식으로 다른 사람들에게 자신이 문학 창작에 전념하고 있어서 방문을 막는다는 것을 암시한다.

A 作家性格爽快	A 작가는 성격이 시원시원하다
B 很多人拜访作家 (✓)	B 많은 사람들이 작가를 방문한다 (✓)
C 作家对人很粗鲁	C 작가는 사람들에게 무례하다
D 作家出版了诗集	D 작가는 시집을 출판했다

해설 선택지의 핵심 키워드는 '作家'입니다. 즉, 이 문제는 인물에 관련된 이야기라는 것을 알 수 있습니다. 첫 문장에서 '每天来拜访他的人很多'라고 말했으므로 정답은 B 很多人拜访作家입니다.

단어
- 著名 zhùmíng 형 저명하다, 유명하다 | 拜访 bàifǎng 동 방문하다, 찾아뵙다 | 创作 chuàngzuò 동 창작하다 | 杜门谢客 dùménxièkè 성 문을 닫고 손님을 사절하다 | 成语 chéngyǔ 명 성어 | 首 shǒu 양 수, 곡[시나 노래를 셀 때 쓰임] | 诗 shī 명 시 | 贴 tiē 동 붙이다 | 幽默 yōumò 형 유머러스하다 | 暗示 ànshì 동 암시하다 | 一心 yìxīn 명 일심, 한마음, 전심 | 从事 cóngshì 동 종사하다, 일을 하다 | 杜绝 dùjué 동 철저히 막다, 차단하다 | 访问 fǎngwèn 동 방문하다
- 性格 xìnggé 명 성격 | 爽快 shuǎngkuài 형 시원시원하다 | 粗鲁 cūlǔ 형 거칠다, 무례하다 | 出版 chūbǎn 동 출판하다 | 诗集 shījí 명 시집

7.

정답 및 해석

得益于畅通的高铁线路和相对便宜的票价，围绕部分一二线城市的"两小时旅游圈"成为人出行的新形势，比如，从北京出发，两小时能到达辽宁朝阳、山西大同、山东济南等城市，这样的周边游、短途游成为越来越多人的选择。	원활한 고속철도 노선과 비교적 저렴한 요금 덕분에, 일부 1·2선 도시를 중심으로 한 '2시간 여행권'이 사람들의 새로운 여행 형태가 되었다. 예를 들어, 베이징에서 출발하면 2시간에 랴오닝(성) 차오양(시), 산시(성) 다퉁(시), 산둥(성) 지난(시) 등의 도시에 도착할 수 있다. 이러한 인근 여행, 단거리 여행이 점점 더 많은 사람들의 선택이 되었다.
A 高铁票价很贵	A 고속철도 요금이 비싸다
B 大家都不想长途旅游	B 사람들이 장거리 여행을 원하지 않는다
C "2小时旅游圈"受热捧 (✓)	C '2시간 여행권'이 큰 인기를 얻었다 (✓)
D 从北京到陕西需要两个小时	D 베이징에서 산시까지 두 시간이 걸린다

해설 선택지에 '高铁', '旅游', '受热捧' 등의 키워드가 나오므로 이 문제는 인기 있는 여행 상품에 관한 내용임을 추측할 수 있습니다. 녹음에 나오는 '两小时旅游圈成为人出行的新形势'와 맨 마지막의 '这样的周边游、短途游成为越来越多人的选择'에서 '2시간 여행권', 즉 인근 여행이나 단거리 여행이 많은 사람들에게 인기를 얻고 있다는 것을 알 수 있습니다. 따라서 정답은 C "2小时旅游圈"受热捧입니다.

단어
- 得益 déyì 동 이익을 얻다, 덕을 보다 *得益于 ~ 덕분이다 | 畅通 chàngtōng 형 원활하다, 막힘없이 통하다 | 高铁 gāotiě 명 고속철도(=高速铁路 gāosù tiělù) | 线路 xiànlù 명 노선, 코스 | 相对 xiāngduì 부 상대적으로, 비교적 | 票价 piàojià 명 표 값, 요금 | 围绕 wéirào 동 둘러싸다, ~을 중심으로 하다 | 部分 bùfen 명 부분, 일부 | 城市 chéngshì 명 도시 *一线城市 1선 도시[소비와 생활 수준이 가장 높은 대도시] *二线城市 2선 도시[1선 도시에 비해 경제 규모가 작은 중간급 도시] | 旅游圈 lǚyóuquān 명 여행권 | 出行 chūxíng 동 외출하다, 여행하다 | 形势 xíngshì 명 형세, 형태 | 比如 bǐrú 접 예를 들면, 예컨대 | 到达 dàodá 동 도착하다 | 辽宁 Liáoníng 고유 랴오닝[지명] | 朝阳 Cháoyáng 고유 차오양[지명] | 济南 Jǐnán 고유 지난[지명] | 周边游 zhōubiānyóu 명 주변 여행, 인근 여행 | 短途游 duǎntúyóu 명 단거리 여행
- 长途旅游 chángtú lǚyóu 장거리 여행 | 受热捧 shòu rèpěng 큰 인기를 얻다 | 陕西 Shǎnxī 고유 산시[지명] | 需要 xūyào 동 (시간이) 걸리다

8.

정답 및 해석

新疆阿尔金山国家级自然保护区是中国四大无人区之一，<u>这里海拔高</u>，气候寒冷，但其东面却有条热闹的动物公路。该公路处于两山之间，路面相对平坦，不论白天还是夜晚，经常有珍稀野生动物出没。	신장 아얼진산 국가급 자연 보호 구역은 중국의 4대 무인지역 중의 하나로, <u>이곳은 해발이 높고</u> 기후가 한랭하다. 하지만 그 동쪽에는 오히려 번화한 동물 도로가 있다. 이 도로는 두 산 사이에 있으며, 도로가 상대적으로 평탄하여, 낮이든 밤이든 희귀한 야생 동물이 자주 출몰한다.
A 那里属于盆地 B 该保护区海拔高 (✓) C 此处夜行动物少 D 该公路旁边有牧场	A 그곳은 분지에 속한다 B 이 보호 구역은 해발이 높다 (✓) C 이곳은 야행성 동물이 적다 D 이 도로 옆에 목장이 있다

해설 선택지에 '那里', '该保护区', '此处', '该公路' 등 장소에 대한 키워드가 많습니다. 즉, 이 문제는 어떤 지역에 관한 설명임을 유추할 수 있습니다. 녹음에서 '这里海拔高'라고 말했으므로 정답은 B 该保护区海拔高입니다.

단어
- 新疆 Xīnjiāng 고유 신장[중국의 한 자치구] | 阿尔金山 Ā'ěrjīnshān 고유 아얼진산[지명] | 国家级自然保护区 guójiājí zìrán bǎohùqū 국가급 자연 보호 구역 | 无人区 wúrénqū 명 무인지역[사람들이 거주하지 않는 지역] | 海拔 hǎibá 명 해발 | 气候寒冷 qìhòu hánlěng 기후가 한랭하다 | 热闹 rènao 형 번화하다, 활기차다 | 动物公路 dòngwù gōnglù 동물 도로 | 该 gāi 대 이, 그, 저 | 处于 chǔyú 동 ~(사이)에 있다 | 路面平坦 lùmiàn píngtǎn 도로가 평탄하다 | 相对 xiāngduì 부 상대적으로 | 珍稀 zhēnxī 형 진귀하고 드물다, 희귀하다 | 野生动物 yěshēng dòngwù 야생 동물 | 出没 chūmò 동 출몰하다
- 属于 shǔyú 동 ~에 속하다 | 盆地 péndì 명 분지[해발 고도가 더 높은 지형으로 둘러싸인 평지] | 此处 cǐchù 명 이곳 | 夜行 yèxíng 동 야행하다, 밤에 다니다 *夜行动物 야행성 동물 | 牧场 mùchǎng 명 목장

9.

정답 및 해석

这款渔夫帽用的是专业户外级别的高密度材料，既能防水又能遮阳。<u>不用的时候可以折起来随身携带，完全不占空间</u>。帽子整体的包裹感很好，还可以调节松紧，对头围大的人很友好。	이 버킷햇 모자는 전문적인 아웃도어 등급의 고밀도 소재를 사용하여, 방수도 되고 차광도 된다. <u>쓰지 않을 때는 접어서 휴대할 수 있어, 공간을 전혀 차지하지 않는다</u>. 모자는 전체적으로 감싸는 느낌이 좋고 조임도 조절할 수 있어서, 머리둘레가 큰 사람에게 좋다.
A 那款帽子方便携带 (✓) B 戴帽子前要熨一下 C 渔夫帽是皮革做的 D 那款帽子雨天不防水	A 그 모자는 휴대하기 편하다 (✓) B 모자를 쓰기 전에 다림질을 좀 해야 한다 C 버킷햇 모자는 가죽으로 만든다 D 그 모자는 비 오는 날 방수가 되지 않는다

해설 선택지에 나오는 핵심 단어는 '帽子'입니다. 녹음에 나온 '不用的时候可以折起来随身携带，完全不占空间'이란 문장을 통해, 이 모자는 휴대하기 편하다는 사실을 알 수 있습니다. 그러므로 정답은 A 那款帽子方便携带입니다.

단어
- 款 kuǎn 양 종류, 스타일, 타입 | 渔夫帽 yúfūmào 명 버킷햇[모자의 종류] | 专业 zhuānyè 형 전문의, 전문적인 | 户外 hùwài 명 아웃도어(outdoor) | 级别 jíbié 명 등급 | 高密度 gāomìdù 명 고밀도 | 材料 cáiliào 명 재료, 소재 | 防水 fángshuǐ 동 방수하다 | 遮阳 zhēyáng 동 햇빛을 가리다, 차광하다 | 折 zhé 동 접다 | 随身携带 suíshēn xiédài 휴대하다 *随身 동 몸에 지니다, 휴대하다 | 完全 wánquán 부 완전히, 전혀 | 占空间 zhàn kōngjiān 공간을 차지하다 | 帽子 màozi 명 모자 | 整体 zhěngtǐ 명 전체 | 包裹感 bāoguǒgǎn 감싸는 느낌 *包裹 동 싸다, 포장하다 | 调节 tiáojié 동 조절하다 | 松紧 sōngjǐn 명 (느슨함과) 조임 *松 형 느슨하다 *紧 형 끼다, 조이다 | 头围 tóuwéi 명 머리둘레 | 友好 yǒuhǎo 형 우호적이다, 친근하다
- 戴 dài 동 쓰다, 착용하다 | 熨 yùn 동 다리다, 다림질하다 | 皮革 pígé 명 가죽

10.

정답 및 해석

白细胞是构成人体免疫力的主要细胞。一般献血200到400毫升会失去人体白细胞总数的1%到2%，不过在献血后一到两小时内，白细胞又会恢复到原来的数量。因而，<u>献血后不会失去很多白细胞</u>，也不会导致免疫力下降。	백혈구는 신체 면역력을 구성하는 주요 세포이다. 일반적으로 200~400ml를 헌혈하면 인체 백혈구 총수의 1~2%를 잃게 되지만, 헌혈 후 1~2시간 내에 백혈구가 다시 원래의 수량으로 회복된다. 따라서, <u>헌혈 후 백혈구를 많이 잃지 않으며</u>, 면역력이 떨어지지도 않는다.
A 献血后免疫力会下降 B 白细胞体积比红细胞大 C 献血不会损失大量白细胞 (✓) D 白细胞一天之内无法恢复	A 헌혈 후에 면역력이 떨어진다 B 백혈구의 부피는 적혈구보다 크다 C 헌혈은 많은 백혈구를 잃지 않는다 (✓) D 백혈구는 하루 안에 회복될 수 없다

해설 선택지의 '白细胞', '献血'를 보고, 이 문제는 백혈구와 헌혈, 즉 혈액과 관련된 문장이라고 예상할 수 있습니다. 녹음에서 '献血后不会失去很多白细胞'라고 말했으므로, 정답은 C 献血不会损失大量白细胞입니다. 글의 마지막 부분에서 '因而'이나 '因此'가 들린다면, 그 뒤에 나오는 내용이 정답일 때가 많습니다.

단어
- 白细胞 báixìbāo 명 백혈구 | 构成 gòuchéng 동 구성하다, 형성하다 | 免疫力 miǎnyìlì 명 면역력 | 细胞 xìbāo 명 세포 | 献血 xiànxiě 동 헌혈하다 | 毫升 háoshēng 양 밀리리터(ml) | 失去 shīqù 동 잃다, 잃어버리다 | 总数 zǒngshù 명 총수, 전체 수량 | 恢复 huīfù 동 회복되다 | 原来 yuánlái 형 원래의 | 数量 shùliàng 명 수량 | 因而 yīn'ér 접 그러므로, 따라서 | 导致 dǎozhì 동 (나쁜 결과를) 초래하다 | 下降 xiàjiàng 동 떨어지다, 저하되다

- 体积 tǐjī 명 체적, 부피 | 红细胞 hóngxìbāo 명 적혈구 | 损失 sǔnshī 동 손실되다, 잃다 | 大量 dàliàng 형 대량의, 많은 양의 | 无法 wúfǎ 동 ~할 수 없다

11.

정답 및 해석

七夕虽然和牛郎织女的传说关系密切，但在古代，它是以女性为主体的综合性节日。这一日，女子会访闺中密友，祭拜织女，切磋女工，乞巧祈福，<u>因此七夕又有女儿节的称谓</u>。	치시(칠석)는 비록 견우와 직녀의 전설과 관계가 밀접하지만, 고대에 그것은 여성을 중심으로 한 종합적인 명절이었다. 이날에 여성들은 친한 친구를 만나러 가고, 직녀에게 제사를 지내고, 바느질 솜씨를 겨루고, 손재주가 좋기를 빌며 복을 기원했다. <u>이 때문에 칠석은 '딸의 날'이라는 명칭도 가지고 있다</u>.
A 七夕起源于唐代 B 女子在七夕祭拜祖先 C 女儿节是七夕节的别称 (✓) D 各朝代的七夕习俗不同	A 칠석은 당나라에서 기원했다 B 여성들은 칠석에 조상에게 제사를 지낸다 C 딸의 날은 칠석의 다른 이름이다 (✓) D 각 왕조의 칠석은 풍습이 다르다

해설 모든 선택지에 '七夕'가 나오므로, 이 문제는 중국의 전통 명절 치시(七夕)에 관한 내용임을 알 수 있습니다. 마지막 문장에서 '因此七夕又有女儿节的称谓'라고 말했으므로, 정답은 C 女儿节是七夕节的别称입니다. 평상시에 중국과 관련된 배경지식을 많이 알아두면 좋습니다. 또한 글의 마지막 부분에 들리는 '因而'이나 '因此' 뒤에 내용이 정답으로 많이 출제됩니다.

단어
- 七夕 qīxī 명 치시, 칠석[음력 7월 초이레의 저녁] | 牛郎织女 Niúláng Zhīnǚ 명 견우와 직녀 | 传说 chuánshuō 명 전설 | 关系密切 guānxì mìqiè 관계가 밀접하다 | 以…为主体 yǐ…wéi zhǔtǐ ~을 중심으로 하다 *主体 주체, 중심 | 综合性 zōnghéxìng 종합적인 | 会访 huìfǎng 만나러 가다, 방문하다 | 闺中密友 guīzhōng mìyǒu (여성들의) 절친, 친한 친구 | 祭拜 jìbài 동 제사를 지내다 | 切磋女工 qiēcuō nǚgōng 바느질 솜씨를 겨루다 *切磋 동 절차탁마하다, 겨루다 | 乞巧祈福 qǐqiǎo qífú 손재주(수놓기와 바느질)가 좋기를 빌고 복을 기원하다 *祈福 동 복을 기원하다 | 因此 yīncǐ 접 이 때문에, 따라서 | 女儿节 nǚ'érjié 명 딸의 날[칠석의 다른 이름] | 称谓 chēngwèi 명 호칭, 명칭

- 起源 qǐyuán 동 기원하다 | 唐代 Tángdài 고유 당대, 당나라 시대 | 祖先 zǔxiān 명 조상 | 别称 biéchēng 명 별칭, 다른 이름 | 朝代 cháodài 명 왕조 | 习俗 xísú 명 습관과 풍속, 풍습

12.

정답 및 해석

沙漠地区有种蜜罐蚁，因外形像拖了一个大蜂蜜罐子而得名。它们会在植物分泌大量花蜜时，大口地吸取花蜜并储存在体内。当食物短缺时，蜜罐蚁再把花蜜吐出，其他蚂蚁就以这些储存的花蜜为食。 A 蜜罐蚁分布颇广 B 蜜罐蚁全身扁长 C 蜜罐蚁可储藏食物（✓） D 蜜罐蚁能过滤蜜糖	사막 지역에는 꿀단지개미가 있는데, 외형이 큰 꿀단지를 끄는 것 같다고 해서 이름을 얻었다. 그들은 식물이 대량의 꿀을 분비할 때, 꿀을 많이 섭취하여 체내에 저장한다. 먹이가 부족할 때, 꿀단지개미는 다시 꿀을 토해내고, 다른 개미들은 이 저장된 꿀을 먹이로 삼는다. A 꿀단지개미는 상당히 넓게 분포되어 있다 B 꿀단지개미는 온몸이 납작하고 길다 C 꿀단지개미는 먹이를 저장할 수 있다 (✓) D 꿀단지개미는 꿀을 여과할 수 있다

해설 모든 선택지에 '蜜罐蚁'가 보이므로, 이 문제가 어떤 개미와 관련된 설명문임을 추측할 수 있습니다. 녹음에서 언급된 '它们会在植物分泌大量花蜜时，大口地吸取花蜜并储存在体内'를 듣고 이 개미가 꿀을 몸 안에 저장해 두는 것을 알 수 있습니다. 따라서 정답은 C 蜜罐蚁可储藏食物입니다.

단어
- 沙漠地区 shāmò dìqū 사막 지역 | 蜜罐蚁 mìguànyǐ 꿀단지개미 | 外形 wàixíng 명 외형, 겉모양 | 拖 tuō 동 끌다, 잡아당기다 | 蜂蜜罐子 fēngmì guànzi 꿀단지 *蜂蜜 명 벌꿀, 꿀 *罐子 명 단지, 항아리 | 得名 démíng 동 이름을 얻다 | 植物 zhíwù 명 식물 | 分泌 fēnmì 동 분비하다 | 大量 dàliàng 형 대량의, 많은 양의 | 花蜜 huāmì 명 벌꿀, 꿀(=蜜糖 mìtáng) | 大口 dàkǒu 부 큰 입으로, 많이 | 吸取 xīqǔ 동 섭취하다, 빨아들이다 | 储存 chǔcún 동 저장하다 | 食物 shíwù 명 음식물, 먹이 | 短缺 duǎnquē 동 부족하다 | 吐出 tǔchū 동 내뱉다, 토해내다 | 蚂蚁 mǎyǐ 명 개미 | 以……为食 yǐ……wéi shí ~을 먹이로 삼다

- 分布颇广 fēnbù pō guǎng 상당히 넓게 분포되어 있다 *颇 부 꽤, 상당히, 몹시 | 扁长 biǎncháng 형 납작하고 길다 | 储藏 chǔcáng 동 저장하다 | 过滤 guòlǜ 동 거르다, 여과하다

13.

정답 및 해석

随着互联网的普及，寄信这种传统的通信方式逐渐被电子邮件、电话和视频通讯软件所取代。不过邮筒仍在一些特殊场合发挥着作用，比如在旅游景点，游客们可通过邮筒寄明信片，与他人分享旅途中的美好回忆。 A 邮筒仍有价值（✓） B 明信片已被淘汰 C 人们依赖社交软件 D 视频通话最受欢迎	인터넷이 보급됨에 따라서, 편지 보내기와 같은 전통적인 통신 방식은 점차 이메일, 전화와 영상 통신앱으로 대체되었다. 하지만 우체통은 여전히 일부 특별한 상황에서 역할을 하고 있는데, 예컨대 관광 명소에서 관광객들은 우체통을 통해서 엽서를 보내며, 여행 중의 아름다운 추억을 다른 사람들과 공유할 수 있다. A 우체통은 여전히 가치가 있다 (✓) B 엽서는 이미 도태되었다 C 사람들은 SNS에 의존한다 D 영상 통화가 가장 인기 있다

해설 선택지에 나온 '邮筒', '明信片', '社交软件', '视频通话' 등을 통해 이 문제는 주로 연락 수단이나 통신, 소통방법 등과 관련된 내용임을 유추해 봅니다. 녹음에서 언급된 '不过邮筒仍在一些特殊场合发挥着作用'에서 우체통이 일부 특별한 상황에서 여전히 가치가 있음을 알 수 있습니다. 따라서 정답은 A 邮筒仍有价值입니다.

단어
- 随着 suízhe 전 ~함에 따라서 | 互联网 hùliánwǎng 명 인터넷 | 普及 pǔjí 동 보급되다 | 寄信 jìxìn 편지를 보내다 | 传统 chuántǒng 형 전통적인 | 通信 tōngxìn 통신 | 逐渐 zhújiàn 부 점점, 점차 | 视频 shìpín 명 영상 | 通讯软件 tōngxùn ruǎnjiàn 통신앱 | 取代 qǔdài 동 대체하다 | 邮筒 yóutǒng 명 우체통 | 仍 réng 부 여전히 | 特殊 tèshū 형 특수하다, 특별하다 | 场合 chǎnghé 명 경우, 상황 | 发挥作用 fāhuī zuòyòng 역할을 하다, 작용을 발휘하다 | 比如 bǐrú 접 예를 들면, 예컨대 | 旅游景点 lǚyóu jǐngdiǎn 관광 명소 | 游客 yóukè 명 관광객 | 通过 tōngguò 전 ~을 통해서 | 明信片 míngxìnpiàn 명 (우편) 엽서 | 分享 fēnxiǎng 동 함께 나누다, 공유하다 | 旅途 lǚtú 명 여정, 여행 중 | 美好回忆 měihǎo huíyì 아름다운 추억

◆ 价值 jiàzhí 몡 가치 | 淘汰 táotài 동 도태되다, 탈락하다 | 依赖 yīlài 동 의지하다, 의존하다 | 社交软件 shèjiāo ruǎnjiàn 소셜 소프트웨어(SNS) | 视频通话 shìpín tōnghuà 영상 통화 | 受欢迎 shòu huānyíng 환영을 받다, 인기가 있다

14.

정답 및 해석

通常情况下，每分钟眨眼次数为20次左右，当我们注意力高度集中的时候，眨眼的次数就会减少，从而会导致眼干。眼睛干涩时，可有意识地多眨眨眼，且上下眼皮要尽量完全碰上，因为这样才是一个完整的眨眼动作。

A 眨眼会加深皱纹
B 眨眼疲劳时会流泪
C 眨眼次数越多越好 (✓)
D 闭眼可缓解眼部不适

일반적으로 분당 눈 깜빡임 횟수는 20회 정도이며, 우리가 주의력을 고도로 집중할 때, 눈 깜빡임 횟수가 줄어들고, 그리하여 눈이 건조해질 수 있다. 눈이 건조할 때는 의식적으로 눈을 좀 많이 깜빡이면 되고, 게다가 위아래 눈꺼풀이 최대한 완전히 닿도록 해야 한다. 왜냐하면 이렇게 해야 완전한 눈 깜빡임 동작이기 때문이다.

A 눈을 깜빡이면 주름이 깊어진다
B 눈 깜빡임이 피곤할 때 눈물이 난다
C 눈 깜빡임 횟수는 많을수록 좋다 (✓)
D 눈을 감으면 눈의 불편함을 완화할 수 있다

해설 선택지 A·B·C에 '眨眼'이 주어로 있으니, 이 문제는 '눈 깜빡임'에 관한 내용입니다. 녹음에서 '眼睛干涩时，可有意识地多眨眨眼'이라고 말했으므로, 정답은 C 眨眼次数越多越好입니다.

단어
◆ 通常 tōngcháng 혱 통상적이다, 일반적이다 *通常情况下 일반적으로 | 眨眼 zhǎyǎn 동 눈을 깜빡이다 | 次数 cìshù 몡 횟수 | 为 wéi 동 ~이다 | 左右 zuǒyòu 몡 정도, 쯤 | 注意力 zhùyìlì 몡 주의력 | 高度 gāodù 혱 고도의 | 集中 jízhōng 동 집중하다 | 减少 jiǎnshǎo 동 감소하다, 줄다 | 从而 cóng'ér 부 그리하여, 따라서 | 导致 dǎozhì 동 (나쁜 결과를) 초래하다 | 眼干 yǎn gān 눈이 건조하다 | 干涩 gānsè 혱 (눈이) 건조하다, 뻑뻑하다 | 意识 yìshí 몡 의식 *有意识地 의식적으로 | 且 qiě 접 더욱이, 게다가 | 眼皮 yǎnpí 몡 눈꺼풀 | 尽量 jǐnliàng 부 가능한 한, 최대한 | 碰 pèng 동 부딪치다, 닿다 | 完整 wánzhěng 혱 완전하다 | 动作 dòngzuò 몡 동작

◆ 加深 jiāshēn 동 깊게하다, 깊어지다 | 皱纹 zhòuwén 몡 주름 | 疲劳 píláo 혱 피로하다, 피곤하다 | 流泪 liúlèi 동 눈물을 흘리다, 눈물이 나다 | 缓解不适 huǎnjiě búshì 불편함을 완화하다 | 眼部 yǎnbù 몡 눈 부위, 눈

15.

정답 및 해석

汽水为什么可以消除暑热呢？汽水又叫碳酸饮料，它溶解了大量二氧化碳气体，当汽水进入胃里后，温度上升，汽水中的二氧化碳会溶解，并从口腔排出体外带走热量，因此，许多人喝完汽水后会感到凉快、解渴。

A 汽水含糖量高
B 喝饮料会加重胃病
C 喝碳酸饮料能补钙
D 喝完汽水会感觉凉爽 (✓)

사이다는 왜 더위를 해소할 수 있을까? 사이다는 탄산음료라고도 하고, 그것은 이산화탄소 기체가 많이 녹아 있어, 사이다가 위에 들어간 후에 온도가 올라가면서 사이다 속의 이산화탄소가 녹고, 입안에서 몸 밖으로 배출되며 열량을 가져간다. 따라서 많은 사람들이 사이다를 마시고 난 후에 시원하고 갈증을 해소하는 듯한 느낌이 든다.

A 사이다는 당도가 높다
B 음료를 마시면 위장병이 악화된다
C 탄산음료를 마시면 칼슘을 보충할 수 있다
D 사이다를 마시고 나면 시원한 느낌이 든다 (✓)

해설 선택지에 나오는 '汽水', '碳酸饮料', '饮料' 등의 단어를 통해 탄산음료와 관련된 문제임을 알 수 있습니다. '因此' 뒤의 마지막 문장에서 '许多人喝完汽水后会感到凉快、解渴'라고 말했으므로, 정답은 D 喝完汽水会感觉凉爽입니다.

단어
- ◆ 汽水 qìshuǐ 명 사이다 | 消除暑热 xiāochú shǔrè 더위를 해소하다 *消除 동 없애다, 해소하다 *暑热 명 (찌는 듯한) 더위 | 碳酸饮料 tànsuān yǐnliào 탄산음료 | 溶解 róngjiě 동 용해되다, 녹다 | 大量 dàliàng 형 대량의, 많은 양의 | 二氧化碳 èryǎnghuàtàn 명 이산화탄소(CO2) | 气体 qìtǐ 명 기체 | 胃 wèi 명 위, 위장 | 温度 wēndù 명 온도 | 上升 shàngshēng 동 상승하다, 올라가다 | 口腔 kǒuqiāng 명 구강, 입안 | 排出 páichū 동 배출하다 | 体外 tǐwài 명 체외, 몸 밖 | 带走热量 dàizǒu rèliàng 열량을 가져가다 | 因此 yīncǐ 접 이 때문에, 따라서 | 凉快 liángkuai 형 시원하다(=凉爽 liángshuǎng) | 解渴 jiěkě 동 갈증을 해소하다

- ◆ 含糖量 hántángliàng 명 당 함량, 당도 | 饮料 yǐnliào 명 음료 | 加重胃病 jiāzhòng wèibìng 위장병이 악화되다 | 补钙 bǔgài 동 칼슘을 보충하다 | 凉爽 liángshuǎng 형 시원하다

第二部分 녹음 속 질문에 알맞은 답을 고르세요.

16-20.

정답 및 해설

第16到20题是根据下面一段采访：

女：欢迎来到"中国国际大学生创新创业大赛"的现场。今天我们邀请到国家教育司吴司长为你们介绍大赛的相关情况。吴司长您好，请问这次大赛对大学生创新创业教育带来了哪些影响呢？

男：这七年，如果用一句话来形容，就是成就非凡，主要体现在以下几方面：第一，大赛为中国高等教育、中国经济社会发展选拔了一支创新创业的最有生命力、最有活力的新锐大军。第二，大学生通过大赛增长了才干，培养了良好品格。第三，为全世界搭建了一个实现创新创业梦想的大平台。<u>16第四，推进了一个立体化的创新创业高等教育改革</u>，打造了国家双创基地、双创学校、双创学院以及导师人才库。

女：与往届相比，今年在赛道设置方面做了些调整，这些改变是出于什么考虑？

男：<u>17这次调整主要体现在两方面：首先，新设了产业命题赛道</u>，由著名的企业来出题，其目的是把教育端与产业端连接起来，让大学生不仅要会学能学，还要敢闯会创；<u>18其次，新设"本科生创意组"，18本科教育是人才培养的根本</u>，本科生与研究生、博士生相比，可能显得稚嫩，但是如果给他们一个上升的通道、单独的渠道，会激励他们在"我敢闯我会创"方面做出成绩。

16~20번 문제는 다음 인터뷰에 근거한다

여: '중국 국제 대학생 혁신 창업 대회' 현장에 오신 것을 환영합니다. 오늘 저희는 국가 교육부 우 국장님을 모시고 여러분께 대회 관련 상황을 소개해 드리겠습니다. 우 국장님, 안녕하세요, 이번 대회가 대학생 혁신 창업 교육에 어떤 영향을 끼쳤는지 말씀해 주시겠어요?

남: 지난 7년 동안, 만약 한마디로 표현한다면 바로 비범한 성과를 이루었다는 것인데, 주로 다음 몇 가지 측면에서 나타납니다. 첫째, 대회는 중국 고등 교육과 경제 사회 발전을 위해 가장 생명력 있고 활력 있는 혁신 창업 신예 대군을 선발했습니다. 둘째, 대학생들은 대회를 통해서 재능을 키웠고 훌륭한 품성을 길렀습니다. 셋째, 전 세계에 혁신 창업의 꿈을 실현하는 대형 플랫폼을 구축했습니다. <u>16넷째, 입체적인 혁신 창업 고등 교육 개혁을 추진하여</u> 국가 혁신 창업 기지·혁신 창업 학교·혁신 창업 대학 및 멘토 인재풀을 만들었습니다.

여: 지난번에 비해, 올해는 코스 설정 쪽으로 조정을 좀 했습니다. 이러한 변화는 어떤 생각에서 비롯되었나요?

남: <u>17이번 조정은 주로 두 가지 측면에서 나타납니다. 첫째, 산업 명제 코스를 신설하였습니다.</u> 유명한 기업이 문제를 출제하는데, 그 목적은 교육 분야와 산업 분야를 연결하여 대학생들이 배우고 익힐 수 있을 뿐만 아니라, 또 과감하게 도전하고 창조할 수 있도록 하는 것입니다. <u>18둘째, '학부생 혁신팀'를 신설했습니다. 18학부 교육은 인재 양성의 근본이므로</u>, 학부생들은 석사과정생과 박사과정생에 비해 미숙하게 보일 수 있지만, 만약 그들에게 올라가는 통로와 독자적인 경로를 주면 '나는 과감하게 도전하고 창조할 수 있다'는 면에서 성과를 내도록 그들을 격려할 수 있을 것입니다.

女: 在推动高校创新创业教育方面，除举办大赛之外，还有哪些重要举措？

男: 举办比赛只是一种形式，<u>[19]更重要的是人才的培养。首先，质量和标准是非常重要的，我们在本科专业中设置了创新创业教育的质量标准</u>；其次还要抓好课程，因为课程是人才培养的核心要素，目前已开设了三万多门创新创业课程，还有一万多门线上课程；[20]<u>第三，是要建好教师队伍</u>，教师是高等教育质量最根本的保障。

16 大学生创新创业大赛带来了什么影响？
 A 掀起创业热潮
 B 推动教育改革 (✓)
 C 激发产业活力
 D 促进品牌创新

17 下面哪项是本届大赛所做的调整？
 A 调整奖励机制
 B 取消年龄限制
 C 设产业命题赛道 (✓)
 D 按项目类别分组

18 重视本科参与者的原因是什么？
 A 本科教育是根本 (✓)
 B 年轻人更有创意
 C 本科生精力充沛
 D 招本科生的企业多

19 男的想怎么进行人才培养？
 A 开拓新的行业
 B 开展技能培训
 C 采用先进教育理念
 D 设置教育质量标准 (✓)

20 为推动高校创新创业教育，需要采取什么措施？
 A 完善相关法律
 B 建设教师队伍 (✓)
 C 加大资金投入
 D 加强政策指引

여: 대학의 혁신 창업 교육을 추진하는 데 있어서, 대회 개최 외에, 어떤 중요한 조치들이 또 있나요?

남: 대회 개최는 하나의 형식일 뿐이며, [19]더 중요한 것은 인재 양성입니다. 첫째, 품질과 기준이 매우 중요하므로, 우리는 학부 전공에 혁신 창업 교육의 품질 기준을 설정했습니다. 둘째, 강좌도 잘 관리하는 것인데, 강좌가 인재 양성의 핵심 요소이기 때문에, 현재 이미 3만여 개의 혁신 창업 강좌, 그리고 1만여 개의 온라인 강좌를 개설했습니다. [20]셋째, 교수진을 잘 구성해야 한다는 점인데, 교수는 고등 교육 품질의 가장 근본적인 보장이기 때문입니다.

16 대학생 혁신 창업 대회는 어떤 영향을 끼쳤는가?
 A 창업 열풍을 일으킨다
 B 교육 개혁을 추진한다 (✓)
 C 산업 활력을 불러일으킨다
 D 브랜드 혁신을 촉진한다

17 다음 중 이번 대회에서 이루어진 조정은 무엇인가?
 A 보상 시스템을 조정한다
 B 연령 제한을 없앤다
 C 산업 명제 코스를 설정한다 (✓)
 D 프로젝트 유형에 따라 조를 나눈다

18 학부 참여자를 중시하는 이유는 무엇인가?
 A 학부 교육은 근본이어서 (✓)
 B 젊은이들이 더 혁신적이어서
 C 학부생들은 에너지가 넘쳐서
 D 학부생을 채용하는 기업이 많아서

19 남자는 인재 양성을 어떻게 진행하고 싶어 하는가?
 A 새로운 산업을 개척한다
 B 기술 훈련을 실시하다
 C 선진 교육 이념을 채택한다
 D 교육 품질 기준을 설정한다 (✓)

20 대학 혁신 창업 교육을 추진하기 위해 어떤 조치를 해야 하는가?
 A 관련 법률을 완비한다
 B 교수진을 구성한다 (✓)
 C 자금 투입을 확대한다
 D 정책 지도를 강화한다

해설

먼저 선택지를 보면 '本科生', '教育', '创业', '教师'등의 키워드를 통해, 이번 인터뷰는 대학생 교육과 관련된 내용임을 알 수 있습니다. 진행자의 질문이 문제, 게스트의 답변이 정답이라는 전제하에 녹음을 듣습니다. 대화 한 세트당 보통 한 문제가 출제되는데, 이번 인터뷰는 총 3개의 대화로 이루어져 있어, 대화 한 세트에 두 문제씩 출제되었습니다.

16 진행자가 '请问这次大赛对大学生创新创业教育带来了哪些影响呢?'라고 물었는데, 이는 16번 문제의 질문과 일치합니다. 게스트는 이 질문에 대해 '推进了一个立体化的创新创业高等教育改革'고 대답했습니다. 따라서 정답은 B 推动教育改革입니다. 보통 게스트가 '第一'·'第二'·'第三' 식으로 열거되는 답변을 할 때, 시험 문제로 '틀린 내용(不正确)'을 묻는 경우도 있으니 녹음을

들으면서 선택지를 잘 체크합니다. 이 문제는 맞는 선택지가 1개 있어서, 맞는 내용을 고르는 문제였습니다.

17. 진행자가 했던 두 번째 질문은 '今年在赛道设置方面做了些调整, 这些改变是出于什么考虑？'입니다. 이는 17번 문제의 질문과 일치합니다. 진행자의 질문에 게스트는 '首先'을 언급하면서 '这次调整主要体现在两方面：首先，新设了产业命题赛道'라고 대답했습니다. 따라서 정답은 C 设产业命题赛道입니다.

18. 두 번째 대화에서 이어지는 문제입니다. 게스트가 '其次'라고 할 때 집중해서 듣도록 합니다. '其次' 뒤에서 '本科教育是人才培养的根本'이라고 하는 부분을 들으면, 본과 교육이 인재 양성의 근본이라는 것을 알 수 있습니다. 따라서 정답은 A 本科教育是根本입니다.

19. 세 번째 대화에서도 게스트가 '首先'·'其次'·'第三'으로 답합니다. '首先'이 들어간 답변 중에서 '更重要的是人才的培养。首先，质量和标准是非常重要的，我们在本科专业中设置了创新创业教育的质量标准'을 듣고 인재를 양성하는 데 있어 가장 중요한 것은 품질과 기준이라는 것을 알 수 있었고, 따라서 그들은 교육의 품질 기준을 설정했다고 했습니다. 따라서 정답은 D 设置教育质量标准입니다.

20. 세 번째 대화에서 게스트가 '其次'와 '第三'으로 나누어 말할 때, 잘 들으면서 답을 체크합니다. 게스트가 제시한 조치 중에서 세 번째로 '是要建好教师队伍'라고 했습니다. 이는 '교수진을 잘 구성해야 한다'는 뜻입니다. 따라서 정답은 B 建设教师队伍입니다.

지문 단어

- 国际 guójì 형 국제의 | 创新创业 chuàngxīn chuàngyè 혁신 창업 (=双创 shuāngchuàng) | 大赛 dàsài 명 대회 | 现场 xiànchǎng 명 현장 | 邀请 yāoqǐng 동 초청하다 | 教育司 jiàoyùsī 명 교육부 | 吴 Wú 오, 우[성씨] | 司长 sīzhǎng 명 국장 | 相关 xiāngguān 동 상관되다, 관련되다 | 情况 qíngkuàng 명 상황 | 带来影响 dàilái yǐngxiǎng 영향을 가져오다, 영향을 끼치다 | 形容 xíngróng 동 형용하다, 묘사하다, 표현하다 | 成就非凡 chéngjiù fēifán 비범한 성과를 이루다 | 体现 tǐxiàn 동 구현하다, (구체적으로) 나타나다 | 高等教育 gāoděng jiàoyù 고등 교육 | 经济社会发展 jīngjì shèhuì fāzhǎn 경제 사회 발전 | 选拔 xuǎnbá 동 선발하다, 뽑다 | 支 zhī 양 부대나 팀을 셀 때 쓰임 | 活力 huólì 명 활력 | 新锐大军 xīnruì dàjūn 신예 대군[대군: 대규모 인원] *新锐 xīnruì 형 신예의 | 通过 tōngguò 전 ~을 통해서 | 增长才干 zēngzhǎng cáigàn 재능을 키우다 *增长 동 증가하다, 키우다 | 培养品格 péiyǎng pǐngé 품성을 기르다 *培养 동 양성하다, 기르다 | 良好 liánghǎo 형 좋다, 훌륭하다 | 搭建大平台 dājiàn dà píngtái 대형 플랫폼을 구축하다 *搭建 동 세우다, 구축하다 | 实现梦想 shíxiàn mèngxiǎng 꿈을 실현하다 | 推进改革 tuījìn gǎigé 개혁을 추진하다 | 立体化 lìtǐhuà 동 입체화되다 | 打造 dǎzào 동 (인재 등을) 양성하다, 기르다 | 基地 jīdì 명 기지 | 学院 xuéyuàn 명 (단과)대학 | 以及 yǐjí 접 및, 그리고, 아울러 | 导师人才库 dǎoshī réncáikù 멘토 인재풀 *导师 명 지도교수, 멘토

- 与…相比 yǔ……xiāngbǐ ~와 비교해서, ~에 비해 | 往届 wǎngjiè 지난번 | 赛道 sàidào 경주로, 코스 | 设置 shèzhì 동 설정하다 | 调整 tiáozhěng 동 조정하다, 조절하다 | 改变 gǎibiàn 명 변화 | 出于 chūyú 동 ~에서 나오다, ~에서 비롯되다 | 考虑 kǎolǜ 동 고려하다, 생각하다 | 首先 shǒuxiān 부 첫째(로), 먼저 | 新设 xīnshè 동 신설하다 *设 동 설정하다 | 产业命题赛道 chǎnyè mìngtí sàidào 산업 명제 코스[참가자들이 실제 산업 문제를 분석하고 해결하는 능력을 키우는 플랫폼] *命题 동 명제하다, 출제하다 | 由 yóu 전 ~이, ~가 | 著名 zhùmíng 형 저명하다, 유명하다 | 企业 qǐyè 명 기업 | 出题 chūtí 동 출제하다, (시험) 문제를 내다 | 目的 mùdì 명 목적 | 端 duān 명 방면, 분야 | 连接 liánjiē 동 연결하다 | 敢闯会创 gǎnchuǎng huìchuàng 과감하게 도전하고 창조할 수 있다 | 其次 qícì 대 둘째(로), 그다음 | 本科生 běnkēshēng 명 학부생 *本科 (대학의) 본과, 학부 | 创意组 chuàngyìzǔ 혁신팀 | 根本 gēnběn 형 근본적인 | 研究生 yánjiūshēng 명 대학원생, 석사과정생 | 博士生 bóshìshēng 명 박사과정생 | 显得 xiǎnde 동 ~하게 보이다 | 稚嫩 zhìnèn 형 유치하다, 미숙하다 | 上升 shàngshēng 동 상승하다, 올라가다 | 通道 tōngdào 명 통로 | 单独 dāndú 형 단독의, 독자적인 | 渠道 qúdào 명 경로, 루트 | 激励 jīlì 동 격려하다 | 做出成绩 zuòchū chéngjì 성과를 내다

- 推动 tuīdòng 동 추진하다, 밀고 나아가다 | 高校 gāoxiào 명 대학[고등교육기관의 총칭] | 除 chú 전 ~을 제외하고, ~ 외에 | 举办 jǔbàn 동 (대회를) 개최하다 | 举措 jǔcuò 명 조치 | 形式 xíngshì 명 형식 | 质量 zhìliàng 명 품질 | 标准 biāozhǔn 명 기준 | 专业 zhuānyè 명 전공 | 抓好课程 zhuāhǎo kèchéng 강좌를 잘 관리하다 *课程 (교육) 과정, 커리큘럼, 강좌 | 核心要素 héxīn yàosù 핵심 요소 | 开设 kāishè 동 (수업을) 개설하다 | 线上课程 xiànshàng kèchéng 온라인 강좌 | 建好教师队伍 jiànhǎo jiàoshī duìwǔ 교수진을 잘 구성하다 *队伍 명 대오, 팀 | 保障 bǎozhàng 명 보장, 보증

질문 및 선택지 단어

- 掀起热潮 xiānqǐ rècháo 열풍을 일으키다 *热潮 명 열풍, 붐 | 激发 jīfā 동 (활력을) 불러일으키다 | 品牌 pǐnpái 명 브랜드, 상표 | 奖励 jiǎnglì 명 상금, 보상 | 机制 jīzhì 명 메커니즘, 시스템 | 取消限制 qǔxiāo xiànzhì 제한을 없애다 *取消 동 취소하다, 없애다 | 年龄 niánlíng 명 연령, 나이 | 按 àn 전 ~에 따라, ~대로 | 项目 xiàngmù 명 프로젝트 | 类别 lèibié 명 종류, 유형 | 分组 fēnzǔ 동 조를 나누다 | 重视 zhòngshì 동 중시하다 | 参与者 cānyùzhě 명 참여자 | 精力充沛 jīnglì chōngpèi 에너지가 넘치다 | 招 zhāo 동 모집하다, 채용하다 | 开拓行业 kāituò hángyè 산업을 개척하다 | 开展培训 kāizhǎn péixùn 훈련을 실시하다 | 技能 jìnéng 명 기술 | 采用

理念 cǎiyòng lǐniàn 이념을 채택하다 | 先进 xiānjìn 형 선진적이다 | 需要 xūyào 동 ~해야 한다 | 采取 cǎiqǔ 동 (조치를) 취하다 | 完善法律 wánshàn fǎlǜ 법률을 완비하다 | 建设 jiànshè 동 건설하다, 구성하다 | 加大投入 jiādà tóurù 투입을 확대하다 | 资金 zījīn 명 자금 | 加强指引 jiāqiáng zhǐyǐn 지도를 강화하다 | 政策 zhèngcè 명 정책

21-25.

정답 및 해석

第21到25题是根据下面一段采访：

男：周洲老师，恭喜你的《丝路天书》成为昆明市文联签约的首部网络长篇小说。我们都知道，这部小说是以云南多彩的文化和美景为蓝本创作的，是什么样的契机让你开始创作这部作品的？

女：云南有中国历史上最早的丝绸之路——21西南丝路，但它却鲜为人知。21我在腾冲旅行的时候，听了很多关于这条古道的历史传说和民俗故事，这些让我热血沸腾，所以我决定以这条古老而冷门的丝绸之路为基础来进行创作。

男：从读者反馈来看，您觉得这部小说中的哪些元素是他们最感兴趣的呢？

女：22故事中我用了大量篇幅描写了高黎贡山的自然环境和野生动物，25有读者表示有"游记"的感觉，很好玩儿。22另外，我也写了很多云南的地方美食，有读者说，像经历了一趟美食之旅。

男：文艺创作是一项艰苦的创造性劳动，您是如何收集写作素材的？又是如何坚持，并创作出爆款小说的呢？

女：23我是"用脚"写作的。动笔写每一部小说前我都会大量的实地采风。写《丝路天书》时，我去当地实地调查了三年之久，25大量的采风能让我把探险类作品写出"游记感"和"记录感"。读者可以把我的小说当做另类的旅游攻略，当前往真实的旅行目的地时，可以继续探索小说中的虚构情节，来一场故事探秘之旅。我想正是这种独有的真实风格，让这部小说得到了读者的喜爱吧。

男：针对网络文学新手，您有什么创作上的建议吗？

女：当你还是一个行业新人时，所有的负面评价都会如潮水般向你涌来。这个时候，你要让自己成为一块石头，24无论遇到多大的风浪，都坚定不移。相信有一天，新手作家们也可以创作出具有自己特色的优秀作品。

21~25번 문제는 다음 인터뷰에 근거한다

남: 저우저우 선생님, 당신의 『실크로드 천서』가 쿤밍시 문련이 계약한 최초의 인터넷 장편 소설이 된 것을 축하드립니다. 우리가 모두 알다시피, 이 소설은 윈난의 다채로운 문화와 아름다운 경치를 바탕으로 하여 창작된 것인데, 어떤 계기로 이 작품 창작을 시작하게 되셨나요?

여: 윈난에는 중국 역사상 가장 오래된 실크로드인 21서남 실크로드가 있는데, 그것은 사람들에게 잘 알려지지 않았어요. 21저는 텅충을 여행할 때, 이 고대 길에 관한 많은 역사 전설과 민속 이야기를 들었는데, 이것들이 저를 흥분시켰습니다. 그래서 이 오래되었지만 잘 알려지지 않은 실크로드를 바탕으로 해서 창작하기로 결정했어요.

남: 독자들의 피드백을 보면, 당신은 이 소설의 어떤 요소가 그들에게 가장 흥미롭게 다가간 것 같나요?

여: 22이야기 속에서 저는 많은 지면을 이용해서 가오리공산의 자연환경과 야생동물을 묘사했는데, 25어떤 독자들은 '여행기' 느낌이 난다며 재미있다고 했어요. 22이 외에도, 저는 윈난의 지역 미식을 많이 썼는데, 어떤 독자들은 미식 여행을 경험한 것 같다고 하더군요.

남: 문예 창작은 고된 창조적 노동입니다. 당신은 어떻게 글감을 수집하셨나요? 또 어떻게 꾸준히 하고, 베스트셀러 소설을 창작하게 되었나요?

여: 23저는 '발로' 글을 씁니다. 펜을 들어 각 소설을 쓰기 전에 저는 항상 현장에 가서 창작 소재를 많이 모읍니다. 『실크로드 천서』를 쓸 때, 저는 현지에 가서 3년 동안 현장 조사를 했어요. 25많은 창작 소재는 제가 탐험류 작품을 '여행기 느낌'과 '기록의 느낌'으로 쓸 수 있게 해줬어요. 독자는 제 소설을 색다른 여행 가이드로 삼을 수 있으며, 실제 여행 목적지로 갈 때, 소설 속 가상 줄거리를 계속 탐색하여 스토리의 비밀을 캐는 여행을 할 수 있습니다. 저는 바로 이런 독특한 현실감 때문에 이 소설이 독자들의 사랑을 받는 거 같다고 생각해요.

남: 인터넷 문학 초보자들을 대상으로, 당신은 창작 관련된 어떤 제안이 있으신가요?

여: 당신이 아직 업계 신인일 때는 모든 부정적인 평가가 물밀듯이 밀려올 겁니다. 이럴 때, 당신은 자신을 바위로 만들어서, 24아무리 큰 풍파를 만나도 조금도 흔들리지 않게 해야 합니다. 그러면 언젠가는 신인 작가들도 자신만의 특색 있는 훌륭한 작품을 창작할 수 있을 거라고 믿습니다.

21. 那部小说的创作基础是什么?
    A 迷人的服饰文化
    B 云南的名胜古迹
    C 西南丝路的传说 (✓)
    D 个人的童年经历

22. 下列哪项是那部小说让读者最感兴趣的?
    A 自然与美食 (✓)
    B 历史和文物
    C 有趣的角色
    D 曲折的情节

23. 女的说的"用脚写作"最可能是什么意思?
    A 端正写作态度
    B 描绘生活场景
    C 多做实地调查 (✓)
    D 擅长用脚写字

24. 对于写作新手,女的有什么建议?
    A 坚定创作信念 (✓)
    B 反复修改作品
    C 多看读者评论
    D 借鉴他人经验

25. 关于女的,下列哪项正确?
    A 热爱探险
    B 有写作天赋
    C 作品被埋没了
    D 作品很像游记 (✓)

21. 그 소설의 창작 기초는 무엇인가?
    A 매력적인 복식 문화
    B 윈난의 명승고적
    C 서남 실크로드의 전설 (✓)
    D 개인의 어린 시절 경험

22. 다음 중 그 소설이 독자들을 가장 흥미롭게 만든 것은 무엇인가?
    A 자연과 미식 (✓)
    B 역사와 문물
    C 재미있는 캐릭터
    D 사연있는 줄거리

23. 여자가 말한 '발로 글을 쓴다'는 어떤 의미일 가능성이 높은가?
    A 글 쓰는 태도를 바로잡는다
    B 생활 장면을 묘사한다
    C 현장 조사를 많이 한다 (✓)
    D 발로 글씨를 쓰는 것에 뛰어나다

24. 글쓰기 초보자에게 여자는 어떤 조언을 했는가?
    A 창작 신념을 확고히 한다 (✓)
    B 작품을 반복해서 수정한다
    C 독자 리뷰를 많이 읽는다
    D 다른 사람의 경험을 본보기로 삼는다

25. 여자에 관하여 다음 중 정확한 것은 무엇인가?
    A 탐험을 열렬히 사랑한다
    B 글쓰기에 타고난 재능이 있다
    C 작품이 묻혔다
    D 작품이 여행기 같다 (✓)

해설

21. 첫 번째 대화에서 진행자가 작품을 창작하게 된 계기를 묻자, 게스트는 '西南丝路'를 언급하며, 이어서 '我在腾冲旅行的时候, 听了很多关于这条古道的历史传说和民俗故事'라고 했습니다. 따라서 정답은 C 西南丝路的传说입니다.

22. 두 번째 대화에서 진행자의 질문과 문제의 질문이 일치합니다. 게스트의 답변 중 '故事中我用了大量篇幅描写了高黎贡山的自然环境和野生动物'에서 '自然环境'을 잘 들어야 하며, 이어서 '另外, 我也写了很多云南的地方美食' 부분에서 '地方美食'를 집중해서 들어야 합니다. 따라서 선택지 A 自然与美食가 정답입니다.

23. 세 번째 대화에서 진행자 질문 중 '您是如何收集写作素材的?' 부분이 핵심이며, 게스트는 글쓰기 소재를 수집하는 방법으로 '我是"用脚"写作的.'라고 하며 그것이 무엇인지 설명합니다. 게스트는 '动笔写每一部小说前我都会大量的实地采风。写《丝路天书》时, 我去当地实地调查了三年之久'라고 말했습니다. 따라서 '발로 글을 쓴다'는 말은 직접 현지에 가서 현장 조사를 한다는 것을 알 수 있습니다. 정답은 C 多做实地调查입니다.

24. 네 번째 대화에서 진행자의 질문과 문제의 질문이 일치합니다. 게스트는 '无论遇到多大的风浪, 都坚定不移'라고 말했습니다. 이 말에서 '坚定不移'가 키워드입니다. 즉, '확고부동해야 한다'라는 뜻이므로, 정답은 A 坚定创作信念입니다.

25. 게스트가 두 번째 대화에서 '有读者表示有"游记"的感觉'라고 했으며, 세 번째 대화에서도 '大量的采风能让我把探险类作品写出"游记感"'이라고 말했습니다. 이 부분을 통해 우리는 게스트가 쓴 작품에서 '여행기(游记)'의 느낌이 난다는 사실을 알 수 있습니다. 따라서 정답은 D 作品很像游记입니다.

지문 단어

- 周洲 Zhōuzhōu [고유] 저우저우[인명] | 恭喜 gōngxǐ [동] 축하하다 | 丝路天书 Sīlù tiānshū [고유] 실크로드 천서[책 이름] | 昆明市 Kūnmíngshì [고유] 쿤밍시[지명] | 文联 wénlián [명] 문련(=文学艺术界联合 wénxué yìshùjiè liánhé 문학 예술가 연합회) | 签约 qiānyuē [동] 계약하다, 서명하다 | 首 shǒu [형] 최초의 | 网络 wǎngluò [명] 인터넷 | 长篇小说 chángpiān xiǎoshuō [명] 장편 소설 | 以⋯为蓝本 yǐ⋯⋯wéi lánběn ~을 바탕으로 하다 *蓝本 [명] 원본, 바탕 | 云南 Yúnnán [고유] 윈난, 운남[지명] | 多彩 duōcǎi [형] 다채롭다 | 美景 měijǐng [명] 아름다운 경치 | 创作 chuàngzuò [동] 창작하다 | 契机 qìjī [명] 계기 | 丝绸之路 sīchóuzhīlù [명] 실크로드 | 西南丝路 xīnánsīlù [명] 서남 실크로드 | 鲜为人知 xiǎnwéirénzhī [성] 사람들에게 잘 알려지지 않다, 아는 사람이 드물다 | 腾冲 Téngchōng [고유] 텅충[지명] | 旅行 lǚxíng [동] 여행하다 | 古道 gǔdào [명] 고대 길 | 历史传说 lìshǐ chuánshuō 역사 전설 | 民俗故事 mínsú gùshì 민속 이야기 | 热血沸腾 rèxuè-fèiténg [성] 뜨거운 피가 끓어오르다, 흥분하다 | 以⋯为基础 yǐ⋯⋯wéi jīchǔ ~을 바탕으로 하다 *基础 [명] 기초, 바탕 | 古老 gǔlǎo [형] 오래되다 | 冷门 lěngmén [형] 인기가 없다, 잘 알려지지 않다

- 读者 dúzhě [명] 독자 | 反馈 fǎnkuì [동] 피드백하다 | 元素 yuánsù [명] 요소 | 感兴趣 gǎn xìngqù 흥미를 느끼다, 관심이 있다 | 大量 dàliàng [형] 대량의, 많은 양의 | 篇幅 piānfú [명] (문장의) 편폭, 길이 | 描写 miáoxiě [동] 묘사하다 | 高黎贡山 Gāolígòngshān [고유] 가오리공산[지명] | 自然环境 zìrán huánjìng [명] 자연환경 | 野生动物 yěshēngdòngwù [명] 야생동물 | 表示 biǎoshì [동] 표시하다, 말하다 | 游记 yóujì [명] 여행기 | 感觉 gǎnjué [명] 느낌 | 好玩儿 hǎowánr [형] 재미있다 | 另外 lìngwài [접] 이 외에, 이 밖에 | 美食 měishí [명] 미식, 맛있는 음식 *美食之旅 미식 여행 | 经历 jīnglì [동] 경험하다 [명] 경험

- 文艺 wényì [명] 문예, 문학과 예술 | 艰苦 jiānkǔ [형] 고되다, 고달프다 | 创造性劳动 chuàngzàoxìng láodòng 창조적 노동 | 收集写作素材 shōují xiězuò sùcái 글감을 수집하다 *写作素材 글의 소재, 글감 | 坚持 jiānchí [동] (하고 있던 것을) 계속하다, 꾸준히 하다 | 爆款 bàokuǎn [명] 베스트셀러, 인기 상품 *爆款小说 베스트셀러 소설 | 动笔 dòngbǐ [동] 펜을 들다 | 实地 shídì [명] 현장 | 采风 cǎifēng [동] 창작 소재를 모으다 | 当地 dāngdì [명] 현지 | 实地调查 shídì diàochá 현장 조사하다 | 探险类 tànxiǎnlèi 탐험류 | 游记感 yóujìgǎn [명] 여행기 느낌 | 记录感 jìlùgǎn [명] 기록의 느낌 | 另类 lìnglèi [형] 색다르다, 남다르다 | 旅游攻略 lǚyóu gōnglüè 여행 공략, 여행 가이드 *攻略 [명] 공략, 팁, 가이드 | 前往 qiánwǎng [동] (향하여) 가다 | 真实 zhēnshí [형] 진실의, 실제의 | 目的地 mùdìdì [명] 목적지 | 继续 jìxù [동] 계속하다 | 探索 tànsuǒ [동] 탐색하다, 찾다 | 虚构 xūgòu [형] 허구의, 가상의 | 情节 qíngjié [명] 줄거리 | 探秘之旅 tànmì zhī lǚ 비밀을 캐는 여행 | 独有 dúyǒu [동] 독특하다 | 风格 fēnggé [명] 풍격, 스타일 *真实风格 현실감 | 得到喜爱 dédào xǐ'ài 사랑을 받다

- 针对 zhēnduì [동] 겨누다, 초점을 맞추다, ~을 대상으로 하다 | 新手 xīnshǒu [명] 초보자 | 建议 jiànyì [명] 제안 | 行业 hángyè [명] 업계 | 负面 fùmiàn [형] 부정적인 | 评价 píngjià [명] 평가 | 潮水 cháoshuǐ [명] 조수, 밀물과 썰물 *如潮水般 조수처럼, 물밀듯이 | 涌来 yǒnglái [동] (한꺼번에) 밀려오다 | 风浪 fēnglàng [명] 풍파, 고난[비유] | 坚定不移 jiāndìngbùyí [성] 확고부동하다, 조금도 움츠리지 않다 *坚定 [형] (주장이) 확고하다 [동] 확고히 하다 | 具有特色 jùyǒu tèsè 특색이 있다 | 优秀 yōuxiù [형] 우수하다, 훌륭하다

질문 및 선택지 단어

- 迷人 mírén [형] 매력적이다 | 服饰文化 fúshì wénhuà 복식 문화 | 名胜古迹 míngshèng gǔjì 명승고적 | 童年 tóngnián [명] 어린 시절 | 文物 wénwù [명] 문물, 문화재 | 有趣 yǒuqù [형] 재미있다 | 角色 juésè [명] 역할, 캐릭터 | 曲折 qūzhé [형] 곡절이 많다, 사연이 많다 | 端正态度 duānzhèng tàidù 태도를 바로잡다 | 描绘场景 miáohuì chǎngjǐng 장면을 묘사하다 | 擅长 shàncháng [동] ~에 뛰어나다 | 反复 fǎnfù [부] 반복해서, 거듭 | 修改 xiūgǎi [동] 수정하다 | 评论 pínglùn [명] 평론, 리뷰 | 借鉴 jièjiàn [동] 참고로 하다, 거울로 삼다 | 经验 jīngyàn [명] 경험 | 热爱 rè'ài [동] 열렬히 사랑하다 | 天赋 tiānfù [명] 타고난 재능 | 埋没 máimò [동] 매몰하다, 묻다

26-30.

정답 및 해석

第26到30题是根据下面一段采访:	26~30번 문제는 다음 인터뷰에 근거한다
男: 作为短视频创作者, <u>30您的视频中既有秀丽的中国山林, 也有独特的中国美食, 覆盖了衣食住艺的各方面</u>, 深受大家的喜爱, 那我想问问, 是什么原因让你开始了短视频的创作?	남: 단편 영상 창작자로서, <u>30당신의 영상에는 아름다운 중국 산림도 있고 독특한 중국 미식도 있어서, 의식주와 예술 등 여러 방면을 다루었고</u> 사람들에게 깊은 사랑을 받았죠. 그럼 제가 좀 묻고 싶은데, 어떤 이유로 단편 영상 창작을 시작하게 되었나요?

女：小时候我和爷爷奶奶在农村生活，后来到城里打工，2012年，奶奶生了场病，我就放弃了城里的工作，回到老家开起了网店。²⁶为了让网店的生意更好一点，我才开始了短视频创作。

男：很多网友评价你为才女，会剪窗花、种粮食、做家具、绣花染布造纸刻字等等，你真的什么都会吗？

女：其实我并不是什么都会，我的木工、刺绣、书画等，都是后来学的，²⁷我会选择自己感兴趣的主题，然后去网上搜教程、学着做，摄影拍视频，也是我自己钻研的。那时候，每天到论坛上去看去学，白天拍，晚上剪，经常一做就是一整晚。

男：平时的那些镜头都是你自己拍摄的吗？

女：刚开始是自己拍摄自己剪辑，后来请了摄影师，也有了团队，但视频的制作还是我来主导，²⁸我也亲自拍摄一些镜头，因为只有自己知道自己想要什么样的感觉。

男：²⁹你的一生系列非常火爆，它记录了粮食从种子到果实再到成为美食的全过程，那么你创作一生系列最初的想法是什么？

女：有一位网友曾给我留言，说他是一位教师，班上的一些学生在观看了我的视频后才知道水稻并不长在树上，而是农民辛苦耕耘的结果，从此，这些学生对粮食更加珍惜，吃饭时也不会偷偷倒掉。我想这个系列就是用自己的点滴生活去感染别人，让很多朋友了解到我们吃的食物是怎么来的，要经历怎样的辛勤劳作才能得到我们面前的这些。

26 女的进行短视频创作的原因是什么？
  A 为了赶潮流
  B 要凑医药费
  C 想实现儿时的梦想
  D 想让网店生意更兴隆（✓）

27 下列哪类视频女的可能感兴趣？
  A 论坛上讨论激烈的
  B 网上有免费教程的（✓）
  C 展现乡村新面貌的
  D 关于中国传统文化的

28	女的为什么坚持自己拍摄一些镜头?	28	여자는 왜 자신이 직접 일부 장면을 촬영하기를 고수하는가?
	A 涉及隐私 B 摄影师水平不高 C 能把握想要的感觉 (✓) D 尚未招聘工作人员		A 사생활과 관련되어 있어서 B 촬영 기사의 실력이 높지 않아서 C 원하는 느낌을 파악할 수 있어서 (✓) D 아직 직원을 채용하지 않아서
29	一生系列视频记录了什么内容?	29	일생 시리즈 영상은 어떤 내용을 기록했는가?
	A 故乡的变迁 B 当老师的往事 C 奶奶的人生旅程 D 粮食成为美食的过程 (✓)		A 고향의 변천 B 교사로서의 지난 일들 C 할머니의 인생 여정 D 식량이 미식이 되는 과정 (✓)
30	关于女的,下列哪项正确?	30	여자에 관하여 다음 중 정확한 것은 무엇인가?
	A 并不会刺绣 B 常思索哲学问题 C 做的视频覆盖多方面 (✓) D 希望启发人们珍爱生命		A 자수를 전혀 할 줄 모른다 B 철학적 문제를 자주 깊이 생각한다 C 만든 영상은 여러 측면을 다룬다 (✓) D 사람들에게 생명을 소중히 여기도록 깨우침을 주길 바란다

해설

선택지에 '网店', '论坛', '网上', '视频' 등의 어휘를 보고, 이번 인터뷰는 동영상과 관련된 내용임을 알 수 있습니다.

26 첫 번째 대화에서 진행자는 게스트에게 숏폼 영상을 만든 이유를 물었고, 게스트는 '为了让网店的生意更好一点,我才开始了短视频创作'라고 대답했습니다. 이 말에서 게스트가 숏폼 영상을 만든 이유는 '온라인 쇼핑몰의 사업이 더 잘되게 하기 위해서'라는 사실을 알 수 있습니다. 따라서 정답은 D 想让网店生意更兴隆입니다.

27 두 번째 대화에서 게스트는 '我会选择自己感兴趣的主题,然后去网上搜教程、学着做'라고 말했습니다. 게스트는 자신이 관심 있는 주제를 정한 후에 인터넷에서 강좌를 검색하여 배우면서 했음을 알 수 있습니다. 따라서 정답은 B 网上有免费教程的입니다.

28 세 번째 대화에서 진행자는 평소에 게스트가 직접 촬영하냐고 물었는데, 게스트는 '我也亲自拍摄一些镜头,因为只有自己知道自己想要什么样的感觉'라고 답했습니다. 이 말은 '자신이 어떤 느낌을 원하는지는 자신만 알고 있으므로 본인이 직접 촬영도 한다'는 뜻입니다. 그러므로, 정답은 C 能把握想要的感觉입니다.

29 간혹 게스트의 답변이 아닌 진행자의 질문 속에 정답을 출제하기도 합니다. 네 번째 대화에서 진행자는 '你的一生系列非常火爆,它记录了粮食从种子到果实再到成为美食的全过程'이라고 말했습니다. 따라서 정답은 D 粮食成为美食的过程입니다.

30 게스트에 관하여 맞는 내용을 물어본 문제입니다. 이런 문제는 보통 첫 번째 대화에서 정답이 출제되는 경우가 많습니다. 첫 번째 대화에서 진행자가 '您的视频中既有秀丽的中国山林,也有独特的中国美食,覆盖了衣食住艺的各方面'이라고 언급했습니다. 따라서 정답은 C 做的视频覆盖多方面입니다.

지문 단어

◆ 作为 zuòwéi 전 ~(자격·신분)으로서 | 短视频 duǎnshìpín 명 짧은 동영상, 숏폼 영상, 단편 영상 *视频 명 (동)영상 | 创作者 chuàngzuòzhě 명 창작자, 크리에이터 | 秀丽 xiùlì 형 수려하다, 아름답다 | 山林 shānlín 명 산림, 숲 | 独特 dútè 형 독특하다 | 美食 měishí 명 미식, 맛있는 음식 | 覆盖 fùgài 동 덮다, 커버하다, 다루다 | 衣食住艺 yīshízhùyì 명 의식주와 예술 | 深受喜爱 shēnshòu xǐ'ài 깊은 사랑을 받다 | 创作 chuàngzuò 동 창작하다, (새롭게) 만들다 | 农村 nóngcūn 명 농촌 | 城里 chénglǐ 명 도시 | 打工 dǎgōng 동 일하다 | 放弃 fàngqì 동 포기하다 | 老家 lǎojiā 명 고향 | 网店 wǎngdiàn 명 온라인 쇼핑몰 *开网店 온라인 쇼핑몰을 열다 | 生意 shēngyì 명 장사, 사업

◆ 网友 wǎngyǒu 명 네티즌 | 评价 píngjià 동 평가하다 *评价A为B A를 B라고 평가하다 | 才女 cáinǚ 명 재능 있는 여성 | 剪窗花 jiǎn chuānghuā 창문 장식 종이를 오리다 *剪 동 오리다, 편집하다 *窗花 명 창문 장식 종이 | 种粮食 zhòngliángshí 식량을 재배하다 | 做家具 zuò jiājù 가구를 제작하다 | 绣花 xiùhuā 동 수를 놓다 | 染布 rǎnbù 동 천을 염색하다 | 造纸 zàozhǐ 동 종이를 만들다 | 刻字 kèzì 동 글자를 새기다 | 其实 qíshí 부 사실 | 木工 mùgōng 명 목공 | 刺绣 cìxiù 동 수를 놓다, 자수하다 | 书画 shūhuà 명 서화, 서예와 그림 | 感兴趣 gǎn xìngqù 흥미를 느끼다, 관심이 있다 | 主题 zhǔtí 명 주제 | 然后 ránhòu 부 그런 후에, 그다음에 |

- 搜 sōu 동 찾다 | 教程 jiàochéng 명 교과 과정, 강좌 | 摄影 shèyǐng 동 촬영하다 | 钻研 zuānyán 동 깊이 연구하다 | 论坛 lùntán 명 포럼[토론이나 대화를 나누는 자리] | 一整晚 yìzhěngwǎn 저녁내내, 밤새도록

- 镜头 jìngtóu 명 장면 | 拍摄 pāishè 동 촬영하다 | 剪辑 jiǎnjí 동 편집하다 | 摄影师 shèyǐngshī 명 촬영 기사 | 团队 tuánduì 명 팀 | 制作 zhìzuò 동 제작하다 | 主导 zhǔdǎo 동 주도하다 | 亲自 qīnzì 부 직접 | 感觉 gǎnjué 명 느낌

- 一生系列 yìshēng xìliè 일생 시리즈 | 火爆 huǒbào 형 인기가 많다 | 记录 jìlù 동 기록하다 | 种子 zhǒngzi 명 씨앗 | 果实 guǒshí 명 열매 | 全过程 quán guòchéng 전 과정 | 想法 xiǎngfǎ 명 생각 | 留言 liúyán 동 댓글을 남기다 | 观看 guānkàn 동 (영상을) 보다 | 水稻 shuǐdào 명 벼 | 农民 nóngmín 명 농민, 농부 | 辛苦 xīnkǔ 형 고생스럽다, 고되다 | 耕耘 gēngyún 동 경작하다 | 结果 jiéguǒ 명 결과 | 从此 cóngcǐ 부 그때부터, 그 이후로 | 珍惜 zhēnxī 동 소중히 여기다, 아끼다 | 偷偷 tōutōu 부 몰래, 슬며시 | 倒掉 dàodiào 쏟아 버리다 | 点滴 diǎndī 형 사소한, 소소한 | 感染 gǎnrǎn 동 감동시키다, 영향을 주다 | 经历 jīnglì 동 겪다, 경험하다 | 辛勤 xīnqín 형 부지런하다 | 劳作 láozuò 노동, 일

질문 및 선택지 단어

- 赶潮流 gǎn cháoliú 유행을 따르다 | 凑 còu 동 (한데) 모으다 | 医药费 yīyàofèi 의료비[의약품 및 치료 비용 포함] | 实现梦想 shíxiàn mèngxiǎng 꿈을 이루다 | 兴隆 xīnglóng 형 번창하다 | 讨论激烈 tǎolùn jīliè 토론이 격렬하다 | 免费 miǎnfèi 무료하다 *免费教程 무료 강좌 | 乡村 xiāngcūn 명 농촌, 시골 | 展现新面貌 zhǎnxiàn xīn miànmào 새로운 모습을 보여주다 *展现 동 드러내다, 보여주다 | 传统文化 chuántǒng wénhuà 전통 문화 | 坚持 jiānchí 고수하다 | 涉及 shèjí 동 관련되다 | 隐私 yǐnsī 명 사생활, 프라이버시 | 把握 bǎwò (느낌을) 파악하다, 잡다 | 尚未 shàngwèi 부 아직 ~하지 않다 | 招聘 zhāopìn 동 채용하다, 모집하다 | 工作人员 gōngzuò rényuán 명 직원 | 故乡 gùxiāng 명 고향 | 变迁 biànqiān 동 변천하다 | 往事 wǎngshì 명 지난 일 | 旅程 lǚchéng 명 여정 | 思索 sīsuǒ 동 사색하다, 깊이 생각하다 | 哲学问题 zhéxué wèntí 철학적 문제 | 启发 qǐfā 동 깨우치다, 영감을 주다 명 깨우침 | 珍爱生命 zhēn'ài shēngmìng 생명을 소중히 여기다

第三部分 녹음 속 질문에 알맞은 답을 고르세요.

31-33.

정답 및 해석

第31到33题是根据下面一段话：

　　31高层建筑一旦发生火灾，蔓延速度快，作业面狭小，扑救难度大，是全世界都面临的救援难题。为了破解这一世界性难题，一款中国自主研发的新型消防灭火无人机应运而生。与传统的高喷消防车相比，这款灭火无人机在到达火灾现场后，能快速飞至灭火所需高度开展救援，使用起来更灵活机动，而且它作业的高度更高，最高能提升至1000米以上。**33**这款消防灭火无人机还配备了运输车辆起降平台，到达现场可迅速起降。**32**同时以燃油为动力，有效载荷达到115公斤，续航最长时间可达到两个半小时，可以有效应对高层建筑不同高度的外立面火灾、临窗室内火灾、楼顶火灾等火情。

31～33번 문제는 다음 이야기에 근거한다

　　31고층 건물에서 화재가 발생하면 확산 속도가 빠르고 작업 공간이 협소하여 불을 끄고 구조하기 어렵다. 이는 전 세계가 직면한 구조 난제이다. 이 세계적 난제를 해결하기 위해 중국이 독자적으로 연구 개발한 신형 소방 소화 드론이 등장하게 되었다. 전통적인 고분사 소방차와 비교해 보면 이 소화 드론은 화재 현장에 도착한 후 신속하게 불을 끄는 데 필요한 높이까지 비행하여 구조 활동을 전개할 수 있으며, 사용해 보면 더욱 민첩하고 기동성이 있다. 또한 작업 높이가 더 높아 최대 1,000m 이상까지 상승할 수 있다. **33**이 소방 소화 드론은 또한 운송 차량의 이착륙 플랫폼을 갖추고 있어, 현장에 도착하면 신속하게 이착륙이 가능하다. **32**동시에 연유를 동력으로 삼으며, 최대 적재량은 115kg에 달하고 최대 2시간 30분까지 비행을 계속할 수 있어, 고층 건물의 서로 다른 높이에 있는 외벽 화재, 창가 내부 화재, 옥상 화재 등의 상황에 효과적으로 대응할 수 있다.

31 为什么说高层建筑救火是世界难题？

A 火势蔓延快 (✓)
B 地理位置偏
C 烟雾很难散
D 高处气压低

31 왜 고층 건물 화재 진압이 세계적인 난제라고 하는가?

A 불길이 빨리 번져서 (✓)
B 지리적 위치가 외져서
C 연기가 쉽게 흩어지지 않아서
D 높은 곳은 기압이 낮아서

32	新型灭火无人机以什么为动力?	32	신형 소화 드론은 무엇을 동력으로 삼는가?
	A 电能 B 燃油 (✓) C 天然气 D 太阳能		A 전기 에너지 B 연유 (✓) C 천연가스 D 태양 에너지
33	新型灭火无人机有什么功能?	33	신형 소화 드론은 어떤 기능이 있는가?
	A 转移人员 B 迅速起降 (✓) C 识别着火点 D 控制喷水管		A 인원을 이동시킨다 B 신속하게 이착륙한다 (✓) C 발화점을 식별한다 D 물 분사관을 조종한다

해설

31. 녹음의 첫 번째 문장에서 '高层建筑一旦发生火灾, 蔓延速度快, 作业面狭小, 扑救难度大, 是全世界都面临的救援难题'가 들립니다. 이 중에서 '蔓延速度快' 부분을 들었다면 정답을 고를 수 있습니다. 정답은 A 火势蔓延快입니다. 나중에 질문 '为什么说高层建筑救火是世界难题?'를 듣고 정답을 확인하면 됩니다.

32. 선택지를 보면 에너지원과 관련된 내용입니다. 녹음 마지막 부분에서 '同时以燃油为动力'가 들리므로, 정답은 B 燃油입니다. 나중에 질문 '新型灭火无人机以什么为动力?'를 듣고 정답을 확인합니다.

33. 33번의 정답은 32번보다 먼저 들립니다. 따라서 31번 문제의 답을 고른 후, 녹음을 들을 때 32번과 33번 선택지를 함께 보아야 합니다. '这款消防灭火无人机还配备了运输车辆起降平台, 到达现场可迅速起降'이 들렸다면, 정답은 B 迅速起降입니다. 나중에 질문 '新型灭火无人机有什么功能?'을 듣고 정답을 확인합니다.

지문 단어

◆ 高层建筑 gāocéng jiànzhù 명 고층 건물 | 一旦 yídàn 접 일단 ~하면 | 发生火灾 fāshēng huǒzāi 화재가 발생하다 | 蔓延 mànyán 동 (불길이) 널리 번지다, 확산되다 | 速度 sùdù 명 속도 | 作业面 zuòyèmiàn 명 작업 공간 *作业 동 작업하다 | 狭小 xiáxiǎo 형 협소하다, 좁고 작다 | 扑救 pūjiù 동 불을 끄고 구조하다 | 难度大 nándù dà 난이도가 높다, 어렵다 | 面临 miànlín 동 직면하다 | 救援 jiùyuán 동 구조하다 | 难题 nántí 명 난제 | 破解 pòjiě 동 (난제를) 해결하다 | 款 kuǎn 양 종류, 모양, 스타일 | 自主 zìzhǔ 동 자주적이다, 독자적이다 | 研发 yánfā 동 연구 개발하다 | 新型 xīnxíng 형 신형의 | 消防灭火无人机 xiāofáng mièhuǒ wúrénjī 소방 소화 드론 *消防 동 소방하다[화재를 진압하거나 예방하다] *灭火 동 불을 끄다, 소화하다 | 应运而生 yìngyùn'érshēng 성 (시대의 요구에 의해서) 생겨나다, 등장하다 | 与···相比 ~와 비교해서, ~에 비해 | 传统 chuántǒng 형 전통적인 | 高喷消防车 gāopēn xiāofángchē 고분사 소방차 *喷 동 분사하다, 분출하다 | 到达现场 dàodá xiànchǎng 현장에 도착하다 | 快速 kuàisù 형 신속하다, 빠르다(=迅速 xùnsù) | 需 xū 동 필요하다 | 高度 gāodù 명 고도, 높이 | 开展 kāizhǎn 동 전개하다 *开展救援 구조 활동을 전개하다 | 使用 shǐyòng 동 사용하다 | 灵活 línghuó 형 민첩하다, 재빠르다 | 机动 jīdòng 형 기동성이 있다 | 提升 tíshēng 동 끌어올리다, 상승하다 | 配备 pèibèi 동 배치하다, 갖추다 | 运输车辆 yùnshū chēliàng 운송 차량 | 起降 qǐjiàng 동 이착륙하다 | 平台 píngtái 명 플랫폼[특정 서비스를 갖추고 있는 시스템] | 以···为动力 yǐ······wéi dònglì ~을 동력으로 삼다 | 燃油 rányóu 명 연유[연료로 쓰는 기름] | 有效载荷 yǒuxiào zàihè 유효 하중, 최대 적재량 *有效 형 유효하다, 효과적이다 | 达到 dádào 동 도달하다 | 公斤 gōngjīn 양 킬로그램(kg) | 续航 xùháng 동 항속하다, 비행을 계속하다 | 应对 yìngduì 동 대응하다, 대처하다 | 外立面火灾 wàilìmiàn huǒzāi 외벽 화재 | 临窗室内火灾 línchuāng shìnèi huǒzāi 창가 내부 화재 | 楼顶火灾 lóudǐng huǒzāi 옥상 화재 | 火情 huǒqíng 명 화재 상황

질문 및 선택지 단어

◆ 救火 jiùhuǒ 동 불을 끄다, 화재를 진압하다 | 火势 huǒshì 명 불길 | 地理位置 dìlǐ wèizhì 지리적 위치 | 偏 piān 형 치우치다, 외지다 | 烟雾 yānwù 명 연기 | 散 sàn 동 흩어지다 | 高处 gāochù 명 높은 곳 | 气压 qìyā 명 기압 | 电能 diànnéng 명 전기 에너지 | 天然气 tiānránqì 명 천연가스 | 太阳能 tàiyángnéng 명 태양 에너지 | 功能 gōngnéng 명 기능 | 转移 zhuǎnyí 동 (방향·위치를) 옮기다, 이동시키다 | 识别 shíbié 동 식별하다 | 着火点 zháohuǒdiǎn 명 발화점 *着火 동 불이 나다, 발화하다 | 控制 kòngzhì 동 조종하다, 컨트롤하다 | 喷水管 pēnshuǐguǎn 명 물 분사관

34-36.

정답 및 해석

第34到36题是根据下面一段话：

1841年，清朝爱国大臣林则徐被遣送新疆，在今天的新疆，我们仍可以看到林则徐的许多功绩。

在吐鲁番，34林则徐发现了一种被当地人称为坎儿井的地下水利设施，他将这种灌溉系统加以改进，并推广到新疆各地，为农牧业发展做出了巨大贡献。34新疆百姓称之为"林公井"。35而林公车是得到林则徐推广的纺车，吐鲁番产棉，且棉多质好，因此林则徐在当地大力推广内地纺纱技术，在他的倡导下，新疆各地纷纷学习使用纺车纺纱，收获良多。此外，林则徐还在新疆南北广植树木，36新疆人民将这些郁郁葱葱的树林称为"林公林"，与后世左宗棠的"左公柳"一道，成为西北边陲的绿色屏障。

林则徐在新疆做了许多实事，造福新疆各族人民，至今仍为人们所感念和传颂。

34 关于林公井，下列哪项正确？
　A 较难挖掘
　B 已推广至全国
　C 井水富含矿物质
　D 由坎儿井改良而来（✓）

35 林公车指的是什么？
　A 纺车（✓）
　B 采棉机
　C 洒水车
　D 运棉车

36 下列哪项是左公柳和林公林的共同点？
　A 只有柳树
　B 新疆百姓立碑纪念
　C 都是西北的绿色屏障（✓）
　D 曾被左宗棠作诗称颂

34~36번 문제는 다음 이야기에 근거한다

1841년, 청나라의 애국 대신 임칙서가 신장으로 유배되었고, 오늘날 신장에서 우리는 여전히 임칙서의 많은 공적을 볼 수 있다.

투루판에서 34임칙서는 현지인들이 '칸얼징(坎儿井)'이라고 부르는 지하 수리 시설을 발견했고, 그는 이 관개 시스템을 개선하여, 신장 각지에 보급하여 농업과 목축업 발전에 아주 큰 공헌을 했다. 34신장 백성들은 이를 '임공정'이라고 불렀다. 35또한 임공차는 임칙서가 보급한 물레로, 투루판은 면화를 생산하고, 게다가 면화가 많고 품질이 좋았다. 이 때문에 임칙서는 현지에서 중국의 방적 기술을 적극적으로 보급했다. 그의 권장에 따라 신장 각지에서 잇달아 물레를 사용하여 실을 뽑는 것을 배웠고, 성과가 매우 많았다. 이 외에 임칙서는 신장 남북에 나무를 많이 심었고, 36신장 사람들은 이 매우 울창한 숲을 '임공림'이라고 불렀다. 이는 후세 좌종당의 '좌공류'와 함께 서북 변경의 친환경 장벽이 되었다.

임칙서는 신장에서 많은 실질적인 일을 하면서 신장의 각 민족을 행복하게 해주었고, 지금까지 여전히 사람들에게 가슴에 새겨지고 전해 내려오며 칭송되고 있다.

34 임공정에 관하여 다음 중 정확한 것은 무엇인가?
　A 비교적 발굴하기 어렵다
　B 이미 전국에 보급되었다
　C 우물물에 미네랄이 많이 들어 있다
　D 칸얼징에서 개량되었다 （✓）

35 임공차가 가리키는 것은 무엇인가?
　A 물레（✓）
　B 면화 채집기
　C 살수차
　D 면화 운반차

36 다음 중 좌공류와 임공림의 공통점은 무엇인가?
　A 버드나무만 있다
　B 신장 백성들이 비석을 세워 기념한다
　C 모두 서북 지역의 친환경 장벽이다（✓）
　D 일찍이 좌종당이 시를 지어 칭송하였다

해설

34 녹음에서 '林则徐发现了一种被当地人称为坎儿井的地下水利设施，他将这种灌溉系统加以改进，……新疆百姓称之为"林公井"'이라고 말했습니다. 이 부분에서 '林则徐'가 '坎儿井'을 개선(改进)해서 현지인들이 그것을 '林公井'이라고 부른다는 사실을 알 수 있습니다. 즉, '林公井'은 '坎儿井'에서 개량된 것입니다. 질문은 '林公井'에 관해 물었으므로, 정답은 D 由坎儿井改良而来입니다.

35 녹음에서 '而林公车是得到林则徐推广的纺车'라고 말했습니다. 질문은 '林公车'가 무엇인지를 묻고 있으므로 정답은 A 纺车입니다.

36 '左公柳和林公林'의 공통점을 물었습니다. 녹음에서 '新疆人民将这些郁郁葱葱的树林称为"林公林"，与后世左宗棠的"左公柳"一道，成为西北边陲的绿色屏障'이라고 말했습니다. 여기서 '西北边陲的绿色屏障' 부분을 놓치지 않고 들었다면 정답을 고를 수 있습니다. 정답은 C 都是西北的绿色屏障입니다. 녹음 마지막에 질문을 듣고 미리 체크한 정답을 확인합니다.

지문 단어

- 清朝 Qīngcháo [고유] 청나라 | 大臣 dàchén 명 대신 | 林则徐 Lín Zéxú [고유] 임칙서[인명] | 遣送 qiǎnsòng 동 송환하다, 돌려보내다, 유배하다 | 新疆 Xīnjiāng [고유] 신장[지명] | 仍 réng 부 여전히 | 功绩 gōngjì 명 공적, 공로와 업적

- 吐鲁番 Tǔlǔfān [고유] 투루판[지명] | 当地人 dāngdìrén 현지인 *当地 명 현지 | 称为 chēngwéi 동 ~라고 부르다 | 坎儿井 kǎn'érjǐng 명 칸얼징[중국 신장 지방에서 보이는 일종의 관개 시설] | 地下水利设施 dìxià shuǐlì shèshī 지하 수리 시설 | 灌溉 guàngài 동 관개하다, 물을 대다 | 系统 xìtǒng 명 시스템 | 加以 jiāyǐ 동 ~하다 | 改进 gǎijìn 동 개선하다 | 推广 tuīguǎng 동 (널리) 보급하다 | 农牧业 nóngmùyè 명 농업과 목축업 | 发展 fāzhǎn 동 발전하다 | 做出贡献 zuòchū gòngxiàn 공헌하다, 기여하다 | 巨大 jùdà 형 거대하다, 아주 크다 | 百姓 bǎixìng 명 백성 | 称之为 chēngzhīwéi (앞에서 언급한) 이를 ~라고 부르다 | 林公井 língōngjǐng 명 임공정 | 林公车 língōngchē 명 임공차 | 纺车 fǎngchē 명 물레 | 产棉 chǎn mián 면화를 생산하다 *棉 명 면화[목화의 솜털] | 且 qiě 접 더욱이, 게다가 | 棉多质好 mián duō zhì hǎo 면화가 많고 품질이 좋다 | 因此 yīncǐ 접 이 때문에, 따라서 | 大力 dàlì 부 힘껏, 대대적으로 | 内地 nèidì 명 내지, 내륙 | 纺纱 fǎngshā 동 방적하다, 실을 뽑다 | 技术 jìshù 명 기술 | 倡导 chàngdǎo 동 제창하다, 권장하다 | 纷纷 fēnfēn 부 잇달아, 계속해서 | 收获 shōuhuò 동 수확, 성과 *收获良多 성과가 매우 많다 | 此外 cǐwài 접 이 외에 | 广植树木 guǎng zhí shùmù 나무를 많이 심다 | 郁郁葱葱 yùyùcōngcōng 형 (초목이) 매우 울창하다 *郁葱 형 울창하다, 무성하다 | 树林 shùlín 명 숲 | 林公林 língōnglín 명 임공림 | 与……一道 yǔ……yídào ~와 함께 | 左宗棠 Zuǒ Zōngtáng [고유] 좌종당[중국 청나라 말기의 정치가이자 군사가] | 左公柳 zuǒgōngliǔ 명 좌공류[청나라 말기에 중신 좌종당이 신장을 수복할 때 상군을 이끌고 심은 버드나무, 상군(湘军): 태평천국의 난 때 증국번(曾国藩)이 후난성의 의용병을 모집하여 훈련시킨 군대] | 边陲 biānchuí 변경, 국경 지대 | 绿色屏障 lǜsè píngzhàng 친환경 장벽

- 实事 shíshì 명 실질적인 일, 실속 있는 일 | 造福 zàofú 동 행복하게 해주다 | 各族人民 gè zú rénmín 각 민족의 사람들 | 至今 zhìjīn 부 지금까지 | 感念 gǎnniàn 동 감격하여 그리워하다, 가슴에 아로새기다 | 传颂 chuánsòng 동 전해 내려오며 칭송되다

질문 및 선택지 단어

- 挖掘 wājué 동 발굴하다 | 井水 jǐngshuǐ 명 우물물 | 富含 fùhán 동 풍부하게 들어 있다, 많이 함유하다 | 矿物质 kuàngwùzhì 명 미네랄 | 改良 gǎiliáng 동 개량하다 | 采棉机 cǎimiánjī 명 면화 채집기 | 洒水车 sǎshuǐchē 명 살수차 | 运棉车 yùnmiánchē 명 면화 운반차 | 共同点 gòngtóngdiǎn 명 공통점 | 立碑 lìbēi 동 비석을 세우다 | 纪念 jìniàn 동 기념하다 | 作诗 zuòshī 동 시를 짓다 | 称颂 chēngsòng 동 칭송하다

37-39.

정답 및 해석

第37到39题是根据下面一段话：

　　最近，清华与某短视频平台携手推出《清华访谈录》，引入"人文清华"讲坛完整版演讲内容和系列直播，共同打造数字人文课堂。

　　"人文清华"邀请人文大家，以线下演讲的形式阐述经典学说和重大发现。37演讲兼顾学术性与大众性、思想性与社会性。38其短视频时长大多为5分钟，少数接近10分钟，一次讲清楚一个观点，简单直接。38同时也有30分钟左右的精华版视频，学者围绕国计民生的某个重大主题做深度阐述，既让外行听懂，又让内行有收获。38另外，还有近2个小时的完整版视频，全面呈现学者的个人经历和学术经历、各个时期的重要观点及本学科的重大问题，让网友知其然并知其所以然。

37~39번 문제는 다음 이야기에 근거한다

　　최근 칭화(대학교)가 한 숏폼 플랫폼과 손을 잡고 「칭화 탐방기」를 출시했으며, '인문 칭화' 강단의 풀버전 강연 내용과 시리즈 생방송을 도입하여 디지털 인문학 교실을 공동으로 만들었다.

　　'인문 칭화'는 인문학 대가들을 초청하여 오프라인 강연 형식으로 고전 학설과 중대한 발견을 설명한다. 37강연은 학술성과 대중성, 사상성과 사회성을 모두 고려한다. 38그 숏품의 길이는 대부분 5분이며 일부는 10분에 가까운데, 한 번에 하나의 관점을 분명하게 설명하며, 간단하고 직접적이다. 38동시에 30분 정도의 하이라이트 버전 영상도 있는데, 학자가 국가 경제와 민생의 어떤 중대한 주제를 중심에 놓고 깊이 있게 설명하여 비전문가도 알아듣게 하고 전문가도 성과를 거두도록 한다. 38이 외에, 2시간에 가까운 풀버전 영상은, 학자의 개인 경험과 학술 경험, 각 시기의 중요한 관점 및 본 학과의 중대한 문제를 전면적으로 보여줘서, 네티즌들이 겉으로 드러난 사실뿐만 아니라 그렇게 된 이유까지 이해하도록 했다.

随着技术进步，传播工具和平台也会迭代演变。³⁹未来或许不仅是短视频，还会有更多新的传播方式，知识的光芒也将照亮更多的人。

기술이 발전함에 따라서, 전파 도구와 플랫폼도 반복해서 변화 발전할 것이다. ³⁹앞으로는 어쩌면 숏폼 뿐만 아니라, 더 많은 새로운 전파 방식이 생길 수 있으며, 지식의 빛이 더 많은 사람들을 밝게 비출 것이다.

37 "人文清华"讲坛的内容有什么特点？
  A 话题有争议
  B 以哲学经典为主
  C 重视娱乐性和实用性
  D 兼具学术性与大众性（✓）

37 '인문 칭화' 강단의 내용은 어떤 특징이 있는가?
  A 화제에 논쟁이 있다
  B 철학 고전을 위주로 한다
  C 오락성과 실용성을 중시한다
  D 학술성과 대중성을 모두 갖추고 있다 (✓)

38 关于"人文清华"的视频，可以知道什么？
  A 时长固定
  B 有多个版本（✓）
  C 在电视台录制
  D 开设了文学专题

38 '인문 칭화' 영상에 관하여 알 수 있는 것은 무엇인가?
  A 시간 길이가 고정되어 있다
  B 여러 버전이 있다 (✓)
  C 방송국에서 녹화 제작했다
  D 문학 특집을 개설했다

39 根据这段话，下列哪项正确？
  A 许多高校有直播课
  B 大学鼓励旁听生听课
  C 知识传播途径越来越多（✓）
  D 短视频比线下讲座精彩

39 이 이야기에 따르면, 다음 중 정확한 것은 무엇인가?
  A 많은 대학에는 생방송 강의가 있다
  B 대학은 청강생이 수강하도록 장려한다
  C 지식 전파 경로가 점점 많아지고 있다 (✓)
  D 숏폼이 오프라인 강연보다 훌륭하다

해설

37 녹음에서 '演讲兼顾学术性与大众性、思想性与社会性' 부분을 들었다면, 정답을 고를 수 있습니다. 정답은 D 兼具学术性与大众性입니다. 녹음 마지막에 문제의 질문("人文清华"讲坛的内容有什么特点?)을 듣고, 미리 체크한 정답을 확인하면 됩니다. 녹음에서는 '兼顾'가 들렸는데, 선택지에는 비슷한 의미의 '兼具'를 사용했습니다.

38 '其短视频时常大多为5分钟，少数接近10分钟，……同时也有30分钟左右的精华版视频，……另外，还有近2个小时的完整版视频'이라고 말했습니다. 이 부분을 통해 우리는 '인문 칭화' 영상이 다양한 버전이 있음을 알 수 있습니다. 질문은 '"人文清华"的视频'에 관하여 알 수 있는 사실을 물었으므로 정답은 B 有多个版本입니다.

39 녹음 마지막에 '未来或许不仅是短视频，还会有更多新的传播方式'라고 말했으므로, 미래에는 더 많은 새로운 전파 방식이 생길 것이라는 사실을 알 수 있습니다. 질문은 전체 글을 근거로 맞는 내용을 고르는 문제이므로 정답은 C 知识传播途径越来越多입니다.

지문 단어

- 清华 Qīnghuá 몡 칭화(대학교) | 某 mǒu 떼 어느, 모, 한 | 短视频 duǎnshìpín 몡 짧은 동영상, 숏폼(영상) *视频 몡 영상, 동영상 | 平台 píngtái 몡 플랫폼[특정 서비스를 갖추고 있는 시스템] | 携手 xiéshǒu 동 손을 잡다 | 推出 tuīchū 동 출시하다 | 清华访谈录 Qīnghuá fǎngtánlù 칭화 탐방기 *访谈 동 탐방하다, 방문 취재하다 | 引入 yǐnrù 동 도입하다 | 讲坛 jiǎngtán 몡 강단 | 完整版 wánzhěngbǎn 몡 완전판, 풀버전 | 演讲 yǎnjiǎng 동 강연 | 内容 nèiróng 몡 내용 | 系列 xìliè 몡 시리즈 | 直播 zhíbō 몡 생방송 하다 *直播课 생방송 강의 | 共同 gòngtóng 부 공동으로, 함께 | 打造 dǎzào 동 제작하다, 만들다 | 数字人文课堂 shùzì rénwén kètáng 디지털 인문학 교실

- 邀请 yāoqǐng 동 초청하다 | 线下 xiànxià 몡 오프라인 | 形式 xíngshì 몡 형식 | 阐述 chǎnshù 동 설명하다 | 经典学说 jīngdiǎn xuéshuō 고전 학설 | 重大发现 zhòngdà fāxiàn 중대한 발견 | 兼顾 jiāngù 동 모두 고려하다 | 学术性 xuéshùxìng 몡 학술성 | 大众性 dàzhòngxìng 몡 대중성 | 思想性 sīxiǎngxìng 몡 사상성 | 社会性 shèhuìxìng 몡 사회성 | 时长 shícháng 몡 시간의 길이 | 大多 dàduō 부 대부분 | 为 wéi 동 ~이다 | 接近 jiējìn 동 가까워지다, 접근하다 | 讲清楚 jiǎng qīngchu 분명하게 설명하다 | 观点 guāndiǎn 몡 관점 | 直接 zhíjiē 형 직접적인 | 左右 zuǒyòu 몡 정도, 쯤 | 精华版 jīnghuábǎn 몡 하이라이트 버전 | 围绕 wéirào 동 둘러싸다, ~을 중심에 놓다 | 国计民生 guójìmínshēng 성 국가 경제와 민생 | 主题 zhǔtí 몡 주제 | 深度 shēndù 형

깊이 있는 | 外行 wàiháng 명 비전문가 | 内行 nèiháng 명 전문가 | 收获 shōuhuò 명 수확, 성과 | 另外 lìngwài 접 이 외에, 이 밖에 | 全面 quánmiàn 형 전면적이다, 전반적이다 | 呈现 chéngxiàn 동 드러내다, 보여주다 | 学科 xuékē 명 학과, 학문 분야 | 网友 wǎngyǒu 명 네티즌 | 知其然并知其所以然 zhī qí rán bìng zhī qí suǒyǐrán 겉으로 드러난 사실뿐만 아니라 그렇게 된 이유까지 이해하다 *所以然 명 그렇게 된 이유

- 随着 suízhe 전 ~함에 따라서 | 技术进步 jìshù jìnbù 기술이 발전하다 | 传播工具 chuánbō gōngjù 전파 도구 *传播 동 전파하다, 널리 퍼뜨리다 | 迭代 diédài 동 뒤바뀌다, 반복하다 | 演变 yǎnbiàn 동 변천하다, 변화 발전하다 | 未来 wèilái 명 미래, 앞으로 | 或许 huòxǔ 부 아마(도), 어쩌면 | 知识 zhīshi 명 지식 | 光芒 guāngmáng 명 광망, 빛 | 照亮 zhàoliàng 동 밝게 비추다

질문 및 선택지 단어

- 内容 nèiróng 명 내용 | 特点 tèdiǎn 명 특징 | 话题 huàtí 명 화제 | 争议 zhēngyì 명 논쟁 | 以…为主 yǐ……wéizhǔ ~을 위주로 하다 | 哲学经典 zhéxué jīngdiǎn 철학 고전 | 重视 zhòngshì 동 중시하다 | 娱乐性 yúlèxìng 명 오락성 | 实用性 shíyòngxìng 명 실용성 | 兼具 jiānjù 동 겸비하다, 모두 갖추다 | 时长 shícháng 명 시간 길이 | 固定 gùdìng 형 고정되다 | 版本 bǎnběn 명 판본, 버전 | 电视台 diànshìtái 명 방송국 | 录制 lùzhì 동 녹화 제작하다 | 开设 kāishè 동 개설하다 | 文学专题 wénxué zhuāntí 문학 특집 | 高校 gāoxiào 명 대학[고등교육기관의 총칭] | 鼓励 gǔlì 동 격려하다, 장려하다 | 旁听生 pángtīngshēng 명 청강생 | 途径 tújìng 명 경로 | 线下讲座 xiànxià jiǎngzuò 오프라인 강좌 | 精彩 jīngcǎi 형 훌륭하다

40-43.

정답 및 해석

第40到43题是根据下面一段话:

⁴⁰冬天最容易使人有压迫感的不一定是寒风，也不一定是高达20度的室内外温差，而是衣柜里那件高领毛衣。一穿高领就浑身难受，不但勒脖子，还觉得恶心、喘不上气。这种情况在医学上称为⁴³"衣领综合征"，是一种由颈动脉窦反射过敏引起恶心、头晕的病症。

人体颈部外侧的中部有个颈动脉窦，⁴¹上面有一个"压力感受器"，每个人的敏感度都不同，如果你的感受器比别人敏感，就更易被高领毛衣压迫。一旦这个部位受到外力压迫，它就会误以为血压升高，进而调控身体降低血压。⁴²衣领或围巾过紧，会让它长时间受压，通过神经反射，引起人体的血压下降和心率减慢，⁴²脑部供血减少，出现头晕、恶心等感觉，严重的可以导致晕厥。

40~43번 문제는 다음 이야기에 근거한다

⁴⁰겨울에 사람에게 압박감을 주기 쉬운 것은 꼭 찬바람만은 아니고, 또한 최고 20도에 달하는 실내외 온도차도 아닌, 옷장 속 그 하이넥 스웨터이다. 하이넥을 입으면 온몸이 불편하고 목이 죄일 뿐만 아니라, 메스껍고 숨이 막히는 것도 느껴진다. 이런 상태는 의학적으로 ⁴³'옷깃 증후군'이라고 부르며, 경동맥동반사 과민 반응으로 인해 메스꺼움과 어지러움을 유발하는 질병이다.

인체의 목 바깥쪽 중간 부분에는 경동맥동이 있으며, ⁴¹그 위에 '압력 수용체'가 있고 모든 사람의 민감도는 서로 다르기 때문에, 만약 당신의 수용체가 다른 사람보다 민감하다면, 하이넥 스웨터에 더 쉽게 압박을 받는다. 일단 이 부위가 외부 힘에 압박을 받으면, (수용체가) 혈압이 상승한 것으로 착각하고, 더 나아가 신체가 혈압을 낮추도록 조절한다. ⁴²옷깃이나 목도리가 너무 꽉 조이면, 장시간 압박을 받도록 해서, 신경 반사를 통해서 인체 혈압이 떨어지고 심박수가 줄도록 유발하며, ⁴²뇌에 혈액 공급이 감소하여 어지러움, 메스꺼움 등의 느낌이 들고, 심한 경우 기절을 초래할 수 있다.

40 根据上文，冬季最让人产生压迫感的是什么?

   A 刺骨寒风
   B 高领毛衣 (✓)
   C 昼夜温差
   D 流行性感冒

40 윗글에 따르면, 겨울에 가장 압박감이 들게 하는 것은 무엇인가?

   A 뼛속까지 스며드는 찬바람
   B 하이넥 스웨터 (✓)
   C 낮과 밤의 온도차
   D 유행성 감기

41 关于压力感受器，下列哪项正确?

   A 易受外力伤害
   B 位于人的左脑
   C 敏感度因人而异 (✓)
   D 与心理承受力有关

41 압력 수용체에 관하여 다음 중 정확한 것은 무엇인가?

   A 외부 힘에 쉽게 손상된다
   B 사람의 좌뇌에 있다
   C 민감도는 사람마다 다르다 (✓)
   D 심리적 인내력과 관련이 있다

42 围巾系得过紧，可能会出现哪种情况？ 　A 心率加快 　B 反应迟钝 　C 四肢发麻 　D 脑供血不足（✓）	42 목도리를 너무 꽉 매면, 어떤 상황이 발생할 수 있는가? 　A 심박수가 빨라진다 　B 반응이 둔해진다 　C 팔다리가 저린다 　D 뇌에 혈액 공급이 부족해진다 （✓）
43 这段话主要介绍了什么内容？ 　A 衣领综合征（✓） 　B 颈椎病手术 　C 胃肠道疾病 　D 诱发过敏的因素	43 이 이야기는 주로 어떤 내용을 소개하고 있는가? 　A 옷깃 증후군 （✓） 　B 경추 질환 수술 　C 위장관 질환 　D 알레르기를 유발하는 요소

해설

40 녹음에서 '冬天最容易使人有压迫感的不一定是寒风，也不一定是高达20度的室内外温差，而是衣柜里那件高领毛衣'라고 말했습니다. 이 문장은 '不是A, 而是B' 구조를 조금 변형한 것으로, 뒤 절의 B 부분을 정답으로 출제했습니다. 즉, 겨울에 압박감을 가장 많이 느끼는 것은 찬바람도 아니고, 온도차도 아닌 바로 '高领毛衣'입니다. 따라서 정답은 B 高领毛衣입니다. 마지막으로 질문 '冬季最让人产生压迫感的是什么？'를 듣고 확인하면 됩니다.

41 녹음의 '上面有一个"压力感受器"，每个人的敏感度都不同' 부분을 통해, 우리는 모두 '压力感受器'는 있지만, 그것에 대한 민감도는 사람마다 다르다는 사실을 알 수 있습니다. 그러므로, 정답은 C 敏感度因人而异입니다. '因人而异'는 '사람에 따라 다르다'라는 뜻을 가진 중국어 필수 성어입니다. 녹음에서 '因人而异'가 직접 들리지 않으니, 최종적으로 질문 '关于压力感受器，下列哪项正确？'를 듣고 정답을 확정하도록 합니다.

42 녹음에서 '衣领或围巾过紧，会让它长时间受压，……，脑部供血减少'라고 말했습니다. 이 부분을 듣고 정답 D 脑供血不足를 고릅니다. 최종적으로 질문 '围巾系得过紧，可能会出现哪种情况？'을 듣고 정답을 확인하도록 합니다.

43 주제를 묻는 문제입니다. 설명문은 보통 첫 번째 단락, 즉 도입 부분에서 주제를 먼저 말해준 후, 그 뒤에 주제에 관해 설명하는 내용이 나옵니다. 녹음의 도입 부분에서 '这种情况在医学上称为"衣领综合征"'이라며 선택지 A를 그대로 읽어 주었습니다. 따라서 정답은 A 衣领综合征입니다.

지문 단어

◆ 压迫感 yāpògǎn 명 압박감 *压迫 동 압박하다 ｜ 不一定 bùyídìng 부 반드시 ~한 것은 아니다, 꼭 ~은 아니다 ｜ 寒风 hánfēng 명 찬바람 ｜ 高达 gāo dá (최대) ~에 달하다 ｜ 室内外 shìnèiwài 명 실내외 ｜ 温差 wēnchā 명 온도차 ｜ 衣柜 yīguì 명 옷장 ｜ 高领 gāolǐng 명 하이넥[목까지 높이 올라온 옷깃] ｜ 毛衣 máoyī 명 스웨터 ｜ 浑身 húnshēn 명 온몸 ｜ 难受 nánshòu 형 불편하다, 괴롭다 ｜ 勒脖子 lēi bózi (옷깃 따위로 인해) 목이 죄다 *勒 동 (끈으로 묶고) 죄다 ｜ 恶心 ěxīn 형 메스껍다 ｜ 喘不上气 chuǎnbushàngqì 숨이 막히다 ｜ 情况 qíngkuàng 명 상황, 상태 ｜ 医学 yīxué 명 의학 ｜ 称为 chēngwéi 동 ~라고 부르다 ｜ 衣领综合征 yīlǐng zōnghézhēng 옷깃 증후군 *衣领 명 옷깃, 칼라 ｜ 颈动脉窦反射 jǐngdòng màidòu fǎnshè 경동맥동반사[자율신경인 경동맥동신경을 통한 혈압 조절반사] *颈动脉窦 경동맥동[뇌에서 혈액을 보내는 동맥 중 하나인 내경동맥이 시작되는 곳에 둥근 모양으로 내민 곳] ｜ 过敏 guòmǐn 동 과민 반응하다, 알레르기 반응을 보이다 ｜ 引起 yǐnqǐ 동 유발하다 ｜ 头晕 tóuyūn 형 어지럽다 ｜ 病症 bìngzhèng 명 질병

◆ 人体颈部外侧 réntǐ jǐngbù wàicè 인체의 목 바깥쪽 *颈部 명 경부, 목 부분 ｜ 压力感受器 yālì gǎnshòuqì 압력 수용체[신체 부위에서 일어나는 압력 변화에 자극을 받는 감각 신경 말단] *感受器 명 수용체[세포막이나 세포 내부에 존재하는 분자구조] ｜ 敏感度 mǐngǎndù 명 민감도 *敏感 형 민감하다 ｜ 一旦 yídàn 접 일단 ~하면 ｜ 部位 bùwèi 명 부위 ｜ 受到压迫 shòudào yāpò 압박을 받다(=受压 shòuyā) ｜ 误以为 wù yǐwéi ~인 줄 알다, ~로 착각하다 ｜ 血压 xuèyā 명 혈압 ｜ 升高 shēnggāo 동 오르다, 상승하다 ｜ 进而 jìn'ér 접 더 나아가 ｜ 调控 tiáokòng 동 제어하다, 조절하다 ｜ 降低 jiàngdī 동 (혈압을) 낮추다 ｜ 围巾 wéijīn 명 목도리 ｜ 过紧 guòjǐn 형 너무 꽉 조이다 ｜ 通过 tōngguò 전 ~을 통해서 ｜ 神经反射 shénjīng fǎnshè 신경 반사 ｜ 下降 xiàjiàng 동 (혈압이) 떨어지다 ｜ 心率 xīnlǜ 명 심박수 ｜ 减慢 jiǎnmàn 동 (속도를) 줄이다, 느려지다 ｜ 脑部 nǎobù 명 뇌 ｜ 供血 gōng xuè 혈액을 공급하다 ｜ 减少 jiǎnshǎo 동 감소하다, 줄다 ｜ 出现 chūxiàn 동 나타나다, (느낌이) 들다, (상황이) 발생하다 ｜ 严重 yánzhòng 형 (정도가) 심하다 ｜ 导致 dǎozhì 동 (나쁜 결과를) 초래하다 ｜ 晕厥 yūnjué 동 기절하다 *晕 동 기절하다 형 어지럽다 *厥 동 기절하다

질문 및 선택지 단어

◆ 根据 gēnjù 전 ~에 근거하여, ~에 따르면 | 产生 chǎnshēng 동 (압박감이) 들다 | 刺骨 cìgǔ 형 (추위가) 뼈를 찌르다, 뼛속까지 스며들다 | 昼夜 zhòuyè 명 주야, 낮과 밤 | 流行性感冒 liúxíngxìng gǎnmào 명 유행성 감기 | 受伤害 shòu shānghài 상처를 받다, 손상되다 | 位于 wèiyú 동 ~에 위치하다, ~에 있다 | 因人而异 yīnrén'éryì 성 사람마다 다르다 | 与…有关 yǔ……yǒuguān ~와 관련이 있다 | 心理承受力 xīnlǐ chéngshòulì 심리적 인내력 *承受力 인내력[어떤 부담을 이겨내는 능력] | 系 jì 동 매다, 묶다 | 加快 jiākuài 동 빠르게 하다, 빨라지다 | 反应迟钝 fǎnyīng chídùn 반응이 둔하다 *迟钝 형 둔하다, 무디다 | 四肢发麻 sìzhī fāmá 팔다리가 저리다 *四肢 명 사지, 팔다리 | 介绍内容 jièshào nèiróng 내용을 소개하다 | 颈椎病 jǐngzhuībìng 명 경추 질환 | 手术 shǒushù 명 수술 | 胃肠道 wèichángdào 명 위장관 | 疾病 jíbìng 명 질병, 질환 | 诱发 yòufā 동 유발하다 | 因素 yīnsù 명 요소

44-47.

정답 및 해석

第44到47题是根据下面一段话：

都说"春暖花开"，可冰天雪地中为何也有植物开花呢？其实植物开花、结实等，都是适应生存环境的表现。

44植物开花的目的是繁殖，实现自身基因的延续。在恰当的时节开花，能保证获得更大的生存优势。冬天开花的植物也遵循这条规律。梅花、冬樱花等植物冬季开花是对温度的一种适应，它们早开花、早结实，可避开夏季的炎热。研究发现，即便是冬天，依然有蜂类等传粉动物在活动，虽然数量较少，但此时开花的植物也少。因而，**45冬季开花的植物得以躲开激烈的传粉竞争**，成功实现繁衍。

另外，在高海拔地区，**46一些高山植物也能在冰天雪地中开花**。由于常年低温，它们不得不进化出类似温室的结构，让花朵减少被冻坏的概率，实现种群延续。虽然在冰天雪地某些植物也可以开花，但并非越冷越好。它们往往是在初冬或者冬末气温略微回升时开花，**47几乎没有哪种植物在深冬时节盛开**。即使像梅花这种冬季开花的植物，遇到极端低温也无法顺利开花。

44~47번 문제는 다음 이야기에 근거한다

흔히들 '따뜻한 봄날 꽃이 핀다'고 하지만, 얼음과 눈으로 뒤덮인 곳에서도 왜 꽃이 피는 식물이 있을까? 사실 식물이 꽃을 피우고 열매를 맺는 것 등은 모두 생존 환경에 적응하는 표현이다. **44식물이 꽃을 피우는 목적은 번식하여 자신의 유전자가 이어지도록 하는 데 있다.** 적절한 시기에 꽃을 피우는 것은 더 큰 생존 우위를 확보하도록 보장해 준다. 겨울에 꽃을 피우는 식물도 이 규칙을 따른다. 매화, 겨울 벚꽃 등과 같은 식물들이 겨울에 꽃을 피우는 것은 온도에 대한 적응으로, 이들은 일찍 꽃을 피우고 일찍 열매를 맺어, 여름의 무더위를 피할 수 있다. 연구에 따르면 설령 겨울이라도 여전히 벌 종류 등과 같은 수분 동물이 활동하고 있는데, 비록 수가 적은 편이지만, 이때 꽃을 피우는 식물도 적다. 그런 까닭에, **45겨울에 꽃을 피우는 식물들은 치열한 수분 경쟁을 피하고** 성공적으로 번식을 실현할 수 있다고 한다.

이 외에, 고해발 지역에서는 **46일부 고산 식물도 얼음과 눈으로 뒤덮인 곳에서 꽃을 피울 수 있다.** 연중 낮은 기온 때문에, 이들은 어쩔 수 없이 온실과 유사한 구조로 진화하여, 꽃송이가 얼어서 손상될 확률을 줄이고 개체군이 이어지도록 한다. 비록 얼음과 눈으로 뒤덮인 곳에서도 일부 식물이 꽃을 피울 수 있지만, 결코 추울수록 좋은 것은 아니다. 이들은 대부분 초겨울이나 늦겨울, 기온이 약간 반등할 때 꽃을 피우며, **47한겨울에 만개하는 식물은 거의 없다.** 설령 매화같이 겨울에 꽃을 피우는 식물이라도, 극도로 낮은 기온을 만나면 순조롭게 꽃을 피울 수 없다.

44 在自然界，植物开花的目的是什么？
   A 繁衍后代 (✓)
   B 适应高温
   C 捕食飞虫
   D 扩张根系

44 자연계에서 식물이 꽃을 피우는 목적은 무엇인가?
   A 후대를 번식하려고 (✓)
   B 높은 기온에 적응하려고
   C 날벌레를 잡아먹으려고
   D 뿌리를 확장하려고

45 有些植物冬天开花有什么优势？
   A 保护花瓣
   B 避开传粉竞争 (✓)
   C 加速果实生长
   D 阻止天敌靠近

45 일부 식물이 겨울에 꽃을 피우는 것은 어떤 강점이 있는가?
   A 꽃잎을 보호한다
   B 수분 경쟁을 피한다 (✓)
   C 열매의 성장을 빠르게 한다
   D 천적이 다가오는 것을 저지한다

46 高山植物如何在冰天雪地中开花？ 　A 用雪水滋润枝干 　B 进化出保温的结构（✓） 　C 靠落叶覆盖来保暖 　D 扎根深土中吸收营养	46 고산 식물은 어떻게 얼음과 눈으로 뒤덮인 곳에서 꽃을 피우는가? 　A 설수로 가지와 줄기를 적신다 　B 보온 구조로 진화한다 （✓） 　C 낙엽으로 덮어 보온한다 　D 깊은 땅속에 뿌리를 내려 영양을 흡수한다
47 根据这段话，下面哪项正确？ 　A 花蕾不怕严寒 　B 光照影响植物花色 　C 高山植物生长周期长 　D 深冬几乎没有植物开花（✓）	47 이 이야기에 따르면, 다음 중 정확한 것은 무엇인가? 　A 꽃봉오리는 혹한을 두려워하지 않는다 　B 햇빛은 식물의 꽃 색깔에 영향을 준다 　C 고산 식물은 성장 주기가 길다 　D 한겨울에 꽃을 피우는 식물은 거의 없다 （✓）

해설

44 녹음 초반에 언급된 '植物开花的目的是繁殖，实现自身基因的延续'를 듣고 정답이 '번식'임을 알 수 있습니다. 지문의 '繁殖'를 선택지에서 동의어 '繁衍'으로 출제했습니다. 최종적으로 질문을 듣고 정답을 확정해 줍니다. 정답은 A 繁衍后代입니다.

45 녹음 중간 부분의 '冬季开花的植物得以躲开激烈的传粉竞争'에서 핵심 단어 '传粉竞争'을 듣고 정답을 고르면 되는 문제입니다. '传粉竞争(수분경쟁)'은 꽃가루를 전파하기 위한 경쟁을 가리킵니다. 마지막에 질문을 듣고 정답을 확정해 줍니다. 정답은 B 避开传粉竞争입니다.

46 '另外'가 들리면 '另外' 뒷부분에 집중합니다. 녹음에서 '它们不得不进化出类似温室的结构，让花朵减少被冻坏的概率，实现种群延续'라고 말했습니다. 이 부분에서 '进化出类似温室的结构'를 듣고 선택지 B에 먼저 체크를 해 둡니다. 최종적으로 질문을 듣고 정답을 확정합니다. 정답은 B 进化出保温的结构입니다.

47 녹음 마지막 부분에 언급된 '几乎没有哪种植物在深冬时节盛开'라는 말은 바로 '한겨울에 피는 식물은 거의 없다'라는 뜻입니다. 문제는 맞는 내용을 고르는 것이므로 정답은 D 深冬几乎没有植物开花입니다.

지문 단어

- 春暖花开 chūnnuǎnhuākāi 성 따뜻한 봄날 꽃이 피다 *花开 통 꽃이 피다, 꽃을 피우다 | 冰天雪地 bīngtiān-xuědì 성 얼음과 눈으로 뒤덮인 곳 | 为何 wèihé 부 왜 | 植物 zhíwù 명 식물 | 其实 qíshí 부 사실 | 结实 jiēshí 통 열매를 맺다 | 适应 shìyìng 통 적응하다 *适应高温 높은 기온에 적응하다 | 生存环境 shēngcún huánjìng 생존 환경 | 表现 biǎoxiàn 명 표현, 태도, 실력(발휘)

- 目的 mùdì 명 목적 | 繁殖 fánzhí 통 번식하다 | 实现 shíxiàn 통 실현하다 | 基因 jīyīn 명 유전자 | 延续 yánxù 통 (현재의 상태가) 이어지다 | 恰当 qiàdàng 형 알맞다, 적절하다 | 时节 shíjié 명 계절 | 保证 bǎozhèng 통 보증하다, 보장하다 | 获得 huòdé 통 획득하다, 확보하다 | 生存优势 shēngcún yōushì 생존 우위 *优势 명 우세, 우위, 강점 | 遵循规律 zūnxún guīlǜ 규칙을 따르다 *规律 명 법칙, 규칙 | 梅花 méihuā 명 매화 | 冬樱花 dōngyīnghuā 명 겨울 벚꽃 | 温度 wēndù 명 온도 | 避开 bìkāi 통 피하다 | 炎热 yánrè 형 (날씨가) 무덥다 | 研究发现 yánjiū fāxiàn 연구에 따르면 ~이라고 한다 | 即便 jíbiàn 접 설령 ~하더라도(=即使 jíshǐ) | 依然 yīrán 부 여전히 | 蜂类 fēng lèi 벌 종류 | 传粉 chuánfěn 통 수분하다, 꽃가루를 옮기다 | 数量 shùliàng 명 수량, 수 | 因而 yīn'ér 접 그러므로, 그런 까닭에 | 得以 déyǐ 통 ~할 수 있다 | 躲开 duǒkāi 통 피하다 | 激烈 jīliè 형 격렬하다, 치열하다 | 竞争 jìngzhēng 통 경쟁하다 | 繁衍 fányǎn 통 번식하다

- 另外 lìngwài 접 이 외에 | 高海拔 gāo hǎibá 고해발 | 地区 dìqū 명 지역 | 常年 chángnián 명 일년 내내, 연중 | 低温 dīwēn 명 저온, 낮은 기온 | 不得不 bùdébù 어쩔 수 없이 | 进化 jìnhuà 통 진화하다 | 类似 lèisì 형 유사하다 | 温室 wēnshì 명 온실 | 结构 jiégòu 명 구조 | 花朵 huāduǒ 명 꽃 | 减少 jiǎnshǎo 통 감소하다, 줄이다 | 被冻坏 bèi dònghuài 얼어서 손상되다 | 概率 gàilǜ 명 확률 | 种群 zhǒngqún 명 종군, 개체군 | 冬末 dōngmò 명 늦겨울 | 略微 lüèwēi 부 조금, 약간 | 回升 huíshēng 통 다시 상승하다, 반등하다 | 几乎 jīhū 부 거의 | 深冬 shēndōng 명 한겨울 | 盛开 shèngkāi 통 (꽃이) 만개하다, 활짝 피다 | 极端 jíduān 형 극단적인, 극도의 | 无法 wúfǎ 통 ~할 수 없다 | 顺利 shùnlì 형 수조롭다

질문 및 선택지 단어

- 繁衍 fányǎn 통 번식하다, 번영하다 | 后代 hòudài 명 후대, 자손 | 捕食 bǔshí 통 포식하다, 잡아먹다 | 飞虫 fēichóng 명 날벌레 | 扩张 kuòzhāng 통 확장하다, 넓히다 | 根系 gēnxì 명 뿌리[원뿌리와 곁뿌리의 총칭] | 保护 bǎohù 통 보호하다 | 花瓣 huābàn

몡꽃잎 | 加速 jiāsù 동 가속하다, 빠르게 하다 | 果实 guǒshí 몡 과실, 열매 | 阻止 zǔzhǐ 동 저지하다 | 天敌 tiāndí 몡 천적 | 靠近 kàojìn 동 접근하다, 다가가다 | 雪水 xuěshuǐ 몡 설수, 눈이 녹은 물 | 滋润 zīrùn 동 촉촉하게 하다, 적시다 | 枝干 zhīgàn 몡 가지와 줄기 | 保温 bǎowēn 동 보온하다, (일정한) 온도를 유지하다 | 靠 kào 전 ~에 의지하여, ~으로 | 落叶 luòyè 몡 낙엽 | 覆盖 fùgài 동 가리다, 덮다 | 保暖 bǎonuǎn 동 보온하다, 따뜻하게 유지하다 | 扎根 zhāgēn 동 (식물이) 뿌리를 내리다 | 深土 shēntǔ 몡 깊은 땅 | 吸收营养 xīshōu yíngyǎng 영양을 흡수하다 | 根据 gēnjù 전 ~에 근거하여, ~에 따르면 | 花蕾 huālěi 몡 꽃봉오리, 꽃망울 | 不怕 búpà 두려워하지 않다 | 严寒 yánhán 혹한 | 光照 guāngzhào 몡 햇빛 | 花色 huāsè 몡 꽃의 색깔 | 生长周期 shēngzhǎng zhōuqī 성장 주기

48-50.

정답 및 해석

第48到50题是根据下面一段话:

古人像现代人一样热衷于旅游。⁴⁸<u>但那时交通条件远不如今天，旅游难度较大</u>。古代旅游人群主要有三类：一是文人士大夫，他们有钱、有时间，喜欢将感情寄托于山水名胜；二是商人群体，他们去各地做生意，顺便欣赏沿途风光；三是城镇居民，随着唐宋时期市民阶层的崛起，老百姓旅游也逐渐多了起来。

古人旅行用什么交通工具呢？首选是船，不仅安稳舒适，还方便装行李。⁴⁹<u>另外，船舱还可以睡觉，相当于开了辆房车，省去大笔住宿费</u>。不便行船的地区，人们会选择马车，有人可能会担心费用，毕竟古代的马费用很高，不过没关系，⁵⁰<u>古代有出租马匹服务</u>。如果想穷游也行，那交通工具只能靠你的双腿了。

48 在古代，为什么旅行难度大？

A 交通不便(✓)
B 百姓收入低
C 海关手续复杂
D 人们空闲时间少

49 古人旅行首选船的理由是什么？

A 可随时停靠
B 节约住宿费(✓)
C 航行时间短
D 感觉很威风

50 关于古人旅行，下列哪项正确？

A 可以租马(✓)
B 会请导游
C 商人占少数
D 有旅行书籍

48~50번 문제는 다음 이야기에 근거한다

옛날 사람들은 현대인처럼 여행에 열중했다. ⁴⁸<u>하지만 그 당시는 교통 여건이 현재보다 훨씬 못해서 여행 난이도가 비교적 높았다</u>. 고대의 여행자들은 주로 세 부류가 있었다. 첫째는 문인 사대부들로, 그들은 돈과 시간이 있었고 감정을 산수 명승지에 담길 좋아했다. 둘째는 상인 집단으로, 그들은 각지로 장사하러 가는 김에 길가의 경치를 감상했다. 셋째는 도시와 읍 주민들로, 당송 시기의 시민 계층이 부상하면서 백성들의 여행도 점차 많아지기 시작했다.

옛날 사람들은 여행할 때 어떤 교통수단을 사용했을까? 첫 번째 선택은 배였다. 배는 안정적이고 편안할 뿐만 아니라 짐을 싣기도 편리했다. ⁴⁹<u>이 외에도, 선실에서는 잠도 잘 수 있어서, 캠핑카를 모는 것과 같아 숙박비를 많이 절약할 수 있다</u>. 배가 다니기 불편한 지역에서 사람들은 마차를 선택할 것이고 누군가는 비용을 걱정할 수도 있다. 그래도 어쨌든 고대의 말은 비용이 많이 들었지만, 괜찮다. ⁵⁰<u>고대에는 말 대여 서비스가 있다</u>. 만약 알뜰 여행을 하고 싶어도 좋다. 그러면 교통수단은 당신의 두 다리에 의지할 수밖에 없다.

48 고대에는 왜 여행 난이도가 높았는가?

A 교통이 불편해서 (✓)
B 백성들의 소득이 낮아서
C 세관 절차가 복잡해서
D 사람들의 여가 시간이 적어서

49 옛날 사람들이 여행할 때 배를 첫 번째로 선택한 이유는 무엇인가?

A 언제든 정박할 수 있어서
B 숙박비를 절약하려고 (✓)
C 항해 시간이 짧아서
D 당당한 느낌이 들어서

50 옛날 사람들의 여행에 관하여 다음 중 정확한 것은 무엇인가?

A 말을 빌릴 수 있다 (✓)
B 가이드를 부를 수 있다
C 상인이 소수이다
D 여행 서적이 있다

해설

48 녹음 초반에 '但那时交通条件远不如今天，旅游难度较大' 부분을 듣고, 과거에는 교통이 지금보다 훨씬 못해서 여행이 어려웠다는 것을 알 수 있습니다. 마지막에 질문까지 들으면, 정답은 A 交通不便입니다.

49 녹음의 후반부는 옛날 사람들이 여행할 때 사용한 교통수단에 관해 설명하고 있습니다. 녹음의 '另外，船舱还可以睡觉，相当于开了辆房车，省去大笔住宿费'에서 '省去大笔住宿费'를 들었다면, 배는 숙박비를 많이 절약할 수 있음을 알 수 있습니다. 선택지에서 가장 유사한 B 节约住宿费를 고른 후에, 마지막 질문을 듣고 다시 한번 정답을 확인합니다.

50 '古人旅行'에 관하여 정확한 내용을 찾는 문제입니다. 미리 선택지를 보고 이미 들은 내용 중에 정답이 있다면 체크하고, 아직 답이 없다면 남은 녹음을 집중해서 잘 들어야 합니다. 녹음 마지막 문장에서 '古代有出租马匹服务'를 통해 '고대에는 말을 빌려주는 서비스가 있다'는 것을 알 수 있습니다. 따라서 정답은 A 可以租马입니다.

지문 단어

◆ 热衷 rèzhōng 동 열중하다 | 交通条件 jiāotōng tiáojiàn 교통 여건 | 远不如 yuǎn bùrú ~보다 훨씬 못하다 | 难度 nándù 명 난이도 | 人群 rénqún 명 사람들 *旅游人群 여행자들 | 士大夫 shìdàfū 명 사대부 | 感情 gǎnqíng 명 감정 | 寄托 jìtuō 동 (감정을) 걸다, 담다 | 山水名胜 shānshuǐ míngshèng 산수 명승지 | 群体 qúntǐ 명 집단 | 做生意 zuò shēngyi 장사를 하다 | 顺便 shùnbiàn 부 ~하는 김에, 겸사겸사 | 欣赏 xīnshǎng 동 감상하다 | 沿途 yántú 명 길가 | 风光 fēngguāng 명 풍경, 경치 | 城镇 chéngzhèn 명 도시 | 居民 jūmín 명 주민 | 随着 suízhe 전 ~함에 따라서 | 唐宋 Táng Sòng 명 당송, 당나라와 송나라 | 时期 shíqī 명 시기 | 市民阶层 shìmín jiēcéng 시민 계층 | 崛起 juéqǐ 동 우뚝 솟다, 부상하다 | 老百姓 lǎobǎixìng 명 백성, 주민 | 逐渐 zhújiàn 부 점점, 점차

◆ 交通工具 jiāotōng gōngjù 명 교통수단 | 首选 shǒuxuǎn 동 첫 번째로 선택하다 | 安稳 ānwěn 형 안정적이다 | 舒适 shūshì 형 편안하다 | 装行李 zhuāng xínglǐ (여행)짐을 싣다 | 另外 lìngwài 접 이 외에 | 船舱 chuáncāng 명 선실 | 相当于 xiāngdāng yú 동 ~에 상당하다, ~와 같다 | 辆 liàng 양 대[차량을 셀 때 쓰임] | 省 shěng 동 아끼다, 절약하다(=节约 jiéyuē) | 大笔 dàbǐ 형 거액의, 많은 | 住宿费 zhùsùfèi 명 숙박비 | 不便 búbiàn 형 불편하다 *交通不便 교통이 불편하다 | 行船 xíngchuán 동 배가 다니다 | 地区 dìqū 명 지역 | 马车 mǎchē 명 (사람을 태우는) 마차 | 费用 fèiyòng 명 비용 | 毕竟 bìjìng 부 그래도 어쨌든 | 出租 chūzū 동 빌려주다, 대여하다 *租 동 빌리다 | 马匹 mǎpǐ 명 말 | 服务 fúwù 명 서비스 | 穷游 qióngyóu 동 알뜰 여행하다 | 靠 kào 동 기대다, 의지하다 | 双腿 shuāng tuǐ 두 다리

질문 및 선택지 단어

◆ 收入 shōurù 명 수입, 소득 | 海关 hǎiguān 명 세관 | 手续复杂 shǒuxù fùzá 절차가 복잡하다 *手续 명 수속, 절차 | 空闲时间 kōngxián shíjiān 여가 시간 | 理由 lǐyóu 명 이유 | 随时 suíshí 부 수시로, 언제든 | 停靠 tíngkào 동 (배가) 정박하다 | 航行 hángxíng 동 항해하다 | 威风 wēifēng 형 위엄이 있다, 당당하다 | 导游 dǎoyóu 명 가이드 | 占少数 zhàn shǎoshù 소수를 차지하다, 소수이다 | 书籍 shūjí 명 서적

二、阅读

第一部分 어법적 오류가 있는 문장을 고르세요.

51.

정답 및 해석

A 自古以来，瓷器便受到文人墨客的热捧。 B 技术进步给人类的生活带来了很多变化。 C 这件衣服裁缝制作得既质量高又设计独特。(✓) D 高科技行业的竞争归根到底是人才的竞争。	A 예로부터 도자기는 문인 묵객들에게 열렬한 환영을 받았다. B 기술의 발전은 인류의 생활에 많은 변화를 가져다주었다. C 이 옷은 재봉사가 품질이 좋을 뿐만 아니라, 디자인도 독특하게 만들었다. (✓) D 첨단 기술 산업의 경쟁은 결국 인재 경쟁이다.

해설

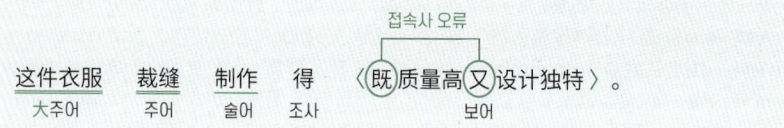

▶ '既A又B'는 한가지 대상, 즉 주어가 1개일 때 사용하며, '既'와 '又'는 모두 부사라서 명사 앞에 쓸 수 없습니다. '质量高'와 '设计独特'의 '质量'과 '设计'는 주어이면서 명사이기 때문에 앞에 '既'와 '又'를 쓸 수 없습니다. 두 개의 주어에 사용하며, A와 B를 모두 가지고 있다는 의미를 전달하려면 '不仅A，而且B'를 써야 합니다.

옳은 문장 这件衣服裁缝制作得<u>不仅</u>质量高，<u>而且</u>设计独特。

단어 自古以来 zìgǔyǐlái 자고로, 예로부터 | 瓷器 cíqì 몡 자기 | 受到热捧 shòudào rèpěng 열렬한 환영을 받다 | 墨客 mòkè 몡 묵객[글 쓰는 사람] | 技术进步 jìshù jìnbù 기술의 발전 | 裁缝 cáiféng 몡 재봉사 | 制作 zhìzuò 통 제작하다, 만들다 | 质量 zhìliàng 몡 품질 | 设计 shèjì 몡 디자인 | 独特 dútè 형 독특하다 | 高科技 gāokējì 몡 첨단 기술 | 行业 hángyè 몡 업계, 산업 | 竞争 jìngzhēng 통 경쟁하다 | 归根到底 guīgēn-dàodǐ 성 근본으로 돌아가다, 결국

52.

정답 및 해석

A 热带地区出产的铁西瓜是一种传统的药用植物。 B 中国西部地区的劣势之一是自然资源丰富多彩。(✓) C 新陈代谢，除旧更新，这是历史发展的必然规律。 D 好钢是在烈火中炼出来的，快刀是在石头上磨出来的。	A 열대 지역에서 나는 '호리병박나무'는 전통적인 약용 식물이다. B 중국 서부 지역의 강점 중의 하나는 천연자원이 풍부하고 다채롭다는 것이다. (✓) C 신진대사는 낡은 것을 제거하고 새것으로 교체하는 것으로, 이것은 역사 발전의 필연적인 법칙이다. D 좋은 강철은 맹렬한 불 속에서 제련된 것이고, 예리한 칼은 돌 위에서 갈아진 것이다.

해설

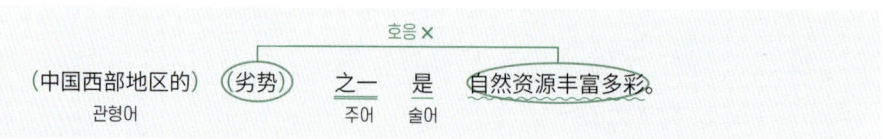

▶ '이 문장은 중국 서부 지역의 열세 중 하나가 천연자원이 풍부하다고 했습니다. 천연자원이 풍부한 것은 열세(劣势)가 아니라, 강점(优势)입니다. 이렇게 의미상 오류가 있는 문장들도 가끔 출제되므로, 의미가 논리적으로 맞는지를 체크해 봅니다.

옳은 문장 中国西部地区的<u>优势</u>之一是自然资源丰富多彩。

단어 热带地区 rèdài dìqū 열대 지역 *地区 몡 지역 | 出产 chūchǎn 동 나다, 생산하다 | 铁西瓜 tiěxīguā 몡 호리병박나무(=葫芦树 húlúshù) | 传统 chuántǒng 형 전통적인 | 药用植物 yàoyòng zhíwù 약용 식물 | 劣势 lièshì 몡 열세 | 优势 yōushì 몡 우세, 강점 | 自然资源 zìrán zīyuán 천연자원 | 丰富多彩 fēngfù-duōcǎi 성 풍부하고 다채롭다 | 新陈代谢 xīnchén-dàixiè 성 신진대사하다, 물갈이 하다 | 除旧更新 chújiù-gēngxīn 성 낡은 것을 제거하고 새것으로 교체하다 | 历史发展 lìshǐ fāzhǎn 역사 발전 | 必然 bìrán 형 필연적이다 | 规律 guīlǜ 몡 법칙, 규칙 | 好钢 hǎo gāng 좋은 강철 | 烈火 lièhuǒ 몡 맹렬한 불 | 炼 liàn 동 제련하다 | 快刀 kuàidāo 몡 예리한 칼 | 磨 mó 동 갈다, 문지르다

53.

정답 및 해석

A 这篇文章使大家认识到了吸烟的危害有多大。 B 尽管山道极其险峻，我们最终还是登上了峰顶。 C 轻柔的微风和小桥流水人家的景色令人心旷神怡。 D 当务之急是寻找证据，否则我们能不能打赢官司。（✓）	A 이 글은 사람들이 흡연의 해로움이 얼마나 큰지 깨닫게 해줬다. B 비록 산길이 몹시 험준했지만, 우리는 결국 그래도 산 정상에 올랐다. C 가볍고 부드러운 산들바람과 작은 다리, 흐르는 물, 인가의 풍경에 마음이 트이고 기분이 유쾌하다. D 당장 급선무는 증거를 찾는 것이다. 그렇지 않으면 우리는 소송에서 이길 수 없다.（✓）

해설

当务之急	是	寻找证据，	(否则)	我们	[能不能]	打赢	官司。
주어	술어	목적어		주어	부사어	술어	목적어

▶ '能不能'은 긍정과 부정을 함께 써서 묻는 정반의문문 형태이므로, 해당 문장은 '소송에서 이길 수 있습니까, 없습니까'라는 의미가 되어서 틀린 문장입니다. 문장의 전체 의미로 보면, '증거를 찾지 않으면 소송에서 이길 방법이 없다(无法)'라고 하는 것이 좋습니다. 물론 '无法' 대신 '不能'도 가능하지만 서면에서는 '无法'를 더 많이 사용합니다.

옳은 문장 当务之急是寻找证据，否则我们无法打赢官司。

단어 篇 piān 양 편[글을 셀 때 쓰임] | 文章 wénzhāng 몡 (독립된 한 편의) 글 | 吸烟 xīyān 동 담배를 피우다, 흡연하다 | 危害 wēihài 몡 위해, 해로움 | 尽管 jǐnguǎn 접 비록 ~지만 | 山道 shāndào 몡 산길 | 极其 jíqí 부 지극히, 몹시 | 险峻 xiǎnjùn 형 험준하다 | 最终 zuìzhōng 몡 최후, 결국 | 登上峰顶 dēngshàng fēngdǐng 산 정상에 오르다 *峰顶 몡 산의 정상, 산꼭대기 | 轻柔 qīngróu 가볍고 부드럽다 | 微风 wēifēng 몡 미풍, 산들바람 | 小桥流水人家 xiǎoqiáo liúshuǐ rénjiā 작은 다리, 흐르는 물, 인가 | 景色 jǐngsè 몡 경치, 풍경 | 心旷神怡 xīnkuàng-shényí 성 마음이 트이고 기분이 유쾌하다 | 当务之急 dāngwùzhījí 성 급선무, 당장 급한 일 | 寻找证据 xúnzhǎo zhèngjù 증거를 찾다 | 否则 fǒuzé 접 그렇지 않으면 | 打赢官司 dǎyíng guānsi 소송에서 이기다 *打赢 동 이기다, 승리하다

54.

정답 및 해석

A 一个地区方言太多会障碍人与人之间的沟通。（✓） B "珍稀"是一件物品是否具有收藏价值的首要标准。 C 人生难免会遇到艰难的时刻，但艰难中总会孕育着希望。 D 为什么大多数人在减肥或摆脱坏习惯方面都感到很困难？	A 한 지역에 방언이 너무 많으면 사람 간의 소통을 방해할 수 있다.（✓） B '희귀성'은 물건이 소장 가치가 있는지 여부의 가장 중요한 기준이다. C 인생에서 어려운 순간을 만나기 마련이지만, 어려움 속에서 언제나 희망을 키우고 있다. D 왜 대부분의 사람은 다이어트나 나쁜 습관에서 벗어나는 데 어려움을 느낄까?

해설

一个地区方言太多	[会]	障碍	(人与人之间的)	沟通。
주어	부사어	술어	관형어	목적어

▶ '동사+목적어' 호응 관계를 묻는 문제입니다. '障碍'는 사전에 동사도 있지만 사실상 거의 명사로만 사용합니다. '障碍'가 동사로 사용될 때는 눈에 보이는 행동을 방해할 때 사용합니다. 반면에 '妨碍'는 '妨碍睡眠(수면을 방해하다)'처럼 주로 추상적인 행동을 '방해하다'라는 의미로 사용합니다. '沟通(소통)'은 추상적인 행위이므로 '妨碍'를 써 주는 것이 맞습니다.

옳은 문장   一个地区方言太多会妨碍人与人之间的沟通。

단어   地区 dìqū 명 지역 | 方言 fāngyán 명 방언 | 障碍 zhàng'ài 명 장애(물) | 妨碍 fáng'ài 동 방해하다 | 沟通 gōutōng 동 소통하다 | 珍稀 zhēnxī 형 진귀하고 드물다, 희귀하다 | 物品 wùpǐn 명 물품, 물건 | 具有价值 jùyǒu jiàzhí 가치가 있다 | 收藏 shōucáng 동 소장하다 | 首要 shǒuyào 형 가장 중요한, 주요한 | 标准 biāozhǔn 명 기준 | 难免 nánmiǎn 동 피하기 어렵다, ~하기 마련이다 | 遇到 yùdào 동 만나다, 마주치다 | 艰难 jiānnán 형 어렵다, 힘들다 | 时刻 shíkè 명 순간 | 孕育希望 yùnyù xīwàng 희망을 키우다 | 大多数人 dàduōshù rén 대부분의 사람 | 减肥 jiǎnféi 동 다이어트하다 | 摆脱 bǎituō 동 벗어나다, 빠져나오다 | 坏习惯 huài xíguàn 나쁜 습관

55.

정답 및 해석

A 他获奖无数，柜子上摆满了奖杯，挂满了奖牌在他墙上。(✓)
B 跟手势一样，表情符号也是一种辅助工具，无法独立使用。
C 从古至今，从皇宫到民居，中国人在建筑上一直都在追求对称美。
D 据联合国粮食及农业组织预测，到2050年，世界人口将增长到90亿。

A 그는 상을 무수히 받아서, 수납장에는 트로피가 가득 놓여 있고 벽에는 메달이 가득 걸려 있다. (✓)
B 손짓과 마찬가지로 이모티콘도 보조 도구로, 단독으로 사용할 수 없다.
C 예로부터 지금까지, 황궁에서 민가에 이르기까지 중국인들은 건축에서 줄곧 대칭미를 추구하고 있다.
D 유엔 식량농업기구의 예측에 따르면 2050년까지 세계 인구가 90억 명으로 증가할 것이라고 한다.

해설

주어 자리로 이동

他 获奖无数, 柜子上 摆 〈满〉 了 奖杯, 挂 〈满〉 了 奖牌 在他墙上。
주어 술어   주어   술어 보어 조사 목적어   술어 보어 조사 목적어

▶ 목적어 '奖牌' 뒤에 다른 성분이 올 수 없습니다. 중국어에서 '어떤 장소에 무엇이 있다'는 것을 나타내는 문장을 '존현문'이라고 합니다. 존현문은 주어 자리에 전치사를 쓸 수 없으며, 목적어에는 '수량+명사', 혹은 '명사'가 옵니다. 그러므로 벽에 상이 많이 걸려 있다는 문장은 '墙上挂满了奖牌'라고 써야 합니다.

Tip 존현문의 대표적인 문장 구조 중 하나이니, 꼭 외워 둡니다.
'주어(장소)+술어(동사)+满了+목적어(대상): 어디에 무엇이 가득하다'
• 教室里坐满了学生。 교실에 학생이 가득 앉아 있다.
• 墙上挂满了衣服。 벽에 옷이 가득 걸려있다.

옳은 문장   他获奖无数，柜子上摆满了奖杯，墙上挂满了奖牌。

단어   获奖 huòjiǎng 동 상을 받다 | 无数 wúshù 형 무수하다, 매우 많다 | 柜子 guìzi 명 옷장, 수납장 | 摆 bǎi 동 놓다, 진열하다 | 奖杯 jiǎngbēi 명 우승컵, 트로피 | 挂 guà 동 (고리·못 따위에) 걸다 | 奖牌 jiǎngpái 명 메달 | 墙 qiáng 명 벽 | 手势 shǒushì 명 손짓 | 表情符号 biǎoqíng fúhào 이모티콘 | 辅助工具 fǔzhù gōngjù 보조 도구 *辅助 형 보조의 | 无法 wúfǎ 동 ~할 수 없다 | 独立 dúlì 동 독자적으로 하다, 단독으로 하다 | 使用 shǐyòng 동 사용하다 | 从古至今 cónggǔ zhìjīn 예로부터 지금까지 | 皇宫 huánggōng 명 황궁 | 民居 mínjū 명 민가 | 建筑 jiànzhù 명 건축, 건축물 | 始终 shǐzhōng 부 시종일관, 줄곧 | 追求 zhuīqiú 동 추구하다 | 对称美 duìchènměi 명 대칭미 | 据 jù 전 ~에 따르면 | 联合国粮食及农业组织 Liánhéguó Liángshi jí Nóngyè Zǔzhī 명 유엔(국제연합) 식량농업기구(FAO) | 预测 yùcè 동 예측하다 | 增长 zēngzhǎng 동 (인구가) 증가하다 | 亿 yì 수 억

56.

정답 및 해석

A 这本书内容太深奥了，读起来很吃力，恐怕看多几次才能看懂。（✓）
B 我们包容多元的个体审美趣味，但更需要塑造向上的主流审美。
C 一座座输电铁塔巍然矗立，串联起的电线像五线谱一样延伸到远方。
D 在金钱面前，社会关系和道德规范比我们潜意识所认为的更有力量。

A 이 책의 내용은 너무 심오해서 읽기가 힘든데, 아마 몇 번 더 봐야 이해할 수 있을 것 같다. （✓）
B 우리는 다양한 개인의 미적 취향을 포용하지만, 발전하는 주류 미적 감각을 만드는 것이 더욱 필요하다.
C 여러 개의 송전 철탑이 우뚝 솟아 있고, 연결된 전선은 오선보처럼 멀리까지 뻗어 있다.
D 돈 앞에서 사회적 관계와 도덕적 규범은 우리의 무의식이 생각하는 것보다 더 강력하다.

해설

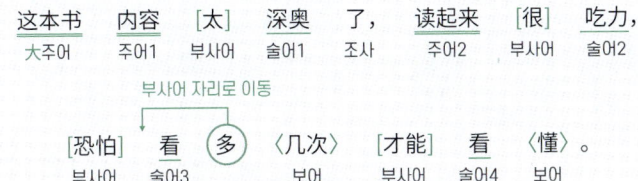

▶ '더 많이 해야 한다'를 표현할 때는 '多'를 동사 앞에 써야 합니다.

Tip '多/少+동사 술어+수량사+목적어' 구조를 기억해 둡니다.
- 多穿点衣服 옷을 좀 더 껴입어라
- 多喝点热水 따뜻한 물을 좀 많이 마셔라
- 少说几句话 말을 좀 줄여라

옳은 문장 这本书内容太深奥了，读起来很吃力，恐怕多看几次才能看懂。

단어 内容 nèiróng 몡 내용 | 深奥 shēn'ào 휑 심오하다 | 吃力 chīlì 휑 힘들다 | 恐怕 kǒngpà 円 아마(도) | 包容 bāoróng 동 포용하다 | 多元 duōyuán 휑 다원적인, 다양한 | 个体 gètǐ 몡 개체, 개인 | 审美趣味 shěnměi qùwèi 심미적 취향 *审美 휑 심미적인 몡 미적 감각 | 需要 xūyào 동 필요하다 | 塑造 sùzào 동 (빚어서) 만들다, 형성하다 | 向上 xiàngshàng 동 향상하다, 발전하다 | 主流 zhǔliú 몡 주류 | 座 zuò 양 좌, 동, 채[부피가 크거나 고정된 물체를 셀 때 쓰임] | 输电 shūdiàn 동 송전하다, 전기를 보내다 | 铁塔 tiětǎ 몡 (고압선) 철탑 | 巍然矗立 wēirán chùlì 우뚝 솟다 *巍然 휑 우뚝한 모양 *矗立 동 우뚝 솟다 | 串联 chuànlián 동 연결하다 | 电线 diànxiàn 몡 전선 | 五线谱 wǔxiànpǔ 몡 오선보[5개의 선 위에 여러 기호를 그려 음의 길이나 높낮이 등을 표현할 수 있게 만든 악보] | 延伸 yánshēn 동 뻗다 | 金钱 jīnqián 몡 금전, 돈 | 道德规范 dàodéguīfàn 도덕적 규범 | 潜意识 qiányìshí 몡 잠재의식, 무의식 | 有力量 yǒu lìliàng 힘이 있다, 강력하다

57.

정답 및 해석

A 北京大学王力语言学奖第十九届评奖工作于12月18日圆满结束。
B 他的演讲具有强大的感染力，听众可以从中感受到激动人心的力量。
C 宇航员进入太空的微重力环境后，身体会遭受一系列极端压力的干扰。
D 三国时代的诸葛亮神机妙算，毫无没有争议地被认为是中国最有智慧的历史人物。（✓）

A 베이징대학교 왕리 언어학상 제19회 수상자 선정 작업이 12월 18일에 원만하게 끝났다.
B 그의 연설에는 강력한 호소력이 있으며, 청중은 그 속에서 사람의 마음을 감동시키는 힘을 느낄 수 있다.
C 우주비행사는 우주의 미세 중력 환경에 들어간 후에, (그들의) 몸은 일련의 극심한 압력의 간섭을 받게 된다.
D 삼국 시내의 제갈량은 신묘한 지략과 기묘한 계책을 지녔으며, 논쟁의 여지 없이 중국에서 가장 지혜로운 역사적 인물로 여겨진다. （✓）

443

해설

（三国时代的）	诸葛亮	神机妙算，	[毫无没有争议地]	被认为	是	（中国最有智慧的）	历史人物。
관형어	주어	술어	부사어	被술어 + 술어		관형어	목적어

▶ 동일한 표현을 중복해서 틀린 문장입니다. '毫无'의 '无'에 이미 '없다'라는 뜻이 있으므로 뒤에 '没有'를 또 쓰면 틀린 문장이 됩니다. '被认为是' 표현은 틀린 표현이 아니니 주의하세요.

옳은 문장 三国时代的诸葛亮神机妙算，毫无争议地被认为是中国最智慧的历史人物。

단어 语言学奖 yǔyánxué jiǎng 언어학상 | 届 jiè 양 회, 기, 차 | 评奖 píngjiǎng 동 심사하여 표창하다, 수상자를 선정하다 | 圆满 yuánmǎn 형 원만하다 | 结束 jiéshù 동 끝나다 | 演讲 yǎnjiǎng 명 강연, 연설 | 具有 jùyǒu 동 있다, 가지다 | 感染力 gǎnrǎnlì 명 감화력, 호소력 | 听众 tīngzhòng 명 청중 | 激动人心 jīdòng rénxīn 사람의 마음을 감동시키다 | 力量 lìliàng 명 힘 | 宇航员 yǔhángyuán 명 우주비행사 | 太空 tàikōng 명 우주 | 微重力环境 wēi zhònglì huánjìng 미세 중력 환경 | 遭受干扰 zāoshòu gānrǎo 방해를 받다, 간섭을 받다 | 一系列 yíxìliè 형 일련의 | 极端 jíduān 형 극단적인, 극심한 | 压力 yālì 명 압력 | 诸葛亮 Zhūgě Liàng 고유 제갈량[인명] | 神机妙算 shénjī-miàosuàn 성 신묘한 지략과 기묘한 계책 | 毫无 háowú 동 조금도 ~이 없다, ~의 여지 없다 | 争议 zhēngyì 명 논쟁, 이견 | 智慧 zhìhuì 명 지혜

58.

정답 및 해석

A 与交谈对象保持目光接触固然有好处，不过，偶尔中断一下或许更有利于交谈。
B 在中国文学史上，盛唐送别诗在情感与美学上都具有较高水平，并深深地影响了后世的诗歌创作。
C 声音比身体其他特征衰老得更慢，如果你试图通过听声音来判断一个人的年龄，很可能会错误地猜。（✓）
D 极端天气气候事件包括极端天气事件和极端气候事件，是相对于绝大多数较平常的事件而言的异常事件。

A 대화 상대와 눈맞춤을 유지하는 것은 물론 좋지만, 가끔 (시선을) 한번 끊는 것이 아마 대화에 더 도움이 될 것이다.
B 중국 문학사에서 성당의 송별시는 감정적, 미학적으로 비교적 높은 수준을 지녔으며, 아울러 후대의 시 창작에 깊은 영향을 주었다.
C 목소리는 신체의 다른 특징보다 더 느리게 노화되기 때문에, 만약 목소리를 듣는 것을 통해서 사람의 나이를 판단하려 하면, 잘못 짚을 가능성이 높다. （✓）
D 극단적인 날씨 기후 사건은 극단적인 날씨 사건과 극단적인 기후 사건을 포함하며, 대다수의 비교적 일반적인 사건에 비해 이례적인 사건이다.

해설

	声音	[比身体其他特征]	衰老	得	〈更慢〉,
	주어	부사어	술어	조사	보어

如果	你	试图 ‖	[通过听声音]	来	判断	（一个人的）	年龄，
	주어	술어	부사어	조사	술어	관형어	목적어

试图의 목적어

보어 자리로 이동

[很可能][会]	错误地	猜。
부사어		술어

▶ 중국어에 '错误地猜'라는 표현은 존재하지 않습니다. '추측이 틀렸다'고 표현하려면, '错'를 동사 뒤에 두어, 결과보어로 활용하면 됩니다.

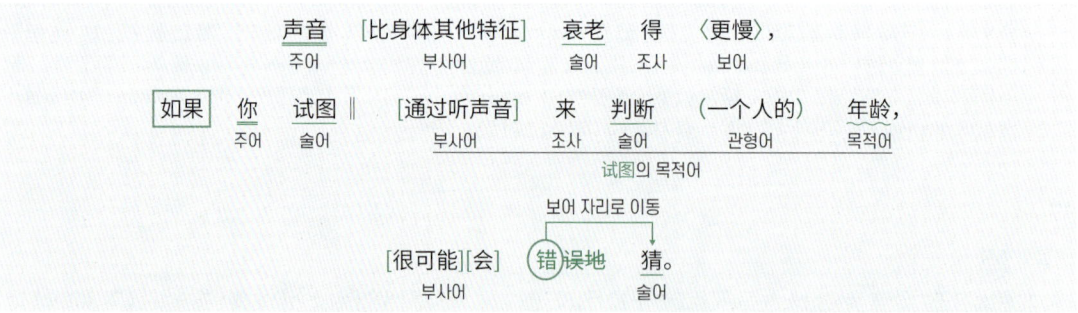

Tip '동사+결과보어' 구조를 잘 기억해 둡니다.
• 听错了录音 녹음을 잘못 들었다
• 进错了房间 방에 잘못 들어갔다
• 按错了门铃 벨을 잘못 눌렀다

옳은 문장 声音比身体其他特征衰老得更慢，如果你试图通过听声音来判断一个人的年龄，很可能会猜错。

단어 交谈 jiāotán 통 대화하다 | 对象 duìxiàng 명 대상, 상대, 애인 | 保持 bǎochí 통 (지속적으로) 유지하다 | 目光接触 mùguāng jiēchù 눈맞춤 *接触 통 접촉하다, (눈을) 마주치다 | 固然 gùrán 접 물론 ~지만 | 好处 hǎochù 명 좋은 점, 장점 | 偶尔 ǒu'ěr 부 가끔, 이따금 | 中断 zhōngduàn 통 중단하다, 끊다 | 或许 huòxǔ 부 아마, 어쩌면 | 有利于 yǒulì yú ~에 유리하다, ~에 도움이 되다 | 盛唐 shèngtáng 명 성당(당나라의 전성기) | 送别诗 sòngbiéshī 송별시 *送别 통 송별하다, 배웅하다 | 情感 qínggǎn 명 감정 | 具有 jùyǒu 통 있다, 지니다 | 后世 hòushì 명 후세, 후대 | 诗歌 shīgē 명 시 | 创作 chuàngzuò 명 창작 | 特征 tèzhēng 명 특징 | 衰老 shuāilǎo 형 노쇠하다, 노화하다 | 试图 shìtú 통 시도하다, ~하려 하다 | 通过 tōngguò 전 ~을 통해서 | 判断 pànduàn 통 판단하다 | 年龄 niánlíng 명 연령, 나이 | 错误 cuòwù 형 틀리다 | 猜 cāi 통 추측하다 *猜错 (추측이) 틀리다, 잘못짚다 | 极端 jíduān 형 극단적인 *极端天气 극단적인 날씨[종잡을 수 없을 만큼 변화의 폭이 큰 날씨] | 气候 qìhòu 명 기후 | 事件 shìjiàn 명 사건 | 包括 bāokuò 통 포함하다 | 相对于…而言 xiāngduìyú……éryán ~에 비해 | 绝大多数 juédàduōshù 대다수, 절대다수 | 平常 píngcháng 형 보통이다, 일반적이다 | 异常 yìcháng 형 이례적인, 비정상적인

59.

정답 및 해석

A 这件高122厘米、重64公斤的巨大青铜壶,体现了商周时期高超的青铜器制造工艺。
B 一个人不管怎么厉害,只有面对的是自己不太熟悉、不太擅长的事情,都难免会有所担忧。(✓)
C 我们能生活在一个拥有越来越多绿色植物的环境中,得益于多年来持续不断的国土绿化工程。
D 世界自然保护联盟最新更新的"濒危物种红色名录"显示:接近28%的物种面临不同程度的灭绝危险。

A 높이 122cm, 무게 64kg의 이 거대한 청동 주전자는 상주 시대의 뛰어난 청동기 제조 기술을 구현했다.
B 사람이 아무리 대단해도, 마주한 것이 자신이 잘 모르고 잘하지 못하는 일이라면, 다소 걱정하기 마련이다. (✓)
C 우리가 점점 더 많은 녹색 식물이 있는 환경에서 생활할 수 있는 것은 수년간 지속된 국토 녹화 사업 덕분이다.
D 세계자연보전연맹(IUCN)의 최신 업데이트된 '멸종 위기종 적색 목록'에 따르면 28%에 가까운 종(种)이 다양한 수준의 멸종 위험에 직면한 것으로 나타났다.

해설

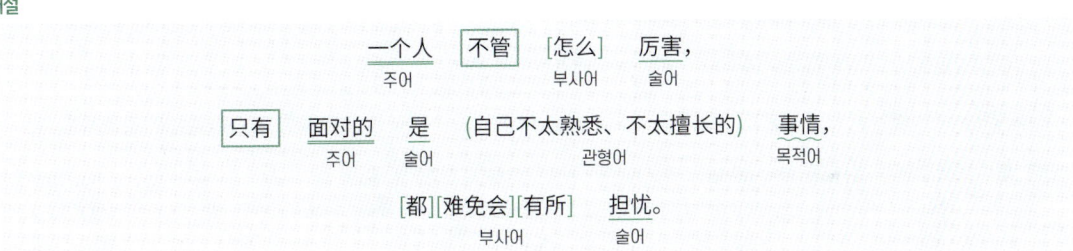

▶ 접속사 '不管…, 只要…, 就/都…' 구문입니다. '只要'는 보통 뒤에 오는 부사 '就'와 호응하지만, 위의 문장처럼 '都'와 호응하기도 합니다. '只有'는 반드시 뒤에 부사 '才'가 와야 합니다. '不管' 뒤에는 충분한 조건을 표현하는 '只要'가 더 적절합니다. '只有'는 유일한 조건을 나타내고, '只要'는 조건이 많아서 어떤 조건이 충족되기만 하면 결과가 발생한다는 것을 의미합니다. 참고로 '不管' 뒤에는 반드시 '의문사'・'A不A'・'A还是B'와 같은 2가지 이상의 조건을 나타내는 단어가 있어야 하므로, 이 부분도 확인하는 습관을 기릅니다.

옳은 문장 一个人不管怎么厉害,**只要**面对的是自己不太熟悉、不太擅长的事情,都难免会有所担忧。

단어 厘米 límǐ 양 센티미터(cm) | 公斤 gōngjīn 양 킬로그램(kg) | 巨大 jùdà 형 거대하다 | 青铜壶 qīngtónghú 청동 주전자 | 体现 tǐxiàn 통 구현하다, (구체적으로) 보여주다 | 商周时期 shāngzhōu shíqī 고유 상주 시대 | 高超 gāochāo 형 뛰어나다 | 青铜器 qīngtóngqì 명 청동기 | 制造 zhìzào 통 제조하다 | 工艺 gōngyì 명 (가공) 기술, 공예 | 不管 bùguǎn 접 ~에 관계없이 | 厉害 lìhai 형 대단하다, 굉장하다 | 面对 miànduì 통 직면하다, 마주하다 | 熟悉 shúxī 통 잘 알다 | 擅长 shàncháng 통 (어떤 방면에) 뛰어나다, 잘하다 | 难免 nánmiǎn 통 ~하기 마련이다 | 有所 yǒusuǒ 통 다소(좀) ~하다 | 担忧 dānyōu 통 걱정하다 | 拥有 yōngyǒu 통 (가지고) 있다 | 绿色植物 lǜsè zhíwù 명 녹색 식물 | 环境 huánjìng 명 환경 | 得益于 déyì yú ~ 덕분이다 *得益 통 이익을 얻다, 득을 보다 | 持续不断 chíxù búduàn 지속되다, 끊이지 않다 | 绿化工程 lǜhuà gōngchéng 녹화 사업 [녹지 공간을 늘리고 도시 경관을 아름답게 하기 위하여 정책적으로 나무를 심고 가꾸는 일] *工程 명 사업, 프로젝트 | 世界自然保护联盟 guójì zìrán bǎohù liánméng 세계자연보전연맹(IUCN) | 更新 gēngxīn 통 갱신하다, 업데이트하다 | 濒危物种红色名录 bīnwēi wùzhǒng hóngsè mínglù 멸종 위기종 적색 목록 *濒危 통 멸종위기에 처하다 *物种 명 종(생물) | 显示 xiǎnshì 통 (뚜렷하게) 보여주다 | 接近 jiējìn 통 접근하다, 가깝다 | 面临危险 miànlín wēixiǎn 위험에 직면하다 | 程度 chéngdù 명 정도 | 灭绝 mièjué 통 멸종하다

60.

정답 및 해석

A 华中师大心理学院疫情防控心理援助平台，上线首日就接待了超过100位来访者。
B 新航线的开辟，使中西方交往的内容扩展到宗教、科技、艺术、思想等各个层面。
C 既然当代设计界有一种共识，即色彩是危险的，严肃的设计师在作品中偏爱黑色和柔和的灰色等颜色。(✓)
D 艺术课程的设计要遵循儿童的身心发展规律，儿童的兴趣、思维和感想，都应该是学校安排课程的参考和依据。

A 화중사범대학교 심리학부의 전염병 방역 심리 지원 플랫폼이 접속 첫날에 100명이 넘는 방문자를 맞이했다.
B 새로운 항로의 개척으로 중·서양 교류의 내용이 종교·과학 기술·예술·사상 등의 여러 분야로 확대되었다.
C 현대 디자인계에는 하나의 공감대가 있는데, 즉 색채는 위험하다는 것이다. 진지한 디자이너들은 작품에서 검은색과 부드러운 회색 등의 색상을 선호한다. (✓)
D 예술 과정의 설계는 아동의 심신 발달 법칙을 따라야 하며, 아동의 흥미·사고 및 감상은 모두 학교가 교육 과정을 마련할 때의 참고와 근거여야 한다.

해설

既然	当代设计界	有	(一种)	共识，	即	色彩是危险的，
	주어	술어	관형어	목적어	술어	목적어

(严肃的)	设计师	[在作品中]	偏爱	(黑色和柔和的)	(灰色等)	颜色。
관형어	주어	부사어	술어	관형어	관형어	목적어

▶ '이 문장은 불필요한 성분이 들어간 틀린 문장입니다. 접속사 '既然'은 '기왕에 이렇게 되었으니 ~해라'라는 의미로, 뒤 절에 '那么' 혹은 '就'와 호응하여 제안하는 내용이 와야 합니다. 따라서 이 문장에는 어울리지 않습니다.

Tip '既然A，那么/就B(기왕에 A했으니, B해라)' 구조를 기억해 둡니다.

• **既然**你想学习汉语，**就**要持之以恒。 기왕에 네가 중국어를 배우고 싶다면 끈기 있게 지속해야 한다.

♦ 持之以恒 chízhī-yīhéng 성 끈기 있게 지속하다

옳은 문장 当代设计界有一种共识，即色彩是危险的，严肃的设计师在作品中偏爱黑色和柔和的灰色等颜色。

단어 华中师大心理学院 Huázhōngshīdà xīnlǐ xuéyuàn 화중사범대학교 심리학부 *师大 명 사범대학교(=师范大学 shīfàn dàxué) *学院 명 (단과)대학, 학부 | 疫情 yìqíng 명 전염병 상황 | 防控 fángkòng 동 예방하고 통제하다, 방역하다 | 心理援助 xīnlǐ yuánzhù 심리지원 *援助 동 원조하다, 지원하다 | 平台 píngtái 명 플랫폼[특정 서비스를 갖추고 있는 시스템] | 上线 shàngxiàn 동 (인터넷에) 접속하다 | 首日 shǒurì 첫날 | 接待 jiēdài 동 접대하다, 맞이하다 | 超过 chāoguò 동 초과하다, 넘다 | 来访者 láifǎngzhě 명 방문자 | 航线 hángxiàn 명 항로 | 开辟 kāipì 동 개척하다 | 中西方 zhōngxīfāng 명 중서양, 중국과 서양 | 交往 jiāowǎng 동 왕래하다, 교류하다 | 内容 nèiróng 명 내용 | 扩展 kuòzhǎn 동 확대하다, 확장하다 | 宗教 zōngjiào 명 종교 | 科技 kējì 명 과학 기술 | 艺术 yìshù 명 예술 | 思想 sīxiǎng 명 사상 | 层面 céngmiàn 명 범위, 차원, 분야 | 既然 jìrán 접 (기왕)~한 이상 | 当代 dāngdài 명 당대, 현대 | 设计界 shèjìjiè 명 디자인계 *设计 동 설계하다, 디자인하다 | 共识 gòngshí 명 공감대, 공통된 인식 | 即 jí 동 즉 ~이다 | 色彩 sècǎi 명 색채 | 危险 wēixiǎn 형 위험하다 | 严肃 yánsù 형 엄숙하다, 진지하다 | 设计师 shèjìshī 명 디자이너 | 作品 zuòpǐn 명 작품 | 偏爱 piān'ài 동 선호하다 | 柔和 róuhé 형 부드럽다 | 灰色 huīsè 명 회색 | 艺术课程 yìshù kèchéng 예술 과정 *课程 명 (교육) 과정, 커리큘럼 | 遵循规律 zūnxún guīlǜ 법칙을 따르다 *规律 명 법칙, 규칙 | 儿童 értóng 명 아동 | 身心发展 shēnxīn fāzhǎn 심신 발달 | 兴趣 xìngqù 명 흥미 | 思维 sīwéi 명 사유, 사고 | 感想 gǎnxiǎng 명 감상 | 安排 ānpái 동 안배하다, 마련하다 | 参考 cānkǎo 명 참고 | 依据 yījù 명 근거

第二部分 알맞은 단어를 골라 빈칸을 채우세요. 🎧 6-02

61.

정답 및 해석

针对当下的养生保健潮，专家表示，保健食品虽能①调节人体的机能，但不以治疗②疾病为目的，因此不能过分③依赖保健品。平时养成健康的作息和饮食等生活习惯，才是养生的最佳方式。

현재의 건강 관리 열풍에 대하여 전문가들은 건강식품이 인체의 기능을 조절할 수 있지만, 질병 치료를 목적으로 하지 않기 때문에, 건강보조식품에 지나치게 의존해서는 안 된다고 말한다. 평소에 건강한 일과 휴식 및 음식 등의 생활 습관을 기르는 것이야말로 건강 관리의 가장 좋은 방법이다.

A	调节 ○	疾病 ○	依赖 ○ (✓)
B	调剂 ×	弊病 ×	依靠 ○
C	协调 ×	癌症 ○	依托 ×
D	调和 ×	病毒 ×	依据 ×

A	조절하다	질병	의존하다 (✓)
B	조정하다	폐해	기대다
C	조율하다	암	기반으로 삼다
D	화해시키다	바이러스	근거로 하다

해설 시험에서는 본인이 가장 자신 있는 빈칸부터 공략합니다. 모든 빈칸을 다 찾을 필요는 없습니다.

① 첫 번째 빈칸은 목적어가 '人体的机能(인체의 기능)'이므로, 술어는 '조절하다'는 뜻의 '调节'가 적합합니다.

② 두 번째 빈칸은 '治疗(치료)'의 목적어를 찾는 문제이므로, 정답이 '疾病(질병)'이라는 것은 쉽게 알 수 있습니다. 물론 선택지 C의 '癌症'도 가능하지만 다른 빈칸이 안 맞고, 갑자기 '암'을 치료한다는 내용도 어색합니다.

③ 세 번째 빈칸은 목적어 '保健品(건강보조식품)'과 문장 흐름상 잘 어울리는 술어를 찾아야 합니다. 의미는 '건강보조식품에 지나치게 의존해서는 안 된다'라고 해야 하므로 '依赖(의존하다)'와 '依靠'가 가능하지만, 선택지 B는 다른 빈칸이 맞지 않습니다. 그러므로, 정답은 A입니다.

지문 단어 针对 zhēnduì 전 ~에 대하여 | 当下 dāngxià 명 현재 | 养生保健潮 yǎngshēng bǎojiàn cháo 건강 관리 열풍 *养生 동 양생하다, 건강을 관리하다 *潮 명 열풍, 붐(=热潮) | 专家 zhuānjiā 명 전문가 | 表示 biǎoshì 동 표시하다, 말하다 | 保健食品 bǎojiàn shípǐn 건강 식품 | 机能 jīnéng 명 기능 | 治疗 zhìliáo 동 치료하다 | 因此 yīncǐ 접 이 때문에, 따라서 | 过分 guòfèn 형 지나치다 | 保健品 bǎojiànpǐn 명 건강보조식품 | 养成习惯 yǎngchéng xíguàn 습관을 기르다 | 作息 zuòxī 명 일과 휴식 | 饮食 yǐnshí 명 음식 | 最佳 zuìjiā 형 최적이다, 가장 좋다

선택지 단어

빈칸 ①

A 调节 tiáojié 동 조절하다, 조정하다
  예문 这台空调可以自动调节温度。 이 에어컨은 자동으로 온도를 조절할 수 있다.

B 调剂 tiáojì 동 조절하다, 조정하다
  예문 医生根据病情调剂了药物的用量。
  의사는 병세에 따라 약물의 용량을 조절했다.

 Tip! '调剂'는 '剂(약제)'로 인해 약학 방면에서 자주 사용합니다.

C 协调 xiétiáo 동 협조하다, 조율하다
  예문 各部门需要相互协调，才能完成任务。 각 부서는 서로 조율해야, 임무를 완수할 수 있다.

D 调和 tiáohé 동 중재하다, 화해시키다
  예문 他努力调和双方的矛盾。 그는 양측의 갈등을 화해시키려고 노력했다.
  ◆ 矛盾 máodùn 명 모순, 갈등

빈칸 ②

A 疾病 jíbìng 명 질병
  예문 他因为疾病不得不请假休息。 그는 질병 때문에 어쩔 수 없이 휴가를 내고 쉬었다.

B 弊病 bìbìng 명 폐해, 폐단
  예문 这个制度存在很多弊病，急需改革。 이 제도에는 많은 폐해가 있어서 개혁이 시급하다.
  ◆ 急需 jíxū 동 급히 필요로 하다, 시급하다

C 癌症 áizhèng 명 암
  예문 她不幸被诊断出癌症，但她仍然积极面对生活。
    그녀는 불행히도 암 진단을 받았지만, 여전히 적극적으로 삶을 대하고 있다.
  ◆ 诊断 zhěnduàn 동 진단하다

D 病毒 bìngdú 명 바이러스
  예문 这种病毒传播速度很快，必须尽快控制。
    이 바이러스는 전파 속도가 매우 빨라서, 반드시 신속하게 통제해야 한다.
  ◆ 传播 chuánbō 동 전파하다 | 控制 kòngzhì 동 통제하다, 억제하다

빈칸 ③
A 依赖 yīlài 동 의존하다
  예문 他非常依赖他的父母。 그는 부모님께 매우 의존한다.

B 依靠 yīkào 동 기대다, 의지하다
  예문 他依靠拐杖走路。 그는 지팡이에 기대어 걷는다.
  ◆ 拐杖 guǎizhàng 명 지팡이

C 依托 yītuō 동 의지하다, 기반으로 삼다
  예문 他依托公司的资源，创办了自己的企业。 그는 회사의 자원을 기반으로 삼아, 자신의 기업을 창립했다.

D 依据 yījù 동 의거하다, 근거로 하다
  예문 他依据法律作出了决定。 그는 법에 근거해 결정을 내렸다.

62.

정답 및 해석

绿色植物的茎叶中含有大量叶绿素。叶绿素对阳光的吸收是有选择的，它能吸收红光和蓝光，①却不吸收绿光，还会把绿光②反射出去。因此，我们看到的大多数植物叶子，在一般情况下都③呈现绿色。	녹색 식물의 줄기와 잎에는 엽록소가 많이 들어 있다. 엽록소는 햇빛을 선택적으로 흡수하는데, 붉은빛과 파란빛을 흡수<u>하지만</u>, 녹색 빛을 흡수하지 않고 <u>반사해 낸다</u>. 따라서 우리가 보는 대부분의 식물 잎은 일반적으로 녹색으로 <u>보인다</u>.

A	却 ○	反射 ○	呈现 ○ (✓)
B	若 ×	分散 ×	展现 ×
C	则 ○	放射 ×	蕴藏 ×
D	便 ×	扩散 ×	散发 ×

A	하지만	반사하다	(색·모양을) 보여주다 (✓)
B	만약 ~라면	분산시키다	펼쳐 보여주다
C	반면에	방출하다	매장되다
D	곧	확산하다	발산하다

해설
① 첫 번째 빈칸의 앞뒤 핵심 동사를 보면 '吸收'와 '不吸收'로 서로 역접의 의미를 갖습니다. 따라서 빈칸에는 '却'가 가장 무난합니다. 선택지 C의 '则'도 역접의 의미가 있지만, 나머지 빈칸이 맞지 않습니다.

② 두 번째 빈칸을 보면 녹색 빛을 '반사한다'는 뜻의 동사 '反射'가 가장 적합합니다.

③ 세 번째 빈칸을 보면 녹색 빛을 '띈다', '나타낸다'는 뜻의 동사 '呈现'이 정답입니다. '呈现'은 목적어로 색깔이나 모양이 옵니다. 선택지 B의 '展现'은 보통 재능이나 품격을 펼쳐 보여준다는 의미로 사용합니다. 따라서 정답은 A입니다.

지문 단어
绿色植物 lǜsè zhíwù 녹색 식물 | 茎叶 jīngyè 명 줄기와 잎 | 含有 hányǒu 동 함유하다, (안에) 들어 있다 | 大量 dàliàng 형 대량의, 많은 양의 | 叶绿素 yèlǜsù 명 엽록소 | 阳光 yángguāng 명 햇빛 | 吸收 xīshōu 동 흡수하다 | 红光 hóngguāng 명 붉은빛 | 蓝光 lánguāng 명 파란빛 | 绿光 lǜguāng 명 녹색빛 | 因此 yīncǐ 접 이 때문에, 따라서 | 大多数 dàduōshù 명 대다수, 대부분 | 植物 zhíwù 명 식물 | 叶子 yèzi 명 잎 | 一般 yìbān 형 보통이다, 일반적이다 | 情况 qíngkuàng 명 상황

빈칸 ①

A 却 què 부 그러나, 하지만
　예문　他想解释，却没有机会。 그는 설명하고 싶었지만, 기회가 없었다.
　　◆ 解释 jiěshì 동 해명하다, 설명하다

B 若 ruò 접 만약 ~라면
　예문　若有问题，请随时联系我。 만약 문제가 있다면, 언제든지 저에게 연락해 주세요.
　　◆ 联系 liánxì 동 연락하다

C 则 zé 부 반면에, 그러나
　예문　他很聪明，可考试成绩则不理想。 그는 똑똑하지만, 시험 성적이 만족스럽지 못했다.

D 便 biàn 부 곧, 바로(=就)
　예문　他说走，便走了。 그는 가겠다고 말하더니, 곧 갔다.

빈칸 ②

A 反射 fǎnshè 동 반사하다
　예문　镜子可以反射光线。 거울은 빛을 반사할 수 있다.
　　◆ 镜子 jìngzi 명 거울

B 分散 fēnsàn 동 분산시키다 형 분산되다, 흩어지다
　짝꿍　分散注意力 주의력을 분산시키다
　예문　人群逐渐分散了。 사람들이 점차 흩어졌다.
　　◆ 逐渐 zhújiàn 부 점차

C 放射 fàngshè 동 방사하다, 방출하다
　짝꿍　放射线 방사선
　예문　核废料会放射出有害的辐射。 핵폐기물은 유해한 방사선을 방출한다.
　　◆ 核废料 héfèiliào 명 핵폐기물 | 辐射 fúshè 명 방사선

D 扩散 kuòsàn 동 확산하다
　예문　消息迅速扩散开来。 소식이 빠르게 확산되었다.

빈칸 ③

A 呈现 chéngxiàn 동 (색깔·모양을) 보여주다, 드러나다
　예문　人们的眼睛里呈现着惊喜的神色。 사람들의 눈 속에 기쁨과 놀라움의 기색이 드러나고 있다.

B 展现 zhǎnxiàn 동 보여주다, 드러내다
　짝꿍　展现才华 재능을 보여주다
　　　　展现智慧 지혜를 드러내다
　예문　这部电影展现了社会的复杂性。 이 영화는 사회의 복잡성을 보여줬다.

C 蕴藏 yùncáng 동 매장되다
　예문　这个地方蕴藏着丰富的矿产资源。 이 지역은 풍부한 광산자원이 매장되어 있다.
　　◆ 矿产资源 kuàngchǎn zīyuán 광산자원

D 散发 sànfā 동 발산하다, 내뿜다, 풍기다
　짝꿍　散发清香 맑은 향기를 내뿜다
　예문　花朵散发出淡淡的香味。 꽃은 은은한 향기를 풍긴다.
　　◆ 香味 xiāngwèi 명 향기

63.

정답 및 해석

为了保鲜，荔枝在运输和贮藏过程中会采取加入冰块、密封保存等处理①措施。但在②封闭环境下，荔枝容易发酵产生酒精和二氧化碳，人们吃完荔枝后，口腔内会③残留酒精，开车就有可能被测出"酒驾"。

신선도를 유지하기 위해, 리츠는 운송 및 저장 과정에서 얼음을 넣고 밀봉하여 보관하는 등의 처리 조치를 한다. 하지만 밀폐된 환경에서, 리츠는 쉽게 발효되어 알코올과 이산화탄소를 생성해서, 사람들이 리츠를 먹고 나면, 구강 내에 알코올이 남아 있게 되어 운전할 때 '음주 운전'으로 측정될 수 있다.

A 步伐 ×	闭塞 ×	保留 ×		A 발걸음	막히다	보존하다
B 手段 ×	沉闷 ×	汹涌 ×		B 수단	답답하다	(물이) 용솟음치다
C 方案 ×	脆弱 ×	遗留 ×		C 방안	연약하다	남아있다
D 措施 ○	封闭 ○	残留 ○(✓)		D 조치	밀폐하다	남아있다(✓)

해설

① 첫 번째 빈칸은 목적어 자리이며, 앞에 동사 '采取'와 호응해서 '조치를 취하다'라는 뜻을 나타냅니다. 이 문제는 첫 번째 빈칸이 5급 수준으로 쉽고 답이 정확히 떨어지므로, 나머지 빈칸은 절대 보지 말고 다음 문제로 넘어가야 합니다.

② 두 번째 빈칸은 '공간을 밀폐하고 봉쇄한다'는 의미인 '封闭'가 들어가야, '封闭环境(밀폐된 환경)'으로 호응이 맞습니다.

③ 마지막 빈칸은 '알코올이 입안에 여전히 남았다'고 했으므로 '残留'가 가장 어울립니다. 동사 '残留'는 목적어를 가지는데, 해석할 때는 '~이 남아있다' 또는 '~가 남아있다'로 해 줍니다. 선택지 C의 '遗留'도 한국어 의미로는 '남아 있다'여서 선택지 D와 같은 의미라 생각할 수 있지만, '遗留'는 자동사로 뒤에 목적어를 갖지 않습니다. 따라서 정답은 D입니다.

지문 단어

保鲜 bǎoxiān 동 신선도를 유지하다 | 荔枝 lìzhī 명 리츠, 여지[과일 이름] | 运输 yùnshū 동 운송하다 | 贮藏 zhùcáng 동 저장하다 | 过程 guòchéng 명 과정 | 采取 cǎiqǔ 동 (조치를) 취하다 | 加入 jiārù 동 넣다, 첨가하다 | 冰块 bīngkuài 명 얼음, 얼음덩이 | 密封 mìfēng 동 밀봉하다 | 保存 bǎocún 동 보존하다, 보관하다 | 处理 chǔlǐ 동 처리하다 | 环境 huánjìng 명 환경 | 发酵 fājiào 동 발효하다 | 产生 chǎnshēng 동 생기다, 생성하다 | 酒精 jiǔjīng 명 알코올 | 二氧化碳 èryǎnghuàtàn 명 이산화탄소(CO_2) | 口腔 kǒuqiāng 명 구강 | 测 cè 동 측정하다 | 酒驾 jiǔjià 명 음주 운전(=饮酒驾驶 yǐnjiǔ jiàshǐ)

선택지 단어

빈칸 ①

A 步伐 bùfá 명 발걸음, (일이 진행되는) 속도
  짝꿍 改革的步伐 개혁의 발걸음
        前进的步伐 나아가는 발걸음
  예문 公司加快了发展的步伐。 회사가 발전 속도를 가속화했다.

B 手段 shǒuduàn 명 수단, 방법
  짝꿍 不择手段 수단을 가리지 않다
  예문 他用了各种手段来达到目的。 그는 목적을 달성하기 위해 다양한 수단을 사용했다.

C 方案 fāng'àn 명 방안, 계획
  예문 他们为这个项目制定了详细的方案。 그들은 이 프로젝트를 위해 상세한 방안을 세웠다.
  ◆ 项目 xiàngmù 명 프로젝트

D 措施 cuòshī 명 조치, 대책
  예문 政府采取了紧急措施应对灾害。 정부는 재난에 대응하기 위해 긴급 조치를 취했다.
  ◆ 应对灾害 yìngduì zāihài 재난에 대응하다

빈칸 ②

A 闭塞 bìsè 동 막다, 막히다
  예문 这个地方交通闭塞，很难到达。 이곳은 교통이 막혀서, 도착하기 어렵다.

B 沉闷 chénmèn 혱 (날씨가) 칙칙하다, (기분이) 답답하다
예문 天气沉闷，让人感到不舒服。 날씨가 칙칙해서 사람들이 불편함을 느낀다.

C 脆弱 cuìruò 혱 연약하다, 약하다
예문 这个小动物非常脆弱，需要小心照顾。 이 작은 동물은 매우 연약해서, 조심히 돌봐야 한다.

D 封闭 fēngbì 통 밀폐하다, 봉쇄하다
예문 这个国家长期封闭，不与外界交流。 이 나라는 오랫동안 봉쇄를 해서, 외부와 교류하지 않는다.

빈칸 ③

A 保留 bǎoliú 통 보존하다, 남겨놓다
짝꿍 保留传统 전통을 보존하다
예문 为了保留美好的回忆，爸爸拍下许多照片。 아름다운 추억을 보존하기 위해서 아빠는 사진을 많이 찍었다.

B 汹涌 xiōngyǒng 혱 (물이) 용솟음치다
예문 海浪汹涌，船只难以航行。 파도가 거세서, 배가 항해하기 어렵다.
◆ 海浪 hǎilàng 명 파도 | 船只 chuánzhī 명 배, 선박 | 航行 hángxíng 통 항해하다

C 遗留 yíliú 통 남아있다, 남겨지다
예문 这些文物是古代遗留下来的。 이 문화재들은 고대에서 남겨진 것이다.

D 残留 cánliú 통 잔류하다, 남아 있다
예문 奶奶的脑子里还残留着一些封建思想。 할머니 머릿속에는 아직도 봉건사상이 좀 남아 있다.
◆ 封建思想 fēngjiàn sīxiǎng 명 봉건사상

64.

정답 및 해석

近年来，"中文热"持续升温，中文在国际社会上得到了更加广泛的①认可。近日，联合国世界旅游组织②发布通报，自2021年1月25日起，中文正式成为该组织的③官方语言。今后，中文将在全球国际旅游事务中④发挥更加积极的作用。

최근 몇 년간, '중국어 열풍'이 지속적으로 뜨거워지면서, 중국어는 국제 사회에서 더 널리 인정을 받았다. 최근 유엔 세계 관광 기구는 2021년 1월 25일부터 중국어가 정식으로 이 기구의 공식 언어가 되었다는 통보를 발표했다. 앞으로 중국어는 전 세계 국제 관광 업무에서 더욱 적극적인 역할을 할 것이다.

A 认可 ○	发布 ○	官方 ○	发挥 ○ (✓)
B 认定 ×	发行 ×	正宗 ×	实行 ×
C 任命 ×	公布 ×	首要 ×	呼吁 ×
D 命名 ×	公证 ×	典型 ×	掀起 ×

A 인정하다	발표하다	공식적인	발휘하다 (✓)
B 확신하다	발행하다	정통의	실행하다
C 임명하다	공포하다	가장 중요하다	호소하다
D 이름을 짓다	공증하다	전형적인	불러일으키다

해설 4개의 빈칸 가운데 쉬운 단어가 있는 빈칸부터 정답을 찾아 줍니다. 모든 빈칸을 다 보려 하지 말고, 1개 혹은 2개의 빈칸만 보고 정답을 찾아야 합니다.

① 첫 번째 빈칸은 '인정받다'라는 뜻을 전달하고, 술어 '得到'와 잘 호응하는 목적어 '认可'가 적합합니다. 선생님에게 인정받았다는 표현은 '得到了老师的认可'라고 하면 됩니다.

② 두 번째 빈칸은 유엔 세계 관광 기구에서 통보하여 발표했다는 말이 가장 잘 어울립니다. 따라서 빈칸에 들어갈 술어는 '发布'가 가장 적합합니다.

③ 세 번째 빈칸에 들어갈 단어는 '공식적인'이라는 뜻의 단어 '官方'이 유일하게 맞는 단어입니다.

④ 네 번째 빈칸은 문장 마지막에 나온 '作用(역할)'과 호응을 이루는 동사 술어인 '发挥'가 가장 적합합니다. 따라서 정답은 A입니다. 4개의 빈칸 중 첫 번째 빈칸(认可) 혹은 네 번째 빈칸(发挥)을 이용해서 정답을 찾도록 합니다.

| 지문 단어 | 近年来 jìnniánlái 명 최근 몇 년간 | 中文热 zhōngwénrè 명 중국어 열풍 | 持续 chíxù 동 지속하다 | 升温 shēngwēn 동 열기가 오르다, 뜨거워지다 | 国际社会 guójì shèhuì 국제 사회 | 广泛 guǎngfàn 형 광범위하다, 폭넓다 | 近日 jìnrì 명 근래, 최근 | 联合国 Liánhéguó 명 유엔(UN) | 世界旅游组织 shìjiè lǚyóu zǔzhī 세계 관광 기구 | 通报 tōngbào 동 통보하다, 알리다 | 该 gāi 대 이, 그, 저 | 积极 jījí 형 적극적이다 |

빈칸 ①

A 认可 rènkě 동 인정하다
예문 他的建议得到了大家的认可。 그의 제안은 모두의 인정을 받았다.

B 认定 rèndìng 동 확신하다
예문 我认定他就是最适合这个职位的人。 나는 그가 이 직책에 가장 적합한 사람이라고 확신한다.
◆ 职位 zhíwèi 명 직위, 직책

C 任命 rènmìng 동 (직무에) 임명하다
예문 公司任命他为新部门的经理。 회사는 그를 신설 부서의 매니저로 임명했다.

D 命名 mìngmíng 동 명명하다, 이름을 짓다
예문 这部机器是以其发明者的名字命名的。 이 기계는 발명자의 이름으로 이름을 지었다.

빈칸 ②

A 发布 fābù 동 공포하다, 공표하다
예문 政府发布了最新的经济数据。 정부는 최신 경제 데이터를 공포했다.
◆ 经济数据 jīngjì shùjù 경제 데이터

> **Tip** '发布'는 공식기관에서 공식적으로 발표하여 공개한다는 의미가 강합니다. 주로 '官方的消息'·'通知'·'命令'·'指示' 등이랑 호응하며, 서면어로 많이 쓰입니다. 문제에서 '联合国组织'는 공식 기관이고 정식으로 통보를 발표하는 것이므로, 정답은 '发布'입니다.

B 发行 fāxíng 동 (책·화폐 등을) 발행하다
예문 这本书将于下月发行。 이 책은 다음 달에 발행될 예정이다.

C 公布 gōngbù 동 (대중에게) 공개하다, 발표하다
예문 他们决定明天公布调查结果。 그들은 내일 조사 결과를 공개하기로 결정했다.

> **Tip** '公布'는 '공개하다'라는 뜻이 강하고, 사람들에게 공개해서 알리는 것이 목적입니다. 주로 '成绩'·'结果'·'账目'·'事实' 등의 단어와 호응합니다.

D 公证 gōngzhèng 동 (법적으로) 공증하다
예문 他们的合同需要公证。 그들의 계약서는 공증이 필요하다.

빈칸③

A 官方 guānfāng 형 공식적인 명 정부 당국
짝꿍 官方渠道 공식 채널
예문 这是官方发布的声明。 이것은 정부에서 발표한 성명이다.
◆ 渠道 qúdào 명 경로, 채널

B 正宗 zhèngzōng 형 정통의
짝꿍 正宗川菜 정통 쓰촨요리
예문 这家餐馆的菜非常正宗。 이 식당의 요리는 매우 정통이다.

C 首要 shǒuyào 형 가장 중요하다, 최우선이다
예문 安全是我们的首要任务。 안전은 우리의 가장 중요한 임무이다.

D 典型 diǎnxíng 형 전형적인, 대표적인
예문 他是一个典型的工程师。 그는 전형적인 엔지니어이다.
◆ 工程师 gōngchéngshī 명 엔지니어

빈칸④

A 发挥 fāhuī 동 발휘하다, (역할을) 하다
짝꿍 发挥作用 역할을 하다
예문 他在比赛中发挥了自己的优势。 그는 경기에서 자신의 강점을 발휘했다.

B 实行 shíxíng 동 실행하다, 실시하다
예문 政府决定实行新的教育政策。 정부는 새로운 교육 정책을 실시하기로 결정했다.
◆ 教育政策 jiàoyù zhèngcè 교육 정책

C 呼吁 hūyù 동 호소하다, 촉구하다
예문 组织呼吁市民减少塑料袋使用。 단체는 시민들에게 비닐봉지 사용을 줄이자고 호소했다.
◆ 塑料袋 sùliàodài 명 비닐봉지

D 掀起 xiānqǐ 동 불러일으키다
예문 这部电影掀起了观众的热情。 이 영화는 관객들의 열정을 불러일으켰다.

65.

정답 및 해석

近日，上海市公布了全市41条"落叶不扫"景观道。①顾名思义，落叶不扫就是不去破坏落叶②形成的自然风景。环卫工人每天都会开展细致的保洁工作，如控制落叶总量，③确保无隔夜或被污染的落叶滞留路面，让市民能享受到④纯粹的落叶美景。

최근 상하이시는 도시 전역 41개의 '낙엽 청소하지 않기' 경관 도로를 발표했다. 글자 그대로, 낙엽 청소하지 않기는 낙엽이 형성하는 자연 풍경을 훼손하지 않는 것이다. 환경미화원들은 매일 세심한 청결 유지 작업을 진행하는데, 예를 들면 낙엽의 총량을 조절하고, 하루 이상 되거나 오염된 낙엽이 도로에 머무르지 않도록 보장하여, 시민들이 순수한 낙엽의 아름다운 경치를 즐길 수 있도록 한다.

A 家喻户晓 ×	衬托 ×	确立 ×	难得 ○
B 实事求是 ×	扩充 ×	确信 ×	单纯 ×
C 恍然大悟 ×	点缀 ×	承诺 ×	纯洁 ×
D 顾名思义 ○	形成 ○	确保 ○	纯粹 ○ (✓)

A 누구나 다 알다	돋보이게 하다	확립하다	얻기 어렵다
B 실사구시	확충하다	확신하다	단순하다
C 문득 크게 깨닫다	장식하다	약속하다	순결하다
D 글자 그대로	형성하다	보장하다	순수하다 (✓)

해설

① 첫 번째 빈칸은 성어 문제입니다. 평소 성어를 잘 외웠다면 바로 정답을 고를 수 있지만, 성어를 잘 모른다면 바로 다음 빈칸으로 넘어갑니다. '顾名思义'는 '이름을 보면 그 뜻을 알 수 있다', '글자 그대로'라는 뜻을 가진 성어로, 앞에 나온 단어를 설명할 때 연결해 주는 역할을 합니다.

② 두 번째 빈칸은 낙엽이 형성한 자연풍경이라는 뜻을 만드는 술어 '形成'이 적합합니다. 동사 '形成'은 HSK 5급 수준의 쉬운 어휘이므로 두 번째 빈칸에서 정답을 골라야 합니다. '形成'이 수식하는 '自然风景'은 '形成'의 의미상 목적어이며, 자연 풍경은 자연스레 형성되는 것이므로 '形成'이 정답이 됩니다. 나머지 어휘는 난이도가 높지만, 중요도는 낮습니다.

③ 세 번째 빈칸은 낙엽이 지면에 남지 않도록 보장한다는 뜻을 만드는 술어 '确保'가 적합합니다. '确保'는 '确实保证'을 줄인 말입니다.

④ 마지막 빈칸은 순수한 낙엽 풍경을 구경한다는 뜻으로 '纯粹'가 가장 적합합니다. 선택지 A의 '难得'도 빈칸에 들어갈 수 있지만, 다른 빈칸이 맞지 않습니다. 따라서 정답은 D입니다.

| 지문 단어 | 近日 jìnrì 명 근래, 최근 | 公布 gōngbù 동 공표하다, 발표하다 | 落叶不扫 luòyè bù sǎo 낙엽 청소하지 않기 | 景观道 jǐngguāndào 명 경관 도로 | 破坏 pòhuài 동 파괴하다, 훼손하다 | 自然风景 zìrán fēngjǐng 자연 풍경 | 环卫工人 huánwèi gōngrén 명 환경미화원 | 开展 kāizhǎn 동 펼치다, 진행하다 | 细致 xìzhì 세심하다, 꼼꼼하다 | 保洁 bǎojié 동 청결을 유지하다 | 控制 kòngzhì 동 통제하다, 조절하다 | 总量 zǒngliàng 명 총량 | 隔夜 géyè 동 하룻밤이 지나다, 하루 이상 되다 | 污染 wūrǎn 동 오염시키다, 오염되다 | 滞留 zhìliú 동 체류하다, 머무르다 | 路面 lùmiàn 명 노면, 도로 | 享受美景 xiǎngshòu měijǐng 아름다운 경치를 즐기다 |

선택지 단어

빈칸 ①

A 家喻户晓 jiāyù-hùxiǎo 성 집집마다 다 알다, 누구나 다 알다
예문 这个故事在全国已经家喻户晓。이 이야기는 전국적으로 이미 누구나 다 알고 있다.

B 实事求是 shíshì-qiúshì 성 실사구시, 사실에 기반하여 진실을 추구하다
예문 我们要实事求是地分析问题。우리는 사실에 기반하여 문제를 분석해야 한다.

C 恍然大悟 huǎngrándàwù 성 문득 크게 깨닫다
예문 听了他的解释，我才恍然大悟。그의 설명을 듣고 나서야, 나는 비로소 문득 크게 깨달았다.
- 解释 jiěshì 동 해명하다, 설명하다

D 顾名思义 gùmíng-sīyì 성 이름을 보고 그 뜻을 생각하다, 글자 그대로
예문 所谓"快餐店"，顾名思义，是指提供快速餐饮的地方。
소위 '패스트푸드점'은, 글자 그대로 빠른 식사를 제공하는 곳을 의미한다.
- 快餐店 kuàicāndiàn 명 패스트푸드점

빈칸 ②

A 衬托 chèntuō 동 돋보이게 하다
예문 白云衬托着蓝天，让人感到宁静。흰 구름이 푸른 하늘을 돋보이게 하여, 평온함을 느끼게 한다.
- 宁静 níngjìng 형 평온하다

B 扩充 kuòchōng 동 (범위·수량·내용을) 확장하다, 늘리다
예문 学校决定扩充图书馆的藏书量。학교는 도서관의 장서량을 늘리기로 결정했다.
- 藏书量 cángshūliàng 명 장서량[소장한 책의 양]

C 点缀 diǎnzhuì 동 장식하다, 꾸미다
예문 花园里点缀着五颜六色的花朵。화원에는 여러 가지 색깔의 꽃들이 장식되어 있다.

D 形成 xíngchéng 동 형성하다, 이루다
예문 长时间的训练形成了他的坚强性格。오랜 시간의 훈련이 그의 강한 성격을 형성했다.

빈칸 ③

A 确立 quèlì 동 (제도·목표·정책 등을) 확립하다, 확고히 세우다
예문 公司确立了新的发展目标。회사는 새로운 발전 목표를 확립했다.

B 确信 quèxìn 동 확신하다, 굳게 믿다
예문 我确信他会按时完成任务。나는 그가 제시간에 임무를 완수할 거라고 확신한다.

C 承诺 chéngnuò 동 약속하다, 승낙하다
예문 他承诺会支持我们的计划。그는 우리의 계획을 지지하겠다고 약속했다.
- 支持 zhīchí 동 지지하다

D 确保 quèbǎo 동 (확실히 이뤄지도록) 보장하다
예문 我们要确保项目按时完成。우리는 프로젝트가 제시간에 완성되도록 보장해야 한다.

빈칸④

A 难得 nándé 휑 얻기 어렵다, 드물다
　예문　这次旅行是个难得的机会。이번 여행은 드문 기회이다.

B 单纯 dānchún 휑 단순하다
　예문　她的想法很单纯，没有其他复杂的意图。그녀의 생각은 단순하고, 다른 복잡한 의도가 없다.

C 纯洁 chúnjié 휑 순결하다, 티 없이 깨끗하다
　예문　孩子们的心灵是最纯洁的。아이들의 마음은 가장 순결하다.
　◆ 心灵 xīnlíng 명 영혼, 마음

D 纯粹 chúncuì 휑 순수하다, 깨끗하다
　예문　这只是纯粹的误会。이건 단지 순수한 오해일 뿐이다.

66.

정답 및 해석

中国北方相对干燥，南方往往湿润多雨，这间接导致了南北方①饮食文化的差异。北方②适宜种小麦，所以面食很多，③诞生了山西刀削面、兰州拉面等独特面食；而南方多种水稻，以大米为主要原料④加工制作而成的米粉就更为流行。

중국 북방은 비교적 건조하고, 남방은 종종 습하고 비가 많이 오는데, 이는 간접적으로 남·북방 음식 문화의 차이를 초래했다. 북방은 밀 재배에 적합하여 면 요리가 많고, 산시의 다오샤오몐과 란저우 라면 등의 독특한 면 요리가 생겨났다. 반면에 남방에서는 벼를 많이 심어서, 쌀을 주료료로 하여 가공해서 만든 쌀국수가 더욱 유행한다.

A	素食 ✗	合适 ✗	涌现 ✗	搅拌 ✗
B	**饮食 ○**	**适宜 ○**	**诞生 ○**	**加工 ○ (✓)**
C	粮食 ✗	适合 ○	迸发 ✗	筛选 ✗
D	庄稼 ✗	妥善 ✗	萌芽 ✗	栽培 ✗

A	채식	적합하다	(대량으로) 나타나다	버무리다
B	**음식**	**적합하다**	**생기다**	**가공하다 (✓)**
C	식량	적합하다	분출하다	선별하다
D	농작물	적절하다	싹트다	재배하다

해설

① 첫 번째 빈칸은 음식 문화라는 고유명사를 만드는 단어인 '饮食'가 적합합니다. 첫 번째 빈칸이 가장 쉬우므로 여기서 정답을 찍고 다음 문제로 넘어가는 것이 좋습니다.

② 두 번째 빈칸은 목적어(种小麦)와 호응하는 '적합하다'는 동사를 찾으면 됩니다. '适宜'와 '适合'가 가장 무난합니다. '合适'는 형용사이므로 뒤에 목적어를 갖지 않습니다.

③ 세 번째 빈칸은 산시성의 대표 음식인 다오샤오몐이 생겨났다고 표현하는 것이 가장 좋은 문장이므로 '诞生'이 좋은 선택입니다.

④ 마지막 빈칸은 원재료를 가공해서 제작한다는 의미로 '加工'을 써야 합니다. 그러므로 정답은 B입니다.

지문 단어

相对 xiāngduì 부 상대적으로, 비교적 | 干燥 gānzào 휑 건조하다 | 湿润 shīrùn 휑 습하다, 축축하다 | 间接 jiànjiē 휑 간접적인 | 导致 dǎozhì 동 (나쁜 결과를) 초래하다 | 差异 chāyì 명 차이 | 小麦 xiǎomài 명 밀 | 面食 miànshí 명 밀가루 음식, 면 요리 | 刀削面 dāoxiāomiàn 고유 다오샤오몐, 도삭면[산시성의 칼국수] | 兰州拉面 Lánzhōu lāmiàn 고유 란저우 라면 | 独特 dútè 휑 독특하다 | 水稻 shuǐdào 명 벼 | 以…为主要原料 yǐ……wéi zhǔyào yuánliào ~을 주원료로 하다 | 大米 dàmǐ 명 쌀 | 制作 zhìzuò 동 제작하다, 만들다 | 米粉 mǐfěn 명 쌀국수 | 流行 liúxíng 동 유행하다

선택지 단어

빈칸①

A 素食 sùshí 명 채식 동 채식하다
　예문　他一直坚持素食。그는 줄곧 채식을 고집해 왔다.

B 饮食 yǐnshí 명 음식
　예문　健康的饮食习惯很重要。건강한 식습관은 매우 중요하다.

C 粮食 liángshi 몡 양식, 식량
　　예문　今年的粮食收成很好。 올해는 식량 수확이 좋다.
　　◆ 收成 shōucheng 몡 (농작물의) 수확, 작황

D 庄稼 zhuāngjia 몡 농작물
　　예문　农民们正在田里收割庄稼。 농민들이 밭에서 농작물을 수확하고 있다.
　　◆ 收割 shōugē 동 수확하다

빈칸 ②

A 合适 héshì 형 적합하다, 알맞다
　　예문　这双鞋子大小很合适。 이 신발은 크기가 알맞다.

B 适宜 shìyí 동 형 적합하다, 알맞다
　　예문　这个地方适宜种植葡萄。 이 지역은 포도를 재배하기에 적합하다.
　　◆ 种植 zhòngzhí 동 재배하다, 심다 | 葡萄 pútáo 몡 포도

C 适合 shìhé 동 적합하다, 알맞다
　　예문　这份工作非常适合她的专业。 이 일은 그녀의 전공에 매우 적합하다.

D 妥善 tuǒshàn 형 적절하다, 나무랄 데가 없다
　　예문　问题已经得到了妥善的解决。 문제가 이미 적절히 해결되었다.

빈칸 ③

A 涌现 yǒngxiàn 동 (대량으로) 나타나다, 쏟아져 나오다
　　예문　近年来，许多优秀的年轻人才不断涌现。 최근 몇 년간, 많은 우수한 젊은 인재들이 끊임없이 나타났다.

B 诞生 dànshēng 동 탄생하다, (새로운 사물이) 생기다, 나오다
　　짝꿍　新中国诞生 신중국이 탄생하다
　　　　　新技术诞生 신기술이 나오다

C 迸发 bèngfā 동 터져 나오다, 분출하다
　　예문　他的演讲让观众的热情迸发出来。 그의 연설은 관중의 열정을 분출시켰다.

D 萌芽 méngyá 동 싹트다, 시작되다
　　예문　他的创业想法在大学时就已经萌芽了。 그의 창업 아이디어는 대학 시절에 이미 싹텄다.

빈칸 ④

A 搅拌 jiǎobàn 동 (고루) 섞다, 버무리다
　　예문　她在碗里搅拌了鸡蛋和面粉。 그녀는 그릇 안에서 계란과 밀가루를 섞었다.
　　◆ 面粉 miànfěn 몡 밀가루

B 加工 jiāgōng 동 가공하다
　　예문　这些水果经过加工后制成了果汁。 이 과일들은 가공을 거쳐 주스로 만들어졌다.

C 筛选 shāixuǎn 동 걸러내다, 선별하다
　　예문　公司正在筛选合适的候选人。 회사는 적합한 후보자를 선별 중이다.
　　◆ 候选人 hòuxuǎnrén 몡 후보자

D 栽培 zāipéi 동 재배하다, 심어 가꾸다
　　예문　农民们在田地里栽培各种蔬菜。 농부들은 밭에서 다양한 채소를 재배하고 있다.

67.

정답 및 해석

目前，废弃塑料的化学回收以热催化为主，通常需要①消耗大量的热能，造成严重的碳排放，同时会②释放多种有毒有害气体。③因而，开展新型、可持续的废弃塑料化学回收工作④刻不容缓。

현재, 폐플라스틱의 화학적 재활용은 열 촉매를 위주로 하여, 일반적으로 많은 열에너지를 소모해야 해서, 심각한 탄소 배출을 초래하고, 동시에 여러 유독성 유해 가스를 방출한다. 따라서 새롭고 지속 가능한 폐플라스틱 화학 재활용 작업을 진행하는 것이 시급하다.

A	排除 ✕	解放 ✕	进而 ✕	当务之急 ✕
B	耗费 ✕	分散 ✕	以至 ✕	任重道远 ✕
C	消耗 ○	释放 ○	因而 ○	刻不容缓 ○ (✓)
D	消除 ✕	放射 ✕	从而 ✕	迫不及待 ✕

A	제거하다	해방하다	더 나아가	시급한 과제
B	소모하다	분산시키다	그래서	임무가 막중하다
C	소모하다	방출하다	그래서	시급하다 (✓)
D	없애다	뿜어내다	그리하여	매우 절박하다

해설

① 첫 번째 빈칸은 목적어 '热能(열에너지)'과 호응하는 동사를 찾는 문제입니다. 열에너지를 소모한다는 뜻을 만드는 동사 '消耗'가 적합합니다. '消耗能源(에너지를 소모하다)'은 자주 보이는 호응 관계이므로 첫 번째 빈칸에서 승부를 거는 것이 좋습니다. 선택지 B의 '耗费'는 주로 부정적 의미로 쓰여, 소모하는 행위가 '가치가 없다', 즉 낭비한다는 뜻을 가지고 있습니다.

② 두 번째 빈칸은 목적어인 '有害气体(유해가스)'를 방출한다는 뜻에서 동사 '释放'을 써야 합니다.

③ 세 번째 빈칸은 앞에서 설명한 내용을 요약하고 있으므로 '因而'를 써야 합니다. '以至'는 쉼표 앞에서 사용하지 않으며, 주로 '以至于'의 형태로 나옵니다.

④ 마지막 빈칸은 성어 문제입니다. 성어의 뜻을 알면 다른 선택지를 안 보고도 정답을 쉽게 맞출 수 있다는 장점은 있지만, 굳이 성어를 따로 암기하지 않아도 됩니다. 선택지 A의 '当务之急'는 명사로 사용합니다. 그리고 D의 '迫不及待'는 '마음이 매우 절박하다'는 의미로, 주로 '迫不及待地+동사' 형식으로 사용합니다. 빈칸은 술어 자리이며, '한시도 늦출 수 없이 시급하다'는 뜻인 '刻不容缓'이 잘 어울립니다. 따라서 정답은 C입니다.

지문 단어

废弃塑料 fèiqì sùliào 폐플라스틱 *废弃 동 버리다, 폐기하다 | 回收 huíshōu 동 회수하다, 재활용하다 | 以…为主 yǐ……wéizhǔ ~을 위주로 하다 | 热催化 rècuīhuà 명 열 촉매 | 通常 tōngcháng 부 통상적으로, 일반적으로 | 需要 xūyào 동 ~해야 한다 | 大量 dàliàng 형 대량의, 많은 양의 | 热能 rènéng 명 열에너지 | 造成 zàochéng 동 (나쁜 결과를) 초래하다 | 严重 yánzhòng 형 (정도가) 심각하다 | 碳排放 tàn páifàng 탄소 배출 | 有毒 yǒudú 형 유독하다 | 有害 yǒuhài 형 유해하다 | 气体 qìtǐ 명 기체, 가스 | 开展 kāizhǎn 동 전개하다, 진행하다 | 新型 xīnxíng 형 신형의, 새로운 유형의 | 可持续 kěchíxù 형 지속 가능하다

선택지 단어

빈칸①

A 排除 páichú 동 제거하다, 없애다
  예문 我们需要排除所有潜在的风险。 우리는 모든 잠재적인 위험을 제거해야 한다.
  ◆ 潜在 qiánzài 형 잠재적인 | 风险 fēngxiǎn 명 위험, 리스크

B 耗费 hàofèi 동 소모하다, 낭비하다
  짝꿍 耗费精力 에너지를 소모하다
      耗费时间 시간을 낭비하다
  예문 这项工程耗费了大量的资金。 이 프로젝트는 많은 자금을 소모했다.
  ◆ 工程 gōngchéng 명 프로젝트

C 消耗 xiāohào 동 소비하다, 소모하다
  짝꿍 消耗能量 에너지를 소모하다
      消耗热量 열량을 소모하다
  예문 长时间的运动会消耗体力。 장시간 운동은 체력을 소모한다.

D 消除 xiāochú 동 없애다, (오해를) 풀다
  짝꿍 消除疲劳 피로를 없애다
  예문 他们的努力消除了误会。 그들의 노력은 오해를 풀었다.
  ◆ 误会 wùhuì 명 오해

빈칸 ②

A 解放 jiěfàng 동 해방하다, 자유롭게 하다
예문 新政策解放了生产力。 새로운 정책이 생산력을 해방시켰다.

B 分散 fēnsàn 동 분산하다, 흩어지다, 분산시키다
예문 人群在活动结束后很快分散了。 사람들은 행사가 끝난 후 빠르게 흩어졌다.

C 释放 shìfàng 동 석방하다, 방출하다
짝꿍 释放犯人 범인을 석방하다
　　 释放能量 에너지를 방출하다
　　 释放压力 스트레스를 방출하다(해소하다)
예문 这部电影释放了观众的情感。 이 영화는 관객의 감정을 방출했다.

D 放射 fàngshè 동 뿜어내다, 방출하다
예문 这种矿石会放射出微量的辐射。 이 광물은 미량의 방사선을 방출한다.
◆ 矿石 kuàngshí 명 광석 | 微量 wēiliàng 명 미량 | 辐射 fúshè 명 방사선

빈칸 ③

A 进而 jìn'ér 접 더 나아가
예문 他首先完成了实验，进而开始了数据分析。 그는 먼저 실험을 완료했고, 나아가 데이터 분석을 시작했다.
◆ 数据分析 shùjù fēnxī 데이터 분석

B 以至 yǐzhì 접 ~해서, 그래서
예문 他工作太忙，以至没有时间陪家人。 그는 일이 너무 바빠서 가족과 함께할 시간이 없었다.

C 因而 yīn'ér 접 그래서, 그런 까닭에
예문 天气突然变化，因而活动被取消了。 날씨가 갑자기 변해서 행사가 취소되었다.

D 从而 cóng'ér 접 그리하여, 따라서
예문 他坚持不懈地努力，从而取得了成功。 그는 꾸준히 노력하여 성공을 거두었다.
◆ 坚持不懈 jiānchíbúxiè 성 나태하지 않고 꾸준하다

빈칸 ④

A 当务之急 dāngwùzhījí 성 급선무, 시급한 과제
예문 环境保护是当前的当务之急。 환경 보호는 현재 시급한 과제이다.

B 任重道远 rènzhòng-dàoyuǎn 성 책임이 무겁고 갈 길이 멀다, 임무가 막중하다
예문 我们的教育改革任重道远。 우리의 교육 개혁은 임무가 막중하다.
◆ 教育改革 jiàoyù gǎigé 교육 개혁

C 刻不容缓 kèbùrónghuǎn 성 잠시도 지체할 수 없다, 시급하다
예문 救援工作刻不容缓。 구조 작업은 잠시도 지체할 수 없다.
◆ 救援 jiùyuán 동 구조하다

D 迫不及待 pòbùjídài 성 매우 절박하다, 절박해서 더 기다릴 새도 없다
예문 他迫不及待地问起了我的看法。 그는 매우 절박하게 나의 견해를 묻기 시작했다.

68.

정답 및 해석

珊瑚是海洋的建筑师，能为其他生物提供①庇护，是许多生物产卵、育幼和索饵的重要②场所。珊瑚礁还是海洋生态环境优劣的风向标，对优化海洋生态具有③举足轻重的作用，被④誉为"海洋中的热带雨林"。

산호는 해양 건축가로, 다른 생물들에게 보호를 제공할 수 있으며 많은 생물이 알을 낳고 새끼를 기르고 먹이를 찾는 중요한 장소이다. 산호초는 또한 해양 생태 환경의 좋고 나쁨을 나타내는 풍향계이며, 해양 생태를 최적화하는 데 아주 중요한 역할을 하므로, '바닷속의 열대 우림'으로 칭송된다.

A	保卫 ✕	巢穴 ✕	举世瞩目 ✕	呼 ✕
B	包庇 ✕	场合 ✕	得天独厚 ✕	称 ○
C	守护 ✕	基地 ✕	名副其实 ✕	赞 ✕
D	庇护 ○	场所 ○	举足轻重 ○	誉 ○ (✓)

A	지키다	둥지	전세계 사람들이 주목하다	부르다
B	두둔하다	장소	특별한 좋은 조건을 갖추다	부르다
C	수호하다	기지	명실상부하다	칭찬하다
D	보호하다	장소	중요한 위치에 있다	칭송하다 (✓)

해설

① 첫 번째 빈칸은 '提供'의 목적어 자리입니다. 선택지는 모두 동사이지만, 빈칸은 명사 자리입니다. 의미상 다른 생물들에게 '보호'를 제공한다고 해야 하므로 선택지 D의 '庇护'가 정답입니다. 선택지 B의 '包庇'는 부정적인 의미로 '(나쁜 사람이나 나쁜 일을) 두둔하고 비호한다'는 의미입니다. '为' 뒤에 나오는 '其他生物(다른 생물들)'는 나쁜 대상이 아니므로 '庇护'를 써야 합니다. 첫 번째 빈칸이 어렵다면, 두 번째 빈칸이나 네 번째 빈칸에서 정답을 고릅니다.

② 두 번째 빈칸은 문맥상 '장소'를 나타내는 단어가 들어가야 합니다. 선택지 B의 '场合'는 '社交场合(사교 장소)'처럼 추상적인 장소나 어떤 상황을 나타낼 때 사용하므로 빈칸에 어울리지 않습니다. 선택지 D의 '场所'는 구체적인 장소를 가리키므로 정답이 됩니다. 여기서 정답을 확정했다면 다른 문제로 넘어가는 것이 중요합니다.

③ 세 번째 빈칸은 성어 문제입니다. 성어를 모른다면 이 빈칸은 포기해도 됩니다. 문맥상 아주 중요한 역할을 한다는 내용이 되어야 하므로 정답은 선택지 D의 '举足轻重'입니다.

④ 네 번째 빈칸은 '被誉为(~으로 칭송되다)'와 '被称为(~으로 불리다)' 모두 정답이 될 수 있습니다. 다만, 선택지 B는 다른 빈칸에서 정답이 아니므로, 정답은 D입니다.

지문 단어

珊瑚 shānhú 명 산호 | 海洋 hǎiyáng 명 해양 | 建筑师 jiànzhùshī 명 건축가 | 提供 tígōng 동 제공하다 | 产卵 chǎnluǎn 동 알을 낳다 | 育幼 yùyòu 동 새끼를 기르다 | 索饵 suǒěr 동 먹이를 찾다 *饵 명 미끼, 먹이 | 珊瑚礁 shānhújiāo 명 산호초 | 生态环境 shēngtài huánjìng 생태 환경 | 优劣 yōuliè 명 우열, 좋고 나쁨 | 风向标 fēngxiàngbiāo 명 풍향계 | 优化 yōuhuà 동 최적화하다 | 具有作用 jùyǒu zuòyòng 작용이 있다, 역할을 하다 | 热带雨林 rèdài yǔlín 명 열대 우림

선택지 단어

빈칸 ①

A 保卫 bǎowèi 동 보위하다, 지키다
  짝꿍 保卫祖国 조국을 보위하다
  예문 保卫国家领海是政府的责任。국가의 영해를 지키는 것은 정부의 책임이다.
    ◆ 领海 lǐnghǎi 명 영해 | 政府 zhèngfǔ 명 정부

B 包庇 bāobì 동 (나쁜 일·사람을) 비호하다, 감싸주다
  짝꿍 包庇犯罪嫌疑人 범죄 혐의자를 비호하다
    ◆ 嫌疑人 xiányírén 명 혐의자, 용의자

C 守护 shǒuhù 동 수호하다, 지키다
  짝꿍 守护边疆 변경을 수호하다
    ◆ 边疆 biānjiāng 명 국경지대, 변경

D 庇护 bìhù 동 보호하다, 비호하다 명 보호, 비호
  짝꿍 寻求庇护 보호를 구하다
  예문 这个教堂在冬天的夜晚给人们提供庇护。이 예배당은 겨울밤에 사람들에게 보호(피난처)를 제공해 준다.
    ◆ 教堂 jiàotáng 명 예배당

빈칸②

A 巢穴 cháoxué 명 (새·짐승의) 굴, 둥지
예문 树洞为它们提供了一个安全的巢穴。 나무 구멍은 그들에게 안전한 둥지를 제공했다.
◆ 树洞 shùdòng 명 나무 구멍

B 场合 chǎnghé 명 경우, 상황, 장소[추상적인 장소]
짝꿍 社交场合 사교 장소
外交场合 외교 장소, 외교 석상
예문 在这种场合，你应该讲明自己的立场。 이런 경우에, 당신은 자신의 입장을 분명하게 말해야 합니다.
◆ 讲明 jiǎngmíng 동 분명하게 말하다

C 基地 jīdì 명 기지
예문 这里以前是美国的空军基地。 이곳은 예전에 미국의 공군 기지였다.

D 场所 chǎngsuǒ 명 장소[시설이 갖추어진 눈에 보이는 장소]
예문 公共场所禁止吸烟。 공공장소에서는 흡연을 금지한다.
◆ 禁止 jìnzhǐ 동 금지하다

빈칸③

A 举世瞩目 jǔshìzhǔmù 성 전세계 사람들이 주목하다
예문 奥运会是举世瞩目的体育比赛。 올림픽은 전세계 사람들이 주목하는 스포츠 경기이다.
◆ 奥运会 Àoyùnhuì 명 올림픽

B 得天独厚 détiāndúhòu 성 유리한 조건을 갖추다
짝꿍 得天独厚的位置 아주 좋은 위치
得天独厚的条件 아주 좋은 조건
예문 这里有得天独厚的温泉资源。 이곳은 뛰어난 조건의 온천 자원을 가지고 있다.
◆ 温泉 wēnquán 명 온천

C 名副其实 míngfùqíshí 성 명실상부하다, 이름과 실제가 서로 부합되다
예문 他真是名副其实的"活字典"。 그는 정말로 명실상부한 '걸어다니는 사전'이다.

D 举足轻重 jǔzú-qīngzhòng 성 일거수일투족이 전체에 중대한 영향을 끼치다
예문 在中国现代绘画史上，他们占有举足轻重的地位。
중국 현대 회화사에서 그들은 아주 중요한 위치를 차지하고 있다.
◆ 绘画史 huìhuàshǐ 명 회화사 | 占有 zhànyǒu 동 점유하다, 차지하다

빈칸④

A 呼 hū 동 부르다
◆ 称呼 chēnghu 동 부르다, 일컫다

B 称 chēng 동 부르다
예문 丽江被称为世界上最美丽的地方。 리장은 세상에서 가장 아름다운 곳으로 불린다.

C 赞 zàn 동 칭송하다, 칭찬하다
◆ 称赞 chēngzàn 동 칭찬하다

D 誉 yù 동 칭송하다
짝꿍 被誉为 ~라고 불리다, ~라고 칭송되다
예문 李白被誉为诗仙。 이백은 시선이라고 불린다.

69.

정답 및 해석

黎族船型屋是黎族人以船的形状所建造的房屋。其圆拱①造型和架空结构，有防湿、防雨作用，并有利于②抵抗台风的侵袭。船型屋的茅草屋面能就地取材，拆建也很方便。③鉴于这些优点，船型屋得以④世代流传下来。

리족의 '배 모양 집'은 리족 사람들이 배의 형태로 지은 집이다. 그 둥근 아치형 조형과 공중에 떠 있는 구조는 습기와 비를 막는 역할을 하고, 태풍의 침입을 막는 데 유리하다. 배 모양 집의 초가지붕은 현지에서 재료를 구할 수 있어, 해체 및 재건도 편리하다. 이러한 장점을 감안하여 배 모양 집은 대대로 전해지게 되었다.

A	造型 ○	抵抗 ○	鉴于 ○	世代 ○ (✓)
B	外表 ×	对抗 ×	譬如 ×	永恒 ×
C	形态 ×	反抗 ×	连同 ×	一贯 ×
D	规格 ×	抗议 ×	终究 ×	漫长 ×

A	조형	막다	~을 감안하여	대대로 (✓)
B	외모	대항하다	예를 들다	영원하다
C	형태	반항하다	~와 함께	일관되다
D	규격	항의하다	결국	(시간이) 길다

해설

① 첫 번째 빈칸에서 앞에 '圆拱'이란 단어가 어렵다면 얼른 패스하고, 자신 있는 단어가 있는 다른 빈칸에서 정답을 찾도록 합니다. '圆拱'은 '둥근 아치형'이란 의미로, 뒤에 '조형(모양)'을 의미하는 '造型'과 호응합니다. '造型'은 '造'가 있으므로 만들어낸 형상(모양)을 의미하며, '形态'는 사물이나 생물체가 외부로 드러난 모양을 나타냅니다.

② 두 번째 빈칸은 '抵抗(저항하다)'이 자연재해나 외부의 힘에 맞서 싸운다는 의미가 있으므로, '抵抗台风的侵袭(태풍의 침입을 막다)'가 자연스러운 표현입니다. 선택지 B·C·D에 있는 '对抗', '反抗', '抗议'는 자연재해를 목적어로 갖지 않습니다.

③ 세 번째 빈칸은 '이러한 장점을 감안하여'라는 의미에서 '鉴于'가 문맥상 어울립니다. 이 문장은 예를 드는 것이 아니므로 '譬如'는 적합하지 않고, '连同'은 전치사 '与' 또는 '和'와 비슷합니다.

④ 마지막 빈칸에서 '船型屋'는 '대대로 이어져 내려왔다'고 해야 하므로 '世代'가 적절합니다. '世代流传下来'에서 '世代'는 '대대, 여러 세대'를 의미하여, 보통은 동사 앞에 부사어로 사용합니다. 따라서 정답은 A입니다.

지문 단어

黎族 lízú 명 리족[중국의 소수 민족] | 船型屋 chuánxíngwū 명 배 모양 집 | 形状 xíngzhuàng 명 형상, 형태 | 建造 jiànzào 동 건축하다, 짓다 | 房屋 fángwū 명 집 | 圆拱 yuángǒng 명 둥근 아치형 | 架空结构 jiàkōng jiégòu 공중에 떠 있는 구조 | 有作用 yǒu zuòyòng 작용을 하다, 역할을 하다 | 防湿 fángshī 동 습기를 막다 | 防雨 fángyǔ 동 비를 막다 | 有利于 yǒulì yú ~에 유리하다, ~에 좋다 | 台风 táifēng 명 태풍 | 侵袭 qīnxí 동 습격하다, 침입하다 | 茅草屋面 máocǎowūmiàn 초가지붕 | 就地取材 jiùdì qǔcái 현지에서 재료를 구하다 | 拆建 chāijiàn 동 해체하고 재건하다 | 优点 yōudiǎn 명 장점 | 得以 déyǐ 동 ~하게 되다, ~할 수 있다 | 流传 liúchuán 동 전해지다

빈칸 ①

A 造型 zàoxíng 명 (만든) 조형, 형상

　예문 这个雕像的造型非常独特。이 조각상의 조형은 매우 독특하다.

　　◆ 雕像 diāoxiàng 명 조각상

B 外表 wàibiǎo 명 외모, 겉모습

　짝꿍 外表漂亮 외모가 아름답다

　　　从外表看人 외모로 사람을 평가하다

　예문 不要只看一个人的外表。사람의 외모만을 보지 마라.

C 形态 xíngtài 명 형태, 모양

　예문 云的形态会随着天气变化。구름의 형태는 날씨에 따라 변한다.

D 规格 guīgé 명 규격

　예문 这款手机的规格符合国际标准。이 휴대폰의 규격은 국제 표준에 부합한다.

　　◆ 符合标准 fúhó biāozhǔn 표준에 부합하다

빈칸 ②

A 抵抗 dǐkàng 동 저항하다, 막다
예문 人们采取各种方法来抵抗疾病的传播。 사람들은 질병의 확산을 막기 위해 여러 방법을 취한다.
◆ 传播 chuánbō 동 퍼지다, 확산되다

B 对抗 duìkàng 동 대항하다
예문 两队在比赛中激烈对抗。 두 팀은 경기에서 치열하게 대항했다.

C 反抗 fǎnkàng 동 반항하다
예문 年轻人常常对父母的严格要求进行反抗。 젊은이들은 종종 부모의 엄격한 요구에 반항한다.

D 抗议 kàngyì 동 항의하다
예문 市民们抗议政府的环境政策。 시민들은 정부의 환경 정책에 항의한다.
◆ 政策 zhèngcè 명 정책

빈칸 ③

A 鉴于 jiànyú 전 ~을 감안하여, ~에 비추어 보아
예문 鉴于他的努力，公司决定给他晋升。 그의 노력을 감안하여, 회사는 그를 승진시키기로 결정했다.
◆ 晋升 jìnshēng 동 승진시키다

B 譬如 pìrú 동 예를 들다
예문 他喜欢运动，譬如打篮球和跑步。 그는 운동을 좋아하는데, 예를 들면 농구와 달리기를 좋아한다.

C 连同 liántóng 전 ~와 함께, ~와 더불어
예문 他把礼物连同信一起寄了过来。 그는 선물을 편지와 함께 보내왔다.

D 终究 zhōngjiū 부 결국, 마지막에는
예문 虽然经历了很多困难，他终究成功了。 비록 많은 어려움을 겪었지만, 그는 결국 성공했다.

빈칸 ④

A 世代 shìdài 명 대대로, 여러 세대에 걸쳐[부사어로 자주 쓰임]
예문 这个传统在他们家族中世代相传。 이 전통은 그들 가문에서 대대로 전해 내려온다.
◆ 相传 xiāngchuán 동 전해 내려오다

B 永恒 yǒnghéng 형 영원하다, 영구적이다
예문 爱情是人们追求的永恒主题。 사랑은 사람들이 추구하는 영원한 주제이다.
◆ 主题 zhǔtí 명 주제

C 一贯 yíguàn 형 일관되다, 한결같다[부사어로 자주 쓰임]
예문 他一贯保持积极的态度。 그는 일관되게 긍정적인 태도를 유지한다.

D 漫长 màncháng 형 (시간·길이가) 길다
짝꿍 漫长的过程 긴 과정
漫长的历史 긴 역사
예문 我们又要度过一个漫长的夜晚。 우리는 또 기나긴 밤을 보내야 한다.

70.

정답 및 해석

近些年，一些高校里的后勤工作人员，或在工作之余励志考学，或在平凡的①岗位上坚持自己的爱好与追求，②屡次被舆论关注。这背后③固然有身在学府、耳濡目染的④熏陶作用，同时也源于个体心中有一座永不⑤熄灭的灯塔。

최근 몇 년간, 일부 대학의 후방 근무자들은 업무 외의 시간에 시험공부를 위해 분발하거나 평범한 일자리에서 자신의 취미와 목표를 고수하면서 여러 번 여론의 관심을 받았다. 이 배경에는 물론 학부에 몸담으면서 자주 접해서 자연스럽게 익숙해진 영향의 작용도 있겠지만, 동시에 개인의 마음속에 영원히 꺼지지 않는 등대가 있다는 데서 비롯되었다.

A	职务 ✕	时常 ✕	不止 ✕	引导 ✕	灭亡 ✕
B	岗位 ○	屡次 ○	固然 ○	熏陶 ○	熄灭 ○ (✓)
C	职位 ○	一度 ✕	显然 ○	陶醉 ✕	毁灭 ✕
D	单位 ✕	接连 ○	势必 ✕	干预 ✕	消灭 ✕

A	직무	자주	~에 그치지 않다	이끌다	멸망하다
B	일자리	여러 번	물론 ~지만	영향을 주다	꺼지다 (✓)
C	직위	한때	분명하다	도취되다	파괴하다
D	회사	잇달아	반드시	간섭하다	없애다

해설

① 첫 번째 빈칸은 '평범한 일자리'라는 의미로 '平凡的岗位'가 자연스럽습니다. '职位'는 '과장', '차장'같은 '직위'를 의미하는데, 밑줄에 들어갈 수는 있지만 전체 글의 의미상 자연스러운 표현은 아닙니다. 따라서 '岗位'가 맞는 표현입니다.

② 두 번째 빈칸은 여론의 관심을 어떻게 받았는가를 표현하기 위해, '屡次(여러 번)'를 쓰는 것이 가장 매끄럽습니다. 선택지 D의 '接连'도 가능하지만, 다른 빈칸이 맞지 않습니다. 선택지 C의 '一度'도 어법적으로 위치할 수 있지만, 지문 맨 앞에 '近些年'이라고 했으므로 과거 한때를 나타내는 '一度'는 적합하지 않습니다. 또한 '一度'는 '한차례, 한번'이라는 의미로 더 많이 사용됩니다.

③ 세 번째 빈칸은 맥락상 '~은 물론이지만, 동시에 ~도 있다'라고 연결하는 것이 좋습니다. 따라서 접속사 '固然'이 가장 잘 어울립니다. '固然'이 사용된 문장 뒤에는 '但'으로도 연결이 가능하지만, 이 문장처럼 뒤 절에 '也'가 오기도 합니다. 선택지 C의 '显然'도 부사어로 많이 쓰이고 의미상으로도 빈칸에 넣을 수 있지만, 나머지 빈칸이 적합하지 않습니다.

④ 네 번째 빈칸은 '熏陶(영향을 주다)'가 정답입니다. '熏陶(훈도)'는 '좋은 영향'이라는 의미가 있는데, 이 글에서는 어떤 학문적 환경에서 자연스럽게 받는 영향을 말하고 있기에 '熏陶'가 적당합니다.

⑤ 마지막 빈칸은 '영원히 꺼지지 않는 등대'라는 의미로 '永不熄灭的灯塔'라고 하면 됩니다. 그들의 꿈이나 열망이 절대 사라지지 않는다는 점을 잘 나타냅니다. 따라서 정답은 B입니다.

지문 단어

高校 gāoxiào 명 대학[고등교육기관의 총칭] | 后勤工作人员 hòuqín gōngzuò rényuán 후방 근무자 *后勤 명 후방 근무 | 工作之余 gōngzuòzhīyú 업무 외의 시간 | 励志考学 lìzhì kǎoxué 시험 공부를 위해 분발하다 | 平凡 píngfán 형 평범하다 | 坚持 jiānchí 동 고수하다 | 爱好 àihào 명 취미 | 追求 zhuīqiú 동 추구하다 | 舆论 yúlùn 명 여론 | 关注 guānzhù 동 주목하다, 관심을 가지다 | 背后 bèihòu 명 배후, 배경 | 有作用 yǒu zuòyòng 작용이 있다 | 学府 xuéfǔ 명 학부 | 耳濡目染 ěrrú-mùrǎn 성 자주 접해서 자연스럽게 익숙해지다 | 源于 yuányú 동 ~에서 비롯되다 | 永不熄灭 yǒngbù xīmiè 영원히 꺼지지 않다 | 灯塔 dēngtǎ 명 등대

선택지 단어

빈칸①

A 职务 zhíwù 명 직무, 맡은 일
예문 他的职务是管理整个项目。 그의 직무는 전체 프로젝트를 관리하는 것이다.
◆ 管理 guǎnlǐ 동 관리하다

B 岗位 gǎngwèi 명 일자리, 직장 근무처
예문 她在新的岗位上表现得很出色。 그녀는 새로운 일자리에서 뛰어난 성과를 보였다.

C 职位 zhíwèi 명 직위
예문 他因表现优秀而被提升到更高的职位。 그는 뛰어난 성과로 인해 더 높은 직위로 승진했다.
◆ 提升 tíshēng 동 승진하다

D 单位 dānwèi 명 회사, 직장, 기관
예문 他在一个政府单位工作。 그는 정부 기관에서 일한다.

빈칸 ②

A 时常 shícháng 閉 자주, 늘
   예문 他时常加班到很晚。 그는 자주 늦게까지 야근한다.

B 屡次 lǚcì 閉 누차, 여러 번
   예문 他屡次尝试，但都失败了。 그는 여러 번 시도했지만, 모두 실패했다.
   ◆ 尝试 chángshì 툉 시도해 보다

C 一度 yídù 閉 한때, 한동안, 한 번
   예문 他一度离开了公司，后来又回来了。 그는 한때 회사를 떠났다가, 나중에 다시 돌아왔다.

D 接连 jiēlián 閉 잇달아, 연거푸
   짝꿍 接连发生 잇달아 발생하다
   예문 他接连吃了三天药才退烧。 그는 연거푸 3일 동안 약을 먹고 나서야 열이 내렸다.
   ◆ 退烧 tuìshāo 툉 (정상으로) 열이 내리다

빈칸 ③

A 不止 bùzhǐ 툉 ~에 그치지 않다, ~을 넘다
   예문 我来中国不止一两次了。 내가 중국에 온 것은 한두 번이 아니다.

B 固然 gùrán 젭 물론 ~지만
   예문 这种方法固然有效，但需要时间。 이 방법은 물론 효과가 있지만, 시간이 필요하다.
   ◆ 有效 yǒuxiào 혱 효과가 있다

C 显然 xiǎnrán 혱 명백하다, 분명하다
   예문 他的进步显然很大。 그의 발전은 분명히 크다.

D 势必 shìbì 閉 꼭, 반드시
   예문 这种情况势必会影响到他。 이런 상황은 반드시 그에게 영향을 미칠 것이다.

빈칸 ④

A 引导 yǐndǎo 툉 인도하다, 이끌다
   예문 老师引导学生们独立思考。 선생님은 학생들이 독립적으로 사고하도록 이끈다.

B 熏陶 xūntáo 명 훈도, 좋은 영향 툉 감화시키다
   예문 在这个充满艺术气息的博物馆里，我们受到了文化的熏陶。
   이 예술이 정취가 가득한 박물관에서 우리는 문화의 영향을 받았다.
   ◆ 气息 qìxī 명 숨결, 분위기, 정취

C 陶醉 táozuì 툉 도취되다, 매료되다
   예문 他陶醉在美丽的风景中。 그는 아름다운 풍경에 도취되었다.

D 干预 gānyù 툉 간섭하다, 개입하다
   예문 他不喜欢别人干预他的生活。 그는 다른 사람이 자신의 생활에 간섭하는 것을 좋아하지 않는다.

빈칸 ⑤

A 灭亡 mièwáng 툉 멸망하다, 사라지다
   예문 古代文明因战争而灭亡。 고대 문명은 전쟁으로 멸망했다.

B 熄灭 xīmiè 툉 (불이) 꺼지다
   예문 灯光熄灭了，屋子里顿时暗了下来。 불빛이 꺼지자 방안은 즉시 어두워졌다.

C 毁灭 huǐmiè 동 파괴하다, 괴멸하다
예문 战争几乎毁灭了这座城市。 전쟁은 이 도시를 거의 파괴했다.

D 消灭 xiāomiè 동 없애다, 소멸시키다
예문 他们决定消灭所有的害虫。 그들은 모든 해충을 없애기로 결정했다.
◆ 害虫 hàichóng 명 해충

第三部分 알맞은 문장을 골라 빈칸을 채우세요.

71-75.

정답 및 해석

　　林鸣是港珠澳大桥岛隧工程总工程师。在港珠澳大桥建设项目成立之初，当时的中国虽有了一定的造桥能力，**(71) D 但对这座世界上最长的跨海公路大桥而言**，最大的难题是在深海中建设一条连接两个人工岛的、6.7公里长的沉管隧道。这项技术不仅中国没做过，放眼全世界，掌握这项技术的国家也寥寥无几。沉管深埋这个难题，**(72) E 历史性地摆到了中国工程师的面前**。在这样的困境中，林鸣毅然担负起了这一责任，并选择带领大家走上了自主攻关的道路。**(73) C 凭着不达目的誓不罢休的韧劲**，林鸣和团队经过长时间考察研究和千百次的试验，创造了一个"半刚性"新工法，完美解决了沉管深埋问题。在第一节沉管安装时，由于泥沙质地松软易淤积，放置沉管的位置与预想的差了十几公分。这个结果其实算是成功的，而且如果想把一个已经固定在深海基槽内6000多吨重的庞然大物重新吊起、对接，一旦出现差错，**(74) A 后果不堪设想**，但林鸣依然坚持返工重来。经过42小时的重新精调，偏差从16厘米降到了2.5毫米以下。在林鸣看来，**(75) B 高品质的工程不是做给别人看的**，越是看不到的地方，越要做好。

A 后果不堪设想
B 高品质的工程不是做给别人看的
C 凭着不达目的誓不罢休的韧劲
D 但对这座世界上最长的跨海公路大桥而言
E 历史性地摆到了中国工程师的面前

　　린밍은 홍콩-주하이-마카오 대교의 인공섬과 해저 터널 공사의 수석 엔지니어이다. 홍콩-주하이-마카오 대교 건설 프로젝트 설립 초기에, 당시 중국은 비록 어느 정도 다리 건설 능력이 있었다. **(71) D 하지만 세계에서 가장 긴 이 해상 도로 대교에서** 가장 큰 난제는 심해 속에 두 개의 인공섬을 연결하는 6.7km 길이의 침매터널을 건설하는 일이었다. 이 기술은 중국뿐만 아니라 전 세계적으로도 이 기술을 보유한 나라가 아주 드물었다. 침매관을 깊이 매설하는 이 난제는 **(72) E 역사적으로 중국 엔지니어들 앞에 놓이게 되었다**. 이러한 어려움 속에서 린밍은 과감히 이 책임을 맡고 모두를 이끌어 자주적으로 난제를 해결하는 길을 선택했다. **(73) C 목표를 이루기 전까지는 절대 포기하지 않는 끈기로**, 린밍과 팀은 장기간의 현지 조사 연구와 수백수천 번의 실험 끝에 '반강성'이라는 새로운 공법을 만들어 침매관을 깊이 매설하는 문제를 완벽히 해결했다. 첫 번째 침매관을 설치할 때, 진흙과 모래가 부드럽고 퇴적되기 쉬운 특성 때문에 침매관을 놓는 위치가 예상한 것과 십여 센티미터 차이가 났다. 이 결과는 사실상 성공적인 편이었으며, 게다가 만약에 이미 심해 기초 홈에 고정된 6,000톤이 넘는 거대한 구조물을 다시 들어 올리고 연결하려 할 때, 일단 작은 실수라도 생기면 **(74) A 그 결과는 상상조차 할 수 없었다**. 그러나 린밍은 여전히 재시공을 고집하며 다시 시도했다. 42시간의 정밀 재조정을 거쳐 편차는 16cm에서 2.5mm 이하로 줄어들었다. 린밍은 **(75) B 높은 품질의 공사는 남에게 보여주기 위한 것이 아니며**, 보이지 않는 곳일수록 더욱 완벽하게 해야 한다고 생각했다.

A 그 결과는 상상조차 할 수 없다
B 높은 품질의 공사는 남에게 보여주기 위한 것이 아니며
C 목표를 이루기 전까지는 절대 포기하지 않는 끈기로
D 하지만 세계에서 가장 긴 이 해상 도로 대교에서
E 역사적으로 중국 엔지니어들 앞에 놓이게 되었다

정답 (71) **D** (72) **E** (73) **C** (74) **A** (75) **B**

해설

71 이 문제의 힌트는 바로 앞 문장 '当时的中国虽有了一定的造桥能力(당시의 중국이 비록 어느 정도 교량 건설 능력은 갖췄지만)'에서 접속사 '虽'입니다. 빈칸에는 '虽'의 짝꿍으로 쓰이는 접속사 '但'을 찾아주면 됩니다. 따라서 정답은 D 但对这座世界上最长的跨海公路大桥而言입니다.

72 빈칸 앞에 '沉管深埋这个难题'는 주어입니다. 따라서 빈칸은 술어 자리입니다. 술어로만 구성된 선택지는 오직 E뿐입니다. C는 '凭着+명사'로 이루어진 전치사구입니다. 이렇게 구조를 제대로 파악할 수 있다면 정답을 쉽게 찾을 수 있습니다. 마지막으로 해석을 통해 정답을 확인해 줍니다. 정답은 E 历史性地摆到了中国工程师的面前입니다.

73 빈칸 뒤로 이어지는 문장은 린밍과 그의 팀이 포기하지 않고 연구와 실험을 거쳐 기술 문제를 해결하고 새로운 공법을 창조했다는 내용이 따라옵니다. 따라서 빈칸은 '凭着不达目的誓不罢休的韧劲(목적을 달성하지 않으면 멈추지 않겠다는 끈기를 바탕으로)'이 와야지만, 린밍의 집념과 노력으로 이런 성과를 냈다는 자연스러운 문장이 완성됩니다. 선택지 C가 해석하기 어렵다면, A와 B를 넣어 보고 답이 아니라는 것을 체크합니다. 이렇게 소거법을 이용하여 답을 찾아도 됩니다. 정답은 C 凭着不达目的誓不罢休的韧劲입니다.

74 빈칸의 앞 문장 '一旦出现差错(만약 착오가 발생한다면)'에서 '一旦'에 주의합니다. '一旦'과 함께 짝꿍으로 쓰이는 부사는 '就'입니다. 하지만 선택지에 '就'가 보이지 않습니다. '就'는 없지만, 빈칸에는 '결과가 어떠하다'라는 내용이 나와야하므로, 키워드 '后果(안 좋은 결과)'를 보고 정답을 찾으면 됩니다. 따라서 정답은 A 后果不堪设想입니다.

75 빈칸 앞에 '在林鸣看来(린밍이 보기에)'는 전치사구입니다. 따라서 빈칸에는 '주어+술어' 구조가 와야 합니다. 빈칸 뒤의 문장에서 린밍은 보이지 않는 부분에도 품질을 중시해야 한다고 강조합니다. 따라서 그 앞 문장도 같은 맥락으로 '高品质的工程不是做给别人看的(고품질의 공사는 보여주기 위한 것이 아니다)'가 와야 자연스러운 연결이 됩니다. 따라서 정답은 B 高品质的工程不是做给别人看的입니다.

지문 단어

◆ 林鸣 Lín Míng 고유 린밍[인명] | 港珠澳大桥 Gǎng Zhū Ào Dàqiáo 고유 홍콩-주하이-마카오 대교 | 岛隧 dǎo suì '인공섬과 해저터널'을 의미함 *岛 명 섬 *隧 명 터널 | 工程 gōngchéng 명 공사 | 总工程师 zǒng gōngchéngshī 수석 엔지니어 | 建设 jiànshè 동 건설하다 | 项目 xiàngmù 명 프로젝트 | 成立 chénglì 동 설립하다 | 造桥 zàoqiáo 동 다리를 건설하다 | 深海 shēnhǎi 명 심해, 깊은 바다 | 连接 liánjiē 동 연결하다 | 人工岛 réngōngdǎo 명 인공섬 | 沉管隧道 chénguǎn suìdào 침매터널[육상에서 제작한 각 구조물을 가라앉혀 물속에서 연결시켜 나가는 최신 토목공법으로 만든 터널] | 技术 jìshù 명 기술 | 放眼 fàngyǎn 동 넓게 바라보다, 눈을 돌리다 | 掌握 zhǎngwò 동 파악하다, 정통하다 | 寥寥无几 liáoliáowújǐ 성 아주 적다(드물다) | 沉管深埋 chénguǎn shēn mái 침매관을 깊이 매설하다 *深埋 깊이 파묻다(매설하다) | 困境 kùnjìng 명 곤경, 어려움 | 毅然 yìrán 부 의연히, 결연히 | 担负责任 dānfù zérèn 책임을 지다 | 带领 dàilǐng 동 이끌다 | 自主攻关 zìzhǔ gōngguān 자주적으로 난제를 해결하다 | 团队 tuánduì 명 팀 | 经过 jīngguò 전 ~을 거쳐 | 考察 kǎochá 동 조사하다 | 研究 yánjiū 동 연구하다 | 千百次 qiānbǎicì 수백 수천 번 | 试验 shìyàn 동 실험하다, 테스트하다 | 创造新工法 chuàngzào xīngōngfǎ 새로운 공법을 만들다 *创造 동 창조하다, (새롭게) 만들다 | 半刚性 bàngāngxìng 명 반강성 | 完美 wánměi 형 완벽하다 | 解决 jiějué 동 해결하다 | 安装 ānzhuāng 동 설치하다 | 泥沙 níshā 명 진흙과 모래 | 质地 zhìdì 명 (재료의) 재질 | 松软 sōngruǎn 형 부드럽다, 물렁하다 | 淤积 yūjī 동 (물 속의 토사가) 퇴적되다 | 放置 fàngzhì 동 (일정한 장소에) 놓다, 두다 | 位置 wèizhì 명 위치 | 预想 yùxiǎng 동 예상하다 | 公分 gōngfēn 양 센티미터(cm)[비(非)법정 길이 단위, 법정 길이 단위는 '厘米(límǐ)'로 씀] | 结果 jiéguǒ 명 결과 | 其实 qíshí 부 사실 | 算是 suànshì 동 ~인 편이다 | 固定 gùdìng 동 고정되다 | 基槽 jīcáo 명 기초 홈[건축물의 토대나 지하 부분을 시공하기 위해 판 홈] | 吨 dūn 양 톤(t) | 庞然大物 pángrán-dàwù 성 거대한 물체(구조물) | 重新 chóngxīn 부 다시, 재차 | 吊起 diàoqǐ 동 들어 올리다 | 对接 duìjiē 맞추다, 접촉하다 | 一旦 yídàn 접 일단 ~하면 | 出现差错 chūxiàn chācuò 차질이 생기다 *差错 명 착오, 차질 | 依然 yīrán 부 여전히 | 坚持 jiānchí 동 고수하다, 고집하다 | 返工 fǎngōng 동 다시 만들다, 재시공하다 | 重来 chónglái 다시 시도하다 | 精调 jīngtiáo 동 정밀하게 조정하다 | 偏差 piānchā 명 편차, 오차 | 降 jiàng 동 떨어지다, 줄다 | 毫米 háomǐ 양 밀리미터(mm)

선택지 단어

◆ 后果 hòuguǒ 명 (나쁜) 결과 | 不堪设想 bùkān-shèxiǎng 성 (결과가 매우 나쁘거나 위험해서) 상상조차 할 수 없다 | 高品质 gāo pǐnzhì 고품질, 높은 품질 | 凭着 píngzhe 전 ~에 의지하여, ~으로 | 不达目的誓不罢休 bù dá mùdì shì bú bàxiū 목적을 이룰 때까지 포기하지 않는다 *誓 동 맹세하다 *罢休 동 그만두다, 포기하다 | 韧劲 rènjìn 명 끈기, 인내력 | 跨海公路大桥 kuàhǎi gōnglù dàqiáo 해상 도로 대교 *跨海 동 바다를 건너다 | 摆到了……的面前 bǎidào le……de miànqián ~앞에 놓이다 *摆 동 놓다, 배열하다

76-80.

정답 및 해석

　　郊外有一处村庄，生态环境极好，有家公司在那里种下了大片的向日葵，想将其打造成一个乡村文旅园。然而，到了十月采摘季，(76) <u>E 却只摘到了一些果实干瘪的葵花盘</u>。原来种植向日葵，并不是只要光照充足，浇水施肥后等着它开花结果这么简单。要想让它长得好，花盘开得大，瓜子饱满，(77) <u>B 有个非常关键的环节</u>——等向日葵长到有3至5片真叶，大概50至60厘米高的时候，要进行移植，拉开每株幼苗的距离，不能种得太密。

　　当向日葵苗壮成长，需要大量吸收养分的时候，(78) <u>A 如果不留出足够的距离</u>，让向日葵挤挤挨挨地在一起，它们就会相互抢占养分。叶片互相遮挡光照，授粉也不均匀。就像几个人抢一个东西，(79) <u>C 肯定会资源不均</u>。

　　等到向日葵长出葵花盘时，密集的距离又使葵花盘的生长空间受限。向日葵不仅伸展不开，而且授粉不均，这种情况下如何能结出饱满的瓜子呢？(80) <u>D 这家公司就是忽略了向日葵的生长规律</u>，只追求看上去密集的"丰收"效果，以为种得越密，产量就越大，结果却令人遗憾。

A 如果不留出足够的距离
B 有个非常关键的环节
C 肯定会资源不均
D 这家公司就是忽略了向日葵的生长规律
E 却只摘到了一些果实干瘪的葵花盘

　　교외에 한 마을의 생태 환경이 매우 좋아서, 한 회사가 그곳에 넓은 해바라기밭을 조성하여 농촌 문화 관광지로 만들고자 했다. 그러나 10월 수확기가 되었을 때, (76) <u>E 수확한 것은 마른 열매가 든 해바라기 꽃받침뿐이었다</u>. 알고 보니 해바라기를 재배하는 것은 단순히 햇빛을 충분히 받고 물과 비료를 주어 꽃이 피고 열매가 맺히기를 기다리는 그런 간단한 일은 아니었다. 해바라기가 잘 자라서 꽃받침이 크고 씨앗이 꽉 차려면 (77) <u>B 매우 중요한 단계가 있는데</u>, 해바라기가 3~5장의 본잎을 가지고 약 50~60cm로 자랐을 때 이식하여 각 묘목 간 거리를 넓혀 주어야지, 너무 촘촘하게 심으면 안 된다는 것이다.

　　해바라기가 무럭무럭 자라면서 많은 양분을 흡수해야 할 때, (78) <u>A 만약 충분한 간격을 두지 않고 해바라기를 서로 가까이 붙여 심으면</u>, 양분을 서로 빼앗게 된다. 잎이 서로 겹쳐 빛을 가리게 되고, 수분(꽃가루받이)도 고르게 이루어지지 않는다. 마치 여러 사람이 하나의 물건을 다투는 것처럼, (79) <u>C 반드시 자원이 고르게 분배되지 않게 된다</u>.

　　해바라기가 꽃받침을 키울 시점이 되면, 촘촘한 간격 때문에 꽃받침이 자랄 공간이 제한된다. 해바라기는 충분히 펼쳐 자랄 수 없고, 수분도 고르지 않게 된다. 이러한 상황에서 어떻게 꽉 찬 씨앗을 맺을 수 있겠는가? (80) <u>D 이 회사는 해바라기의 성장 법칙을 무시하고</u>, 다만 겉보기에 밀집된 '풍작' 효과만을 추구하며, 빽빽하게 심을수록 수확량이 많아질 것이라고 여겼다. 그러나 결과는 안타까움을 자아냈다.

A 만약 충분한 간격을 두지 않고
B 매우 중요한 단계가 있다
C 반드시 자원이 고르게 분배되지 않게 된다
D 이 회사는 해바라기의 성장 법칙을 무시했다
E 그러나 수확한 것은 마른 열매가 든 해바라기 꽃받침뿐이었다

정답 (76) **E** 　(77) **B** 　(78) **A** 　(79) **C** 　(80) **D**

해설

76　빈칸 앞 문장에서 '然而，到了十月采摘季(그러나, 수확철이 되었는데도)'라고 말했습니다. 접속사 '然而'과 짝꿍으로 사용하는 부사인 '却'를 가지고 정답을 고르면 쉽게 답을 찾을 수 있습니다. 마지막으로 해석을 통해 정답을 확인합니다. 정답은 E 却只摘到了一些果实干瘪的葵花盘입니다.

77　빈칸 뒤의 '破折号(——)'는 앞 내용을 부연 설명할 때 사용하는 문장 부호입니다. '破折号(——)' 뒤에 나오는 문장인 '等向日葵长到有3至5片真叶，大概50至60厘米高的时候，要进行移植，拉开每株幼苗的距离，不能种得太密.'는 해바라기를 잘 키우기 위한 핵심 내용입니다. 따라서 빈칸의 정답은 B 有个非常关键的环节(매우 중요한 단계가 있다)입니다. 이 빈칸이 어렵다면 나머지 빈칸 4개의 정답을 정확하게 찾은 후에 남은 1개의 선택지로 정답을 골라도 됩니다.

78　빈칸 바로 뒤의 문장 '让日葵挤挤挨挨地在一起' 다음에 나오는 '它们就会相互抢占养分'에서 부사 '就'가 키워드입니다. 부사 '就'는 결과를 이끄는 접속 부사로, 앞 절에 접속사 '如果'와 호응합니다. 따라서 빈칸의 정답은 '如果'가 들어 있는 A 如果不留出足够的距离입니다. 최종적으로 해석을 통해 정답을 확인합니다.

79　빈칸 앞의 '就像几个人抢一个东西'는 예를 들어서 보충하는 문장입니다. 여러 사람이 한 개의 물건을 차지하려고 한다면, 결과적으로 그 물건이 부족하다는 내용이 나와야 합니다. 따라서 정답은 C 肯定会资源不均(반드시 자원이 고르게 분배되지 않는다)입니다.

80 마지막 빈칸 뒤에 '只追求看上去密集的 "丰收" 效果'가 왔으므로 빈칸에는 '주어+술어'가 들어있는 문장이 와야 합니다. '주어+술어'가 있는 선택지는 하나뿐이라 쉽게 정답을 고를 수 있습니다. 정답은 D 这家公司就是忽略了向日葵的生长规律입니다.

지문 단어

◆ 郊外 jiāowài 몡 교외 | 村庄 cūnzhuāng 몡 마을 | 生态环境 shēngtài huánjìng 몡 생태 환경 | 向日葵 xiàngrìkuí 몡 해바라기 *葵 몡 해바라기 | 打造 dǎzào 동 만들다, 조성하다 | 乡村 xiāngcūn 몡 농촌, 시골 | 文旅园 wénlǚyuán 몡 문화 관광지 | 然而 rán'ér 접 그러나 | 采摘季 cǎizhāijì 몡 수확철 | 原来 yuánlái 부 알고 보니 | 种植 zhòngzhí 동 심다, 재배하다 | 光照 guāngzhào 몡 햇빛 | 充足 chōngzú 혱 충분하다 | 浇水 jiāoshuǐ 동 물을 주다 | 施肥 shīféi 동 비료를 주다 | 开花结果 kāihuājiéguǒ 성 꽃이 피고 열매를 맺다 | 花盘 huāpán 몡 꽃받침[꽃을 구성하는 요소 가운데 가장 바깥쪽에 위치하여 꽃잎을 받치고 보호하는 기관] | 瓜子 guāzǐ 몡 (수박·해바라기 등의) 씨앗 *结出瓜子 씨앗을 맺다 | 饱满 bǎomǎn 혱 꽉 차다 | 真叶 zhēnyè 몡 본잎[떡잎 뒤에 나오는 잎] | 大概 dàgài 부 대략 | 厘米 límǐ 양 센티미터(cm) | 移植 yízhí 동 옮겨 심다 | 拉开距离 lākāi jùlí 간격을 벌리다 *距离 몡 거리, 간격 | 株 zhū 양 그루 | 幼苗 yòumiáo 몡 어린 모종, 새싹 | 密 mì 혱 빽빽하다, 촘촘하다

◆ 茁壮成长 zhuózhuàngchéngzhǎng 몡 무럭무럭 자라다 | 需要 xūyào 동 ~해야 한다 | 大量 dàliàng 혱 대량의, 많은 양의 | 吸收养分 xīshōu yǎngfēn 양분을 흡수하다 | 挤挤挨挨 jǐjǐ'āi'āi 뺵빽이 들어찬 모양 | 相互 xiānghù 부 서로 | 抢占 qiǎngzhàn 동 앞다투어 차지하다 *抢 동 앞다투어 ~하다, 빼앗다 | 叶片 yèpiàn 몡 잎 | 遮挡 zhēdǎng 동 막다, 차단하다, 가리다 | 授粉 shòufěn 동 (수술이 암술에) 수분하다, 화분을 전하다 | 均匀 jūnyún 혱 고르다, 균일하다

◆ 密集 mìjí 혱 밀집한, 촘촘한 | 空间 kōngjiān 몡 공간 | 受限 shòuxiàn 동 제한되다 | 伸展 shēnzhǎn 동 뻗다, 펼치다 | 不均 bùjūn 고르지 않다 | 追求 zhuīqiú 동 추구하다 | 丰收 fēngshōu 몡 풍작 | 效果 xiàoguǒ 몡 효과 | 产量 chǎnliàng 몡 생산량 | 结果 jiéguǒ 몡 결과 | 遗憾 yíhàn 혱 아쉽다, 안타깝다

선택지 단어

◆ 足够 zúgòu 혱 충분하다 | 关键 guānjiàn 혱 매우 중요한 | 环节 huánjié 몡 단계, 과정 | 肯定 kěndìng 부 틀림없이, 반드시 | 资源 zīyuán 몡 자원 | 忽略 hūlüè 동 소홀히 하다, 무시하다 | 规律 guīlǜ 몡 규칙, 법칙 | 摘果实 zhāi guǒshí 열매를 따다 | 干瘪 gānbiě 혱 (바싹 말라) 쭈그러들다

第四部分 지문에 따라 질문에 알맞은 답을 고르세요.

81-84.

정답 및 해석

　　银行卡的支付密码一般是六位数字，第三方平台的支付密码也是，但我们在注册很多网站的账户时，却被要求用复杂的字母、数字和特殊符号来进行组合。后面这种情况时常让人头疼，因为我们很容易忘记太复杂的密码。

　　为什么和钱相关的密码这么简单，而网站注册账户的密码反而如此复杂？难道钱还不如其他事情重要吗？显然不是。这是一个经济性的问题，⁸¹任何创新，都要考虑消费者使用的经济性——要减少他们的精力耗费。

　　银行卡用六位密码无疑是经济的。首先，银行卡的用户范围很广，老年人用户的记忆力可能不好，而平时到处注册网站和手机软件账户的年轻人，设置的各种密码非常多，⁸²如果密码过于复杂，那么他们很可能会把密码搞混。而六位数密码就好多了，更容易记住，也不容易搞混。

　　은행 카드의 결제 비밀번호는 일반적으로 6자리 숫자로 되어 있으며, 제삼자 플랫폼의 결제 비밀번호도 마찬가지이다. 그러나 우리가 여러 웹사이트에 계정을 등록할 때는 복잡한 문자·숫자·특수 기호를 조합하여 비밀번호를 설정하도록 요구받는다. 이러한 경우 자주 골칫거리가 되는데, 왜냐하면 우리는 너무 복잡한 비밀번호는 쉽게 잊어버리기 때문이다.

　　왜 돈과 관련된 비밀번호는 이렇게 간단한데, 웹사이트 계정 등록 비밀번호는 오히려 이렇게 복잡할까? 설마 돈이 다른 일보다 덜 중요한 걸까? 당연히 그렇지 않다. 이는 경제성 문제이다. ⁸¹모든 혁신에는 소비자 사용의 경제성, 즉 그들의 에너지 소모를 줄이는 것이 고려되어야 한다.

　　은행 카드에 6자리 비밀번호를 사용하는 것은 분명 경제적이다. 우선, 은행 카드의 사용자는 매우 광범위하며, 노년층 사용자의 경우 기억력이 좋지 않을 수 있다. 반면에 평소 웹사이트와 모바일 앱 계정을 여기저기 등록하는 젊은 층은 다양한 비밀번호를 설정해야 하므로, ⁸²만약 비밀번호가 너무 복잡하면 그들은 비밀번호를 쉽게 혼동할 수 있다. 그러나 6자리 비밀번호는 훨씬 나아서, 더 기억하기 쉽고 혼동될 가능성도 적다.

其他支付工具的密码也是如此。一位大型互联网企业的第三方支付工具工程师坦言，他们在设计支付工具的支付密码时，也考虑过复杂的方式，但最后还是决定用最简单的六位数字密码。他们通过很多次模拟实验，并用很多模型试过之后，发现还是六位数密码能最好地达到安全性和经济性的平衡。

另外，无论是银行还是大型互联网企业的第三方支付工具，它们都有很强的技术实力，拥有强大的基于数据、影像等技术手段的安全系统，83并高薪聘请了行业内最优秀的工程师团队，完全可以抵御普通黑客的攻击，保证用户的密码安全。因此，简单的六位数字密码没有任何问题，反而能给消费者带来便捷。

相反，84很多网站之所以要求用户注册时设置更复杂的密码，就是因为它们的实力不够，必须通过让用户耗费更多精力，记住更复杂的密码的方式来保证安全。

81 设计密码时，要考虑消费者使用的经济性，具体是指：
A 密码越简单越好
B 保持一致性原则
C 节省消费者的精力（✓）
D 符合人们的思维习惯

82 银行卡密码设计得简单，主要是为了：
A 避免客户记混（✓）
B 减轻数据库压力
C 降低系统维护成本
D 提高银行工作效率

83 大型互联网企业第三方支付工具：
A 希望增加密码长度
B 经常遭到黑客的攻击
C 会定期进行安全模拟实验
D 拥有业内顶尖的工程师团队（✓）

84 为什么很多网站注册账户时需要复杂的密码？
A 提升用户的信任
B 防止用户被盗号
C 其安保技术实力较弱（✓）
D 为更好地体现其专业性

다른 결제 수단의 비밀번호도 마찬가지이다. 한 대형 인터넷 기업의 제삼자 결제 수단 엔지니어는 결제 도구의 비밀번호를 설계할 때 복잡한 방식도 고려했으나, 최종적으로 가장 간단한 6자리 숫자 비밀번호를 사용하기로 결정했다고 밝혔다. 그들은 여러 번의 모의실험과 다양한 모델을 통해 시험한 결과, 6자리 비밀번호가 안전성과 경제성의 균형을 가장 잘 달성한다는 것을 발견했다.

이 외에, 은행이든 대형 인터넷 기업의 제삼자 결제 수단이든 간에, 그들은 모두 뛰어난 기술력을 갖추고 있으며, 데이터와 영상 기반의 강력한 보안 시스템을 소유하고 있다. 83게다가 업계 최고 수준의 엔지니어 팀을 고액 연봉으로 채용하여 일반적인 해킹 공격을 완전히 방어할 수 있어 사용자의 비밀번호 안전을 보장한다. 따라서 간단한 6자리 숫자 비밀번호에도 문제가 없으며, 오히려 소비자에게 편리함을 제공한다.

반대로, 84많은 웹사이트가 사용자에게 회원 가입 시 더 복잡한 비밀번호 설정을 요구하는 이유는, 그들의 기술력이 충분하지 않아서 반드시 사용자가 더 큰 노력을 들여 복잡한 비밀번호를 기억하게 함으로써 안전성을 확보해야 하기 때문이다.

81 비밀번호를 설계할 때 소비자 사용의 경제성을 고려해야 한다는 것이 구체적으로 의미하는 것은
A 비밀번호는 간단할수록 좋다
B 일관성 원칙을 유지한다
C 소비자의 에너지를 절약한다（✓）
D 사람들의 사고 습관에 부합한다

82 은행 카드 비밀번호를 간단하게 설계하는 주된 목적은
A 고객이 헷갈리는 것을 피하기 위해서（✓）
B 데이터베이스의 부담을 줄이기 위해서
C 시스템 유지 비용을 낮추기 위해서
D 은행 업무 효율을 높이기 위해서

83 대형 인터넷 기업의 제삼자 결제 수단은
A 비밀번호 길이를 늘리기를 원한다
B 자주 해킹 공격을 받는다
C 정기적으로 보안 모의실험을 실시한다
D 업계 내 최고 수준의 엔지니어 팀을 보유하고 있다（✓）

84 왜 많은 웹사이트가 계정 등록 시 복잡한 비밀번호를 요구하는가?
A 사용자 신뢰를 높이려고
B 사용자의 계정 해킹을 방지하려고
C 그것의 보안 기술력이 약한 편이라서（✓）
D 더 나은 전문성을 보여주려고

해설

81 문제의 '要考虑消费者使用的经济性'이 지문의 두 번째 단락 '任何创新，都要考虑消费者使用的经济性——要减少他们的精力耗费'에서 보이므로 이 문장에서 정답을 찾도록 합니다. 비밀번호 설계 시 소비자의 경제성을 고려한다는 것은 소비자의 에너지 소모를 줄여야 한다고 했으므로, 정답은 C 节省消费者的精力입니다.

82 지문의 세 번째 단락에서 '银行卡用六位密码无疑是经济的(은행 카드에 6자리 비밀번호를 사용하는 것은 분명 경제적이다)'라는 말로 시작했고, 단락 마지막에 '如果密码过于复杂，那么他们很可能会把密码搞混'而 六位数密码就好多了，更容易记住，也不容易搞混' 부분에서 비밀번호가 복잡하면 혼동될 수 있으므로, 여섯 자리 비밀번호가 더 기억하기 쉽고 혼동을 피하는 데 도움이 된다는 내용이 나옵니다. 따라서 정답은 A 避免客户记混입니다.

83 문제의 '大型互联网企业第三方支付工具'를 지문에서 빠르게 찾아, 선택지 내용과 비교하며 정답을 찾아야 합니다. 네 번째 단락에서 제삼자 결제 수단이 나왔지만, 이는 엔지니어의 말이므로 다섯 번째 단락으로 넘어갑니다. '并高薪聘请了行业内最优秀的工程师团队，完全可以抵御普通黑客的攻击，保证用户的密码安全'에서 대형 인터넷 기업의 제삼자 결제 수단은 업계 최고 수준의 엔지니어 팀을 고용하고 있다고 언급했습니다. 따라서 정답은 D 拥有业内顶尖的工程师团队입니다. 지문의 '最优秀'는 D의 '顶尖'과 유의어입니다.

84 문제는 왜 많은 웹사이트가 계정 등록 시 복잡한 비밀번호를 요구하는지 물어봅니다. 마지막 단락에서 '很多网站之所以要求用户注册时设置更复杂的密码，就是因为它们的实力不够'라며, 많은 웹사이트가 복잡한 비밀번호를 요구하는 이유는 보안 기술이 충분하지 않기 때문이라고 설명하고 있습니다. 따라서 정답은 C 其安保技术实力较弱입니다.

지문 단어

- 银行卡 yínhángkǎ 명 은행 카드 | 支付 zhīfù 동 지불하다, 결제하다 | 密码 mìmǎ 명 비밀번호 | 六位数字 liùwèi shùzì 6자리 숫자 | 平台 píngtái 명 플랫폼[특정 서비스를 갖추고 있는 시스템] | 注册 zhùcè 동 등록하다 | 网站 wǎngzhàn 명 웹사이트 | 账户 zhànghù 명 계정, 계좌 | 字母 zìmǔ 명 자모, 알파벳 | 特殊 tèshū 형 특수하다, 특별하다 | 符号 fúhào 명 부호, 기호 | 组合 zǔhé 동 조합하다 | 情况 qíngkuàng 명 상황, 경우 | 时常 shícháng 부 늘, 항상, 자주 | 头疼 tóuténg 형 머리(골치)가 아프다

- 相关 xiāngguān 동 관련되다 | 反而 fǎn'ér 부 오히려 | 如此 rúcǐ 대 이렇게 | 难道 nándào 부 설마 ~란 말인가? | 显然 xiǎnrán 부 분명히 | 经济性 jīngjìxìng 명 경제성 | 任何 rènhé 대 어느, 어떤 | 创新 chuàngxīn 명 혁신 | 考虑 kǎolǜ 동 고려하다, 생각하다 | 消费者 xiāofèizhě 명 소비자 | 减少 jiǎnshǎo 동 감소하다, 줄이다 | 精力 jīnglì 명 정력, 에너지 | 耗费 hàofèi 동 소모하다

- 无疑 wúyí 형 의심할 바 없다, 틀림없다 | 首先 shǒuxiān 부 가장 먼저, 우선 | 用户 yònghù 명 사용자 | 范围 fànwéi 명 범위 | 记忆力 jìyìlì 명 기억력 | 到处 dàochù 부 도처에, 여기저기에 | 软件 ruǎnjiàn 명 소프트웨어, 앱 | 设置 shèzhì 동 설정하다 | 过于 guòyú 부 지나치게, 너무 | 搞混 gǎohùn 동 혼동하다

- 支付工具 zhīfù gōngjù 결제 수단 | 大型 dàxíng 형 대형의 | 互联网 hùliánwǎng 명 인터넷 | 企业 qǐyè 명 기업 | 工程师 gōngchéngshī 명 엔지니어 | 坦言 tǎnyán 동 솔직하게 말하다 | 设计 shèjì 동 설계하다 | 通过 tōngguò 전 ~을 통해서 | 模拟实验 mónǐ shíyàn 모의실험, 시뮬레이션 | 模型 móxíng 명 모델, 모형 | 试 shì 동 시험하다 | 达到平衡 dádào pínghéng 균형을 이루다 *平衡 명 평형, 균형

- 另外 lìngwài 접 이 외에, 이 밖에 | 技术实力 jìshù shílì 기술력 | 拥有 yōngyǒu 동 가지다, 보유하다 | 基于 jīyú ~에 근거하다, ~을 기반으로 하다 | 数据 shùjù 명 데이터 | 影像 yǐngxiàng 명 영상 | 系统 xìtǒng 명 시스템 | 高薪 gāoxīn 명 고액 연봉 | 聘请 pìnqǐng 동 채용하다 | 行业 hángyè 명 업계 | 优秀 yōuxiù 형 우수하다 | 团队 tuánduì 명 팀 | 抵御 dǐyù 동 방어하다, 막아내다 | 黑客 hēikè 명 해커, 해킹 | 攻击 gōngjī 동 공격하다 | 保证 bǎozhèng 동 보증하다, 보장하다 | 便捷 biànjié 형 편리하다 *带来便捷 편리함을 제공하다

- 相反 xiāngfǎn 접 반대로 | 必须 bìxū 부 반드시 ~해야 한다

질문 및 선택지 단어

- 具体 jùtǐ 형 구체적이다 | 保持 bǎochí 동 (지속적으로) 유지하다 | 一致性 yīzhìxìng 명 일관성 | 原则 yuánzé 명 원칙 | 节省 jiéshěng 동 절약하다, 아끼다 | 符合 fúhé 동 부합하다 | 思维习惯 sīwéi xíguàn 사고 습관 | 避免 bìmiǎn 동 피하다 | 客户 kèhù 명 고객 | 记混 jìhùn 동 헷갈리다, 혼동하다 | 减轻压力 jiǎnqīng yālì 부담을 줄이다 *减轻 동 경감하다, 줄이다 | 数据库 shùjùkù 명 데이터베이스 | 降低 jiàngdī 동 낮추다 | 维护 wéihù 동 유지하다, 보수하다 | 成本 chéngběn 명 비용, 원가 | 提高效率 tígāo xiàolǜ 효율을 높이다 | 增加长度 zēngjiā chángdù 길이를 늘리다 | 遭到 zāodào 동 (공격 등) 받다 | 定期 dìngqī 형 정기의, 정기적인 | 业内 yènèi 명 업계 내 | 顶尖 dǐngjiān 형 최고 수준의 | 需要 xūyào 동 필요하다 | 提升信任 tíshēng xìnrèn 신뢰를 높이

다 | 防止 fángzhǐ 동 방지하다 | 盗号 dàohào 동 계정을 해킹하다 | 安保 ānbǎo 명 보안 | 体现 tǐxiàn 동 구현하다, 보여주다 | 专业性 zhuānyèxìng 명 전문성

85-88.

정답 및 해석

　　四川卧龙国家级自然保护区管理局首次公布了全球唯一的白色大熊猫正脸照，没有"黑眼圈"的变异大熊猫引发广泛关注。白化动物的出现究竟是怎么回事呢？

　　在野外，同一物种的成员生存环境相同，彼此的形态结构也都相似，85但偶尔会出现体色有明显差别的个体，而这种体色异常的个体通常呈白色，故被称为白化动物。

　　白化现象可以发生在爬行类、鸟类和哺乳类等各类脊椎动物中，白化动物的虹膜大多为红色，主要为眼底血管的颜色，也有淡蓝色，其体内结构和各种内脏与同种的其他个体并无不同，也具有繁殖后代的能力。86目前在野外，已经记录到的白化动物，包括白鹿、白喜鹊、白乌鸦、白骆驼等，**不胜枚举**。

　　87白化是一种基因突变现象，这种基因突变导致了酪氨酸酶不能正常合成，而酪氨酸酶又是产生黑色素的关键蛋白，所以细胞不能合成黑色素。一旦缺乏黑色素，动物皮肤和毛发(羽毛)就会脱色，动物外观表现为白化。但白化动物也并不都是纯白色的，也有呈黄白色或者淡褐色的。

　　野生白化动物数量较为稀少，88再加上白色作为最"单纯"的颜色深受大家喜爱，因此人们通常会对白化动物钟爱有加。

　　쓰촨 워룽 국가급 자연 보호 구역 관리국이 세계에서 유일한 흰색 판다의 정면 사진을 처음으로 공개했으며, '눈 주위 검은 링'이 없는 변이 판다가 크게 주목받고 있다. 백화 동물이 나타난 것은 도대체 어찌 된 일일까?

　　야생에서 동일한 종의 개체들은 생존 환경이 같고, 서로의 형태와 구조도 서로 비슷하다. 85그러나 가끔 체색이 뚜렷하게 다른 개체가 나타나기도 하는데, 이러한 체색 이상을 보이는 개체는 보통 흰색을 띠기 때문에 이를 백화 동물이라고 부른다.

　　백화 현상은 파충류·조류·포유류 등 여러 종류의 척추동물에서 발생할 수 있으며, 백화 동물의 홍채는 대부분 붉은색이고, 주로 눈 속 혈관의 색이며, 일부는 하늘색도 있다. 이들의 신체 구조와 내장은 같은 종의 다른 개체와 다를 바 없으며, 번식 능력도 가지고 있다. 86현재 야생에서 기록된 백화 동물로는 흰 사슴·흰 까치·흰 까마귀·흰 낙타 등이 있으며, **그 수는 매우 많다**.

　　87백화는 일종의 유전자 돌연변이 현상으로, 이 유전자 돌연변이는 티로시나아제가 정상적으로 합성되지 못하게 하는데, 이 티로시나아제는 멜라닌을 생성하는 중요한 단백질이기 때문에, 세포는 멜라닌을 합성하지 못하게 된다. 일단 멜라닌이 부족해지면 동물의 피부와 털(깃털)이 탈색되어 외관상 백화로 나타난다. 하지만 백화 동물이 모두 순백색인 것은 아니며, 황백색이나 연갈색을 띠기도 한다.

　　야생 백화 동물의 수는 비교적 적고, 88게다가 흰색이 가장 '순수한' 색으로 많은 사람들에게 사랑받고 있으며, 이 때문에 사람들은 보통 백화 동물에 대해 각별한 애정을 느끼곤 한다.

85　与同物种的其他成员相比，白化动物:

　　A 体形偏大
　　B 发育更迟缓
　　C 生存环境恶劣
　　D 体色明显异常 (✓)

86　第三段中的画线词语最可能是什么意思?

　　A 价值不相上下
　　B 地位举足轻重
　　C 分辨不出真假
　　D 无法全列举出来 (✓)

87　第四段主要讲的是:

　　A 黑色素的来源
　　B 白化动物的分布
　　C 基因突变的弊端
　　D 动物白化的缘故 (✓)

85　같은 종의 다른 개체들과 비교할 때, 백화 동물은

　　A 체형이 큰 편이다
　　B 성장이 더 느리다
　　C 생존 환경이 열악하다
　　D 체색이 뚜렷하게 다르다 (✓)

86　세 번째 단락의 밑줄 친 단어는 다음 중 어떤 의미일 가능성이 가장 높은가?

　　A 가치가 엇비슷하다
　　B 지위가 매우 중요하다
　　C 진위를 구별할 수 없다
　　D 전부 열거할 수 없다 (✓)

87　네 번째 단락에서 주로 설명하는 것은

　　A 멜라닌의 출처
　　B 백화 동물의 분포
　　C 유전자 돌연변이의 단점
　　D 동물 백화 (현상)의 원인 (✓)

88	关于白化动物，下列哪项正确？	88	백화 동물에 관하여 다음 중 정확한 것은 무엇인가?
	A 眼睛多为蓝色		A 눈은 대부분 파란색이다
	B 备受人们喜爱 (✓)		B 사람들에게 많은 사랑을 받는다 (✓)
	C 皮毛为纯白色		C 털이 순백색이다
	D 多是猫科动物		D 대부분 고양잇과 동물이다

해설

85 문제가 가리키는 부분은 두 번째 단락입니다. '但偶尔会出现体色有明显差别的个体，而这种体色异常的个体通常呈白色，故被称为白化动物' 부분에서 다른 개체와 비교하여 체색에 명확한 차이가 있는 개체가 종종 있으며, 이를 백화 동물로 부른다는 내용이 나왔습니다. 따라서 정답은 D 体色明显异常입니다.

86 밑줄 친 성어를 묻는 문제입니다. 문맥과 '字'를 이용해서 정답을 찾아봅니다. 세 번째 단락 중 밑줄 친 성어 '不胜枚举'의 앞 문장 '目前在野外，已经记录到的白化动物，包括白鹿、白喜鹊、白乌鸦、白骆驼等'을 읽고, '不胜枚举'는 앞에서 예로 든 백화 동물처럼 종류가 많음을 뜻한다고 유추할 수 있습니다. '不胜枚举'는 수량이 매우 많아서 일일이 다 열거할 수 없다는 의미입니다. 따라서 정답은 D 无法全列举出来입니다.

87 네 번째 단락의 주제를 묻는 문제입니다. 네 번째 단락에서 유전자 돌연변이 현상인 백화 때문에 검은색을 만드는 멜라닌 색소를 만들 수 없어, 동물의 피부와 털색이 탈색되어 외관이 흰색으로 보인다고 설명하고 있습니다. 이는 동물 백화 현상의 원인을 설명하고 있으므로, 정답은 D 动物白化的缘故입니다.

88 백화 동물에 관하여 맞는 것을 고르는 문제입니다. 마지막 단락 '再加上白色作为最"单纯"的颜色深受大家喜爱，因此人们通常会对白化动物钟爱有加'에서 백화 동물은 흰색이라는 특징 때문에 많은 사랑을 받는다는 내용이 나옵니다. 따라서 정답은 B 备受人们喜爱입니다. 네 번째 단락의 '但白化动物也并不都是纯白色的，也有呈黄白色或者淡褐色的' 부분에서 백화 동물은 모두 순백색이 아닌, 황백색이나 연갈색도 있다고 했으므로 선택지 C 皮毛为纯白色는 오답입니다.

지문 단어

- 卧龙 Wòlóng [고유] 워룽[지명] | 国家级 guójiājí [형] 국가급, 국가 차원의 | 自然保护区 zìrán bǎohùqū [명] 자연 보호 구역 | 管理局 guǎnlǐjú [명] 관리국 | 首次 shǒucì [명] 최초, 처음 | 公布 gōngbù [동] 공포하다, 발표하다 | 全球 quánqiú [명] 전 세계 | 唯一 wéiyī [형] 유일한 | 大熊猫 dàxióngmāo [명] 판다 | 正脸照 zhèngliǎnzhào [명] 정면 사진 | 黑眼圈 hēiyǎnquān [명] 눈 주위 검은 링, 다크서클 | 变异 biànyì [동] 변이되다 | 引发关注 yǐnfā guānzhù 관심을 불러일으키다 | 广泛 guǎngfàn [형] 광범위하다, 폭넓다 | 白化动物 báihuà dòngwù 백화 동물 *白化 [동] (피부의) 백화 현상이 생기다 | 究竟 jiūjìng [부] 도대체

- 野外 yěwài [명] 야외 | 物种 wùzhǒng [명] 종[생물] | 成员 chéngyuán [명] 구성원 | 生存环境 shēngcún huánjìng 생존 환경 | 相同 xiāngtóng [형] (서로) 같다, 동일하다 | 彼此 bǐcǐ [명] 피차, 서로 | 形态 xíngtài [명] 형태 | 结构 jiégòu [명] 구조 | 相似 xiāngsì [형] 비슷하다 | 偶尔 ǒu'ěr [부] 가끔, 때때로 | 体色 tǐsè [명] 체색, 몸의 색 | 明显 míngxiǎn [형] 뚜렷하다, 분명하다 | 差别 chābié [명] 차이 | 异常 yìcháng [형] 이상하다 | 通常 tōngcháng [부] 통상적으로, 보통 | 呈 chéng [동] (색을) 띠다 | 故 gù [접] 그러므로 | 被称为 bèi chēngwéi ~라고 불리다

- 爬行类 páxínglèi [명] 파충류 | 鸟类 niǎolèi [명] 조류 | 哺乳类 bǔrǔlèi [명] 포유류 | 脊椎动物 jǐzhuī dòngwù [명] 척추동물 | 虹膜 hóngmó [명] 홍채 | 大多 dàduō [부] 대부분 | 眼底 yǎndǐ [명] 눈 속 | 血管 xuèguǎn [명] 혈관 | 淡蓝色 dànlánsè [명] 하늘색 | 内脏 nèizàng [명] 내장 | 具有能力 jùyǒu nénglì 능력을 가지다 | 繁殖 fánzhí [동] 번식하다 | 后代 hòudài [명] 후대, 자손 | 记录 jìlù [동] 기록하다 | 包括 bāokuò [동] 포함하다 | 白鹿 báilù [명] 백록, 흰 사슴 | 白喜鹊 báixǐquè [명] 흰 까치 | 白乌鸦 báiwūyā [명] 흰 까마귀 | 白骆驼 báiluòtuo [명] 흰 낙타 | 不胜枚举 búshèng-méijǔ [셈] 셀 수 없이 많다

- 基因 jīyīn [명] 유전자 | 突变 tūbiàn [명] 돌연변이 | 导致 dǎozhì [동] (나쁜 결과를) 초래하다 | 酪氨酸酶 làoānsuānméi [명] 티로시나아제(Tyrosinase)[멜라닌 합성에 중요한 효소] | 合成 héchéng [동] 합성하다 | 黑色素 hēisèsù [명] 멜라닌 | 关键 guānjiàn [형] 매우 중요한, 결정적인 | 蛋白 dànbái [명] 단백질 | 细胞 xìbāo [명] 세포 | 一旦 yídàn [접] 일단 ~하면 | 缺乏 quēfá [동] 결핍되다, 부족하다 | 皮肤 pífū [명] 피부 | 毛发 máofà [명] 털(=皮毛 pímáo) | 羽毛 yǔmáo [명] 깃털 | 脱色 tuōsè [동] 탈색하다, 빛이 바래다 | 外观 wàiguān [명] 외관 | 表现 biǎoxiàn [동] 표현되다, 나타나다 | 纯白色 chúnbáisè 순백색 *纯 [형] 순수하다 | 淡褐色 dànhèsè [명] 연갈색

- 数量 shùliàng [명] 수량, 수 | 稀少 xīshǎo [형] 희소하다, 적다 | 再加上 zàijiāshàng [접] 게다가 | 作为 zuòwéi [전] ~(사물의 특징)으로서 | 单纯 dānchún [형] 단순하다, 순수하다 | 深受喜爱 shēnshòu xǐ'ài 깊은 사랑을 받다 | 因此 yīncǐ [접] 이 때문에, 따라서 | 钟爱有加 zhōng'ài yǒujiā 매우 좋아하다, 각별한 애정을 느끼다

질문 및 선택지 단어

◆ 与…相比 yǔ……xiāngbǐ ~와 비교하다 | 体形 tǐxíng 명 체형 | 偏大 piān dà 큰 편이다 | 发育 fāyù 동 (생물의) 발육하다, 성장하다 | 迟缓 chíhuǎn 형 느리다, 완만하다 | 恶劣 èliè 형 열악하다 | 画线 huàxiàn 동 밑줄 치다, 줄을 긋다 | 词语 cíyǔ 명 단어 | 价值 jiàzhí 명 가치 | 不相上下 bùxiāng-shàngxià 성 우열을 가릴 수 없다, 엇비슷하다 | 地位 dìwèi 명 지위 | 举足轻重 jǔzú-qīngzhòng 성 일거수일투족이 전체에 중대한 영향을 끼치다, 중요한 위치에 있다 | 分辨 fēnbiàn 동 분별하다 | 真假 zhēnjiǎ 명 진위, 진짜와 가짜 | 无法 wúfǎ 동 ~할 수 없다 | 列举 lièjǔ 동 열거하다 | 来源 láiyuán 명 출처 | 分布 fēnbù 동 분포하다 | 弊端 bìduān 명 폐단, 단점 | 缘故 yuángù 명 원인, 이유 | 备受喜爱 bèishòu xǐ'ài 많은 사랑을 받다 | 猫科 māokē 명 고양잇과

89-92.

정답 및 해석

东晋时的一个雪天，宰相谢安和家人一起谈论诗文的义理。谢安问："白雪纷纷何所似？"侄儿谢朗第一个站起来回答："撒盐空中差可拟。"接着，侄女谢道韫站起来说："未若柳絮因风起。"那么，"柳絮"和"撒盐"到底孰优孰劣呢？

后代许多人认为，飘飘扬扬的雪花与趁风飘舞的柳絮非常相像，不仅颜色相似，而且形态贴切形象。至于空中撒的盐与雪花只是颜色相似，形态不贴切、不形象。再说，谢安听了谢朗的回答未置可否，听了侄女的比喻便高兴大笑，显然是对后者的赏识。89后人还将"柳絮才高"或"咏絮才女"作为成语典故来称有文才的女性。

也有人认为当时下的也许并不是雪花，而是雪粒，很像空中撒盐粒。90谢道韫没有认真观察，就根据平时经验来比喻，这样的是不准确的。如此说来，"撒盐"胜过"柳絮"，但这也值得商榷。

有人觉得两者都对。下雪过程中，雪落下来的形态是有变化的。当温度达到零度时，漂浮在天空的水汽凝结成冰，落下来的就是雪粒；当雪粒从高空中飘落，未到地面就成了雪花。91谢朗和谢道韫的观察，恰巧赶在雪粒和雪花变化的转折点上，两人看到的雪不一样，他们的比喻都是对降雪比较准确的形象描绘。两人比喻的本体不同，喻体自然不同，不存在正误优劣的问题。

到这里，算是平局了吧。不过，92有人认为比喻要形似，更要"神似"。柳絮孕育着生命的种子，比喻白雪，成为联系冬与春的纽带，令人产生遐想和希望。而"撒盐空中"与落雪无神似，也没有更多意蕴，且须借人力，遂失自然之美。

동진(東晋) 시기 어느 눈 내리는 날에, 재상 사안(謝安)은 가족과 함께 시문의 내용과 이치를 담론했다. 사안이 물었다. "흰 눈이 어지럽게 날리는 것은 무엇과 같을까?" 조카인 사랑(謝朗)이 제일 먼저 일어나서 대답했다. "소금을 공중에 뿌리는 것으로 거의 견줄 수 있습니다." 이어서, 조카딸 사도운(謝道韞)이 일어나서 말했다. "버드나무 솜털이 바람에 날리는 것만 못합니다." 그렇다면, '버드나무 솜털'과 '소금 뿌리기' 중에서 도대체 어느 것이 좋고 어느 것이 나쁠까?

후대의 많은 사람들은 흩날리는 눈송이가 바람에 따라 흩날리는 버드나무 솜털과 매우 흡사하여, 색깔이 비슷할 뿐만 아니라, 형태도 딱 맞고 생동감 있다고 여겼다. 공중에 뿌린 소금은 눈송이와 색깔만 비슷할 뿐, 형태가 딱 맞지 않고 생동감이 없다. 게다가, 사안은 사랑의 대답을 듣고는 좋다 나쁘다 말하지 않았고, 조카딸의 비유를 듣고서 바로 기뻐하며 크게 웃었는데, 분명히 후자에 대한 칭찬이었다. 89후대 사람은 또한 '柳絮才高(버드나무 솜털은 재주가 뛰어나다)' 혹은 '咏絮才女(솜털을 읊는 재녀)'를 고사성어로 삼아 문학적 재능이 있는 여성을 가리켰다.

또한 어떤 사람들은 당시 내린 것이 어쩌면 결코 눈송이가 아니라, 싸라기눈이고, 공중에 소금 알갱이를 뿌리는 것과 매우 비슷하다고 여겼다. 90사도운이 열심히 관찰하지 않고, 평상시 경험에 따라 비유한 거라, 이런 것은 정확하지 않다. 이렇게 보면, '소금 뿌리기'가 '버드나무 솜털'보다 낫다. 하지만 이것도 토론할 만하다.

어떤 사람들은 둘 다 옳다고 여긴다. 눈 내리는 과정에서, 눈 내리는 형태는 변화한다. 온도가 0℃에 이를 때, 공중에 떠 있는 수증기는 응결되어 얼음이 되어 떨어지는 것은 바로 싸라기눈이며, 싸라기눈이 고공에서 흩날리며 떨어질 때, 땅에 닿기 전에 눈송이가 된다. 91사랑과 사도운의 관찰이 때마침 싸라기눈과 눈송이의 변화하는 전환점에 이루어졌다면, 두 사람이 본 눈은 다르고, 그들의 비유는 모두 내리는 눈에 대한 비교적 정확한 이미지 묘사이다. 두 사람이 비유한 본체가 다르기 때문에, 비유 대상은 자연히 달라지고, 옳고 그름과 나음과 못함의 문제는 없다.

여기까지 보면, 무승부로 쳐야 할 것이다. 하지만, 92어떤 사람들은 비유는 형태가 비슷해야 하고, 더욱이 '내면까지 비슷'해야 한다고 여긴다. 버드나무 솜털은 생명의 씨앗을 키우고 있으니, 흰 눈에 비유하면, 겨울과 봄을 연결하는 고리가 되어, 상상과 희망이 떠오르게 한다, 반면 '공중에 소금 뿌리기'는 내리는 눈과 내면의 비슷함이 없고, 더 많은 함축된 의미도 없고, 게다가 사람의 힘을 빌려야 해서, 자연의 아름다움을 잃게 된다.

89 "柳絮才高"用来形容：
 A 某人学历高
 B 某人气质高雅
 C 男子的文采与样貌俱佳
 D 女子有卓越的文学才能（✓）

90 持"撒盐"胜过"柳絮"观点的人，认为用"柳絮"：
 A 不文雅
 B 不准确（✓）
 C 太间接
 D 很幼稚

91 支持"撒盐"和"柳絮"都对的人，认为两人当时的差异在于：
 A 观察角度
 B 心理状态
 C 知识结构
 D 观察的时间点（✓）

92 根据最后一段，可以知道：
 A 柳絮更神似白雪（✓）
 B 撒盐一词更有意蕴
 C 诗词需符合科学道理
 D 读者应具有质疑精神

89 '柳絮才高'는 무엇을 묘사하는 데 쓰이는가
 A 어떤 사람이 학력이 높다
 B 어떤 사람이 성격이 고상하다
 C 남자의 문학적 재능과 용모가 모두 훌륭하다
 D 여자가 탁월한 문학적 재능이 있다（✓）

90 '소금 뿌리기'가 '버드나무 솜털'보다 낫다는 관점을 가진 사람은 '버드나무 솜털'을 쓰는 것이 어떻다고 여기는가
 A 우아하지 않다
 B 정확하지 않다（✓）
 C 너무 간접적이다
 D 유치하다

91 '소금 뿌리기'와 '버드나무 솜털'이 모두 옳다고 지지하는 사람은 당시 둘의 차이가 어디에 있다고 여기는가
 A 관찰 각도
 B 심리 상태
 C 지식 구조
 D 관찰 타이밍（✓）

92 마지막 단락에 근거하여, 알 수 있는 것은
 A 버드나무 솜털은 내면적으로 흰 눈과 더욱 비슷하다（✓）
 B 소금 뿌리기란 단어는 함축된 의미가 더 있다
 C 시와 사는 과학적 이치에 부합해야 한다
 D 독자는 질문하는 정신을 가져야 한다

> **Tip** 지문은 눈 내리는 것을 무엇에 비유하는 것이 더 맞는지에 관하여 이야기하고 있습니다. 두 번째 단락은 '柳絮'로 비유하고, 세 번째 단락은 '撒盐'로 비유했으며, 네 번째 단락은 '柳絮'와 '撒盐'으로 비유하는 것이 모두 맞다는 사람들의 관점을 이야기하고 있습니다. 마지막 단락에서는 내면적인 비유와 함축적인 의미를 포함했을 때, '柳絮'로 비유하는 것이 더 맞다고 말하면서 글을 마쳤습니다. 이렇게 전체 글의 구성을 한 눈에 파악할 수 있다면, 문제의 답을 빠르고 정확하게 찾아낼 수 있습니다.

해설

89 '柳絮才高'의 의미를 물어본 문제입니다. 두 번째 단락의 '后人还将"柳絮才高"或"咏絮才女"作为成语典故来称有文才的女性'에서 이 성어가 '有文才的女性(문학적 재능이 있는 여성)'을 가리킨다는 것을 알 수 있습니다. 따라서 정답은 D 女子有卓越的文学才能입니다.

90 문제에 나온 '持"撒盐"胜过"柳絮"观点的人'을 잘 기억한 후에 지문으로 갑니다. 지문의 세 번째 단락에서 '谢道韫没有认真观察，就根据平时经验来比喻，这样的是不准确的'라고 하면서 정답 B 不准确를 지문에서 그대로 보여줬습니다.

91 이 문제는 '撒盐'과 '柳絮'가 모두 맞다는 견해를 가진 사람들이 보기에, '谢朗'과 '谢道韫' 두 사람은 어떤 차이가 있는가를 묻고 있습니다. 지문에서 눈이 처음에는 온도가 낮아서 싸라기눈으로 내리다가, 지면에 닿기 전에 눈송이로 변하는데, 변하는 시점, 즉 관찰의 타이밍이 달라서 두 사람이 각자 본 눈의 실체가 다르다고 설명했습니다. '谢朗和谢道韫的观察，恰巧赶在雪粒和雪花变化的转折点上，两人看到的雪不一样' 부분을 이해했다면 정답을 고를 수 있습니다. 정답은 D 观察的时间点입니다.

92 마지막 단락에서 맞는 내용을 고르는 문제입니다. 마지막 단락의 '有人认为比喻要形似，更要"神似"'에서 비유는 내면적인 비슷함도 중요하다고 언급했습니다. 또한 '柳絮孕育着生命的种子，比喻白雪，成为联系冬与春的纽带，令人产生遐想和希望'을 통해 '柳絮'는 흰 눈과 내면적인 비슷함도 있다는 것을 알 수 있으므로 정답은 A 柳絮更神似白雪입니다.

지문 단어

◆ 东晋 Dōng Jìn [고유] 동진[중국 역사 속 왕조] | 宰相 zǎixiàng [명] 재상 | 谢安 Xiè'Ān [고유] 사안[인명] | 谈论 tánlùn [동] 담론하다, 논의하다 | 义理 yìlǐ [명] (문장의) 내용과 이치 | 纷纷 fēnfēn [형] (눈·꽃·낙엽 등이) 어지럽게 날리다 | 何 hé [대] 무엇(=什么) | 似 sì [동] 같다(=像) | 侄儿 zhír [명] 조카 | 谢朗 Xiè Lǎng [고유] 사랑[인명] | 撒盐 sǎyán [동] 소금을 뿌리다 | 差可拟 chā kě nǐ 거의 견줄 수 있다 *差 [부] 대체로, 거의 *拟 [동] 비교하다, 견주다 | 接着 jiēzhe [부] 이어서, 잇따라 | 侄女 zhínǚ [명] 질녀, 조카딸 | 谢道韫 Xiè Dàoyùn [고유] 사도운[인명] | 未若 wèi ruò ~만 못하다(=比不上) | 柳絮 liǔxù [명] 버들개지, 버드나무 솜털 | 因 yīn [전] ~에 따라(=趁) | 到底 dàodǐ [부] 도대체 | 孰优孰劣 shúyōushúliè 어느 것이 좋고 어느 것이 나쁘다

◆ 飘扬 piāoyáng [동] (바람에) 휘날리다, 흩날리다 | 雪花 xuěhuā [명] (흩날리는) 눈송이 | 趁风 chèn fēng 바람에 따라 | 飘舞 piāowǔ [동] (바람에) 나부끼다, 흩날리다 | 相像 xiāngxiàng [형] 서로 비슷하다, 흡사하다 | 颜色 yánsè [명] 색, 색깔 | 相似 xiāngsì [형] 닮다, 비슷하다 | 形态 xíngtài [명] 형태 | 贴切 tiēqiè [형] 딱 맞다, 적절하다 | 形象 xíngxiàng [형] 생동감 있다 [명] 형상, 모습, 이미지 | 再说 zàishuō [접] 게다가 | 未置可否 wèizhìkěfǒu [성] 좋다 나쁘다 말하지 않다 | 比喻 bǐyù [명] 비유 [동] 비유하다 | 显然 xiǎnrán [형] 명백하다, 분명하다 | 赏识 shǎngshí [동] 높이 평가하다, 칭찬하다 | 柳絮才高 liǔxù cái gāo 버드나무 솜털은 재주가 뛰어나다 | 咏絮才女 yǒng xù cáinǚ 솜털을 읊는 재녀 | 作为 zuòwéi [동] ~으로 삼다 | 成语典故 chéngyǔ diǎngù 고사성어 | 称 chēng [동] 부르다, 가리키다(=表示) | 文才 wéncái [명] 문학적 재능

◆ 也许 yěxǔ [부] 어쩌면, 아마도 | 雪粒 xuělì [명] 싸라기눈 | 盐粒 yánlì [명] 소금 알갱이 | 认真 rènzhēn [형] 진지하다, 열심히 하다 | 观察 guānchá [동] 관찰하다 | 准确 zhǔnquè [형] 확실하다, 정확하다 | 如此说来 rúcǐshuōlái 이렇게 보면, 그렇다면 | 胜过 shèngguo [동] ~보다 낫다 | 值得 zhíde [동] ~할 만한 가치가 있다, ~할 만하다 | 商榷 shāngquè [동] (주로 글로 학술적인 문제를) 토론하다, 의논하다

◆ 过程 guòchéng [명] 과정 | 落 luò [동] (눈이) 내리다 | 温度 wēndù [명] 온도 | 零度 língdù [명] 영도, 0℃ | 漂浮 piāofú [동] (물 위나 공중에) 뜨다, 떠 있다 | 水汽 shuǐqì [명] 수증기 | 凝结 níngjié [동] 응결되다 | 成冰 chéng bīng 얼음이 되다 | 飘落 piāoluò [동] (눈·꽃 등이) 흩날리며 떨어지다 | 恰巧 qiàqiǎo [부] 공교롭게, 때마침 | 赶 gǎn [동] (시간에) 맞추다 | 转折点 zhuǎnzhédiǎn [명] 전환점 *转折 [동] (사물의 발전 방향이) 바뀌다, 전환하다 | 降雪 jiàngxuě [명] 내리는 눈(=落雪 luòxuě) | 描绘 miáohuì [동] 묘사하다 | 本体 běntǐ [명] 본체, 실체 | 喻体 yùtǐ [명] 비유 대상 | 存在问题 cúnzài wèntí 문제가 있다 | 正误优劣 zhèngwù yōuliè 옳고 그름과 나음과 못함

◆ 算是 suànshì [동] ~인 셈이다, ~으로 치다 | 平局 píngjú [명] 무승부 | 形似 xíngsì [동] 형태가 비슷하다 | 神似 shénsì [동] 내면까지 비슷하다 | 孕育 yùnyù [동] 낳다, 낳아 기르다, (품어) 키우다 | 种子 zhǒngzi [명] 씨, 씨앗 | 联系 liánxì [동] 연결하다 | 纽带 niǔdài [명] (연결)고리 | 遐想 xiáxiǎng [동] (끝없는) 상상 *产生遐想 상상이 떠오르다 | 意蕴 yìyùn [명] 함의, 함축된 의미 | 须 xū [동] (반드시) ~해야 한다 | 遂 suì [부] 그래서(=于是), 곧(=就) | 失 shī [동] 잃다, 잃어버리다

질문 및 선택지 단어

◆ 形容 xíngróng [형] 형용하다, 묘사하다 | 气质高雅 qìzhì gāoyǎ 성격이 고상하다 *高雅 [형] 우아하다, 고상하다 | 文采 wéncǎi [명] 문학적 재능 | 样貌 yàngmào [명] 생김새, 용모 | 俱佳 jùjiā [동] 모두 훌륭하다 | 卓越 zhuóyuè [형] 탁월하다 | 持观点 chí guāndiǎn 관점을 가지다 | 文雅 wényǎ [형] (언행·태도가) 우아하다, 품위가 있다 | 间接 jiànjiē [형] 간접적인 | 幼稚 yòuzhì [형] 유치하다, 철없다 | 支持 zhīchí [동] 지지하다 | 差异 chāyì [명] 차이 | 观察角度 guānchá jiǎodù 관찰 각도 | 心理状态 xīnlǐ zhuàngtài 심리 상태 | 知识结构 zhīshi jiégòu 지식 구조 | 时间点 shíjiāndiǎn [명] 타이밍, 때, 시기 | 诗词 shīcí [명] 시와 사 | 需 xū [동] 필요하다, 요구되다 [능] ~해야 한다 | 符合 fúhé [동] 부합하다, (들어)맞다 | 读者 dúzhě [명] 독자 | 具有 jùyǒu [동] 있다, 가지다 | 质疑 zhìyí [동] (의문점을) 질문하다

93-96.

정답 및 해석

早在两千多年前，中国就用纸来记录文字、进行文化传承了。那么，古人都用什么原料来造纸呢？

传统概念的纸是指用植物纤维制造的薄薄的片状物。由此可见，造纸的原材料来自植物，核心物质是纤维。为了满足人们书写、作画及生活的需求，中国古人不断寻觅各式各样的造纸植物，努力探索最适宜的纤维材料。其中，麻类纤维、树皮纤维、茎秆纤维都曾用作造纸材料。

일찍이 2,000여 년 전에, 중국은 종이로 문자를 기록하고 문화 전승을 했다. 그러면, 고대인은 어떤 원료로 종이를 만들었을까?

전통적인 개념의 종이는 식물 섬유로 만든 아주 얇은 조각 모양의 물건을 말한다. 이로부터 제지 원재료는 식물에서 나오며, 핵심 물질은 섬유임을 알 수 있다. 사람들의 글쓰기, 그림 그리기 및 삶의 요구를 만족시키기 위해서, 중국의 고대인들은 끊임없이 다양한 제지 식물을 찾고 가장 적합한 섬유 재료를 찾기 위해 노력했다. 그중 마섬유·나무껍질 섬유·줄기 섬유는 모두 일찍이 제지 재료로 사용되었다.

麻纸是中国最古老的纸，以大麻、亚麻、苎麻等麻类植物纤维为主要原料。麻类植物含有修长且柔韧的纤维，还具有细腻、不透水等优点，是造纸的优等原料。不过用麻造纸，因材料稀少、工序繁杂，所以性价比不高。如今，93麻类植物纤维主要用于纺织业，很少用于造纸了。

树皮也可以用于造纸，其做成的纸被称为皮纸。树皮纤维长宽比较大、纤维素含量高，也是很好的造纸原料。制作皮纸的原料通常为构树、桑树、青檀等树皮。这些树在中国分布广泛，是南北各地通用的造纸原料。汉代蔡伦改进造纸术时，就曾使用过构树皮。构树皮作为造纸原料，一直沿用至今。

以毛竹、苦竹、水竹等竹类的茎秆纤维为主要原料制成的纸，称为竹纸。94竹类植物的纤维短少、木素多、具有多孔性，并不是常规意义上最好的造纸材料，但它们的纤维交织能力强，成纸强度高，有利于添加辅料，还能有效提高纸张吸墨能力。竹类喜欢温暖湿润的气候，适宜在南方生长，是中国南方主要的造纸原料之一。不过各地竹类品种不尽相同，古人们大多因地制宜进行选择：如湖南多用毛竹，四川多用慈竹、水竹等。

在探索造纸植物的路上，除了上述纤维外，古人还尝试过草类纤维、藤皮纤维等。95但由于原材料生长周期长、产地的局限、供应不足、制作繁杂等原因，综合效果并不理想，随着时间流逝，它们逐渐淹没在造纸历史的长河之中了。

93 关于麻类纤维，可以知道：
   A 质地脆弱
   B 无法防水
   C 供应充足
   D 现多用于纺织业（✓）

94 竹类植物造纸有什么优势？
   A 密度大
   B 成纸强度高（✓）
   C 具有多孔性
   D 纤维素含量高

95 草类纤维、藤皮纤维被淘汰的原因不包括: 　A 产地有限 　B 生长周期长 　C 吸墨性能差（✓） 　D 制作太麻烦	95 풀 섬유와 등나무껍질 섬유가 도태된 원인에 포함되지 않는 것은 　A 생산지가 한정되어 있다 　B 성장 주기가 길다 　C 잉크 흡수 성능이 좋지 않다 (✓) 　D 제작이 너무 번거롭다
96 最适合做上文标题的一项是: 　A 纤维的威力 　B 造纸术的前世今生 　C 用于造纸的植物纤维（✓） 　D 中国南北不同的造纸原料	96 윗글의 제목으로 삼기에 가장 적합한 것은? 　A 섬유의 위력 　B 제지술의 과거와 현재 　C 제지에 쓰이는 식물 섬유 (✓) 　D 중국 남북의 서로 다른 제지 원료

해설

93　문제의 키워드 '麻类纤维'는 세 번째 단락에서 나옵니다. 세 번째 단락의 '麻类植物纤维主要用于纺织业，很少用于造纸了'에서 마 종류의 식물 섬유는 현재 주로 방직업에 사용되고, 종이를 만드는 데에는 거의 사용되지 않는다는 내용이 나옵니다. 따라서 정답은 D 现多用于纺织业입니다.

94　대나무류 식물로 종이를 만들 때의 강점이 무엇인지 물어봤습니다. 네 번째 단락의 '竹类植物的纤维短少、木素多、具有多孔性，并不是常规意义上最好的造纸材料，但它们的纤维交织能力强，成纸强度高'에서 대나무 식물의 섬유는 교직 능력이 강하고 종이 형성 강도가 높다는 내용이 나옵니다. 따라서 정답은 B 成纸强度高입니다. 선택지 C의 '具有多孔性'도 지문에 있어서 학생들이 오답으로 많이 선택합니다. '具有多孔性'은 강점이 아닌 단점이라서 오답입니다.

95　문제의 키워드 '草类纤维、藤皮纤维'가 마지막 단락에 나옵니다. 마지막 단락의 '但由于原材料生长周期长、产地的局限、供应不足、制作繁杂等原因'에서 도태된 이유로 성장 주기·생산지 제한·공급 부족·제작이 복잡한 것 등이 언급되지만 잉크 흡수 성능에 대한 언급은 없었습니다. 따라서 정답은 C 吸墨性能差입니다.

96　제목을 물어보는 문제입니다. 지문의 첫 번째 단락에서 '那么，古人都用什么原料来造纸呢？'라고 질문을 던집니다. 설명문의 도입 부분에 의문이 있으면 주제나 제목과 관련이 있다는 점에 유의합니다. 지문은 단락별로 종이 만드는 데 사용하는 식물 섬유에 관하여 설명하고 있습니다. 따라서 선택지 C 用于造纸的植物纤维가 가장 적합한 제목입니다.

지문 단어

- 纸 zhǐ 몡 종이 *麻纸 몡 마종이 *竹纸 몡 대나무 종이 | 记录文字 jìlù wénzì 문자를 기록하다 | 文化传承 wénhuà chuánchéng 문화 전승 *传承 통 전승하다, 전수하고 계승하다 | 原料 yuánliào 몡 원료 *造纸 zàozhǐ 통 종이를 만들다 몡 종이 만들기, 제지

- 传统概念 chuántǒng gàiniàn 전통적인 개념 | 指 zhǐ 통 가리키다, 말하다 | 植物纤维 zhíwù xiānwéi 몡 식물 섬유 *纤维 몡 섬유 | 制造 zhìzào 통 제조하다, 만들다 | 薄 báo 혱 얇다 | 片状物 piànzhuàngwù 조각 모양의 물건 | 由此可见 yóucǐkějiàn 이로부터 알 수 있다 | 原材料 yuáncáiliào 몡 원재료 | 核心物质 héxīn wùzhì 핵심 물질 | 满足需求 mǎnzú xūqiú 요구를 만족시키다 | 书写 shūxiě 통 (글을) 쓰다 | 作画 zuòhuà 통 그림을 그리다 | 不断 búduàn 부 부단히, 끊임없이 | 寻觅 xúnmì 통 찾다 | 各式各样 gèshì-gèyàng 생 각양각색, 다양한 | 探索 tànsuǒ 통 탐색하다, 찾다 | 适宜 shìyí 혱 적당하다, 적합하다 | 麻类 máléi 마 종류 *类 몡 류, 종류 * 麻类纤维 마섬유 | 树皮 shùpí 몡 나무껍질 | 茎秆 jīnggǎn 몡 줄기

- 以…为主要原料 yǐ……wéi zhǔyào yuánliào ~을 주원료로 하다 | 亚麻 yàmá 몡 아마[식물명] | 苎麻 zhùmá 몡 모시풀[식물명] | 含有 hányǒu 통 함유하다, 함유되어 있다 | 修长 xiūcháng 혱 길다 *修 혱 길다 | 柔韧 róurèn 혱 부드럽고 질기다 | 具有 jùyǒu 통 있다, 가지다 | 细腻 xìnì 혱 (사물이) 부드럽고 매끄럽다 | 不透水 bú tòushuǐ 물이 스며들지 않는다 *透 통 (액체 등이) 침투하다, 스며들다 | 优点 yōudiǎn 몡 장점 | 优等 yōuděng 혱 우등하다, 우수하다 | 稀少 xīshǎo 혱 희소하다, 적다 *材料稀少 재료가 적다 | 工序 gōngxù 몡 제조 공정 | 繁杂 fánzá 혱 번잡하다, 복잡하다 | 性价比不高 xìngjiàbǐ bù gāo 가성비가 좋지 않다 | 纺织业 fǎngzhīyè 몡 방직업 | 很少 hěn shǎo 거의 ~하지 않다

- 被称为 bèi chēngwéi ~라고 불리다 | 皮纸 pízhǐ 몡 피지[나무나 죽순의 껍질로 만든 종이, 재질이 질기고 강해서 우산을 만드는 데 쓰임] | 长宽 cháng kuān 길이와 너비 | 纤维素 xiānwéisù 몡 섬유소(cellulose)[목재를 이루는 주성분] | 含量 hánliàng 몡 함량 | 制作 zhìzuò 통 제작하다, 만들다 | 通常 tōngcháng 부 통상적으로, 일반적으로 | 为 wéi ~이다 | 构树 gòushù 몡 닥나무[식물명] * 构树皮 닥나무 껍질 | 桑树 sāngshù 몡 뽕나무[식물명] | 青檀 qīngtán 몡 단향목[식물명] | 分布广泛 fēnbù guǎngfàn 널리 분포

되어 있다 | 通用 tōngyòng 동 (일정 범위 내에서) 통용되다 | 蔡伦 Cài Lún 고유 채륜[인명] | 造纸术 zàozhǐshù 명 제지술 | 作为 zuòwéi 전 ~(사물의 특징)으로서 | 一直 yìzhí 부 계속, 줄곧 | 沿用至今 yányòngzhìjīn 오늘날까지 사용되다

◆ 竹 zhú 명 대나무 | 制成 zhì chéng 만들어지다 | 短少 duǎnshǎo 동 부족하다, 모자라다 | 木素 mùsù 명 리그닌[목재를 이루는 주성분] | 多孔性 duōkǒngxìng 다공성[내부에 많은 작은 구멍을 가지고 있는 성질] | 常规意义 chángguī yìyì 일반적인 의미 *常规 형 일반적이다, 통상적이다 | 交织能力 jiāozhī nénglì 교직 능력 *交织 동 섞어 짜다, 교직하다 | 成纸强度 chéngzhǐ qiángdù 종이 형성 강도 | 有利于 yǒulì yú ~에 유리하다 | 添加辅料 tiānjiā fǔliào 보조재를 첨가하다 | 有效 yǒuxiào 형 효과적이다 | 提高能力 tígāo nénglì 능력을 향상시키다 | 纸张 zhǐzhāng 명 종이 | 吸墨 xī mò 잉크를 흡수하다 | 温暖湿润 wēnnuǎn shīrùn 온난·습윤하다 | 气候 qìhòu 명 기후 | 不尽相同 bújìn xiāngtóng 완전히 같지는 않다, 다 같은 건 아니다 *不尽 부 완전히 ~하지는 않다 | 大多 dàduō 부 대부분 | 因地制宜 yīndì-zhìyí 성 각지의 구체적인 실정에 맞게 적절한 대책을 세우다, 지역 여건에 따르다 | 湖南 Húnán 고유 후난, 호남[지명] | 四川 Sìchuān 고유 쓰촨, 사천[지명] | 慈竹 cízhú 자죽[대나무의 일종]

◆ 上述 shàngshù 형 상술한, 위에서 말한 | 尝试 chángshì 동 시도해보다 | 草 cǎo 명 풀 | 藤皮 téngpí 등나무 껍질 | 生长周期 shēngzhǎng zhōuqī 성장주기 | 产地 chǎndì 명 생산지 *产地有限 생산지가 한정되어 있다 | 局限 júxiàn 동 국한하다, 제한하다 | 供应 gōngyìng 동 공급하다 *供应不足 공급이 부족하다 *供应充足 공급이 충분하다 | 综合效果 zōnghé xiàoguǒ 종합적인 효과 | 不理想 bù lǐxiǎng 만족스럽지 못하다 | 随着 suízhe 전 ~함에 따라서 | 时间流逝 shíjiān liúshì 시간이 지나다 *流逝 동 흐르는 물처럼 지나가다 | 逐渐 zhújiàn 부 점점, 점차 | 淹没 yānmò 동 (큰물에) 잠기다, 빠지다

질문 및 선택지 단어

◆ 质地脆弱 zhìdì cuīruò 재질이 약하다 *脆弱 형 연약하다, 약하다 | 防水 fángshuǐ 동 물을 막다, 방수하다 *无法防水 물을 막을 수 없다, 방수가 안 되다 | 优势 yōushì 명 우세, 강점 | 密度 mìdù 명 밀도 | 淘汰 táotài 동 도태시키다 | 包括 bāokuò 동 포괄하다, 포함하다 | 差 chà 형 나쁘다, 좋지 않다 | 麻烦 máfan 형 귀찮다, 번거롭다 | 标题 biāotí 명 제목 | 项 xiàng 양 가지, 항목, 조항 | 威力 wēilì 명 위력 | 前世今生 qiánshì jīnshēng 전생과 현세, 과거와 현재

97-100.

정답 및 해석

人类很多创造灵感都来自大自然，航空航天技术也是如此。97人们通过学习动物的能力，并且把它们应用在生产生活中，这就是仿生学。在航空航天事业发展中，很多发明其实都"学师"于各种自然生物。例如，航天器升空时，速度非常快，压力是人体根本无法承受的。而科学家研究发现，长颈鹿的血液通过长长的颈部输送到头部时，却不会发生脑出血。98通过对长颈鹿的研究，科学家研制出适合航天飞行的"抗荷服"，让航天员的血压保持正常。再如，在宇宙中因为缺少定位标，有时航天器会偏离航向，飞上错误的轨道。科学家注意到，苍蝇不用跑道就能直接起飞，他们通过研究发现，苍蝇有两对翅膀，后面的一对翅膀已退化，形成了哑铃状的一对小棒，这就是楫翅。

楫翅是苍蝇飞行时的天然导航仪，99当苍蝇在飞行时，楫翅迅速振动，一旦苍蝇的身体发生倾斜或偏离航向，楫翅就会扭转振动，并向大脑报告，大脑会即刻调整肌肉的收缩，纠正偏离的航向，保持身体平衡。科学家利用苍蝇楫翅的导航原理，成功研制出一种音叉式振动的陀螺仪，用来纠正航天器偏转的航向，从而保持正确的轨道运行。

인류의 많은 창조적 영감은 자연에서 비롯되었으며, 항공우주 기술도 예외는 아니다. 97사람들은 동물의 능력을 배우고 이를 생산과 생활에 적용하는데, 이를 생물 공학이라고 한다. 항공우주 산업의 발전 과정에서 많은 발명품은 사실 다양한 자연 생물로부터 '배운' 것이다. 예를 들어, 우주선이 상승할 때, 속도가 매우 빨라 압력을 인체가 도저히 견딜 수 없다. 그러나 과학자들이 연구한 결과, 기린의 혈액은 긴 목을 통해 머리로 전달될 때도 뇌출혈이 발생하지 않는다는 사실을 발견했다. 98과학자들은 기린을 연구하여 우주 비행에 적합한 '내중력복'을 개발해 우주비행사의 혈압을 정상으로 유지할 수 있게 했다. 다시 예를 들면, 우주에서는 위치를 정할 수 있는 표식이 부족해 가끔 우주선이 항로에서 벗어나 잘못된 궤도로 진입할 때가 있다. 과학자들은 파리가 활주로 없이도 바로 날아오를 수 있다는 점에 주목하고 연구한 결과, 파리에게는 두 쌍의 날개가 있으며, 뒤쪽의 한 쌍은 퇴화하여 아령 모양의 작은 막대가 되었음을 발견했다. 이것이 바로 '평형곤(楫翅)'이다.

'평형곤'은 파리가 비행할 때 천연 내비게이션 역할을 한다. 99파리가 비행 중일 때, '평형곤'은 빠르게 진동하며, 파리의 몸이 기울거나 항로에서 벗어나면, '평형곤'이 진동 방향을 바꾸어 이를 대뇌에 전달한다. 그러면 대뇌가 즉시 근육 수축을 조절해 이탈한 항로를 교정하고 몸의 균형을 유지한다. 과학자들은 파리의 '평형곤'의 내비게이션 원리를 이용해 소리굽쇠형으로 진동하는 자이로스코프를 성공적으로 개발했으며, 이를 통해 우주선의 항로 편차를 수정하여 올바른 궤도 운행을 유지할 수 있게 되었다.

此外，众所周知，航天员能顺利出舱完成各项任务，全靠航天服的保护。航天服除了安全系数要高，还需要有很好的灵活度。关节部位是航天服设计中的一大难点，关节如果太硬，航天员难以活动；如果太软，又无法达到防护效果。在设计新一代"飞天"航天服时，中国航天工程师从小龙虾既坚硬又灵活的鳞片结构中获得了灵感。100工程师经过反复设计和实验，在"飞天"舱外服关节处，设计了类似虾尾鳞片的层叠结构，同时使用气密轴承，让航天服在严格保证气密性的同时，关节部位活动自如。

总之，仿生学技术在航空工程领域的应用非常广泛，未来随着技术的不断发展，仿生学技术的应用将会更加深入，为航空工程带来更多的创新和发展机遇。

이 이에, 잘 알려진 바와 같이, 우주비행사가 우주선 선실 밖으로 나가 여러 임무를 성공적으로 수행할 수 있는 것은 모두 우주복의 보호 덕분이다. 우주복은 안전계수가 높아야 할 뿐만 아니라 뛰어난 유연성도 필요하다. (특히) 관절 부위는 우주복 설계에서 큰 난제 중 하나이다. 관절이 너무 딱딱하면 우주비행사가 움직이기 어렵고, 너무 부드러우면 방호 효과를 충분히 얻기 어렵다. 차세대 '페이텐' 우주복을 설계할 때, 중국 우주 엔지니어들은 가재의 단단하면서도 유연한 비늘 구조에서 영감을 얻었다. 100엔지니어들은 반복된 설계와 실험 끝에, '페이텐' 선실 밖 우주복의 관절 부위에 가재 꼬리 비늘과 유사한 층층이 겹친 구조를 설계하고, 동시에 기밀 베어링을 사용하여 우주복이 기밀성을 철저히 유지하면서도 관절 부위가 자유로운 움직임을 가능하게 했다.

결론적으로, 생물 공학 기술은 항공 공학 분야에서 매우 광범위하게 적용되고 있으며, 미래에는 기술의 지속적인 발전과 함께 생물 공학의 활용이 더욱 심화되어 항공 공학에 더 많은 혁신과 발전 기회를 가져올 것이다.

97 仿生学主要是模仿生物的什么？
A 防御技能
B 逃生策略
C 构造和功能（✓）
D 动作和声音

98 抗荷服：
A 灵感来自长颈鹿（✓）
B 可阻挡病毒入侵
C 能抵御太空辐射
D 可降低航天员血糖

99 苍蝇的楫翅是通过什么方式来维持飞行平衡的？
A 接收位置信号
B 上下扇动保持平衡
C 扭转振动并告知大脑（✓）
D 急速旋转产生巨大升力

100 新一代"飞天"航天服有什么特点？
A 灵活度很高（✓）
B 能调节体温
C 比上一代轻
D 能自动充电

97 생물 공학은 주로 생물의 무엇을 모방하는가?
A 방어 기술
B 탈출 전략
C 구조와 기능 (✓)
D 동작과 소리

98 내중력복은
A 기린에서 영감을 얻었다 (✓)
B 바이러스 침입을 막을 수 있다
C 우주 방사선을 막을 수 있다
D 우주비행사의 혈당을 낮출 수 있다

99 파리의 평형곤은 어떤 방식으로 비행 균형을 유지하는가?
A 위치 신호를 수신한다
B 위아래로 날갯짓하여 균형을 유지한다
C 진동 방향을 바꾸어 대뇌에 전달한다 (✓)
D 급속 회전으로 큰 양력을 생성한다

100 차세대 '페이텐' 우주복은 어떤 특징이 있는가?
A 유연성이 매우 높다 (✓)
B 체온을 조절할 수 있다
C 이전 세대보다 가볍다
D 자동으로 충전할 수 있다

해설

97 생물 공학이 무엇을 모방하는지 묻는 문제입니다. 첫 번째 단락의 '人们通过学习动物的能力，并且把它们应用在生产生活中，这就是仿生学'에서 동물의 능력(구조와 기능)을 학습하여 응용하는 것이 바로 '仿生学'임을 알 수 있습니다. '动物的能力'가 '构造和功能'을 가리킨다는 것은 선제 글을 읽어보면 명확하게 알 수 있습니다. 따라서 정답은 C 构造和功能입니다.

98 문제의 키워드인 '抗荷服'의 뜻을 모른다면, 지문에서 같은 단어를 찾은 후에 정답을 찾아봅니다. 첫 번째 단락의 '通过对长颈鹿的研究，科学家研制出适合航天飞行的"抗荷服"，让航天员的血压保持正常'에서 '抗荷服'는 기린 연구를 통해서 개발된 옷이라는 것을 알 수 있습니다. 따라서 정답은 A 灵感来自长颈鹿입니다.

99 문제의 키워드인 '苍蝇的楫翅'를 지문에서 찾은 후에 앞뒤 내용을 정독하여 답을 찾습니다. 첫 번째 단락의 '当苍蝇在飞行时, 楫翅迅速振动, 一旦苍蝇的身体发生倾斜或偏离航向, 楫翅就会扭转振动, 并向大脑报告, 大脑会即刻调整肌肉的收缩, 纠正偏离的航向, 保持身体平衡'을 통해 파리의 '楫翅(평형곤)'는 비행 중에 균형이 틀어졌을 때, 진동의 방향을 비틀고 대뇌에 보고하여 즉각적으로 균형을 조정한다고 했습니다. 따라서 정답은 C 扭转振动并告知大脑입니다.

100 차세대 '飞天' 우주복의 특징을 묻는 문제입니다. 두 번째 단락의 '工程师经过反复设计和实验, 在"飞天"舱外服关节处, 设计了类似虾尾鳞片的层叠结构, 同时使用气密轴承, 让航天服在严格保证气密性的同时, 关节部位活动自如'에서 '飞天' 우주복은 가재 꼬리의 비늘처럼 설계되어 유연하게 움직일 수 있다고 언급했습니다. 따라서 정답은 A 灵活度很高입니다.

지문 단어

♦ 创造灵感 chuàngzào línggǎn 창조적 영감 | 来自 láizì 통 ~에서 오다 | 航空航天技术 hángkōng hángtiān jìshù 항공 우주 기술 *航天 통 우주 비행하다 | 如此 rúcǐ 대 이와 같다, 이러하다 | 通过 tōngguò 전 ~을 통해서 | 并且 bìngqiě 접 게다가, 그리고 | 应用 yìngyòng 통 응용하다, 활용하다 | 生产 shēngchǎn 통 생산하다 | 仿生学 fǎngshēngxué 명 생물 공학, 생체 공학 *仿生 통 생체를 모방하다 | 发展 fāzhǎn 통 발전하다 | 发明 fāmíng 명 발명 | 其实 qíshí 부 사실 | 学师 xuéshī 통 배우다 | 教师 교사 | 例如 lìrú 통 예를 들다 | 航天器 hángtiānqì 명 우주선 | 升空 shēngkōng (항공기 등이) 하늘로 날아오르다 | 速度 sùdù 명 속도 | 根本 gēnběn 부 전혀, 아예, 도무지 | 无法 wúfǎ 통 ~할 수 없다 | 承受 chéngshòu 통 견디다, 감당하다 | 研究发现 yánjiū fāxiàn 연구한 결과 ~으로 나타나다 | 长颈鹿 chángjǐnglù 명 기린 *颈 명 목 | 血液 xuèyè 명 혈액 | 颈部 jǐngbù 명 경부, 목 부분 | 输送 shūsòng 통 수송하다, (혈액을) 공급하다 | 头部 tóubù 명 머리 (부위) | 发生脑出血 fāshēng nǎochūxuè 뇌출혈이 발생하다 | 研制 yánzhì 통 연구 제작하다 | 适合 shìhé 통 적합하다, 알맞다 | 航天飞行 hángtiān fēixíng 우주 비행 | 抗荷服 kànghèfú 명 내중력복[우주 가속시 발생하는 G부하가 인체에 미치는 영향을 최소화하기 위해서 제조된 옷] | 航天员 hángtiānyuán 명 우주비행사 | 血压 xuèyā 명 혈압 | 保持 bǎochí (지속적으로) 유지하다 | 正常 zhèngcháng 형 정상이다 | 再如 zàirú 부 또 다른 예로 | 宇宙 yǔzhòu 명 우주(=太空 tàikōng) | 缺少 quēshǎo 부족하다, 모자라다 | 定位标 dìngwèibiāo 명 위치 표시 *定位 통 위치를 정하다 | 有时 yǒushí 부 때로는, 이따금 | 偏离航向 piānlí hángxiàng 항로를 벗어나다 *偏离 이탈하다, 벗어나다 *航向 항행 방향, 항로 | 轨道 guǐdào 명 궤도 *飞上轨道 궤도로 날아오르다 | 错误 cuòwù 형 틀리다, 잘못되다 | 苍蝇 cāngying 명 파리 | 跑道 pǎodào 명 활주로 | 直接 zhíjiē 부 직접, 곧장 | 起飞 qǐfēi 통 이륙하다, 날아오르다 | 翅膀 chìbǎng 명 날개 | 退化 tuìhuà 통 퇴화하다 | 形成 xíngchéng 통 형성하다, 이루다 | 哑铃 yǎlíng 명 아령 | 状 zhuàng 명 모양 | 小棒 xiǎobàng 명 작은 막대 | 楫翅 jíchì 명 평형곤(=平衡棒 pínghéngbàng)[파리류의 곤충에서 뒷날개의 퇴화 및 변형산물로 갖게 되는 곤봉모양의 가동체]

♦ 天然 tiānrán 형 천연의, 자연의 | 导航仪 dǎohángyí 명 내비게이션 | 迅速 xùnsù 신속하다, 빠르다 | 振动 zhèndòng 명 진동하다 | 一旦 yídàn 접 일단 ~하면 | 倾斜 qīngxié 통 기울다, 경사지다 | 扭转 niǔzhuǎn 통 방향을 바꾸다 | 大脑 dànǎo 명 대뇌 | 报告 bàogào 통 보고하다 | 即刻 jíkè 부 즉각, 즉시 | 调整 tiáozhěng 통 조정하다 | 肌肉 jīròu 명 근육 | 收缩 shōusuō 통 수축하다 | 纠正 jiūzhèng 통 (잘못을) 바로잡다, 수정하다 | 平衡 pínghéng 명 평형, 균형 | 原理 yuánlǐ 명 원리 | 音叉 yīnchā 명 음차, 소리 굽쇠[일정한 진동수의 소리를 내는 기구] | 陀螺仪 tuóluóyí 명 자이로스코프(gyroscope)[회전하는 물체가 자신의 회전축을 유지하려는 성질을 이용한 장치] | 偏转 piānzhuǎn (원래의 방향·위치를) 빗나가다, 벗어나다 | 从而 cóng'ér 부 따라서, 그리하여 | 正确 zhèngquè 형 정확하다, 올바르다 | 运行 yùnxíng 통 운행하다

♦ 此外 cǐwài 명 이 밖에, 이 외에 | 众所周知 zhòngsuǒzhōuzhī 성 모두가 다 알고 있다 | 顺利 shùnlì 형 순조롭다 | 出舱 chūcāng 통 우주선 밖으로 나가다 | 完成任务 wánchéng rènwù 임무를 완수하다 | 全靠 quán kào 완전히 의지하다, 전적으로 ~ 덕분이다 | 航天服 hángtiānfú 명 우주복 | 保护 bǎohù 통 보호하다 | 安全系数 ānquán xìshù 안전계수, 안전율[구조물의 안전을 유지하는 정도] | 需要 xūyào 통 ~해야 한다 | 灵活度 línghuódù 명 유연성, 신축성 *灵活 형 유연하다, 신축성이 있다 | 关节 guānjié 명 관절 | 部位 bùwèi 명 부위 | 设计 shèjì 통 설계, 디자인 | 难点 nándiǎn 명 난점, 어려운 점, 문제점 | 硬 yìng 형 단단하다 | 软 ruǎn 형 부드럽다 | 达到效果 dádào xiàoguǒ 효과를 얻다 | 防护 fánghù 통 방호하다, 보호하다 | 新一代 xīnyídài 명 차세대 | 工程师 gōngchéngshī 명 엔지니어 | 小龙虾 xiǎolóngxiā 명 가재 | 坚硬 jiānyìng 굳다, 단단하다 | 鳞片 línpiàn 명 비늘, 비늘 조각 | 结构 jiégòu 명 구성, 구조 | 获得灵感 huòdé línggǎn 영감을 얻다 | 经过 jīngguò 전 ~을 거쳐, ~끝에 | 反复 fǎnfù 반복해서 | 实验 shíyàn 통 실험하다 | 舱外服 cāngwàifú 명 선외 우주복 | 关节处 guānjiéchù 관절 부위 | 类似 lèisì 형 유사하다, 비슷하다 | 虾尾 xiāwěi 명 가재 꼬리 | 层叠 céngdié 형 겹겹이다, 층층이다 | 使用 shǐyòng 통 사용하다 | 气密 qìmì 형 기밀의[밀폐되어 기체가 새지 않는 상태] *气密性 기밀성 | 轴承 zhóuchéng 명 베어링[회전하는 물체의 축을 지지하는 기계 부품의 총칭] | 严格 yángé 형 엄격하다 | 保证 bǎozhèng 통 보증하다, 보장하다 | 活动自如 huódòng zìrú 자유롭게 움직이다

♦ 总之 zǒngzhī 접 요컨대, 결론적으로 | 工程 gōngchéng 명 공학 | 领域 lǐngyù 명 영역, 분야 | 广泛 guǎngfàn 형 광범위하다, 폭넓다 | 未来 wèilái 명 미래 | 随着 suízhe 전 ~함에 따라서 | 不断 búduàn 부 부단히, 끊임없이 | 深入 shēnrù 통 깊이 들어가다, 심화하다 | 创新 chuàngxīn 명 혁신 | 机遇 jīyù 명 (좋은) 기회, 찬스

질문 및 선택지 단어

◆ 模仿 mófǎng 동 모방하다 | 生物 shēngwù 명 생물 | 防御 fángyù 동 방어하다 | 技能 jìnéng 명 기능, 기술 | 逃生 táoshēng 동 탈출하다 | 策略 cèlüè 명 전략, 전술 | 构造 gòuzào 명 구조 | 功能 gōngnéng 명 기능 | 动作 dòngzuò 명 동작 | 阻挡 zǔdǎng 동 막다 | 病毒 bìngdú 명 바이러스 | 入侵 rùqīn 동 침입하다 | 抵御 dǐyù 동 방어하다, 막다 | 辐射 fúshè 명 방사선 | 降低血糖 jiàngdī xuètáng 혈당을 낮추다 | 维持 wéichí 동 (균형을) 유지하다 | 接收信号 jiēshōu xìnhào 신호를 수신하다 | 位置 wèizhì 명 위치 | 扇动 shāndòng 동 (날개를) 퍼덕이다, 흔들다 | 告知 gàozhī 동 고지하다, 알리다 | 急速 jísù 부 급속히, 빠르게 | 旋转 xuánzhuǎn 동 회전하다 | 产生 chǎnshēng 동 발생하다 | 巨大 jùdà 형 거대하다, 아주 크다 | 升力 shēnglì 명 양력[위로 뜨게 하는 힘] | 特点 tèdiǎn 명 특징 | 调节体温 tiáojié tǐwēn 체온을 조절하다 | 自动 zìdòng 형 자동의 | 充电 chōngdiàn 동 충전하다

三、书写

지문을 10분간 읽고, 400자 내외로 줄여 쓰세요.

101.

STEP 1 제1단락 요약하기

해석

2009年秋天，①我所在的报社在毫无征兆的情况下，撤销了我负责的评论部。摆在我面前的有三条路：一条是去编辑部上夜班，一条是重新参与竞聘，②还有一条是辞职。稍作思考后，我选了第三条。	2009년 가을, 내가 있는 신문사에서 아무런 조짐 없이 내가 맡고 있던 평론부를 폐지했다. 내 앞에 놓인 길은 세 가지가 있다. 하나는 편집부에 가서 야근하는 것, 다른 하나는 다시 경쟁 채용에 참여하는 것, 그리고 마지막 하나는 퇴사하는 것이었다. 잠시 생각한 후, 나는 세 번째 길을 선택했다.

중심 내용 2009년, 내가 있는 신문사에서 내가 맡고 있던 평론부를 폐지했다.

해설
① '毫无征兆'가 어렵다면 생략하고, '撤销'는 문맥상 '取消'라고 해도 됩니다.
② 내 앞에 놓인 세 가지 길 중에서 '퇴사했다'는 사실은 제2단락에서 언급할 것이므로 여기서는 생략합니다.

요약 2009年，我所在的报社取消了我负责的评论部。
2009년, 내가 있는 신문사에서 내가 맡고 있던 평론부를 폐지했다.

단어 报社 bàoshè 명 신문사 | 毫无征兆 háowú zhēngzhào 아무런 조짐 없이 *征兆 명 징조, 조짐 | 情况 qíngkuàng 명 상황 | 撤销 chèxiāo 동 폐지하다, 철회하다 | 负责 fùzé 동 책임지다, (띠)맡다 | 评论部 pínglùnbù 명 평론부 *评论 명 평론, 논평 | 摆 bǎi 동 놓다, 진열하다 | 编辑部 biānjíbù 명 편집부 | 上夜班 shàng yèbān 야근하다 | 重新 chóngxīn 부 다시, 재차 | 参与竞聘 cānyù jìngpìn 경쟁 채용에 참여하다 *竞 동 경쟁하다 *聘 동 채용하다 | 辞职 cízhí 동 퇴사하다 | 稍 shāo 부 잠시, 잠깐 | 作思考 zuò sīkǎo 생각하다 | 取消 qǔxiāo 동 취소하다, 폐지하다

STEP 2 제2단락 요약하기

해석

辞职决定是五分钟内做出来的。①②我根本没想过家中的积蓄只够交三个月的房贷，也没想过五岁的女儿不久就要进小学……等我反应过来后，③才意识到自己的举动是多么不理智。但开弓没有回头箭，我必须硬着头皮走下去。	퇴사 결정은 5분 만에 내린 거였다. 집에 있는 저축이 겨우 석 달치 주택 대출금을 낼 수 있을 정도라고 나는 전혀 생각하지 못했고, 다섯 살 된 딸이 곧 초등학교에 입학할 거라고도 생각하지 못했다. 내가 정신을 차리고 나서야, 스스로의 행동이 얼마나 비이성적이었는지 깨달았다. 하지만 한 번 지나간 일은 돌이킬 수 없기에, 나는 반드시 염치 불고하고 나아가야만 했다.

481

중심 내용 5분 만에 퇴사했고, 집에 있는 돈으로 3개월 정도만 버틸 수 있을 거라고 나는 전혀 생각하지 못했으며, 정신을 차리고 나서야, 스스로의 행동이 비이성적이었다는 것을 깨달았다.

해설 ① '积蓄'가 어려우면 '钱'으로 바꾸어 줍니다.
② '交房贷、女儿进小学'와 같은 내용은 '집에 저축이 부족하다'는 상세 설명이므로, '집에 있는 돈이 겨우 석 달 치를 쓸 수 있을 정도이다(家中的钱只够用三个月的)'로 요약해 줍니다.
③ '才意识到自己的举动是多么不理智'는 '才明白自己非常冲动' 혹은 '才明白自己的行为很不理智'라고 요약합니다.

요약 经过五分钟的思考后，我决定辞职。那时，我根本没想过家中的钱只够用三个月的。等我反应过来后，我才明白自己的行为很不理智。

5분간의 생각 끝에 나는 퇴사하기로 결정했다. 그때, 나는 집에 있는 돈이 겨우 석 달 치를 쓸 수 있을 정도라고 전혀 생각하지 못했다. 정신을 차리고 나서야, 나는 스스로의 행동이 비이성적이었다는 것을 깨달았다.

단어 根本 gēnběn 뒤 전혀, 아예 | 积蓄 jīxù 圆 저축, 저금 | 交房贷 jiāo fángdài 주택 대출금을 내다 | 反应 fǎnyìng 동 반응하다, 정신을 차리다 | 意识 yìshí 동 의식하다, 깨닫다 | 举动 jǔdòng 圆 행동 | 不理智 bù lǐzhì 비이성적이다 | 开弓没有回头箭 kāigōng méiyǒu huítóu jiàn 한 번 지나간 일은 돌이킬 수 없다 | 必须 bìxū 뒤 반드시 ~해야 한다 | 硬着头皮 yìngzhe tóupí 염치 불고하고, 뻔뻔스럽게, 할 수 없이 | 经过 jīngguò 전 ~을 거쳐, ~ 끝에

STEP 3 제3단락 요약하기

해석

①签完辞职手续，我茫然地走出单位大门，然后给妻子打电话通知此事。②同在一家报社的她对此事早有耳闻，可能怕说多了扰乱我的心情，她只是在电话里故作镇定地让我回家再说。③挂了电话，平时只需要十几分钟的回家路程，今天却异常漫长。辞职时想都没想过的困难，如同集装箱一般从天而降，堵在我面前，成为我当时必须解决的难题。

퇴사 절차를 마치고 나는 멍하니 회사 대문을 나섰고, 그다음에 아내에게 전화를 걸어 이 일을 알렸다. 같은 신문사에 있는 아내는 이 일에 대해 이미 들어서 알고 있었고, 말을 많이 하면 내 마음을 어지럽힐까 봐 걱정되어, 전화로는 일부러 태연한 척하며 집에 와서 다시 얘기하자고만 했다. 전화를 끊고 나니, 평소 10여 분밖에 안 걸리는 귀갓길이 오늘따라 유난히 길었다. 퇴사할 때는 생각지도 못했던 어려움이 컨테이너처럼 갑자기 나타나 내 앞을 막았고, 내가 당장 반드시 해결해야 하는 난제가 되었다.

중심 내용 퇴사 후 같은 회사에 있는 아내에게 이 일을 알렸고 아내는 집에 와서 다시 얘기하자고만 했다.

해설 ① '签完辞职手续'는 '办完辞职手续'로 써도 됩니다.
② '同在一家报社的她对此事早有耳闻'은 '同在一家报社的她已经知道这件事了'로 요약하면 됩니다. 다만, '我给妻子打电话通知这件事, 同在一家报社的她已经知道这件事了'처럼 두 문장으로 나누어서 요약해도 되지만, '같은 신문사에 있는 아내에게 전화로 이 일을 알렸고, 아내는 집에 와서 다시 얘기하자고만 했다'라고 요약해도 됩니다. 아내는 이미 알고 있었다는 내용은 충분히 유추할 수 있기에 좀 더 간략하게 줄일 수 있습니다.
③ 전화를 끊은 뒤의 심정은 생략해도 됩니다. 또한 제2단락에서 요약했던 '퇴사 후에 비로소 깨달은 집안 형편과 어려움'은 비슷한 내용이 뒤에 이어지므로 생략합니다.

요약 办完辞职手续，我给同在一家报社的妻子打电话通知这件事，她只是在电话里让我回家再说。

퇴사 절차를 마치고, 나는 같은 신문사에 있는 아내에게 전화를 걸어 이 일을 알렸고, 그녀는 전화로 집에 와서 다시 얘기하자고만 했다.

단어 签手续 qiān shǒuxù 절차를 마치다 *签 동 서명하다, 사인하다 *手续 圆 수속, 절차 | 茫然 mángrán 형 (아무 생각 없이) 멍하다 | 单位 dānwèi 圆 직장, 회사 | 通知 tōngzhī 동 통지하다, 알리다 | 此事 cǐshì 圆 이 일 | 早有耳闻 zǎo yǒu ěrwén 이미 들어서 알고 있다 | 怕 pà 동 ~할까 봐 걱정하다 | 扰乱心情 rǎoluàn xīnqíng 마음을 어지럽히다 | 故作 gùzuò 동 일부러 ~한 척하다 | 镇定 zhèndìng 형 침착하다, 태연하다 | 挂 guà 동 (전화를) 끊다 | 需要 xūyào 동 (시간이) 걸리다 | 路程 lùchéng 圆 노정, 코스 *回家路程 귀갓길 | 异常 yìcháng 뒤 몹시, 유난히 | 漫长 màncháng 형 (시간·길이) 길다 | 困难 kùnnan 圆 어려움 | 如同……一般 rútóng……yìbān ~와 같이, ~처럼 | 集装箱 jízhuāngxiāng 圆 컨테이너 | 从天而降 cóngtiān'érjiàng 성 하늘에서 떨어지다, 갑자기 나타나다 | 堵 dǔ 동 막다 | 难题 nántí 圆 난제, 어려운 문제

STEP 4 제4단락 요약하기

해석

①回到家后，虽然我很努力地假装轻松，但妻子还是看出我的难过与绝望。②她拍了拍我的后背，然后又回到厨房。她知道，此时此刻，③一碗温度适宜的萝卜粥比什么话都有用。	집에 돌아온 후, 비록 나는 애써 편한 척했지만, 아내는 그래도 내 슬픔과 절망을 알아챘다. 그녀는 내 등을 가볍게 두드린 후에, 다시 주방으로 돌아갔다. 그녀는 지금 이 순간에는 온도가 적당한 무죽 한 그릇이 어떤 말보다도 도움이 된다는 것을 알고 있었다.

중심 내용 집에 돌아온 후, 아내는 내 슬픔과 절망을 알아챘고, 주방으로 돌아가 따뜻한 죽 한 그릇을 주었다.

해설 ① 보통 요약할 때 '虽然……，但(是)……' 구조가 나오면, '但(是)' 뒤에 내용을 살려서 요약합니다. 즉, '回到家后，妻子看出我的难过和绝望'와 같이 써 주면 됩니다.
② '拍了拍我的后背' 또는 '温度适宜的萝卜粥'처럼 상세한 묘사는 모두 생략합니다.
③ '温度가 적당한 무죽 한 그릇이 어떤 말보다도 도움이 된다'는 쉬운 표현인 '내게 따뜻한 죽 한 그릇을 주었다'로 요약하면 됩니다. 즉, '给了我一碗热粥'와 같이 써 줍니다.

요약 回到家后，妻子看出我的难过与绝望，然后她回到厨房，给了我一碗热粥。

집에 돌아온 후, 아내는 내 슬픔과 절망을 알아챘고, 그러고 나서 주방으로 돌아가 내게 따뜻한 죽 한 그릇을 주었다.

단어 假装 jiǎzhuāng 동 가장하다, (짐짓) ~한 척하다 | 轻松 qīngsōng 형 홀가분하다, 편하다 | 难过 nánguò 형 괴롭다, 슬프다 | 绝望 juéwàng 명 절망 | 拍后背 pāi hòubèi 등을 두드리다 | 厨房 chúfáng 명 주방, 부엌 | 此时此刻 cǐshí cǐkè 지금 이 순간 | 温度 wēndù 명 온도 | 适宜 shìyí 형 적당하다 | 萝卜粥 luóbo zhōu 무죽

STEP 5 제5단락 요약하기

해석

女儿小美在小黑板上画画。看到我回来，①她照例扑过来要抱抱。②在女儿扑向我的那一瞬间，我崩溃了。我抱着她，说出一句令我后悔一辈子的话："爸爸失业了，我们没钱买饭吃了！"小美当时没什么特别的反应，歪歪头，又回她的房间去了，随手还掩上了门。	딸 샤오메이는 작은 칠판에 그림을 그리고 있었다. 내가 돌아온 것을 보고, 그녀는 평소처럼 달려와 좀 안아달라고 했다. 딸아이가 내게 달려드는 그 순간, 나는 무너져 내렸다. 나는 딸을 안고 평생 후회할 말을 하고 말았다. "아빠가 실직해서, 우리는 밥 사 먹을 돈이 없어!" 샤오메이는 당시에 별다른 반응을 보이지 않고 고개를 좀 갸웃하더니, 다시 자기 방으로 돌아가 무심코 문을 닫았다.

중심 내용 딸은 평소처럼 달려와 안아달라고 했다. 나는 그녀에게 "아빠가 실직해서, 우린 밥 살 돈이 없다"고 말했고, 딸은 별다른 반응을 보이지 않고 자기 방으로 돌아갔다.

해설 ① '她照例扑过来要抱抱'는 '像平常那样让我抱她'처럼 쉬운 말로 요약해 줍니다.
② '在女儿扑向我的那一瞬间，我崩溃了。我抱着她，说出一句令我后悔一辈子的话："爸爸失业了，我们没钱买饭吃了！"' 같은 부분은 '그 순간, 나는 무너져 내리며 딸에게 아빠가 실직해서, 우린 밥 사 먹을 돈이 없다고 말했다'라고 간략하게 줄이면 됩니다. 즉, '那一瞬间，我崩溃地对她说："爸爸失业了，我们没钱买饭吃了！"'처럼 써 줍니다. 만약 '崩溃'가 어려우면 생략하고 '我对她说'라고 써도 됩니다.

요약 女儿小美看到我回来，像平常那样让我抱她。那一瞬间，我崩溃地对她说："爸爸失业了，我们没钱买饭吃了！"女儿当时没什么特别的反应，就回她的房间去了。

딸 샤오메이는 내가 돌아온 것을 보고, 평소처럼 내게 안아달라고 했다. 그 순간, 나는 무너져 내리며 그녀에게 말했다. "아빠가 실직해서, 우린 밥 살 돈이 없어." 딸은 당시에 별다른 반응을 보이지 않았고, 자기 방으로 돌아갔다.

단어 黑板 hēibǎn 명 칠판 | 照例 zhàolì 부 관례대로, 평소처럼 | 扑 pū 동 달려들다, 뛰어들다 *扑过来 달려오다 | 抱 bào 동 안다, 포옹하다 | 一瞬间 yíshùnjiān 명 순간 | 崩溃 bēngkuì 동 무너지다, 붕괴하다 | 后悔 hòuhuǐ 동 후회하다 | 一辈子 yíbèizi 명 평생 | 失业 shīyè 동 실직하다, 직업을 잃다 | 歪头 wāitóu 동 고개를 갸웃하다 | 随手 suíshǒu 부 손이 가는 대로, 무심코 | 掩门 yǎnmén 동 문을 닫다

STEP 6 제6단락 요약하기

해석

①②之后两天，我头昏脑胀，躺在床上像失了魂一般，不知道下一步应该去做点儿什么，总觉得自己做任何努力都是徒劳无用的，甚至认为自己当初作出辞职的决定是十分愚蠢、不负责任的。我像深陷在流沙中一般，任何努力和挣扎，都让自己陷得更深。

그 후 이틀 동안, 나는 머리가 멍해서 넋이 나간 것처럼 침대에 누워 있다 보니, 다음에 무엇을 좀 해야 할지 알 수 없었고, 늘 자신이 어떤 노력을 해도 헛될 것만 같았으며, 심지어 그때 퇴사 결정을 내린 것이 아주 어리석고 무책임하다고 생각했다. 나는 흐르는 모래에 깊이 빠진 것처럼, 어떤 노력과 몸부림도 자신을 더 깊이 빠져들게 했다.

중심 내용 퇴직 후 이틀 동안의 내 모습과 심정

해설 ① '像……一般'처럼 비유를 활용한 상세 묘사는 모두 생략해 줍니다.
② '그 후 이틀 동안, 나는 무엇을 해야 할지 알 수 없었고, 심지어 퇴사가 아주 무책임하다고 생각했다'고 줄이면 됩니다.

요약 之后两天，我不知道下一步应该去做点儿什么，甚至认为辞职是十分不负责任的。

그 후 이틀 동안, 나는 다음에 무엇을 좀 해야 할지 알 수 없었고, 퇴사가 아주 무책임하다고 생각했다.

단어 头昏脑胀 tóuhūnnǎozhàng 성 머리가 어지러워지다, 머리가 멍하다 | 躺 tǎng 동 눕다 | 失魂 shīhún 동 혼이 빠지다, 넋이 나가다 | 下一步 xiàyíbù 명 다음 (단계) | 徒劳无用 túláowúyòng 성 헛수고하다, 헛되다 | 甚至 shènzhì 접 심지어 | 愚蠢 yúchǔn 형 어리석다 | 不负责任 bú fù zérèn 책임을 지지 않다, 무책임하다 | 深陷 shēnxiàn 동 깊이 빠지다 *陷 동 빠지다, 빠져들다 | 流沙 liúshā 명 유사[흐르는 모래] | 挣扎 zhēngzhá 동 몸부림치다, 발버둥치다

STEP 7 제7단락 요약하기

해석

第三天晚上，①小美来到我床边，用一只手握着我的一根指头，把我拉起来，走到她的小书桌边。她让我坐下，然后轻轻拉开柜门。②里面是满满一柜子纸飞机，大的、小的、宽翅的、窄翅的，层层叠叠，垒在小柜子里。这些都是她这两天的"劳动成果"。"爸爸，没钱吃饭，我们可以去卖飞机！"女儿眼里闪着亮光，像完成了一个大工程一般，③颇有成就感地对我说。

셋째 날 저녁, 샤오메이가 내 침대 옆으로 다가와 한 손으로 내 손가락 하나를 잡고는 나를 이끌어 자신의 작은 책상 쪽으로 갔다. 그녀는 나를 앉힌 후에, 서랍 문을 살짝 열었다. 그 안에는 종이비행기가 서랍 한가득 들어 있는데, 크거나 작으며, 날개가 넓거나 좁은 종이비행기들이 겹겹이 층을 이뤄 작은 서랍 안에 쌓여 있었다. 이것들은 모두 그녀의 이틀간 '노동 성과'였다. "아빠, 밥 먹을 돈이 없으면, 우리가 비행기를 팔면 돼요!" 딸아이의 눈은 반짝였고, 마치 큰 작업을 끝낸 것처럼 제법 성취감을 느끼며 내게 말했다.

중심 내용 딸이 직접 만든 종이비행기를 보여주면서 아빠에게 밥 먹을 돈이 없으면, 이 비행기를 팔자고 하였다.

해설 ① 딸의 동작을 자세하게 설명한 부분은 생략하고, '딸이 나를 그녀의 작은 책상 쪽으로 이끌었다(女儿把我拉到她的小书桌子边)'라고 줄이면 됩니다.
② 비행기 모양에 관한 설명은 '各种各样的纸飞机'로 정리하여 요약합니다.
③ '颇有成就感地对我说'에서 '颇'는 '很'·'非常'·'十分'·'特别'와 같은 말입니다. 쉬운 말로 바꾸어 써 줍니다.

요약 第三天晚上，女儿把我拉到她的小书桌边。她拉开柜门，里面是各种各样的纸飞机。女儿很有成就感地对我说："爸爸，没钱吃饭，我们可以去卖飞机！"

셋째 날 저녁, 딸아이가 나를 그녀의 작은 책상 쪽으로 이끌었다. 그녀는 서랍 문을 열었고, 그 안에는 온갖 종이비행기가 있었다. 딸은 매우 성취감을 느끼며 나에게 말했다 "아빠, 밥 먹을 돈이 없으면, 우리가 비행기를 팔면 돼요!"

단어 床边 chuángbiān 명 침대 옆 | 握 wò 동 (손으로) 쥐다, 잡다 | 根 gēn 양 개, 가닥[가늘고 긴 것을 헤아릴 때 쓰임] | 指头 zhǐtou 명 손가락 | 书桌边 shūzhuōbiān 명 책상 쪽 | 拉开柜门 lākāi guìmén 서랍문을 열다 *柜(子) guì(zi) 명 장롱, 서랍 | 纸飞机 zhǐfēijī 명 종이비행기 | 宽 kuān 형 (폭이) 넓다 | 窄 zhǎi 형 (폭이) 좁다 | 层层叠叠 céngcéng diédié 형 겹겹이 층을 이루다 | 垒 lěi 동 쌓다, 포개다 | 劳动成果 láodòng chéngguǒ 노동 성과 | 闪着亮光 shǎnzhe liàngguāng 반짝이다 *亮光 명 밝은 빛 | 工程 gōngchéng 명 공사, 작업 | 颇有成就感 pōyǒu chéngjiùgǎn 제법 성취감을 느끼다

STEP 8 제8단락 요약하기

해석

①那一刻，绝对是我人生中最难忘的时刻！看着她天真的神情，我悲喜交集，并且为自己让一个五岁的小生命过早体会谋生的艰难而②羞愧难当。我紧紧抱着她说："对不起，爸爸不该吓你，爸爸是开玩笑的，爸爸以后不开这种玩笑了。"

그 순간은 분명 내 인생에서 가장 잊을 수 없는 순간이었다! 그녀의 순진한 표정을 보고, 나는 기쁨과 슬픔이 교차했고, 게다가 자신이 다섯 살짜리 어린 생명에게 생계를 꾸리는 어려움을 너무 일찍 느끼게 해서 부끄러움을 견딜 수 없었다. 나는 그녀를 꽉 안으며 말했다. "미안해, 아빠가 너를 놀라게 하면 안 되는데, 아빠가 농담한 거야. 앞으로 이런 농담은 하지 않을게."

중심 내용 딸의 말을 듣고서 부끄러웠고 딸에게 미안한 마음이 들었다.

해설
① '그 순간은 내 인생에서 가장 잊을 수 없고, 딸의 순진한 표정을 보고 나는 매우 부끄러웠다'라고 요약해 줍니다. '天真的神情(순진한 표정)'에서 난이도 있는 어휘인 '神情'이 어렵다면, 비교적 쉬운 유사어 '样子'로 바꿔 줍니다.
② '羞愧难当'처럼 어려운 표현은 쉽게 '非常惭愧'로 바꿔 주면 됩니다.

요약 那一刻是我人生中最难忘的时刻！看着她天真的样子，我非常惭愧。

그 순간은 내 인생에서 가장 잊을 수 없는 순간이었다! 그녀의 순진한 모습을 보고, 나는 매우 부끄러웠다.

단어 那一刻 nà yīkè 그 순간 | 绝对 juéduì 🔵 절대, 분명 | 难忘 nánwàng 🔴 잊기 어렵다, 잊을 수 없다 | 时刻 shíkè 🟢 순간 | 天真 tiānzhēn 🔴 천진하다, 순진하다 | 神情 shénqíng 🟢 표정 | 悲喜交集 bēixǐ-jiāojí 🟠 기쁨과 슬픔이 교차하다 | 并且 bìngqiě 🟡 게다가 | 过早 guòzǎo 🔴 너무 이르다 | 体会 tǐhuì 🟣 체득하다, (몸소) 느끼다 | 谋生 móushēng 🟣 생계를 꾸리다 | 艰难 jiānnán 🔴 어렵다, 힘겹다 | 羞愧难当 xiūkuìnándāng 🟠 부끄러움을 견딜 수 없다 | 紧紧 jǐnjǐn 🔵 바짝, 꽉 | 吓 xià 🟣 놀라게 하다, 놀래키다 | 开玩笑 kāi wánxiào 농담하다 | 惭愧 cánkuì 🔴 부끄럽다, 면목이 없다

STEP 9 제9단락 요약하기

해석

①那晚之后，我收起涣散的自己，开始认真做事情，开启了自己的撰稿生涯。此后的13年里，我出版了15本书，最高峰时，一个月开了二十几个专栏，还忙里偷闲写了几个影视剧本。我因重新顶起了家里的一片天而感到万分欣慰。②而这段记忆，也成了我生命中的一块燃料，一直温暖并鼓励着我。

그날 밤 이후, 나는 흐트러진 나를 정리하고 열심히 일하기 시작했고, 스스로의 글 쓰기 생애를 시작했다. 이후 13년 동안, 나는 15권의 책을 출판했고, 최정점일 때는 한 달에 이십여 개의 칼럼을 연재하면서, 바쁜 가운데 짬을 내어 영화 및 드라마 대본도 몇 개 썼다. 나는 집안을 다시 떠받치게 되어 무척이나 위안을 느꼈다. 그리고 이 기억도 내 인생에서 하나의 연료가 되어, 계속 나를 따뜻하게 하고 격려해 주고 있다.

중심 내용 나는 정신 차리고 열심히 일하기 시작했고, 글 쓰는 생애를 시작하면서 가정을 다시 일으켜 세웠다.

해설
① 이 단락의 내용을 요약하면, '그날 밤 이후, 나는 열심히 일하기 시작했고, 이후 13년 동안 책을 15권 출판했을 뿐만 아니라, 칼럼과 드라마 대본도 썼다. 이 기억은 내 인생에서 하나의 연료가 되어, 나를 따뜻하게 하고 격려해 주고 있다'입니다. '开启了自己的撰稿生涯'는 책을 15권 출판하고 칼럼과 대본을 쓴 일과 같은 내용이므로, 두 가지 표현 중 하나만 써 주면 됩니다. '开启撰稿生涯'라는 표현이 어렵다면, '出版了15本书，还写了几个影视剧本'처럼 쉽게 풀어 써 줍니다. 여기서 '专栏'처럼 어려운 단어는 생략합니다.
② 요약 쓰기에서 맨 마지막 멘트 한 마디는 주로 이야기를 마무리하면서 중요한 교훈을 알려 줍니다. 따라서 가장 마지막에 나온 교훈적인 문장은 기억해서 똑같이 쓰는 것이 좋습니다.

요약 那晚之后，我开始认真做事情。此后的13年里，我不仅出版了15本书，还写了几个剧本。这段记忆，也成了我生命中的一块燃料，一直温暖并鼓励着我。

그날 밤 이후, 나는 열심히 일하기 시작했다. 이후 13년 동안, 나는 15권의 책을 출판했을 뿐만 아니라, 대본도 몇 개 썼다. 이 기억도 내 인생에서 하나의 연료가 되어, 계속 나를 따뜻하게 하고 격려해 주고 있다.

단어 收起 shōuqǐ 동 치우다, 정리하다 | 涣散 huànsàn 형 느슨하다, 흐트러지다 | 认真 rènzhēn 형 진지하다, 열심히 하다 | 开启生涯 kāiqǐ shēngyá 생애를 시작하다 | 撰稿 zhuàngǎo 동 원고를 쓰다, 글을 쓰다 | 出版 chūbǎn 동 출판하다 | 高峰 gāofēng 명 절정, 정점 | 开专栏 kāi zhuānlán 칼럼을 연재하다 | 忙里偷闲 mánglǐ-tōuxián 성 바쁜 가운데 짬을 내다 | 影视剧本 yǐngshì jùběn 영화 및 드라마 대본 | 顶起 dǐngqǐ 동 떠받치다, 지탱하다 | 一片天 yí piàn tiān (자기만의) 세상 | 感到欣慰 gǎndào xīnwèi 위안을 느끼다 *欣慰 형 기쁘고 위안이 되다 | 万分 wànfēn 부 대단히, 무척 | 记忆 jìyì 명 기억 | 燃料 ránliào 명 연료 | 一直 yìzhí 부 계속, 줄곧 | 温暖 wēnnuǎn 동 따뜻하게 하다 | 鼓励 gǔlì 동 격려하다

모범 답안

			女	儿	的	纸	飞	机											
		20	09	年	，	我	所	在	的	报	社	取	消	了	我	负	责	的	评
论	部	。	经	过	五	分	钟	的	思	考	后	，	我	决	定	辞	职	。	那
时	，	我	根	本	没	想	过	家	中	的	钱	只	够	用	三	个	月	的	。
等	我	反	应	过	来	后	，	我	才	明	白	自	己	的	行	为	很	不	理
智	。	办	完	辞	职	手	续	，	我	给	同	在	一	家	报	社	的	妻	子
打	电	话	通	知	这	件	事	，	她	只	是	在	电	话	里	让	我	回	家
再	说	。																	
		回	到	家	后	，	妻	子	看	出	了	我	的	难	过	与	绝	望	，
然	后	她	回	到	厨	房	，	给	了	我	一	碗	热	粥	。	女	儿	小	美
看	到	我	回	来	，	像	平	常	那	样	让	我	抱	她	。	那	一	瞬	间，
我	崩	溃	地	对	她	说	："	爸	爸	失	业	了	，	我	们	没	钱	买	饭
吃	了	！"	女	儿	当	时	没	什	么	特	别	的	反	应	，	就	回	她	的
房	间	去	了	。	之	后	两	天	，	我	不	知	道	下	一	步	应	该	去
做	点	儿	什	么	，	甚	至	认	为	辞	职	是	十	分	不	负	责	任	的。
		第	三	天	晚	上	，	女	儿	把	我	拉	到	她	的	小	书	桌	边。
她	拉	开	柜	门	，	里	面	是	各	种	各	样	的	纸	飞	机	。	女	儿
很	有	成	就	感	地	对	我	说	："	爸	爸	，	没	钱	吃	饭	，	我	们
可	以	去	卖	飞	机	！"													
		那	一	刻	是	我	人	生	中	最	难	忘	的	时	刻	！	看	着	她

天真的样子，我非常惭愧。那晚之后，我开始认真做事情。此后的13年里，我不仅出版了15本书，还写了几个剧本。这段记忆，也成了我生命中的一块燃料，一直温暖并鼓励着我。

딸의 종이비행기

2009년, 내가 있는 신문사에서 내가 맡고 있던 평론부를 폐지했다. 5분 간의 생각 끝에 나는 퇴사하기로 결정했다. 그때, 나는 집에 있는 돈이 겨우 석 달 치를 쓸 수 있을 정도라고 전혀 생각하지 못했다. 정신을 차리고 나서야, 나는 스스로의 행동이 비이성적이었다는 것을 깨달았다. 퇴사 절차를 마치고, 나는 같은 신문사에 있는 아내에게 전화를 걸어 이 일을 알렸고, 그녀는 전화로 집에 와서 다시 이야기하자고만 했다.

집에 돌아온 후, 아내는 내 슬픔과 절망을 알아챘고, 그러고 나서 주방으로 돌아가 내게 따뜻한 죽 한 그릇을 주었다. 딸 샤오메이는 내가 돌아온 것을 보고, 평소처럼 내게 안아달라고 했다. 그 순간, 나는 무너져 내리며 그녀에게 말했다. "아빠가 실직해서, 우린 밥 살 돈이 없어." 딸은 당시에 별다른 반응을 보이지 않고, 자기 방으로 돌아갔다. 그 후 이틀 동안, 나는 다음에 무엇을 좀 해야 할지 알 수 없었고, 심지어 퇴사가 아주 무책임하다고 생각했다.

셋째 날 저녁, 딸아이가 나를 그녀의 작은 책상 쪽으로 이끌었다. 그녀는 서랍 문을 열었고, 그 안에는 온갖 종이비행기가 있었다. 딸은 매우 성취감을 느끼며 나에게 말했다 "아빠, 밥 먹을 돈이 없으면, 우리가 비행기를 팔면 돼요!"

그 순간은 내 인생에서 가장 잊을 수 없는 순간이었다! 그녀의 순진한 모습을 보고, 나는 매우 부끄러웠다. 그날 밤 이후, 나는 열심히 일하기 시작했다. 이후 13년 동안, 나는 15권의 책을 출판했을 뿐만 아니라, 대본도 몇 개 썼다. 이 기억도 내 인생에서 하나의 연료가 되어, 계속 나를 따뜻하게 하고 격려해 주고 있다.

다락원 홈페이지에서
MP3파일 다운로드 및
실시간 재생 서비스

**180점 넘어
230점까지**

지은이 리우, 리징, 원란
펴낸이 정규도
펴낸곳 (주)다락원

초판 1쇄 발행 2025년 9월 1일

기획·편집 주민경, 이상윤
디자인 윤지영
조판 최영란
녹음 王乐, 于海峰, 권영지
사진 Shutterstock

다락원 경기도 파주시 문발로 211
전화 (02)736-2031 (내선 250~252 / 내선 430)
팩스 (02)732-2037
출판등록 1977년 9월 16일 제406-2008-000007호

Copyright © 2025, 리우·리징·원란

저자 및 출판사의 허락 없이 이 책의 일부 또는 전부를 무단 복제·전재·
발췌할 수 없습니다. 구입 후 철회는 회사 내규에 부합하는 경우에 가능하
므로 구입처에 문의하시기 바랍니다. 분실·파손 등에 따른 소비자 피해에
대해서는 공정거래위원회에서 고시한 소비자 분쟁 해결 기준에 따라 보
상 가능합니다. 잘못된 책은 바꿔 드립니다.

ISBN 978-89-277-2348-6 14720
     978-89-277-2327-1 (set)

www.darakwon.co.kr

다락원 홈페이지를 방문하시면 상세한 출판 정보와 함께 동영상 강좌,
MP3 자료 등 다양한 어학 정보를 얻으실 수 있습니다.